Bernhard Raschauer

Allgemeines Verwaltungsrecht

Zweite, aktualisierte Auflage

Springers Kurzlehrbücher
der Rechtswissenschaft

SpringerWienNewYork

Univ.-Prof. Dr. Bernhard Raschauer
Institut für Staats- und Verwaltungsrecht
Universität Wien, Österreich

Springer-Verlag Wien New York ist ein Unternehmen von
Springer Science+Business Media
springer.at

Textkonvertierung und Umbruch: Grafik Rödl, A-2486 Pottendorf
Druck und Bindung: Ferdinand Berger & Söhne Gesellschaft m.b.H., A-3580 Horn

Gedruckt auf säurefreiem, chlorfrei gebleichtem Papier – TCF
SPIN: 10945209

Bibliografische Information Der Deutschen Bibliothek
Die Deutsche Bibliothek verzeichnet diese Publikation in der Deutschen Nationalbibliografie; detaillierte bibliografische Daten sind im Internet über <http://dnb.ddb.de> abrufbar.

ISSN 0723-5097
ISBN 3-211-40540-2 Springer-Verlag Wien New York
ISBN 3-211-83067-7 1. Aufl. Springer-Verlag Wien New York

Vorwort

Der vorliegende, als „zweite aktualisierte Auflage" bezeichnete Band ist von einer zweifachen Zielsetzung getragen. Zum einen soll die Darstellung im Interesse der Übersichtlichkeit so weit wie möglich gestrafft werden. Mehrere Absätze und Abschnitte sind entfallen, auf den umfangreichen Anmerkungsapparat der Vorauflage wurde verzichtet, ebenso auf Hinweise zum deutschen und zum schweizerischen Recht. Im Interesse der Wahrung der Nachvollziehbarkeit wurde Kontinuität über die Korrespondenz der Randziffern angestrebt. Dies nötigte leider zum Verzicht auf die Durchnummerierung.

Zum anderen strebt die Neuauflage an, die Dynamik der Rechtsentwicklung der letzten fünf Jahre einzufangen: Zahlreiche Gesetzesänderungen waren zu berücksichtigen. Unzählige neue Entscheidungen der Höchstgerichte in den letzten fünf Jahren geboten eine Überprüfung und immer wieder auch eine Revision der Darstellung. Und nicht zuletzt war vielfältiges neues Fachschrifttum einzubeziehen. Rasch angewachsen sind jene Abschnitte, in denen die allenthalben wahrnehmbaren Auswirkungen des Europäischen Gemeinschaftsrechts auf das österreichische Verwaltungsrechts dokumentiert werden.

Die vorliegende Auflage zielt auf aktuelle Information ab und zitiert aus diesem Grund im Wesentlichen nur Neuerungen der letzten Jahre. Damit soll – wie in der Vorauflage dokumentiert wurde – nicht verkannt werden, in welch hohem Maß gerade die wissenschaftliche Durchdringung des Allgemeinen Verwaltungsrechts auf den Leistungen jener aufbaut, die vor uns um die Ordnung und Systembildung im Verwaltungsrecht gerungen haben.[1]

LEHOFER[2] hat die Frage aufgeworfen, ob man neue Entwicklungen, wie insb die Regulierungsbehörden, nicht in ihrer spezifischen Funktionalität betrachten sollte, statt für sie eine allgemeine Theorie des Verwaltungsrechts zu entwickeln. Der vorliegende Band geht davon aus, dass es noch möglich ist – und aus rechtsstaatlichen Gründen wohl auch geboten ist –, sie in den Rahmen der jeweiligen allgemeinen verwaltungsrechtlichen Zusammenhänge zu stellen. Die großen Themen der letzten Jahre – Ausgliederungen, Regulierungsbehörden, aber auch der gemeinschaftsrechtlichen Staatshaftungsanspruch – werden daher zwar auch in Form von Exkursen angesprochen, finden aber letztlich durchgehend und in den jeweiligen systematischen Zusammenhängen ihren Niederschlag.

Auf Fundstellenzitate der Bundes- und Landesgesetze wurde verzichtet, da sie zu rasch veraltern. Die Darstellung befindet sich, was die Rechtsprechung betrifft, etwa auf dem Stand Mai 2003, was Rechtsquellen und Fachliteratur betrifft, etwa auf dem Stand Juli 2003. Herzlich bedanken möchte ich mich für die Mithilfe von Dr Nina SKOCZDOPOLE, Dr Philipp LUST und Dr Elisabeth OSWALD, von den Vorarbeiten bis zur

---

1 Vgl Robert K MERTON, Auf den Schultern von Riesen, 1980.

2 LEHOFER in ÖJK (Hg), Entstaatlichung – Gefahr für den Rechtsstaat?, 2002, 192, 217.

Durchsicht. Für zahlreiche Hinweise bin ich auch meinem Sohn Dr Nicolas RASCHAUER dankbar. Für die letztendlich zum Druck gegebene Fassung (einschließlich des nicht auf Vollständigkeit angelegten Abkürzungsverzeichnisses) trage ich aber selbst die Verantwortung.

Bernhard Raschauer

Inhaltsverzeichnis

IV. Teil: Verwaltungsrechtliche Rechte und Rechtsverhältnisse

Abkürzungen

A/F/H	ADAMOVICH/FUNK/HOLZINGER
AbgEO	Abgabenexekutionsordnung
ALSAG	AltlastensanierungsG
AMA	Agrarmarkt Austria
AMG	ArzneimittelG
AMS	Arbeitsmarktservice
AuvBZ	Akt (Ausübung) unmittelbarer verwaltungsbehördlicher Befehls- und Zwangsgewalt
AVG	Allgemeines VerwaltungsverfahrensG
AVOG	AbgabenverwaltungsorganisationsG
AWG	AbfallwirtschaftsG
BAO	Bundesabgabenordnung
BDG	Beamten-DienstrechtsG
BH	Bezirkshauptmannschaft
BHG	BundeshaushaltsG
BMin	Bundesminister(ium)
BVB	Bezirksverwaltungsbehörde(n)
DevG	DevisenG
DVG	DienstrechtsverfahrensG
EGVG	EinführungsG zu den VerwaltungsverfahrensG
EuGH	Europäischer Gerichtshof (Sammlung der Entscheidungen des –)
FMABG	FinanzmarktaufsichtsbehördenG
FMedG	FortpflanzungsmedizinG
FOG	ForschungsorganisationsG
FrG	FremdenG
FS	Festschrift
FSG	FührerscheinG
GelVkG	GelegenheitsverkehrsG
GIS	Gebühren Info Service GmbH
GreKoG	GrenzkontrollG
GWG	GaswirtschaftsG
H/P	HOLOUBEK/POTACS
hg	hiergerichtlich
HVG	HeeresversorgungsG
IAF	Insolvenz-Ausfallgeld-Fonds Service GmbH
iS	im Sinn
IvF	In-vitro-Fertilisation (Fonds)
JWG	JugendwohlfahrtsG
K/H	KORINEK/HOLOUBEK
KAKuG	Krankenanstalten- und KuranstaltenG
LFG	LuftfahrtG
LH	Landeshauptmann
LRG-K	LuftreinhalteG für Kesselanlagen
MBG	MilitärbefugnisG
MOG	MarktordnungsG
NBG	NationalbankG

ÖJK	Österreichische Juristenkommission
PStG	PersonenstandsG
PolKG	PolizeikooperationsG
R/S	Rill/Schäffer
RL	Richtlinie
ROG	RaumordnungsG
RTR	Rundfunk und Telekom Regulierungs-GmbH
Rz	Randzahl
UBAS	Unabhängiger Bundesasylsenat
UmwInfG	UmweltinformationsG
UmwKG	UmweltkontrollG
UmwManG	UmweltmanagementG
UVP	Umweltverträglichkeitsprüfung
UVS	Unabhängiger Verwaltungssenat
VAG	VersicherungsaufsichtsG
VerG	VereinsG 2002
VerssG	VersorungssicherungsG
VfSlg	Sammlung der Erkenntnisse und wichtigsten Beschlüsse des Verfassungsgerichtshofes
VO	Verordnung
VRV	Voranschlags- und RechnungsabschlußVO 1997
VStG	VerwaltungsstrafG
VVDStRL	Veröffentlichungen der Vereinigung der Deutschen Staatsrechtslehrer
VVG	VerwaltungsvollstreckungsG
VwSlg	Erkenntnisse und Beschlüsse des Verwaltungsgerichtshofes
WAG	WertpapieraufsichtsG
WKG	WirtschaftskammerG
WRG	WasserrechtsG
WStV	Wiener Stadtverfassung
ZBR	(dt) Zeitschrift für Beamtenrecht

Abgekürzt zitierte Literatur

ADAMOVICH/FUNK/HOLZINGER, Österreichisches Staatsrecht, II, 1998 [A/F/H]
FRANK, Gemeinschaftsrecht und staatliche Verwaltung, 2000
HATJE, Die gemeinschaftsrechtliche Steuerung der Wirtschaftsverwaltung, 1998
HENGSTSCHLÄGER, Verwaltungsverfahrensrecht, 2002
HOLOUBEK/POTACS (Hg), Öffentliches Wirtschaftsrecht, 2 Bde, 2002 [H/P]
KORINEK/HOLOUBEK (Hg), Österreichisches Bundesverfassungsrecht (Loseblatt) [K/H]
MAYER, Das österreichische Bundes-Verfassungsrecht³, 2002
ÖHLINGER, Verfassungsrecht⁵, 2003
ÖHLINGER/POTACS, Gemeinschaftsrecht und staatliches Recht², 2001
RASCHAUER (Hg), Österreichisches Wirtschaftsrecht², 2003
RILL/SCHÄFFER (Hg), Bundesverfassungsrecht (Loseblatt) [R/S]
RUMMEL (Hg), ABGB, I³, 2000
SCHRAGEL, Amtshaftungsgesetz³, 2003
THIENEL, Verwaltungsverfahrensrecht², 2002

I. Teil

I. Einleitung

A. „Allgemeines Verwaltungsrecht"

1 Die große Masse des Rechtsstoffes des modernen Staats ist „Verwaltungsrecht". Dieses Verwaltungsrecht stellt sich in einer gesamthaft längst nicht mehr überschaubaren Quantität und Vielfalt dar. Obwohl in einem liberalen Staatswesen Wert auf die Feststellung gelegt wird, dass „alles erlaubt ist, was nicht verboten ist", gibt es doch kaum noch Betätigungen, die nicht in irgendeiner Hinsicht mit administrativen Ordnungsbestimmungen in Berührung kommen.

Lehrbücher des „**Besonderen Verwaltungsrechts**" sind traditionell bestrebt, die Inhalte der Verwaltungsvorschriften wenigstens in ihren als wichtig beurteilten Teilen nachzuzeichnen. Mit einiger Erfahrung erkennt der Leser bald, dass sich bestimmte Institutionen und Grundsätze in diesen Verwaltungsvorschriften immer wieder finden und dass bestimmte Begriffe und Allgemeinvorstellungen in diesen Vorschriften vorausgesetzt werden und daher für das Verständnis wesentlich sind (vgl RASCHAUER/WESSELY, Besonderes Verwaltungsrecht[4], 2001, 29). Das österreichische Recht kennt allerdings keinen „Allgemeinen Teil" des Verwaltungsrechts als positiviertes Normenmaterial. Lehrbücher des „**Allgemeinen Verwaltungsrechts**" sind daher bestrebt, diejenigen Gemeinsamkeiten an Begriffen, Institutionen und Grundsätzen zusammenzutragen, die für das Verständnis des geltenden Verwaltungsrechts von Bedeutung sind. Allgemeines Verwaltungsrecht ist damit zwar nicht in gleicher Weise von fortwährendem Aktualitätsverlust bedroht, wie das Besondere Verwaltungsrecht, es ist aber doch, da es auf den Verwaltungsvorschriften in ihrer Vielfalt aufbaut, letztlich zeitgebunden.

2 Der intellektuelle Vorgang, der mit dem Anliegen eines Allgemeinen Verwaltungsrechts angesprochen ist, weist einerseits Aspekte der **Abstraktion und Induktion**, dh der Ableitung des Allgemeinen aus dem Besonderen, andererseits Gemeinsamkeiten mit der **funktionellen Rechtsvergleichung**, dh mit der Feststellung von funktionsbezogenen Übereinstimmungen in der Unterschiedlichkeit des Rechtsstoffes auf (vgl aber auch KUCSKO-STADLMAYER, FS 125 Jahre VwGH, 2002, 39).

[3–8]

B. Themen des Allgemeinen Verwaltungsrechts

9 Einen wesentlichen Teil eines Allgemeinen Verwaltungsrechts bildet üblicherweise die Darstellung des Verwaltungs**organisationsrechts**. Die Verwaltungsorganisation ist in Österreich in einer im internationalen Vergleich besonders eingehenden Weise verfassungsrechtlich geregelt – nämlich bis hin zu den erstinstanzlichen Behörden – und im Übrigen weitgehend gesetzlich näher bestimmt. Im Vordergrund steht daher die systematische Zusammenschau der Fülle der organisationsrechtlichen Bestimmungen.

Was den zweiten Teil des formellen Rechts, das **Verfahrensrecht**, betrifft, so ist dieses im Hinblick auf die Erlassung von Bescheiden in den Verwaltungsverfahrensgesetzen näher geregelt und in dieser Hinsicht Gegenstand eingehender selbständiger monographischer Untersuchungen. Umso drastischer fällt demgegenüber der Mangel rechtlicher Regelung und die geringe rechtswissenschaftliche Durchdringung des Verfahrensrechts anderer Formen des Verwaltungshandelns auf.

Im Hinblick auf das **materielle** Recht dominieren naturgemäß die Bestimmungen der besonderen Verwaltungsvorschriften in ihrer jeweiligen Vielfalt, die als solche gerade nicht Gegenstand eines Allgemeinen Verwaltungsrechts sein sollen. Umso reizvoller ist es, gerade in diesen Zusammenhängen Rechtsbegriffe, allgemeine Rechtsgrundsätze und Interpretationsregeln aufzuspüren, die beitragen können, den Stellenwert von Bestimmungen des Besonderen Verwaltungsrechts in ein konkreteres systematisches Licht zu rücken.

Aus didaktischen Gründen scheint es zweckmäßig, erst den rechtlichen Rahmen 10
der Verwaltung in einer statischen Perspektive zu erläutern und dementsprechend mit dem **Organisationsrecht** zu beginnen, und erst in weiterer Folge den rechtlichen Rahmen für das Wirken dieser Verwaltung, das **Funktionsrecht**, zu beleuchten. Auf diese Weise wird eine in VfSlg 8466/1978 aufgegriffene und auch sonst gebräuchlich gewordene Unterscheidung zugrundegelegt (Bussjäger, Organisationshoheit und Modernisierung der Landesverwaltung, 1999, 103).

Diese Gliederung dient Zwecken der Darstellung und impliziert keine kategoriale Unterscheidung. Ganz treffend wurde nämlich bereits in VfSlg 8466/1978 hervorgehoben: „Zwischen ‚Organisation' (Einrichtung) und ‚Funktion' (Aufgaben) von Behörden besteht ein Verhältnis gegenseitiger Abhängigkeit. Insofern nämlich, als jede organisatorische Regelung notwendig auf die Bewältigung irgendwelcher Funktionen ausgerichtet ist und umgekehrt die Regelung jeglicher Funktion auf ihre organisatorische Bewältigung Bedacht nehmen muß. Niemals kann daher eine organisatorische Regelung auf zumindest globale Aussagen über die Art der der Behörde zukommenden Funktionen zur Gänze verzichten und es enthält umgekehrt jede funktionelle (materiellrechtliche) Regelung notwendig auch organisatorische Bezüge, das heißt Aussagen, die sich als konkrete Ergänzungen des abstrakten Organisationsrechtes darstellen. Organisation und Funktion fließen sohin derart ineinander, daß im Grenzbereich eine eindeutige Zuordnung allein vom Begriff her nicht möglich ist. Die Zuordnung muß sich deshalb in Zweifelsfällen daran orientieren, ob der Bezug der fraglichen Norm zur abstrakten Organisation oder ob der – voraussetzungsgemäß ebenfalls vorhandene – Bezug der Norm zur konkreten Funktion im Vordergrund steht" (vgl auch VfSlg 12331, 12470/1990).

[11–28]

II. „Verwaltung" und „Verwaltungsrecht"

A. Die „Verwaltung"

29 Die Verwaltungsrechtswissenschaft befasst sich nicht schlechthin mit „der Verwaltung", sondern mit dem „**Recht der Verwaltung**". Sie hat damit Schwierigkeiten, ihren eigenen Gegenstand zu umschreiben, wie sie kaum einer anderen Rechtswissenschaft geläufig sind. Im Kern steht nämlich nicht eine „Kodifikation", zu der einzelne „Nebengesetze" hinzutreten, sondern ein inhomogener Kreis von Rechtsvorschriften in einer einzigartigen Vielzahl und Vielfalt. Da gibt es zum einen Rechtsvorschriften „**für die Verwaltung**", also Rechtsvorschriften, die die Organisation der Verwaltung und ihr Verfahren regeln, sowie Rechtsvorschriften, die das Verwaltungshandeln in inhaltlicher Hinsicht bestimmen. Manche Gesetze berufen, was die Zuordnung weiter erschwert, zum Teil Verwaltungsorgane, zum Teil Gerichte zur Vollziehung (zB das MedienG und das UWG). Vielfach hat die Verwaltung bestimmte Rechtsvorschriften zwar nicht zu vollziehen, wohl aber (mit)anzuwenden oder wenigstens zu berücksichtigen (Rz 575ff); die moderne Rechtsordnung ist in hohem Maße „vernetzt". Es gibt zum anderen aber auch das „**von der Verwaltung**" stammende Recht, sei es in genereller oder in individueller Form, sowie das sonstige – stets irgendwie rechtserhebliche – Verwaltungshandeln.

30 Die Schwierigkeiten der Gegenstandsbestimmung setzen bereits ein, wenn man bestrebt ist, den im Zentrum des Begriffs „Verwaltungsrecht" stehenden Begriff der „**Verwaltung**" selbst zu klären (vgl auch Rill FS Antoniolli, 1979, 35). Die Verwaltung bildet zum einen eine Organisation, genauer einen vielfach gegliederten Organisationskomplex; in diesem Sinn kann man einen **Begriff der Verwaltung im organisatorischen Sinn** bilden. Ein solcher Begriff ist jedenfalls gemeint, wenn gemäß Art 94 B-VG die Justiz von „der Verwaltung" in allen Instanzen getrennt sein soll. Zum anderen bildet die Verwaltung eine Staatsfunktion, also eine bestimmte Summe von Aufgaben des Staates und Aufgabenwahrnehmungen für den Staat. In diesem Sinn kann man einen **Begriff der Verwaltung im funktionellen Sinn** bilden. Ein solcher Begriff ist gemeint, wenn gemäß Art 20 Abs 1 B-VG bestimmte Organe „die Verwaltung" führen.

31 Zur Verwaltung im **organisatorischen** Sinn zählen nach dem Konzept der österreichischen Bundesverfassung:

- die obersten Organe des Bundes (Bundespräsident, Bundesregierung, Bundesminister)
- die obersten Organe der Länder (Landesregierung, Landeshauptmann und die übrigen Mitglieder der Landesregierung)
- die ressortzugehörigen nachgeordneten Dienststellen, also jene Verwaltungseinrichtungen, die der „Leitung" (Art 20 Abs 1 B-VG) eines der vorgenannten obersten Organe unterstellt sind – unter diesen findet sich ua auch eine große Zahl weisungsfreier Kollegialorgane –; **ausgenommen** sind jedoch jene Organe, die bundesgesetzlich als „**Gerichte**" (Art 83 B-VG) eingerichtet sind.

- Überdies sind die (Organe der) Selbstverwaltungskörper (insb Gemeinden, Gemeindeverbände, Kammern) zur Verwaltung im organisatorischen Sinn zu zählen.
- Schließlich sind der Rechnungshof und die Volksanwaltschaft des Bundes und einzelne vergleichbare Einrichtungen der Länder als verfassungsrechtlich außerhalb eines administrativen Ressortverbandes eingerichtete Verwaltungsorgane hier anzuführen (Rz 135, 186).

Berücksichtigt man, dass in der vorstehenden Aufzählung nur „Organe" angesprochen sind, also Einrichtungen, denen eine selbständige Entscheidungsbefugnis zukommt, dann erkennt man, dass auch alle unselbständigen Hilfseinrichtungen, wie sozialversicherungseigene Ambulatorien, Straßenmeistereien oder administrative Rechenzentren, der Verwaltung im organisatorischen Sinn zugehören. Andererseits sind die Organe der Europäischen Gemeinschaften keine – österreichischen – Verwaltungsorgane im organisatorischen Sinn.

Auf die vorstehend skizzierte Weise lässt sich im Weg der Aufzählung der Kreis der „Verwaltung im organisatorischen Sinn" festlegen. Eine Ahnung vom Umfang des Begriffs der Verwaltungsorgane erhält man, wenn man einen Blick in den Katalog des Art II Abs 2 EGVG wirft und dabei bedenkt, dass nur Behörden, also nur Organe, denen bestimmte hoheitliche Befugnisse zukommen, angeführt sind und dass auch dieser Katalog zum Teil Gattungsbegriffe verwendet.

Im Hinblick auf diese Verwaltungsorgane kann man feststellen, dass sie im großen 32
und ganzen „**unter dem Recht der Weisung**" stehen, dh gegenüber nachgeordneten Organen aktiv weisungsberechtigt oder gegenüber vorgesetzten Organen passiv weisungsgebunden sind. Angesichts der Dominanz dieses Befundes kann man sagen, dass dieser Aspekt etwas Typisches und Regelmäßiges der Verwaltung im organisatorischen Sinn – gerade in Unterscheidung zur Gerichtsbarkeit – zum Ausdruck bringt. Freilich ist eine solche Charakterisierung mit dem Einwand konfrontiert, dass es Ausnahmen von diesem Grundsatz gibt und dass dieses Merkmal daher in Grenzfällen nicht zur „Problemlösung" beiträgt (vgl Funk FS Koja, 1997, 539).

Alles **Handeln** der vorgenannten Organe stellt Verwaltung im **funktionellen** Sinn 33
dar, gleichgültig, ob es normativer oder nicht-normativer Natur, ob es öffentlichrechtlicher oder privatrechtlicher Natur ist. Dies gilt auch dann, wenn ein Verwaltungsorgan an Akten anderer Staatsfunktionen „mitwirkt", etwa wenn der BPräs ein Bundesgesetz beurkundet, oder wenn Amtshilfe geleistet wird. Eine Ausnahme ist nur in dem Fall zu sehen, dass Organe des öffentlichen Sicherheitsdienstes (als unselbständige Hilfsorgane) Hilfsdienste bei der Durchsetzung richterlicher Befehle – und insoweit bei der Durchsetzung von Justizakten – leisten.

Damit ist freilich nur ein Kernbereich der Verwaltung im funktionellen Sinn angesprochen. Durch Verfassung oder Gesetz werden darüber hinaus – im Hinblick auf bestimmte Aufgaben – auch Tätigkeiten anderer Personen und Einrichtungen zur Verwaltung im funktionellen Sinn erklärt, was bedeutet, dass ihr Handeln insoweit als Verwaltungshandeln zu sehen ist. Beispielsweise bestimmt Art 30 Abs 6 B-VG, dass dem Präsidenten des Nationalrates im Hinblick auf bestimmte Angelegenheiten der Parlamentsverwaltung die Stellung eines „obersten Verwaltungsorgans" zukommt. Damit wird ein Gesetzgebungsorgan im organisatorischen Sinn für einen bestimmten Wirkungsbereich, nämlich für bestimmte administrative Geschäfte der Parlamentsverwaltung, zu einem Verwaltungsorgan im funktionellen Sinn erklärt. Ebenso ist die Tätigkeit der mit der Führung der Justizverwaltung betrauten Richter (Art 87 Abs 2 B-VG) als Verwaltung im funktionellen Sinn zu sehen.

34 Darüber hinaus zeigt das positive Recht, dass nicht nur Gebietskörperschaften (Bund, Länder und Gemeinden) und Selbstverwaltungskörperschaften, sondern auch andere Rechtspersonen und deren Organe mit der Wahrnehmung von Staatsaufgaben betraut und damit als Verwaltungsorgane im funktionellen Sinn anzusehen sind, sei es, dass die Gebietskörperschaften die Wahrnehmung von Staatsaufgaben auf selbständige Einrichtungen und Unternehmen „ausgliedern“, sei es, dass sie Dritte – juristische oder natürliche Personen – mit der Wahrnehmung von Staatsaufgaben betrauen. Obwohl in diesen Fällen nicht Organe des Staates, konkret: Verwaltungsorgane im organisatorischen Sinn, tätig werden, kann der Inhalt der Tätigkeit doch als Wahrnehmung von „Verwaltungsaufgaben“ zu qualifizieren sein.

35 Damit ist der Ausgangspunkt einer überaus schwierigen und – vor allem in Zeiten laufender „Privatisierungen“ – überhaupt nicht umfassend beantwortbaren Frage gewonnen: Wann ist das Handeln einer (von den Gebietskörperschaften und Selbstverwaltungskörperschaften verschiedenen) Rechtsperson Verwaltung im funktionellen Sinn? Zwei Punkte kann man in diesem Zusammenhang festhalten:

- Wenn Verwaltungsorgane von Gebietskörperschaften oder Selbstverwaltungskörperschaften handeln, mögen sie auch erwerbswirtschaftlich tätig werden, so ist dies, wie erwähnt, stets Verwaltung, gegebenenfalls „Privatwirtschaftsverwaltung“ (Rz 720, 746). Daher bildet zB auch das Vermieten von Räumen in einem kommunalen Freizeitzentrum eine Verwaltungstätigkeit.
- Werden andere natürliche oder juristische Personen (des öffentlichen Rechts oder des Privatrechts) tätig, so kann ihr Handeln nur dann als Verwaltung qualifiziert werden, wenn ein entsprechender rechtlicher **Aufgabendelegationszusammenhang** besteht (vgl auch die Erwägungen in VwGH 17. 11. 1999, 96/12/0207). In dieser Hinsicht ist weiter zu unterscheiden: Sind solche von Gebietskörperschaften verschiedene Rechtspersonen zu **hoheitlichem** Handeln befugt, dann stellt dieses stets Verwaltung dar, da nur der Staat das ihm vorbehaltene „*imperium*“ verleihen kann; daher ist es Verwaltungshandeln, wenn ein Arbeiter eines Bauunternehmens kraft straßenverkehrsrechtlicher Ermächtigung im Baustellenbereich den Verkehr „regelt“. Dagegen ist rein erwerbswirtschaftliches Handeln von Nicht-Gebietskörperschaften nicht Verwaltung, da der betreffenden Einrichtung oder Person auf diese Weise nichts „verliehen“ wird, was nicht ohnedies grundsätzlich jedermann offen steht. Daher ist es nicht Verwaltung, wenn zB ein Unternehmen Stahl produziert und verkauft, mag dieses Unternehmen auch zur Gänze im Eigentum des Bundes stehen. Es zeigt sich also, dass zur Bestimmung des „**Führens der Verwaltung**“ iS von Art 20 Abs 1 B-VG sowohl organisatorische als auch inhaltliche Bestimmungsgründe maßgeblich sind.

36 Umstritten ist freilich, ob jegliches privatrechtliches Handeln der von Gebietskörperschaften verschiedenen Rechtspersonen, also auch nicht rein erwerbswirtschaftliches Handeln, aus dem Verwaltungsbegriff auszuklammern ist. Die herrschende Lehre, die angesichts des Fehlens einer rechtlichen Festlegung des Kreises von Verwaltungsaufgaben allein auf die Handlungsform abstellen will, bejaht diese Frage angesichts der privatrechtlichen Form des Handelns (vgl Stolzlechner ZfV 1997, 1, A/F/H Rz 26.001, Holoubek ÖZW 2000, 34). In diesem Verständnis ist etwa der Verkehrswegebau durch staatliche Infrastrukturunternehmen (ASFINAG, HLAG) nicht „Verwaltung“. Geht man allerdings davon aus, dass auch Staatsaufgaben verschiedentlich in den Formen des Privatrechts wahrzunehmen sind, sodass es auch zur **Übertragung** von in privatrechtlichen Formen wahrzunehmenden Verwaltungsaufgaben auf

selbständige Rechtspersonen kommen kann, dann erweist sich eine solche Sicht als zu vereinfachend. ME gibt der Katalog von Staatsaufgaben in der verfassungsrechtlichen Kompetenzverteilung im Zusammenhalt mit den jeweils maßgeblichen gesetzlichen Ausgestaltungen zumeist hinreichende Anhaltspunkte für eine Zuordnung: Die Errichtung und die Erhaltung von Straßen durch Straßenbau-Aktiengesellschaften dienen nicht erwerbswirtschaftlichen Zwecken, sondern der in Art 10 Abs 1 Z 9 B-VG angelegten und in den Straßengesetzen näher ausgestalteten Aufgabe der Errichtung und Erhaltung von öffentlichen Straßen.

Besonders deutlich wird dieser Aufgabendelegationszusammenhang, wenn durch den maßgeblichen Rechtsakt privatwirtschaftliche Aufgaben, die bisher Verwaltungsaufgaben waren, explizit „übertragen“ werden. Weitere Anhaltspunkte für eine entsprechende Qualifikation sind darin zu sehen, dass sich eine Gebietskörperschaft besondere Ingerenzbefugnisse (Rz 404) auf die Rechtsperson vorbehält oder hinsichtlich der Aufgabenwahrnehmung und Finanzierung eine subsidiäre Haftung trägt (vgl auch Kucsko-Stadlmayer 15. ÖJT I/1, 19, 23, 38, 43, 68).

Eine endgültige Beurteilung dieser verbleibenden Kontroversen ist im vorliegenden Zusammenhang freilich nicht erforderlich. Dies erklärt sich daraus, dass der Jurist stets mit konkreten Rechtsfragen konfrontiert ist. Es stellt sich daher nicht die Frage, ob ein bestimmtes Handeln „Verwaltung“ – gleichsam an und für sich – ist, sondern allein, ob es „Verwaltung“ im Sinn einer bestimmten Rechtsvorschrift ist. Beispielsweise ist das Umweltbundesamt heute als GmbH ausgegliedert (§ 5 UmwKG). Sein nichthoheitliches Handeln gilt daher im Sinn der herrschenden Lehre nicht als „Verwaltung“. Im Hinblick auf das Recht auf Umweltinformation gilt das Umweltbundesamt – angesichts der ihm durch § 6 UmwKG übertragenen Aufgaben – jedoch als „Organ der Verwaltung“ im konkreten Sinn des § 3 Abs 1 Z 2 UmwInfG.

Darüber hinaus gilt ganz allgemein, dass es für die Zwecke der Anwendung der Grundrechte, des Gemeinschaftsrechts oder auch der Finanzverfassung nicht auf formell-organisatorische Kriterien, sondern auf den „**Staat im funktionellen Sinn**“ und damit auf eine materielle Würdigung der Aufgabenzusammenhänge ankommt (deutlich VfSlg 10841/1986, 10933/1986).

B. Das „Verwaltungsrecht“

Die in Grenzbereichen verbleibende Unschärfe des Begriffs der „Verwaltung“ schlägt naturgemäß auch auf Bemühungen zur Bestimmung des Begriffs „**Verwaltungsrecht**“ durch. Ganz allgemein ist festzuhalten, dass bei jedem Rechtsbereich zwei Arten von Regelungen zu unterscheiden sind (Rz 490): 37

- das formelle Recht, welches einerseits das **Organisationsrecht** (Errichtung und Ausgestaltung von Verwaltungseinrichtungen, Festlegung ihres Wirkungsbereichs; zB BMinG) und andererseits das **Verfahrensrecht** (Ordnung von Entscheidungsabläufen, zB AVG) beinhaltet, und
- das **materielle Recht**, welches einerseits Verhaltenspflichten der Rechtsunterworfenen statuiert und andererseits die inhaltlichen Entscheidungsdeterminanten für Organe (der Verwaltung) enthält.

Es würde nun nahe liegen, alle „für die Verwaltung“ erlassenen Bestimmungen definitorisch als „Verwaltungsrecht“ festzulegen. Eine nähere Betrachtung legt es allerdings nahe, die Unterscheidung von öffentlichem Recht und Privatrecht (Rz 497) zu berücksichtigen und entsprechend zu differenzieren: 38

Bestimmungen, welche die Staatsorganisation – dh die Organisation der Gebietskörperschaften und der Selbstverwaltungskörper – regeln, sind stets öffentlich-rechtlicher Natur; dementsprechend zählen alle Bestimmungen, welche die Organisation der Verwaltung im organisatorischen Sinn regeln, ausnahmslos zum Verwaltungsrecht. Andererseits ist das Organisationsrecht jener mit Aufgaben der Verwaltung betrauten Rechtspersonen, die weder Gebietskörperschaften noch Selbstverwaltungskörper sind, teils öffentlich-rechtlicher Natur (zB bei Anstalten des öffentlichen Rechts), teils privatrechtlicher Natur (zB bei öffentlichen Unternehmen).

Bestimmungen auf dem Gebiet der Willensbildung und der Verfahrensabläufe der Verwaltung im organisatorischen Sinn sind im Allgemeinen öffentlich-rechtlicher Natur; allerdings können nach außen wirkende administrative Abläufe in den Angelegenheiten der Privatwirtschaftsverwaltung (zB der Abschluss von Verträgen) zivilrechtlichen Regeln unterliegen. Soweit Verwaltungsaufgaben von juristischen Personen des Privatrechts wahrgenommen werden, unterliegt darüber hinaus auch die Willensbildung (zB ein Vorstandsbeschluss) privatrechtlichen Regeln.

Materiell-rechtliche Determinanten für administratives Handeln zählen in allen Fällen jedenfalls dann zum öffentlichen Recht, wenn es sich um die Wahrnehmung hoheitlicher Aufgaben handelt. Soweit daher Regelungen einer BauO oder einer GewO bestimmte administrative Bewilligungen zum Gegenstand haben, stellen sie unzweideutig Verwaltungsrecht dar. Die mit Aufgaben der Verwaltung betrauten Organe und Einrichtungen haben aber auch privatrechtliche Geschäfte wahrzunehmen. In diesem Zusammenhang ist zu unterscheiden: Erwirbt zB die Liegenschaftsverwaltung einer Gemeinde ein Grundstück, so unterliegt sie dabei – grundsätzlich wie jedermann – den Bestimmungen des bürgerlichen Rechts. Die Verwaltung hat diese Bestimmungen nicht zu „vollziehen“, sondern – wie jedermann – „anzuwenden“. Die Bestimmungen des bürgerlichen Rechts werden also nicht dadurch zu Verwaltungsrecht, dass sie – auch – von der Verwaltung angewendet werden. Hat ein Verwaltungsorgan dagegen über ein Ansuchen auf Wohnbauförderung zu entscheiden, so hat es in diesem Zusammenhang die näheren Bestimmungen des betreffenden WBFG zu vollziehen: Zwar handelt es sich beim Förderungsvertrag um einen privatrechtlichen Vertrag, im Hinblick auf welchen auch die betreffende Gebietskörperschaft als Vertragspartner dem ABGB unterliegt, dagegen regeln die Bestimmungen des WBFG, unter welchen Voraussetzungen und mit welchen Inhalten die Verwaltungsorgane Förderungsverträge abschließen dürfen. Daher kann man solche spezifisch das (privatrechtliche) Verhalten von Verwaltungsorganen regelnden Bestimmungen als Verwaltungsrecht qualifizieren.

39 Schließlich ist, wie einleitend festgestellt wurde, zu berücksichtigen, dass das Verwaltungsrecht nicht nur Bestimmungen „für die Verwaltung“, sondern zum Teil auch das „**von der Verwaltung**“ geschaffene Recht umfasst. Auch in diesem Zusammenhang ist die Unterscheidung von öffentlichem Recht und Privatrecht maßgeblich: Erlässt eine Gemeinde zB eine ortspolizeiliche Verordnung, so schafft sie damit Verwaltungsrecht. Erlässt eine Gemeinde dagegen „Beförderungsbedingungen“ für ihren Straßenbahnbetrieb, so handelt es sich um etwas ähnliches wie Allgemeine Geschäftsbedingungen, jedenfalls um einen zivilrechtlichen Akt; er ist dementsprechend nicht als Verwaltungsrecht zu qualifizieren.

Eine endgültige Präzisierung ist letztlich auch in diesem Zusammenhang nicht erforderlich. In der praktischen Arbeit stellt sich nämlich nicht die abstrakte Frage, ob es sich bei einer Bestimmung um „Verwaltungsrecht“ – an und für sich – handelt. Im Allgemeinen stellt sich vielmehr die Frage, ob es sich um eine „Verwaltungsvorschrift“

im Sinn einer bestimmten Regelung handelt (zB Art VI Abs 2 EGVG, § 3 AgrVG, § 17 Abs 1 UVP-G, § 356b GewO, § 5a Abs 1 SPG); solche Fragen sind jedoch anhand einer konkreten systematischen Interpretation der betreffenden Rechtsvorschrift zu beantworten.

III. Rechtsbegriffe

A. Rechtsbegriffe und wissenschaftliche Begriffe

40 Jede Rechtswissenschaft arbeitet mit speziellen juristischen Fachbegriffen, es sind dies einerseits Rechtsbegriffe, andererseits wissenschaftliche Begriffe. Bei den **Rechtsbegriffen** handelt es sich um jene Begriffe, die in den Rechtsvorschriften selbst – als Verfassungsbegriffe, Gesetzesbegriffe, Verordnungsbegriffe – verwendet werden. Ihr Inhalt ist entsprechend allgemeinen Auslegungsregeln im Wege der Interpretation zu ermitteln. Wenn der (Verfassungs)Gesetzgeber in Art 144 B-VG vom „Bescheid" spricht, dann kommt es nicht darauf an, was man zweckmäßigerweise unter einem „Bescheid" verstehen sollte, sondern allein darauf, was das rechtssetzende Organ in diesem Zusammenhang unter einem „Bescheid" verstanden wissen wollte. In diesem Sinn kann sich eine durch Auslegung gewonnene Begriffserklärung anhand des geltenden Rechts als „richtig" oder „falsch" erweisen.

41 Gerade im Allgemeinen Verwaltungsrecht finden sich freilich zahlreiche Begriffe, die nicht Rechtsbegriffe, sondern wissenschaftliche Zweckschöpfungen zur besseren Ordnung, Systematisierung und Darstellung der Fülle der Phänomene des geltenden Rechts bilden. Wenn sie sich als tauglich erweisen, treten sie in allgemeine Verwendung, werden von Lehrbuch zu Lehrbuch oder auch von Judikat zu Judikat tradiert und bilden in diesem Sinn „**wissenschaftliche Begriffe**". Jedem Interpreten steht es frei, eine andere begriffliche Systematik zu entwickeln. Einen Erkenntnisfortschritt wird eine solche Neuerung dann bilden, wenn sie zu einer besseren Ordnung, Systematisierung und Darstellung der Phänomene des geltenden Rechts führt. Beispielsweise kann man sich die Frage stellen, ob der zusammenfassende Begriff „Verwaltungsakt" eine vertiefte Einsicht ermöglicht, oder ob die Bezeichnung „obrigkeitliche Verwaltung" für einen Teil der Hoheitsverwaltung eine zweckdienliche Gliederung von Formen des Verwaltungshandelns ermöglicht. Wissenschaftliche Begriffe in diesem Sinn können nicht wahr oder falsch, sondern nur „zweckentsprechend" oder „unzweckmäßig" sein.

Vorsicht ist geboten, wenn ein und derselbe Terminus sowohl als Rechtsbegriff als auch als wissenschaftlicher Begriff Verwendung findet. Beispielsweise ordnet Art 106 B-VG an, dass der Landesamtsdirektor das „Hilfsorgan" des Landeshauptmanns ist. Es wird aber auch der gesamte „Apparat", das Amt der Landesregierung, als Hilfsorgan des Landeshauptmanns (und der anderen obersten Landesverwaltungsorgane) bezeichnet, was wohl nicht das gleiche ist (Rz 129f).

Obwohl angesichts des Grundsatzes der Einheit der Rechtsordnung eine gewisse (schwache) Vermutung besteht, dass der Gesetzgeber gleiche Begriffe an verschiedenen Stellen der Rechtsordnung in der gleichen Bedeutung gebraucht, gibt es auch eklatante Ausnahmen. Beispielsweise ist der Begriff „Rechtsträger" in den Art 23 und 121 B-VG nicht gleichbedeutend mit demselben Begriff im DatSchG (Rz 81). Es lohnt sich, in solchen Fällen die typisch juristische Formulierung „Rechtsträger **im Sinn von** Art 23 B-VG" o dgl zu verwenden.

Soweit in verwaltungsrechtlichen Zusammenhängen staatsvertragliche oder gemeinschaftsrechtliche Rechtsbegriffe erheblich sind, ist bedeutsam, dass es sich um „**autonom**“, dh aus dem betreffenden rechtlichen Kontext zu ermittelnde Begriffe handelt, dass ihnen also nicht das Sinnverständnis entsprechender *termini* des nationalen Rechts zugrundegelegt werden darf (zB EuGH 2000 I-6917, Rz 43; Potacs 14. ÖJT I/1, 47). Beispielsweise meint der Begriff „gewerblich“ in österreichischen Rechtsvorschriften im Allgemeinen jede Tätigkeit, die selbständig, regelmäßig und ertragsorientiert durchgeführt wird; im Rahmen wirtschaftsrechtlicher Vorschriften sind meist nur die der GewO unterliegenden Tätigkeiten angesprochen. Im Rahmen der gemeinschaftsrechtlichen Terminologie werden dagegen „gewerbliche“ Tätigkeiten den „handwerklichen“ und den „kaufmännischen“ gegenübergestellt (vgl Art 50 EGV), der Begriff wird also in einer noch engeren Bedeutung verwendet. 42

Als allgemein geläufige Präzisierungen zur besseren Unterscheidung wissenschaftlicher Begriffe finden sich die Beifügungen: „im organisatorischen Sinn“, „im funktionellen Sinn“ und „im materiellen Sinn“. Ein Begriff (zB der Staat, die Regierung, die Polizei) wird dann „**im organisatorischen Sinn**“ verwendet, wenn auf eine (bestimmte) Summe von Organen abgestellt wird. Eine Umschreibung **im funktionellen Sinn** stellt auf Zwecke und Tätigkeiten, insb auf die Zurechnung von Tätigkeiten ab. Polizei im funktionellen Sinn muss beispielsweise nicht notwendig von Polizeiorganen im organisatorischen Sinn ausgeübt werden, nicht jede Tätigkeit eines Regierungsorgans im organisatorischen Sinn ist Regierung im funktionellen Sinn. Selten haben im Verwaltungsrecht „**im materiellen Sinn**“ gebrauchte Begriffe, bei denen es auf bestimmte Inhalte oder Aufgabenbereiche ankommt, rechtliche Bedeutung. Beispielsweise findet sich der Begriff der „Sicherheitsverwaltung im materiellen Sinn“ (Rz 264), der sich als Summe bestimmter Verwaltungsagenden erweist, oder der Begriff „Justizverwaltung im materiellen Sinn“ (Rz 194), der ebenfalls bestimmte Inhalte (Agenden) meint. 43

B. „Verwaltung“ als Rechtsbegriff

An zahlreichen Stellen verwendet die Bundesverfassung den Begriff „**Verwaltung**“ – für sich oder in Zusammensetzungen – als Rechtsbegriff. Wenn Art 18 Abs 1 B-VG bestimmt, dass die gesamte staatliche Verwaltung nur auf Grund der Gesetze ausgeübt werden darf, so wird an dieser Stelle – qua „ausgeübt“ – auf (staatliche) Verwaltung im funktionellen Sinn abgestellt. Wenn nach Art 94 B-VG die Verwaltung von der Justiz in allen Instanzen getrennt ist, dann sind – qua „Instanzen“ – alle Organe der Verwaltung im organisatorischen Sinn in Gegenüberstellung zu den Justizorganen gemeint. 44

Art 20 Abs 1 B-VG spricht vom „**Führen der Verwaltung**“. Es handelt sich um einen funktionellen Begriff, der Verwaltungsfunktionen – im Unterschied zu Gesetzgebungs- und Justizfunktionen – in einen durch das verfassungsrechtliche Demokratiemodell (Rz 353) geprägten Leitungs- und Verantwortungszusammenhang einbindet und bestimmten Organtypen zuordnet. Verschiedentlich wurde erwogen, ob sich diese Regelung nur auf einen „bürokratischen Kern“ der „staatlichen Verwaltung“ ieS bezieht. Weder der Text noch die systematische Stellung der Bestimmung noch auch ihr demokratiepolitischer Zweck rechtfertigen eine solche Annahme, Art 20 Abs 1 B-VG erfasst vielmehr alle organisatorischen Modelle des „Führens der Verwaltung“ (vgl Raschauer in K/H zu Art 20/1 B-VG, Rz 56). Andererseits wurde in Frage gestellt, ob diese Bestimmung jegliche Tätigkeit in administrativen Zusammenhängen erfassen 45 soll. In dieser Hinsicht ist in der Tat zu erkennen, dass das B-VG grundsätzlich nur das außenwirksame Handeln der Verwaltung regelt. Drastisch formuliert: die Reinigung von Amtsgebäuden stellt sich in diesem Sinn nicht als „Führen der Verwaltung“ iS von Art 20 Abs 1 B-VG dar.

46 Art 18 Abs 1 B-VG bezieht sich auf die **„staatliche Verwaltung“** (Art 18 Abs 1 B-VG). Im Allgemeinen wird mit diesem Begriff die Verwaltung des Bundes und der Länder angesprochen. Daher ist dieser Begriff der „staatlichen Verwaltung“ (im engeren Sinn) zunächst einmal als Gegenstück zur „Selbstverwaltung“ der Selbstverwaltungsträger (Rz 307) zu verstehen. Tatsächlich stellt auch die Bundesverfassung die „staatlichen Behörden“ begrifflich zB den Gemeindeorganen gegenüber (Art 118 Abs 7 B-VG). Als Rechtsbegriff in Art 18 Abs 1 B-VG bestimmt der Begriff der „staatlichen Verwaltung“ jedoch den sachlichen Anwendungsbereich des Grundsatzes der Gesetzesbindung (Rz 573). Soll das besagen, dass die Selbstverwaltung nicht an die Gesetze gebunden ist? Im kompetenzrechtlichen Sinn nimmt die Selbstverwaltung stets Verwaltungsaufgaben aus dem Verbandsbereich des Bundes oder dem der Länder wahr (Rz 206). Angesichts der grundsätzlichen Bedeutung der Bestimmung des Art 18 B-VG und ihrer Stellung im allgemeinen Teil des Verfassung (Art 1–23f B-VG) – der im Übrigen für alle Gebietskörperschaften und zum Teil auch für Selbstverwaltungskörper maßgebliche Regeln enthält –, ist davon auszugehen, dass in Art 18 Abs 1 B-VG der Begriff „staatlich“ in einem **weiteren Sinn**, der auch die Selbstverwaltung umschließt, gemeint ist.

Seit dem Beginn der Wirksamkeit der Mitgliedschaft der Republik Österreich bei der Europäischen Union hat der Begriff der „staatlichen“ Verwaltung eine weitere Abgrenzungsfunktion erhalten. Die Organe der Europäischen Gemeinschaften sind Organe supranationaler Rechtspersonen und jedenfalls keine staatlichen Organe im Sinn unserer Verfassung. Ihr Handeln unterliegt daher selbstverständlich nicht Art 18 B-VG. Dagegen stellt sich das Handeln österreichischer Verwaltungsorgane in Vollziehung des Gemeinschaftsrechts (Rz 215, 485, 628) als staatliche Verwaltung dar.

47 Präziser zu fassen ist es, wenn an anderen Stellen der Bundesverfassung von den „Organen des Bundes, der Länder und der Gemeinden“ (Art 22 B-VG) oder von den „mit Aufgaben der Bundes-, Landes- und Gemeindeverwaltung betrauten Organen“ (Art 20 Abs 3 und 4 B-VG) die Rede ist. Wie allein diese Beispiele zeigen, baut die Bundesverfassung auf der Unterscheidung von organisatorischen und funktionellen Aspekten auf: Es gibt zB Bundesorgane **im organisatorischen Sinn** – sie werden vom Bund eingerichtet und erhalten (Rz 122) – und Bundesorgane **im funktionellen Sinn**, dh Organe, die Aufgaben des Bundes wahrnehmen, wessen Organe im organisatorischen Sinn sie auch immer sein mögen. Beispielsweise ist der Landeshauptmann ein Landesorgan im organisatorischen Sinn, er wird aber – im Bereich der sog mittelbaren Bundesverwaltung (Rz 272) – auch für den Bund und insoweit als Bundesorgan im funktionellen Sinn tätig. Sein Handeln im Bereich der mittelbaren Bundesverwaltung ist dem Bund **„zuzurechnen“**, dh im Rechtssinn gilt es als Handeln des Bundes.

48 Gegenstand des Interesses der Wissenschaft vom Verwaltungsrecht sind nicht nur der Bund, die Länder und die Gemeinden und ihre Organe. Neben diesen als Gebietskörperschaften (Rz 85) bezeichneten juristischen Personen finden sich zahlreiche **weitere juristische Personen**, im Verbandsbereich des Bundes etwa die Wirtschaftskammer Österreich als Körperschaft des öffentlichen Rechts oder die Österreichischen Bundesbahnen als GmbH. Es handelt sich um selbständige juristische Personen, daher sind ihre Organe Organe der betreffenden Rechtsperson, nicht aber

Organe des Bundes. Dies ist überall dort maßgeblich, wo es auf die **organisatorische Stellung** ankommt.

Konfrontiert mit einer Beschwerde wollte die Volksanwaltschaft die (damals) bundeseigene Austria Tabakwerke AG überprüfen. Die Volksanwaltschaft ist gemäß Art 148a Abs 1 B-VG zur Prüfung von behaupteten Missständen „in der Verwaltung des Bundes einschließlich dessen Tätigkeit als Träger von Privatrechten“ zuständig. Der VfGH (VfSlg 13323/1992) verstand den Begriff Verwaltung „des Bundes“ – aus dem systematischen Kontext wohl zu Recht – als organisatorischen Begriff. Da die Tätigkeit der ATW-Organe „Verwaltung der ATW-AG“ und nicht „Verwaltung des Bundes“ war, ergab sich die Konsequenz der Unzuständigkeit der Volksanwaltschaft.

Grundsätzlich ist das Handeln der Organe einer juristischen Person der betreffen- 49
den juristischen Person, nicht aber einer anderen juristischen Person zuzurechnen: Der Bahnkunde schließt zB nicht mit dem Bund, sondern mit den ÖBB einen Beförderungsvertrag. Immer wieder werden aber auch von den Gebietskörperschaften verschiedene Rechtspersonen mit der Wahrnehmung von Aufgaben der Gebietskörperschaften betraut. Beispielsweise führt die Austro Control GmbH im Auftrag des Bundes bestimmte luftfahrtbehördliche Aufgaben durch. Ihre Organe werden insoweit als Bundesorgane im funktionellen Sinn tätig. Dies ist überall dort maßgeblich, wo es auf die **funktionelle Zurechnung** ankommt.

Erleidet beispielsweise jemand durch das luftfahrtbehördliche Handeln der Organe der Austro Control GmbH einen Schaden, so wäre eine Amtshaftungsklage – da es nach der Haftungsnorm des Art 23 B-VG nicht auf organisatorische Zusammenhänge ankommt, sondern darauf, „für wen“ ein Organ gehandelt hat – gegen den Bund zu richten (Rz 735a).

[50]

II. Teil: Organisationsrecht

IV. Grundbegriffe des Organisationsrechts

A. Einleitung

51 Die einleitenden Überlegungen haben erkennen lassen, dass „die Verwaltung“ keinen einheitlichen Körper bildet, dass der Rechtssuchende vielmehr mit einer großen Zahl von juristischen Personen konfrontiert ist. Zur Beantwortung verwaltungsrechtlicher Fragen ist daher auf einer elementaren Ebene oft zuerst die Klärung von **Zurechnungsfragen** erforderlich: Liegt in einem bestimmten Fall überhaupt Verwaltung – im organisatorischen bzw im funktionellen Sinn – vor? „Wer“ hat im Rechtssinn eigentlich gehandelt?

52 Der „Staat“ ist – von „innen“ betrachtet – keine einheitliche juristische Person, er ist vielmehr eine zusammenfassende Bezeichnung für bestimmte juristische Personen, insb den Bund, die Bundesländer und die Gemeinden. Wenn eine Klage – in veralteter Redeweise – gegen die „Republik Österreich“ gerichtet ist, meint sie zumeist in Wahrheit den „Bund“ (zB VwGH 28. 11. 2000, 99/14/0132, 20. 9. 2001, 2000/06/0103). Dies schließt nicht aus, dass Staaten von „außen“ als einheitliche Rechtspersonen gesehen werden, zB als „Vertragsparteien“ im völkerrechtlichen Verkehr oder als „Mitgliedstaaten“ im Europäischen Gemeinschaftsrecht. Eine der Aufgaben des nationalen Rechts ist es, die entsprechenden Rechte und Pflichten den einzelnen Gebietskörperschaften zuzuordnen (vgl zB Art 10 Abs 1 Z 2, 23d Abs 5 B-VG ua).

Die Frage, wer im Rechtssinn handelt, wem ein bestimmtes Verhalten zuzurechnen ist, stellt sich auch auf Seiten der Bürger: Wenn etwa eine „Bürgerinitiative“ eine beabsichtigte Demonstration anzeigt oder wenn eine „Arbeitsgemeinschaft“ von Bauunternehmen eine behördliche Bewilligung beantragt, soll dann die Verwaltung auf ein solches Anbringen eingehen, hat sie es überhaupt mit einer Rechtsperson zu tun, die fähig ist, in einem Verwaltungsverfahren als Beteiligte aufzutreten und die als möglicher Adressat einer Entscheidung in Betracht kommt?

[53]

B. Der Begriff der „juristischen Person“

54 Definitorisch ist unter einer juristischen Person „**jeder von der natürlichen Person verschiedene Träger von Rechten und Pflichten**“ zu verstehen. Personengemeinschaften können ebenso juristische Personen sein wie Vermögensmassen, wenn ihnen der Gesetzgeber Rechte und/oder Pflichten zuordnet. Umgekehrt erkennt man aus der Zuordnung von Rechten und Pflichten das Bestehen einer juristischen Person.

Ausschlaggebend ist, dass diese Rechte und Pflichten einer von der natürlichen Person verschiedenen Entität – und nicht ihren Mitgliedern oder Organen – rechtlich zugeordnet sind. Es wäre verfehlt, aus dem Umstand, dass letztlich immer Menschen handeln, zu folgern, dass die juristische Person nur einen rechtskonstruktiven „Umweg“ bei der Zuordnung von Rechten und Pflichten bilde. Die Organe einer juristischen Person nehmen **fremde**, nicht eigene Rechte und Pflichten wahr (Rz 108).

Besonders sichtbar wird dies, wenn eine juristische Person zB mit einem Organwalter einen Dienstvertrag abschließt.

Die ad hoc zu einer Vorlesung zusammenkommende „Hörsaalgemeinschaft" stellt keine juristische Person dar, weil es keine gesetzliche Bestimmung gibt, die dieser Personenmehrheit ein Recht oder eine Pflicht zuordnet. Andererseits gibt es offenbar eine Reihe von Rechten und Pflichten „der Hochschülerschaft" als der gesetzlichen Interessenvertretung der Studierenden: durch ihre Organe fasst sie Beschlüsse, bringt sie Anträge bei staatlichen Behörden ein und wirkt sie in der universitären Selbstverwaltung mit. Aus den gesetzlichen Zurechnungsregeln ergibt sich, dass hier nicht Privathandeln bestimmter Funktionäre vorliegt, sondern Handeln im Namen „der Hochschülerschaft", aus dem „die Hochschülerschaft" als solche – unabhängig von ihrem wechselnden Mitgliederstand – berechtigt und verpflichtet wird. 55

Mehrere Bauunternehmen können sich für ein Großvorhaben zu einer Arbeitsgemeinschaft zusammenschließen. Sie schließen zu diesem Zweck einen bürgerlich-rechtlichen Gesellschaftsvertrag, der freilich grundsätzlich nur „obligatorisch", dh schuldrechtlich im Innenverhältnis zwischen den ARGE-Mitgliedern wirkt; nach außen entsteht bei einer solchen „GesBR" keine juristische Person. Dementsprechend kann eine solche ARGE auch keine Gewerbeberechtigung erlangen, für die Gewerbebehörde besteht nach wie vor eine Mehrzahl selbständiger Bauunternehmen, von denen jedes für sich eine Gewerbeberechtigung benötigt. Für ein „joint venture" auf einer ausländischen Baustelle kann dagegen die Bildung einer gemeinsamen GmbH zweckmäßig sein; durch einen solchen, im Firmenbuch zu registrierenden, Gesellschaftsvertrag entstehen nicht nur Rechte und Pflichten im Innenverhältnis, sondern auch eine neue Rechtsperson nach außen, die „im eigenen Namen und für eigene Rechnung" tätig wird, die als solche klagen und geklagt werden kann. Dementsprechend kann sie – bei Bestellung eines geeigneten Geschäftsführers – eine Gewerbeberechtigung erlangen.

Eine für das österreichische Verwaltungsrecht beachtliche Rechtspersönlichkeit als juristische Person kann sich auch aus dem Europäischen **Gemeinschaftsrecht** ergeben. Bereits kraft Primärrechts kommt der „Europäischen Gemeinschaft" in den Mitgliedstaaten Rechtspersönlichkeit zu (Art 281, 282 EGV; vgl auch Art 107 Abs 2 EGV bezüglich der Europäischen Zentralbank und Art 266 EGV bezüglich der Europäischen Investitionsbank). Darüber hinaus wird eine für die Rechtsordnungen der Mitgliedstaaten beachtliche Rechtspersönlichkeit auch immer wieder sekundärrechtlich geschaffen (vgl zB Art 59 der VO 2303/93/EG betreffend die Europäische Arzneimittelagentur: „Die Agentur ist eine juristische Person. Sie besitzt in jedem Mitgliedstaat die weitestgehende Rechts- und Geschäftsfähigkeit, die juristischen Personen nach dessen Rechtsvorschriften zuerkannt ist"). Schließlich ergibt sich aus **völkerrechtlichen** Bestimmungen eine für das nationale Verwaltungsrecht relevante Rechtspersönlichkeit von Staaten, aber auch von Internationalen Organisationen und zwischenstaatlichen Einrichtungen, insb auf Grund von „Amtssitzabkommen". Vgl zur Zuerkennung der Rechtspersönlichkeit an NGOs § 3 des BG BGBl 174/1992. 56

Wie die vorstehenden Beispiele zeigen, gibt es Verbände, die durch das **Organisationsrecht** „als juristische Personen" eingerichtet sind, seien dies privatrechtliche (zB AktG, GmbHG), seien dies öffentlich-rechtliche Bestimmungen (zB § 1 Abs 4 Satz 3 ParteienG, § 32 Abs 1 ASVG – Sozialversicherungsträger, § 1 Abs 1 FMABG, § 1 Abs 1 ORF-G, § 1 Abs 1 Satz 2 AMSG, § 1 Abs 3 VersöhnungsfondsG, § 1 Abs 1 BinnenschifffahrtsfondsG, § 74 Abs 2 WRG – Wassergenossenschaften, § 70 Abs 4 ForstG – Bringungsgenossenschaften). Mit dem Akt der Errichtung – durch Gesetz oder in den gesetzlich vorgezeichneten Formen – wird in solchen Fällen eine Entität geschaffen, der von der Rechtsordnung als solcher „Rechtspersönlichkeit" zuerkannt wird, die also ein Zurechnungssubjekt ist, die in einem noch näher zu bestimmenden Umfang „rechtsfähig" ist. 57

Rechte und Pflichten können von den natürlichen Personen verschiedenen Entitäten aber auch durch das **Funktionsrecht** zugeordnet werden. In diesem Punkt zeigt 58 sich eine Divergenz gegenüber dem im **Zivilrecht** herrschenden Verständnis (vgl Vonkilch JBl 2000, 77; Aicher in Rummel, zu § 26). **§ 26 ABGB** bestimmt ganz allgemein, dass „erlaubte Gesellschaften im Verhältnis gegen andere in der Regel gleiche Rechte mit den einzelnen Personen genießen". Eine ordnungsgemäß gebildete Kapitalgesellschaft und ein ordnungsgemäß angezeigter Verein bilden „erlaubte Gesellschaften". Daher genießen sie eine von der Rechtspersönlichkeit der Anteilseigner bzw der Mitglieder unabhängige eigene Rechtsfähigkeit, und zwar grundsätzlich Vollrechtsfähigkeit. Nicht jedem erlaubten Zusammenschluss kommt freilich Rechtspersönlichkeit zu. Die Zivilrechtslehre entnimmt dem Begriff der „Gesellschaft", dass bei einer juristischen Person insb ein Mindestmaß an Organisation und eine Interesseneinheit vorliegen müssen, wie sie eben bei einem Verein, nicht aber zB bei einer Gesellschaft bürgerlichen Rechts gegeben sind. Wenn daher der Materiengesetzgeber einer GesbR Rechte und Pflichten zuordnet, so wird sie damit in diesem Verständnis nicht zu einer juristischen Person.

59 Im **öffentlichen Recht** herrscht eine funktionelle Betrachtungsweise vor, nämlich der Grundsatz der **Relativität der Rechtsfähigkeit**: Eine juristische Person besteht „im Hinblick auf die ihr zugeordneten Rechte und/oder Pflichten". Die Rechtsordnung kann nämlich Rechtsfähigkeit bzw Rechte und Pflichten auch Entitäten zuordnen, die keine organisierten Interesseneinheiten sind. Ein anschauliches Beispiel bilden die sog „wahlwerbenden Parteien", das sind jene – von den politischen Parteien zu unterscheidenden – Unterschriftslisten, mit denen Interessenten bei einer Wahl kandidieren. Wer eine solche Unterstützungserklärung unterschreibt, denkt wohl nicht daran, dass er an der Entstehung einer juristischen Person mitwirkt. Wenn allerdings die erforderlichen Mindestvoraussetzungen erreicht sind, dann kommen einer solche Unterschriftenliste nach der betreffenden Wahlordnung einige wenige Rechte zu (zB Beisitzer zu nominieren, das Wahlergebnis wegen Rechtswidrigkeit anzufechten). „In dieser Hinsicht" – und nur in dieser Hinsicht (andere Rechte und Pflichten kommen ihr nicht zu) – ist eine wahlwerbende Partei eine juristische Person. Eine wahlwerbende Partei ist daher „die zur juristischen Person erhobene Unterschriftenliste", die durch ihren Zustellungsbevollmächtigten handelt.

Ein ähnliches Phänomen wurde in § 19 Abs 4 UVP-G mit der sog „Bürgerpartei" geschaffen. Mit einer entsprechenden Zahl von Unterschriften entsteht eine neue Rechtsperson, deren Rechtsfähigkeit sich allerdings darin erschöpft, dass sie – vertreten durch ihren Zustellungsbevollmächtigten – im UVP-Verfahren bestimmte Einwendungen erheben und Rechtsmittel ergreifen darf. Irgendeine Form kollektiver Willensbildung ist nicht vorgesehen (vgl VfSlg 16242/2001 und in einem ähnlichen Zusammenhang VwSlg 15525 A/2000).

60 In VfGH 13. 6. 2002, A 35/00 wurde formuliert: „Billigt die Rechtsordnung einem außermenschlichen Gebilde auch nur ein einziges Recht zu, dann ist eine juristische Person geschaffen, die dieses Recht, allerdings auch nur dieses Recht, mit allen rechtlichen Mitteln verteidigen kann". Daraus erhellt, dass im Rahmen der Anwendung verwaltungsrechtlicher Vorschriften auch Entitäten als juristische Personen gelten, die aus der Perspektive des bürgerlichen Rechts nicht als juristische Personen qualifiziert werden. Beispielsweise können auch OHG, KG, OEG und KEG nach § 9 Abs 1 GewO eine Gewerbeberechtigung erlangen. Nach § 23 Z 2 EStG können über die genannten Personengesellschaften hinaus auch bestimmte GesbR – als sog „Mitunternehmerschaften" – Steuersubjekte sein (vgl auch §§ 12, 81 Abs 1 BAO). Wenn ein JagdG einer Jagdgesellschaft – es handelt sich im Allgemeinen um eine GesbR – eine Pflicht zuordnet, dann ist diese Gesellschaft insoweit und in diesem Umfang rechtsfähig (VfSlg 13818/1994). Daher bestimmt § 9 AVG (vgl auch § 79 BAO), dass die persönliche

Rechtsfähigkeit von Beteiligten nur insoweit nach den Vorschriften des bürgerlichen Rechts zu beurteilen ist, als in den Verwaltungsvorschriften nicht **anderes** bestimmt ist. So erklären sich dann auch gesetzliche Formulierungen wie in § 32 Abs 1 MBG: „natürliche und juristische Personen sowie Personengesellschaften des Handelsrechtes“.

Im Anwendungsbereich des Gemeinschaftsrechts können auch „**Personengemeinschaften ohne Rechtspersönlichkeit**“ in einem beschränkten Umfang wie juristische Personen zu behandeln sein. 61

Nach Art 48 EGV (vgl auch Art 55 EGV) „stehen die nach den Rechtsvorschriften eines Mitgliedstaats gegründeten Gesellschaften, die ihren satzungsmäßigen Sitz, ihre Hauptverwaltung oder ihre Hauptniederlassung innerhalb der Gemeinschaft haben,“ für die Zwecke der Niederlassungs- und Dienstleistungsfreiheit „den natürlichen Personen gleich, die Angehörige der Mitgliedstaaten sind. Als Gesellschaften gelten die Gesellschaften des bürgerlichen Rechts und des Handelsrechts einschließlich der Genossenschaften und die sonstigen juristischen Personen des öffentlichen und privaten Rechts mit Ausnahme derjenigen, die keinen Erwerbszweck verfolgen“. Kraft dieser unmittelbar anwendbaren Gleichstellung können erwerbsorientierte Gesellschaften aus anderen Mitgliedstaaten auch dann Niederlassungs- und Dienstleistungsfreiheit in Anspruch nehmen, wenn sie nach österreichischem Verständnis nicht als juristische Personen zu qualifizieren wären.

Unabhängig von grenzüberschreitenden Konstellationen sind die Effekte zu sehen, die sich im Anwendungsbereich von EG-VO, insb der Agrarmarktordnungen, ergeben können, vgl zB VwGH 28. 11. 2001, 2001/17/0111: „Im Bereich des Verwaltungsverfahrens kann also auch Gebilden, denen nach bürgerlichem Recht keine Rechtsfähigkeit zukommt, Parteifähigkeit und somit eine partielle Rechtsfähigkeit zukommen (vgl hiezu etwa den hg Beschluss vom 14. September 2001, Zl 2001/19/0068). … Aus Art 4d Abs 1 der Verordnung (EWG) Nr 805/68 ergibt sich, dass der Antrag auf Zuerkennung einer Prämie für die Erhaltung des Mutterkuhbestandes vom ‚Erzeuger‘ zu stellen ist. ‚Erzeuger‘ kann nach dem klaren Wortlaut des Art 4a der in Rede stehenden Verordnung nicht nur eine natürliche oder juristische Person, sondern (unabhängig von ihrer Rechtsform nach einzelstaatlichem Recht) auch eine Gemeinschaft natürlicher (oder juristischer) Personen sein. Die ausdrückliche Anführung dieses dritten Falles in der in Rede stehenden Verordnung macht nur dann Sinn, wenn die dort genannte Gemeinschaft natürlicher oder juristischer Personen ihrerseits keine juristische Person zu sein braucht“ (vgl auch VwGH 24. 10. 2001, 2001/17/0082 – antragsberechtigte „Betriebsinhaber“ iSd INVEKOS-VO 3508/92, und VwGH 17. 12. 2001, 2001/17/0053 – antragsberechtigte „Betriebsinhaber“ iSd Milchmarkt-VO 3950/92).

Vgl daher die Aufzählung in § 6 eGovG: natürliche Personen, juristische Personen und „sonstige Betroffene, die keine natürlichen Personen sind“.

C. Die „Rechtsfähigkeit“ juristischer Personen

Der zitierten Gleichstellungsanordnung des § 26 ABGB entnimmt die Zivilrechtslehre die grundsätzlich **volle Rechtsfähigkeit** von juristischen Personen. Freilich wird hinzugefügt, dass sich „aus der Natur der juristischen Person“ einige Einschränkungen, insb im Bereich der Familien- und Persönlichkeitsrechte, ergeben. Gegenstand der Überlegungen über die prinzipielle Vollrechtsfähigkeit juristischer Personen sind jedenfalls nur privatrechtliche Rechte und Rechtsverhältnisse solcher Rechtspersonen. 62

Die prinzipielle privatrechtliche Vollrechtsfähigkeit hat auch Bedeutung für den Umfang der **Verwaltungsrechtsfähigkeit**. Verwaltungsrechtliche Bestimmungen über die Verleihung von Berechtigungen enthalten überwiegend keine besonderen Regelungen, knüpfen also an die allgemeine Privatrechtsfähigkeit an. Eine Aktiengesellschaft kann daher eine Baubewilligung erwirken, bloß weil sie gemäß § 26 ABGB den natürlichen Personen gleichgestellt ist. Dagegen kann eine Bankkonzession nur 63 bestimmten Arten von Rechtspersonen verliehen werden (§ 5 Abs 1 Z 1 BWG). Daher kann als Grundsatz festgehalten werden, dass insoweit, als das Gesetz nichts anderes anordnet, auch von einer grundsätzlichen verwaltungsrechtlichen Vollrechtsfähigkeit juristischer Personen auszugehen ist.

Nicht von dieser Regel erfasst sind **hoheitliche** Befugnisse. Befugnisse, zB Bescheide oder Verordnungen zu erlassen, bestehen sowohl für natürliche als auch für juristische Personen nur in dem Umfang, als sie rechtlich eingeräumt sind. Sogar der Bund und die Länder sind – wie sich aus Art 10–15 B-VG ergibt – in hoheitlichen Angelegenheiten nur „teilrechtsfähig".

64 Die Zivilrechtslehre hat das Verständnis von der grundsätzlichen Vollrechtsfähigkeit im Hinblick auf einen engen Begriff der juristischen Person entwickelt. In diesem Zusammenhang hat der Begriff „Rechtsfähigkeit" die Bedeutung eines „Potenzials", nämlich der rechtlichen Befähigung

- Träger von Rechten und Pflichten zu sein
- Vermögen zu erwerben und zu besitzen
- zu klagen und geklagt zu werden (Parteifähigkeit).

65 Demgegenüber wurden zB die „Wahlparteien" oben insoweit als Rechtspersonen behandelt, als ihnen Rechte und Pflichten aktuell zugeordnet sind. Wäre man damit geneigt, eher von bloßer „Rechtsträgerschaft" zu sprechen, so ist doch festzuhalten, dass auch solche Entitäten in einem noch zu klärenden Umfang befähigt sind, (weitere) Rechte zu erwerben, an Verfahren beteiligt zu sein usw. Es liegt allerdings auf der Hand, dass die im öffentlichen Recht herrschende funktionelle Sicht auch eine **Relativität der Rechtsfähigkeit** impliziert. Offenbar kann eine als Trägerin limitierter Rechte erkannte „wahlwerbende Partei" nicht eine Baubewilligung erwirken, da sie – bezogen auf das Baurecht – rechtlich überhaupt nicht existent ist. So hatte auch der VwGH klarzustellen, dass eine im Hinblick auf jagdrechtliche Hegepflichten rechtsfähige Jagdgesellschaft nicht befugt ist, eine forstrechtliche Rodungsbewilligung zu beantragen (VwGH 7. 9. 1998, 98/10/0248). In solchen Fällen machen nur die der betreffenden Entität zugeordneten Rechte und Pflichten ihre Rechtsfähigkeit aus; es ist daher häufig von einer bloßen „**Teilrechtsfähigkeit**" die Rede. Legt man die im öffentlichen Recht herrschende Sicht der Relativität der Rechtsfähigkeit zugrunde, dann ist festzuhalten, dass bloße Teilrechtsfähigkeit, dh das Fehlen der für die natürliche Person charakteristischen Vollrechtsfähigkeit, die „normale" Rechtsfähigkeit bei juristischen Personen darstellt.

66 Geht man von der Relativität der Rechtsfähigkeit aus, dann stellt sich in verschärfter Form die Frage nach dem Umfang der Privat- und Verwaltungsrechtsfähigkeit solcher Entitäten. Der je und je limitierte Umfang der Rechte und Pflichten solcher Entitäten scheint dafür zu sprechen, dass sie außerhalb des ihnen zugewiesenen Rechte- und Pflichtenkreises überhaupt nicht rechtsfähig sind. Der Gesetzgeber, der einer von der natürlichen Person verschiedenen Einrichtung Rechte und Pflichten zuweist, hat jedoch im Zweifel auch die **wirksame** Wahrnehmung dieser Rechte und Pflichten angestrebt. Beispielsweise ist sogar eine wahlwerbende Partei befähigt, an auf das Wahlverfahren bezogenen Verfahren als Beteiligte teilzunehmen, und ist sie als befugt anzusehen, ein Bankkonto einzurichten, auf dem und von dem aus Wahlkostenbeiträge gesammelt bzw überwiesen werden. Im Zweifel reicht die Befähigung soweit, als dies zur Wahrnehmung der zugeordneten Rechte und Pflichten nützlich ist. Als Grundsatz ist daher auch bei juristischen Personen des öffentlichen Rechts mit ihrer je und je relativen Rechtsfähigkeit von ihrer (relativen) **Privatrechtsfähigkeit** auszugehen. Die darauf aufbauende Verwaltungsrechtsfähigkeit ist entsprechend zu sehen:

Beispielsweise kann auch eine Kammer eine Baubewilligung erlangen, soweit dies für die Wahrnehmung der ihr übertragenen Aufgaben nützlich ist.

Der Gesetzgeber zielt – durch die Verwendung des Begriffs „**Teilrechtsfähigkeit**“ oder durch eine entsprechend einschränkende Regelung – bisweilen auf eine Betonung der limitierten Privatrechtsfähigkeit von Rechtspersonen ab (vgl Enzinger ÖBl 1998, 137; Schummer FS Krejci, 2001, 335).

Vgl zB § 58a Abs 1 PatentG: „Dem Patentamt kommt insofern Rechtspersönlichkeit (Teilrechtsfähigkeit) zu, als es berechtigt ist, durch folgende Service- und Informationsleistungen auf dem Gebiet des gewerblichen Rechtsschutzes Vermögen und Rechte zu erwerben: ...“. Vgl auch § 60 Maß- und EichG, § 128c SchOG, § 18a FOG, § 7 Abs 3 UniversitätsbibliotheksVO. – Vgl zu der auf die Verwaltung der Liegenschaft eingeschränkten Teilrechtsfähigkeit der Wohnungseigentümergemeinschaft nach WEG VwGH 24. 1. 2000, 97/17/0183.

Daran wiederum knüpfen weitere Gesetze an. Beispielsweise gelten als „öffentliche Auftraggeber“ iSv § 7 Abs 1 Z 2 lit b BVergG ua auch bestimmte „Einrichtungen, die ... zumindest teilrechtsfähig sind“. Vgl auch § 11 Abs 4 WettbG.

Mit der Rechtsfähigkeit von juristischen Personen geht, wie erwähnt, auch die 67
Vermögensfähigkeit juristischer Personen einher. Daher genügt es zur Auflösung einer juristischen Person im Allgemeinen nicht, die Auflösung zu beschließen oder zu verfügen, vielmehr bedarf es auch der Durchführung eines besonderen Liquidationsverfahrens (zB § 30 VerG, § 83 Abs 4 WRG). Während dieser Abwicklung hat die „juristische Person in Liquidation“ eine darauf bezogene Rechtsfähigkeit (vgl § 85 Z 4 GewO, § 27 VerG).

Keiner Liquidation bedarf es in Fällen der **Universalsukzession** (zB aufnehmende Verschmelzung zwischen Gesellschaften). In solchen Fällen gehen (zivilrechtliche) Rechte und Pflichten auf den Sukzessor über und endet die Rechtsfähigkeit der aufgenommenen Rechtsperson. Im Zug der „Ausgliederungen“ der letzten Jahre (Rz 92a) wurde der selbe Effekt häufig durch spezielle gesetzliche Anordnungen bewirkt (zB § 17 BundesbahnG, § 4 Austro ControlG, § 139 UniG, § 3 BundesrechenzentrumG, § 3 Spanische HofreitschuleG, § 33 BStatG, § 1 Austria WirtschaftsserviceG, § 17 Abs 1 Gesundheits- und ErnährungsSG), und zwar auch im Verhältnis zwischen juristischen Personen des öffentlichen Rechts (zB § 33 AMA-G, § 1 WAG). An diesen Rechtsübergang knüpfen einzelne gesetzliche Bestimmungen an und lassen auch öffentlichrechtliche Rechte und Pflichten übergehen (Rz 1209a).

Davon zu unterscheiden ist der als **Funktionsnachfolge** bezeichnete Übergang von hoheitlichen Befugnissen auf eine Nachfolgeeinrichtung. Dies ist mitunter ausdrücklich gesetzlich angeordnet (zB § 2 Abs 1 AMA-G, § 8 BundessozialämterG, § 6 Gesundheits- und ErnährungsSG, § 3 Abs 2 IAF-G), lässt sich aber auch sonst aus dem Zweck der Aufgabenübertragung erschließen (zB VwGH 25. 1. 1999, 97/17/0301, 15. 5. 2000, 97/17/0154, 8. 1. 2001, 2001/12/0002, 24. 4. 2002, 2000/12/0088; vgl auch Painz/Tauböck ecolex 2002, 132).

In einer gegliederten Staatsorganisation mit einer differenzierten Rechtsordnung kann es, was 68
hier nur angemerkt werden soll, auch dazu kommen, dass einer juristischen Person „**Rechte gegen sich selbst**“ zukommen. Bedürfen zB bestimmte Wasserbauvorhaben der Bewilligung einer Bundesbehörde, dann benötigt – wenn gesetzlich nichts anderes bestimmt ist, wovon im Zweifel auszugehen ist – auch der Bund für die Verwirklichung eines solchen Vorhabens eine derartige Bewilligung. In solchen Konstellationen macht ein Organ Namens des Bundes gegen den durch ein anderes Organ vertretenen Bund das Recht auf Erteilung einer Bewilligung geltend.

D. „Kompetenz“, „Rechtsfähigkeit“ und „Zurechnung“

Aus der Sicht des Rechts einer juristischen Person kann man die einer juristischen 69
Person zugeordnete Rechtsfähigkeit als ihre „Kompetenzen“ („**Verbandskompetenzen**“) bezeichnen.

In diesem Zusammenhang ist festzuhalten, dass Verbandskompetenzen von juristischen Personen des öffentlichen Rechts nicht nur im Sinn eines Dürfens, im Sinn einer „Ermächtigung" einer Rechtsperson verstanden werden dürfen. Zum einen besteht Rechtsfähigkeit nicht nur im Umfang zugeordneter „Rechte", sondern eben auch im Umfang zugeordneter „Pflichten". Zum anderen ist der juristischen Person zumeist auch die Wahrnehmung ihrer Rechte „aufgegeben"; Verbandskompetenzen bedeuten im Allgemeinen nicht bloß ein „Dürfen", sondern auch ein „Sollen", sie stellen also gleichzeitig „Aufgaben" der juristischen Person dar. Vor allem juristische Personen des öffentlichen Rechts sind keine zweckneutralen Schöpfungen. Dementsprechend tragen jene gesetzlichen Kataloge, in denen die Kompetenzen solcher juristischer Personen aufgelistet sind, die Überschrift „**Aufgaben**". Aus diesem Grund ist es eine der spezifischen Funktionen des Organisationsrechts der betreffenden juristischen Person, die Verbandskompetenzen in Organkompetenzen und letztlich in Organwalteraufgaben zu übersetzen (Rz 96).

70 Grundsätzlich existiert eine juristische Person im Umfang ihrer Verbandskompetenzen; jenseits dieses Bereiches („*ultra vires*") ist Zurechnung nicht vorgesehen. Die Überschreitung dieser Kompetenzen ist daher – aus der Perspektive des Organisationsrechts des Verbands – rechtswidrig. Dementsprechend können kompetenzüberschreitende Akte verschiedentlich aufgehoben oder für nichtig erklärt werden. Auch im Hinblick auf die Europäischen Gemeinschaften ist von jeweils limitierten „Verbandskompetenzen" zu sprechen. Rechtsakte, welche diese Kompetenzen überschreiten, sind vom EuGH gegebenenfalls für nichtig zu erklären (vgl RASCHAUER ÖJZ 2000, 241).

71 Freilich bedarf es der Unterscheidung, welcher Art das die Verbandskompetenzen konstituierende Rechtsmaterial ist. Im Hinblick auf juristische Personen des Privatrechts geht die Zivilrechtslehre davon aus, dass zB **satzung**smäßige Regelungen über den Unternehmensgegenstand und -zweck einer Gesellschaft – gewissermaßen innenrechtlich – nur die Gesellschaftsorgane binden: Die geschäftsführenden Organe handeln im Verhältnis zu den Gesellschaftern und den aufsichtsführenden Organen der Gesellschaft rechtswidrig und machen sich haftbar, wenn sie den satzungsmäßigen Unternehmensgegenstand überschreiten. Nach außen – im Verhältnis gegenüber Dritten – bestimmt sich die Rechtsfähigkeit jedoch gemäß § 26 ABGB und ist daher nicht durch die Bestimmungen der Satzung limitiert: Der in Überschreitung der satzungsmäßigen Befugnisse abgeschlossene Vertrag ist daher (innenrechtlich) rechtswidrig, aber (außenrechtlich) nicht unwirksam. Die heute herrschende Zivilrechtslehre lehnt daher die Anwendung der für das angloamerikanische Recht charakteristischen „*ultra-vires*-Lehre" – derzufolge kompetenzüberschreitendes Handeln der juristischen Person nicht zuzurechnen ist und daher nur als Privathandeln der Beteiligten wirksam sein kann – ab.

Soweit die Verwaltung mit juristischen Personen des Privatrechts konfrontiert ist, kann das erweiterte Verständnis der Rechtsfähigkeit im bürgerlichen Recht auch für Verwaltungsbehörden maßgeblich sein. Beispielsweise muss eine Wertentscheidung des Gesetzgebers beachtet werden, die dieser insb mit der (im Zusammenhang mit der Neuregelung des Firmenbuches erfolgten) Änderung des § 9 GewO zum Ausdruck gebracht hat: Unter ausdrücklicher Absage an die *ultra-vires*-Lehre hat der Gesetzgeber angeordnet, dass eine juristische Person auch dann eine Gewerbeberechtigung erlangen kann, wenn sie nach ihrem Organisationsstatut (Satzung, Gesellschaftsvertrag) zur (betreffenden) Gewerbeausübung nicht befugt ist.

72 Auf der anderen Seite kann nicht in gleicher Weise von der außenrechtlichen Unbeachtlichkeit der Verbandskompetenzen ausgegangen werden, wenn diese – wie insb bei juristischen Personen des öffentlichen Rechts – durch **Gesetz oder Rechts-**

verordnung bestimmt sind. Verstanden als Verbandskompetenzen, beschränken Regelungen über die „Aufgaben" einer Rechtsperson die Zurechenbarkeit und damit die Rechtsfähigkeit solcher juristischer Personen. Wenn der Zustellungsbevollmächtigte der Bürgerpartei gemäß § 19 Abs 4 UVP-G andere als die dort vorgesehenen Klagen oder Anzeigen einbringt, so ist im Zweifel davon auszugehen, dass er sie als Privatperson, nicht als Organ der juristischen Person eingebracht hat. Werden solche Akte ausdrücklich „im Namen" der juristischen Person eingebracht, wären sie bei dieser Sicht in prozessualer Hinsicht mangels Legitimation als unzulässig zurückzuweisen. Im Hinblick auf „teilrechtsfähige" Einrichtungen sieht OGH JBl 1996, 396 Rechtsgeschäfte, welche die Befugnisse überschreiten, als „materiell unwirksam" an.

Freilich ergibt sich aus dem Grundsatz, dass solche außenrechtlichen Umschrei- 73
bungen von Verbandskompetenzen eine „wirksame" Aufgabenwahrnehmung intendieren (Rz 66), eine **akzessorische Privat- und Verwaltungsrechtsfähigkeit** solcher Rechtspersonen. Auch die als bloß relativ rechtsfähig erkannten Entitäten sind befugt, die zur Wahrnehmung ihrer Kompetenzen erforderlichen Rechtshandlungen zu setzen. Insoweit reicht der Umfang der Rechtsfähigkeit auch bei den limitiertesten juristischen Personen des öffentlichen Rechts über die ausdrücklich geregelten Verbandskompetenzen hinaus. Je größer der Kreis der Verbandskompetenzen einer juristischen Person ist, desto größer ist der Umfang ihrer akzessorischen Privat- und Verwaltungsrechtsfähigkeit und desto mehr nähert sich ihre Rechtsfähigkeit der grundsätzlichen Vollrechtsfähigkeit iSv § 26 ABGB. Die grundsätzliche Vollrechtsfähigkeit des Bundes und der Länder bringt Art 17 B-VG zum Ausdruck.

Betrachtet man den Fragenkreis schließlich unter der Perspektive der Zurechenbar- 74
keit von Akten, so zeigt sich, dass **Zurechenbarkeit** sogar **jenseits des Umfangs der Rechtsfähigkeit** gegeben sein kann:

- Soweit es um privatrechtliche Rechtsgeschäfte geht, müssen auch juristische Personen des öffentlichen Rechts jene Rechtsgeschäfte gegen sich gelten lassen, die nach zivilrechtlichen Grundsätzen als für sie abgeschlossen anzusehen sind. Insb darf sich ein Bürger nach Vertrauensschutzregeln im Allgemeinen darauf verlassen, dass zB der mit einem befugten Verwaltungsorgan namens einer Gebietskörperschaft abgeschlossene Vertrag auch als Vertrag mit der betreffenden Rechtsperson wirksam ist (vgl noch Rz 179).
- Im Zusammenhang mit hoheitlichen Akten ergibt sich nach den Regeln des sog „Fehlerkalküls" (Rz 523), dass sich Gebietskörperschaften zum Teil auch rechtswidrige, insb kompetenzwidrige Hoheitsakte – also Hoheitsakte, die rechtens gar nicht hätten erlassen werden dürfen – zurechnen lassen müssen. Insb gehören auch rechtswidrige Bescheide, die rechtskräftig geworden sind, endgültig dem Rechtsbestand an.
- Eine „erweiterte Zurechenbarkeit", ein Einstehen-Müssen für rechtlich unzulässige Akte, besteht insb im Bereich des Haftungsrechts (vgl zur Amtshaftung noch Rz 735, 1362b); immerhin wird voraussetzungsgemäß gerade für „rechtswidrige" – und damit auch für kompetenzüberschreitende – Akte gehaftet.

Insoweit sei hier nur ganz allgemein festgehalten, dass **eine juristische Person stets „mehr kann" als sie „darf"**. Der Umfang einer solchen erweiterten Zurechenbarkeit bedarf jeweils der Interpretation im Einzelfall, wobei die Zurechenbarkeit im Bereich der Privatrechtsfähigkeit im Zweifel weiter, im Bereich der öffentlich-rechtlichen Befugnisse im Allgemeinen aufgabenbezogen enger zu sehen ist.

E. „Juristische Personen des öffentlichen Rechts"

75 Die Wissenschaft vom Verwaltungsrecht interessiert insbesondere jene Teilmenge der juristischen Personen, die man als „juristische Personen des öffentlichen Rechts" bezeichnet. Zwar errichtet auch die öffentliche Hand immer wieder juristische Personen des Privatrechts bzw bedient sie sich solcher Rechtspersonen, doch unterliegt sie dabei grundsätzlich dem allgemeinen privatrechtlichen Gesellschaftsrecht.

Warum bemühen wir uns um die Unterscheidung zwischen juristischen Personen des Privatrechts und solchen des öffentlichen Rechts? Letztlich geht es insb darum, die **Zuständigkeit** zur Entscheidung über **Streitigkeiten aus dem Verbandsverhältnis** zu bestimmen. Als solche sind zB Streitigkeiten darüber zu sehen, ob Mitgliedschaft (schon, noch) besteht, ob ein Organ rechtmäßig bestellt (gewählt) wurde oder ob ein Organbeschluss rechtmäßig ist. Soweit in der einschlägigen Gesetzgebung keine ausdrückliche Regelung getroffen ist, sollen über solche Streitigkeiten bei juristischen Personen des Privatrechts die ordentlichen Gerichte, bei juristischen Personen des öffentlichen Rechts die Verwaltungsbehörden entscheiden (vgl zB VwSlg 14555 A/1996, 14805 A/1997).

76 Gemeinden, Universitäten oder Wasserverbände haben – jedenfalls auf den ersten Blick – mit Aktiengesellschaften oder Vereinen offenbar nur die Bezeichnung „juristische Person" gemein. Wenn man sich aber näher damit auseinandersetzt, ist es oft gar nicht so leicht, klare Abgrenzungsregeln zu finden, vor allem wenn man den klassischen Grenzbereich, die sog „**öffentlich-rechtlichen Genossenschaften**" (zB Wassergenossenschaften, agrarische und forstliche Bringungsgemeinschaften, Agrargemeinschaften, Zusammenlegungsgemeinschaften, Straßenerhaltungsverbände) einbezieht.

77 Die gesetzliche Bezeichnung einer Rechtsperson – zB als „Aktiengesellschaft" oder als „Körperschaft öffentlichen Rechts" – kann nur ein Indiz bilden; eine nähere Analyse kann ergeben, dass die Bezeichnung unzutreffend ist (*falsa demonstratio non nocet*). Die Trägerschaft ist nicht ausschlaggebend: Beispielsweise bilden Gemeindesparkassen (§ 1 SparkG) juristische Personen des Privatrechts. Politische Parteien iSv § 1 Abs 4 ParteienG mögen staatswesentlich sein, sie sind gleichwohl nur juristische Personen des Privatrechts; ebenso religiöse Bekenntnisgemeinschaften iSv § 2 BekenntnisgemeinschaftenG.

Stellt man in Rechnung, dass es auch beliehene Unternehmen (Rz 112) gibt, also juristische Personen des Privatrechts, die mit Befehls- und Zwangsgewalt ausgestattet sind, erkennt man, dass die Abgrenzung nicht aus dem Funktionsrecht, sondern aus dem **Organisationsrecht** zu gewinnen ist: dieses soll Auskunft über die Rechtsnatur der Organisation geben. Dementsprechend stellt zB § 5 Abs 2 DatSchG darauf ab, ob die Einrichtung „in Formen des öffentlichen Rechts" oder „des Privatrechts" erfolgt ist. In der Tat gibt es juristische Personen des öffentlichen Rechts, denen nur privatrechtliche Handlungsbefugnisse zukommen, wie etwa die Bundesmuseen, die Landes-Hypothekenbanken, die Diplomatische Akademie und mehrere öffentlich-rechtliche Genossenschaften und Fonds.

78 Im Allgemeinen liegt eine juristische Person öffentlichen Rechts jedenfalls dann vor, wenn sie durch ein **spezielles Gesetz** oder (auf besonderer gesetzlicher Grundlage) durch einen speziellen **Hoheitsakt** errichtet wurde (zB die Universitäten, die Kammern, die Sozialversicherungsträger, die Agrarmarkt Austria). Nur dann, wenn der Gesetzgeber in diesem speziellen Errichtungsakt erkennen lässt, dass er einen (herkömmlichen) Typ einer juristischen Person des Privatrechts schaffen will (wie das zB

im NBG – dazu VwGH 16. 10. 2001, 99/09/0252, 19. 9. 2001, 99/09/0248 –, im ÖBB-Gesetz, im PoststrukturG oder im BundesforsteG 1996 der Fall war), wird man vom betreffenden Typus einer juristischen Person des Privatrechts auszugehen haben.

Bei den genannten öffentlich-rechtlichen Genossenschaften (Rz 76) ist es charakteristisch, dass ihnen – gerade so wie den juristischen Personen des Privatrechts – eine privatrechtliche Willensübereinkunft im Hinblick auf einen gesetzlich vorgegebenen Typus einer Rechtsperson zu Grunde liegt. Dies würde sie zunächst den juristischen Personen des Privatrechts zuweisen. Allerdings ist in diesen Fällen stets ein zur Willensübereinkunft der Gründer hinzutretender **staatlicher Hoheitsakt** (Anerkennung, Genehmigung) geboten. Beispielsweise entsteht eine freiwillige Wassergenossenschaft erst durch den Anerkennungsbescheid der Wasserrechtsbehörde (§ 74 Abs 2 WRG; vgl auch § 88 Abs 2 WRG, § 70 Abs 4 ForstG). Vor der Rechtskraft der staatlichen Anerkennung liegt nur eine bürgerlichrechtliche Assoziation, jedoch keine juristische Person des öffentlichen Rechts vor; ein vor der behördlichen Anerkennung der Satzung gewählter Obmann ist nicht Obmann im Rechtssinn (VwSlg 14278 A/1995). 79

In Grenzfällen sind alle Indizien relevant, die für die privatrechtliche oder für die öffentlich-rechtliche (Rz 497) Rechtsnatur des Organisationsrechts streiten, wie insb die Zuweisung von Streitigkeiten aus dem Verbandsverhältnis in die Zuständigkeit einer Verwaltungsbehörde, die Einbringbarkeit von Beitragsschulden im Verwaltungsweg oder die Pflichtmitgliedschaft. In aller Regel wird man dann auch zu der Feststellung kommen, dass die juristischen Personen des öffentlichen Rechts zur Erfüllung bestimmter **im öffentlichen Interesse gelegener Aufgaben** eingerichtet werden, da die einzelnen Arten von juristischen Personen des öffentlichen Rechts – anders als die juristischen Personen des Privatrechts – nicht leere Formen darstellen, die für beliebige (privatautonom bestimmte) Zwecke bereitgestellt sind und eingesetzt werden können. 80

An diese Einsicht anknüpfend erklärt der Gesetzgeber „juristische Personen des öffentlichen Rechts" schlechthin zu „Unternehmen" iSd KSchG (§ 1 Abs 2) und nimmt sie verschiedentlich von öffentlichen Lasten aus (zB § 30 Abs 1 MBG).

Als „**Rechtsträger**" werden im Hinblick auf die Art 23 und 121 B-VG – nach dem bei der Erlassung dieser Bestimmungen in den Jahren 1948/49 herrschenden und noch heute systematisch erschließbaren Verständnis – juristische Personen des öffentlichen Rechts mit einem eigenen (autonomen) Wirkungsbereich bezeichnet. In der neueren Gesetzessprache wird der Begriff „Rechtsträger" jedoch zumeist für jeden Träger von Rechten (und Pflichten), gerade auch für natürliche Personen, verwendet (zB § 13 GewO; vgl in diesem Sinn nunmehr auch Art 14b Abs 2 B-VG). 81

F. Arten von juristischen Personen des öffentlichen Rechts

Herkömmlich kann man zwischen drei Arten von juristischen Personen des öffentlichen Rechts unterscheiden, den Körperschaften, den Anstalten und den Fonds (bzw Stiftungen), was schon insoweit Sinn macht, als damit die drei möglichen, von der natürlichen Person verschiedenen Entitäten angesprochen sind, die vom Gesetzgeber zur juristischen Person erklärt werden können: Personenmehrheiten – Sachgesamtheiten – Vermögensmassen. Gemeinsam ist den im folgenden erörterten Einrichtungen, dass ihr Organisationsrecht voraussetzungsgemäß stets öffentlich-rechtlicher Natur ist, während ihr Funktionsrecht, dh der rechtliche Rahmen der Wahrnehmung ihrer Aufgaben, öffentlich-rechtlicher oder privatrechtlicher Natur sein kann. 82

83 1. Eine **Körperschaft** ist die zur juristischen Person erhobene Personenmehrheit; ihr kommt eine vom Wechsel ihrer Mitglieder unabhängige Rechtspersönlichkeit und Rechtsfähigkeit zu. Die Rechtsstellung des Einzelnen zu ihr ist die eines „Mitglieds". Dies nötigt den Gesetzgeber unter dem Sachlichkeitsgebot des verfassungsrechtlichen Gleichheitssatzes auch zu einer zweckbezogen sachlichen Umschreibung des Mitgliederkreises und zu einer ausgewogenen Umschreibung der Rechte (insb Wahlrecht) und Pflichten (insb Beitragspflicht) der Mitglieder. Die genossenschaftliche Prägung von Körperschaften wird auch an der Regel sichtbar, dass der Verbandswille bei Körperschaften von Organen zu bilden ist, die aus der Mitte des Verbandes hervorgehen (VfSlg 8644/1979).

Die Mitgliedschaft besteht – zumindest bei den größeren Körperschaften – bei Erfüllung der gesetzlichen Voraussetzungen kraft Gesetzes („**Pflichtmitgliedschaft**"); ein privatautonomer Beitritt oder Austritt ist in der Regel nicht möglich. Das Mitgliedschaftsverhältnis ist stets öffentlich-rechtliche Natur.

In steuerrechtlichen Vorschriften meint der Begriff „Körperschaft des öffentlichen Rechts" zumeist nicht nur alle Arten von juristischen Personen des öffentlichen Rechts, sondern kraft (privilegierender) gesetzlicher Fiktion auch einzelne juristische Personen des Privatrechts (politische Parteien, ÖGB).

84 Andererseits kann es auch „Verbände höherer Ordnung" (Dachverbände) geben, deren Mitglieder ihrerseits juristische Personen sind, wie zB Gemeindeverbände (Rz 337), der Hauptverband der österreichischen Sozialversicherungsträger gemäß § 31 ASVG oder Wasserverbände gemäß §§ 87, 90 WRG; sie sind ebenfalls „Körperschaften des öffentlichen Rechts" iSv § 1 Abs 1 AHG.

85 Je nach dem Merkmal, das die Mitgliedschaft vermittelt, kann man weiter unterscheiden zwischen **Gebietskörperschaften** einerseits – dies sind der Bund, die Länder und die Gemeinden (nicht aber die Gemeindeverbände) – und **Personalkörperschaften** andererseits – dies sind zB die Kammern, die Jagdgenossenschaften, die Feuerwehren und die oben genannten öffentlich-rechtlichen Genossenschaften (Rz 76). Körperschaften bilden – wenn man vom Bund und den Ländern als den Trägern der „staatlichen Verwaltung ieS" (Rz 46) absieht – in aller Regel auch Selbstverwaltungskörper (Rz 307); so erklärt sich auch die Bezugnahme auf „Selbstverwaltungskörperschaften" (statt Körperschaften) in Art 14b Abs 2 B-VG. Diese die Unabhängigkeit gegenüber der staatlichen Verwaltung ansprechende Eigenschaft ist aber kein notwendiges Element des Begriffs der „öffentlich-rechtlichen Körperschaft". Ebensowenig sind die in funktioneller Hinsicht anzutreffenden behördlichen Befugnisse gegenüber Mitgliedern oder gegebenenfalls sogar gegenüber Dritten notwendige Begriffselemente des organisationsrechtlichen Begriffs der Körperschaft öffentlichen Rechts.

86 Im amtshaftungsrechtlichen Sinn haften Körperschaften des öffentlichen Rechts gemäß § 1 Abs 1 AHG selbst, sie sind also passivlegitimiert.

87 2. Unter einer (selbständigen) **Anstalt** ist eine zur juristischen Person erhobene Sachgesamtheit zu verstehen. Die Rechtsstellung des Einzelnen zu ihr ist im Allgemeinen die eines Benutzers, jedenfalls nicht die eines Mitglieds. Dieses Benutzungsverhältnis kann privatrechtlich oder öffentlich-rechtlich ausgestaltet sein (Rz 769).

VwSlg 15275 A/1999 bringt Typisches zum Ausdruck: „Für den Anstaltsbegriff ist demnach ein Bestand an Mitteln persönlicher und sachlicher Art wesentlich, der für Dauer bestimmt ist, dem durch den Einsatz der Mittel verfolgten Zweck der öffentlichen Verwaltung zu dienen. Die Anstalt ist nach der sachlichen Seite hin ein zweckgebundenes Verwaltungsvermögen, das durch das Vorherrschen nach außen hin sichtbarer technischer Einrichtungen (zB Krankenhaus mit medizinischen Einrichtungen) charakterisiert wird und das als solches aus sich heraus die Eignung besitzen muss, bestimmte Aufgaben der öffentlichen Verwaltung zu erfüllen. Die Sachwerte müssen außerdem die Eignung besitzen, der Benützung durch individuell noch nicht erfassbare Personen (Destinatare) zu dienen".

Vgl § 2 KAKuG sowie etwa auch die Museen gem § 2 Abs 1 BundesmuseenG und die Österreichische Nationalbibliothek gem § 13 dieses Gesetzes. Vgl auch § 1 Diplomatische AkademieG, § 4 Abs 1 kntn LandesarchivG.

Die Problematik jeder Umschreibung des Begriffs „Anstalt" wird allerdings zB an § 1 Abs 1 FMABG deutlich: Diese Verfassungsbestimmung erklärt die nicht durch Sachwerte gekennzeichnete Finanzmarktaufsichtsbehörde (!) zu einer (weisungsfreien) Anstalt des öffentlichen Rechts mit eigener Rechtspersönlichkeit. Vgl auch die Bundesstelle für Sektenfragen gem § 3 BGBl I 150/1998, aber auch die Statistik Österreich als Dienstleistungsunternehmen gem § 22 Abs 1 BStatG.

Während Körperschaften – gewissermaßen begriffswesentlich – notwendig juristische Personen sind, ist dies bei Anstalten nicht der Fall. Vielmehr wird die Bezeichnung „Anstalt" häufig verwendet, um unselbständige, dh nicht rechtsfähige Einrichtungen anzusprechen. Die von Gebietskörperschaften betriebenen Schulen, die Sicherheitsakademie gem § 10a SPG, die Forstliche Bundesversuchsanstalt gem § 135 ForstG, die Bundesprüfanstalt für Kraftfahrzeuge gem § 131 Abs 2 KFG oder die Strafvollzugsanstalten bilden **unselbständige** Anstalten und daher letztlich – mehr oder weniger „normale" – nachgeordnete Dienststellen (Rz 129) ohne eigene Rechtspersönlichkeit. Manchen Forschungs- und Untersuchungsanstalten des Bundes und der Länder ist neuerdings eine gewisse „Teilrechtsfähigkeit" (Rz 66) zugeordnet (zB §§ 18a, 23, 31a FOG). 88

Der Rechnungshofskontrolle unterliegen selbständige Anstalten nur dann, wenn sie von Organen einer Gebietskörperschaft oder von Personen verwaltet werden, die hiezu von Organen der Gebietskörperschaft bestellt sind (Art 126b Abs 1 B-VG; vgl Rz 405). Unselbständige Anstalten sind dagegen als Teile der „Gebarung" der betreffenden Gebietskörperschaft zu prüfen. 89

Vergaberechtlich soll allerdings die Auftragsvergabe durch alle selbständigen Anstalten erfasst werden; die Bezugnahme auf Art 126b Abs 1 einerseits und Art 127 Abs 1 und 127a Abs 1 und 8 andererseits in Art 14b Abs 2 B-VG zielt nur auf die Verteilung der Zuständigkeiten zur Regelung der Nachprüfung ab (vgl Art 14b Abs 3 B-VG).

Amtshaftungsrechtlich kommt eine Haftung einer Anstalt grundsätzlich nicht in Betracht (vgl § 1 Abs 1 AHG und demgegenüber § 1 Abs 1 OrgHG); sofern die Organe einer selbständigen Anstalt für einen anderen Rechtsträger handeln, was etwa bei der hoheitlichen Tätigkeit der Finanzmarktaufsicht der Fall ist, haftet die auftraggebende Körperschaft (vgl Rz 1362b).

3. (Selbständige) öffentlich-rechtliche **Fonds** bilden zu juristischen Personen erhobene Vermögensmassen. Fonds (und Stiftungen) haben Begünstigte (Destinatare), jedoch weder „Mitglieder" noch „Benutzer". 90

Herkömmlich ist auch von öffentlich-rechtlichen **„Stiftungen"** die Rede (vgl Art 10 Abs 1 Z 13, 126a Abs 1 B-VG); solche gibt es – vereinzelt – in der Tat (zB Stiftung Pädagogische Akademie Burgenland, Karl Heinrich Waggerl Stiftung des Landes Salzburg, nunmehr der ORF als Stiftung öffentlichen Rechts). Da es im gesamten öffentlichen Recht keine einzige Bestimmung gibt, die an öffentlich-rechtliche Stiftungen andere Rechtsfolgen knüpft als an öffentlich-rechtliche Fonds, ist im Hinblick auf das öffentliche Recht eine Unterscheidung zwischen Fonds und Stiftungen entbehrlich. Die begriffliche Unterscheidung stammt vielmehr aus den zivilrechtlichen Bestimmungen über privatrechtliche Stiftungen und Fonds, denenzufolge Stiftungen notwendig auf Dauer gewidmet sind (es dürfen nur die Erträgnisse des Stiftungsvermögens genutzt werden), Fonds dagegen nicht (vgl zB §§ 2 Abs 1, 22 Bundes-Stiftungs- und FondsG); diese Unterscheidung hat bei den korrespondierenden öffentlich-rechtlichen Einrichtungen keine Entsprechung, da die Widmung und ihre Dauerhaftigkeit jeweils durch Hoheitsakt fixiert werden.

Bei den Fonds (Stiftungen) ist besondere Vorsicht geboten: Zunächst handelt es sich bei der überwiegenden Zahl der bestehenden Stiftungen und Fonds um solche privatrechtlicher Art (privater Stiftungsakt auf Grund der einschlägigen Bundes- und Landesgesetze; zB § 646 ABGB, §§ 4 Bundes-Stiftungs- und FondsG, § 7 PrivatstiftungsG ua; ebenso Investmentsfonds und Beteiligungsfonds); diese bilden zwar juristische Personen, jedoch keine juristischen Personen des öffentlichen Rechts. Sodann verfügt die überwiegende Zahl von öffentlich-rechtlichen Fonds nicht über eigene Rechtspersönlichkeit, sie stellen vielmehr bloße „Verwaltungsvermögen" dar, also besondere Budgetposten, denen ein eigener Name gegeben wurde, die aber Teile der Gebarung der betreffenden Gebietskörperschaft sind (vgl § 39 Abs 1 FLAG einerseits und § 40 Abs 1 FLAG andererseits; vgl auch § 1 KatastrophenfondsG und § 1 Innovations- und TechnologiefondsG: „Verwaltungsfonds"). „Echte" selbständige Fonds des öffentlichen Rechts bilden zB der Versöhnungsfonds, der IvF, der Künstler-Sozialversicherungsfonds und der Binnenschifffahrtsfonds des Bundes sowie zB manche Amtshaftungsausgleichsfonds, Fremdenverkehrsfonds und Wohnbauförderungsfonds der Länder.

91 Auch Fonds (Fondsorgane) können zu hoheitlichem Handeln ermächtigt sein (vgl dann Art II Abs 2 lit A Z 31 EGVG). Hinsichtlich der Rechnungshofskontrolle, des Vergaberechts und der Amtshaftung gilt Ähnliches wie bei den Anstalten.

Da und dort finden sich im Zusammenhang mit Rechtspersonen des öffentlichen Rechts auch andere Bezeichnungen, wie zB „Einrichtung (des Bundes)" (zB §§ 18, 22, FOG), „Wirtschaftskörper" (§ 1 MarchfeldkanalG), „öffentlich-rechtliches Kreditinstitut" (Landes-Hypothekenbanken), „Dienstleistungsunternehmen öffentlichen Rechts" (§ 1 Abs 1 AMS-G), „Gesellschaft öffentlichen Rechts" (§ 1 Spanische HofreitschuleG) oder auch – wenn sich der Gesetzgeber nicht festlegen wollte – „juristische Person öffentlichen Rechts" (zB § 4 UniG, § 1 Abs 2 Uni-Krems-G, § 2 Abs 1 AMA-G). Solche Bezeichnungen sind für sich nicht aussagekräftig, nötigen vielmehr erforderlichenfalls zur näheren Ermittlung der Rechtsnatur.

92 Diese terminologischen Unsicherheiten leiten über zu der Frage, ob es einen „**Typenzwang**" der juristischen Personen des öffentlichen Rechts gibt. Immerhin ist uns ein solcher aus dem Gesellschaftsrecht bekannt: Privatautonom gebildet werden kann eine AG oder eine GmbH, nicht aber eine „Mischform" zwischen diesen. Da die juristischen Personen des öffentlichen Rechts ganz überwiegend gesetzlich eingerichtet oder durch besondere Organisationsgesetze vorgezeichnet werden, kann nicht in gleicher Weise von einem Typenzwang ausgegangen werden, da der Gesetzgeber – was er auch immer wieder tut – durchaus beliebige Mischformen schaffen kann.

Dennoch kann man im Hinblick auf die **verfassungsrechtlich** geregelten Rechtsfolgen Subsumtionsnotwendigkeiten letztlich nicht entgehen: Wie immer der Gesetzgeber eine Entität benannt und organisiert hat, gilt es jedenfalls im Hinblick auf die Rechnungshofskontrolle, die Amtshaftung, die Amtsverschwiegenheit und die Auskunftspflicht zu klären, ob bei der betreffenden Entität mitgliedschaftliche, benutzungsspezifische oder vermögensverwaltungsmäßige Aspekte dominieren.

Exkurs: „Ausgliederung“ und „Privatisierung“[1]

Unternehmen können zu der Beurteilung kommen, dass es zweckmäßig ist, 92a
bestimmte Aktivitäten auf andere Unternehmen, insb auf bestehende oder neu zu errichtende Tochterunternehmen, auszulagern (vgl dazu zB § 17a VAG). Ähnliche Überlegungen haben auch bei juristischen Personen des öffentlichen Rechts Bedeutung gewonnen und bildeten bei den Gebietskörperschaften in den letzten Jahren einen der Schwerpunkte der „Verwaltungsreform“ (Organisationsreform).

In der allgemeinsten Bedeutung meint „**Ausgliederung**“ einen Prozess der Änderung einer Organisation. So sind manche Ämter und unselbständige Anstalten historisch aus einer Ausgliederung aus einem Ministerium hervorgegangen (organisatorische Verselbständigung). In neuerer Zeit ist von Ausgliederung die Rede, wenn mit der organisatorischen Änderung auch eine Änderung der rechtlichen **Zurechnung** einhergeht: Durch die Ausgliederung wird die Zuständigkeit einer von der ausgliedernden juristischen Person (öffentlichen Rechts) verschiedenen juristischen Person begründet. Dies kann auf unterschiedliche Weise geschehen:

- Es können Organkompetenzen auf andere Rechtspersonen übertragen werden; beispielsweise wurde der Aufgabenbereich Banken- und Versicherungsaufsicht des BMF durch das FMABG auf die FMA und wurden energiebehördliche Aufgaben des BMWA auf die Energie Control übertragen.
- Es können Ämter und unselbständige Anstalten mit Rechtspersönlichkeit ausgestattet werden; beispielsweise bilden heute die Diplomatische Akademie und die Statistik Austria selbständige Anstalten öffentlichen Rechts.
- Fälle von Organisationsprivatisierung liegen vor, wenn solche Ämter und unselbständige Anstalten in Kapitalgesellschaften umgewandelt werden. Beispielsweise wurden das Hauptmünzamt zur Münze Österreich AG und das Bundesamt für Zivilluftfahrt zur Austro Control GmbH.

Aus der Perspektive der bisher zuständigen juristischen Personen liegt in gleicher Weise eine „Ausgliederung“ vor, ob die Zuständigkeit einer juristischen Person des Privatrechts oder des öffentlichen Rechts begründet wird (vgl daher VfSlg 14473/1996 einerseits und VfSlg 16400/2001 andererseits). Handelt es sich beim Ausgegliederten um eine juristische Person des Privatrechts und werden ihm hoheitliche Aufgaben übertragen, dann geht mit der Ausgliederung eine **Beleihung** (Rz 112) einher.

Ein verwandter Begriff ist, wie erwähnt, der Begriff „**Organisationsprivatisie-** 92b
rung“. Als eine der Formen von Privatisierung meint er, dass eine öffentlich-rechtliche Einrichtung durch Gesetz in eine juristische Person des Privatrechts umgewandelt wird. Während beim Begriff der Ausgliederung eher der Aspekt der Änderung der Zurechnung im Vordergrund steht, steht beim Begriff der Organisationsprivatisierung – bei grundsätzlich gleichbleibender Aufgabenstellung – eher die Änderung des organisationsrechtlichen Kleides im Vordergrund. Beispielsweise wurde die selbständige Anstalt Postsparkasse in eine AG umgewandelt. In der heutigen Praxis steht die Umwandlung von Ämtern, unselbständigen Anstalten oder Betrieben in Kapitalgesell-

---

1 Zusammenfassend Kucsko-Stadlmayer 15. ÖJT I/1. Vgl auch Winner ZfV 1998, 104; Holoubek ÖZW 2000, 33; Korinek ÖZW 2000, 46; Holzinger in Holzinger/Oberndorfer/Raschauer (Hg), Österreichische Verwaltungslehre, 2001, 97, 163; Raschauer in K/H zu Art 20 und 77 B-VG; ÖJK (Hg), Entstaatlichung – Gefahr für den Rechtsstaat?, 2002; Duschanek (Hg), Beiträge zur Ausgliederungsdiskussion, 2002; Potacs in Raschauer, Wirtschaftsrecht, Rz 908, 911.

schaften im Vordergrund. Die rechtlichen Konstruktionen sind unterschiedlich, im Effekt wurden etwa das Umweltbundesamt zur Umweltbundesamt GmbH, der Schönbrunner Tiergarten zur Schönbrunner Tiergarten GmbH, wurde die bundeseigene Post- und Telegraphenverwaltung in die Post AG, die Telekom Austria AG und die Postbus AG aufgegliedert, wurde die Staatsdruckerei in die Print Media Austria AG, die Österreichische Staatsdruckerei GmbH und die Wiener Zeitung GmbH aufgegliedert und trat die Bundesforste AG an die Stelle der Bundesforste. Im Ergebnis handelt es sich daher auch in diesen Fällen um „Ausgliederungen", da die rechtliche Zurechnung von Aufgaben übergegangen ist.

Ähnliche Effekte werden erzielt, wenn es einer Anstalt öffentlichen Rechts ermöglicht wird, ihren „Betrieb" in eine Kapitalgesellschaft einzubringen (§ 92 BWG – Landes-Hypothekenbanken) oder wenn eine neu errichtete Kapitalgesellschaft mit der Führung der Geschäfte einer juristischen Person öffentlichen Rechts betraut wird (Austria Wirtschaftsservice GmbH).

In allen diesen Fällen ist auf die eine oder andere Weise eine Rechtsnachfolge (Übergang von Rechten und Pflichten auf die ausgegliederte Rechtsperson) vorgesehen (Rz 67, 1209a). Werden hoheitliche Befugnisse übertragen, kann dies zu einer Funktionsnachfolge (Rz 67) führen.

92c Nicht als Ausgliederung ist es zu sehen, wenn eine Rechtsperson für eine neue öffentliche Aufgabe errichtet wird (zB Hochleistungsstrecken AG), wenn juristische Personen des öffentlichen Rechts verschmolzen werden (Agrarmarkt Austria) oder wenn nur der Umfang der Rechtsfähigkeit erweitert wird (Universitäten). Für die im Vordergrund der Fachdiskussion stehende Frage der **Verfassungsmäßigkeit** von Ausgliederungen kommt es freilich nicht auf diese Modalität, sondern auf die Angemessenheit demokratischer Steuerung und Verantwortlichkeit an.

Ausgliederung hat zur Konsequenz, dass die Führung der betreffenden Geschäfte grundsätzlich der ausgegliederten Rechtsperson zuzurechnen ist. Die geschäftsführenden Organe unterliegen Weisungen staatlicher Organe nur insoweit als dies gesetzlich vorgesehen ist (Rz 410). Instanzenzüge gegen Bescheide dieser Organe stehen nur offen, soweit dies gesetzlich vorgesehen ist (Rz 435). Für hoheitliches Verhalten dieser Organe haftet jedoch im Allgemeinen die (Gebiets)Körperschaft, deren Hoheitsgewalt ausgeübt wird (Rz 1362b).

G. „Handlungsfähigkeit", „Organ" und „Zurechnung"

93 Wir haben bisher nicht mehr klargestellt, als dass es auch von der natürlichen Person verschiedene Rechtspersonen gibt und dass diesen in einem bestimmten Umfang Verbandskompetenzen und Rechtsfähigkeit zukommen. Aspekte dieser Rechtsfähigkeit sind, wie erwähnt, die Vermögensfähigkeit und – in verfahrensrechtlicher Hinsicht – die Parteifähigkeit. Allein kraft ihrer Rechtsfähigkeit und Aufgabenstellung sind juristische Personen aber noch nicht **handlungsfähig**, dazu benötigen sie **Organe**, die für sie handeln (dürfen). Erst damit sind juristische Personen überdies **deliktsfähig** (vgl § 9 VStG) und in verfahrensrechtlicher Hinsicht **prozessfähig**.

Handlungsfähigkeit, dh die Fähigkeit im Rechtsverkehr rechtswirksam handeln zu können, ist also von der oben behandelten Rechtsfähigkeit zu unterscheiden und setzt diese voraus. Ist bei einer rechtsfähigen juristischen Person Handlungsfähigkeit nicht gegeben (zB weil Organe noch nicht oder nicht mehr bestellt sind), kann ein Kurator zu bestellen sein (zB § 11 AVG).

Was ist ein Organ? In tatsächlicher Hinsicht handeln immer Menschen, das Recht als solches ist notwendig statisch. Daher bedarf es einer **Zurechnungsregel**, einer rechtlichen Regel, die das Handeln von Menschen zum Handeln einer juristischen Person erklärt, die also dieses Handeln im Rechtssinn „**zurechenbar**“ macht – andernfalls gäbe es nämlich nur privates Handeln, das sich der jeweils Handelnde als sein eigenes Handeln zurechnen lassen müsste. **Zurechnung** bedeutet also: das Handeln eines Menschen „gilt im Rechtssinn“ als das Handeln einer bestimmten (anderen) Rechtsperson. Am extremen Beispiel: Wenn ein Polizist in Ausübung seiner sicherheitspolizeilichen Befugnisse einen Schuss abgibt, hat im Rechtssinn „der Bund“ geschossen. 94

Die rechtliche Konstituierung von Organen ergibt sich zum Teil aus dem Organisationsrecht, zum Teil aus dem Funktionsrecht. 95

1. „Organ im organisatorischen Sinn“

Das Organisationsrecht juristischer Personen (zB Errichtungsgesetze, Satzungen, Statuten) fasst Teile der Aufgaben der Rechtsperson jeweils unter bestimmten Funktionsbezeichnungen zusammen. In den Statuten eines Vereins oder in einem Kammergesetz lesen wir: „Der Obmann soll ...“, „Die Vollversammlung ist berufen ...“, „Dem Schiedsgericht obliegt ...“. Aus diesem Grund hat bereits Hans Julius Wolff (Organschaft und juristische Person, Bd II, 1934, 229) das Organ als ein „Bündel von Zuständigkeiten“ charakterisiert. Die „**Organkompetenzen**“ bilden notwendig Teilmengen der „Verbandskompetenzen“ der juristischen Person. 96

Mit der Zuordnung von Funktionsbezeichnungen zu Teilen der Verbandskompetenzen allein ist es allerdings nicht getan, da auch „Bezeichnungen“ als solche nicht handlungsfähig sind. Tatsächlich hat man beim Begriff „Vollversammlung“ sofort das Bild von Menschen vor Augen, die zusammenkommen, beraten, abstimmen und beschließen. Das Organisationsrecht belässt es nicht bei der Gruppierung von Zuständigkeiten, sondern regelt auch, wie die so bezeichneten **Einrichtungen** gebildet werden, zB die Bestellung der Mitglieder der Vollversammlung, ihre Einberufung und den Vorgang der Willensbildung. Auf diese Weise werden „**Organe im organisatorischen Sinn**“ geschaffen, also auf Dauer gebildete (eigene) Einrichtungen einer juristischen Person, die zur Wahrnehmung von Teilaufgaben der juristischen Person zuständig sind. Insoweit hat der Begriff des „Organs“ (im organisatorischen Sinn) sowohl eine kompetenzrechtliche als auch eine **institutionelle** Seite. 97

Organschaft im organisatorischen Sinn ist **eine** der Formen, in der Zurechnung zur juristischen Person begründet werden kann. Organhandeln in Ausübung der Organkompetenz ist der juristischen Person zuzurechnen. Bezogen auf das Organ begründen die dem Organ zugewiesenen Organkompetenzen ein **Besorgen-Können**.

Damit zeigt sich zugleich ein dritter Inhalt des Organisationsrechts: Neben der Aufteilung der Funktionen der juristischen Person und ihrer Zuweisung zu institutionalisierten Einrichtungen erklärt das Organisationsrecht den Inhalt dieser Funktionen zu „**Aufgaben**“ der Organe. Der Obmann soll nicht nur dann tätig werden, wenn er dazu Lust hat, sondern er hat Aufgaben wahrzunehmen. Im Allgemeinen bedeuten Organkompetenzen nicht nur eine Befugnis und ein Besorgen-Können, sondern auch ein **Aufgetragen-Sein**, ein Sollen, sie sind nicht nur Ermächtigung, sondern auch Auftrag. 98

2. Organwalter

99 Freilich ist auch mit der Beauftragung einer Einrichtung zur Wahrnehmung von bestimmten Organkompetenzen die Handlungsfähigkeit einer juristischen Person noch nicht gegeben. Beispielsweise geht man auch bei einem Verein davon aus, dass er nicht handlungsfähig ist, solange sich seine Organe noch nicht „konstituiert" haben. Es bedarf erst der Berufung physischer Personen, sog „**Organwalter**" in die Organfunktion. Mit der Bestellung einer Person zum Organwalter wird die Ausübung der Organfunktion zur individuellen Aufgabe dieser Person.

Als Formen der **Bestellung** von (Verwaltungs)Organen der Gebietskörperschaften nennt Art 20 Abs 1 B-VG die „Wahl" und die „Ernennung": die Organwalterstellung als BPräs wird durch Wahl erworben, jene eines BMin durch Ernennung. Durch diese Bestellung wird die Wahrnehmung der Organfunktionen organisationsrechtlich zur „Amtspflicht" des Bestellten.

Ein „Recht auf das Amt" kommt dem Betreffenden nur zu, wenn diese Stellung durch die Grundsätze des passiven Wahlrechts geschützt ist, wie dies zB beim BPräs der Fall ist. Als Grundsatz gilt jedoch, dass ein Organwalter jederzeit frei aus der Organwalterstellung abberufen werden kann.

100 Einesteils wegen der limitierten Durchsetzbarkeit bloß organisationsrechtlicher Pflichten, andernteils deshalb, da auch die zu Organwaltern bestellten Personen „von etwas leben" müssen, ist parallel zur Bestellung, jedoch unabhängig davon, zumeist auch die Begründung von „**Dienstverhältnissen**" (Art 21 B-VG)[2] zwischen der Gebietskörperschaft und den Organwaltern („**öffentlich Bedienstete**") vorgesehen, sei dies die Begründung eines öffentlich-rechtlichen Dienstverhältnisses durch Bescheid („**Beamte**") oder die Begründung eines privatrechtlichen Dienstverhältnisses durch Dienstvertrag („**Vertragsbedienstete**"). Im Allgemeinen wird die (organisationsrechtliche) Pflicht zur Wahrnehmung der Organfunktionen auf diese Weise (auch) zu einer (dienstrechtlichen) „Dienstpflicht". Der Organwalter unterliegt damit nicht nur der allenfalls im Zusammenhang mit dem Organ geregelten organschaftlichen Verantwortlichkeit, sondern auch der dienstrechtlichen Verantwortlichkeit (vgl noch Rz 360).

Aus dem Dienstrecht ergeben sich auch Rechte gegenüber der (durch die „Dienstbehörde" vertretenen) bestellenden Gebietskörperschaft, darunter auch bestimmte „Stabilitätsansprüche" (Veränderungs-, Versetzungs-, Kündigungsschutz). Aus dem Dienstrecht ergibt sich allerdings kein Recht des Bediensteten auf ein bestimmtes Amt oder auf einen bestimmten Inhalt des übertragenen Amts.

Wird nur Organwalterstellung, nicht aber ein Dienstverhältnis – und damit der mit einem Dienstverhältnis verbundene, über bloße Kostenersätze hinausgehende Entgeltsanspruch – begründet, spricht man von einer „**ehrenamtlichen**" Funktion. Bei Verfassungsorganen wird in der Regel ein Dienstverhältnis nicht begründet, jedoch ist gesetzlich ein Anspruch auf bestimmte **Bezüge** statuiert.

101 Fraglich ist im umgekehrten Sinn, inwiefern aus dem Vorliegen eines Rechtsverhältnisses, insb eines Dienstverhältnisses, zu einer Gebietskörperschaft auf das Vorliegen einer Organwalterstellung geschlossen werden kann. Dies ist in zweierlei Hinsicht von Bedeutung. Zum einen steht auch den Gebietskörperschaften prinzipiell die Möglich-

---

2 Vgl zum öffentlichen Dienst und zu den Entwicklungen des Dienstrechts Hartmann in Holzinger/Oberndorfer/Raschauer (Hg), Österreichische Verwaltungslehre, 2001, 259; Weichselbaum ZBR 2001, 231; aus verfassungsrechtlicher Perspektive Weichselbaum, Berufsbeamtentum und Verfassung, 2003.

keit zu einer „Bevollmächtigung" im zivilrechtlichen Sinn offen. Beispielsweise kann sich auch eine Gemeinde durch einen Rechtsanwalt vertreten lassen; der Rechtsanwalt ist dann „Vertreter", nicht aber „Organ" (Organwalter) der Gemeinde.

Zum anderen ist festzuhalten, dass – so wie bei einer Aktiengesellschaft nicht jeder Angestellte ein Organwalter der AG ist – auch im Bereich der öffentlichen Verwaltung nicht jeder öffentlich Bedienstete ein Organwalter im vorgenannten Sinn ist. Aus dem (öffentlichen) Dienstverhältnis erwächst grundsätzlich nur ein Auftrag, nicht auch eine Ermächtigung. Beispielsweise gilt der von einem Portier eines Ministeriums erlassene „Bescheid" herkömmlich als Schulbeispiel für einen absolut nichtigen Bescheid.

Es zeigt sich also, dass der Begriff „**Organwalter**" in zweierlei Bedeutung Verwen- 102
dung findet. In einem weiteren Sinn werden oft alle für eine Gebietskörperschaft (für eine juristische Person) tätigen Menschen als „Organwalter" bezeichnet, insb wenn sie in einer „Dienststelle" der Verwaltung tätig sind. Im engeren, eigentlichen Sinn sind allerdings nur jene Personen als Organwalter zu bezeichnen, die zur Ausübung der Kompetenzen eines bestimmten Organs berufen sind. Bei einem Bundesministerium ist daher nur der jeweilige BMin selbst als „Organwalter" zu sehen. Bei einem entscheidungsbefugten Kollegialorgan (Rz 126) ist jedes stimmberechtigte Mitglied ein Organwalter.

In einem so komplex gegliederten Gefüge, wie der öffentlichen Verwaltung finden sich 103
freilich ganz unterschiedliche Formen einer zu dem im Dienstverhältnis begründeten Auftrag hinzutretenden Ermächtigung. So entsteht Organwalterstellung, wie gezeigt, jedenfalls mit der Bestellung zum Leiter einer mit selbständigen Organkompetenzen ausgestatteten Dienststelle; die übrigen Mitarbeiter an dieser Dienststelle können durch öffentlich-rechtliche Mandate (Rz 168) die Befugnis zur Vertretung des Dienststellenleiters bei der Wahrnehmung von Organfunktionen erlangen, sie vertreten also nur den Organwalter, sind aber selbst nicht Organwalter. Bisweilen gehen mit der dienstrechtlichen Bestellung und dem Einsatz des Bediensteten in einem bestimmten Verwendungsbereich (zB als Organ des öffentlichen Sicherheitsdienstes: Rz 270) kraft Gesetzes schon für sich bestimmte außenwirksame Kompetenzen (zB zu AuvBZ) einher. Schließlich gibt es auch Fälle, in denen öffentlich Bedienstete zB zu Organen der öffentlichen Aufsicht bestellt werden und damit in diesem Funktionsbereich eine selbständige Organ(walter)-stellung erlangen.

Deliktsrechtlich müssen juristische Personen in einem erweiterten Umfang für 104
Delikte ihrer „Gehilfen" einstehen (haften). Das AHG geht dabei für den Bereich der Hoheitsverwaltung – haftungsrechtlich – über die bürgerlich-rechtlichen Regeln deutlich hinaus, wenn sein § 1 Abs 2 definiert: „Organe im Sinne dieses Bundesgesetzes sind **alle physischen Personen**, wenn sie in Vollziehung der Gesetze (Gerichtsbarkeit oder Verwaltung) handeln, gleichviel, ob sie dauernd oder vorübergehend oder für den einzelnen Fall bestellt sind, ob sie gewählte, ernannte oder sonstwie bestellte Organe sind und ob ihr Verhältnis zum Rechtsträger nach öffentlichem oder privatem Recht zu beurteilen ist". Hier wird erkennbar ein weiter Begriff von Organ(walter) verwendet. Dementsprechend kann der Bund auch für den Schaden zu haften haben, den ein Portier eines Ministeriums einem Dritten zufügt.

3. „Organ im funktionellen Sinn"

Die Errichtung von (eigenen) Organen einer juristischen Person – dh von **Organen** 105
im organisatorischen Sinn – begründet insoweit Zurechenbarkeit als die mit der Organstellung betrauten Organwalter zum rechtserheblichen Handeln für die betref-

fende juristische Person berufen sind; ihr Handeln im Rahmen der Organkompetenzen soll der juristischen Person zugerechnet werden. Ein Organ im organisatorischen Sinn ist also gleichzeitig immer auch ein **Organ im funktionellen Sinn**. Umgekehrt kann es Zurechnungsregeln geben, die auch „**fremdes**" Handeln zurechenbar machen sollen, also Handeln von Personen oder Einrichtungen, die keine Organe im organisatorischen Sinn der betreffenden Rechtsperson sind; sie sind **Organe im bloß funktionellen Sinn**. In den Angelegenheiten der „mittelbaren Bundesverwaltung" (Rz 272) gilt bestimmtes Handeln von Landesorganen im organisatorischen Sinn gem Art 102 Abs 1 B-VG rechtlich als Handeln des Bundes: Landesorgane im organisatorischen Sinn werden kraft dieser besonderen Zurechnungsregel – bezogen auf den Kreis der Angelegenheiten der mittelbaren Bundesverwaltung – zu Bundesorganen im funktionellen Sinn. Ähnlich zu sehen ist der „übertragene Wirkungsbereich" bei Gemeinden und bei anderen Selbstverwaltungskörpern (Rz 326, 345). Auf Grund weiterer Zurechnungsregeln werden, wie noch zu erörtern ist, auch private natürliche und juristische Personen mitunter zu Organen von Gebietskörperschaften im bloß funktionellen Sinn.

4. Zurechnung von Organhandeln

106 **Relativität** ist bei allen Zurechnungsregeln insoweit zu beachten, als die als Organwalter bestellten Personen zum einen zeitlich nicht „rund um die Uhr" und zum anderen sachlich nicht in jeder Hinsicht als Organwalter tätig sind. Es gilt stets, jenes Handeln, das der Betreffende „**in Ausübung seiner Organfunktion**" – und damit der juristischen Person zurechenbar – setzt, von seinem privaten Handeln – das ihm selbst zuzurechnen ist – abzugrenzen.

Ärgert sich ein „Polizist" in seiner Freizeit über den Lärm, den sein Nachbar macht, und nimmt er ihn daraufhin fest, so handelt es sich um eine justizstrafrechtlich zu ahndende Freiheitsentziehung, aber nicht um Verwaltungshandeln (vgl sinngemäß VfSlg 6252/1970). Nimmt ein Polizist in seiner Freizeit wahr, dass jemand in offenbar alkoholisiertem Zustand ein Kfz in Betrieb nehmen will, so darf er sich durch ausdrückliche Erklärung „in Dienst stellen" und sodann „als Organ des öffentlichen Sicherheitsdiensts" die Autoschlüssel abnehmen (VwSlg 9817 A/1979). Ein besonders heikler „Klassiker" ist der Fall jenes Polizisten, der seine nächtliche Streife bewusst so legte, dass er Gelegenheit zum Waffengebrauch gegen seinen „Feind" fand. Er war also intentional nicht als Staatsorgan tätig, nach den äußeren Umständen jedoch sehr wohl.

Eine „Fundgrube" für derartige Abgrenzungsfragen bildet naturgemäß die Judikatur zum Amtsmissbrauch (§ 302 StGB) und zum Amtshaftungsrecht (vgl noch Rz 735c), man denke nur an die Beleidigung durch einen Verhandlungsleiter während einer Augenscheinsverhandlung oder an den Diebstahl während einer Hausduchsuchung. In der Judikatur wurden die Formeln entwickelt, ob der (rechtswidrige schädigende) Akt „im Zusammenhang mit der Amtsausübung" (Amtshaftung) oder „nur gelegentlich der Amtsausübung" (Privathaftung) gesetzt wurde – was unter Würdigung aller Umstände des Falles zu beurteilen ist (Schragel 47, 173).

107 Zurechnung von Organhandeln (Organwalterhandeln) erfolgt immer zu einer juristischen Person. Daher stellt die Aussage, ein Akt sei einer bestimmten Behörde „zuzurechnen", eine auf eine bestimmte Fragestellung bezogene verkürzende Redeweise dar. Eine solche Sicht kann etwa bei der Analyse helfen, Organzuständigkeiten, Rechtsmittelzüge oder Fragen der Aufwandtragung zu klären. Tatsächlich gibt es immer wieder „Zurechnungsketten", Fälle **transitorischer Zuständigkeit** und dementsprechend **transitorischer Zurechnung**: Wenn ein Standesbeamter den Namen eines Neugeborenen in die Personenstandsbücher einträgt, so ist sein Handeln – da er in einer Angelegenheit des übertragenen Wirkungsbereiches der Gemeinde als Hilfs-

organ des Bürgermeisters tätig wird – dem Bürgermeister zuzurechnen. Dort endet die Zurechnungskette allerdings nicht, da das Handeln des Bürgermeisters in den Angelegenheiten des Personenstandswesens letztlich dem Bund (als gemäß Art 10 Abs 1 Z 7 B-VG zuständiger Gebietskörperschaft) zuzurechnen ist. Ebenso hat dann, wenn ein Gendarm in Verfolgung eines Verbrechers schießt, im Rechtssinn die BVB und damit letztlich (in einer Angelegenheit der allgemeinen Sicherheitspolizei gemäß Art 10 Abs 1 Z 7 B-VG) der Bund geschossen.

5. Keine „Rechte" von Organen und Organwaltern

Organen kommt grundsätzlich keine selbständige Rechtsfähigkeit und dement- 108
sprechend auch keine Vermögensfähigkeit zu. Sie üben „**Kompetenzen**" (Organkompetenzen als Teilmengen der Verbandskompetenzen) aus; sie besitzen kein Vermögen, sondern verwalten (fremdes) Vermögen. Sie können dementsprechend auch nicht „geklagt" werden. Geklagt werden kann nur die juristische Person, der das Organhandeln (Organwalterhandeln) rechtlich zuzurechnen ist.

Organwalter werden durch organisationsrechtliche Regelungen und durch die 109
Regelung der auf die juristische Person bzw ihre Organe bezogenen Aufgaben nicht in „Rechten" tangiert: „Rechtsnormen, welche die Ausübung staatlicher Funktionen regeln, berühren nicht die Rechtssphäre der diese Funktion innehabenden Organwalter" (zB VfSlg 10571/1985). Anders zu sehen sind die einem öffentlich Bediensteten zustehenden „Rechte" (zB Gehalt, Urlaub, Pension), denn diese bestehen kraft Dienstrechts und nicht kraft Organwalterstellung.

H. Private als Verwaltungshelfer und als Organe

Grundsätzlich kann jede Person ein Organ im funktionellen Sinn einer juristischen 110
Person sein. Ist nicht Organschaft im organisatorischen Sinn gegeben, so ist ausschlaggebend, ob das Funktionsrecht eine Bestimmung enthält, die ein „Besorgen-Können" ermöglicht, die also als (funktionelle) Zurechnungsregel zu deuten ist.

Beispielsweise ermächtigen die FischereiG der Bundesländer „Fischereiaufsichtsorgane" zur Setzung hoheitlicher Akte (zB Anhaltung Unbefugter, Abnahme unbefugt verwendeter Geräte). Es handelt sich um Privatpersonen, die von der BVB vereidigt und mit Dienstwappen und Dienstausweis ausgestattet werden. Da man sinnvoller Weise nicht von der Ausübung von „Privatzwang" sprechen kann – es liegt ja eine der betreffenden Person individuell zugeordnete Ermächtigung und keine Jedermanns-Befugnis vor –, bleibt gar nichts anderes übrig, als solche hoheitlichen Akte einem Träger der Hoheitsgewalt und damit einer Gebietskörperschaft zuzurechnen (VfSlg 3847/1960). Es werden also Private als funktionelle Organe für Gebietskörperschaften tätig.

Ähnlich zu sehen sind die Jagdaufseher nach den JagdG der Länder, die Forstschutzorgane (§ 110 ForstG), die Naturschutzorgane (zB § 28 nö NaturschutzG), die Umweltschutzorgane (zB § 12 nö UmweltschutzG), zum Teil auch die Gewässeraufsichtsorgane (§ 132 WRG) und die Feldschutzorgane (zB § 2 nö FeldschutzG); vgl auch den Negativkatalog in Art 78d Abs 1 B-VG. Sie alle sind sog „**Organe der öffentlichen Aufsicht**" (nicht aber „Organe des öffentlichen Sicherheitsdienstes"). Als Organe der öffentlichen Aufsicht sind sie schon ganz allgemein zB zur Beschlagnahme von Verfallsgegenständen befugt (§ 39 VStG). Weitergehende Befugnisse ergeben sich zumeist aus den besonderen Verwaltungsvorschriften (zB § 112 ForstG).

111 Weiters sind die verkehrspolizeilichen Befugnisse des Flugkapitäns („verantwortlichen Piloten“ gem § 125 Abs 2 LFG), von Flugsicherungsorganen des Flugplatzhalters (§ 120 Abs 2 LFG), von Schiffsführern (§ 5 Abs 5 und 6 SchiffahrtsG), Hafenmeistern und betrauten Personen (§ 40 SchiffahrtsG) und Eisenbahnaufsichtsorganen (§ 45 EisbG) zu nennen. Es handelt sich durchwegs um Angestellte privater Unternehmen. Wenn sie zB einen Passagier eines Platzes verweisen oder überhaupt festnehmen, liegt im Rechtssinn ein Akt des Rechtsträgers vor, der die Aufgaben übertragen hat, in Angelegenheiten der Verkehrspolizei also im Allgemeinen ein Hoheitsakt des Bundes (Schragel 57).

112 Man kann in allen vorgenannten Fällen von einer „**Beleihung**“ mit hoheitlichen Befugnissen, also von „beliehenen Privaten“ sprechen (vgl Krajcsir, Staatliche Hoheitsverwaltung durch Private, 1999). In gleicher Weise können auch juristische Personen des Privatrechts – genauer: die Organe von solchen Rechtspersonen – zur Setzung von Hoheitsakten ermächtigt werden („**beliehene Unternehmen**“; vgl als Rechtsbegriff zB § 2 Abs 1 BörseG, § 2 VerrechnungsstellenG). Der „Klassiker“ unter den beliehenen Unternehmen ist zweifellos die auf Grund des NBG errichtete und durch das DevisenG mit hoheitlichen Funktionen (Bescheid- und Verordungsermächtigungen) ausgestattete Oesterreichische Nationalbank (VwGH 16. 10. 2001, 99/09/0252, 19. 9. 2001, 99/09/0248). Als neuere Beispiele sind weiters die Ermächtigung privater Unternehmen zur Sicherheitskontrolle nach dem Zivilluftfahrzeug-SicherheitsG, die Austro Control GmbH als Luftfahrtbehörde erster Instanz (VfSlg 14473/1996), der Österreichische Aero-Club, die RTR GmbH (VfSlg 15385/1998) und die Energie-Control GmbH als Regulierungsbehörden, die Versicherungsunternehmen im Rahmen der Kfz-Zulassung (§ 40a KFG), die GIS gemäß § 4 RundfunkgebührenG, das Börseunternehmen nach § 2 BörseG (VfSlg 16048/2000) und die Zivildienstverwaltung GmbH gem BGBl II 140/2002 anzuführen. Da der VwGH die Mautordnung als Verordnung qualifiziert, sieht er auch die ASFINAG als insoweit beliehenes Unternehmen (VwGH 20. 9. 2001, 2001/06/0096).

Beleihung erfolgt durch Gesetz oder sonstigen Hoheitsakt (zB Bescheid gem § 2 BörseG). Beleihung ist stets relativ: außerhalb des spezifischen hoheitlichen Ermächtigungsbereichs besteht keine Sonderstellung (VwGH 16. 10. 2001, 99/09/0252, 19. 9. 2001, 99/09/0248). Auf die Eigentumsverhältnisse (echte oder unechte Private) kommt es nicht an, ebenso wenig darauf, ob das Unternehmen sondergesetzlich oder privatrechtlich geschaffen wurde. Die hoheitlichen Akte der zuständigen Organe dieser Unternehmen gelten im Rechtssinn jeweils als Hoheitsakte der betreffenden Gebietskörperschaft. Aus der funktionellen Organstellung dieser Organe ergibt sich, dass nach AHG die Gebietskörperschaft als Rechtsträger haftet, deren Aufgabe der Beliehene (durch seine Organwalter) wahrnimmt (OGH SZ 68/191).

113 Diese Fälle funktioneller Organstellung für eine Gebietskörperschaft gilt es von zahlreichen verwandten Phänomenen **abzugrenzen**. Keine Beleihung liegt vor, wenn nicht (echte oder unechte) Private, sondern juristische Personen des öffentlichen Rechts (deren Organe) zur Setzung von Hoheitsakten ermächtigt werden. Keine Beleihung liegt vor, wenn Private nur Pflichten unterworfen, nicht aber zur Setzung von Hoheitsakten ermächtigt werden (VfSlg 7975/1977 zur Lohnsteuerabfuhrpflicht des Arbeitgebers). Keine Beleihung liegt vor, wenn Private privatrechtsspezifische Befehls- und Zwangsakte setzen (Eigentümerbefugnisse, Betriebsschutz, Ordner bei Veranstaltungen); dies ist auch bei öffentlichen Unternehmen von Bedeutung (zB Akte des Eisenbahnpersonals nach EisenbahnbeförderungsG).

Von „Beliehenen" („beliehenen Unternehmen") sprechen wir nur dann, wenn Privaten (juristischen Personen des Privatrechts) **hoheitliche** Aufgaben übertragen sind. Werden Private in Bereichen der Privatwirtschaftsverwaltung herangezogen – zB als sog „Subventionsmittler" – dann liegt (gesetzliche oder vertragliche) **Bevollmächtigung**, nicht aber Organschaft vor. Beispielsweise ist die Kommunalkredit Austria AG auf Grund von § 11 Abs 2 UmwFördG berufen, für den Bund bestimmte Geschäfte im Bereich der Förderung von Umweltschutzmaßnahmen durchzuführen. Auf Grund eines Bevollmächtigungsvertrages gemäß §§ 1002ff ABGB ist die Österreichische Kontrollbank AG berufen, für den Bund bestimmte Geschäfte der Ausfuhrförderung durchzuführen (§ 5 Abs 1 AusfuhrfördG). Nicht als beliehenes Unternehmen ist auch die Monopolverwaltung GmbH gem § 13 TabakmonopolG zu sehen.

Oft wird aber durch den bloßen Auftrag im Innenverhältnis zwischen der auftraggebenden Gebietskörperschaft und dem beauftragten Unternehmen überhaupt keine Zurechnung im Außenverhältnis (gegenüber Dritten) begründet. Wird ein Bauunternehmen vertraglich mit dem Bau einer Bundesstraße betraut, so tritt das Unternehmen bei der Durchführung der konkreten Baumaßnahmen im eigenen Namen und nicht für den Bund auf.

Echte Abgrenzungsfragen gegenüber den als Fälle funktioneller Organschaft zu sehenden „Beliehenen" kann es also nur in Bereichen der Hoheitsverwaltung geben. Auf einer elementaren Ebene finden wir zunächst die (zur Privatwirtschaftsverwaltung zählende) Sachmittelbeschaffung für Zwecke der Hoheitsverwaltung. Wenn ein privates Unternehmen mit der Herstellung von Kraftfahrzeugkennzeichen oder von Straßenverkehrszeichen beauftragt wird oder wenn eine Druckerei auftragsgemäß Promotionsurkunden oder andere Urkundsformulare herstellt, dann wird dadurch nur das zuständige Verwaltungsorgan in die Lage versetzt, seine hoheitlichen Aufgaben zu erfüllen. Gegenüber den Adressaten des hoheitlichen Verwaltungshandelns treten diese Unternehmen rechtlich überhaupt nicht in Erscheinung, sie werden insb durch den (privatrechtlichen) Auftrag nicht zu staatlichen Organen. 114

Es gibt weiters Fallkonstellationen, in denen Private zur Setzung von **unselbständigen Teilakten** im Bereich der Hoheitsverwaltung berufen werden. Wenn ein Bauunternehmen ein Straßenverkehrszeichen aufstellt (§ 33 StVO), so ist diese Maßnahme ein Teil des Vorgangs der – durch eine Verwaltungsbehörde vorzunehmenden – Kundmachung einer Verordnung und damit unselbständiges hoheitliches Handeln. Wenn ein Tierarzt eine angeordnete Schutzimpfung durchführt (§ 2a Abs 3 TierseuchenG), wenn ein Transportunternehmen im Auftrag des Magistrats ein Kfz abschleppt (§ 89a StVO) oder wenn ein Bauunternehmen für die Vollstreckungsbehörde die Ersatzvornahme bei einem abzubrechenden Gebäude (§ 4 VVG) oder für die BVB als Wasserrechtsbehörde die Rettungsmaßnahmen bei einem Ölunfall (§ 31 Abs 3 WRG) durchführt (vgl auch VwGH 23. 1. 2002, 2001/07/0139 im Hinblick auf § 16 ALSAG), dann wird im Rechtssinn allein die betreffende Behörde tätig. Durch eine solche Beiziehung Privater als „**Verwaltungshelfer**" auf Grund eines konkreten Auftrags (mittels Bescheid oder Vertrag) erhalten diese keine selbständige Organstellung; insb sind sie mangels jeglicher selbständiger Entscheidungsbefugnis auch nicht als „Beliehene" anzusehen. 115

Schwierige „Grenzfälle" bilden jene Privaten, die (im Sinn transitorischer Zurechnung) zwar „für eine Behörde", aber doch eigenständig tätig werden. In der Judikatur zur Zwangsverwaltung von Unternehmen in der Nachkriegszeit wurde der Begriff „**verlängerter Arm**" einer Behörde geprägt. Moderne Beispiele sind zB der Private als Regierungskommissär im Wirtschaftsaufsichtsrecht oder der Private als Bauaufsichts- 116 organ (VwSlg 14279 A/1995, VwGH 25. 6. 2001, 99/07/0183) oder die Stellung der Post im hoheitlichen Eingabe- und Zustellwesen (VwSlg 11473 A/1984, 15462 A/2000). Es handelt sich um Privatpersonen und daher im organisatorischen Sinn nicht um Organe (Organwalter) einer Gebietskörperschaft. In Betracht käme freilich, wie in den eingangs erwähnten Fällen, eine funktionelle Organstellung. Angesichts der bloß beschränkten hoheitlichen Teilfunktionen, die diese Privaten wahrzunehmen haben, und der jedenfalls bei der Behörde verbleibenden Letztentscheidungsbefugnis hat sich die Sicht durchgesetzt, dass in diesen Fällen nicht vom Vorliegen einer Organstellung des Privaten auszugehen ist. Der Private tritt in diesen Fällen nicht an die Stelle eines Organs, sondern an die Stelle eines ansonsten mandatsmäßig zu betrauenden öffentlich Bediensteten. Die Organstellung der Behörde, deren „verlängerter Arm" der Private in diesen Fällen ist, bleibt demnach unberührt.

Im Schrifttum finden sich in den vorstehend erörterten Zusammenhängen auch die Begriffe „Indienstnahme" und „Inpflichtnahme". Beide Begriffe sind nicht wirklich treffend. Gegen den Begriff „Indienstnahme" spricht, dass in allen hier untersuchten Fällen ein (öffentlich-rechtliches oder privatrechtliches) Dienstverhältnis gerade nicht begründet wird. Ebendies spricht auch gegen den Begriff „Inpflichtnahme". Dazu kommt noch, dass die Verwendung dieses Begriffes auf der begrifflichen Ebene artifizielle Abgrenzungsprobleme auslöst zum weiten Feld der öffentlich-rechtlichen Pflichten (VfSlg 7975/1977 zur Lohnsteuerabfuhrpflicht, 13102/1992 zum Kontrahierungszwang des Abfallsammlers; Rz 681, 1151), die überhaupt nichts mit den Fragen von Organstellung und Beleihung zu tun haben.

117 In Zeiten, in denen **Privatisierung**, **Entbürokratisierung**, **Deregulierung** und **Liberalisierung** in den Vordergrund getreten sind, wird naturgemäß auch sichtbar, in welch großem Umfang öffentliche Aufgaben von Privaten wahrgenommen werden. Der Staat muss öffentliche Aufgaben nicht zu Staats- bzw Verwaltungsaufgaben (Rz 722) machen, wenn der private Sektor das als erforderlich erachtete Angebot bereithält. Da somit nicht jede öffentliche Aufgabe auch eine Staatsaufgabe ist, muss dies auch Konsequenzen im Hinblick auf die Frage der Zurechnung haben:

- Ein staatlicher Gesundheitsdienst ist zB in dem Maß entbehrlich, als Leistungen privater Gesundheitsberufe gegeben sind. Apotheker nehmen daher gesellschaftlich wichtige Funktionen wahr, sie sind aber keine staatlichen Organe. Wenn unter diesen Voraussetzungen den Apothekern eine bestimmte Krisenbevorratung an Medikamenten zur Pflicht gemacht wird, dann handelt es sich um eine öffentliche Last für Apotheker, die Ausübung des Berufs des Apothekers wird damit – auch hinsichtlich der Krisenbevorratung – nicht zu Bundesverwaltung im funktionellen Sinn. Ebenso ist der Vertragsarzt im Sozialversicherungsrecht (auf dem Boden des Sachleistungsprinzips) Vertragspartner und nicht Organ des Sozialversicherungsträgers.
- Soweit eine fachliche Überprüfung durch private Sachverständige möglich ist, braucht der Staat keine administrativen Kontrollorgane zu bestellen, er kann dem Kontrollpflichtigen – wie dies beim Abschlussprüfer nach AktG seit jeher selbstverständlich ist – die Vorlage eines entsprechenden (privaten) Gutachtens zur Pflicht machen. Dementsprechend ist auch in der Überprüfung durch befugte Sachverständige nach § 134 WRG, § 7 Abs 1 LRG-K oder § 82b Abs 2 GewO eine private Tätigkeit und nicht die Ausübung funktioneller Staatsorganstellung zu sehen.
- Damit ist aber auch klargestellt, dass die Ausstellung besonderer Urkunden durch Zivilingenieure, denen gesetzlich der Wert öffentlicher Urkunden zugeordnet wird, nicht „mittelbare Staatsverwaltung", sondern eine – gesetzlich geschützte, aber dennoch – private Tätigkeit darstellt (OGH SZ 63/129).

- Nicht anders wäre mE die Ausstellung von Prüfurkunden durch Zivilingenieure, private Vereine und Gewerbetreibende in anderen Fällen zu sehen. Der OGH nimmt allerdings an, dass diese Privaten im Rahmen der wiederkehrenden Kfz-Begutachtung als Beliehene zu sehen seien (SZ 54/19), mit der Konsequenz einer Haftung der ermächtigenden Gebietskörperschaft für diese „Organe". Da der Gesetzgeber diese Qualifikation in § 57b KFG aufgegriffen hat, ist dieser Sonderfall zur Kenntnis zu nehmen. Die Übertragung dieses Gedankens auf private Prüfstellen nach KesselG (OGH 27. 3. 2001, 1 Ob 25/01k) und auf private Abschlussprüfer nach BWG (OGH 25. 3. 2003, 1 Ob 188/02g) ist gleichwohl verfehlt, da diese Personen nur „als Private" und nicht „für Gebietskörperschaften" tätig werden (vgl auch Kucsko-Stadlmayer ÖZW 2002, 59). 118
- Dass bestimmte Arten von öffentlichen Aufgaben von Privaten zum Teil „besser" (wirksamer, rascher, kostengünstiger) als von staatlichen Dienststellen wahrgenommen werden, erweist sich immer wieder – man denke nur an die in den Bereichen der Bewährungshife, Drogenhilfe oder AIDS-Hilfe tätigen Vereine. Allein deshalb werden diese Privaten jedoch nicht zu Staatsorganen.

Ebenso zu sehen ist der Fragenkreis der sog „privaten Rechtssetzung". Seit 119
Jahrzehnten wird innerhalb von privaten Verbänden (zB Österreichisches Normungsinstitut, Österreichische Vereinigung für Elektrotechnik, Österreichischer Verein für das Gas- und Wasserfach) Einigung über fachliche Standards aller Art angestrebt und erzielt. Die so erarbeiteten Standards gelten haftungsrechtlich als „Regeln der Technik", sie bilden „generalisierte antizipierte Sachverständigengutachten", eine Missachtung wird in Gewährleistungs- oder Schadenersatzprozessen im Allgemeinen zur Einschätzung der Schlechterfüllung führen.

Sofern und solange sich solche Standards (zB ÖNORMEN, ÖVE-Richtlinien) inner- 120
halb einer Branche entwickeln, braucht der Staat nicht rechtssetzend tätig zu werden. In der EG wurde diese Position sogar programmatisch zum *new approach* erklärt: Um das europäische Richtlinienwerk in Grenzen zu halten, soll die Erklärung der Konformität mit „Europäischen Normen" und ähnlichen Regelwerken (sog CE-Zeichen) als Grundlage der Warenverkehrsfreiheit genügen (Holoubek in H/P Bd 2, 23). Eine solche Deregulierung muss ernst genommen werden: private Regelwerke bleiben auch dann private Regelwerke, wenn sie staatsentlastend und bürokratievermeidend wirken. An dieser rechtlichen Beurteilung kann sich nicht allein deshalb etwas ändern, wenn die Bezeichnung „ÖNORM" bundesgesetzlich geschützt ist (NormenG), wenn also nicht jedermann diese geschützte Bezeichnung für von ihm entwickelte Werke verwenden darf.

Nach § 6 Abs 4 DatSchG können bestimmte private Vereinigungen „zur näheren Festlegung dessen, was in einzelnen Bereichen als Verwendung von Daten nach Treu und Glauben anzusehen ist", Verhaltensregeln ausarbeiten. Solche Verhaltensregeln dürfen nur nach vorheriger Begutachtung durch den Bundeskanzler veröffentlicht werden. Sie bleiben ungeachtet dieser präventiven Kontrolle private Regelwerke.

Zusammenfassend zeigt sich also, dass Private nur in ganz bestimmten Sonderfällen der Betrauung mit der selbständigen Ausübung hoheitlicher Agenden als Organe (von Gebietskörperschaften) im funktionellen Sinn vorgesehen sind. Es gibt allerdings unzählige Fälle, in denen Gebietskörperschaften private Aktivitäten voraussetzen oder zugrundelegen; allein dadurch werden Private jedoch nicht zu Organen von Gebietskörperschaften, auch nicht zu Organen im bloß funktionellen Sinn.

I. Arten von Organen

Im Bereich des öffentlichen Rechts können Organe in verschiedener Hinsicht unterschieden werden:

121 1. Auf einer elementaren Ebene kann man im organisatorischen Sinn zwischen „**staatlichen**" und nichtstaatlichen Organen unterscheiden. In einem weiten Sinn (Rz 46) sind alle von einem österreichischen Rechtsträger (Gebietskörperschaft oder Selbstverwaltungskörper) errichteten Organe als staatliche Organe im organisatorischen Sinn anzusehen, demgegenüber nicht die Organe internationaler Organisationen, EU-Organe (insb EG-Organe), Organe von Kirchen und Religionsgesellschaften oder Organe von (wenn auch staatseigenen) juristischen Personen des Privatrechts. Im engeren Sinn – dh als Gegensatz zu den Organen der Selbstverwaltung (Rz 46) – gelten nur die Bundesorgane im organisatorischen Sinn und die Landesorgane im organisatorischen Sinn als „staatliche Organe". In einem funktionellen Sinn kann aber, wie gezeigt, jede Person und jede Einrichtung ein staatliches Organ sein, wenn es eine entsprechende Zurechnungsregel gibt (vgl Rz 105).

Bei Vollziehung von EG-Verordnungen bleiben die zuständigen österreichische Behörden sowohl im organisatorischen als auch im funktionellen Sinn Bundes- oder Landesorgane (Rz 220).

122 2. Gemäß dem bundesstaatlichen Prinzip ist zwischen Bundesorganen im organisatorischen Sinn und Landesorganen im organisatorischen Sinn zu unterscheiden. Berücksichtigt man, dass auch die Gemeinden und die anderen Selbstverwaltungskörper zur Verwaltung zählen (Rz 46), so sind auch die Gemeindeorgane im organisatorischen Sinn und die anderen Selbstverwaltungsorgane im organisatorischen Sinn hier anzuführen. Diese Organe können in bestimmten Fällen im funktionellen Sinn für jeweils andere Verwaltungsträger tätig werden (Rz 326).

123 Die genannten Gebietskörperschaften und anderen öffentlich-rechtlichen Rechtsträger **errichten** Verwaltungsbehörden und andere Verwaltungsorgane (Rz 132), sie schaffen ihre rechtliche Grundlage, sie bestellen die Organwalter und sie treffen erforderlichenfalls nähere Regelungen über die „innere Einrichtung" (Rz 229). Nicht zuletzt tragen sie nach der Judikatur des VfGH den Aufwand dieser Organe.

124 Daraus erkennt man folgende Regel: Ein Organ ist dann ein **Bundesorgan im organisatorischen Sinn**, wenn es vom Bund errichtet, eingerichtet und erhalten wird und wenn der Bund die Organwalter bestellt, es ist ein **Landesorgan im organisatorischen Sinn**, wenn die entsprechenden Aufgaben dem Land zukommen.

Sofern es um gesetzlich zu errichtende Organe anderer öffentlich-rechtlicher Rechtsträger geht, ist zu beachten, dass nur dem Bund und den Ländern die Befugnis zur Gesetzgebung zukommt. Ungeachtet der bundes- oder landesgesetzlichen „Errichtung" sind diese Organe vom betreffenden Rechtsträger organisatorisch konkret „einzurichten", vor allem sind die Organwalter vom betreffenden Rechtsträger zu bestellen und nicht zuletzt trägt dieser Rechtsträger im Allgemeinen den Aufwand; sie sind deshalb im Sinn organisatorischer Zurechnung als Organe des betreffenden Rechtsträgers (zB Gemeindeorgane, Kammerorgane) zu qualifizieren.

125 3. Nach dem Grundsatz der Gewaltenteilung ist zu unterscheiden zwischen Gesetzgebungsorganen, **Verwaltungsorganen** und Organen der Gerichtsbarkeit. Auch in diesem Zusammenhang kann zwischen organisatorischen und funktionellen Aspekten unterschieden werden (vgl Rz 194, 197): Der Präsident des Nationalrats als Organ der Gesetzgebung im organisatorischen Sinn wird hinsichtlich der parlamentarischen Hilfsgeschäfte als Verwaltungsorgan im funktionellen Sinn tätig.

Während man angesichts der verfassungsrechtlichen Regelungen im Allgemeinen klar erkennen kann, wann ein Organ ein Gesetzgebungsorgan im organisatorischen Sinn ist, stellt sich gerade in Gegenüberstellung zur Justiz oft die Frage, wie man – konfrontiert mit einer positiv-rechtlichen Regelung – ein **Verwaltungsorgan** als solches erkennt: Wenn beispielsweise in einem Jagdgesetz angeordnet ist, dass ein aus weisungsfreien Organwaltern gebildetes Schiedsgericht in sinngemäßer Anwendung der ZPO mit Beschluss über geltend gemachte Jagd- und Wildschäden entscheiden soll, dann deutet auf den ersten Blick viel in Richtung auf ein Gericht. Letztlich kommt es jedoch nicht auf den Gegenstand (Schadenersatz), das Verfahrensrecht oder die Bezeichnung der Entscheidung an, sondern allein darauf, ob die entscheidungsbefugten Organwalter die volle richterliche Unabhängigkeit genießen (also auch Unabsetzbarkeit und Unversetzbarkeit, nicht bloß Weisungsfreiheit). Wenn diese bei einem nicht explizit als Gericht eingerichteten Organ nicht ausdrücklich gesetzlich verankert ist, gilt ein solches Organ „im Zweifel" als Verwaltungsorgan. Die UVS sind daher Verwaltungsorgane (VfSlg 14164/1995 ua).

Auch „militärische Organe" iSv § 1 MBG sind Verwaltungsorgane.

4. Nach der Art der Willensbildung ist zwischen **monokratischen** Organen und **Kollegialorganen** zu unterscheiden. Bei ersteren ist ein Organwalter (zB der Rektor, der BMin, der BPräs) zur Willensbildung in Ausübung der Organfunktion berufen, bei letzteren (zB Universitätssenat, BReg, Gemeinderat) ist es eine Mehrheit von Organwaltern, die zur kollegialen (einstimmigen oder mehrheitlichen) Entscheidung berufen sind. 126

Unter den Kollegialorganen werfen die als „Tribunale" organisierten Organe, insb die „Kollegialorgane mit richterlichem Einschlag" gem Art 20 Abs 2 B-VG, verfassungsrechtliche Fragen auf; vgl Rz 370.

5. Berücksichtigt man, dass sich im Organisationsrecht auch Regelungen der rechtlichen Beziehungen zwischen Organen finden, so erkennt man, dass es Organe gibt, deren Aufgabenstellung sich in der Antragstellung oder Berichterstattung an andere Organe erschöpft und die man daher „**Innenorgane**" nennen kann. Bei juristischen Personen, die „die Vertretung der juristischen Person nach außen" einem bestimmten Organ vorbehalten (zB der Bürgermeister als Vertreter der Gemeinde), bildet überhaupt nur dieses Organ ein „**Außenorgan**" und sind alle übrigen Organe in einem weiteren Sinn „Innenorgane". Darauf stellt etwa § 9 VStG ab, wenn er von den „zur Vertretung nach außen berufenen" Organen spricht. 127

6. Bezogen auf den Innenbereich der Verwaltung kann einem **Teil** eines Organs eine eigenständige (innenrechtliche) Organstellung zukommen, etwa dem Vorsitzenden eines Kollegialorgans bei der Ausübung der (kollegiumsinternen) Sitzungspolizei. Ist einem Teil eines Organs – insb kraft Gesetzes oder kraft Delegation, wie dies zB bei entscheidungsbefugten Kommissionen und Ausschüssen von Kollegialorganen der Fall ist – ein vom Kollegialorgan unabhängiger Kreis von Organkompetenzen zugewiesen, dann bildet es ein eigenständiges Organ (zB die Einzelorgane der UVS und des unabhängigen Bundesasylsenates; VfSlg 14985/1997). 128

7. Differenzierter Betrachtung bedürfen die verschiedenen Fälle, bei denen – im Sinn transitorischer Zurechnung (Rz 107) – „Organe für Organe" handeln, insb als sog „**Hilfsorgane**". 129

- Als Hilfsorgane werden zB die sog „**Dienststellen**" bezeichnet. Es handelt sich um die einem Organ beigegebenen „Bürokratien", um den „Geschäftsapparat" (§ 4 Z 4

DatSchG), zB das einem BMin beigegebene Bundesministerium, das der LReg beigegebene AdLReg (VwGH 18. 11. 1998, 96/03/0351), das den Gemeindeorganen beigegebene Gemeindeamt (VwGH 27. 9. 2000, 98/12/0057), aber auch um alle jene Ämter, deren Leiter Organstellung zukommt (zB eine BH, ein Finanzamt). Das diesen Dienststellen beigegebene Personal wird im Sinn transitorischer Zurechnung rechtlich für den Leiter der Dienststelle als Organwalter tätig. Vgl auch VfGH 25. 2. 2003, B 1638/02 (Kammern als Geschäftsstellen einer Schiedskommission).

Eine Besonderheit ist bei den modernen „Regulierungsbehörden" (Rz 255a) zu beobachten. Die Funktion einer „Geschäftsstelle" übt oft eine GmbH aus, die gleichzeitig aber auch selbst eigenständige Funktionen als beliehenes Unternehmen hat (zB Energie-Control GmbH für die Energie-Control Kommission, RTR GmbH für die Telekom-Control Kommission; vgl VfSlg 15.385/1998). Vgl auch § 8 Abs 4 Gesundheits- und ErnährungsSG.

130 • Als „**Hilfsorgane**" werden auch bestimmte Einzelorgane bezeichnet, die im Sinn transitorischer Zurechnung für andere Organe tätig werden sollen. Zu nennen ist etwa der Landesamtsdirektor bei der Leitung des inneren Dienstes als Hilfsorgan des LH (Art 106 B-VG; Rz 293) oder der Standesbeamte als Hilfsorgan des Bürgermeisters (Art 119 Abs 1 B-VG). Ähnlich zu sehen ist es, wenn zB staatliche Untersuchungsanstalten für Behörden bestimmte Prüfungen durchführen oder wenn besonders bestellte öffentlich Bedienstete „für Behörden" bestimmte hoheitliche Aufsichtsfunktionen wahrnehmen (zB als Regierungskommissär).

Konfrontiert mit besonderen Verwaltungsvorschriften kann sich – wie insb in VfSlg 8466/1978 (betreffend die damaligen Lebensmitteluntersuchungsanstalten des Bundes) sichtbar wurde – die Frage stellen, ob eine bestimmte Einrichtung selbst Organstellung (insb Behördenstellung) hat oder nur kraft transitorischer Zurechnung für eine Behörde handeln soll; dies ist durch abwägende Berücksichtigung aller organisatorischen und funktionellen Gesichtspunkte im Einzelfall zu ermitteln.

131 • Eine Sonderstellung unter den Hilfsorganen nehmen die sog „**Exekutivorgane**" ein. Insb sind bestimmten Behörden „Organe des öffentlichen Sicherheitsdiensts" (Rz 268) beigegeben. Diesen kommt – ungeachtet der gesetzlichen Verwendung des Begriffs „Organe" – grundsätzlich nicht selbst Organstellung, sondern nur die Stellung von (exekutiven) Hilfsorganen für die betreffende Behörde zu (VfSlg 13021/1992). Daher sind zB in Art IX Abs 2 EGVG mit „Organen der Bundesgendarmerie" eigentlich Angehörige des Wachkörpers (Rz 268) Bundesgendarmerie gemeint, die als Hilfsorgane für die BVB tätig werden. Die Sonderstellung dieser Hilfsorgane ist darin zu sehen, dass den einzelnen „Organen des öffentlichen Sicherheitdiensts" als solchen bereits selbst bestimmte behördliche Befugnisse – insb im Bereich der AuvBZ (zB § 35 VStG) – zukommen. Rechtlich werden sie freilich auch in diesen Fällen jeweils für ein bestimmtes anderes Organ und damit als Hilfsorgane tätig (Rz 269).

132 8. An der Schnittstelle von Organisations- und Funktionsrecht ist die Unterscheidung von **Behörden** und (schlichten) Dienststellen (Ämtern) maßgeblich. Art 10 Abs 1 Z 16 B-VG spricht etwa von „Behörden und sonstigen Ämtern". Der Begriff der „Behörde" (Gericht oder Verwaltungsbehörde: zB § 2 ZustellG) ist eine Teilmenge des Begriffs „Organ", da auch das Handeln einer Behörde Zurechnung auslöst (vgl § 3 UmwInfG: „Verwaltungsbehörden" und „sonstige Organe der Verwaltung"). Unter Behörden sind jene Organe zu verstehen, denen **hoheitliche Aufgaben** (vgl noch Rz 725) übertragen sind, insb wenn sie zur Erlassung von Bescheiden oder Verordnun-

gen oder zur Setzung von AuvBZ berufen sind. Ob ein Organ zur Setzung von Hoheitsakten berufen ist, ergibt sich nicht aus seinem „Wesen“ – auch ein BMin ist nicht deshalb eine Behörde, weil er BMin, oberstes Organ o dgl ist –, sondern allein aus den konkreten Ermächtigungen der materiell-rechtlichen Verwaltungsvorschriften (zB Bescheidkompetenz des BMWA auf Grund des MinroG). Kurz: **Es gibt keine Behörde im organisatorischen Sinn, sondern ausschließlich Behörden im funktionellen Sinn.**

Ein häufig anzutreffender Fehler ist der Blick in Art II Abs 2 EGVG: Wenn ein Organ dort genannt ist, dann besagt dies nicht, dass es eine Behörde ist, oder auch nur, dass es einen Bescheid erlassen dürfte; vielmehr besagt diese Bestimmung nur, dass ein dort genanntes Organ dann, wenn es einen Bescheid zu erlassen hat (was sich aus den Materiengesetzen ergibt), dabei bestimmte Verfahrensvorschriften anwenden soll.

Da – im verfassungsrechtlichen Rahmen – allein der Materiengesetzgeber darüber zu entscheiden hat, wem er hoheitliche Befugnisse einräumt und wen er damit zur **Behörde im funktionellen Sinn** macht, kann es dazu kommen, dass auch andere als Organe im organisatorischen Sinn von Gebietskörperschaften oder von sonstigen Rechtspersonen des öffentlichen Rechts mit hoheitlichen Aufgaben betraut werden. Wird ein Privater oder eine juristische Person des Privatrechts zur eigenständigen Setzung von Hoheitsakten berufen, spricht man von einer **Beleihung** bzw von Beliehenen („beliehenen Unternehmen“); vgl Rz 112.

Da es im Hinblick auf den elektronischen Verkehr auf die Aufgaben nicht ankommt, führt das eGovG den zusammenfassenden Allgemeinbegriff der „öffentlichen Stellen“ ein.

9. Bei den Gebietskörperschaften, deren Verwaltungsorganisation verfassungsrechtlich vorgezeichnet ist, ist zwischen den „**obersten Organen**“ dieser Gebietskörperschaften (daran anknüpfend § 48 Abs 2 SPG) und den – der Leitungsgewalt (Art 20 Abs 1 B-VG; Rz 354, 357) dieser obersten Organe unterliegenden – „**nachgeordneten Dienststellen**“ („unterstellten Ämtern“: Art 77 Abs 1 B-VG) zu unterscheiden. Dies ist Ausdruck der nach Geschäftsbereichen („Ressorts“) gegliederten und jeweils hierarchisch strukturierten Verwaltungsorganisation. 133

Oberste (Verwaltungs)Organe sind solche, die keiner fremden Leitungsgewalt unterliegen und gegen deren Entscheidungen – sofern verfassungsrechtlich nicht ausnahmsweise etwas anderes vorgesehen ist (Rz 433) – keine Rechtsmittel an andere Organe offenstehen. Sie sind in der Regel unmittelbar gegenüber einem allgemeinen Vertretungskörper politisch verantwortlich. Sie dürfen nach der nicht unproblematischen Rechtsprechung des VfGH im Allgemeinen nicht an (verbindliche) Anträge oder Vorschläge anderer Organe gebunden werden (Raschauer in K/H zu Art 19 B-VG).

Oberste Organe der Bundesverwaltung sind insb der **BPräs**, die **BReg** und die **BMin**, oberste Organe der Landesverwaltung sind insb die **LReg**, der **LH** und die anderen **Mitglieder der LReg**. Innerhalb der Gemeindeorganisation gilt in Angelegenheiten des eigenen Wirkungsbereichs grundsätzlich der **Gemeinderat** als oberstes Organ (Rz 314).

Der Begriff „oberstes Organ“ ist ein **relativer**. Weder in einem nach den Grundsätzen der Bundesstaatlichkeit noch in einem nach den Grundsätzen der Gewaltenteilung organisierten Staatswesen kann es „das eine“ oberste Organ geben. Aber auch innerhalb der Zweige der Bundes- bzw der Landesverwaltung sieht die österreichische Verfassungsordnung jeweils mehrere oberste Organe vor. „Oberste“ sind diese Organe daher stets im Hinblick auf einen bestimmten ihnen zugewiesenen Wirkungsbereich (Ressort). Daraus ergeben sich zwei Konsequenzen: 134

135 Zum einen ist festzuhalten, dass die bestehenden obersten Verwaltungsorgane – in verwaltungsrechtlicher Hinsicht – zueinander im Verhältnis der **Gleichrangigkeit** stehen, ihnen kommen jeweils **unterschiedliche Aufgaben** zu. Beispielsweise kann der BPräs den BMin keine Weisungen erteilen und gibt es gegen Entscheidungen der BReg kein „Rechtsmittel" an den BPräs.

Zum anderen wird durch den Bestand der genannten obersten Verwaltungsorgane nicht ausgeschlossen, dass es auf verfassungsrechtlicher Grundlage daneben noch weitere Organe geben kann und gibt, denen in einer **funktionell beschränkten** Hinsicht ebenfalls die Stellung von obersten Organen zukommt. So bezeichnet Art 30 Abs 6 B-VG den Nationalratspräsidenten – hinsichtlich der parlamentarischen Hilfsgeschäfte (Rz 197) – als (funktionelles) oberstes Verwaltungsorgan. Ebenso ist der jeweilige Vorsitzende der Volksanwaltschaft hinsichtlich der Diensthoheit der Bediensteten der Volksanwaltschaft ein oberstes Organ (Art 148h Abs 1 letzter Satz B-VG); nicht anders ist die Stellung des Rechnungshofspräsidenten hinsichtlich der dienstrechtlichen und der sonstigen administrativen Belange des Rechnungshofes zu sehen. Der VfGH sieht auch die Präsidenten des VfGH und des VwGH (nicht auch des OGH) in Angelegenheiten der Justizverwaltung dieser Gerichte als oberste Organe (VfSlg 15762/2000).

Weisungsfreie Verwaltungsorgane (zB UVS oder Kollegialorgane nach Art 20 Abs 2 B-VG) sind allein auf Grund ihrer Weisungsfreiheit noch keine „obersten Organe". Sie unterliegen vielmehr – abgesehen vom Ausschluss einer Weisungserteilung hinsichtlich des Inhalts ihrer Geschäftsführung – fremder Leitungsgewalt (Rz 379).

J. Organwalter und Willensbildung

136 Bestandteil des Organisationsrechts sind auch die Regeln über die Willensbildung der Organe. Daher finden sich nicht nur im Funktionsrecht, sondern auch im jeweiligen Organisationsrecht Bestimmungen über erforderliche Ermittlungen, die Anhörung anderer Stellen, die Herstellung des Einvernehmens mit anderen Stellen oder die Einholung von Zustimmungen Vorgesetzter. Während im Übrigen hinsichtlich der eigentlichen Entscheidung bei monokratischen Organen auf einen innerpersonalen Vorgang abgestellt wird, lassen sich für **Kollegialorgane** nähere Regeln der Entscheidungsbildung angeben. Soweit sie die Wirksamkeit eines Beschlusses betreffen (insb Präsenz- und Konsensquoren), handelt es sich allerdings nicht nur um **Rechtmäßigkeits-**, sondern um **Gültigkeitserfordernisse**.

137 Ein Kollegialorgan kann einen gültigen Beschluß nur fassen, wenn es ordnungsgemäß einberufen wurde (VfSlg 6324/1970), sei es, dass die Sitzungstermine im Voraus festgelegt und allen Mitgliedern bekannt sind, sei es, dass die Mitglieder zur konkreten Sitzung ordnungsgemäß geladen (VfSlg 12010/1989) wurden.

Eine Sitzung ist nur ordnungsgemäß, wenn an ihr nur Teilnahmebefugte (dh Mitglieder und gegebenenfalls beigezogene Auskunftspersonen, Protokollführer u dgl) teilnehmen.

138 Die Mitglieder müssen zumindest im Beschlusszeitpunkt in der nach den entsprechenden Organisationsvorschriften (Gesetz, Satzung, Geschäftsordnung) vorgeschriebenen Mindestzahl (**Präsenzquorum**) im Sitzungsraum anwesend sein; ist eine Mindestzahl nicht festgelegt, ist im Zweifel (zumindest im Beschlusszeitpunkt) Vollzähligkeit erforderlich (VfSlg 3086/1956, 15971/2000).

139 Vielschichtig ist der Fragenkreis der „**Befangenheit**": Ist Gegenstand der Beratung ein Vorgang, der dem AVG unterliegt, so findet § 7 AVG Anwendung. Bei anderen

Bescheidverfahren kommen gleichsinnige Regeln als „allgemeine Grundsätze eines rechtsstaatlichen Verwaltungsverfahrens" (Rz 881) zur Anwendung. Im Übrigen sind die zumeist im Organisationsrecht des betreffenden Kollegialorgans getroffenen Bestimmungen maßgeblich, die oft ähnliche Regelungen treffen. Ein befangener Organwalter hat sich – bei sonstiger Rechtswidrigkeit des Beschlusses – nicht nur der Teilnahme an der Abstimmung zu enthalten, sondern im Interesse unbeeinflusster Willensbildung den Beratungsraum zu verlassen.

Eine **Vertretung** von Mitgliedern (in der Anwesenheit und/oder im Stimmrecht) 140
durch andere Mitglieder (Stimmübertragung) oder durch Ersatzleute ist nur in der Art und in dem Umfang zulässig, die in der entsprechenden Organisationsvorschrift ausdrücklich vorgesehen ist; im Zweifel ist eine Vertretung daher nicht zulässig.

Die Handhabung der Sitzungspolizei und die Leitung der Sitzung obliegt im 141
Zweifel allein dem Vorsitzenden. Er hat – bei sonstiger Ungültigkeit eines nachfolgenden Beschlusses – die Sitzung so zu leiten, dass jedem Mitglied (bei der gebotenen Hintanhaltung von „Abschweifungen und Weitläufigkeiten"; vgl § 43 Abs 2 AVG) die Darlegung seines Standpunkts in effektiver Weise ermöglicht wird (materielle Willensbildung). Unter dem jeweiligen Tagesordnungspunkt kann im Zweifel jedes Mitglied Sachanträge stellen; Sachanträge sind – nach der gebotenen Willensbildung – einer Abstimmung zuzuführen.

Im Zweifel hat jedes Mitglied – einschließlich des Vorsitzenden – eine Stimme und 142
ist ein Antrag nur beschlossen, wenn die Mehrzahl der anwesenden Stimmberechtigten (**Konsensquorum**) gültig **für** den Antrag gestimmt hat. Abweichende Regeln, wie die Nicht-Berücksichtigung von Stimmenthaltungen oder von ungültigen Stimmen oder ein Dirimierungsrecht des Vorsitzenden, müssten in den maßgeblichen Organisationsvorschriften explizit vorgesehen sein.

Ein „Umlaufbeschluss" (dh eine schriftliche Abstimmung außerhalb von förmlichen Sitzungen) ist zulässig, wenn dies in den Organisationsvorschriften vorgesehen ist (zB § 77 Abs 5, § 88c Abs 5 WRG). Im Übrigen kann diese Form der Willensbildung zulässig sein, wenn das Erfordernis materieller Willensbildung nicht beeinträchtigt wird.

Die Einsetzung eines Ausschusses (einer Kommission) mit Entscheidungsbefugnis ist – als „Delegation" (Rz 164) – nur zulässig, wenn dies in den Organisationsvorschriften ausdrücklich vorgesehen ist; ebenso die Ermächtigung einzelner Mitglieder (des Vorsitzenden) zur Entscheidung im Namen des Kollegiums.

Der **Vorsitzende** ist im Zweifel sowohl Zustellbevollmächtigter als auch das mit 143
der Durchführung der Beschlüsse des Kollegialorgans – in dessen Namen – betraute Vertretungsorgan; insb kann er Entscheidungen des Kollegiums in dessen Namen den Adressaten „intimieren" (Rz 932). Eine eigenständige Geschäftsführungsbefugnis neben dem Kollegialorgan, insb auch eine „Notkompetenz" (Rz 151), kommt ihm nur zu, soweit dies in den Organisationsvorschriften vorgesehen ist.

K. Zuständigkeit

Der Begriff „Zuständigkeit" oder – was hier gleichbedeutend verstanden werden 144
soll – der Begriff „Kompetenz" wurde schon mehrfach verwendet. In rechtlicher Hinsicht bildet Zuständigkeit „Grund und Grenze" administrativen Handelns.

Beim Begriff „Zuständigkeit" handelt es sich um einen Relationsbegriff: Auf der einen Seite kann man – von der Warte des Trägers einer Zuständigkeit – danach fragen, welche seine Kompetenzen sind (Wirkungsbereich). Auf der anderen Seite kann man im Hinblick auf eine bestimmte Sache (Angelegenheit) danach fragen, wer zu ihrer (administrativen) Behandlung zuständig ist.

145 Im ersten Sinn kann man etwa vom Aufgabenkreis juristischer Personen und damit von ihren **Verbandskompetenzen** sprechen, was insb im Hinblick auf den Bund und die Länder einsichtig ist („Kompetenzverteilung" gemäß Art 10–15 B-VG). Auf der Ebene der juristischen Person bedeutet Zuständigkeit die Konstituierung von Rechtsmacht im Sinn von Rechtsfähigkeit – sei dies im Bereich des öffentlichen Rechts, sei dies im Bereich des Privatrechts – und Legitimation. Als Teilmengen der Zuständigkeiten juristischer Personen wurden überdies „**Organkompetenzen**" als Wirkungsbereich von Organen, insb von Behörden angesprochen; Organkompetenzen des BPräs finden sich zB in Art 65 B-VG. Gerade auf der Ebene von Organkompetenzen sind der mit der Zuständigkeit verbundene Auftrag und die mit ihr verbundene Limitierung eine notwendige Konsequenz einer arbeitsteiligen Organisationsform.

Organkompetenzen müssen notwendig eine Teilmenge der Verbandskompetenzen bilden: ein Organ kann nicht mehr „dürfen" als die juristische Person, für die es handeln soll. Dies schließt freilich in dem Umfang, in dem eine juristische Person überhaupt Zurechnung gegen sich gelten lassen muss (Rz 74), nicht aus, dass sie auch Organhandeln, das in Überschreitung von Organkompetenzen gesetzt wurde, gegen sich gelten lassen muss: Nicht nur eine juristische Person, auch ein Organwalter „kann" mehr als er „darf" (Rz 97). Umgekehrt ist eine Zuständigkeitsregelung nur dann perfekt, wenn sie die Summe der Verbandskompetenzen – insb mittels einer Generalklausel zugunsten eines Organs – auf Organkompetenzen aufteilt, da es andernfalls einen Bereich gäbe, für den die juristische Person rechtsfähig, aber nicht handlungsfähig wäre.

Aus der Perspektive des Innenrechts kann man auch von „Kompetenzen" einzelner Organisationseinheiten (Abteilungszuständigkeiten) sprechen, ja sogar von mandatsmäßig begründeten „Zuständigkeiten" einzelner Mitarbeiter (zB Approbationsbefugnisse, Rz 168). Nach außen treten sie rechtlich aber nicht als „Zuständigkeiten" in Erscheinung. Da die österreichische Verfassungsordnung hinsichtlich der administrativen Zuständigkeitsordnung nur an Organe, nicht aber an Organisationseinheiten oder Organwalter anknüpft (Raschauer FS Koja, 1998, 596), gibt es aus der Perspektive des Außenrechts keine „Unzuständigkeit" von unselbständigen Organteilen oder von einzelnen Mitarbeitern. Die innenrechtliche Unzuständigkeit kann disziplinarrechtlich von Bedeutung sein.

146 Im Hinblick auf eine bestimmte Behörde kann man bestrebt sein, in abstrakter Weise ihren „Wirkungsbereich" (zB Art 18 Abs 2, 20 Abs 4 B-VG) zu umschreiben („Die Behörde X ist zur Entscheidung über … berufen") und damit ihre **abstrakte Kompetenz** zu bestimmen. Diese Zuständigkeit kann in mehreren Dimensionen konstituiert und auch beschränkt sein, in einer arbeitsteiligen Verwaltungsorganisation kann sie daher jedenfalls in **örtlicher** Hinsicht („**Amtssprengel**" einer Behörde: „die BH Korneuburg ist zuständig für die Gemeinden …") und in **sachlicher** Hinsicht („die BH ist zuständig in Gewerbe-, nicht aber in Denkmalschutzangelegenheiten") umschrieben sein, bisweilen auch in persönlicher oder in zeitlicher Hinsicht.

147 Weiters ergeben sich in hierarchisch gegliederten Verwaltungsorganisationen Beschränkungen aus der sog „instanziellen" („**funktionellen**") Zuständigkeit: Ist auch grundsätzlich die BVB „Wasserrechtsbehörde erster Instanz", so wird in § 99 WRG doch in einigen Angelegenheiten die erstinstanzliche Zuständigkeit des LH festgelegt; in solchen Fällen wäre die BVB zwar örtlich und sachlich (als Wasserrechtsbehörde), aber eben nicht funktionell zuständig.

Der zweitgenannten Perspektive entspricht es, wenn man – konfrontiert mit einem konkreten Fall – bestrebt ist, die **konkrete Zuständigkeit** in einer Angelegenheit zu bestimmen. Dazu bedarf es zum Teil besonderer „**Anknüpfungspunkte**": beispielsweise muss zunächst geprüft werden, welches Kriterium nach § 3 AVG überhaupt relevant ist (Lage der unbeweglichen Sache, Sitz des Unternehmens, Hauptwohnsitz des Beteiligten), damit man die örtlich zuständige Behörde ermitteln kann. Man kann dann zu der Aussage kommen, dass die Behörde zwar „an sich" (dh abstrakt) für Fälle dieser Art, nicht aber im gegebenen Fall (dh konkret) zuständig ist. 148

Sowohl hinsichtlich der abstrakten Zuständigkeit als auch hinsichtlich der konkreten Zuständigkeit können sich Kompetenzen wie auch der Verlust von Kompetenzen auf Grund von Delegations- und Devolutionsvorgängen (Rz 163, 449) ergeben.

Nicht zu unterschätzende Zuständigkeitsbeschränkungen erwachsen letztlich aus verfahrensrechtlichen Bindungen: Wenn eine bestimmte Bewilligung „**antragsbedürftig**" ist, dann kann es sein, dass die Behörde zwar abstrakt und konkret kompetent ist, mangels Vorliegens eines geeigneten Antrags aber (noch) nicht zur Einleitung eines Bewilligungsverfahrens, geschweige denn zur Erlassung eines Bewilligungsbescheides zuständig ist. Eine Rechtsmittelbehörde ist grundsätzlich nur im Umfang des Gegenstands des Rechtsmittelverfahrens entscheidungszuständig (zB VwGH 11. 6. 2002, 99/01/0437, zu einer zu weit gehenden UVS-Entscheidung). Umgekehrt betrachtet fällt die konkrete Zuständigkeit weg, wenn (bei antragsbedürftigen Akten) der maßgebliche Antrag (der Devolutionsantrag, die Berufung) zurückgezogen (widerrufen) wird (vgl § 13 Abs 7 AVG). 149

Mängel in der „Zuständigkeit" einer entscheidenden Behörde („Unzuständigkeit") führen in aller Regel zur Anfechtbarkeit und Aufhebbarkeit des betreffenden Rechtsakts, nicht aber zu seiner absoluten Nichtigkeit (Nichtexistenz). 150

Unter dem rechtsstaatlichen Grundprinzip der Bundesverfassung ist eine präzise gesetzliche Regelung zumindest jener Zuständigkeiten geboten, die Behörden zu hoheitlichen Entscheidungen ermächtigen. **Konkurrierende oder alternative Zuständigkeiten** in derselben Sache (im Unterschied zu kumulativen Zuständigkeiten: Rz 153) sind **unzulässig**.

In Hinblick auf dringliche Fälle ist die Statuierung entsprechender limitierter „**Notkompetenzen**" unvermeidlich. Beispielsweise hat nach § 4 Abs 3 AVG jede sachlich zuständige Behörde bei Gefahr im Verzug in ihrem Wirkungsbereich die notwendigen Amtshandlungen unter gleichzeitiger Verständigung der eigentlich zuständigen Behörde vorzunehmen (vgl auch § 5 Abs 2 AVG, § 14 Abs 3 und 19 SPG, § 2 Abs 2 MBG, § 39 Abs 2 Schieß- und SprengmittelG, § 27 Abs 3 VStG, § 9 Abs 7 GrekoG, § 22 Abs 2 SchiffG, § 64 WKG). Zahlreiche Notkompetenzen finden sich im Gemeinderecht (vgl zB VwSlg 15195 A/1999). Ganz allgemein sind häufig Notkompetenzen von Vorsitzenden von Kollegialorganen statuiert, da Kollegialorgane nur periodisch zusammentreten. 151

„Zuständigkeit" aus der Perspektive eines konkreten Organs bedeutet nicht nur ein „Besorgen-Dürfen" und ein „Besorgen-Können", sondern auch ein „**Aufgegeben-Sein**", Zuständigkeit impliziert also nicht nur Berechtigungs-, sondern zumeist auch Verpflichtungskomponenten. Innenrechtlich wird, wie gezeigt (Rz 98), die Verpflichtung zur Wahrnehmung der Organkompetenzen mit der Bestellung eines Organwalters zu seiner organisationsrechtlichen Organwalterpflicht und gegebenenfalls überdies zu seiner dienstrechtlichen Pflicht. Nach außen ist die Pflicht zur Wahrnehmung von Organkompetenzen zunächst als **Amtspflicht** zu sehen. Eine Baubehörde soll in Bauangelegenheiten nicht nur dann entscheiden, wenn sie dazu gerade Lust hat, eine 152

Aufsichtsbehörde soll Missstände bei Selbstverwaltungskörpern nicht nur dann abstellen, wenn sie nichts Besseres zu tun hat. Ganz allgemein ist festzuhalten, dass ein bloßes Dürfen – bei nicht-politischen Verwaltungsorganen – im Verwaltungsrecht eher selten anzutreffen ist, da Kompetenzen nicht um ihrer selbst Willen, sondern zur **Erfüllung von Staatsaufgaben** begründet werden.

Der Verpflichtungsgehalt wird für die Beteiligten „greifbar", wenn zu kompetenzrechtlich begründeten Amtspflichten auch ein subjektives Recht der Rechtsunterworfenen auf eine entsprechende Kompetenzwahrnehmung hinzutritt, sei dies in der Form eines verfahrensrechtlichen Rechts (zB § 73 AVG), sei dies in der Form eines materiell-rechtlichen Anspruchs gegen die Gebietskörperschaft. Festzuhalten ist aber, dass Amtspflichten von den allenfalls auf ihnen aufbauenden subjektiven Rechten (Rz 1120) **unabhängig** und von ihnen zu unterscheiden sind. Beispielsweise kann die Nicht-Wahrnehmung einer (bloßen) Amtspflicht als solche einen „Mißstand in der Verwaltung" (Art 148a Abs 1 B-VG) darstellen. Darüber hinaus steht dem Geschädigten ein Amtshaftungsanspruch offen, wenn ein Schaden dadurch herbeigeführt wird, dass der „Zuständige" in einem als Schutznorm (§ 1311 ABGB) zu wertenden Regelungsbereich seiner Amtspflicht zur „Zuständigkeitswahrnehmung" nicht nachgekommen ist, mag verwaltungsrechtlich ein subjektives Recht eingeräumt sein oder nicht.

L. Mehrzahl von Zuständigkeiten (Zuständigkeitskonkurrenz)

153 Angesichts der vielfältigen Zuständigkeiten von Verwaltungsorganen kann es nicht ausbleiben, dass durch einen Fall mehrere Organzuständigkeiten berührt werden können (vgl Thienel 80). In einer elementaren Konstellation kann ein und dasselbe Vorhaben den Amtssprengel mehrerer Behörden berühren, sodass **mehrere Behörden örtlich zuständig** sind. Im Anwendungsbereich des AVG sollen sie im Allgemeinen einvernehmlich vorgehen; gelingt dies nicht, geht die Zuständigkeit auf eine Oberbehörde über (§ 4 AVG; vgl aber auch Art 15 Abs 7 B-VG, § 64 Abs 4 StVO, § 101 Abs 1 WRG). In den genannten Fällen von Notkompetenzen (Rz 151) gilt im Allgemeinen, dass die vorerst einschreitende Behörde nur die notwendigen Maßnahmen ergreifen und jedenfalls sogleich die „eigentlich" zuständige Behörde verständigen soll.

154 Im Übrigen gilt es, wie erwähnt, als unzulässig, dass „in derselben Sache" – dh bezogen auf denselben Sachverhalt unter Anwendung derselben Rechtsvorschriften – mehrere Behörden **sachlich** oder funktionell zuständig sind. Dies schließt jedoch nicht aus, dass verschiedene Behörden auf denselben Sachverhalt verschiedene Rechtsvorschriften anzuwenden haben. In dieser Hinsicht stellt sich – insb bei verwaltungsrechtlichen Bewilligungserfordernissen, aber auch bei verwaltungspolizeilichen Ermächtigungen – die Frage, ob eine behördliche Kompetenz durch eine andere verdrängt wird (**Spezialität**) oder ob die beiden Zuständigkeiten einander nicht ausschließen (**Kumulation**). Als allgemeinster Grundsatz gilt im österreichischen Verwaltungsrecht das **Kumulationsprinzip**: Wenn ein Vorhaben die tatbestandsmäßigen Voraussetzungen zweier oder mehrerer Genehmigungstatbestände erfüllt, dann müssen unabhängig voneinander alle diese Genehmigungen eingeholt werden.

155 Allerdings bestehen mehrere Ausnahmen, die oft schwierige Interpretationsfragen aufwerfen: Beispielsweise ergibt sich in Anwendung der im verfassungsrechtlichen Kompetenzrecht maßgeblichen „Versteinerungstheorie", dass zB bestimmte baurechtliche Bewilligungspflichten durch bestimmte bergrechtliche und verkehrsrechtliche Regelungen verdrängt werden, während sie durch gewerberechtliche oder forstrecht-

liche Bewilligungserfordernisse nicht verdrängt werden, ob dies nun in der betreffenden Bauordnung ausdrücklich statuiert ist oder nicht. Ausnahmen können sich auch durch einfachgesetzliche Regelungen ergeben. So statuieren mehrere Gesetze, dass ein bestimmtes Bewilligungserfordernis dann „entfällt", wenn die Einholung einer bestimmten anderen Bewilligung erforderlich ist; zumeist ist in solchen Fällen vorgeschrieben, dass das materielle Recht des verdrängten Rechtsbereichs mitanzuwenden ist (zB § 127 Abs 1 lit b WRG, § 50 ForstG, § 6 LRG-K, § 93 Abs 1 ASchG, § 356b GewO).

Die neueste – darauf aufbauende – Regelungstechnik stellt die sog **Genehmigungskonzentration** dar (partiell in § 37 AWG, umfassend in § 17 UVP-G): in ihrem Anwendungsbereich verdrängen solche Regelungen sonst erforderliche Bewilligungserfordernisse; es sind jedoch die verdrängten Rechtsvorschriften mitanzuwenden. 156

Formen einer Genehmigungskonzentration sind von Formen einer Koordination von Verfahren, insb der Verbindung von Verfahren (§ 39 Abs 2a AVG), zu unterscheiden, da diese die materiell-rechtlich gesonderten Genehmigungserfordernisse unberührt lassen (vgl daher § 58a AVG).

M. Zuständigkeitskonflikte

Angesichts der skizzierten, durchaus nicht unkomplizierten Zuständigkeitsordnung können „Zuständigkeitskonflikte" (Kompetenzkonflikte) eintreten, sei es, dass in einer Sache zwei oder mehrere Behörden eine Zuständigkeit in Anspruch nehmen (**positiver Zuständigkeitskonflikt**), sei es, dass in einer Sache keine Behörde ihre Zuständigkeit als gegeben erkennt (**negativer Zuständigkeitskonflikt**). Beispielsweise kann zwischen zwei BVB strittig sein, welche von ihnen in Bezug auf eine Tat zur Durchführung eines Strafverfahrens zuständig ist, es kann zwischen einer Agrarbehörde und einem Gericht strittig sein, wer zur Neuordnung einer Dienstbarkeit zuständig ist, und es kann zwischen einem LH und einer BVB strittig sein, ob zur Genehmigung einer bestimmten Abfallbehandlungsanlage der LH als Abfallrechtsbehörde oder die BVB als Gewerbebehörde zuständig ist (obwohl möglicherweise in Wahrheit die LReg als UVP-Behörde zuständig wäre). 157

Der Fragenkreis der Zuständigkeitskonflikte wird häufig im Zusammenhang mit Bescheidverfahren, die dem AVG unterliegen, erörtert. Solche Konflikte können aber in allen Verwaltungsangelegenheiten auftreten, auch bei der Erlassung von Verordnungen oder in Angelegenheiten der Privatwirtschaftsverwaltung. Zuständigkeitskonflikte können aus der Perspektive der beteiligten Verwaltungsstellen untersucht werden – wie sollen sie in Konfliktfällen jeweils vorgehen? – oder aus der Perspektive der von einem solchen Konflikt Betroffenen – was können oder sollen sie unternehmen?

Nicht um Zuständigkeitskonflikte handelt es sich, wenn Behörden „ihre" Befugnisse so ausüben bzw nicht ausüben, dass damit den von einer anderen Behörde zuständigkeitsgemäß verfolgten Anliegen entgegengewirkt wird: Die Naturschutzbehörde oder die Agrarbehörde schreibt ein Feuchtbiotop an einer Stelle vor, an der die Wasserrechtsbehörde verstärkten Grundwasserschutz verfolgt. Die Luftfahrtbehörde schreibt einem Flugplatzhalter die Verwendung eines bestimmten Auftaumittels vor und die nach Chemikalienrecht zuständige Behörde sieht die Verwendung dieses Mittels als unzulässig an. Solange sich jede Behörde im Rahmen ihrer Zuständigkeiten bewegt, liegt kein Kompetenzkonflikt, sondern ein **Koordinationsdefizit** vor. In besonderen Fällen können in solchen Konstellationen auch Zuständigkeiten (Kompetenzausübungsmöglichkeiten) gegenbeteiligter Behörden unterlaufen werden. Auf diesen Aspekt wird unten unter dem Gesichtspunkt der Rücksichtnahmepflicht noch zurückzukommen sein (Rz 581).

Kein Konflikt über „Zuständigkeiten" liegt auch vor, wenn eine Verwaltungsstelle die erforderliche Zustimmung nicht erteilt, insb in Einvernehmensfällen (Rz 420). Ebenso ist ein „**Bindungskonflikt**" (Rz 199) – allgemein: das Nicht-Beachten der Entscheidung einer zuständigen Behörde – nicht gleichbedeutend mit einem Streit über Zuständigkeiten (mag ein solcher auch ursächlich sein für die Negation der Bindung in einem konkreten Fall). So kann der Antrag an den Sozialversicherungsträger, die Dienstnehmereigenschaft für einen bestimmten Zeitraum festzustellen, und der gleichzeitige Antrag an die Dienststelle des Arbeitsmarktservice, für denselben Zeitraum die Arbeitslosigkeit festzustellen, ein Koordinations- und Bindungsproblem, nicht aber einen Zuständigkeitskonflikt auslösen.

158 Begrifflich setzt ein Zuständigkeitskonflikt eine gewisse, mitunter nicht einfach zu bestimmende „Identität" der Sache voraus (VfSlg 16329/2001). Im strengsten Sinn besteht **Identität der Sache**, wenn dieselben Rechtsvorschriften auf denselben Sachverhalt im Verhältnis zwischen denselben Parteien zur Anwendung zu bringen sind.

In Fällen divergierender Entscheidungen bei kumulativen Zuständigkeiten (Rz 154) ist daher schon definitionsgemäß ein Zuständigkeitskonflikt nicht gegeben. Beispielsweise kann der Fall eintreten, dass hinsichtlich derselben rechtswidrigen Ablagerung sowohl die Wasserrechtsbehörde als auch die Abfallbehörde, die Baubehörde, die Forstbehörde und die Naturschutzbehörde Entfernungsaufträge erlassen. Genausogut kann der Fall eintreten, dass keine dieser Behörden einschreitet. Im einen Fall liegt kein positiver, im anderen Fall kein negativer Kompetenzkonflikt vor (vgl auch VfSlg 9821/1983). Erteilt die Baubehörde die Bewilligung für den Umbau eines unter Denkmalschutz stehenden Gebäudes und versagt das Bundesdenkmalamt die nach Denkmalschutzrecht erforderliche Ausnahmegenehmigung, liegt gleichfalls ein Kompetenzkonflikt nicht vor, da jede dieser Behörden nach anderen Rechtsvorschriften zu entscheiden hat. Gemeinsam ist in derartigen Fällen nur der „Sachverhalt", aber nicht die „Sache" (Rechtssache).

Was speziell das Verhältnis von Verwaltungsbehörden und Gerichten betrifft, sorgt der da und dort anzutreffende Satz für Verwirrung, Art 94 B-VG verbiete, dass Gerichte und Verwaltungsbehörden „in derselben Sache" entscheiden. Ganz allgemein verbieten schon der Gesetzmäßigkeitsgrundsatz und das Recht auf den gesetzlichen Richter, dass mehrere Behörden (ob Gerichte oder Verwaltungsbehörden) „in derselben Sache" entscheiden, dh dieselbe Rechtsvorschrift auf denselben Sachverhalt anwenden. Solche – verfassungswidrige – Zuständigkeitsregelungen sind heute soweit ersichtlich nicht mehr anzutreffen. Wenn dagegen bei Umweltbeeinträchtigungen sowohl verwaltungspolizeiliche Maßnahmen als auch zivilrechtliche Untersagungs- oder Schadenersatzrechte offenstehen, dann betreffen die gerichtlichen und administrativen Entscheidungen zwar „denselben Sachverhalt", mangels Identität der zu vollziehenden Rechtsvorschriften jedoch nicht „dieselbe Sache". „Derselbe Streitfall" kann also durchaus Anlass sowohl eines gerichtlichen als auch eines verwaltungsbehördlichen Verfahrens sein. Wird in solchen Konstellationen etwas verwaltungsbehördlich Bewilligtes gerichtlich (aus anderen Rechtsgründen) untersagt, so liegen dementsprechend weder „divergierende" Entscheidungen noch Kompetenzkonflikte vor.

159 Liegt Identität der Sache vor, dann ist es eine **Meinungsverschiedenheit** über eines der zuständigkeitsbegründenden Tatbestandsmerkmale, die zum Kompetenzkonflikt führt: Wenn eine bauliche Anlage Bestandteil einer Straße ist, ist dafür die Straßenverwaltungsbehörde zuständig, andernfalls die Baubehörde. Wenn eine Dienstbarkeit Teil eines Kommassierungsprojekts ist, ist die Agrarbehörde zuständig, andernfalls das Gericht. Vereinzelt sind (unterschiedliche) Zuständigkeitsregeln derart komplementär zu einander, dass die eine die andere ausschließt: Für die in § 38 Abs 2 AWG angeführten Abfallbehandlungsanlagen ist die Gewerbebehörde zuständig, für die in den übrigen Absätzen des § 38 AWG angeführten Anlagen die Abfallbehörde. Wenn nun in Bezug auf dieselbe Anlage die Gewerbebehörde gem § 358 GewO ihre

Zuständigkeit und gleichzeitig die Abfallbehörde gem § 6 Abs 6 AWG ihre Zuständigkeit feststellt (bzw jeweils verneint), so ist wohl von „Identität" in einem weiteren, materiellen Sinn und daher von einem Kompetenzkonflikt auszugehen, obwohl die befassten Behörden nicht „dieselben" Rechtsvorschriften anwenden.

In verfahrensrechtlicher Hinsicht ist zu bedenken, dass die Identität der Sache auch durch den Antrag eines Beteiligten konstituiert werden kann. Stimmen zwei Anträge materiell nicht überein, so können sie auch keinen Zuständigkeitskonflikt auslösen (VfSlg 13069/1992).

Wie sollen beteiligte **Verwaltungsstellen** vorgehen? Voraussetzung ist, dass 160
überhaupt ein „Konflikt" entstanden ist: Ein „Alleingang" der „unzuständigen" Behörde, von der die „zuständige" Behörde nichts erfährt, ist kein Zuständigkeitskonflikt. Unter der Voraussetzung, dass die Zuständigkeit in der Tat „strittig" geworden ist – und nichts anderes gilt, wenn die Ausübung von Befugnissen zwischen mehreren Verwaltungsstellen oder auch zwischen Organisationseinheiten derselben Dienststelle strittig ist –, gebietet die Amtspflicht zu wirtschaftlicher und zweckmäßiger Verwaltungsführung, auf die Herstellung eines **Einvernehmens** über die jeweiligen Zuständigkeiten und Befugnisse der beteiligten Stellen hinzuwirken. Besondere Regeln bestehen im Allgemeinen nicht. Nur für den besonderen Fall, dass sich eine Verwaltungsbehörde im Anwendungsbereich des AVG in einer Sache als unzuständig erkennt, sieht § 6 AVG vor, dass sie Anbringen an die ihres Erachtens zuständige Stelle weiterleiten oder aber den Einschreiter an diese weisen soll. Ein Anlassfall kann andererseits aber auch dazu führen, dass übereinstimmende Auffassungen erreicht und das so erzielte Einvernehmen für künftige Fälle schriftlich festgehalten wird; solche „Verwaltungsvereinbarungen" haben die Bedeutung von gentlemen's agreements und berühren nicht die Außenrechtslage.

In hierarchischen Verwaltungsorganisationen ist die Entscheidung von Streitig- 161
keiten aller Art zwischen nachgeordneten Organisationseinheiten letztlich Teil der Leitungsbefugnis (Rz 357) der vorgesetzten Organe. Darauf stellt – im Anwendungsbereich des AVG – § 5 Abs 1 AVG ab; eine entsprechende **Weisung** kann von Amts wegen oder auf Ersuchen einer beteiligten Behörde oder einer beteiligten Partei ergehen. Streitigkeiten zwischen Dienststellen, die keine gemeinsamen vorgesetzten Organe haben, können grundsätzlich nur einvernehmlich beigelegt werden. Im Speziellen ist dies für den Fall einer Mehrzahl sachlich berührter BMin in § 5 BMinG verankert (vgl noch Rz 248).

Ist bereits eine Entscheidung ergangen, so kann im Anwendungsbereich des AVG der von einer unzuständigen Behörde erlassene Bescheid während dreier Jahre von Amts wegen von der Oberbehörde (sofern eine besteht) als nichtig erklärt werden (§ 68 Abs 4 Z 1 AVG; vgl auch § 3 Abs 6 UVP-G).

Welche Möglichkeiten stehen den von einem Zuständigkeitskonflikt **Betroffenen** 162
offen? Für sie stellen sich Zuständigkeitskonflikte in aller Regel so dar, dass (ihres Erachtens) eine Verwaltungsstelle kompetenzlos tätig wurde oder dass wenigstens eine Verwaltungsstelle pflichtwidrig untätig geblieben ist. Dementsprechend steht es den Beteiligten offen, die gegen das Handeln oder gegen die Untätigkeit einer Verwaltungsstelle (ganz unabhängig vom Verhalten anderer Verwaltungsstellen) offen stehenden Rechtsmittel zu ergreifen. Freilich bestehen nicht immer geeignete Rechtsbehelfe; man denke nur an Förderungswerber, die von einer Förderungsstelle an die andere verwiesen werden.

Das Fortschreiben des traditionellen Begriffs „Kompetenzkonflikt" rührt allein daher, dass der Begriff für bestimmte Fallkonstellationen in Art 138 Abs 1 B-VG verfassungsrechtlich vorgeprägt ist, und zwar im Sinn des dort geregelten Konfliktlösungs-**Verfahrens** in Bezug auf Kompetenzkonflikte

- zwischen Gerichten und Verwaltungsbehörden (lit a),
- zwischen Landesbehörden im funktionellen Sinn oder
- zwischen Landesbehörden im funktionellen Sinn und Bundesbehörden im funktionellen Sinn (lit c).

Er ist in diesem Zusammenhang in einem **weiteren**, faktischen Sinn zu verstehen: Ein Kompetenzkonflikt in diesem Sinn liegt vor, wenn zwei oder mehrere Behörden ihre (behördliche) Zuständigkeit tatsächlich in Anspruch genommen (also bereits entschieden) oder aber abgelehnt (also bereits in einer die Sachentscheidungsvoraussetzungen verneinenden Weise entschieden) haben, und zwar in – materiell, im Lichte des Beteiligtenbegehrens betrachtet – im Wesentlichen übereinstimmenden Angelegenheiten (näher Zellenberg in K/H zu Art 138/1 B-VG). Freilich steht auch dieses Konfliktlösungsverfahren in Konkurrenz zu den erwähnten „normalen" Rechtsschutzinstrumenten.

Nur unter den besonderen Voraussetzungen der §§ 42ff VfGG kann in bestimmten Fällen von einer beteiligten Behörde oder von einer Partei eine Entscheidung des VfGH nach **Art 138 Abs 1 B-VG** herbeigeführt werden; „normale" verwaltungsrechtliche Zuständigkeitskonflikte – etwa zwischen einer Gewerbebehörde und einer Abfallrechtsbehörde –, werden von diesen Tatbeständen allerdings nicht erfasst.

Als Regelfall bleibt es daher aus verwaltungsrechtlicher Sicht dabei, dass jedenfalls von den betroffenen Parteien Kompetenzkonflikte nur mit den normalen Rechtsmitteln einer Konfliktlösung zugeführt werden können.

N. Zuständigkeitsübergang und Bevollmächtigung

163 Da Zuständigkeiten Berechtigungs- und Verpflichtungskomponenten aufweisen, stellt sich die Frage nach den Möglichkeiten einer **Änderung von Zuständigkeiten**. Gesetzlich begründete Zuständigkeiten können nur vom Gesetzgeber selbst geändert werden. Häufig regeln aber bereits die Gesetze selbst Fälle von Zuständigkeitsveränderungen.

Nicht um Zuständigkeitsveränderungen handelt es sich in den Fällen der erwähnten „Notkompetenzen" (Rz 151). Bei diesen liegen eigenständig-originäre Zuständigkeiten vor, die freilich tatbestandsmäßig an besondere Voraussetzungen geknüpft und zumeist nur befristet eingeräumt sind. Auch in den Fällen einer „**Attraktionszuständigkeit**", bei denen – abweichend von der grundsätzlichen funktionellen Zuständigkeitsordnung – eine andere (höhere) Behörde zuständig ist, wenn diese für den selben Sachverhalt auch auf Grund anderer Rechtsvorschriften zuständig ist (zB § 34 Abs 7 Satz 2 WRG, § 29 VStG, § 40 Abs 2 tir NSchG), liegt eine tatbestandsmäßig besonders strukturierte Zuständigkeitsregelung, nicht aber eine Zuständigkeitsveränderung vor.

164 1. Unter einer **Delegation** versteht man einen Rechtsakt, mit dem eine Behörde eine Zuständigkeit auf eine andere überträgt. Im Fall einer **echten Delegation** ist damit eine nach Art 83 Abs 2 B-VG relevante Veränderung der Zuständigkeitsordnung verbunden: die bisher zuständige Dienststelle wird unzuständig, der Delegierte wird zuständig. In weiterer Folge ist die auf den Delegierten anwendbare Rechtslage maßgeblich; beispielsweise ist im Fall der Übertragung von Angelegenheiten der örtlichen Baupolizei gemäß Art 118 Abs 7 B-VG (Rz 324) auf eine BH die LReg als Berufungsbehörde anzusehen (und nicht die sonst zuständige kommunale Beru-

fungsinstanz). Die Ermächtigung dazu muss sich in einem Gesetz (Verfassungsgesetz) finden, die Delegation muss durch Rechtsverordnung erfolgen (abweichend allerdings § 71 BAO). Solche Ermächtigungen finden sich in den Art 66 und 104 Abs 2 B-VG, in § 3 Abs 1 ÄdLReg-BVG (GO der LReg; Rz 285) sowie in §§ 3 Abs 2, 15 BMinG, § 2 Abs 2 DVG, § 11 SPG, § 35 Abs 3 LMG. Bei Kollegialorganen impliziert zB die Einsetzung einer „Kommission mit Entscheidungsbefugnis" eine Delegation von Kompetenzen (vgl VwGH 14. 5. 1998, 97/12/0401). Letztlich kann auch in der Bildung eines Gemeindeverbands eine Delegation von Gemeindekompetenzen gesehen werden. Eine „Rücknahme" der Zuständigkeit erfordert einen gleichartigen *actus contrarius*.

Geht man definitorisch davon aus, dass es sich bei einer Delegation um einen Akt des Trägers der Zuständigkeit handelt, dann liegen in den Fällen des Art 103 Abs 2 und des Art 118 Abs 7 B-VG Zuständigkeitsübertragungen eigener Art vor.

2. Weiters finden sich Ermächtigungen zu **unechten Delegationen**. Wenn beispielsweise § 8 Abs 2 PreisG den BMWA ermächtigt, den LH mit der Ausübung bestimmter Preisfestsetzungsbefugnisse „**an seiner Stelle**" zu betrauen, dann ist in der betreffenden Sache im Gefolge der Übertragung offenbar der LH zuständig und der BMWA unzuständig; der LH soll die Entscheidung „**im eigenen Namen**" fertigen, er selbst ist in einem Rechtsmittelverfahren belangte Behörde. Insoweit handelt es sich um eine Delegation. Freilich soll die Übertragung nach dem offenkundigen Sinn der Ermächtigung nicht bewirken, dass auf diese Weise ein Instanzenzug entsteht, der vorher nicht bestanden hat: man soll nicht gegen einen Bescheid des delegierten LH an den BMWA berufen können, worauf dieser erst wieder selbst entscheiden müsste (VfSlg 2067/1950, 11563/1987 ua). Um dies zu betonen wird der Begriff der „unechten Delegation" verwendet: es sollen nicht alle Rechtswirkungen eintreten, die eintreten würden, wenn der Gesetzgeber selbst den LH für zuständig erklären würde. Beispielsfälle finden sich in § 334 GewO, § 38 Abs 7 ElWOG, § 60 Abs 4 GWG, § 25 StarkstromwegeG, § 71 Abs 3 SchiffG oder § 4 Abs 1 VerssG. Vgl VwGH 11. 7. 2001, 2001/03/0001 zur GIS. 165

Da auf diese Weise nicht notwendig abstrakte Zuständigkeitsbereiche, sondern möglicherweise Kompetenzen zur Einzelfallentscheidung übertragen werden, ist die Rechtsprechung des VfGH hinsichtlich der Übertragungsform – in nicht unproblematischer Weise – sehr „großzügig". § 8 Abs 2 PreisG bestimmt etwa, dass die Übertragung „durch Verordnung oder im Einzelfall durch Bescheid" erfolgen soll. Wenn die Befugnis zu einer Einzelfallentscheidung übertragen werden soll, so soll offenbar ein Delegationsbescheid genügen. Noch weiter ging der VfGH im Hinblick auf § 12 EisbG, wo er – bei Fehlen einer gesetzlichen Regelung der Übertragungsform – eine schlichte Verfahrensanordnung als ausreichend erachtete (VfSlg 10912/1986). Diese Sicht ist offenbar durch die gleichfalls problematische Judikatur zu § 29a VStG geprägt, lässt aber, wie im Schrifttum kritisiert wurde, Art 83 Abs 2 B-VG („gesetzlicher" Richter) leerlaufen.

3. Angesichts dieser Judikatur bestehen fließende Übergänge zu einem Phänomen, das man als **zwischenbehördliches Mandat** bezeichnen kann. Es kommt nur innerhalb eines Verwaltungsressorts, dh gegenüber einer sachlich nachgeordneten Behörde, in Betracht und wirkt letztlich genauso, als hätte der Delegierende einen Bediensteten seiner eigenen Dienststelle betraut. § 101 Abs 3 WRG ermächtigt zB den BMLFUW, den LH in wasserrechtlichen Verfahren, in denen der BMin funktionell 166

zuständige Behörde ist, „**im Namen des BMin**" zur Entscheidung zu berufen (aA freilich VwGH 30. 6. 1992, 89/07/0166). Weitere Beispiele finden sich in § 34 Abs 4 KFG, § 3 Abs 1 BGemAufsG oder § 89 Abs 1 FrG (vgl auch § 65 ChemG). Eine solche Übertragung lässt die generelle Zuständigkeitsordnung überhaupt unverändert; es ergeht ein Bescheid, der rechtlich genauso als Bescheid des BMin gilt, als wäre er von einem Beamten des BMLFUW erlassen worden (sodass sich die Frage, ob dadurch ein Instanzenzug eröffnet wird, gar nicht erst stellt); vgl zB VwGH 17. 6. 1998, 98/03/0018 (GütBefG). Für eine solche Übertragung kann eine schlichte Verfahrensanordnung ausreichen (gegenüber dem LH stellt sich die Verfahrensanordnung gleichzeitig als Weisung dar). Jedes zwischenbehördliche Mandat benötigt, da es über den Dienststellenbereich hinausgreift, eine gesetzliche Grundlage.

167 Sofern dies das Gesetz nicht ausdrücklich vorsieht, darf – jedenfalls in den bisher erörterten Fällen – der Empfänger eine ihm erteilte Ermächtigung nicht „weiterdelegieren" (*potestas delegata delegari non potest*, zB VwSlg 4497 A/1963).

168 4. Eine Ermächtigung eines Dienststellenleiters an Bedienstete der eigenen Dienststelle, „im Namen" des Dienststellenleiters zu entscheiden, wird als (innerbehördliches) **Mandat** bezeichnet. In genereller Form finden sich Mandate häufig in Geschäftsordnungen bzw Geschäftseinteilungen von Behörden oder in sonstigen Verwaltungsverordnungen (generellen Weisungen), im Einzelfall können sie mittels Weisung erteilt werden. Die Zuständigkeitsordnung bleibt unverändert, da „im Rechtssinn" eine Entscheidung des Ermächtigenden ergeht und ergehen soll. Verfahrensrechtlich geht mit einem Mandat die Einräumung der sog **Approbationsbefugnis** einher, dh die (intern) selbständige Genehmigungsbefugnis: Der Akt muss nicht mehr dem Ermächtigenden zur Unterschrift vorgelegt werden. Ein Mandat benötigt als bloß interner Akt, der die Zuständigkeitsordnung nicht berührt, keine ausdrückliche gesetzliche Grundlage, es ist von der Leitungsbefugnis des Dienststellenleiters umfasst. Dennoch finden sich zB in § 10 BMinG, in § 3 Abs 3 ÄdLReg-BVG und in einzelnen Gemeindeordnungen ausdrückliche Regelungen.

169 5. Bisweilen gibt es Zuständigkeitsveränderungen, die nicht von einem Willensakt des Kompetenzträgers abhängig sind, sondern unter bestimmten Voraussetzungen auf Antrag oder kraft Gesetzes eintreten; sie werden als **Devolution** bezeichnet. Beispielsweise geht in Fällen örtlicher Zuständigkeitskonflikte bei Nichteinigung der beteiligten Behörden die Zuständigkeit gemäß § 4 AVG auf die sachlich in Betracht kommende Oberbehörde über. Entscheidet die zuständige Behörde in AVG-Fällen nicht innerhalb von längstens sechs Monaten, so kann gemäß § 73 Abs 2 AVG durch Antrag einer Partei ein Zuständigkeitsübergang auf die Oberbehörde bewirkt werden. Vgl auch Art 15 Abs 7 B-VG. Für die auf diese Weise zuständig gewordene Behörde ist in weiterer Folge das für sie maßgebliche Recht anzuwenden; sie entscheidet also zB als Behörde erster Instanz und nicht in Anwendung der Bestimmungen des § 66 AVG. Eine Devolution als Änderung der Zuständigkeitsordnung iSv Art 83 Abs 2 B-VG kommt nur auf Grund gesetzlicher (verfassungsgesetzlicher) Grundlage in Betracht.

Besondere Konstellationen bilden Fälle der „**Ersatzvornahme**" durch eine Aufsichtsbehörde bei Säumnis von Organen eines Selbstverwaltungskörpers (zB Art 119a Abs 7 B-VG; Rz 399), da die Akte der Aufsichtsbehörde in solchen Fällen grundsätzlich als Akte des säumigen Organs gelten.

170 6. Von einer **Arrogation** spricht man, wenn es jemand in der Hand hat, durch Willensakt eine (fremde außenwirksame) Zuständigkeit an sich zu ziehen. Die Arroga-

tion benötigt – als die Zuständigkeitsordnung berührend – eine gesetzliche Grundlage. Beispielsweise kann sich der BMI gemäß § 14 SPG eine von einer nachgeordneten Sicherheitsbehörde geführte Amtshandlung durch Weisung vorbehalten (vgl auch § 4 Abs 1 PolKG, § 5 Abs 1 BundeskriminalamtsG). Nach § 96 MOG kann sich der BMLFUW bestimmte Marktordnungsangelegenheiten mit Verordnung „vorbehalten" (dh an sich ziehen); vgl auch § 8 Abs 2 GrekoG, § 448 Abs 5 ASVG. Jedem ehemaligen Soldaten ist vermutlich § 6 Abs 3 ADV BGBl 43/1979 in Erinnerung, wonach in bestimmten Notsituationen, wenn keine Vorsorge für die Ausübung des Befehlsgebungsrechts getroffen wurde, „der jeweils ranghöchste Soldat verpflichtet ist, sich zum Vorgesetzten zu erklären. Mit der Erklärung zum Vorgesetzten erhält der Soldat bis zum Wegfall der genannten Voraussetzungen das Recht der Befehlsgebung gegenüber allen Soldaten, an die er diese Erklärung gerichtet hat".

Nicht um eine Arrogation handelt es sich, wenn eine Befugnisübertragung durch *contrarius actus* (zB Aufhebung einer Delegation) rückgängig gemacht wird. Mangels Änderung der Zuständigkeitsordnung liegt auch keine Arrogation vor, wenn zB ein BMin eine mandatsweise übertragene Angelegenheit gemäß § 10 Abs 3 BMinG wieder „an sich zieht" (sog Evokationsrecht). 171

O. Zuständigkeit und Zurechnung im Bereich der Privatwirtschaftsverwaltung

Den Abschluss der allgemeinen organisationsrechtlichen Überlegungen soll ein Themenkreis von großer praktischer Bedeutung bilden, der unverändert Gegenstand zahlreicher Kontroversen ist, nämlich die Frage der Organkompetenzen im Bereich der Privatwirtschaftsverwaltung (Rz 746). Die damit aufgeworfenen Fragen unterscheiden sich wesentlich von den Fragen der Zuständigkeit zu hoheitlichem Handeln: 172

- Für Durchführungsverordnungen besteht, unabhängig von speziellen gesetzlichen Regelungen, eine globale verfassungsrechtliche Ermächtigung für jedes Verwaltungsorgan in dem Umfang, in dem es Träger hoheitlicher Ermächtigungen ist (Art 18 Abs 2 B-VG; vgl Rz 814).
- Zur Erlassung von Bescheiden ist ein Verwaltungsorgan nur auf der Grundlage einer einschlägigen gesetzlichen (verfassungsgesetzlichen) Ermächtigung befugt; in diesem Zusammenhang bestehen mehrere subsidiäre Zuständigkeitsregeln (insb §§ 2ff AVG).
- AuvBZ sind nur nach Maßgabe einer expliziten gesetzlichen Ermächtigung zulässig und stehen nur dem jeweils ermächtigten Organ offen (Rz 1044).

Das Handeln des Staates im Bereich der Privatwirtschaftsverwaltung ist dagegen nicht in gleicher Weise durch Akttypen geprägt; „als Trägern von Privatrechten" stehen den Gebietskörperschaften grundsätzlich alle Privatrechtsakte offen, die auch den Rechtsunterworfenen offenstehen. Dementsprechend stehen in diesen Zusammenhängen globale Zuständigkeitsregeln globalen Handlungsmöglichkeiten gegenüber. Nun könnte man es sich einfach machen und sich darauf zurückziehen, dass die Klärung der mit der Privatwirtschaftsverwaltung verbundenen Fragen voraussetzungsgemäß Aufgabe der Privatrechtslehre sei. Tatsächlich enthält jedoch auch das Verwaltungsrecht besondere, privatwirtschaftsverwaltungsspezifische Zuständigkeitsregeln. Vor allem aber ist ganz allgemein bei den Gebietskörperschaften auch die Frage der **Geschäftsführungs- und Vertretungszuständigkeiten** im Bereich der Privatwirtschaftsverwaltung Gegenstand des Staatsorganisationsrechts und damit des öffentlichen Rechts (VfSlg 12080/1989). Da gleichzeitig über die funktionsrechtliche Maßgeblichkeit des Privatrechts auch die danach relevanten Zurechnungsregeln zur Anwendung gelangen, kommt es zum Aufeinandertreffen von nicht aufeinander abgestimmten Regelungssystemen.

173 Dass die Frage der Organkompetenzen im Bereich der Privatwirtschaftsverwaltung, im Speziellen der Vertretungsbefugnis, nichts mit der in Art 65 Abs 1 Satz 1 B-VG geregelten Befugnis des BPräs, die Republik (nach außen) zu vertreten, zu tun hat, liegt auf der Hand. Für den Bereich des **Bundes** ergibt sich vielmehr aus Art 104 Abs 2 B-VG, dass mit der Verwaltung des Bundesvermögens grundsätzlich die ressortzuständigen **BMin** betraut sind. Primär maßgeblich sind auch in diesem Zusammenhang die besonderen Verwaltungsvorschriften; durch Bundesgesetz kann auch ein anderes Organ für geschäftsführungs- und vertretungsbefugt erklärt werden. Liegen in dieser Hinsicht einschlägige Bestimmungen jedoch nicht vor, ergibt sich die privatrechtliche Geschäftsführungs- und Vertretungszuständigkeit aus dem Ressortkatalog des BMinG (vgl schon VfSlg 5157/1965).

174 Der zuständige BMin kann dem LH und den ihm unterstellten Behörden im Land (Rz 276) gemäß Art 104 Abs 2 B-VG – nach Lehre und Rechtsprechung mit Rechtsverordnung – die Befugnis und die Verpflichtung zur Verwaltung des Bundesvermögens übertragen (sog „**Auftragsverwaltung**“; dazu Raschauer in K/H zu Art 104 B-VG); der BMin ist während der Dauer der Geltung einer solchen Verordnung selbst „unzuständig“. Auf dieser Grundlage sind mehrere Verordnungen ergangen (zB BGBl 280/1969 betr das öffentliche Wassergut iSv § 4 WRG).

175 Darüber hinaus ist mE davon auszugehen, dass durch jede außenwirksame organisationsrechtliche Vorschrift, die eine selbständige Dienststelle errichtet, im Zweifel eine seine üblichen Amtsgeschäfte umfassende Geschäftsführungs- und Vertretungsbefugnis des Dienststellenleiters begründet wird. OGH JBl 1980, 92 hat in der Betrauung mit der Leitung eines unselbständigen Bundesbetriebes allerdings nicht die Begründung einer organschaftlichen Vertretung gesehen; der Dienststellenleiter wurde vielmehr als Stellvertreter des BMin qualifiziert.

176 Für den Bereich der **Länder** ist festzuhalten, dass Art 105 Abs 1 Satz 1 B-VG, betreffend die Vertretung des Landes durch den LH, sowie die landesverfassungsrechtlichen Parallelbestimmungen keine hier einschlägige Regelung bereithalten. Maßgeblich sind die landesverfassungsrechtlichen Bestimmungen, aus denen sich – zumeist ausdrücklich, zum Teil erschließbar – auch für den Bereich der Privatwirtschaftsverwaltung des Landes die Geschäftsführungs- und Vertretungsbefugnis der LReg ergibt (Liehr in K/H zu Art 101 B-VG, Rz 8). Diese Befugnis kann in der – als Rechtsverordnung kundzumachenden (Rz 285) – Geschäftsordnung der LReg auf die einzelnen Mitglieder übertragen werden; in der Praxis herrscht dementsprechend die ressortmäßig gegliederte Geschäftsführungs- und Vertretungsbefugnis der **Landesräte** vor. Soweit Geschäftsführungsbefugnisse bei der LReg als Kollegium verbleiben, kommt in der Regel dem LH die Vertretungsbefugnis zu.

Wie im Bereich der Bundesverwaltung (Rz 175) ist mE davon auszugehen, dass auch den Leitern von Dienststellen der Länder (zB den Bezirkshauptmännern oder den Leitern der Agrarbezirksbehörden) im Rahmen ihrer üblichen Amtsgeschäfte Geschäftsführungs- und Vertretungsbefugnisse für das Land zukommen, dass sie also fiskalische Hilfsgeschäfte (Rz 747) nicht bloß als Stellvertreter (Mandatare) des Finanzlandesrates abschließen. Auf Grund von entsprechenden Übertragungsakten ist dies oft klargestellt (vgl zB § 1 Abs 2 Satz 2 nö BezirkshauptmannschaftenG).

Am kompliziertesten ist die Rechtslage bei den **Gemeinden** und Gemeindeverbänden (Rummel in Rummel zu § 867; Thurnhart, Rechtsgeschäftliche Vertretungsregeln im Gemeinderecht, 2000). Die Gemeindeordnungen (Stadtstatute, GemeindeverbandsG) verteilen in oft detailliert-kasuistischer Weise die Geschäftsführungsbefugnisse auf die einzelnen Gemeinde- bzw Verbandsorgane. Rechtlich gefordert ist daher der Beschluss des danach zuständigen Organs (insb Gemeinderat, Gemeinderatsausschuss; vgl Rz 313). Eine selbständige Geschäftsführungsbefugnis kommt dem Bürgermeister oft nur hinsichtlich der „laufenden Geschäfte" zu. 177

Mit der **Geschäftsführungsbefugnis** geht allerdings gerade in den hier interessierenden Fällen nicht notwendig auch die **Vertretungsbefugnis** einher. Vielmehr enthalten die genannten Gesetze zumeist globale Anordnungen der Art, dass der Bürgermeister (der Obmann) die Gemeinde (den Verband) nach außen vertritt. Nach außen soll die Gemeinde daher auch insoweit durch den Bürgermeister vertreten werden, als dieser – was die Regel ist – nicht selbst geschäftsführungsbefugt ist.

Sodann finden sich in den genannten Gesetzen aber auch Bestimmungen, denenzufolge Urkunden namens der Gemeinde zB vom Bürgermeister zusammen mit einem anderen Mitglied des Gemeindevorstands zu unterzeichnen sind. Es bedarf dann der Interpretation des betreffenden Regelungszusammenhanges, ob sich diese und andere Formvorschriften zum einen auch auf privatrechtliche Rechtsgeschäfte beziehen und ob sie zum anderen bloße Ordnungsvorschriften (Rz 1080) darstellen oder ob mit der kollektiven Zeichnungsregel eine Kollektivvertretung der Gemeinde konstituiert wird, sodass der Bürgermeister im rechtsgeschäftlichen Verkehr also gar nicht allein vertretungsbefugt ist. 178

Schließlich unterliegen Geschäfte, mit denen erhebliche Verpflichtungen der Gemeinde begründet werden, (außerhalb von Wien) durchwegs dem Vorbehalt der Genehmigung durch die Aufsichtsbehörde (Rz 397). Bis zum Vorliegen der Genehmigung ist ein solches Geschäft also schwebend unwirksam.

Ist es daher bisweilen schon schwierig, den Bereich des „**Dürfens**" der privatrechtlich für eine Gebietskörperschaft handelnden Organe hinreichend klar zu ermitteln, so stellt sich aus der Sicht des Vertragspartners – diese Problematik steht heute im Zentrum der Diskussion – die Frage des „**Könnens**", allgemeiner: die Frage der Wirksamkeit eines Vertrages, der auf Seiten der Gebietskörperschaft fehlerhaft zustandegekommen ist. Was dann, wenn der A von der Gemeinde G eine Liegenschaft erworben hat, wobei der Transaktion ein auf Seiten der Gemeinde ordnungsgemäß unterzeichneter Vertrag zugrundeliegt, jedoch statt der gesetzlich gebotenen Beschlussfassung des Gemeinderates nur eine solche eines Gemeinderatsausschusses gegeben ist? 179

Die Diskussion muss einerseits berücksichtigen, dass in § 2 ABGB die unwiderlegliche Rechtsvermutung allgemeiner Gesetzeskenntnis – und damit die Kenntnis der auf Seiten der Gemeinde bestehenden gesetzlichen Beschränkungen – statuiert ist und dass darüber hinaus § 867 ABGB hinsichtlich der Gültigkeit der von Gemeinden abgeschlossenen Verträge explizit auf das Gemeindeorganisationsrecht verweist. Die Rechtsprechung tendiert daher dazu, aus der bloßen Vertretungsbefugnis – bei Fehlen eines wirksamen Beschlusses – nicht auf die Gültigkeit des Geschäftes zu schließen.

Freilich ist nicht geklärt, ob und welche Willensbildungsregeln auch nach außen, dh vertretungsrechtlich relevant sind. Zudem hängen die Zuständigkeiten der Gemeindeorgane oft von – zB durch Prozentsätze vom aktuellen Budget ausgedrückte – Wertgrenzen ab, deren Inhalt für Außenstehende zumutbarer Weise nicht verifizierbar ist. Überdies ist für Außenstehende nur schwer ermittelbar, ob das geschäftsführungsbefugte Organ überhaupt einen rechtmäßigen und wirksamen Beschluss eines bestimmten Inhalts gefasst hat. Letztlich beantwortet das Gemeindeorganisationsrecht die Frage der Geschäftsführungs- und Vertretungsbefugnisse zum Teil nicht abschließend.

180 Andererseits ist zu berücksichtigen, dass auch die Rechtsgeschäfte der Gemeinden dem allgemeinen Privatrecht unterliegen. Daraus ergibt sich etwa, dass ein Vertrag mit einer juristischen Person des öffentlichen Rechts auch schlüssig abgeschlossen werden kann. Daraus ergibt sich aber auch die Anwendbarkeit des § 1029 ABGB, wonach vermutet wird, dass mit dem Anvertrauen der Verwaltung auch die Ermächtigung verbunden ist, alles das zu tun, was die Verwaltung erfordert und was gewöhnlich mit ihr verbunden ist. Dementsprechend tendieren Teile der Zivilrechtslehre in Fällen, in denen – wie im Gemeinderecht – kasuistischen Geschäftsführungsregeln globale Vertretungskompetenzen gegenüberstehen, zum Schutz des rechtsgeschäftlichen Verkehrs in erhöhtem Maße zur Annahme einer „**vermuteten Vertretungsmacht**" des außenvertretungsbefugten Organs. Wenn ein selbst geschäftsführungsbefugtes Organ im Rahmen seiner üblichen Tätigkeit ein Rechtsgeschäft für die juristische Person abgeschlossen hat und wenn der Geschäftspartner den Mangel nicht kannte oder kennen musste, so ist nach dieser Lehre im Zweifel nur von der innenrechtlichen Rechtswidrigkeit, nicht aber von der außenrechtlichen Ungültigkeit des Rechtsgeschäfts auszugehen (vgl zur Judikatur Wilhelm NotZ 2001, 149).

Freilich ist zu bedenken, dass die Annahme einer gegenüber der Geschäftsführungsbefugnis „abstrakten" Vertretungsbefugnis im Allgemeinen nicht österreichischem Zivilrecht entspricht. § 1029 ABGB setzt voraus, dass überhaupt eine „Verwaltung" (Geschäftsführungsbefugnis) anvertraut wurde, die Vertrauen auslösen konnte; das (völlige) Fehlen von Geschäftsführungsbefugnissen kann nicht mit Vertrauensschutzüberlegungen überspielt werden. Vor allem aber setzt sich eine weitgehende Betonung der Zurechnung kraft Vertrauensschutzes über die bewusst gesetzlich – und zwar bewusst außenrechtlich – fixierte Zuständigkeitsordnung und die gesetzlichen Bindungen des vertretungsbefugten Bürgermeisters hinweg.

181 In inhaltlicher Hinsicht unterliegen die im Bereich der Privatwirtschaftsverwaltung der Gebietskörperschaften tätigen Organe zahlreichen **Beschränkungen**, insb durch haushaltsrechtliche Bestimmungen, durch Einvernehmensregelungen oder durch Verwaltungsverordnungen, bisweilen auch durch besondere Regelungen von Materiengesetzen oder Selbstbindungsgesetzen (Rz 514, 574e).

In diesem Zusammenhang ist festzuhalten, dass ein Verstoß gegen bloß **innenrechtliche** Vorschriften – dh gegen Vorschriften, die nicht auf die Gestaltung der allgemeinen Rechtslage abzielen (wie zB haushaltsrechtliche Bestimmungen, im Allgemeinen auch Selbstbindungsgesetze) – die Wirksamkeit eines Rechtsgeschäfts nicht berührt. Dagegen kann das Fehlen auch **außenrechtlich** wirksamer Erfordernisse die Zurechnung als rechtsgeschäftliche Verpflichtung ausschließen. In diesem Sinn kann das Fehlen einer gesetzlich vorgeschriebenen Mitunterfertigung der Gültigkeit eines Rechtsgeschäfts entgegenstehen, der Verstoß gegen ein bloß erlassförmig statuiertes Einvernehmenserfordernis dagegen nicht.

182 In noch höherem Maße hat die relative Abstraktheit der Vertretungsmacht im Bereich des **Verfahrensrechts** Anerkennung gefunden: Wenn das Gesetz nichts anderes bestimmt, sind **Verfahrenshandlungen** von Organen juristischer Personen öffentlichen Rechts bereits dann rechtswirksam (und für die Rechtsperson verbindlich), wenn es sich um Akte eines „schlechthin" zur „Vertretung nach außen" berufenen Organs handelt (grundlegend VwSlg 10147 A/1980; zuletzt etwa VwGH 25. 4. 2002,

2001/05/1082 für Gemeinden, VwGH 25. 4. 2002, 2002/07/0005 für Agrargemeinschaften). Ein Antrag oder ein Rechtsmittel, das beispielsweise vom Bürgermeister als dem einschränkungslos vertretungsbefugten Organ einer Gemeinde eingebracht wurde, ist – angesichts des objektiven Prozesszwecks – im Allgemeinen auch dann als wirksam zu behandeln, wenn der nach der GemO erforderliche Beschluss des geschäftsführungsbefugten Gemeindeorgans nicht vorliegen sollte. Diese an den Erfordernissen des Prozessrechts orientierte Rechtsprechung gilt, wie erwähnt, nicht für die Verträge von juristischen Personen des öffentlichen Rechts.

V. Verfassungsrechtliche Rahmenbedingungen der Verwaltungsorganisation

183 Wenn man sich konkreten verwaltungsrechtlichen Zuständigkeitsfragen zuwendet, so erkennt man bald, dass Vieles vorausgesetzt wird. Wie selbstverständlich geht der erfahrene Jurist davon aus, dass gegen einen naturschutzbehördlichen Bescheid einer BVB Berufung an die betreffende LReg möglich ist, obwohl dies weder im NaturschutzG noch in einer anderen Rechtsvorschrift ausdrücklich geregelt ist. Genauso selbstverständlich wird davon ausgegangen, dass eine Säumnisbeschwerde an den VwGH gegen den als Berufungsbehörde in einer Wasserrechtsangelegenheit untätigen LH unzulässig ist, weil es noch eine „sachlich in Betracht kommende Oberbehörde" gibt. Die Gesetzgebung kann unzählige derartige Fragen ungeregelt lassen, da sich die Antwort aus den verfassungsrechtlichen Rahmenbedingungen ergibt, die der Gesetzgeber verschiedentlich nur „abschreiben" dürfte und daher ebensogut auch ungeregelt lassen kann.

Versucht man diese verfassungsrechtlichen Rahmenbedingungen zu rekonstruieren, so sind zunächst zwei Grundprinzipien der Bundesverfassung anzusprechen: der Grundsatz der Gewaltenteilung und das bundesstaatliche Prinzip.

A. Der Grundsatz der Gewaltenteilung

1. Allgemeines

184 Der Grundsatz der Gewaltenteilung ist scheinbar nicht mit der gleichen Deutlichkeit im B-VG verankert, wie die namentlich erwähnten Prinzipien der Demokratie und der Republik (Art 1 B-VG) oder der Bundesstaatlichkeit (Art 2 B-VG). Es genügt freilich, kurz den Aufbau des B-VG zu studieren, um sogleich jeden Zweifel zu verlieren: Nach dem ersten Hauptstück (Art 1–23f B-VG) als Allgemeinem Teil folgt das zweite Hauptstück (Art 24–59b B-VG) mit der Überschrift „Gesetzgebung des Bundes". Im Anschluss findet sich das dritte Hauptstück (Art 60–94 B-VG) mit der Überschrift „Vollziehung des Bundes". Dieses ist untergliedert in die Abschnitte „A. Verwaltung" und „B. Gerichtsbarkeit". Den Schlussbaustein dieses an Montesquieus Trias erinnernden Aufbaus bildet Art 94 B-VG: „Die Justiz ist von der Verwaltung in allen Instanzen getrennt". Ob der Begriff „Gewaltenteilung" im Verfassungstext selbst vorkommt oder nicht, kann bei dieser Systematik wohl nicht von Bedeutung sein.

185 Gewaltenteilung impliziert zunächst einmal eine Aufteilung der Summe der Staatsaufgaben auf verschiedene Arten von Organen bzw Organkomplexen, und zwar auf

- **Gesetzgebungsorgane** (Organe der Legislative),
- **Verwaltungsorgane** (Organe der Exekutive) und
- Organe der **Gerichtsbarkeit** (Organe der Judikative).

Diese Organe sollen – das ist der Sinn des Prinzips – gesondert sein. Darüber hinaus soll die Sonderung der Organe (Organkomplexe) auch auf der Ebene der

Organwalter durch den Grundsatz der **Inkompatibilität** begleitet werden, dh es soll grundsätzlich keine gewaltenübergreifenden Doppelfunktionen geben. Im Hinblick auf die vorgenannten Aspekte der Gewaltenteilung spricht man von **Gewaltenteilung im organisatorischen Sinn**.

Nach der Terminologie der Bundesverfassung bildet „**Vollziehung**" die zusammenfassende Bezeichnung für Verwaltung und Gerichtsbarkeit (vgl vor Art 60 B-VG); daher besteht zB Amtshaftung – als Haftung für „Vollziehung der Gesetze" (Art 23 Abs 1 B-VG) – auch für rechtswidrige Schadenszufügung durch die Justiz. Ganz konsequent wird die Terminologie nicht durchgehalten, wenn zB in Art 19 B-VG von den obersten Organen der Vollziehung die Rede ist, obwohl nur oberste Verwaltungsorgane angeführt sind. 186

Nach dem Konzept der Bundesverfassung soll es **keine „vierte Gewalt"** geben (VfSlg 1454/1932); jedes Organ muss einer der drei Gewalten zuordenbar sein. Die herrschende Lehre sieht die Rechnungshöfe und die Volksanwaltschaften als Organe der Gesetzgebung (Hengstschläger JBl 1999, 237); mE sind sie, da ihnen keine Befugnisse im Bereich der Gesetzgebung zukommen, als Verwaltungsorgane zu qualifizieren, mögen sie auch Hilfsorgane von Organen der Gesetzgebung sein. Unzweifelhaft Verwaltungsorgane bilden die unabhängigen Verwaltungssenate (Art 129a B-VG) und die verschiedenen Kollegialbehörden mit richterlichem Einschlag (Art 20 Abs 2 B-VG).

Der Begriff „**Gerichtsbarkeit**" wird bald im organisatorischen Sinn (Summe von Gerichtsorganen), bald als funktioneller Begriff (richterliche Tätigkeit) verwendet. „Justiz" (zB Art 94 B-VG) meint Gerichtsbarkeit im organisatorischen Sinn, „Rechtsprechung" (zB Art 91 B-VG) stellt einen funktionellen Begriff dar.

2. Organisatorisch-funktionelle Gewaltenteilung

Mit dem Grundsatz der **Gewaltenteilung im organisatorischen Sinn** gehen mehrere bei der Ausgestaltung der Verwaltungsorganisation zu beachtende verfassungsrechtliche Anforderungen einher (vgl A/F/H Rz 27.016): 187

a) Es darf **keine „Mischorgane"** (mit Entscheidungsbefugnis) geben. Zwar findet sich eine solche Anordnung nicht im Verfassungstext, doch ergibt sie sich im Verhältnis zwischen Justiz und Verwaltung aus der historischen Zwecksetzung der Vorläuferbestimmung des Art 94 B-VG, nämlich des Art 14 StGG über die richterliche Gewalt, RGBl 144/1867, welche auf die Auflösung der damaligen „gemischten Bezirksämter" abzielte; seither gibt es Bezirksgerichte einerseits und Bezirkshauptmannschaften andererseits. Im Verhältnis zwischen der Gesetzgebung und der Verwaltung hatte VfSlg 1454/1932 Gelegenheit zur Klarstellung, dass die einfachgesetzliche Errichtung eines – entscheidungsbefugten – gemischten Nationalrats-Regierungs-Ausschusses unzulässig ist.

b) Soweit nicht verfassungsrechtlich Besonderes bestimmt ist, darf es – wie der Text des Art 94 B-VG besagt – **keine Instanzenzüge** zwischen Justiz und Verwaltung geben, und zwar weder in die eine noch in die andere Richtung. Beispielsweise wurde in VfSlg 2902/1955 ein Rechtsmittelzug von einem Disziplinarsenat einer Kammer (kollegiales Verwaltungsorgan) an einen Rechtsmittelsenat beim OGH (Gerichtsorgan) für verfassungswidrig erklärt. 188

Insb bei Hilfsorganen (Rz 129) stellt sich in diesem Zusammenhang die Frage, wann ein bestimmtes Handeln der einen oder der anderen Staatsgewalt (transitorisch) 189

zuzurechnen ist. Dies lässt sich an den kriminalpolizeilichen Ermächtigungen der StPO verdeutlichen. Beispielsweise haben die Sicherheitsbehörden nach § 24 StPO, wenn das unverzügliche Einschreiten des Untersuchungsrichters nicht erwirkt werden kann, die keinen Aufschub gestattenden vorbereitenden Anordnungen zu treffen, die zur Aufklärung der Sache dienen (Rz 1067). Ermitteln polizeiliche Exekutivorgane in diesem Sinn aus „eigenem Antrieb", so liegt – über die betreffende Verwaltungsbehörde dem Bund zurechenbares – Verwaltungshandeln vor. Werden die Sicherheitsorgane dagegen auf Grund eines „richterlichen Befehls" (Rz 1071) tätig, liegt gerichtliches Handeln vor; wird der richterliche Auftrag im konkreten Fall allerdings überschritten („Exzess"), ist das Handeln insoweit nicht mehr dem Gericht zurechenbar, es ist daher als Verwaltungshandeln zu sehen. Diese (transitorische) Zurechnung ist insb für den in Frage kommenden Rechtsschutz von Bedeutung: Nur wenn überhaupt Verwaltungshandeln vorliegt, kann es sich um einen beim UVS anfechtbaren AuvBZ handeln (vgl etwa VfSlg 13248/1992, VwGH 6. 7. 1999, 96/01/0061 sowie noch Rz 1010).

190 Ungeachtet der Kritik der Lehre erachtet der VfGH die Konstruktion der „**sukzessiven Zuständigkeiten**" (Killmann ZfV 2002, 746) als verfassungsrechtlich zulässig: Zur Vermeidung eines „Instanzenzuges" sieht die Gesetzgebung zB auf den Gebieten des Mietrechts (Schlichtungsstellen), des Enteignungsrechts (Entschädigungsentscheidung durch die Enteignungsbehörde) und des Sozialversicherungsrechts (Leistungsentscheidung durch Sozialversicherungsträger) vor, dass „nach der" (meritorischen) administrativen Entscheidung ein Gericht angerufen werden kann, dass jedoch mit der Anrufung des Gerichts der administrative Bescheid kraft Gesetzes „außer Kraft tritt". Solche administrative Vorverfahren zielen auf eine Entlastung der Gerichte ab. Durch die gewählte rechtstechnische Konstruktion wird in der Tat sichergestellt, dass Gegenstand des gerichtlichen Verfahrens nicht ein verwaltungsbehördlicher Bescheid ist, sodass man nicht von einem „Instanzenzug" im technischen Sinn (Rz 427) sprechen kann. Mit der Anrufung des Gerichts hört die Sache also auf, eine „Verwaltungssache" zu sein.

191 c) Schließlich darf es – gewissermaßen als symmetrischer Aspekt – auch **keine Weisungszusammenhänge** von Gerichten an Verwaltungsbehörden und umgekehrt geben. Beispielsweise hatte der VfGH Gelegenheit, Bestimmungen des PStG als verfassungswidrig aufzuheben, in denen Gerichte ermächtigt wurden, dem Standesbeamten gegenüber verbindliche Anordnungen zu erlassen (VfSlg 5630/1967, 7882/1976). Im spiegelbildlichen Sinn wurden „bindende Erklärungen" von Verwaltungsbehörden im Hinblick auf individuell-konkrete gerichtliche Entscheidungen als verfassungswidrig beurteilt (zB VfSlg 6278/1970). Dagegen ist – insb bei Vorfragen (Rz 578) – die Bindung der Gerichte an Verwaltungsentscheidungen in Administrativsachen unbedenklich (zuletzt Schlag ÖJZ 2003, 48). Die Bindung der Gerichte an von Verwaltungsbehörden erlassene Rechtsverordnungen ergibt sich aus Art 89 B-VG.

192 Dies trifft sich mit dem Grundsatz der **richterlichen Unabhängigkeit** (Art 87 Abs 1 B-VG), demzufolge „Richter" (Organe der Gerichtsbarkeit im organisatorischen Sinn) in Ausübung ihres „richterlichen Amtes" (Art 87 Abs 2 B-VG) weisungsfrei sind. Da es sich bei ihnen um an Weisungen gebundene Organe handelt, wurde der als Organ der Gerichtsbarkeit eingerichtete **Rechtspfleger** in Art 87a B-VG ausdrücklich verfassungsrechtlich verankert.

193 Eine Sonderstellung nehmen „**richterliche Befehle**" an Sicherheitsorgane ein, wie zB Vorführbefehle oder die Anordnung von Hausdurchsuchungen oder Telefonüberwachungen. Sie gehen über bloße Amtshilfeersuchen (Art 22 B-VG, § 26 StPO), wie zB

im Fall des Ersuchens um Einvernahme eines Verdächtigen oder eines Zeugen, hinaus. Der Gesetzgeber hatte insb in § 7 GendG eine echte „Unterstellung“ dieser Sicherheitsorgane vor Augen. Es ist daher davon auszugehen, dass Sicherheitsorgane in dieser Hinsicht (auch) den Gerichten als „Hilfsorgane“ (VwGH 6. 10. 1999, 99/01/0120) beigegeben sind, sodass es sich insoweit um „justizinterne“ Aufträge und nicht um Verstöße gegen den Grundsatz der Gewaltenteilung handelt.

Staatsanwaltschaften sind weisungsgebundene Verwaltungsbehörden (A/F/H Rz 35.018). Dass bestimmte strafgerichtliche Akte nur auf Grund eines Antrags der Staatsanwaltschaft ergehen dürfen, ergibt sich aus dem Anklagegrundsatz (Art 91 B-VG). Dass bestimmte Verwaltungsakte nur auf Grund richterlicher Genehmigung gesetzt werden dürfen, ergibt sich aus grundrechtlichen Gerichtsvorbehalten (zuletzt Funk/Öhlinger, Strafprozessreform und Verfassungsrecht, 2003, mwN).

Einen besonderen Fragenkreis, der durch organisatorische und materielle Überschneidungen gekennzeichnet ist, bildet die „**Justizverwaltung**“. In diesem Zusammenhang kommt es nämlich sowohl zu Weisungen von Verwaltungsorganen im organisatorischen Sinn an Justizorgane im organisatorischen Sinn als auch zu Instanzenzügen von Justizorganen im organisatorischen Sinn an Verwaltungsorgane im organisatorischen Sinn. Im **materiellen** Sinn handelt es sich bei der Justizverwaltung um administrative Hilfsmaßnahmen zur Erfüllung von Rechtsprechungsfunktionen, also um Maßnahmen zur Sicherung des Funktionierens der Gerichtsbarkeit (zB Maßnahmen der Personal- und Sachmittelverwaltung bei Gerichten), weiters um administrative Angelegenheiten im Kontext der Rechtsprechung (zB die Vorschreibung von Gerichtsgebühren und das gerichtliche Auskunftswesen, nach herrschender Ansicht auch die Erlassung der Geschäftseinteilung). Dagegen gehören nicht zur Justizverwaltung (im materiellen Sinn), sondern zu den **Justizsachen**, jene Angelegenheiten der Gerichte, die – wie manche Außerstreitsachen (zB Grundbuchsführung, Führung des Firmenbuches) – nur „administrativ aussehen“. 194

In einem kompetenzrechtlichen Sinn kann man als Justizverwaltung die Summe aller Angelegenheiten des „Justizwesens“ im Sinn von Art 102 Abs 2 B-VG, dh unter Einschluss der „Justizpflege“ im Sinn von Art 10 Abs 1 Z 6 B-VG verstehen, die nicht als Justizsachen zu vollziehen sind. In dieser Hinsicht zählen alle auf die Gerichtsbarkeit bezogenen Agenden des BMJ, die Agenden der Staatsanwaltschaft sowie bestimmte Agenden der Notare zur **Justizverwaltung im weiteren Sinn** (Puck NotZ 1978, 187). 195

Die Justizverwaltung ieS wird von Gerichtsorganen im organisatorischen Sinn geführt. Es sind dies gemäß der in Art 87 Abs 2 B-VG getroffenen Unterscheidung einerseits die weisungsgebundenen Einzelrichter (insb die Gerichtspräsidenten) und andererseits die weisungsfreien richterlichen Senate und Kommissionen, die nach den betreffenden Gesetzen mit Justizverwaltungsangelegenheiten betraut sind. Solche gesetzliche Zuweisungen von Verwaltungssachen an Gerichte müssen sich im Rahmen des historisch Vorgeprägten halten (VfSlg 7376/1974). 196

Da es sich bei der Führung der Justizverwaltung um Verwaltung im funktionellen Sinn handelt, werden auch von Justizorganen im organisatorischen Sinn Verwaltungsakte, insb Bescheide (zB betreffend Gerichtsgebühren; vgl auch VfSlg 14197/1995 zum gerichtlichen Strafvollzug) erlassen. Das AVG ist nicht anzuwenden (zB VwGH 21. 3. 2001, 2000/10/0155 zur Verteidigerliste, 14. 1. 2000, 98/19/0121 zur Sachverständigenliste, VfSlg 16028/2000 zur Zulassung zur Rechtsanwaltsprüfung). Im betreffenden Vollzugsbereich kann es auch zur Erlassung von Verordnungen kommen. Der VfGH sieht allerdings generelle Akte der in der Justizverwaltung tätigen Senate und Kommissionen, insb die Geschäftsverteilung, nicht als Verordnungen an (VfSlg 14189/1995); für solche Akte hat sich daher der besondere Begriff der „generellen Justizakte" eingebürgert.

197 Ähnliche – einfacher strukturierte – Überlegungen kann man im Hinblick auf die „**parlamentarischen Hilfsgeschäfte**" (Art 30 Abs 3–6 B-VG) anstellen. Gesetzgebungsorgane im organisatorischen Sinn werden in diesen Zusammenhängen unstrittig (vgl Art 30 Abs 6 B-VG) als Verwaltungsorgane im funktionellen Sinn tätig; sie erlassen zB auch individuelle und generelle Verwaltungsakte (zB VwSlg 14386 A/1996 – Vollziehung des BezügeG; vgl auch § 3 OpferfondsG).

198 Wenn eine Gebietskörperschaft „als Träger von Privatrechten" tätig wird, dann ist sie – vertreten durch ihre befugten Organe (Rz 172) – dem allgemeinen Zivilrecht und – wie ein Privater – der gerichtlichen Entscheidungsbefugnis unterworfen. Beispielsweise kann die von der Liegenschaftsverwaltung einer Gebietskörperschaft ausgesprochene Kündigung eines Pächters vom zuständigen Gericht für unwirksam erklärt werden – mit der Gewaltenteilung hat dies nichts zu tun. Die gerichtliche Überprüfung hoheitlichen Verwaltungshandelns kommt dagegen nur kraft verfassungsrechtlicher Ermächtigung (Art 23, 130ff B-VG) in Betracht (zB OGH SZ 72/5 zu einer Unterlassungsklage gegen als hoheitlich qualifiziertes Verwaltungshandeln).

3. Die „Bindungswirkung"

199 Die Frage der **Bindungswirkung**, dh die Frage, ob Verwaltungsbehörden an Gerichtsentscheidungen und umgekehrt gebunden sind, ist genau genommen kein Problem der Gewaltenteilung (Schlag ÖJZ 2003, 48), sondern Konsequenz der arbeitsteiligen Staatsorganisation. Bindung kann sich zum einen aus der Verbindlichkeit des betreffenden Akts ergeben. Beispielsweise ist nach § 39 StbG allein die zuständige LReg berufen, über die Verleihung der österreichischen Staatsbürgerschaft zu entscheiden. Eine solche Entscheidung soll offenkundig *erga omnes*-Wirkung entfalten. Liegt ein solcher Einbürgerungsbescheid vor, dann haben alle Behörden – auch die Gerichte – davon auszugehen, dass der Betreffende österreichischer Staatsbürger ist, selbst wenn sie die Entscheidung für inhaltlich falsch erachten. Erga omnes-Wirkung entfalten beispielsweise auch (rechtskräftige) kassatorische Entscheidungen von zur Kassation befugten Behörden. Es ist dann für alle Behörden verbindlich vorgegeben, dass der aufgehobene Rechtsakt nicht mehr dem Rechtsbestand angehört.

Vgl zu Fällen der Bindung von Verwaltungsbehörden an gerichtliche Entscheidungen zB VwGH 18. 12. 2000, 2000/18/0133 (Strafurteil), 19. 9. 2001, 99/09/0227 (Ehenichtigkeit) und 25. 4. 2002, 2000/07/0267 (Grenzverlauf).

200 Bindung kann zum anderen der rechtliche Effekt einer „bindungsvermittelnden" Rechtsvorschrift sein. Beispielsweise bestimmt § 95 Abs 2 BDG, dass die Disziplinarbehörde an die dem Spruch eines rechtskräftigen Urteils zu Grunde gelegte Tatsachenfeststellung eines Strafgerichtes bzw des Straferkenntnisses eines UVS gebunden ist (Umgekehrt steht der gerichtliche Freispruch wegen eines bestimmten Verhaltens der rechtlichen Würdigung desselben Verhaltens unter disziplinarrechtlichen Gesichtspunkten nicht entgegen: VwGH 3. 7. 2000, 2000/09/0006). Ähnlich zu sehen sind Fälle der „Verwaltungsakzessorietät": Wenn zB § 364a ABGB oder die §§ 180ff StGB auf den Bestand einer verwaltungsbehördlichen Anlagengenehmigung abstellen, dann kann es nur noch darum gehen, was konkret durch den betreffenden Genehmigungsbescheid bewilligt und daher rechtlich „gedeckt" ist.

Die Fragen stellen sich im Verhältnis zwischen Gerichten und Verwaltungsbehörden nicht anders dar, als zwischen Verwaltungsbehörden. Auf Grund einer rechtskräftigen Bestrafung wegen eines StVO-Delikts „und der dadurch bewirkten Bindung" hat die zur Führerscheinentziehung berufene Behörde vom Vorliegen der objektiven Elemente der betreffenden Verwaltungsübertretung auszugehen (VwGH 22. 2. 2000, 99/11/0123). Da § 12 AlVG an das Dienstverhältnis iSd § 4 Abs 2 ASVG anknüpft, haben die Dienststellen des AMS bei Vorliegen der Entscheidung des zuständigen Sozialversicherungsträgers über ein versicherungspflichtiges Beschäftigungsverhältnis davon auszugehen, dass Arbeitslosigkeit nicht gegeben ist (VwGH 30. 6. 1998, 98/08/0129, 24. 11. 2000, 2000/19/0095). Bindung kann nur im Umfang des – durch die gesetzliche Ermächtigung und den konkreten Spruch konstituierten – Entscheidungsgegenstands gegeben sein. Daher entfaltet ein elektrizitätsrechtlicher Konzessionsbescheid als solcher keine Bindungswirkung in dem Sinn, dass die Forstbehörde bei der Prüfung gemäß § 17 Abs 2 ForstG (Rodungsbewilligung) vom Vorliegen eines in der Energiewirtschaft begründeten öffentlichen Interesses auszugehen hätte (VwGH 18. 12. 2000, 2000/10/0028).

Das Bestehen von Bindung und ihr Umfang bestimmen sich aus der (systematischen) Interpretation der maßgeblichen Rechtsvorschriften. Dabei kann der Annahme einer Bindung – insb im Anwendungsbereich von Art 6 EMRK – im Sinn einer verfassungskonformen Interpretation entgegenstehen, dass die beteiligten Behörden unterschiedlichen Verfahrens- und Ermittlungsregeln unterliegen, wenn der Kreis der rechtlich berührten Personen (Parteien) differiert (vgl insb VfSlg 12504/1990). Genehmigungen nach § 359b GewO ziehen daher nicht die Folgen des § 364a ABGB nach sich (OGH 8. 7. 2003, 4 Ob 137/03f). 201

4. Gewaltenverbindung und materielle Gewaltenteilung

Dem freiheitssichernden Anliegen der Gewaltenteilung könnte mit einer bloßen Separierung der Staatsgewalten nicht entsprochen werden, es bedarf auch „**gewaltenverbindender** Elemente". Die österreichische Verfassung kennt ein ausgefeiltes System von „**sekundären Funktionen**" und von *checks and balances* zwischen den Staatsgewalten. Beispielsweise bildet die Gesetzgebung gewiss die **primäre Funktion** der Gesetzgebungsorgane, ihnen kommen aber auch Ernennungs-, Mitwirkungs- und Kontrollbefugnisse im Hinblick auf die anderen beiden Staatsgewalten und damit sekundäre Funktionen zu. Der BPräs als Verwaltungsorgan wiederum ernennt Richter und unterfertigt Bundesgesetze. Hier genügt es festzuhalten, dass die Staatsgewalten in diesen Vernetzungsfällen ihre eigenen Funktionen ausüben: Wenn der Nationalrat den Bundeshaushalt der Bundesregierung genehmigt, so wird er dabei auch funktionell „als Gesetzgebungsorgan" tätig, wenn der BPräs ein Bundesgesetz unterzeichnet, so wird er dabei auch funktionell „als Verwaltungsorgan" tätig. 202

Bei Fragen der **Gewaltenteilung im materiellen Sinn** geht es um die verfassungsrechtlichen Vorgaben für die Zuweisung von **Aufgaben** zu den einzelnen Staatsgewalten. Der Grundsatz der Gewaltenteilung ist zwar auch, aber nicht nur ein organisatorisches Prinzip. Da der Gesetzgeber das Prinzip der Gewaltenteilung allein dadurch unterlaufen könnte, dass er zB alle Rechtsprechungssachen von den Gerichten auf die Verwaltungsbehörden überträgt, kann man die Gewaltenteilung nur so deuten, dass sie auch Aufgabenzuteilungsregeln umfasst und voraussetzt. Die nähere Ermittlung ist freilich nicht einfach, da mehrere „Überschneidungen" zwischen den Aufgabenbereichen der Staatsgewalten schon verfassungsrechtlich vorgezeichnet sind. Einzelne Bestimmungen (zB Art 69, 78a ff, 90ff B-VG) lassen erkennen, dass nach dem Konzept des B-VG die „Verwaltungsgeschäfte" von Verwaltungsbehörden und die

„Zivil- und Strafrechtssachen" von Gerichten geführt werden sollen. Mehr als ein allgemeines Prinzip lässt sich damit freilich nicht gewinnen. Wenn daher der Gesetzgeber Verwaltungsbehörden (Schlichtungsstellen) zur Entscheidung in Mietrechtsstreitigkeiten beruft oder wenn er Gerichten die typisch administrativen Tätigkeit der Führung des Grundbuchs und des Firmenbuchs überträgt, wird allein dadurch der Grundsatz der Gewaltenteilung iSd B-VG nicht verletzt.

203 Eine wesentlich weitergehende Bindung der Gesetzgebung bei der Regelung der Vollziehungszuständigkeiten hat sich aus der immer weiter ausufernden Rechtsprechung des EGMR zu Art 6 EMRK ergeben (Öhlinger Rz 608, Thienel 48): Wenn sich eine Angelegenheit – materiell im autonom (dh nicht aus der österreichischen Rechtsbegrifflichkeit) zu deutenden Sinn der EMRK – als ein *civil right/droit civil* oder aber als eine *criminal charge/accusation en matière pénale* erweist, dann hat der betreffende Gesetzgeber – bei sonstiger Verfassungswidrigkeit – vorzusehen, dass ein *tribunal* im Sinn von Art 6 EMRK angerufen werden kann. Die besondere Schwierigkeit erwächst nicht nur aus der mittlerweile praktisch unabsehbaren Weite des Anwendungsbereichs dieser Bestimmung, sondern auch daraus, dass der EMRK-autonome Begriff des *tribunal* nicht gleichbedeutend ist mit dem österreichischen „Gerichts"-Begriff. Dies hat dazu geführt, dass bundes- und landesgesetzlich insb neue Fälle „sukzessiver Zuständigkeiten" (Rz 190) geschaffen wurden und dass eine immer größere Zahl von administrativen Kollegialbehörden (UVS, UBAS, Umweltsenat, Bundesvergabeamt, Datenschutzkommission, kollegiale Regulierungsbehörden ua) zu einem organisationsrechtlichen Wildwuchs geführt haben.

204 Festzuhalten ist, dass alle vorgenannten Verfassungsbestimmungen an die Gesetzgebung adressiert sind; eine diesen Bestimmungen widersprechende Regelung der Vollziehungszuständigkeiten ist ungeachtet ihrer (vermeintlichen) Verfassungswidrigkeit maßgeblich und von den Verwaltungsbehörden anzuwenden.

B. Das bundesstaatliche Prinzip

1. Allgemeines

205 Aus der Bundesstaatlichkeit Österreichs ergibt sich, dass die Summe der Staatsaufgaben zwischen dem Bund und den Ländern aufgeteilt ist (insb Art 10–15 B-VG). Mit dieser Konzeption geht das Verständnis von der **Trennung der Vollzugsbereiche** (zB VfSlg 4413/1963) einher. Alle staatliche Verwaltung ist entweder Bundes- oder Landesverwaltung. Einen „dritten" Kompetenzbereich kann es – bezogen auf die verfassungsrechtliche Kompetenzverteilung – nicht geben.

206 Diese Sicht hat wesentliche Auswirkungen auf das Verständnis der Selbstverwaltung: Im Hinblick auf die bundesstaatliche Kompetenzverteilung bilden auch die Aufgaben der Selbstverwaltungskörper – und zwar sowohl jene des übertragenen, als auch jene des eigenen Wirkungsbereichs – Teilmengen der Bundes- bzw der Landesvollzugszuständigkeiten. Zwar werden in solchen Fällen Selbstverwaltungsorgane im organisatorischen Sinn tätig und ist es durchaus treffend, die Wahrnehmung von Aufgaben des „eigenen Wirkungsbereiches" (Rz 319) eines Selbstverwaltungskörpers als „seine eigene Verwaltung", also als Selbstverwaltung im funktionellen Sinn zu bezeichnen. Soweit es um die kompetenzrechtliche Beurteilung geht, ist jedoch eine Zuordnung zum Bundes- oder Landesbereich erforderlich:

- Beispielsweise erkennt der VfGH nach Art 139 Abs 1 B-VG nur über die Gesetzwidrigkeit von Verordnungen von Bundes- und Landesbehörden. Da man nicht ernsthaft davon ausgehen kann, dass Verordnungen von Selbstverwaltungskörpern jeglicher rechtlicher Kontrolle entzogen sein sollen, sind sie in dieser Hinsicht funktionell entweder als Bundes- oder als Landesverordnungen zu behandeln.

- Weiters bestimmt sich das staatliche Aufsichtsrecht gemäß Art 119a Abs 3 B-VG danach, aus welchem Bereich eine Angelegenheit des „eigenen Wirkungsbereiches" der Gemeinde stammt (Rz 393).
- In gleicher Weise erklärt sich auf dieser Grundlage, warum Instanzenzüge und Weisungszusammenhänge nicht zwischen Selbstverwaltungsorganen, die funktionell im Bundesvollziehungsbereich (Art 10 B-VG) eingerichtet sind, und solchen, die funktionell im Landesvollziehungsbereich (Art 11, 12, 15 B-VG) eingerichtet sind, vorgesehen werden dürfen (VfSlg 4413/1963).

Angesichts des bundesstaatlichen Grundsatzes der Trennung der Vollzugsbereiche bedürfen „grenzüberschreitende" Konstruktionen jeweils einer besonderen verfassungsrechtlichen Grundlage. In diesem Zusammenhang ist folgende Unterscheidung zu beachten: 207

- Einerseits gibt es Fälle „**mittelbarer Verwaltung**". Beispielsweise wird der LH (als Landesorgan im organisatorischen Sinn) im Rahmen der „mittelbaren Bundesverwaltung" (Rz 273) „für den Bund" und damit als funktionelles Bundesorgan tätig.
- Andererseits gibt es Konstellationen, in denen es zu einem „**Wechsel des Verbandsbereichs**" („Wechsel der Verbandskompetenz") kommt. Beispielsweise wird der nach Art 12 Abs 3 B-VG angerufene BMWA nicht als Landesorgan im funktionellen Sinn, sondern – obwohl es sich beim Elektrizitätswesen kompetenzrechtlich um eine Angelegenheit der Landesverwaltung handelt – als Bundesorgan im funktionellen Sinn tätig (vgl noch Rz 297 und Rz 433).

In diesem Sinn wird eine Angelegenheit der Landesvollziehung insoweit, als Gerichte zur Mitwirkung herangezogen werden, zu einer Angelegenheit der Vollziehung des Bundes; demgegenüber liegt im Fall der Beiziehung einer BPolDion (Rz 297) eine Form mittelbarer Landesverwaltung vor. Ein Wechsel der Verbandskompetenz kann sich auch bei verfassungsrechtlich besonders konstruierten Instanzenzügen ergeben: Beispielsweise handelt es sich bei den in Art 11 Abs 7, 12 Abs 2 und 3 B-VG vorgesehenen Rechtsmittelentscheidungen um Angelegenheiten der Bundesverwaltung, obgleich die Sache eigentlich (und jedenfalls in der ersten Instanz) eine Angelegenheit der Vollziehung der Länder im kompetenzrechtlichen Sinn darstellt. Demgegenüber tritt nach der Rechtsprechung in den Fällen des Art 129a Abs 1 B-VG ein Wechsel der Verbandskompetenz nicht ein, da der UVS entweder als Bundes- oder als Landesbehörde im funktionellen Sinn entscheidet (VfGH 29. 11. 2002, A 9/01).

2. Die organisatorische Trennung

Aus dem Grundsatz der getrennten Vollzugsbereiche ergeben sich ähnliche Konsequenzen wie dies im Hinblick auf die Gewaltenteilung festgehalten wurde: 208

a) Zum ersten darf es **keine Mischorgane** (mit Entscheidungsbefugnis) geben. Daher handelt es sich auch bei der Aussage, dass der BPräs, der VfGH oder der Rechnungshof „gemeinsame Bund-Länder-Organe" oder „Gesamtstaatsorgane" seien (zuletzt Öhlinger Rz 322), nur um eine bildhafte Redeweise. Alle drei Organe sind unzweideutig Bundesorgane im organisatorischen Sinn; zudem sind alle ihre Rechtsakte auch in funktioneller Hinsicht Rechtsakte des Bundes.

209 b) Zum zweiten darf es **keine Instanzenzüge** von Bundesorganen an Landesorgane und umgekehrt geben. Nach diesem Grundsatz darf von einem Bundesorgan ein Instanzenzug nur an ein Bundesorgan, von einem Landesorgan nur an ein Landesorgan gehen. Allerdings sind verfassungsrechtlich verschiedentlich verbandsüberschreitende Zusammenhänge ausdrücklich vorgesehen, von denen die Konstruktion der mittelbaren Bundesverwaltung (Art 103 Abs 4 B-VG) die prominenteste ist. Auf solche Sonderregeln wird zurückzukommen sein (Rz 433).

210 c) Zum dritten darf es **keine Weisungszusammenhänge** von Bundesorganen an Landesorgane und umgekehrt geben. Zur Weisungserteilung zuständig kann also grundsätzlich nur ein Organ desselben Verbandsbereichs sein. Freilich ist ein verbandsüberschreitendes Weisungsrecht in mehreren Fällen verfassungsrechtlich ausdrücklich vorgesehen; der prominenteste Fall ist wiederum die mittelbare Bundesverwaltung (Art 103 Abs 1 B-VG). Auf solche Sonderfälle ist noch zurückzukommen (Rz 375).

211 In funktioneller Betrachtung kann man darüber hinaus festhalten, dass in einem paritätischen Bundesstaat das **hoheitliche** Handeln des Bundes nicht Gegenstand hoheitlicher Anordnungen eines Landes – und umgekehrt – sein darf. Beispielsweise darf ein rechtmäßig aufgestelltes Verkehrszeichen nicht Gegenstand eines denkmal- oder naturschutzrechtlichen Entfernungsauftrages durch die gegenbeteiligte Gebietskörperschaft sein (vgl dementsprechend § 78 Abs 1 Satz 2 AVG; vgl auch VfSlg 10305/1984 zur seinerzeit hoheitlichen Aufgabe der Verlegung von Fernmeldeleitungen).

212 Soweit eine Gebietskörperschaft dagegen als „Träger von Privatrechten" (Art 17 B-VG) tätig wird, ist es bundesstaatlich nicht ausgeschlossen, dass sie insoweit hoheitlichen Akten der gegenbeteiligten Gebietskörperschaft unterworfen ist. Beispielsweise können auch für Projekte der Wildbach- und Lawinenverbauung (des Bundes) naturschutzbehördliche Bewilligungen (durch die zuständige Landesbehörde) erforderlich sein (vgl zur Rücksichtnahmepflicht als Schranke der Befugnisausübung noch Rz 581).

3. Die Bindungswirkung

213 Grundsätzlich nichts mit der bundesstaatlichen Kompetenzverteilung zu tun hat die Frage der **Bindungswirkung**, dh die Frage, ob Bundesorgane an von Landesorganen erlassene Entscheidungen (und umgekehrt) gebunden sind. Eine solche Bindung kann zum einen die Konsequenz der Verbindlichkeit des betreffenden Rechtsakts sein: Wenn einem Fremden von einer LReg die österreichische Staatsbürgerschaft verliehen wird, so ist er auch für alle Bereiche der Bundesverwaltung – wie auch für alle Verwaltungsbereiche der anderen Bundesländer – als Staatsbürger zu behandeln. Ebenso kann ein von einem LH im Rahmen der mittelbaren Bundesverwaltung erlassener Bescheid eine für das gesamte Bundesgebiet maßgebliche Gestaltung oder Feststellung bewirken. Zum anderen kann Bindung der rechtliche Effekt einer bindungsvermittelnden Rechtsvorschrift sein, etwa einer Bestimmung, die tatbestandsmäßig auf bestimmte Qualifikationen abstellt. „Gewerberechtlich befugte" Personen sind auch im Landesvollzugsbereich als entsprechend befugt zu behandeln.

Das Bestehen von Bindung und ihr Umfang sind wiederum (Rz 200f) durch Interpretation des betreffenden Akts und der beiderseits betroffenen Rechtsvorschrif-
[214] ten zu ermitteln.

C. Anforderungen des Europäischen Gemeinschaftsrechts[1]

Der Gedanke der Trennung der Vollzugsbereiche ist grundsätzlich auch für das Verhältnis zwischen den Organen der Gemeinschaften und den Organen der Mitgliedstaaten maßgeblich. Es sind mehrere Fragenkreise zu unterscheiden: 215

a) Zum Ersten gibt es den Bereich der Verwaltungsführung durch Gemeinschaftsorgane. Wenn man von der „internen" Verwaltung (insb Beamtendienstrecht, Haushaltsführung) absieht, sind bestimmte Angelegenheiten der exklusiven Zuständigkeit der **Europäischen Kommission** zugewiesen, etwa Entscheidungen (Art 249 Abs 4 EGV) in Wettbewerbs-, Fusionskontroll- oder Beihilfenangelegenheiten (Art 81ff EGV); darüber hinaus finden sich da und dort punktuelle Einzelzuständigkeiten, etwa nach der Novel-Food-VO oder im Bereich der Vergabekontrolle (zur gemeinschaftsrechtlichen Zulässigkeit EuGH 1994, I-3698). Nationale Behörden können von solchen Angelegenheiten dadurch betroffen sein, dass sie Meldepflichten oder Amtshilfepflichten unterworfen sind, dass die zuständigkeitsgemäßen Entscheidungen der Kommission auch für die Organe der Mitgliedstaaten verbindlich sind („Bindungswirkung"; Schmidt-Assmann in FS Winkler 1997, 1001; Hatje 206) oder dass Entscheidungen des Rates oder der Kommission, die eine Zahlung auferlegen, vollstreckbare Titel sind – die Vollstreckung erfolgt durch nationale Behörden nach nationalem Vollstreckungsrecht (Art 256 EGV), wobei nur die Echtheit des Titels geprüft werden darf.

Weiters werden die Gemeinschaftsfonds zB auf den Gebieten der Agrarförderung oder der Regionalförderung von der Kommission verwaltet (vgl Rebhahn in Raschauer, Wirtschaftsrecht, Rz 808).

Schließlich bestehen einzelne dezentrale Gemeinschaftseinrichtungen. Beispielsweise wurde durch die Verordnung 2309/93 idF 649/98/EG die Europäische Agentur für die Beurteilung von Arzneimitteln errichtet. In den ihr zugewiesenen Angelegenheiten gelten ihre Zulassungsentscheidungen im gesamten Gemeinschaftsbereich als Arzneimittelzulassungen (vgl dazu §§ 21b, 75a AMG).

Für Akte der Gemeinschaftsorgane haftet die EG (Art 288 Abs 2 EGV).

b) Für die ganz überwiegende Zahl anderer Agenden ist charakteristisch, dass die Gemeinschaft nur als „Rechtssetzungsgemeinschaft" wirkt und nicht über einen „Verwaltungsunterbau" verfügt. Die Verwirklichung des Gemeinschaftsrechts obliegt insoweit ganz wesentlich den nationalen Vollziehungsorganisationen. Die gemeinschaftliche Rechtssetzung erfolgt in erster Linie mittels EG-Verordnungen einerseits und EG-Richtlinien andererseits („Sekundärrecht"). In beiden Fällen ist die Organisation der Vollziehung und die Regelung von Zuständigkeiten grundsätzlich Sache der Mitgliedstaaten; im Einzelnen ist das Verhältnis von Gemeinschaftsrecht und nationalem Recht jedoch unterschiedlich. [216–218]

1 Frank, Gemeinschaftsrecht und staatliche Verwaltung, 2000; Frank ÖZOR 2000, 1; Öhlinger/Potacs, Gemeinschaftsrecht und staatliches Recht[2], 2001; Potacs 14. ÖJT I/1; Grabenwarter 14. ÖJT I/2; Hauer (Hg), Die Handhabung des Gemeinschaftsrechts in der österreichischen Verwaltung, 2002; Ranacher, Die Funktion des Bundes bei der Umsetzung des EU-Rechts durch die Länder, 2002. Vgl auch Thienel 63; Holzinger/Köhler, Verwaltungsverfahrensrecht[2], 2001, 9; Raschauer in FS Leisner, 1999, 897; Raschauer in FS Weißmann, 2003, 757; Hatje, Die gemeinschaftsrechtliche Steuerung der Wirtschaftsverwaltung, 1998; Kadelbach, Allgemeines Verwaltungsrecht unter Europäischem Einfluß, 1999; Aicher/Korinek/Holoubek (Hg), Gemeinschaftsrecht und Wirtschaftsrecht, 2000.

219 Soweit Regelungen in der Form von **EG-Verordnungen** getroffen werden, ist zu beachten, dass sie – unabhängig vom Grad ihrer inhaltlichen Bestimmtheit – als solche unmittelbar anwendbar sind (Art 249 Abs 2 EGV). „Angewendete Gesetzesbestimmung" iSv § 59 Abs 1 AVG bei Vollziehung zB des Agrarmarktordnungsrechts ist also die betreffende Bestimmung einer EG-Marktordnung, „Verwaltungsvorschrift, die durch die Tat verletzt worden ist" iSv § 44a Z 2 VStG zB im Bereich des Inverkehrbringens gentechnisch veränderter Lebensmittel, ist eine Verhaltensregel der EG-Novel-Food-VO. EG-Verordnungen sind allerdings für die Zwecke nationaler Vollziehung praktisch nie „gebrauchsfertig", es bedarf stets nationaler **Begleitregelungen**. Insb hat der nach der österreichischen Kompetenzverteilung zuständige Gesetzgeber

- die zuständigen nationalen Behörden festzulegen
- (allenfalls) nähere verfahrensrechtliche Bestimmungen zu treffen und
- die für eine wirksame Rechtsverwirklichung erforderlichen Sanktionen (insb Strafbestimmungen) zu statuieren.

220 Daher regelt zB das österreichische Zollrechts-DurchführungsG die Organisation (§§ 6ff iVm AVOG) und – teilweise als lex specialis zur BAO – das Verfahren der österreichischen Behörden (Zollämter) sowie die erforderlichen Sanktionen bezüglich der EG-Zollkodex-VO. Ebenso sind das AußenhandelsG oder das Agrarmarkt-AustriaG in Bezug auf die betreffenden EG-VO zu sehen. Das LMG bildet zT ein Begleitgesetz zu lebensmittelrechtlichen EG-VO, das ChemG zu stoffrechtlichen EG-VO, das AWG zur EG-AbfallverbringungsVO, das UmwManG zur EMAS II-VO. Aus den nationalen Begleitregelungen ergibt sich dann die zur Vollziehung der EG-VO zuständige österreichische Behörde, es kann dies eine bestehende oder eine für diesen Zweck neu errichtete Behörde (zB die Agrarmarkt Austria) sein. Insoweit kann man sagen, dass die österreichischen Behörden in diesen Angelegenheiten im konkreten Einzelfall jeweils sowohl Gemeinschaftsrecht als auch begleitendes nationales Recht anzuwenden haben. Bezüglich der verhängten Strafe „angewendete Gesetzesbestimmung" iSv § 44a Z 3 VStG ist stets eine nationale Sanktionsbestimmung.

220a c) Soweit Regelungen in der Form von **EG-Richtlinien** getroffen werden, sind diese an die Mitgliedstaaten gerichtet. Es obliegt dann der – in einem Bundesstaat: nach der Kompetenzverteilung zuständigen – Rechtssetzungsautorität, die zur **Umsetzung** der Richtlinie erforderlichen nationalen Rechtsvorschriften zu erlassen (soweit solche nicht bereits bestehen). Dies betrifft auch die Begründung entsprechender Zuständigkeiten nationaler Behörden, erforderlichenfalls sogar die Errichtung neuer nationaler Behörden. Beispielsweise mussten im Telekom-, Energie- und Schieneninfrastrukturrecht von den Beteiligten unabhängige „Regulierungsstellen" und im Vergaberecht unabhängige Nachprüfungsstellen für zuständig erklärt werden; es geschah dies in Österreich durch die Errichtung von speziellen „Regulierungsbehörden", zT als Beliehene (RTR GmbH, Energie-Control GmbH), zT als Art 20 Abs 2-Kommissionen (Telekom Control Kommission, Energie-Control Kommission ua; vgl Rz 255a) bzw durch die Errichtung des Bundesvergabeamts und einzelner Landes-Vergabekontrollsenate (während andere Bundesländer die UVS für zuständig erklärten).

Die Vollziehung von in Umsetzung von EG-Richtlinien erlassenen nationalen Rechtsvorschriften stellt in der Folge „normale" Anwendung nationaler Rechtsvorschriften durch nationale Behörden dar.

221 Die Trennung der Vollzugsbereiche wird nicht zuletzt daran sichtbar, dass die Gemeinschaftsorgane nach Art 284 EGV den nationalen Behörden keine „Weisungen"

erteilen dürfen und dass für Schädigungen Dritter in den genannten Bereichen die vollziehenden Mitgliedstaaten (bzw deren Teilstaaten: OGH SZ 73/123; RANACHER 155) haften.

d) Die Gemeinschaft ist nicht befugt und befähigt, Organe der Mitgliedstaaten zu errichten oder auszugestalten; mindestens insoweit kann man von einer „**Organisationsautonomie**" der Mitgliedstaaten sprechen (BUSSJÄGER, Die Organisationshoheit und Modernisierung der Landesverwaltungen, 1999, 219). Im Übrigen besteht die Organisationsautonomie über die nationale Verwaltung allerdings nicht unbeschränkt. Zum Ersten schreiben, wie gezeigt, Akte des sekundären Gemeinschaftsrechts den Mitgliedstaaten die Einrichtung bestimmter Behörden oder auch eine bestimmte Gestaltung von mit Angelegenheiten des Gemeinschaftsrechts befassten nationalen Behörden vor. Dabei kann auch vorgeschrieben sein, dass die betreffende Stelle die Qualifikation eines „Gerichts" iSv Art 234 EGV haben soll (ÖHLINGER Rz 210). Zum Zweiten unterliegen Einrichtungen der staatlichen Leistungsverwaltung, die als öffentliche Unternehmen zu qualifizieren sind oder denen bestimmte Vorrechte eingeräumt sind, den sich aus Art 86 EGV ergebenden besonderen Anforderungen (näher POTACS in Raschauer, Wirtschaftsrecht, Rz 928). Zum Dritten ergibt sich aus dem Grundsatz der Gemeinschaftstreue (Art 10 EGV), dass die nationale Verwaltungsorganisation nicht auf eine solche Weise ausgestaltet werden darf, dass die Freiheiten des Gemeinschaftsrechts unterlaufen werden oder dass die ordnungsgemäße Verwirklichung des Gemeinschaftsrechts nicht gewährleistet ist. „Konkret hat der Gerichtshof etwa die Pflicht der Mitgliedstaaten betont, ‚ein System von Verwaltungskontrollen und Kontrollen an Ort und Stelle zu schaffen, das die ordnungsgemäße Erfüllung der materiellen und formellen Voraussetzungen' des Gemeinschaftsrechts sicherstellt. Die Mitgliedstaaten sind, anders gewendet, verpflichtet, die zur wirksamen Vollziehung des Gemeinschaftsrechts erforderlichen Behörden zu errichten bzw personell und/oder materiell entsprechend auszustatten … Grundsätzlich vertragswidrig sind etwa beabsichtigte oder unbeabsichtigte Organisationsmängel der nationalen Verwaltung, welche die Einfuhr von Waren unmöglich machen oder unangemessen erschweren. Hierunter fällt exemplarisch eine unzumutbare Verzögerung bei der Zollabfertigung infolge der ungünstigen örtlichen Lage oder der zu rigiden Öffnungszeiten der Einfuhrstellen" (KAHL Die Verwaltung 1996, 341, 349, 352; vgl auch HATJE 115). 222

Schließlich gilt das Erfordernis effektiven gerichtlichen Rechtsschutzes im Hinblick auf (vertretbar behauptete) Verletzungen des Gemeinschaftsrechts gemeinschaftsrechtlich als allgemeiner Rechtsgrundsatz, der zu einer entsprechenden Ausgestaltung und gemeinschaftsrechtskonformen Handhabung nationaler Rechtsbehelfe nötigt (vgl noch Rz 628ff). Diese Problematik ist in Österreich, solange noch nicht alle Rechtsstreitigkeiten im Einwirkungsbereich des Gemeinschaftsrechts vor ein „Gericht" gebracht werden können, nicht gänzlich bewältigt.

D. Die „Organisationsgewalt"

Die vorstehenden Ausführungen haben den Rahmen verdeutlicht, der durch die verfassungsrechtlichen Grundsätze der Gewaltenteilung und der Bundesstaatlichkeit sowie durch das Europäische Gemeinschaftsrecht für die Organisation der Verwaltung gezogen ist. Damit ist allerdings die Frage noch nicht beantwortet, **wer** zur Regelung der Verwaltungsorganisation zuständig ist, wer also **Träger der Organisationgewalt** ist. Diese Frage stellt sich sowohl in bundesstaatlicher Hinsicht als auch im Hinblick auf 223 die gebotene Rechtssatzform. Soweit die Ordnung der Verwaltung selbst zukommt, handelt es sich dabei nicht nur um eine verfassungsrechtliche Frage.

224 In **bundesstaatlicher** Hinsicht ist beispielsweise in Art 10 Abs 1 Z 16 B-VG die Zuständigkeit des Bundes zur „Einrichtung der Bundesbehörden und sonstigen Bundesämter" festgelegt; die „parallele" Zuständigkeit der Länder zur „Einrichtung der Landesbehörden und sonstigen Landesämter" ist in der Generalklausel des Art 15 Abs 1 B-VG enthalten (näher Bussjäger, Die Organisationshoheit und Modernisierung der Landesverwaltungen, 1999, 65). Hinsichtlich der Gemeinden (Art 115 Abs 2 B-VG) und der Gemeindeverbände (Art 116a Abs 4 B-VG) ist die Organisations-Gesetzgebungszuständigkeit der Länder verankert, es gibt daher „Gemeindeordnungen" und „GemeindeverbandsG" als Landesgesetze. Hinsichtlich der „beruflichen Interessenvertretungen" (Kammern) ergeben sich insb aus Art 10 Abs 1 Z 8, 11 Abs 1 Z 2 und 15 Abs 1 B-VG zwischen Bund und Ländern geteilte Zuständigkeiten. Eine ausdrückliche Zuständigkeitsverteilung hinsichtlich der öffentlich-rechtlichen Stiftungen und Fonds ergibt sich aus Art 10 Abs 1 Z 13 B-VG und dem in Art 15 Abs 1 B-VG enthaltenen Komplementärtatbestand. Die Befugnis, Körperschaften und Anstalten des öffentlichen Rechts zu errichten, ist in den einzelnen Materienkompetenzen mitumschlossen.

225 Abgesehen von dieser bundesstaatlichen Dimension der Frage der Organisationsgewalt, stellt sich auch die allgemeine Frage, ob und inwieweit die Verwaltungsorganisation der **gesetzlichen** Regelung bedarf. Zunächst sei festgehalten, dass einzelne **Verfassungsorgane** durch die Verfassung selbst vorgesehen und eingerichtet sind; ein „BundespräsidentenG" oder ein „LandesregierungsG" ist nicht nur nicht erforderlich, sondern angesichts der verfassungsrechtlichen Ausgestaltung gar nicht zulässig. Es bestehen also auch Verfassungsorgane mit **verfassungsrechtlichen Organkompetenzen**.

Im Einzelnen sind die verfassungsrechtlichen Organkompetenzen unterschiedlich zu sehen. Im Hinblick auf die verwaltungsbehördlichen Zuständigkeiten des BPräs gemäß Art 65 B-VG ist eine inhaltliche gesetzliche Regelung grundsätzlich unzulässig. Weiters ergibt sich aus Art 129a Abs 1 Z 2 B-VG die Zuständigkeit der UVS zur Entscheidung über Beschwerden gegen bestimmte Befehls- und Zwangsakte (Rz 1051); zwar soll der Gesetzgeber verfahrensrechtliche Bestimmungen erlassen und die innere Organisation (monokratische oder kollegiale Entscheidung) regeln, die verfassungsrechtlich unmittelbar begründete Zuständigkeit als solche steht jedoch nicht zu seiner Disposition (vgl aber noch Rz 1051). Eine gewisse verfassungsrechtliche Vorprägung, die der gesetzlichen Ausgestaltung bedarf, besteht hinsichtlich der Sicherheitsbehörden gemäß Art 78a Abs 2 B-VG und hinsichtlich des Bundesheeres gemäß Art 79 Abs 1 B-VG.

226 In anderen Fällen sind verfassungsrechtliche Organkompetenzen **bedingt** statuiert: Sofern eine Zuständigkeit der Gemeinde im übertragenen Wirkungsbereich begründet wird, ergibt sich zwingend aus Art 119 Abs 1 B-VG die Organkompetenz des Bürgermeisters; einschlägige Gesetze dürfen dies nur „wiederholen". Ebenso müssen die Länder keine VeranstaltungsGe erlassen; tun sie dies jedoch, dann müssen sie gemäß Art 15 Abs 3 B-VG in einem bestimmten Umfang die Mitwirkung der örtlich zuständigen BPolDion vorsehen.

227 Gesetzliche Regelungen auf dem Gebiet der Verwaltungsorganisation sind insoweit ausgeschlossen, als bestimmte Zuständigkeitsregelungen **verfassungsunmittelbaren Verordnungen** vorbehalten sind. So dürfen Zuständigkeiten der Landesräte als selbständiger Behörden gemäß § 3 Abs 1 ÄdLReg-BVG und Art 103 Abs 2 B-VG nur durch die Geschäftsordnung der LReg begründet werden (Rz 285) und dürfen

Bundespolizeidirektionen gemäß Art 78c Abs 2 B-VG nur durch Verordnung der BReg errichtet werden (Rz 267) – diese Organisationsakte sind also der Gesetzgebung entzogen.

Aus Art 83 Abs 2 B-VG ergibt sich im Übrigen, dass Organe, denen hoheitliche Entscheidungsbefugisse zukommen – und die damit „**gesetzliche Richter**" sein sollen – nur durch Gesetz errichtet werden dürfen. Die Schaffung eines neuen Finanzamts „im Erlassweg" ist unzulässig. Der VfGH erachtet allerdings die Errichtung neuer Behörden mittels Rechtsverordnungen, die gesetzlich ausreichend determiniert sind, für zulässig. 228

Dagegen ist die Errichtung von „sonstigen Ämtern", dh von schlichten Dienststellen, welche nicht zu hoheitlichen Entscheidungen oder zu Zwangsakten u dgl gegenüber Rechtsunterworfenen befugt sind, nicht der Form des Gesetzes vorbehalten. Eine „Straßenmeisterei", deren Aufgabenkreis sich in Erhaltungsarbeiten an einem bestimmten Straßenabschnitt erschöpft, kann mittels Verwaltungsverordnung („im Erlassweg") errichtet werden.

Ebenso ist die sog „**innere Organisation**" der Behörden und der sonstigen Ämter (zB die Gliederung in Abteilungen) als Teil der Leitungsgewalt (Art 20 Abs 1 B-VG) zu sehen. Soweit diese innere Organisation nicht durch eine ausdrückliche Verfassungsbestimmung einer bestimmten Rechtsform vorbehalten ist – wie sich dies in gewissem Umfang für die Bundesministerien aus Art 77 Abs 2 B-VG („ihre Einrichtung") ergibt (näher Raschauer in K/H zu Art 77 B-VG, Rz 23) –, sind solche Organisationsakte dem Dienststellenleiter bzw – wenn dies rechtlich vorgesehen ist – einem vorgesetzten Organ vorbehalten und können daher mittels **Verwaltungsverordnung** erfolgen (zB VfSlg 13021/1992 mwN). Im gleichen Sinn steht im Allgemeinen dem Dienststellenleiter die (innenrechtliche) Regelung zu, ob bzw welche Mitarbeiter er mandatsweise zu Erledigungen in seinem Namen ermächtigt. Aus der Sicht der Zuständigkeitsordnung kann, kurz gesagt, niemand in seinen Rechten berührt werden, wenn bei innenrechtlicher Betrachtung die „falsche" Behördenabteilung oder der „falsche" Bedienstete eine Erledigung fertigt, solange die Erledigung im Sinn transitorischer Zurechnung von der zuständigen Dienststelle (und damit vom „gesetzlichen Richter") stammt. 229

[230]

VI. Die Organisation der österreichischen Verwaltung

231 Im Rahmen des Systems der verfassungsrechtlichen Gewaltenteilung (Rz 184) – dh in Gegenüberstellung zur Gesetzgebung (Legislative) und Gerichtsbarkeit (Judikative) – war gesamthaft von „der Verwaltung" die Rede. Eine nähere Betrachtung dieser Verwaltung fördert eine beträchtliche Vielfalt zutage: es gibt eben nicht nur die eine Verwaltung als einen einheitlichen Organisationskomplex, vielmehr bestehen die Bundesverwaltung, die (neun) Landesverwaltungen, die (ca 2350) Gemeindeverwaltungen und zahlreiche Verwaltungseinrichtungen anderer öffentlich-rechtlicher Rechtsträger. Diese Verwaltungen sind ihrerseits in vielfältiger Weise gegliedert – man denke nur an die ebenso umfangreiche wie inhomogen strukturierte Bundesverwaltung (vgl HOLZINGER in Holzinger/Oberndorfer/Raschauer (Hg), Österreichische Verwaltungslehre, 2001, 97).

A. Die Bundesverwaltung

1. Die obersten Organe der Bundesverwaltung

232 Nach Art 69 Abs 1 B-VG sind mit den „obersten Verwaltungsgeschäften des Bundes", soweit diese nicht dem **Bundespräsidenten** übertragen sind, die **Mitglieder der Bundesregierung** (Bundeskanzler, Vizekanzler, weitere Bundesminister) betraut, welche in ihrer Gesamtheit die **Bundesregierung** bilden. Es gibt also – neben den erwähnten funktionellen Sonderfällen des Nationalratspräsidenten, der Volksanwaltschaft, des Rechnungshofspräsidenten und der Präsidenten von VfGH und VwGH (Rz 135) – drei Arten von obersten Verwaltungsorganen des Bundes, welche in verwaltungsrechtlicher Hinsicht gleichrangig nebeneinander stehen. Auf spezifisch verfassungsrechtliche Fragen, wie die Bestellung, die Vertretung, die Abberufung, die Inkompatibilität und Unvereinbarkeit und die Verantwortlichkeit dieser Organe – und die in diesem Zusammenhang zweifellos zu konstatierende Vorrangstellung des BPräs als Staatsoberhaupt – ist hier nicht einzugehen.

Art 19 Abs 1 B-VG zählt neben dem BPräs, den BMin und den Mitgliedern der LReg auch die **Staatssekretäre** auf, nennt andererseits nicht die anderen obersten Organe der Bundesverwaltung. Diese Aufzählung ist im Hinblick auf Art 19 Abs 2 B-VG zu sehen (Begründung einer Bundeszuständigkeit zur einheitlichen Regelung des Unvereinbarkeitsrechts). Außerhalb dieses speziellen Zusammenhangs sind Staatssekretäre nicht als oberste Organe anzusehen (Art 78 Abs 3 B-VG).

233 „**Oberste Verwaltungsgeschäfte**" des Bundes sind neben den dem BPräs, der BReg und den BMin verfassungsrechtlich übertragenen Zuständigkeiten (Rz 225) die ihnen nach dem jeweiligen Stand der Gesetzgebung übertragenen (hoheitlichen und nicht-hoheitlichen) Verwaltungsaufgaben, überdies die für oberste Organe spezifischen Regierungs-, Leitungs- und Planungsfunktionen (Rz 711).

2. Der Bundespräsident

Beim **Bundespräsidenten** (BPräs) handelt es sich um ein monokratisches Verwaltungsorgan des Bundes (vgl Raschauer in K/H, insb zu Art 65 B-VG). Er kann insoweit als ein „monistisches Organ" bezeichnet werden, als ihm durch Verfassung und Gesetz keine „Dienststelle" (Rz 129) beigegeben ist; dementsprechend kann er auch niemanden mit der Erledigung in seinem Namen (Mandat: Rz 168) betrauen. 234

Dem BPräs kommen neben zahlreichen spezifisch verfassungsrechtlichen Funktionen – die im System der Gewaltenteilung allesamt als Ausübung von Verwaltungsfunktionen zu sehen sind (Rz 33, 184) – spezifisch verwaltungsrechtliche Aufgaben zu, wie insb die Ernennung von Beamten, die Schaffung und Verleihung von Berufstiteln sowie Begnadigungs- und Legitimationsrechte (Art 65 Abs 2 B-VG). Seine Aufgaben sind grundsätzlich **verfassungsrechtlich taxativ** aufgezählt; nur hinsichtlich der Gewährung der in Art 65 Abs 3 B-VG genannten besonderen Rechte darf die einfache Gesetzgebung weitere Kompetenzen des BPräs begründen. 235

Die monistische Konzeption des Amts des BPräs hängt damit zusammen, dass alle verwaltungsrechtlich relevanten Akte des BPräs **antragsbedürftig** und **gegenzeichnungsbedürftig** sind (Art 67 B-VG). Der BPräs ernennt, verleiht, begnadigt und legitimiert nicht von sich aus, ihm kommt daher in diesen Angelegenheiten kein Initiativrecht zu, er ist vielmehr mit einer in einem Bundesministerium entscheidungsreif vorbereiteten Verwaltungssache konfrontiert. So wie er in diesen Angelegenheiten nicht ohne Antrag entscheiden darf, darf er auch nur **im Rahmen** des Antrags entscheiden (keine „vierte" Person bei Dreier-Ernennungsvorschlag). Da dem BPräs in diesen Angelegenheiten jedoch die **Entscheidungsbefugnis** zukommt, ist er insoweit nicht gebunden, als er einem Antrag grundsätzlich nicht statt geben muss (Zurückweisung des Dreier-Vorschlages mit dem Ersuchen um geänderte Antragstellung; Nicht-Bewilligung einer beantragten Begnadigung).

Die Entscheidungen des BPräs bedürfen nicht nur der Gegenzeichnung, sondern auch der **Durchführung** durch den sachlich zuständigen BMin. Daraus erklärt sich zB, dass Bescheide nicht von der Präsidentschaftskanzlei zugestellt werden, sondern mittels Entscheidung des zuständigen BMin oder einer anderen Behörde bekannt gegeben (intimiert) werden (**Intimationsbescheide**; Rz 932). 236

Die Rechtsakte des BPräs werden traditionell als „**Entschließungen**" bezeichnet. Gemäß dem verfassungsrechtlichen Grundsatz der Geschlossenheit des Rechtsquellensystems (Rz 468) kann es sich bei diesen Entschließungen nicht um *Akte sui generis* handeln, sie sind vielmehr je nach ihrem Adressatenkreis entweder Verordnungen (zB Schaffung von Berufstiteln) oder Bescheide (zB Verleihung von Berufstiteln im Einzelfall). Da er im EGVG nicht angeführt ist, hat der BPräs im Rahmen von Bescheidverfahren nicht das AVG anzuwenden; dementsprechend sind in diesen Verfahren die sog „allgemeinen Grundsätze eines rechtsstaatlichen Verwaltungsverfahrens" (Rz 881) maßgeblich (vgl zur Begründungspflicht bei Ernennungen VfGH 26. 2. 2002, B 762/00, VfSlg 15826/2000). Mangels Ausnahmeregelung unterliegen auch Bescheide des BPräs der Säumnisregelung des § 27 VwGG; tatsächlich kommt jedoch niemandem ein Recht auf eine Sachentscheidung gemäß Art 65 Abs 2 und 3 B-VG zu (zB VwGH 20. 11. 2001, 2001/09/0192). 237

Angesichts der verfassungsrechtlichen Grundlage ist das Handeln des BPräs weitgehend „**verfassungsunmittelbar**": er erlässt verfassungsunmittelbare Bescheide und verfassungsunmittelbare (selbständige) Verordnungen. Gesetzliche Regelungen von der Art der §§ 263ff AußStrG enthalten verfahrensrechtliche Bestimmungen, bilden 238 aber nicht die materiell-rechtliche Grundlage der Entscheidungen des BPräs. Dementsprechend können die (verfassungsrechtlichen) Ermächtigungen des BPräs nicht an Art 18 B-VG gemessen werden.

239 Kann der BPräs auch niemanden mandatsweise betrauen, so steht ihm in bestimmten einzelnen Angelegenheiten doch die Möglichkeit einer – ebenfalls antragsbedürftigen – **Delegation** offen (Art 66 B-VG). Insb bestehen weitgehende Delegationen der Befugnis zur Ernennung von Beamten und Offizieren an andere oberste Organe. Es handelt sich um „echte Delegationen" (Rz 164); der BPräs ist während der Dauer der Geltung einer solchen Delegation (Rechtsverordnung) „unzuständig" im Sinn von Art 83 Abs 2 B-VG.

3. Die Bundesregierung

240 Die **Bundesregierung** (BReg) ist ein kollegiales Verwaltungsorgan des Bundes, das aus der Summe der vom BPräs bestellten BMin gebildet wird. Sie tagt als „Ministerrat" unter dem Vorsitz des Bundeskanzlers (in seiner Vertretung: des Vizekanzlers). Ihr ist keine Dienststelle beigegeben; vielmehr hat gemäß § 3 Z 2 BMinG jedes Bundesministerium im Rahmen seines Wirkungsbereiches die BReg, insb durch Vorlagen, zu unterstützen und die von der BReg gefassten Beschlüsse durchzuführen. Eine mandatsweise Betrauung anderer Organe durch die BReg ist daher nicht möglich. Kraft historischer Interpretation ist davon auszugehen, dass Beschlüsse der BReg **Stimmeneinhelligkeit aller Mitglieder** erfordern (vgl Raschauer in K/H zu Art 69 B-VG).

Da ein BMin als solcher beim NR und beim VfGH nicht antragsberechtigt ist, setzt dies insb bei „Regierungsvorlagen" (Art 41 Abs 1 B-VG) und bei der Anfechtung landesrechtlicher Vorschriften (Art 139 Abs 1 und 140 Abs 1 B-VG) voraus, dass ein BMin einen kollegialen Beschluss (und damit die Zustimmung aller „Kollegen") einzuholen vermag. Vor allem in Zeiten von Koalitionsregierungen impliziert dieses Einstimmigkeitserfordernis einen weitgehenden Zwang zur Kooperation.

241 Alle Akte eines Kollegialorgans – daher auch jene der BReg – setzen einen entsprechenden Antrag voraus (Rz 141). Die Antragstellung steht grundsätzlich dem nach dem BMinG zuständigen BMin zu (da dieser den Beschluss durchführen muss und da der zuständige BMin im Fall einer „Einmischung" wohl die Zustimmung verweigern würde).

Aus dieser Antragsbedürftigkeit ergibt sich zB auch eine adäquate Deutung des Art 80 Abs 2 B-VG: Die dort erwähnte „Ermächtigung" könnte als „Delegation" missverstanden werden. Da die BReg in dieser Sache jedoch keine eigene Zuständigkeit hat und da nur der BMLV antragslegimiert ist, handelt es letztlich um eine Art Zustimmungsvorbehalt bei Grundsatzentscheidungen (zB im Fall einer Neukonzeption des Leitbildes des Bundesheeres); vgl zB § 1 Abs 10 MBG.

242 **Zuständigkeiten** der BReg ergeben sich zum Teil aus bundesverfassungsgesetzlichen Bestimmungen, zum Teil aus Bundesgesetzen (zB § 4 KriegsmatG), zum Teil aus Vollzugsklauseln (so insb bei allen BVG und bei den VerwaltungsverfahrensG).
[243] Neuerdings ermöglicht § 3 Abs 2 BMinG (als Wiederaufgreifen einer älteren Bestimmung) eine **Delegation** von Aufgaben der BReg an BMin.

244 Die BReg ist verschiedentlich zur Erlassung von Verordnungen – Durchführungsverordnungen, wie zB der BundesverwaltungsabgabenVO, und selbständigen Verordnungen, wie insb jener über die BPolDion (Rz 267) – berufen. Da sie kaum Bescheidbefugnisse hat, ist es nicht von praktischer Bedeutung, dass die BReg nicht im EGVG angeführt ist und daher das AVG nicht anzuwenden hat (vgl Rz 237).

Gerade bei der BReg kommt – wegen der mit dem Einstimmigkeitserfordernis verbundenen „Selbstbindung" jedes BMin – „sonstigen", allgemein-politischen Beschlüssen große praktische, insb koordinative Bedeutung zu, zB bei der Entscheidung von Zuständigkeitskonflikten (§ 5 BMinG) oder bei der Festlegung bestimmter Inhalte und Modalitäten der Verwaltungspolitik des Bundes.

4. Die Bundesminister

Bei den **Bundesministern** (BMin) handelt es sich um monokratische Verwaltungsorgane: ihnen sind die Bundesministerien – und nur die Bundesministerien (Dienststellenvorbehalt) – als Dienststellen beigegeben. Nach der Konzeption des B-VG (Art 77) sollen bundesgesetzlich Bundesministerien errichtet (§ 1 BMinG) und sodann Bundesminister mit der Leitung der so geschaffenen Ministerien betraut werden (vgl RASCHAUER in K/H zu Art 77 B-VG); dies ändert nichts daran, dass „der Bundesminister" der Träger von Zuständigkeiten und damit das Organ (die Behörde) im Rechtssinn ist, nicht aber „das Bundesministerium" als der ihm beigegebene Hilfsapparat (Rz 129). 245

Dem **Bundeskanzler** stehen in verfassungsrechtlicher Hinsicht besondere Befugnisse zu, in verwaltungsrechtlicher Hinsicht ist er allerdings bloß der mit der Leitung des BKA betraute Bundesminister. Ihm kommt zwar der Vorsitz in der BReg (*primus inter pares*), jedoch keine Weisungsbefugnis, nicht einmal eine „Richtlinien"befugnis gegenüber den anderen BMin zu. Ebenso ist der **Vizekanzler** in verwaltungsrechtlicher Hinsicht bloß der vom BPräs – auf Vorschlag des Bundeskanzlers – zur Vertretung des Bundeskanzlers bestellte BMin. Diese verfassungsrechtlich vorgezeichnete Gleichrangigkeit der BMin ist für die Auslegung der (limitierten) „Koordinationskompetenz" des Bundeskanzlers nach dem BMinG (A/1 von Teil 2 der Anlage) von Bedeutung (Rz 423). 246

Die **Zuständigkeiten** der BMin sind nach wie vor in vielschichtiger und komplizierter Weise umschrieben (vgl § 2 Abs 2 BMinG): 247

- Zunächst ergeben sich Zuständigkeiten aus dem Bundesverfassungsrecht (zB Art 51a Abs 1, 78a Abs 1, 80 Abs 2 B-VG, § 16 F-VG).
- Weiters sind Delegationen des Bundespräsidenten gemäß Art 66 B-VG (Beamtenernennung, Abschluss von Staatsverträgen) zuständigkeitsbegründend.
- Die überwiegende Zahl der Zuständigkeiten ergibt sich aus den Bestimmungen der besonderen Bundesgesetze, wobei ältere Bestimmungen gegebenenfalls in der durch die §§ 13 und 16a BMinG modifizierten Fassung zu lesen sind. Im Rahmen der besonderen Bundesgesetze sind neben besonderen Organkompetenzen vor allem die sog „**Vollzugsklauseln**" am Ende dieser Gesetze relevant.
- Subsidiär ist die Zuständigkeit der BMin – für die Bereiche der hoheitlichen und der nicht-hoheitlichen Verwaltung – aus den Ressortkatalogen in Teil 2 der Anlage zum BMinG zu bestimmen.

In konkreten Fällen kann sich eine erstinstanzliche Zuständigkeit von BMin im Devolutionsweg gemäß § 73 AVG ergeben. – Die Ressortkataloge des BMinG können vor allem dann von Bedeutung sein, wenn nur feststeht, **dass** ein BMin zuständig ist, nicht aber welcher (zB Art 66 Abs 1 und 2 B-VG: „zuständiger" Bundesminister).

Auf Grund der vorstehend skizzieren Zuständigkeitsordnung kann sich im Einzelfall ergeben, dass mehrere BMin in ihren sachlichen Zuständigkeiten betroffen sind. Für diesen Fall stellt **§ 5 BMinG** eine Verfahrensregel auf. Danach sind zwei Fälle zu 248 unterscheiden: Besteht keine Übereinstimmung darüber, welches Ministerium überhaupt das „federführend“ zuständige ist, soll zunächst diese Frage auf Antrag eines betroffenen BMin „im Schoß der BReg“ (dh einstimmig) entschieden werden. Im Übrigen kommt dem federführend zuständigen BMin das Initiativrecht zu. Sein Entwurf geht im Wege des – in der Kanzleiordnung (§ 12 BMinG) näher geregelten – Einsichtsverkehrs zu dem oder den anderen Ministerien und kommt mit (zustimmenden oder abweichenden) Einsichtsbemerkungen zurück.

Darüber hinaus gehen Regelungen, in denen bereits die besonderen Verwaltungsvorschriften **Einvernehmens**- oder Zustimmungserfordernisse zwischen BMin aufstellen, etwa im Hinblick auf bestimmte Bescheide und Verordnungen (zB §§ 14, 23, 36, 65, 83 AWG) oder auch Weisungen (§ 3 Austro ControlG). Im Unterschied zu den Fällen bloßer „Anhörungsrechte“ anderer Ressorts, kann der Akt in Einvernehmensfällen dann, wenn das Einvernehmen nicht erzielt wird, rechtmäßig nicht zustande kommen (Rz 420).

249 Den BMin ist das **Bundesministerium als Dienststelle** beigegeben. Während grundsätzlich die „innere Organisation“ (Rz 229) von Dienststellen Teil der (internen und daher mit Verwaltungsverordnung regelbaren) Organisationshoheit des Dienststellenleiters ist, wird aus Art 77 Abs 2 B-VG abgeleitet, dass auch für die **(innere) Einrichtung der Bundesministerien** gesetzliche Regelungen zu treffen sind. Die §§ 7ff BMinG enthalten gesetzliche Rahmenbestimmungen: obligatorisch ist jedes Bundesministerium – unter Berücksichtigung von Aufgabenumfang und Sachzusammenhang – durch die Geschäftseinteilung in **Sektionen** und **Abteilungen** zu gliedern. Fakultativ können Abteilungen zu **Gruppen** zusammengefasst und in **Referate** untergliedert werden. Mit der Leitung sind öffentlich Bedienstete als „Sektionsleiter“, „Gruppenleiter“ usw zu betrauen (§ 9). Daraus ergibt sich der „Dienstweg“ in der Form eines sog „Ein-Linien-Systems“: Weisungen gehen im Weg über die betreffenden Zwischenvorgesetzten von oben nach unten, Informationen gehen über die Zwischenvorgesetzten von unten nach oben – damit jeweils auch die Zwischenvorgesetzten informiert werden. § 10 BMinG regelt die **mandat**sweise (Rz 168) Betrauung der Leiter der Organisationseinheiten, ausnahmsweise auch anderer geeigneter Bediensteter, zur Erledigung und Fertigung „im Namen des Bundesministers“, dh die Erteilung der sog **Approbationsbefugnis**.

250 Gemäß Art 78 Abs 3 B-VG kann der BMin auch einen – ihm durch Bestellung durch den BPräs zu seiner parlamentarischen Vertretung beigegebenen – **Staatssekretär** mit der Besorgung bestimmter Aufgaben (des Ministeriums) betrauen (zB Übertragung der Leitung bestimmter Sektionen). Der Staatssekretär ist auch in diesem Zusammenhang an Weisungen des BMin gebunden. Hinsichtlich der ihm übertragenen Aufgaben ist der Staatssekretär seinerseits weisungsbefugt (§ 11 BMinG).

251 Für die Privatwirtschaftsverwaltung kann bei Zweckmäßigkeit eine abweichende Organisationsform getroffen werden (§ 7 Abs 5 BMinG). § 7 Abs 9 bis 11 BMinG tragen traditionellen Besonderheiten in einzelnen Ministerien Rechnung (Generaldirektion für die öffentliche Sicherheit, Generaltruppeninspektor, Generalsekretär für Auswärtige Angelegenheiten; allgemein: Bestellung von Generalsekretären). § 8 BMinG bildet – neben spezialgesetzlichen Regelungen – die allgemeine Grundlage für die Bildung von **Beiräten** und Kommissionen; sie dienen insb Zwecken der Koordination oder der Einbindung externen Sachverstandes. – Eine kurze Übersicht über die einzelnen Organisationseinheiten und die ihnen zugeordneten Bediensteten und Aufgaben findet sich im jährlich herausgegebenen „Österreichischen Amtskalender“.

Die Funktionsbezeichnungen (zB „Sektionsleiter“) dürfen nicht mit den beamtendienstrechtlichen Amtstiteln (zB „Sektionschef“) verwechselt werden. Zum Sektionsleiter kann gegebenenfalls auch ein „Ministerialrat“ oder ein „Oberrat“ bestellt werden.

Mandate gemäß § 10 BMinG berühren nicht die Zuständigkeitsordnung, wirken also nur „intern“; der Bundesminister kann jede Angelegenheit jederzeit an sich ziehen oder einem Genehmigungsvorbehalt unterwerfen (§ 10 Abs 3 BMinG). Da Bundesministerien „kanzleimäßig“ organisiert sind (vereinfacht gesagt: es besteht eine organisatorische Scheidung von Sachbearbeitern und Schreibstellen), findet sich die Unterschrift bzw die Paraphe des Approbationsbefugten in der Regel nur auf dem (internen) Aktenoriginal, während auf dem nach außen ergehenden Schriftstück – soweit es sich nicht um eine EDV-mäßige Erledigung handelt – ein Kanzleibediensteter die Übereinstimmung der „Reinschrift“ mit dem Original bestätigt („Für die Richtigkeit der Ausfertigung“; vgl § 18 Abs 4 AVG). Näheres zum internen Geschäftsgang findet sich in der einheitlichen **Kanzleiordnung** (§ 12 BMinG).

Soweit BMin zur Erlassung von Bescheiden befugt und berufen sind, sieht Art II Abs 4 EGVG die Anwendung der Verwaltungsverfahrensgesetze nur dann vor, wenn der BMin in erster Instanz oder „nach“ einer diesen Gesetzen unterworfenen Behörde entscheidet; hat zB die Behörde erster Instanz nicht das AVG anzuwenden, dann hat auch der BMin entweder ein besonderes Verfahrensgesetz (zB BAO) anzuwenden oder die „allgemeinen Grundsätze eines rechtsstaatlichen Verwaltungsverfahrens“ (Rz 881) zu berücksichtigen. 252

Die Möglichkeit einer mandatsweisen oder delegationsweisen Übertragung von Zuständigkeiten der BMin an nachgeordnete Dienststellen ist in zahlreichen Verwaltungsvorschriften vorgesehen (Rz 165f).

5. Die übrige Bundesverwaltung

Die Bundesverfassung sieht zwei Wege vor, wie die hoheitlichen Aufgaben der Bundesverwaltung unterhalb der Ebene der BMin, dh auf der Landes- und Bezirksebene, wahrgenommen werden sollen: Als Grundsatz statuiert Art 102 Abs 1 B-VG die **mittelbare Bundesverwaltung**, in deren Rahmen Aufgaben der Bundesverwaltung prinzipiell von Landesorganen im organisatorischen Sinn wahrgenommen werden (Rz 124). In den in Art 102 Abs 2 B-VG aufgezählten Angelegenheiten **darf** sich der Bund bundeseigener Behörden bedienen (**unmittelbare Bundesverwaltung**). 253

Der umgekehrte Grundsatz gilt im Bereich der **Privatwirtschaftsverwaltung**: Im Allgemeinen führt der Bund seine Geschäfte als Träger von Privatrechten durch eigene Organe, nach Art 104 Abs 2 B-VG darf er solche Agenden aber auch auf den LH und die ihm unterstellten Landesbehörden übertragen (Rz 275).

Im Rahmen einer Übersicht über die Bundesverwaltung soll zuerst auf die nachgeordneten Dienststellen des Bundes, dh auf die unmittelbare Bundesverwaltung, eingegangen werden.

6. Nachgeordnete Bundesorgane

In Unterordnung unter die obersten Organe der Bundesverwaltung bestehen Ämter und Behörden des Bundes in **großer Vielfalt**: ZB Finanzämter, Zollämter und Finanzlandesdirektionen, Bundespolizeibehörden und Sicherheitsdirektionen, Bundessozialämter, Fernmeldebüros, das Zulassungsbüro, das Bundesamt für Eich- und Vermessungswesen, das Bundesdenkmalamt, das Bundesasylamt, das Österreichische Patentamt, das Bundesamt für Ernährungssicherheit, die Finanzprokuratur, der Generaldirektor für Wettbewerb, Einigungsämter, Arbeitsinspektorate, Staatsanwaltschaften, Schulräte,[1] 254

1 Zur Schulverwaltung umfassend Juranek, Schulverfassung und Schulverwaltung in Österreich und in Europa, 2 Bde, 1999.

das Heerespersonalamt und Militärkommanden. Weiters sind mehrere Kollegialbehörden zu nennen, seien sie als sog „Kollegialbehörden mit richterlichem Einschlag" nach Art 20 Abs 2 B-VG organisiert (zB die Datenschutzkommission oder der Umweltsenat), seien sie in eigenständiger Weise organisiert (zB der unabhängige Bundesasylsenat, das Bundesvergabeamt und der unabhängige Finanzsenat). Sodann bestehen besondere Einzelorgane (zB Disziplinaranwälte). Schließlich gibt es die geschäftsführenden Organe verschiedener Bundesanstalten (zB Finanzmarktaufsicht, Ernährungsagentur, Statistik Austria), verschiedener Selbstverwaltungskörper aus dem Bundesvollziehungsbereich (zB die meisten Kammern, die Universitäten oder die Sozialversicherungsträger), sonstiger juristischer Personen des öffentlichen Rechts aus dem Verbandsbereich des Bundes (zB Agrarmarkt Austria, Arbeitsmarktservice) und mehrerer beliehener Unternehmen (Rz 112; zB die OeNB als Devisenbehörde, die Austro Control GmbH als Luftfahrtbehörde oder die Energie-Control GmbH).

Alle diese Organe unterliegen in ihrer Vielfalt keinem übergeordneten Organisationsprinzip. Manche sind für das ganze Bundesgebiet eingerichtet, manche sind nur für Teile des Bundesgebietes zuständig, die sprengelmäßigen Abgrenzungen sind different. Die Organisation mancher dieser Behörden und Ämter ist in den Materiengesetzen (mit)geregelt, für manche bestehen besondere Organisationsgesetze (zB AVOG).

255 Manche dieser Einrichtungen sind Bundesorgane im organisatorischen (und funktionellen) Sinn. Sie werden vom Bund eingerichtet und bilden **„unterstellte Ämter"** im Sinn von Art 77 Abs 1 B-VG. Sie gehören dem Ressortverband eines Ministeriums an. Für diese Bundesämter ist es charakteristisch, dass sie monokratisch (Rz 126) organisiert sind. Dem Dienststellenleiter obliegt die (innere) Leitung der betreffenden Dienststelle, Entscheidungen der Dienststelle ergehen grundsätzlich in seinem Namen.

In anderen Fällen – insb bei den Organen der Selbstverwaltungskörper und der Beliehenen – handelt es sich um Organe anderer Rechtspersonen, die nur in einem funktionellen Sinn für den Bund tätig werden (zB die Geschäftsführer der Austro Control GmbH als Luftfahrtbehörde erster Instanz). Auch sie unterliegen der funktionellen Leitung eines BMin, mögen auch manche dieser Organe kraft verfassungsrechtlicher Anordnung in dieser Funktion weisungsfrei gestellt sein (Rz 372). Sie gehören nicht dem Ressortverband des betreffenden Ministeriums an (vgl VfSlg 16400/2001 – Finanzmarktaufsicht).

Bundesämter können mit hoheitlichen Aufgaben („Bundesbehörden") oder allein mit nicht-hoheitlichen Aufgaben betraut sein („sonstige Bundesämter"; zB Bundesbaudirektion und die Bundesgebäudeverwaltungen, Wasserstrassendirektion, Finanzprokuratur, Bundesamt für Agrarbiologie, Bundesamt für Wasserwirtschaft, Heeres-Materialamt). Für jene Bundesbehörden, die bescheidbefugt sind, ergibt sich im Allgemeinen aus Art II EGVG, dass sie das AVG anzuwenden haben.

6a. „Regulierungsbehörden"[2]

255a Als rezente Entwicklung ist auf die im Vollzugsbereich des Bundes eingerichteten Regulatoren (**Regulierungsbehörden**; vgl als Rechtsbegriff § 50 KartG) hinzuwei-

2 Vgl Holoubek JRP 2000, 216; Kahl in H/P 1248; Lehofer, in ÖJK (Hg), Entstaatlichung – Gefahr für den Rechtsstaat?, 2002, 192; Grabenwarter ebenda 218; Holoubek in Duschanek (Hg), Beiträge zur Ausgliederungsdiskussion, 2002. Zu rechtsstaatlichen Problemen Raschauer in Akyürek ua (Hg), Verfassung in Zeiten des Wandels, 2002, 185. Zur Ökonomie der Regulierung Fremuth/Parak (Hg), Regulierung der Deregulierung von Infrastrukturmärkten, 2002.

sen. Sie wurden in Umsetzung gemeinschaftsrechtlicher Verpflichtungen zur Etablierung von (von den beaufsichtigten Unternehmen) „unabhängigen Regulierungsbehörden“ geschaffen. Sie sind an die Stelle der verwaltungsbehördlichen Aufsicht über – mittlerweile durch Organisationsprivatisierung ausgegliederte – öffentliche Versorgungsunternehmen (Fernmeldeverwaltung, Bahn, Strom- und Gasversorgung) getreten.

Funktionell ist erwähnenswert, dass sie neben den herkömmlichen Aufgaben im Rahmen des Wirtschaftsaufsichtsrechts auch Befugnisse zur Schaffung von Marktregeln, dh zur Gestaltung der Wettbewerbsordnung (insb im Interesse des Zugangs neuer Wettbewerbsteilnehmer), zur Wettbewerbsaufsicht (in Konkurrenz zum Kartellgericht) und zur Streitschlichtung im Einzelfall haben. Aus diesem Zusammenwirken von Rechtssetzung und Rechtsprechung, Schutz individueller Rechte und Durchsetzung öffentlich-rechtlicher Ziele ergeben sich naturgemäß immer wieder spezifische rechtsstaatliche Probleme.

Organisatorisch ist der Gesetzgeber davon ausgegangen, dass Bundesämter für diese Zwecke aus verschiedenen Gründen weniger geeignet seien. Es wurden daher, beginnend mit dem TKG 1997, zweigliedrige Konstruktionen gewählt: Eine mit hoheitlichen Aufgaben betraute und nur begründeten schriftlichen Weisungen des BMin unterworfene **GmbH** auf der einen Seite und insb im Hinblick auf die dem Art 6 EMRK unterliegenden Angelegenheiten als Tribunale eingerichtete **Kommissionen** (deren Geschäfte von der korrespondierenden GmbH geführt werden) auf der anderen Seite: Rundfunk und Telekom Regulierungs-GmbH – Telekom Control Kommission, Energie-Control GmbH – Energie-Control Kommission, Schienen-Control GmbH – Schienen-Control Kommission. Im Rundfunkbereich konnte eine Einigung über eine ähnliche Konstruktion nicht erzielt werden, sodass die Kommunikations-Kommission Austria (KommAustria) als weisungsgebundene Behörde erster Instanz (deren Geschäfte von der RTR geführt werden) und der Bundeskommunikationssenat als weisungsfreie Berufungsbehörde installiert wurden. Postregulator ist derzeit (noch) der zuständige BMin.

Im Hinblick auf Art 83 Abs 2 B-VG ist bedenklich, dass sich die Organkompetenzen der GmbH jeweils nur aus dem (nicht kundgemachten) Gesellschaftsvertrag ergeben.

Die Regulierungsbehörden haben in Bescheidverfahren das AVG anzuwenden, für die Kommissionen gelten zT die UVS-Bestimmungen sinngemäß. Es handelt sich in allen Fällen um (unmittelbare) Bundesverwaltung: Die Kollegialorgane sind Bundesorgane im organisatorischen Sinn, die GmbH sind Beliehene im Vollziehungsbereich des Bundes. Für Schadenszufügung in den (praktisch ausnahmslos) hoheitlichen Angelegenheiten haftet der Bund (Rz 1362b).

7. Die Sicherheitspolizei[3]

Eine der Angelegenheiten, die gemäß Art 102 Abs 2 B-VG in unmittelbarer 256
Bundesverwaltung vollzogen werden darf, ist die allgemeine Sicherheitspolizei, genauer: „die Aufrechterhaltung der öffentlichen Ruhe, Ordnung und Sicherheit, einschließlich der ersten allgemeinen Hilfeleistung, jedoch mit Ausnahme der örtlichen Sicherheitspolizei“. Die zahlreichen in diesem Zusammenhang auftretenden organisa-

3 Vgl Wiederin, Einführung in das Sicherheitspolizeirecht, 1998; Pöschl in K/H zu Art 78a B-VG; Hauer, Ruhe Ordnung Sicherheit, 2000; Hauer/Keplinger, Sicherheitspolizeigesetz^2, 2001; Demmelbauer/Hauer, Grundriss des österreichischen Sicherheitsrechts, 2002.

torischen und materiellen Abgrenzungsfragen machen einen genaueren Überblick erforderlich.

Die **Organisation der Sicherheitsverwaltung** des Bundes ist in den Art 78a ff B-VG vorgezeichnet und in den §§ 2ff SPG geregelt. Sie ist vor dem Hintergrund des folgenden verfassungsrechtlichen Begriffsschemas zu sehen: Die Art 10–15 B-VG unterscheiden zwischen den Angelegenheiten der **Sicherheitspolizei** einerseits und den Angelegenheiten der **Verwaltungspolizei** andererseits. Bei beiden Arten von „Polizei im materiellen Sinn" ist zwischen der „**örtlichen**" (Art 118 Abs 2 und 3 B-VG) und der (alles übrige umfassenden) „**überörtlichen**" Polizei zu unterscheiden.

257 Die **Sicherheitspolizei** hat einerseits die „Aufrechterhaltung der öffentlichen Ruhe, Ordnung und Sicherheit" zum Gegenstand – dh die Vermeidung, Bekämpfung und Aufklärung von „allgemeinen", nicht für eine bestimmte Kompetenzmaterie spezifischen, Gefahren – und andererseits die „erste allgemeine Hilfeleistung", dh die Gefahrenerforschung und die erste Abhilfe bei aktuellen Gefahren aller Art bis zum Einschreiten der eigentlich zuständigen Dienststelle (Art 78a Abs 2 B-VG, § 19 SPG).

258 Die **Verwaltungspolizei** hat die Vermeidung und Bekämpfung von Gefahren zum Gegenstand, die mit einer bestimmten Kompetenzmaterie zusammenhängen. Beispielsweise dient die „Straßenpolizei" (Art 11 Abs 1 Z 4 B-VG) der Vermeidung und Bekämpfung von im Zusammenhang mit dem Straßenverkehr entstehenden Gefahren. Dass prinzipiell mit jedem Verwaltungsbereich gefahrenabwehrende Komponenten verbunden sein können, erhellt allein schon aus der Aufzählung des Art 118 Abs 3 B-VG. Beispielsweise dienen Regelungen und Maßnahmen auf dem Gebiet der „örtlichen Baupolizei" der Vermeidung und Bekämpfung von Gefahren, die im Zusammenhang mit (unsachgemäßen) Bauführungen u dgl entstehen können. Die Verwaltungspolizei hat weitgehend nichts mit dem Allgemeinverständnis von „Polizei" zu tun, sondern stellt „normale" Verwaltungstätigkeit dar.

259 Angelegenheiten der Sicherheits- oder der Verwaltungspolizei sind nach der allgemeinen Formel des Art 118 Abs 2 B-VG (Rz 319) dann **örtliche**, wenn sie im ausschließlichen oder überwiegenden Interesse der in der Gemeinde verkörperten örtlichen Gemeinschaft gelegen und geeignet sind, durch die Gemeinschaft innerhalb ihrer örtlichen Grenzen besorgt zu werden (und wenn sie dementsprechend vom zuständigen Gesetzgeber ausdrücklich dem eigenen Wirkungsbereich der Gemeinde zugewiesen wurden).

Daraus ergibt sich folgende Übersicht:

260 a) Die **„allgemeine Sicherheitspolizei"** (überörtliche Sicherheitspolizei) im Sinn von Art 10 1 Z 7 B-VG umfasst jene Angelegenheiten der allgemeinen Gefahrenabwehr, die nicht „örtliche", also gemeindespezifische im Sinn von Art 118 B-VG sind (vgl §§ 20ff SPG). In Gesetzgebung handelt es sich um eine Bundessache, in Vollziehung um einen der Wirkungsbereiche der hier zu erörternden Organe der Sicherheitsverwaltung.

261 b) Die **örtliche Sicherheitspolizei** hat die gemeindespezifischen allgemeinen Gefahren zum Gegenstand, wie insb die Wahrung des öffentlichen Anstandes und die Abwehr ungebührlicherweise hervorgerufenen störenden Lärms. Gemäß Art 15 Abs 2 B-VG handelt es sich in Gesetzgebung um eine Landessache (Landes-Polizeigesetze), gemäß Art 118 Abs 3 Z 3 B-VG ist die Vollziehung den Gemeinden als Angelegenheit des eigenen Wirkungsbereichs zu übertragen.

c) Bei der **überörtlichen Verwaltungspolizei** handelt es sich um – nicht-gemeindespezifische – gefahrenabwehrende Aspekte der einzelnen Verwaltungsbereiche, wie zB „Gewerbepolizei“ (zB Bewilligung, Überwachung und Untersagung gewerblicher Betriebsanlagen) oder „Fernmeldepolizei“ (zB Überwachung von Fernmeldeanlagen iSd TKG). Die Zuständigkeit zur Gesetzgebung bestimmt sich nach der Kompetenzverteilung (Verwaltungspolizei als Teil der betreffenden Materie), zur Vollziehung sind grundsätzlich die sachlich zuständigen Verwaltungsbehörden berufen (zB BVB als Gewerbebehörde, Fernmeldebüros als Fernmeldebehörden). Einige verwaltungspolizeilichen Agenden sind allerdings den Organen der Sicherheitsverwaltung zugewiesen, zum Teil auf Grund von § 2 Abs 2 SPG („Paß- und Meldewesen, ...“; vgl Rz 264), zum Teil auf Grund von besonderen Bestimmungen der Bundes- und Landesgesetze (zB § 123 KFG, § 52 oö NSchG). 262

d) Bei der **örtlichen Verwaltungspolizei** handelt es sich um jene Vollzugsbereiche der Verwaltungspolizei, die als „gemeindespezifisch“ im Sinn von Art 118 Abs 2 B-VG den Gemeinden als Angelegenheiten des eigenen Wirkungsbereichs zugewiesen sind (zB Art 118 Abs 3 BVG: örtliche Bau-, Feuer-, Veranstaltungs-, Sittlichkeits-, Straßenpolizei ua). Diese sind grundsätzlich von Organen der Gemeinde wahrzunehmen; Zuständigkeiten der Organe der Sicherheitsverwaltung können nur auf Grund von Art 15 Abs 3 B-VG (örtliche Veranstaltungspolizei) gegeben sein. 263

Zusammenfassend kann daher festgehalten werden, dass den Sicherheitsbehörden gemäß § 2 SPG einerseits die (allgemeine: § 3 SPG) Sicherheitspolizei – einschließlich der ersten allgemeinen Hilfeleistung – und andererseits die in § 2 Abs 2 SPG genannten Materien der überörtlichen Verwaltungspolizei (insb Pass- und Meldewesen, Fremdenpolizei, Überwachung des Eintritts in das bzw Austritts aus dem Bundesgebiet, Waffenwesen, Pressewesen, Vereins- und Versammlungsangelegenheiten) obliegen. Diese Agenden werden zusammenfassend als „**Sicherheitsverwaltung**“ (im materiellen Sinn) bezeichnet. 264

Es ist daher zu beachten, dass dieser (wenn man von Fällen tatbestandsmäßiger Anknüpfung, zB § 5 AuskunftspflichtG, § 15 GreKoG, absieht) außerhalb des SPG nicht relevante Begriff der „Sicherheitsverwaltung“ (§§ 4ff, 30 Abs 1, 57 Abs 3, 71 Abs 1, 75 Abs 2, 88 Abs 2 SPG) weder gleichbedeutend ist mit dem Begriff der „(allgemeinen) Sicherheitspolizei“, da er auch einige Materien der Verwaltungspolizei erfasst, noch auch gleichbedeutend ist mit der Summe der Zuständigkeiten der Sicherheitsverwaltung im organisatorischen Sinn, da sich unter diesen auch einige nicht zur Sicherheitsverwaltung zählende Angelegenheiten der Verwaltungspolizei finden (zB das Kraftfahrwesen).

Als **Sicherheitsverwaltung im organisatorischen Sinn**, der die genannte Sicherheitsverwaltung im materiellen Sinn übertragen ist, bestimmt das SPG die **Sicherheitsbehörden** und die ihnen grundsätzlich als Exekutivorgane beigegebenen **Organe des öffentlichen Sicherheitsdienstes**. 265

Sicherheitsbehörden sind:

- der **BMI**; im Ministerium ist für diese Angelegenheiten eine eigene Organisationseinheit (entsprechend einer Sektion: Rz 249) eingerichtet, die „**Generaldirektion** für die öffentliche Sicherheit“ (§ 6 SPG). Für Zwecke einer wirksamen bundesweiten Bekämpfung gerichtlich strafbarer Handlungen und zur Wahrnehmung zentraler Funktionen im Bereich der internationalen polizeilichen Kooperation besteht das **Bundeskriminalamt** als Organisationseinheit der Generaldirektion. Überdies ist die oberste Organisationseinheit des Wachkörpers Gendarmerie, das Gendarmeriezentralkommando, in die Generaldirektion eingegliedert.

266 – dem BMI unterstellt sind – als Behörden der unmittelbaren Bundesverwaltung – die neun **Sicherheitsdirektoren** (SiDir) in den Bundesländern; ihnen ist als Dienststelle die jeweilige Sicherheitsdirektion beigegeben (§ 7 SPG);

267 – den SiDir unterstellt sind – als Behörden der unmittelbaren Bundesverwaltung – die (vierzehn durch die Verordnung der BReg BGBl II 56/1999 eingerichteten) **Bundespolizeidirektionen** (BPolDion); da diese nur für Teile des Bundesgebiets eingerichtet sind, haben an jenen Orten, an denen eine BPolDion nicht eingerichtet ist, die örtlich zuständigen **BVB** (Rz 299) als funktionelle Bundesbehörden auch die Aufgaben der Sicherheitsverwaltung wahrzunehmen (§ 9 SPG, Art 78a Abs 1 B-VG). Durch Bundesgesetz kann gem Art 78a Abs 3 B-VG auch der **Bürgermeister** mit sicherheitsbehördlichen Aufgaben betraut werden (zB § 13 MeldeG, § 10 StrafregG, § 22 Abs 1a SPG).

Für Wien ist als traditionelle Besonderheit verfassungsrechtlich (Art 78b und 78c B-VG) verankert, dass die BPolDion zugleich SiDion ist und dass ihr Leiter „Polizeipräsident" (und nicht, wie sonst, Polizeidirektor) heißt. Die organisatorische Identität von BPolDion Wien und SiDion Wien schließt nach der Judikatur nicht aus, dass diese funktionell Oberbehörde und instanzenmäßig übergeordnete Behörde gegenüber jener ist.

Aus dem „Nebeneinander" von BPolDion und BVB in Österreich ergibt sich eine Auslegungsregel für jene Fälle, in denen Gesetze die Formel „Bezirksverwaltungsbehörde (Bundespolizeibehörde)" verwenden (zB § 2 AVG): Gemeint ist, dass an Orten, an denen die Zuständigkeit einer BPolDion gegeben ist, diese, ansonst die örtlich zuständige BVB kompetent ist. Bei den BPolDion ist dabei allerdings ihre grundsätzlich auf Angelegenheiten der Sicherheitsverwaltung (Rz 264) eingeschränkte sachliche Zuständigkeit mitzuberücksichtigen.

268 Den Sicherheitsbehörden sind **Organe des öffentlichen Sicherheitsdienstes** beigegeben. In der verfassungsrechtlichen Legaldefinition des Art 78d Abs 1 B-VG werden **Wachkörper** definiert als „bewaffnete oder uniformierte oder sonst nach militärischem Muster eingerichtete Formationen, denen Aufgaben polizeilichen Charakters übertragen sind"; gleichzeitig werden traditionelle Aufsichtsorgane in bestimmten Bereichen der Verwaltungspolizei begrifflich ausgeschieden, wie zB Jagd-, Fischerei- oder Gewässeraufsichtsorgane.

269 § 5 Abs 2 SPG sieht insb – als wichtigste Wachkörper des öffentlichen Sicherheitsdiensts – die **Bundesgendarmerie** und das **Bundessicherheitswachekorps** vor. Beide stellen eigenständige bewaffnete und bundeseinheitlich nach militärischem Muster eingerichtete Formationen dar. Die Gendarmerie ist nach älteren Rechtsvorschriften intern gegliedert (Gendarmeriezentralkommando im BMI, 8 Landesgendarmeriekommanden, ca 85 Bezirksgendarmeriekommanden, ca 850 Postenkommanden). Den BPolDion sind jeweils Einheiten des Bundessicherheitswachekorps beigegeben. Jenen BVB, die an Orten, an denen keine BPolDion besteht, die Aufgaben der Sicherheitsverwaltung wahrzunehmen haben, ist eine Einheit der Bundesgendarmerie zugeteilt („unterstellt": § 9 Abs 1 SPG). Überdies sind den BPolDion Einheiten des **Kriminalbeamtenkorps** beigegeben. Die Organe des öffentlichen Sicherheitsdienstes sollen für die einzelnen Sicherheitsbehörden den **Exekutivdienst** (insb Streifendienst, Ermittlungsdienst, erste allgemeine Hilfeleistung) versehen, sie entsprechen also dem, was der Volksmund „Polizei" oder „Exekutive" nennt. Da sie „für" Behörden tätig werden, sind sie als „Hilfsorgane" (Rz 131) zu qualifizieren, ihr Handeln wird der Behörde und über diese der Gebietskörperschaft, für die sie tätig werden, zugerechnet (Demmelbauer/Hauer Rz 33; dort Rz 62 auch zu weiteren Exekutivkörpern).

Führt ein Bundessicherheitswacheorgan eine Verkehrskontrolle durch, so ist dies der BPolDion und über diese dem Bundesland (Art 11 Abs 1 Z 4 B-VG) zuzurechnen. Wachkörper müssen verschiedentlich auch im Auftrag anderer Behörden (insb Gericht, Staatsanwaltschaft, Bürgermeister) tätig werden (§ 7 GendG 1894); auftragsgemäßes Handeln ist dann der auftragerteilenden Behörde und über diese der betreffenden Gebietskörperschaft zuzurechnen, auftragsüberschreitendes Handeln (Exzess) dagegen über die BPolDion bzw BVB, der sie beigegeben sind, dem Bund (rechtswidrige Maßnahme der allgemeinen Sicherheitspolizei).

Da den BVB an Orten, an denen BPolDion eingerichtet sind, keine Wachkörper beigegeben sind, kann es erforderlich sein, den BVB für verwaltungspolizeiliche Zwecke, für welche die BPolDion nicht zuständig sind (also funktional beschränkt), Einheiten der Bundessicherheitswache zu unterstellen; so erklären sich zB § 336 GewO und § 82 AWG.

Bei den Angehörigen der Wachkörper handelt es sich daher um „**Organe des öffentlichen Sicherheitsdienstes**“ im Sinn der verwaltungsrechtlichen Regelungen; 270 sie bilden mit den genannten weiteren Aufsichtsorganen die „**Organe der öffentlichen Aufsicht**“ (weiterer Begriff). Jagdaufseher dürfen daher – als Organe der öffentlichen Aufsicht – zB Verfallsgegenstände gemäß § 39 Abs 2 VStG beschlagnahmen, sie dürfen aber – da sie keine Organe des öffentlichen Sicherheitsdienstes sind – nicht eine Festnahme auf der Grundlage des § 35 VStG vornehmen (freilich kann Derartiges im betreffenden JagdG vorgesehen sein).

Den **Ländern** ist die Errichtung von Wachkörpern **nicht** erlaubt (Art 10 Abs 1 Z 14 271 B-VG); bei exekutivdienst-intensiven Materien müssen sie daher den Bund um Zustimmung zur gesetzlichen Heranziehung der entsprechenden Bundesorgane ersuchen (Art 97 Abs 2 B-VG; zB § 52 oö NSchG). Den Gemeinden (außerhalb des örtlichen Wirkungsbereichs von BPolDion: Art 78d Abs 2 B-VG) steht die Errichtung von **Gemeindewachkörpern** dagegen (sofern sie die finanzielle Belastung verkraften) uneingeschränkt offen (Art 118 Abs 8 B-VG). Diese können dann auf besonderer gesetzlicher Grundlage mit Exekutivdienstaufgaben betraut werden (Art 118a B-VG; zB § 24 StPO, § 94c Abs 3 StVO, § 123 Abs 3 KFG, § 110 Abs 2 FrG, ParkgebührenGe der Länder). Vgl Faber ZfV 1999, 828; Keplinger ÖGZ 9/1999, 25.

8. Die mittelbare Bundesverwaltung

Mit der für das österreichische bundesstaatliche System charakteristischen mittel- 272 baren Bundesverwaltung soll die aus der Monarchie übernommene „Doppelgleisigkeit der Verwaltung“ reduziert werden: der Bund soll sich – von bestimmten verfassungsrechtlich ausdrücklich zugelassenen Ausnahmen (insb Art 102 Abs 2 B-VG) abgesehen – bei seiner Verwaltungsführung auf der Landes- und Bezirksebene des LH und der diesem unterstellten Landesbehörden bedienen (Art 102 Abs 1 B-VG). Im Prinzip ist an dieser Konstruktion der Bund interessiert, da er sich die Errichtung eigener Behörden erspart; es sind aber auch die Länder an dieser Konstruktion interessiert, weil Entscheidungszuständigkeiten „reale Macht“ bedeuten.

Diese funktionelle Betrauung von Landesorganen im organisatorischen Sinn mit Agenden der Bundesverwaltung im funktionellen Sinn bedeutet einen besonderen Typus „**mittelbarer Verwaltung**“. Sie ist mehr als eine bloße „Organleihe“, da die Länder für die wirksame Wahrnehmung der Agenden der mittelbaren Bundesverwaltung zu sorgen haben. Sie führt jedoch nicht zu einem „Wechsel der Verbandskompetenz“ (Rz 207), da die von den betreffenden Landesorganen wahrzunehmenden Agenden Bundesverwaltung bleiben und dementsprechend Bundesorganen ein funktionelles Weisungsrecht zukommt. Amtshaftungsrechtlich haftet für die Besorgung der mittelbaren Bundesverwaltung der Bund (vgl Weber/Pöschl, Die Haftung der Länder in der mittelbaren Bundesverwaltung, 2000).

9. Mittelbare Bundesverwaltung im materiellen Sinn

273 Der Begriff mittelbare Bundesverwaltung ist einerseits in einem materiellen Sinn von Bedeutung – welche Angelegenheiten unterliegen diesem Regime? –, andererseits in einem organisatorischen Sinn – wer soll Angelegenheiten der mittelbaren Bundesverwaltung führen?

Bei der Bestimmung des Begriffs der „**mittelbaren Bundesverwaltung im materiellen Sinn**" kann man es sich im praktischen Regelfall leicht machen: Wenn der Bundesgesetzgeber in einer Angelegenheit, die nach der verfassungsrechtlichen Kompetenzverteilung Bundessache in der Vollziehung ist, nicht ausdrücklich die Zuständigkeit einer Bundesbehörde vorgesehen hat, dann liegt eben mittelbare Bundesverwaltung vor (vgl auch § 2 AVG). Typische Beispiele für mittelbare Bundesverwaltung sind das Gewerberecht, das Abfallwirtschaftsrecht, das Personenstandsrecht, das Wasserrecht, das Forstrecht und das Kraftfahrrecht.

In Grenzfällen liegen die Dinge freilich komplizierter und zwingen auch in verwaltungsrechtlichen Fragen zur Einbeziehung des Art 102 B-VG. Dem Umstand, dass der Bund verfassungsmäßiger Weise unmittelbare Bundesverwaltung eingerichtet hat, steht es zB nicht entgegen, dass auch in diesen Angelegenheiten kraft verfassungsrechtlicher Sonderbestimmungen (vom LH verschiedene) Landesorgane im organisatorischen Sinn zuständig sind, wie zB die BVB in den Angelegenheiten der Sicherheitsverwaltung (Art 78a Abs 1 B-VG) oder die UVS (Art 129a B-VG; VfSlg 13622/1993, VfGH 29. 11. 2002, A 9/01). Dagegen liegt im Fall der Betrauung des LH (Art 102 Abs 3 B-VG) eine Angelegenheit der mittelbaren Bundesverwaltung vor.

Im umgekehrten Sinn kann mittelbare Bundesverwaltung auch dann vorliegen, wenn in Unterordnung unter den LH eine Bundesbehörde im organisatorischen Sinn oder eine im Verbandsbereich des Bundes eingerichtete Behörde zuständig ist (Rz 277). Wird dagegen in der Landesinstanz anstelle des LH eine Bundesbehörde herangezogen, so wird die Materie zu einer solchen der unmittelbaren Bundesverwaltung.

[274]

10. Mittelbare Bundesverwaltung im organisatorischen Sinn

275 „Mittelbare Bundesverwaltung im organisatorischen Sinn" meint gemäß Art 102 Abs 1 B-VG in erster Linie den **Landeshauptmann** und die ihm **unterstellten Landesbehörden** (näher Raschauer in K/H zu Art 102 B-VG). Beispielsweise sollen mit der Wendung „Bundesbehörden oder Behörden der mittelbaren Bundesverwaltung" in § 22 Abs 9 MBG nicht nur sämtliche Bundesbehörden, sondern auch alle (Landes-)Behörden, die mit Aufgaben des Bundes betraut sind, erfasst werden.

Wenn in Fragen der mittelbaren Bundesverwaltung vom **Landeshauptmann** die Rede ist, so bedeutet dies nicht notwendig, dass der LH selbst tätig werden muss. Gemäß Art 103 Abs 2 B-VG kann die LReg, insb in ihrer Geschäftsordnung (also in einer verfassungsunmittelbaren Rechtsverordnung: Rz 285), beschließen, dass einzelne Angelegenheiten der mittelbaren Bundesverwaltung (zu deren Führung der LH berufen ist) wegen des Sachzusammenhanges zu Zuständigkeiten der Landesräte diesen übertragen werden. Es handelt sich dann um in Bindung an die Weisungen des LH und **in seinem Namen** zu führende Angelegenheiten der mittelbaren Bundesverwaltung.

276 Welche sind die „**unterstellten** Behörden"? Generell unterstellt sind dem LH nach der Verfassungsbestimmung des § 8 Abs 5 lit b ÜG 1920 die BH sowie die Statutarstädte (Rz 299). Darüber hinaus können, wie schon § 8 Abs 5 lit b ÜG 1920 zum Ausdruck bringt, auch die Gemeinden (in ihrem übertragenen Wirkungsbereich: Rz 326) dem LH für den Bereich der mittelbaren Bundesverwaltung unterstellt werden. Dasselbe ist auch bei Gemeindeverbänden (zB § 47 StbG iVm §§ 60ff PStG) oder bei anderen im Vollzugsbereich des Landes eingerichteten Selbstverwaltungskörpern (insb Art 11

Abs 1 Z 2, Art 15 Abs 1 B-VG) der Fall. Da ihm seit dem 1. 1. 1975 keine Regelungsbefugnis für den Bereich der Landesverwaltungsorganisation mehr zukommt, darf der die betreffende Verwaltungsmaterie regelnde Bundesgesetzgeber jedenfalls nur an bestehende Landesorgane im vorgenannten Sinn „anknüpfen", den Ländern aber nicht die Errichtung neuer Organe vorschreiben.

Schließlich dürfen dem LH gemäß Art 102 Abs 1 B-VG – mit Zustimmung der Länder – bundesgesetzlich auch **Bundesbehörden**, insb BPolDion, unterstellt werden, die dann gemäß Art 102 Abs 1 B-VG im Allgemeinen insoweit seiner fachlichen Weisungsbefugnis unterliegen. In derartigen Fällen ergibt sich nur daraus, dass es sich um eine Angelegenheit der mittelbaren Bundesverwaltung im materiellen Sinn handelt, dass der Instanzenzug im Zweifel gemäß Art 103 Abs 4 B-VG an den LH geht. 277

Eine „Unterstellung" unter den LH kommt nicht in Betracht, wenn die betreffende Materie gemäß **Art 118 B-VG** den Gemeinden als Angelegenheit des eigenen Wirkungsbereichs zur weisungsfreien Besorgung gewährleistet ist. In diesen Fällen kommt dem LH von Verfassungs wegen nur ein Aufsichtsrecht (Art 119a B-VG) zu. Geht man davon aus, dass Angelegenheiten der mittelbaren Bundesverwaltung auch anderen Selbstverwaltungskörpern (zB den Wirtschaftskammern oder den Sozialversicherungsträgern) in deren eigenen Wirkungsbereich übertragen werden dürfen, hat dies zur Konsequenz, dass diese Organe dem LH weder weisungsmäßig noch instanzenmäßig, sondern nur aufsichtsrechtlich unterstellt sind. 278

Die Vollziehung der Agenden der mittelbaren Bundesverwaltung im materiellen Sinn ist – soweit sie „im Bereich der Länder" durchzuführen ist – bundesgesetzlich den Organen der „mittelbaren Bundesverwaltung im organisatorischen Sinn" zu übertragen. **Zentraler „Träger der mittelbaren Bundesverwaltung" ist**, wie gezeigt, **jedenfalls der LH**. Der VfGH hat daher wiederholt gesetzliche Konstruktionen, durch die der LH „umgangen" oder seine Stellung „ausgehöhlt" wurde, für verfassungswidrig erkannt (insb VfSlg 8466/1978 – Lebensmittelinspektion). 279

Um in einer Angelegenheit der Bundesverwaltung mittelbare Bundesverwaltung zu begründen, genügt es – angesichts der Regel des Art 103 Abs 4 B-VG in Verbindung mit § 2 AVG – in legistischer Hinsicht, dass das betreffende besondere Bundesgesetz „schweigt": Kraft der genannten Bestimmungen ergibt sich dann, dass in einer Angelegenheit der Sicherheitsverwaltung in erster Instanz die örtlich kompetente BPolDion, ist eine solche im fraglichen Bereich nicht eingerichtet bzw in anderen Angelegenheiten: die örtlich kompetente BVB (Rz 299) und in zweiter Instanz der LH zuständig sind. 280

Andererseits stehen dem Bundesgesetzgeber – wie sich aus Art 103 Abs 4 B-VG ergibt – auch im Bereich der mittelbaren Bundesverwaltung einige Möglichkeiten zur Gestaltung der funktionellen Zuständigkeiten (Rz 147) offen, es muss also nicht eine dem LH unterstellte Behörde zur Entscheidung in erster Instanz berufen werden (vgl noch Rz 439), insb kann auch der LH selbst in erster Instanz zuständig sein. Aus Art 129a B-VG ergibt sich, dass auch in Angelegenheiten der mittelbaren Bundesverwaltung Zuständigkeiten der UVS als Rechtsmittelbehörden begründet werden dürfen.

Verfassungsrechtlich nur in Grenzen zulässig ist es, bundesgesetzlich in einer Angelegenheit der mittelbaren Bundesverwaltung die erstinstanzliche Zuständigkeit eines BMin vorzusehen (vgl VfSlg 11403/1987 – Bundeskellereiinspektoren). 281

B. Die Landesverwaltung

Im Vergleich mit der Organisation der Bundesverwaltung weist die Organisation der Landesverwaltung ein höheres Maß an Einheitlichkeit auf. In vertikaler Hinsicht 282 bestehen nur zwei Ebenen, die Landes- und die Bezirksebene. In horizontaler Hinsicht ist sowohl die Landesebene – einheitliches Amt der Landesregierung – als auch die Bezirksebene – dominiert durch die flächendeckend eingerichteten „Bezirksverwaltungsbehörden" – weitgehend uniform ausgestaltet. Dies macht es verständlich, dass Fragen der Koordination im Landesbereich einfacher und rascher zu lösen sind, als im Rahmen der äußerlichen Koordination zwischen Bundesdienststellen. Dementsprechend knüpfen moderne Formen der Genehmigungskonzentration (Rz 156) entweder an das Amt der Landesregierung an – indem eine konzentrierte Zuständigkeit des LH (§ 38 AWG) oder eine solche der LReg (§ 39 UVP-G) begründet wird – oder aber an die BVB (§ 356b GewO). Vgl Bussjäger, Die Organisationshoheit und Modernisierung der Landesverwaltung, 1999.

1. Die obersten Organe der Landesverwaltung

283 Nach Art 101 Abs 1 B-VG übt die Vollziehung jedes Landes eine vom Landtag zu wählende **Landesregierung** (LReg) aus (Liehr in K/H zu Art 101 B-VG). Da vor 1925 in Frage gestellt worden war, ob angesichts dieser Bestimmung ein **Ressortsystem** (monokratische Entscheidungsbefugnis einzelner Mitglieder der Landesregierung; vgl Art 19 Abs 1 B-VG) im Bereich der obersten Landesverwaltung eingeführt werden darf, wurde in § 3 Abs 1 des BVG über die ÄdLReg außer Wien, BGBl 289/1925, statuiert: „Die Abteilungen des Amtes der Landesregierung besorgen die ihnen nach der Geschäftseinteilung zukommenden Geschäfte, soweit es sich um solche des selbständigen Wirkungsbereiches des Landes handelt, nach den näheren Bestimmungen der Landesverfassung unter der Leitung der Landesregierung **oder einzelner Mitglieder derselben** ...". Alle durch diese bundesverfassungsgesetzliche Klarstellung ermächtigten Landesverfassungen haben diese Möglichkeit aufgegriffen und sehen vor, dass durch die **Geschäftsordnung der Landesregierung** eine Aufgabenverteilung innerhalb der LReg vorgenommen werden darf. Insgesamt ergibt sich aus diesem Regelungszusammenhang, dass zwischen Aufgaben der **Landesregierung als Kollegialorgan** und den Aufgaben der einzelnen Mitglieder der LReg (**Landesräte**) zu unterscheiden ist. Grundsätzlich ist der **Landeshauptmann** eines dieser Mitglieder der LReg (*primus inter pares*). Da ihm allerdings verfassungsrechtlich „spezifische Landeshauptmannfunktionen" (Rz 289) übertragen sind, ist es gerechtfertigt, ihn als eigenes oberstes Organ anzuführen. Insgesamt gibt es daher drei Arten von obersten Organen der Landesverwaltung: **Landesregierung – Landeshauptmann – Landesräte**.

Um jeden Zweifel auszuschließen, dass der Umweltsenat (Art 11 Abs 7 und 8 B-VG) nicht die Stellung der LReg als oberstes Organ berührt, enthält Art 11 Abs 7 B-VG die Beifügung, dass der Umweltsenat nur „Oberbehörde im Sinne der das Verwaltungsverfahren regelnden Vorschriften" ist. Ähnlich sind die Fälle der Art 12 Abs 3 und 15 Abs 7 B-VG zu sehen.

284 Auf dem Boden des Grundsatzes der Verfassungsautonomie der Länder steht es dem Landesverfassungsgesetzgeber frei, daneben noch andere – funktionell beschränkte (Rz 135) – oberste Organe der Landesverwaltung einzurichten. Daran knüpft bezüglich der Diensthoheit neuerdings Art 21 Abs 3 B-VG an (zB Landtagspräsident, Landes-Volksanwalt, Präsident des Landes-Rechnungshofs). Bei den unabhängigen Verwaltungssenaten (unten Rz 298) handelt es sich zwar um weisungsfreie kollegiale Verwaltungsorgane, nicht aber um „oberste Verwaltungsorgane" (Rz 133). Sie unterliegen der Leitung der LReg (Rz 379); dasselbe gilt für zahlreiche andere weisungsfreie Kollegialorgane der Länder.

Die **Geschäftsordnung (Geschäftseinteilung) der Landesregierung** ist von der LReg mit einfacher Mehrheit zu beschließen. Es handelt sich um einen hochpolitischen Akt, der nach jeder Landtagswahl und aus Anlass jedes Wechsels eines Mitgliedes der LReg neu zu verhandeln ist, da in dieser GO festgelegt wird, was kollegial in der Regierung, was vom LH und was von den einzelnen – in der GO jeweils namentlich genannten – anderen Mitgliedern der LReg zu behandeln, zu entscheiden und zu verantworten ist (zB VfGH 17. 6. 2002, B 1577/01). Es handelt sich um eine für die Zuständigkeitsordnung (Art 83 Abs 2 B-VG) maßgebliche (im LGBl kundmachungsbedürftige) verfassungsunmittelbare Rechtsverordnung. 285

Da es sich um eine „gesetzesvertretende" Verordnung handelt, dürfen Landesgesetze keine „Vollzugsklauseln" enthalten: Die Zuordnung einer Angelegenheit der Landesvollziehung (Art 11, 12, 15 B-VG) zu einem der obersten Organe der Landesverwaltung soll nicht der Landesgesetzgeber, sondern die LReg selbst treffen.

Eine besondere Verfassungsbestimmung wurde jüngst in § 38 Abs 1 AWG aufgenommen. Danach „ist" – offenbar unter Ausschluss einer Gestaltungsbefugnis in der LReg-GO – in Bezug auf die Genehmigung von bestimmten Abfallbehandlungsanlagen in Angelegenheiten des Landesrechts der Landeshauptmann als Mitglied der LReg oberstes Organ der Landesvollziehung. Intendiert ist, dass nicht der sonst (zB für Naturschutz) zuständige Landesrat, sondern der LH die betreffende Genehmigungsentscheidung treffen soll.

2. Die Landesregierung

Die **Landesregierung** (LReg) ist eine kollegiale Verwaltungsbehörde. Sie besteht aus dem Landeshauptmann (als Vorsitzendem), den Landeshauptmann-Stellvertretern und der (landesverfassungsgesetzlich festgelegten) Zahl weiterer Mitglieder (Landesräte). Nach den landesverfassungsgesetzlichen Bestimmungen bedarf es zu einer kollegialen Entscheidung der Mitwirkung aller Mitglieder. Für kollegiale Beschlüsse genügt – anders als bei der BReg (Rz 240) – im Allgemeinen die einfache Mehrheit. 286

Der LReg kommen alle ihr durch Verfassung oder Gesetz zugewiesenen Aufgaben zu, sofern und solange sie nicht auf eines ihrer Mitglieder übertragen wurden; im Zweifel ist daher eine kollegiale Zuständigkeit anzunehmen. Darüber hinaus führen die LReg-GO in der Regel ausdrücklich bestimmte Angelegenheiten an, die wegen ihrer politischen Bedeutung jedenfalls der kollegialen Beschlussfassung bedürfen. Zur Frage der Geschäftsführungs- und Vertretungsbefugnisse im Bereich der Privatwirtschaftsverwaltung vgl Rz 176. 287

Verschiedentlich sehen Landesgesetze die Möglichkeit einer (unechten) **Delegation** (Rz 165) von Aufgaben der LReg insb an BVB vor. Nach der Verfassungsbestimmung des § 3 Abs 3 ÄdLReg-BVG ist auch die LReg als Kollegium befugt, bestimmte Beamte **mandat**sweise mit der Entscheidung in ihrem Namen zu betrauen (vgl noch unten Rz 292). 288

Da sie herkömmlich als „Behörde der allgemeinen staatlichen Verwaltung in den Ländern" qualifiziert wird, hat die LReg in Bescheidangelegenheiten die Verwaltungsverfahrensgesetze anzuwenden (Art II Abs 2 lit A Z 1 EGVG).

3. Der Landeshauptmann

Der **Landeshauptmann** (LH) ist nicht nur eines der Mitglieder der LReg und Vorsitzender des Kollegialorgans, ihm kommen – da er im Land eine ähnliche Stellung wie ein Staatsoberhaupt einnimmt (zB Außenvertretung, zT Gesetzesbeurkundung) – 289 mehrere verfassungsrechtliche Sonderkompetenzen („spezifische Landeshauptmannfunktionen") zu. Aber auch in verwaltungsrechtlicher Hinsicht ist eine Sonderstellung dadurch gegeben, dass der LH nicht nur der „Träger" der mittelbaren Bundesverwaltung (Rz 275, 279) ist, sondern auch die Stellung eines organisatorischen und dienstrechtlichen Leiters des Amts der Landesregierung (Art 106 B-VG) und der Bezirkshauptmannschaften (§ 8 Abs 5 ÜG 1920) innehat. Dies hat zB zur Konsequenz, dass der LH – im Wege des Landesamtsdirektors (Rz 293) als seines „Hilfsorgans" – auch insoweit zur Regelung des Dienstbetriebes zuständig ist, als Abteilungen und Bedienstete betroffen sind, die in fachlicher Hinsicht der Leitung eines anderen Landesrats unterliegen (Rz 382).

290 In verwaltungsrechtlicher Hinsicht kommen dem LH vor allem die Aufgaben der mittelbaren Bundesverwaltung (Rz 273), einschließlich der Auftragsverwaltung (Rz 174) zu sowie jene Aufgaben, die ihm in der LReg-GO – gleich jedem anderen Mitglied der LReg als Landesorgan im funktionellen Sinn – zugewiesen sind. Zu § 38 AWG vgl Rz 285. Soweit ihm nicht hinsichtlich der Leitung des „inneren Dienstes" des Amts der Landesregierung ohnedies der Landesamtsdirektor als „Hilfsorgan" beigegeben ist, ist auch der LH befugt, gemäß § 3 Abs 3 ÄdLReg-BVG Beamte mandatsweise mit der Erledigung in seinem Namen zu betrauen. Eine besondere Möglichkeit, in der LReg-GO Aufgaben aus dem Bereich der mittelbaren Bundesverwaltung auf Landesräte zu übertragen – wobei diese dem LH gegenüber weisungsgebunden sind (Rz 364) –, sieht Art 103 Abs 2 B-VG vor. Daneben sehen Bundesgesetze in Angelegenheiten der mittelbaren Bundesverwaltung die Möglichkeit eines zwischenbehördlichen Mandats insb an die BVB vor (Rz 166).

Als „Behörde der allgemeinen staatlichen Verwaltung in den Ländern" hat der LH in Bescheidangelegenheiten die Verwaltungsverfahrensgesetze anzuwenden (Art II Abs 2 lit A Z 1 EGVG).

4. Die weiteren Mitglieder der Landesregierung

291 Den vom Landtag gewählten **Landesräten** (zu diesen zählen neben dem LH auch die Landeshauptmann-Stellvertreter) kommen jene Angelegenheiten der Landesverwaltung und der mittelbaren Bundesverwaltung, einschließlich der Auftragsverwaltung, zu, die ihnen in der LReg-GO ausdrücklich zugewiesen sind: Die Agenden der Landesverwaltung haben sie weisungsfrei und in selbständiger rechtlicher und politischer Verantwortlichkeit (vgl Art 142 Abs 2 lit c B-VG) wahrzunehmen, die Agenden der Bundesverwaltung in Bindung an Weisungen des LH und in eingeschränkter selbständiger Verantwortlichkeit (Art 103 Abs 3 B-VG). Die LReg-GO – und nur diese – kann vorsehen, dass zwei oder mehrere Mitglieder der LReg in einer Angelegenheit einvernehmlich (Rz 285) vorzugehen haben.

292 Hinsichtlich der ihnen übertragenen Aufgaben kommt den Landesräten die (fachliche) Leitung der entsprechenden Abteilungen des Amts der Landesregierung zu (man spricht vom Landesrat als dem zuständigen „politischen Referenten"). Auch die Landesräte haben in Bescheidangelegenheiten die Verwaltungsverfahrensgesetze anzuwenden (Art II Abs 2 lit A Z 1 EGVG). Nach der Verfassungsbestimmung des § 3 Abs 3 ÄdLReg-BVG können die Landesräte – nach Maßgabe näherer Bestimmungen der Geschäftsordnung des Amts der Landesregierung (Rz 293) – Beamte mandatsweise mit der Erledigung in ihrem Namen betrauen.

Am Beispiel der Verleihung der Staatsbürgerschaft bedeutet dies Folgendes: Zuständig zur Einbürgerung ist gemäß § 39 StbG „die Landesregierung". Da es sich nicht um eine verfassungsrechtlich dem Kollegium vorbehaltene Kompetenz handelt, darf diese Angelegenheit in der LReg-GO einem Mitglied der LReg („Landesrat X") übertragen werden. Ist eine solche Übertragung erfolgt (was regelmäßig geschieht), dann kann Landesrat X – sofern dies die GO des Amts der Landesregierung (Rz 295) zulässt (was regelmäßig der Fall ist) – einen Bediensteten einer ihm zugeordneten Abteilung des AdLReg („Hofrat Y") mandatsweise mit der Erledigung in seinem Namen betrauen. Obwohl das Gesetz von einer Zuständigkeit der „Landesregierung" spricht, hat die Fertigungsklausel des Bescheides dann zu lauten: „Für Landesrat X – Hofrat Y".

5. Das Amt der Landesregierung

Den genannten obersten Organen der Landesverwaltung – und zT auch weiteren Landesbehörden – ist als **gemeinsame Dienststelle** das **Amt der Landesregierung** (AdLReg) beigegeben. Diese Einheitlichkeit – es gibt keine „Landesministerien" – unterscheidet dieses Amt wesentlich von den Bundesministerien. Das AdLReg steht organisatorisch unter der Leitung des LH, wobei diesem der **Landesamtsdirektor** – als damit politisch wichtigster Beamter – als Hilfsorgan beigegeben ist (Art 106 B-VG; § 1 ÄdLReg-BVG; § 8 Abs 5 lit a ÜG 1920). Das AdLReg wird durch die Geschäftseinteilung und Geschäftsordnung in **Abteilungen** gegliedert, wobei solche Abteilungen zu **Gruppen** zusammengefasst werden können (§ 2 ÄdLReg-BVG; zum Teil finden sich darüber hinaus Untergliederungen von Abteilungen in Referate). 293

Die Gruppen- und Abteilungsleiter unterliegen damit im Allgemeinen einer zweifachen Leitung („**Mehrliniensystem**"): In fachlicher Hinsicht unterliegen sie der Leitung des in der Sache zuständigen Landesrates, in organisatorischer-dienstrechtlicher Hinsicht unterliegen sie der Leitung des LH (des Landesamtsdirektors).

Eine alte Kontroverse betrifft die Frage, ob das AdLReg – das eigentlich ein Hilfsapparat (Rz 129) von Behörden ist – gesetzlich selbst als Behörde vorgesehen, dh mit selbständigen behördlichen Aufgaben betraut werden darf. Es ist organisationsrechtlich nicht zu erkennen, warum zB ein Flurverfassungs-Landesgesetz nicht das Amt der Tir LReg zur Agrarbezirksbehörde (Agrarbehörde erster Instanz: Art 12 Abs 2 B-VG) erklären darf. Dem Leiter der zuständigen Abteilung des AdLReg kommt in diesem Fall eine (funktionell beschränkte) eigenständige Behördenstellung zu. 294

Die **Geschäftsordnung** (Geschäftseinteilung) des AdLReg und jede Änderung ist vom LH mit Zustimmung der LReg zu erlassen; soweit Geschäfte der mittelbaren Bundesverwaltung betroffen sind, ist überdies die Zustimmung der BReg erforderlich (§ 2 Abs 5 ÄdLReg-BVG). Rechtlich ist diese – grundsätzlich auf Dauer angelegte – Geschäftsordnung (Geschäftseinteilung) des AdLReg, die Aufgaben nach sachlich-organisatorischen Gesichtspunkten auf Abteilungen und Gruppen verteilt, von der variablen und nach politischen Gesichtspunkten erstellten Geschäftsordnung (Geschäftseinteilung) der LReg zu unterscheiden; letztere muss daher festlegen, welcher politische Referent für welche Abteilung zuständig ist. Während die LReg-GO unzweifelhaft zuständigkeitsgestaltende Bedeutung hat und daher als Rechtsverordnung zu erlassen ist, kann man mit der Judikatur festhalten, dass die AdLReg-GO bloß „innenrechtliche" Bedeutung hat und daher als **Verwaltungsverordnung** nur intern kundgemacht werden muss (zB VwGH 22. 9. 1998, 97/17/0448 mwN). 295

6. Die übrige Landesverwaltung

Die Aufgaben der Landesverwaltung (Art 11, 12, 15 B-VG) sind – nach dem Prinzip der Trennung der Vollzugsbereiche (Rz 205) – grundsätzlich von Landesorganen im organisatorischen Sinn wahrzunehmen. Im Allgemeinen werden daher neben den **UVS** 296

(Rz 298) als Rechtsmittelbehörden in Unterordnung unter die LReg die unten (Rz 299) näher zu erörternden **BVB** tätig.

Im Einzelfall kann auch die Zuständigkeit eines im Vollziehungsbereich des Landes eingerichteten **Selbstverwaltungskörpers** in seinem übertragenen Wirkungsbereich bundesgesetzlich (Art 11 B-VG) oder landesgesetzlich (Art 12, 15 B-VG) vorgesehen sein, etwa einer Gemeinde (zB Landes-Wählerevidenz), eines Gemeindeverbandes (zB Abfallwirtschaftsverband) oder einer Landes-Landwirtschaftskammer.

297 Nur ausnahmsweise sieht die Bundesverfassung den Einsatz von **Bundesorganen** im organisatorischen Sinn vor. Allgemein ist die Landesgesetzgebung ermächtigt, (mit Zustimmung der BReg) eine Mitwirkung von Bundesorganen vorzusehen (Art 97 Abs 2 B-VG). In der Hauptsache geht es um die Beiziehung von Organen des öffentlichen Sicherheitsdienstes für Exekutivaufgaben und um die Beiziehung von Richtern in Kollegialorganen gem Art 20 Abs 2 B-VG. Für den Bereich der überörtlichen Straßenpolizei ist auf der Grundlage von Art 15 Abs 4 B-VG durch paktierte Gesetze die Zuständigkeit der BPolDion begründet (§ 95 StVO). Da dies durch keine der genannten Bestimmungen gedeckt war, musste § 41 Abs 2 StbG, demzufolge im Ausland zur Ausstellung von Staatsbürgerschaftsbestätigungen Konsulate bzw diplomatische Vertretungsbehörden zuständig sind, als Verfassungsbestimmung erlassen werden. In diesen Fällen werden die Verwaltungsbehörden des Bundes **als funktionelle Landesbehörden** tätig, sie unterliegen – wie insb die BPolDion in den genannten Fällen – dementsprechend einem funktionellen Weisungsrecht der LReg (des zuständigen Landesrats) als oberster Behörde.

Darüber hinaus kennt die Bundesverfassung Fälle besonderer Rechtsmittelbehörden des Bundes (Rz 433). In diesen Fällen zeigt eine nähere Interpretation, dass die Bundesbehörden insoweit „als Bundesbehörden“ tätig werden; dementsprechend tritt mit der Begründung ihrer konkreten Zuständigkeit ein **Wechsel in der Verbandskompetenz** (Rz 207) ein.

7. Die Unabhängigen Verwaltungssenate in den Ländern

298 Nicht als oberste Organe der Landesverwaltung anzusehen sind, wie erwähnt (Rz 284), die bundesverfassungsrechtlich vorgeschriebenen (Art 129af B-VG) **unabhängigen Verwaltungssenate in den Ländern** (UVS; vgl Köhler in K/H zu Art 129a B-VG; Thienel 271). Es handelt sich um landesgesetzlich errichtete kollegiale Landesverwaltungsbehörden (VfSlg 13422/1993), deren Mitglieder in Ausübung dieser Funktion weisungsfrei sind (Art 129b B-VG). Der Vorsitzende, sein Stellvertreter und die weiteren Mitglieder sind durch kollegialen Beschluss der LReg zu bestellen. In organisatorisch-dienstrechtlicher Hinsicht unterliegen sie der Leitung der LReg. Auf Grund der Verwaltungsverfahrensgesetze (§ 67a AVG, § 51c VStG) entscheiden sie im Regelfall durch Einzelmitglieder, in bestimmten Angelegenheiten durch Kammern, die aus drei Mitgliedern bestehen, wobei die Zuweisung im Voraus durch eine von der Vollversammlung zu beschließende Geschäftsverteilung festzulegen ist.

Die UVS sind von Verfassungs wegen zuständig zur Entscheidung über Berufungen in **Verwaltungsstrafsachen** (ausgenommen Finanzstrafsachen des Bundes: vgl dazu §§ 65ff FinStrG), über Beschwerden betreffend **AuvBZ** (ausgenommen Finanzstrafsachen des Bundes: vgl § 152 FinStrG) und über bestimmte Säumnisbeschwerden (Art 129a Abs 1 Z 1, 2 und 4 B-VG). Darüber hinaus hat die einfache Bundes- und Landesgesetzgebung verschiedene weitere Zuständigkeiten begründet (zB § 72 FrG, § 88 SPG, § 8 UmwInfG, § 20 Abs 7 GütBefG, § 16 Abs 6 GelVkG, §§ 59ff kntn Landes-

VergabeG, § 33 sbg GrundverkehrsG). Zuletzt wurden ihnen durch das VerwaltungsreformG 2001 zahlreiche Zuständigkeiten als Berufungsbehörden insb in Anlagengenehmigungsverfahren zugewiesen. Die UVS haben das AVG und das VStG anzuwenden (Art II Abs 2 lit A Z 2 EGVG); § 67h AVG bildet dabei eine nicht unbedenkliche Abweichung gegenüber der Kognitionsbefugnis anderer Berufungsbehörden. Die UVS sind „Tribunale“ iSv Art 6 EMRK und „Gerichte“ iSv Art 234 EGV.

Soweit sie in Angelegenheiten aus dem Vollzugsbereich des Bundes tätig werden, ist ihr Handeln dem Bund zuzurechnen (VfGH 29. 11. 2002, A 9/01, VwGH 21. 12. 1998, 98/17/0011).

8. Die Bezirksverwaltung

In Unterordnung unter die LReg besteht für den Bereich der Landesverwaltung ein 299
prinzipiell einheitliches Netz von Bezirksverwaltungsbehörden. Diese bilden, wenn man von einzelnen Sonderbehörden (Rz 304) absieht, relativ allzuständige Landesverwaltungsbehörden erster Instanz. Im Sinn des heute verbreiteten Anliegens, im Interesse der Bürger „one stop shops“ einzurichten, wurde diese relative Allzuständigkeit durch die jüngsten Verwaltungsreformgesetze insb im Anlagenrecht erheblich ausgeweitet (vgl auch § 333 Abs 2 GewO).

Bei dem in den Verwaltungsvorschriften durchgehend verwendeten Begriff der „**Bezirksverwaltungsbehörde**“ (BVB) handelt es sich um die zusammenfassende Bezeichnung für die (Magistrate der) Statutarstädte einerseits und die Bezirkshauptmannschaften andererseits. Für jene Teile des Landesgebietes, welche nicht zu dem – in den einzelnen landesgesetzlichen Stadtstatuten festgelegten – räumlichen Wirkungsbereich einer Statutarstadt gehören, ist in den Landesgesetzen über die Bezirkshauptmannschaften der räumliche Wirkungsbereich einer Bezirkshauptmannschaft festgelegt. Es gibt flächendeckend in ganz Österreich 84 Bezirkshauptmannschaften und 15 Statutarstädte. Beide Arten von BVB haben in Bescheidangelegenheiten die Verwaltungsverfahrensgesetze anzuwenden (Art II Abs 2 lit A Z 1 und 3 sowie lit F EGVG).

Bei den **Bezirkshauptmannschaften** (BH) handelt es sich um monokratische 300
Landesverwaltungsbehörden, die 1868 aus der Auflösung der „gemischten Bezirksämter“ (Rz 187) hervorgegangen sind (A/F/H Rz 31.016). Da ihnen nicht nur (erstinstanzliche) Aufgaben der Landesverwaltung zukommen (zB Naturschutz, Sozialhilfe, Jagdrecht), sondern auch (erstinstanzliche) Aufgaben im Bereich der mittelbaren Bundesverwaltung (zB Gewerbe-, Forst- und Wasserrecht) sowie der Sicherheitsverwaltung, ist verfassungsrechtlich angeordnet, dass die (landesgesetzliche) Errichtung oder Änderung einer BH der Zustimmung der BReg bedarf (Art 15 Abs 10 B-VG). Die BH wird von einem beamteten **Bezirkshauptmann** geleitet, in dessen Namen die Entscheidungen der BH ergehen. Nach herrschender Ansicht ist die LReg zu seiner Ernennung berufen. Die BH sind (intern) in Abteilungen gegliedert; zu diesen Organisationsmaßnahmen ist der LH als Leiter des inneren Dienstes der BH berufen (§ 8 Abs 5 lit b ÜG 1920).

Bei den **Statutarstädten** (Eisenstadt, Rust, Klagenfurt, Villach, Krems, St Pölten, 301
Waidhofen/Ybbs, Wr Neustadt, Linz, Steyr, Wels, Salzburg, Graz, Innsbruck und Wien) handelt es sich um größere Gemeinden, denen landesgesetzlich ein Stadtstatut (Stadtrecht) verliehen wurde. Dies hat zur rechtlichen Wirkung, dass eine solche Stadt zusätzlich zu den normalen Aufgaben einer Gemeinde auch die Agenden der Bezirksverwaltung (dh jene Aufgaben, die sonst einer BH zukämen) wahrzunehmen hat. Weiters ändern sich Organbezeichnungen: der Gemeindevorstand heißt dann Stadt-

senat, das Gemeindeamt Magistrat. Eine Statutarstadt ist – als Gemeinde – eine juristische Person; als jenes Organ der Stadt, das die Agenden der Bezirksverwaltung wahrzunehmen hat, wird in den Stadtstatuten der „**Magistrat**“ bestimmt.

302 Da an der Spitze des Magistrats – als sein Leiter – der Bürgermeister steht, herrscht häufig terminologische Unklarheit, ob Bescheide „Für den Magistrat“ oder „Für den Bürgermeister“ zu fertigen sind. Soweit dies nicht im Stadtstatut näher geregelt ist, wäre mE ersteres korrekt. Die Rechtsprechung ist allerdings uneinheitlich.

[303]

9. Sonderbehörden im Bereich der Landesverwaltung

304 An von diesem allgemeinen Organisationskonzept abweichenden Sonderbehörden sind vor allem die Grundverkehrsbehörden und die Agrarbehörden zu nennen. Bei den **Grundverkehrsbehörden** (Grundverkehrsbezirkskommissionen in erster Instanz, Landesgrundverkehrssenate in zweiter Instanz) handelt es sich um kollegiale Landesverwaltungsbehörden, die auf der Landesebene im Allgemeinen nach Art 20 Abs 2 B-VG organisiert sind und nach den GrundverkehrsG der Länder über bewilligungspflichtige Liegenschaftstransaktionen zu entscheiden haben.

305 Für Maßnahmen der Bodenreform (insb Kommassierungs- und Flurbereinigungsverfahren) schreibt Art 12 Abs 2 B-VG eine besondere Organisation vor (A/F/H Rz 31.020). Beim Amt der Landesregierung (oder als Funktion dieses Amts: Rz 294) ist landesgesetzlich die **Agrarbezirksbehörde** als monokratische Landesverwaltungsbehörde eingerichtet. Über Berufungen entscheidet der durch das AgrarbehördenG des Bundes eingerichtete **Landesagrarsenat** als kollegiale Landesverwaltungsbehörde. In bestimmten Fällen ist eine Berufung an den **Obersten Agrarsenat** beim BMLFUW zulässig, der im AgrarbehördenG nach dem Muster des Art 20 Abs 2 B-VG eingerichtet ist; bei ihm handelt es sich allerdings um eine kollegiale Bundesbehörde, sodass in diesem Fall nicht nur eine Vollziehung von materiellem Landesrecht durch eine Bundesbehörde, sondern auch ein – nur wegen der ausdrücklichen verfassungsrechtlichen Verankerung zulässiger – Instanzenzug von einer Landesbehörde an eine Bundesbehörde vorliegt.

306 Schließlich sei nur erwähnt, dass sich auch im Bereich der Landesverwaltung weitere besondere Kollegialorgane (zB Schiedskommissionen nach Krankenanstaltenrecht, Vergabekontrollsenate) und Einzelorgane (zB die Umweltanwaltschaften) finden, weiters Körperschaften (zB Landes-Landwirtschaftskammern, Agrargemeinschaften, Jagdgenossenschaften), selbständige und unselbständige Landesfonds und -anstalten (zB Krankenanstalten, Schulen) und nicht zuletzt Beliehene (zB Jagdaufsichts- und Fischereiaufsichtsorgane; Rz 110).

C. Die Organisation der Selbstverwaltung

1. Allgemeines

307 Die Formen der „**Selbstverwaltung**“ gehen auf die liberal-konstitutionelle Bewegung zurück, die 1848 ua darauf gerichtet war, die als Fremdbestimmung empfundene Staatsverwaltung des Vormärz in Teilbereichen durch die eigenverantwortliche Wahrnehmung eigener Angelegenheiten zu ersetzen. Als ausgeprägteste und heute verfassungsrechtlich verankerte Form steht die „territoriale Selbstverwaltung“ der Gemeinden im Vordergrund. Nach ersten Ansätzen ab 1849 wurden nach und nach auch verschiedene Formen der „beruflichen Selbstverwaltung“ – der Gewerbetreibenden,

der freien Berufe, der Landwirte und der unselbständig Erwerbstätigen – gesetzlich verankert („Kammern"). In unterschiedlichen Ausprägungen ist die Selbstverwaltung der Universitäten in den einzelnen Epochen zu sehen. Grundsätze der Selbstverwaltung finden sich darüber hinaus bei mehreren öffentlich-rechtlichen Genossenschaften (Jägerschaften, Agrargemeinschaften, Wassergenossenschaften ua), einzelne Ansätze auch bei den Sozialversicherungsträgern. Dagegen kann bei anderen ausgegliederten Rechtsträgern, wie der Agrarmarkt Austria, dem Arbeitsmarktservice oder der Finanzmarktaufsicht, nicht von Selbstverwaltung gesprochen werden.

Im Kern des Gedankens der Selbstverwaltung steht das Anliegen, dass den unmittelbar Betroffenen nicht nur im Wege der allgemeinen Wahlen, sondern auch bei der Vollziehung ein maßgeblicher Einfluss auf die Wahrnehmung bestimmter, sie unmittelbar berührender öffentlicher Aufgaben zukommen soll. Typische Elemente sind Pflichtmitgliedschaft eines bestimmten Personenkreises, Bestellung eigener Organe, Weisungsfreiheit in Angelegenheiten des eigenen Wirkungsbereichs und die staatliche Rechtsaufsicht über die Wahrnehmung dieser Angelegenheiten. [308]

2. Die Gemeinde als Selbstverwaltungskörper[4]

Als ausgeprägteste Form der der Staatsverwaltung gegenüberstehenden Selbstverwaltung ist die **kommunale Selbstverwaltung verfassungsrechtlich gewährleistet**. Ihr Kern ist der – im Sinn eines staatsrechtlichen **Subsidiaritätsprinzips** verankerte – **eigene Wirkungsbereich** (autonome Wirkungsbereich): Die Angelegenheiten, die für eine Gemeinschaft nach **Interesse** und **Eignung** (Art 118 Abs 2 B-VG) spezifisch sind, sollen dieser Gemeinschaft gewährleistet sein, sie sollen „**eigenverantwortlich**" (Art 118 Abs 4 B-VG) wahrgenommen werden: Zwar sind Organe der staatlichen Verwaltung zur Wahrung der Gesetzmäßigkeit berufen (staatliche Aufsicht; Rz 388), doch sind die Gemeindeorgane für die Wahrnehmung der „gemeindespezifischen" Aufgaben nur dem Gemeindevolk bzw anderen Gemeindeorganen (politisch) verantwortlich, nicht aber Organen der staatlichen Verwaltung. 309

Rechtlich formalisiert bedeutet „Eigenverantwortlichkeit", dass die Organe der Gemeinde die Angelegenheiten des eigenen Wirkungsbereiches **frei von Weisungen** staatlicher Behörden sowie unter **Ausschluss von reformatorischen Rechtsmitteln an staatliche Behörden** (Art 118 Abs 4 B-VG) führen. Ein wesentlicher Aspekt dieser Selbstverwaltung ist auch die **Autonomie** (wörtlich: „Selbstgesetzgebungsbefugnis"), dh das autonome Satzungsrecht, wie es insb im ortspolizeilichen Verordnungsrecht (Art 118 Abs 6 B-VG) und in der Abgabenhoheit (Art 116 Abs 2 B-VG, §§ 7 Abs 2 und 8 Abs 2 F-VG) seinen Niederschlag gefunden hat. 310

Die Gemeinden werden ausnahmslos im Verwaltungsbereich tätig. Insb kommen ihnen keine Befugnisse zur Gesetzgebung im formellen Sinn zu, vielmehr sind sie an bestehende Gesetze (und Verordnungen) des Bundes und des betreffenden Landes gebunden (Art 18 und 118 Abs 4 B-VG) und dementsprechend unterliegen sie einer der Wahrung dieser Gesetzmäßigkeit dienenden **Aufsicht** (Rz 389).

Die Gemeinden stellen Körperschaften des öffentlichen Rechts, näherhin **Gebietskörperschaften** (Rz 85) dar. Sie handeln daher durch ihre Organe (Gemeindeorgane im organisatorischen Sinn). Ihnen kommt – als „selbständigen Wirtschaftskörpern" – 311

4 A/F/H Rz 32.024; Neuhofer, Gemeinderecht², 1998; Rebhahn (Hg), Beiträge zum Kärntner Gemeinderecht, 1998. Vgl auch Stolzlechner in R/S zu Art 115ff B-VG; Weber in K/H zu Art 115ff B-VG.

umfassende Privatrechtsfähigkeit im Rahmen der „allgemeinen" Bundes- und Landesgesetze (Art 116 Abs 2 B-VG) zu.

3. Die Organisation der Gemeindeverwaltung

312 Bundesverfassungsrechtlich (insb Art 117 B-VG) ist das Erfordernis einer gewissen organisatorischen **Mindestausstattung** vorgegeben: In jeder Gemeinde soll es zumindest einen **Gemeinderat**, einen **Gemeindevorstand** und einen **Bürgermeister** – sowie ein Gemeindeamt (Art 117 Abs 7 B-VG) als gemeinsame Dienststelle – geben. Die nähere organisatorische Ausgestaltung obliegt der Landesgesetzgebung, dh den Gemeindeordnungen gemäß Art 115 Abs 1 B-VG bzw – bei Statutarstädten (Rz 301) – den Stadtstatuten (Stadtrechten) gemäß Art 116 Abs 3 B-VG.

313 Die Gemeindeordnungen und Stadtstatute sehen dementsprechend auch **weitere Gemeindeorgane** vor, zB entscheidungsbefugte Gemeinderatsausschüsse, amts- bzw geschäftsführende Stadt- und Gemeinderäte, entscheidungsbefugte Gemeindeämter bzw Magistrate, Kontrollämter, besondere Berufungskommissionen, den Gemeindekassier, aber auch den Ortsvorsteher bzw den Bezirksvorsteher (in Wien) als Hilfsorgane des Bürgermeisters. Auf dieser Grundlage und in diesem Rahmen kann die Gemeinde schließlich selbst weitere organisatorische Regelungen treffen, insb hinsichtlich der „inneren Einrichtung" (Art 118 Abs 3 Z 1 B-VG; zB Gliederung des Gemeindeamts in Abteilungen, Schaffung unselbständiger Anstalten, zB Friedhofsamt, Bauhof).

314 Beim **Gemeinderat** (in Szbg und Vlbg: Gemeindevertretung), der von den im Gemeindegebiet wohnhaften Unionsbürgern (Art 117 Abs 2 Satz 4 B-VG) zu wählen ist, handelt es sich um eine kollegiale Verwaltungsbehörde. Ihm als – grundsätzlich weisungsberechtigtem – oberstem Organ der Gemeinde sind alle anderen Gemeindeorgane verantwortlich. Ihm obliegen grundsätzliche Beschlüsse, wie insb die Erlassung von Verordnungen (zB Flächenwidmungspläne, ortspolizeiliche Verordnungen, Abgabenausschreibung), Entscheidung in Angelegenheiten, die größere Ausgaben nach sich ziehen, und die Beschlussfassung über den Gemeindehaushalt. Zum Teil ist er ermächtigt oder verpflichtet, (selbständig) entscheidungsbefugte Ausschüsse einzusetzen.

315 Ebenso handelt es sich beim **Gemeindevorstand** (in Szbg: Gemeindevorstehung, in Statutarstädten: Stadtsenat) um ein kollegiales Verwaltungsorgan. Er wird vom Gemeinderat gewählt, wobei sich die Zusammensetzung nach dem Proporz der Gemeinderatsfraktionen bestimmt (Art 117 Abs 5 B-VG). Im Allgemeinen handelt es sich um ein – die Beschlusspunkte des Gemeinderates – „vorberatendes" Organ. In Statutarstädten kommen dem **Stadtsenat** dagegen meist umfangreichere eigenständige Beschlusskompetenzen zu. Zum Teil können Agenden nach Art eines Ressortprinzips auf einzelne seiner Mitglieder aufgeteilt werden.

316 Der **Bürgermeister** ist eine – in einzelnen Bundesländern von den in der Gemeinde wohnhaften Staatsbürgern, in anderen Bundesländern vom Gemeinderat zu wählende (Art 117 Abs 6 B-VG) – monokratische Behörde. Ihm kommt die Führung der laufenden Verwaltung, die Durchführung der Beschlüsse der genannten Kollegialorgane und die Vertretung der Gemeinde nach außen zu. Er ist organisatorischer Vorstand des Gemeindeamts (Magistrat). Im Allgemeinen ist er in behördlichen Verfahren in Angelegenheiten des eigenen Wirkungsbereiches Gemeindeorgan erster Instanz (zB Baubehörde), jedenfalls ist er Organ der Gemeinde in den Angelegenheiten des übertragenen Wirkungsbereiches (Rz 326).

Nach Art 119 Abs 3 B-VG kann der Bürgermeister mit der Führung von einzelnen Gruppen des übertragenen Wirkungsbereichs mandatsweise (Rz 166) insb Mitglieder der genannten Kollegialorgane beauftragen. Korrespondierende Ermächtigungen hinsichtlich der ihm obliegenden Angelegenheiten des eigenen Wirkungsbereiches enthalten zum Teil die Gemeindeordnungen. Darüber hinaus kommt eine mandatsweise Beauftragung von Bediensteten des Gemeindeamts in Betracht.

Den Gemeindeorganen ist als gemeinsames Hilfsorgan das **Gemeindeamt** (in 317 Statutarstädten: Magistrat) beigegeben. Ihm kommt zumindest für den hoheitlichen Wirkungsbereich ein sog „Geschäftsführungsmonopol" zu (Art 117 Abs 7 B-VG). Auf die verschiedentlich vorgesehenen Möglichkeiten einer mandatsweisen oder delegationsmäßigen Betrauung des Gemeindeamts (Magistrats) bzw einzelner seiner Mitarbeiter und auf Fälle einer selbständigen Organstellung des Magistrats wurde bereits hingewiesen. Bei einer Statutarstadt muss mit der Leitung des inneren Dienstes des Magistrats ein rechtskundiger Magistratsdirektor betraut werden.

Mit Gemeinderatsbeschluss wurden in einzelnen Gemeinden **Gemeindewachkörper** errichtet (Rz 271).

4. Die Aufgaben der Gemeinde

Statutarstädte und Ortsgemeinden unterscheiden sich voneinander, wie bereits 318 erwähnt, ganz grundlegend dadurch, dass erstere auch die Aufgaben der Bezirksverwaltung wahrzunehmen haben. Hier soll nur von den kommunalen Aufgaben ieS die Rede sein. Dieser kommunale Aufgabenkreis ist der Art nach – mögen auch die konkreten quantitativen Dimensionen im Einzelfall unterschiedlich sein – durch die Gesetzgebung unter Zugrundelegung des Standards einer „abstrakten Durchschnittsgemeinde" festzulegen. Im einzelnen ist zwischen den **Angelegenheiten des eigenen Wirkungsbereichs** (Art 118 Abs 2 und 3 B-VG) – zu diesen gehören auch die Tätigkeiten der Gemeinde als Träger von Privatrechten (Art 116 Abs 2 B-VG) – und den **Angelegenheiten des übertragenen Wirkungsbereichs** (Art 119 Abs 1 B-VG) zu unterscheiden.

a) Der eigene Wirkungsbereich

Als Angelegenheit des **eigenen** Wirkungsbereichs hat die nach der Kompetenzver- 319 teilung zuständige Bundes- oder Landesgesetzgebung alle diejenigen, aber auch nur diejenigen Angelegenheiten **ausdrücklich** zu bezeichnen, die die beiden Kriterien des Art 118 Abs 2 („Interesse" – „Eignung") erfüllen, insb jene, die demonstrativ in Art 118 Abs 3 B-VG angeführt sind. Beispielsweise muss in einer Bauordnung – bei sonstiger Verfassungswidrigkeit – festgelegt sein, dass große Teile dieses Landesgesetzes, nämlich die als „örtliche Baupolizei" zu qualifizierenden Angelegenheiten, von der Gemeinde „im eigenen Wirkungsbereich" zu vollziehen sind. Solche Bezeichnungsklauseln finden sich dementsprechend in großer Zahl in verschiedenen Gesetzen (zB § 94d StVO, § 337 GewO, § 85 AWG, § 41 UVP-G). Nicht als Angelegenheiten des eigenen Wirkungsbereichs dürfen die „örtliche Gemeinschaft" übersteigende Angelegenheiten bezeichnet werden (VfSlg 11307/1984).

Dies hat zur Konsequenz, dass für die zur Vollziehung berufenen Gemeindeorgane ausschließlich die **gesetzliche Bezeichnung** konstitutiv und maßgeblich ist. Hat die Gesetzgebung „zu viel" oder „zu wenig" bezeichnet, ist dies verfassungswidrig, was aber für die Gemeindeverwaltung unbeachtlich ist. Nur in einem Fall sind die Gemeindeorgane zu einer selbständigen Subsumtion berufen, nämlich im Fall der

Beschlussfassung über eine ortspolizeiliche Verordnung gem Art 118 Abs 6 B-VG: Da es sich um eine verfassungsunmittelbare Ermächtigung handelt, kann es nach hL und Rspr nicht zu einer „gesetzlichen Bezeichnung" kommen.

320 Die gesetzliche Bezeichnung als Angelegenheit des „eigenen Wirkungsbereiches" hat zur Folge, dass zur Vollziehung der betreffenden Agenden (ausschließlich) **Gemeindeorgane im organisatorischen Sinn** berufen sind, und zwar in erster Linie das im betreffenden Gesetz selbst angegebene Organ (zB § 2 nö BauO), ansonst das in der Gemeindeordnung subsidiär für die erstinstanzliche Wahrnehmung von Angelegenheiten des eigenen Wirkungsbereichs zuständig erklärte Organ. Soweit es sich um die Erlassung von Bescheiden handelt, ist bei Ortsgemeinden praktisch allenthalben die Zuständigkeit des **Bürgermeisters** als Behörde erster Instanz festgelegt, bei Statutarstädten des – vom Bürgermeister geleiteten (Rz 302) – Magistrats.

321 Typische Angelegenheiten des eigenen Wirkungsbereichs sind zB (vgl Weber in K/H zu Art 118 B-VG, Rz 11; Neuhofer 238; Mayer 343):

- die örtliche Baupolizei (zB Entscheidung über Baubewilligungen, Bauaufsicht, baupolizeiliche Aufträge)
- die örtliche Raumplanung (Erlassung von Flächenwidmungs- und Bebauungsplänen)
- die örtliche Sicherheitspolizei (Rz 261)
- die örtliche Straßenpolizei (zB auf Gemeindestraßen: Erlassung von Halte- und Parkverboten und von Geschwindigkeitsbeschränkungen, Festlegung von Wohnstraßen und Fußgängerzonen)
- die örtliche Marktpolizei (zB Regelung des Marktverkehrs, Vergabe von Standplätzen auf Märkten; vgl §§ 286ff GewO)
- die Ausübung der Diensthoheit gegenüber Gemeindebediensteten
- sowie als Beispiel für eine nicht in Art 118 Abs 3 B-VG genannte Angelegenheit die örtliche Abfallwirtschaft (insb Hausmüll- und Sperrmüllabfuhr, Problemstoffsammlung),
- schließlich die vielfältigen Angelegenheiten der Privatwirtschaftsverwaltung der Gemeinde.

322 Rein quantitativ betrachtet, dominieren in den Gemeinden nämlich bei weitem nicht die Aufgaben der obrigkeitlichen Verwaltung, sondern Aufgaben der **Daseinsvorsorge** (Wasserversorgung, Abwasserentsorgung, Abfallbeseitigung, Straßeninstandhaltung, öffentliche Beleuchtung, Schulen und Kindergärten, Krankenanstalten und Fürsorgeheime, Friedhöfe, Feuerwehr und Rettung, Kultur- und Sporteinrichtungen; vgl Neuhofer 407). Viele dieser Aufgaben gelten im finanzverfassungsrechtlichen Sinn als **Pflichtaufgaben** (VfSlg 12065/1989). In diesen Zusammenhängen kann es zwar auch hoheitliche Entscheidungen geben (zB Anschlusszwang an Wasserleitung, Befreiung von der „Biotonne", Abwassergebühren), geprägt wird die Verwaltungstätigkeit der Gemeinde aber durch die spezifisch „kommunalpolitischen" Aspekte dieser Fragen (Finanzierung der Kläranlage, Betrauung eines privaten Müllentsorgers, Errichtung eines Hallenbades, Förderung von Betriebsansiedlungen etc). In diesem Zusammenhang finden sich zahlreiche Unternehmungen: bei kleineren Gemeinden bilden Bauhof, Müllabfuhr und Friedhofsverwaltung „Regiebetriebe" oder „Eigenbetriebe" (als Teile des Magistrats oder als unselbständige Anstalten), selten finden sich selbständige Anstalten, häufig werden bei größeren Städten wirtschaftliche Aktivitäten auf Kapitalgesellschaften ausgegliedert (zB Gaswerke, Verkehrsbetriebe, allgemein: Stadt-

werke). Bisweilen werden gemeinsame Unternehmen mit Privaten errichtet („Public Private Partnership"), zB für Zwecke der Müllabfuhr oder der Abwasserentsorgung.

Nicht dem eigenen Wirkungsbereich zuzuzählen ist – nach nicht unproblematischem traditionellem, von der Rechtsprechung übernommenem Verständnis – auch auf den genannten Gebieten die Handhabung des Verwaltungsstrafrechts, das Vollstreckungswesen und das Enteignungswesen (zB Grundabtretung und Grundeinlösung). Nicht dem eigenen Wirkungsbereich zuzuzählen sind solche Angelegenheiten überdies dann, wenn sie von der Gemeinde „nicht innerhalb ihrer örtlichen Grenzen besorgt" werden können (Art 118 Abs 2 B-VG: zB gemeindegrenzen-überschreitendes Bauvorhaben). 323

Die Übertragung von Angelegenheiten des eigenen Wirkungsbereiches auf staatliche Behörden ermöglicht Art 118 Abs 7 B-VG (antragsbedürftige verfassungsunmittelbare Verordnung). Auf dieser Grundlage haben viele Gemeinden baupolizeiliche Angelegenheiten betreffend gewerbliche Betriebsanlagen – zur Ermöglichung des „one-stop-shop" – durch VO der LReg auf BH übertragen lassen (Bussjäger ÖGZ 8/2000, 12). Die betreffenden Angelegenheiten sind in der Folge nach den Regeln der staatlichen Verwaltung zu vollziehen (Rz 164). 324

Für die Wahrnehmung der Agenden des eigenen Wirkungsbereiches haftet die Gemeinde gemäß Art 23 B-VG selbst. Nach Art 22 B-VG sind auch Gemeindeorgane aktiv und passiv amtshilfelegitimiert (Rz 424); sie werden dann – je nachdem, in welchen Funktionsbereich das Ersuchen fällt – im eigenen oder im übertragenen Wirkungsbereich tätig. 325

b) Der übertragene Wirkungsbereich

Wenn schon einmal ein – im Vergleich zur BH relativ bürgernäherer – Verwaltungskörper besteht, so soll es möglich sein, ihm durch Bundesgesetz (Art 10 und 11 B-VG) oder Landesgesetz (Art 12 und 15 B-VG) auch weitere Aufgaben zu übertragen, die er sodann funktional entweder für den Bund (Art 10 B-VG) oder für das Land (Art 11, 12 und 15 B-VG) führt. Der Selbstverwaltungskörper wird insoweit im **übertragenen Wirkungsbereich** tätig. Hinsichtlich der Gemeinden legt Art 119 Abs 1 B-VG für diese Angelegenheiten – zwingend und ohne dass es einer gesetzlichen Wiederholung bedürfte – die **Organkompetenz des Bürgermeisters** fest (beachte allerdings Art 119 Abs 3 B-VG sowie Art 116a B-VG). Diese Zuständigkeit des Bürgermeisters wird ua durch jede gesetzliche Formulierung begründet, welche eine Aufgabe der Gemeinde nicht ausdrücklich als eine solche des „eigenen Wirkungsbereichs" bezeichnet (zB § 49 WRG, § 52 Abs 4 GewO; VfSlg 11612/1988). 326

Typische Beispiele des übertragenen Wirkungsbereichs sind die Zuständigkeiten des Bürgermeisters im Bereich 327

- des Meldewesens (§ 13 Abs 1 MeldeG),
- des Evidenzwesens im Bereich der Personenstands- und Staatsbürgerschaftsverwaltung (§ 59 Abs 1 PStG, §§ 41, 49 StbG) und der Wählerevidenzen (zB § 1 Abs 2 WEvG sowie die entsprechenden Bestimmungen des Landtags- und Gemeindewahlrechts)
- der Strafregisterbescheinigungen (§ 10 StrafregG)
- neuerdings des Fundwesens (§ 22 Abs 1a SPG)
- der Mitwirkung an Volkszählungen und an statistischen Erhebungen (§ 5 VolkszählungsG, § 7 Abs 1 BStatG)

- der Mitwirkung bei der Bekämpfung von Epidemien und Tierseuchen (§ 43 Abs 2 EpidemieG, § 20 TierseuchenG).

328 In diesen Angelegenheiten unterliegt der Bürgermeister den Weisungen jenes Bundes- bzw Landesorgans, das übergeordnet für die Führung des betreffenden Bereichs zuständig ist, also zB in Angelegenheiten des Meldewesens (unmittelbare Bundesverwaltung) der Sicherheitsdirektion, in Angelegenheiten der Personenstandsverwaltung (mittelbare Bundesverwaltung) des LH und in Angelegenheiten der Staatsbürgerschaftswesens (Landesverwaltung) der LReg.

Diese funktionelle Betrauung von Gemeindeorganen im organisatorischen Sinn mit „übertragenen" Angelegenheiten des Bundes und des Landes stellt eine besondere Form „**mittelbarer Verwaltung**" dar (Rz 207, 272). Sie ist mehr als eine bloße „Organleihe", da die Gemeinde für die wirksame Wahrnehmung der Agenden des übertragenen Wirkungsbereichs, insb für eine entsprechende Ausstattung des Gemeindeamts zu sorgen hat. Überdies hat die Gemeinde den allgemeinen Personal- und Amtssachaufwand zu tragen (Rz 123) und dementsprechend darf sich der Gemeinderat über die Führung der Angelegenheiten des übertragenen Wirkungsbereichs informieren. Andererseits führt die Übertragung nicht zu einem „Wechsel der Verbandskompetenz" (Rz 207), da die Angelegenheiten des übertragenen Wirkungsbereichs funktionell Aufgaben der übertragenden Gebietskörperschaft bleiben und den zuständigen Bundes- oder Landesorganen dementsprechend ein funktionelles Weisungs- und Aufsichtsrecht (Rz 384) zukommt. In Übereinstimmung damit hat die übertragende Gebietskörperschaft der Gemeinde (nur, aber doch) den besonderen Zweckaufwand zu ersetzen; die zuständige Gesetzgebung hat allerdings immer wieder Besonderes angeordnet (§ 2 F-VG; zB § 8 VolkszählungsG, § 12 WEvG, § 7 Abs 7 BStatG). Amtshaftungsrechtlich ist die Haftung der übertragenden Gebietskörperschaft als Rechtsträger gegeben: der Bürgermeister handelt insoweit als „ihr Organ".

5. Die Sonderstellung von Wien

329 Wien bildet seit seiner Abspaltung von Niederösterreich auf Grund von paktierten Bundes- und Landesverfassungsgesetzen (1922) nicht nur eine selbständige **Gemeinde**, sondern auch ein selbständiges **Bundesland**. Dieser Status wurde nach der reichsdeutschen Zeit 1954 durch neuerliche paktierte Verfassungsgesetze wiederhergestellt. Überdies ist Wien gleichzeitig ein „politischer Bezirk" und damit auch eine Statutarstadt (Rz 301). In den Organen Wiens fallen daher mehrere Organfunktionen in der Form einer „Realunion" zusammen (Ponzer/Cech, Die Verfassung der Bundeshauptstadt Wien, 2002; Moritz in K/H zu Art 108 B-VG):

- jener Organwalter, der die Funktion eines Bürgermeisters wahrzunehmen hat, hat auch die Funktionen eines Landeshauptmanns und des Leiters einer Bezirksverwaltungsbehörde auszuüben,
- jene Organwalter, die den Stadtsenat (Rz 315) bilden, bilden auch die Landesregierung,
- jene Organwalter, die zu „amtsführenden Stadträten" (dh mit der Leitung von Ressorts betrauten Mitgliedern des Stadtsenats; VfSlg 13335/1993) gewählt wurden, üben auch Funktionen als (amtsführende) Landesräte aus,
- der Magistrat (als Gemeindeamt und als BVB) übt auch die Funktionen des Amts der Landesregierung aus.

Die korrekte Funktionsbezeichnung, zB im Briefkopf sowie in Fertigungsklauseln, ist daher in Wien von großer Bedeutung. Angemerkt sei, dass in Wien der Gemeindehaushalt auch für die budgetären Erfordernisse von Wien als Land vorzusorgen hat (§ 132 Abs 4 WStV; VfSlg 5637/1967).

Die dominierende Stellung in den Angelegenheiten des eigenen Wirkungsbereichs (§§ 105, 108 WStV) wie auch des übertragenen Wirkungsbereiches sowie als BVB (Art 109 B-VG, §§ 107, 133 Abs 1 WStV) kommt in Wien dem **Magistrat als Behörde erster Instanz** zu. An seiner „Spitze" (§ 90 WStV) steht der Bürgermeister als sein „Vorstand" (§ 91 Abs 2 WStV). Erstinstanzliche Bescheide ergehen daher „Für den Magistrat" (zB VwSlg 14770 A/1997). 330

Als besondere Gemeindeorgane sind für jeden der 23 Bezirke ein Bezirksvorsteher und eine kollegiale Bezirksvertretung eingerichtet. Sie haben mit den „Bezirken" im bundesverfassungsrechtlichen Sinn nichts zu tun. Für bestimmte Angelegenheiten sind „Magistratische Bezirksämter" eingerichtet; es handelt sich um territoriale Ausgliederungen, um eine Form von Dekonzentration des „Magistrats"; dementsprechend bestehen weder eine Leitungsbefugnis der vorgenannten Bezirksorgane noch Rechtsmittelzüge zum Magistrat. 331

Sowohl für die Angelegenheiten des eigenen Wirkungsbereichs als Gemeinde als auch für die Agenden der Landesverwaltung bestehen als besondere Rechtsmittelbehörden (vgl Art 111 B-VG) die **Bauoberbehörde** (§ 138 wr BauO) und die **Abgabenberufungskommission** (§ 203 wr Abgabenordnung). Daneben besteht auch in Wien ein **unabhängiger Verwaltungssenat** (Rz 298). Im Übrigen ist hinsichtlich der Angelegenheiten des eigenen Wirkungsbereichs der **Berufungssenat** (§§ 48aff und 99 WStV) eingerichtet. Die Geschäfte dieser Kollegialbehörden werden vom Magistrat geführt. 332

Während der Berufungssenat ein – letztinstanzlich entscheidendes – kollegiales Gemeindeorgan bildet, sind die beiden erstgenannten – ebenfalls weisungsfrei und letztinstanzlich entscheidenden – Kollegialorgane nach herrschender Ansicht als Landesorgane im organisatorischen Sinn eingerichtet. Da sie im Verband des Magistrats als Amt der Landesregierung eingerichtet sind, unterliegen sie – ebenso wie der UVS – der organisatorisch-dienstrechtlichen Aufsicht der LReg.

In den Angelegenheiten des übertragenen Wirkungsbereiches und der Bezirksverwaltung ist – soweit nicht eine Zuständigkeit der Bauoberbehörde, der Abgabenberufungskommission oder des UVS gegeben ist – hinsichtlich des Landesvollziehungsbereichs die LReg (§§ 132, 111 WStV), hinsichtlich des Bundesvollziehungsbereichs der Bürgermeister als LH (Art 109 B-VG) als Berufungsbehörde zuständig. 333

Eine „Gemeindeaufsicht" im Sinn einer Aufsicht durch Nicht-Wiener Organe über die Führung des eigenen Wirkungsbereichs durch die Wiener Gemeindeverwaltung gibt es in Wien nicht, da Art 119a B-VG gemäß Art 112 B-VG in Wien nicht anwendbar ist. Dementsprechend gibt es in Wien weder aufsichtsbehördliche Genehmigungsvorbehalte noch das Institut der „Vorstellung". Kompensierend sieht Art 142 Abs 2 lit f B-VG ein besonderes Anklagerecht gegen Gemeindeorgane vor. 334

6. Gemeindeverbände

Gemeinden können sich zu Vereinen (VfSlg 8844/1980) oder zT zu (teilrechtsfähigen öffentlich-rechtlichen) Verwaltungsgemeinschaften (VwGH 15. 3. 1995, 94/01/0189) zusammenschließen und sie können im Rahmen ihrer Privatrechtsfähigkeit gemeinsame Unternehmen (zB Skilift-GmbH) gründen. 335 [336]

337 Um auch einen Übergang von rechtlicher Zuständigkeit und Verantwortlichkeit auf einen gemeinsamen Verband mit selbständiger Rechtspersönlichkeit zu ermöglichen, sieht Art 116a B-VG die Errichtung von **Gemeindeverbänden** vor. Solche Gemeindeverbände bestehen als Schulerhaltungs-, Kindergarten-, Krankenanstalten-, Straßenerhaltungs-, Rettungs-, Abfallwirtschafts- und Standesamtsverbände in großer Zahl. Sie können nicht nur durch die Gesetzgebung oder durch Verordnungen staatlicher Behörden gebildet werden, sondern auch durch genehmigungsbedürftige öffentlich-rechtliche Vereinbarungen der betroffenen Gemeinden selbst. Damit es nicht zu einer „schleichenden" unterverfassungsgesetzlichen Bildung von „Gebietsgemeinden" (vgl Art 120 B-VG) kommt, dürfen Gemeindeverbände jeweils nur „zur Besorgung **einzelner** Aufgaben" geschaffen werden; das kann dazu führen, dass dieselben Gemeinden gleichzeitig zu mehreren (rechtlich gesonderten) Gemeindeverbänden zusammengeschlossen sind. In Gemeindeverbände dürfen auch Statutarstädte einbezogen werden. Mit der Bildung eines Gemeindeverbands wird die Zuständigkeit des Gemeindeverbands und die Organzuständigkeit seiner Organe im Sinn von Art 83 Abs 2 B-VG und gleichzeitig die Unzuständigkeit der bisher zuständigen Gemeindeorgane bewirkt; Rechtsakte des Gemeindeverbandes sind diesem und nicht den beteiligten Gemeinden zuzurechnen.

338 Da seit 1984 ausschließlich die Landesgesetzgebung zur Regelung der Organisation von Gemeindeverbänden zuständig ist (Art 116a Abs 4 B-VG), finden sich die organisationsrechtlichen Bestimmungen in den Gemeindeordnungen bzw in besonderen GemeindeverbandsG der Länder. Sie sehen regelmäßig mindestens eine **Verbandsversammlung** (Verbandsausschuss) als kollegiales Organ, das durch Vertreter der beteiligten Gemeinden (im Allgemeinen wenigstens die Bürgermeister) gebildet wird, und einen **Verbandsobmann** als von der Verbandsversammlung zu wählendes monokratisches Organ vor. Generelle Akte (Satzungen, Tarifordnungen u dgl) sind von der Verbandsversammlung zu beschließen und in einer dem Verband zurechenbaren Weise kundzumachen. Bescheide sind vom Obmann zu erlassen; er hat dabei gemäß Art II Abs 2 lit B Z 29 EGVG das AVG anzuwenden. Soweit nicht eine eigene „Geschäftsstelle" zu errichten ist, wird häufig eine Gemeinde als „verbandsführende Gemeinde" mit der Führung der Verwaltungsgeschäfte des Verbandes betraut; die Tätigkeit des Gemeindeamts ist dann insoweit den Verbandsorganen und über diese dem Gemeindeverband zuzurechnen.

339 Bei den wahrzunehmenden – jeweils „einzelnen" – Aufgaben, die in den Materiengesetzen zu regeln sind (Art 116a Abs 5 B-VG), kann es sich um solche aus dem eigenen oder dem übertragenen Wirkungsbereich der beteiligten Gemeinden handeln, um hoheitliche oder nicht-hoheitliche (VwSlg 14591 A/1997) Agenden, um Angelegenheiten aus dem Verbandsbereich des Bundes oder des Landes. Beispielsweise sieht § 60 PStG die Führung der Matriken als Angelegenheit des übertragenen Wirkungsbereichs aus dem Vollziehungsbereich des Bundes vor, § 47 StbG die Führung der Staatsbürgerschaftsevidenz als Angelegenheit des übertragenen Wirkungsbereichs aus dem Vollziehungsbereich des Landes, §§ 17f oö AbfallwirtschaftsG und §§ 67ff kntn Abfallwirtschaftsordnung die Hausmüllentsorgung als Angelegenheit des eigenen Wirkungsbereichs aus dem Vollziehungsbereich des Landes.

340 Soweit Angelegenheiten aus dem übertragenen Wirkungsbereich wahrzunehmen sind, ist das zuständige Bundes- oder Landesorgan übergeordnet und dem – an die Stelle des Bürgermeisters (Art 119 B-VG) tretenden – Verbandsobmann gegenüber weisungsbefugt. Soweit Angelegenheiten aus dem eigenen Wirkungsbereich wahrzunehmen sind, endet der Instanzenzug bei den Verbandsorganen, doch finden je nach

dem Funktionsbereich das Bundes- oder das Landes-Aufsichtsrecht – einschließlich der Möglichkeit der Vorstellung (Rz 446) – entsprechend Anwendung (Art 119a Abs 10 B-VG).

Gemeindeverbände bilden Körperschaften des öffentlichen Rechts (zB Art 20 Abs 3 und 4, Art 23 B-VG), nicht aber „Gebietskörperschaften" (Rz 85). Ihre Organe sind, wie gezeigt, nicht „Organe der Gemeinden" (Art 22 B-VG); Recht und Pflicht zur Amtshilfe besteht daher nur nach Maßgabe der besonderen Gesetze. 341

7. Andere Selbstverwaltungskörper

Bei den in der Bundesverfassung an mehreren Stellen angesprochenen „Kammern" (A/F/H Rz 32.006) handelt es sich um „gesetzliche berufliche Interessenvertretungen". Sie stellen allesamt **Körperschaften des öffentlichen Rechts** dar. Die **Pflichtmitgliedschaft** der betroffenen Berufstätigen besteht im Allgemeinen kraft Gesetzes. Größere Interessenvertretungen sind oft ihrerseits gegliedert in mehrere eigenständige Körperschaften auf Bundes- und auf Landesebene (zB Wirtschaftskammer Österreich – Landes-Wirtschaftskammern, Österreichische Ärztekammer – Ärztekammern in den Bundesländern). 342

Die Organwalter werden – direkt oder indirekt – von den Mitgliedern bestellt. **Typische Organe** der jeweiligen Körperschaft sind zumeist: 343

- eine Vollversammlung (Hauptversammlung oä), welche aus den Mitgliedern oder aus gewählten Delegierten besteht, als beschlussfassendes (insb auch satzungsgebendes) Organ,
- ein Vorstand (Ausschuss oä) als von der Vollsammlung gewähltes Organ, dem die laufende Geschäftsführung obliegt und zu dessen Gunsten meist eine kompetenzrechtliche Generalklausel statuiert ist,
- ein Präsident, der in den Kollegialorganen den Vorsitz führt, das Kammeramt leitet und die Kammer nach außen vertritt; er wird durch einen oder mehrere Vizepräsidenten vertreten.

Typische Aufgaben sind die Vertretung der gemeinsamen Interessen der Mitglieder nach außen, die Entscheidung über die Berufszulassung (Eintragung in eine „Liste"), die Ordnung der Berufsausübung, die Schlichtung von Streitigkeiten zwischen Mitgliedern, die Ausübung der Disziplinargewalt, zum Teil die finanzielle Sicherung von Mitgliedern und ihren Angehörigen in Fällen der Not oder des Alters („Wohlfahrtsfonds"). 344

Die Selbstverwaltungsangelegenheiten (autonomen Angelegenheiten, Angelegenheiten des eigenen Wirkungsbereichs) sind **eigenverantwortlich**, dh frei von Weisungen staatlicher Behörden wahrzunehmen. Die betreffenden Gesetze verwenden nur zum Teil die Begriffe „eigener" bzw „übertragener Wirkungsbereich" (zB §§ 7, 19f, 31f WKG), sodass der Umfang der Wirkungsbereiche mitunter interpretativ zu ermitteln ist. 345

Den Trägern der beruflichen Selbstverwaltung kommen (auch) **hoheitliche** Befugnisse zu, und zwar gegenüber ihren Mitgliedern (zB Satzungen, Umlagen- und Disziplinarbescheide, Rückstandsausweise), zum Teil auch gegenüber Nicht-Mitgliedern (Aufnahme in die Liste, weitere gesetzlich übertragene Aufgaben, zB § 9 EnergielenkungsG, § 11 MusterschutzG, § 12 GütBefG). 346

Eine wesentliche Komponente ist – wie bei jeder Selbstverwaltung – die **Autonomie**, dh das Recht zur „Selbstgesetzgebung" in der Form von **Satzungen**. Darauf 347

nimmt schon die Bundesverfassung Bezug, wenn sie die Wahlen zu den „satzungsgebenden Organen" der gesetzlichen beruflichen Vertretungen der Kontrolle durch den VfGH unterwirft (Art 141 Abs 1 lit a B-VG). Diese Satzungen können Fragen der Organisation und des Verfahrens zum Gegenstand haben (zB Geschäftsordnungen der Kollegialorgane, Wahlordnung, Disziplinarordnung, Schlichtungsordnung), aber auch
[348] Berufspflichten der Mitglieder (Standesordnung, Honorarordnung) und Fragen der Finanzierung (Umlagenordnung, Beitragsordnung).

349 Die gesamte berufliche Selbstverwaltung unterliegt der auf die Wahrung der Gesetzmäßigkeit und der Funktionsfähigkeit gerichteten **staatlichen Aufsicht**. Dabei sind hinsichtlich der dem Art 10 B-VG zuzuordnenden Kammern Organe des Bundes (im Allgemeinen der ressortzuständige BMin), hinsichtlich der dem Art 11 B-VG zuzuordnenden Kammern (zB Ärztekammern in den Ländern) und der dem Art 15 B-VG zuzuordnenden Kammern (zB Landes-Landwirtschaftskammern) Landesorgane (im Allgemeinen die LReg) als Aufsichtsbehörden zuständig. Die Aufsichtsmittel entsprechen der Art nach den auch im Gemeinderecht vorgesehenen (Rz 395).

350 Organe von Körperschaften des öffentlichen Rechts – daher auch die Organe der beruflichen Selbstverwaltung – unterliegen den Regeln der Amtsverschwiegenheit und der Auskunftspflicht (Art 20 Abs 3 und 4 B-VG). Eine Verpflichtung zur aktiven und passiven Amtshilfe ergibt sich zwar nicht aus Art 22 B-VG, wohl aber aus den einzelnen Kammergesetzen. Als Körperschaften des öffentlichen Rechts haften die Kammern nach Amtshaftungsrecht für das Verhalten ihrer Organe in Vollziehung der Gesetze in Angelegenheiten des eigenen Wirkungsbereiches (§ 1 AHG). Mit Wirkung vom 1. 1. 1997 wurde hinsichtlich der Gebarung der gesetzlichen beruflichen Selbstverwaltung mit eigenen Mitteln – abweichend vom allgemeinen Konzept (Art 126b Abs 3, 127 Abs 4 und 127a Abs 4 B-VG) – eine eingeschränkte Rechnungshofkontrolle eingeführt (Art 127b B-VG).

350a Mit dem UniG wurde mit Wirkung vom 1. 1. 2004 ein ähnliches Modell auch für die staatlichen **Universitäten** eingeführt. Sie bilden selbständige „juristische Personen öffentlichen Rechts" (§ 4 UniG; wohl Anstalten des öffentlichen Rechts). Sie werden durch eigene Organe (Rektor, Rektorat und Senat sowie die in autonomen Satzungen und Organisationsplänen vorgesehenen weiteren Organe) verwaltet. Der Universitätsrat (§ 21 UniG) ist an der Schnittstelle zwischen verbandsinterner Aufsicht und Steuerung sowie dezentraler staatlicher Aufsicht angesiedelt. Der zuständige BMin übt die staatliche Rechtsaufsicht (§ 45 UniG) aus. Die Universitätsorgane werden (jedenfalls) in Vollziehung der Studienvorschriften hoheitlich tätig (§ 51 Abs 1 UniG); in behördlichen Angelegenheiten ist das AVG anzuwenden (§ 46 Abs 1 UniG); für Schadenszufügung im Rahmen der hoheitlichen Verwaltung haftet der Bund (§ 49 Abs 2 UniG). Die Gebarung der Universitäten unterliegt der Kontrolle durch den Rechnungshof (§ 15 Abs 6 UniG). Amtsverschwiegenheit (§ 48 UniG) ist explizit angeordnet, Auskunftspflicht und Amtshilfe dagegen nicht.

VII. Zusammenhänge zwischen Organen

A. Allgemeines

In den vorstehenden Übersichten ist die Vielzahl an Dienststellen der Verwaltung sichtbar geworden, die in Österreich eingerichtet sind. Diese Dienststellen stehen nicht isoliert und beziehungslos nebeneinander, sie sind vielmehr auf verschiedene Weise untereinander „**vernetzt**", sei es, dass das eine Organ befugt ist, das andere anzuweisen oder wenigstens zu beaufsichtigen, sei es, dass gegen Entscheidungen eines Organs ein anderes angerufen werden kann, sei es, dass sie auf eine bestimmte Weise zusammenwirken oder einander unterstützen sollen. 351

In der Folge soll auf diese Zusammenhänge näher eingegangen werden, zunächst auf hierarchische Zusammenhänge, insb auf Leitungsbefugnisse (B.–E.), sodann auf Fragen der Koordination und Kooperation (F.), schließlich auf die wiederum vertikalen Formen einer Verbindung von Behörden durch verschiedene Arten von Rechtsmittelzügen (G.–I.).

Nur hingewiesen werden kann im vorliegenden Zusammenhang darauf, dass unzählige Gemeinschaftsrechtsakte nationale Verwaltungsstellen zur Unterstützung der Europäischen Kommission insb durch Übermittlung von Daten und Informationen sowie durch Amtshilfe, aber auch zur Kooperation zwischen den zuständigen Verwaltungsstellen der Mitgliedstaaten verpflichten (Hatje 128). Den Gemeinschaftsorganen kommt jedoch weder eine Weisungsbefugnis gegenüber nationalen Verwaltungsstellen (Rz 221) noch die Stellung von Rechtsmittelbehörden gegenüber Entscheidungen nationaler Verwaltungsstellen zu. 352

B. Die Leitungsgewalt

Aus dem **demokratischen Grundprinzip** im Sinn der österreichischen Bundesverfassung (Art 1 B-VG) ergibt sich, so überraschend das zunächst klingen mag, das Gebot einer grundsätzlich **hierarchisch organisierten Verwaltung**. Demokratie – im verfassungsrechtlichen Sinn verstanden als das Prinzip eines staatsorganisatorischen **Legitimationszusammenhanges** – fordert, dass alles Staatliche im organisatorischen und im funktionellen Sinn, also jedes Staatsorgan und jeder Staatsakt, direkt oder indirekt auf Volkswillen rückführbar sein muss (vgl Oberndorfer in K/H zu Art 1 B-VG). Jedes Staatsorgan muss daher entweder unmittelbar durch das Volk bestellt werden (Wahl) oder von einem Organ bestellt werden, das seinerseits durch das Volk bestellt wurde. Ein Bundesbediensteter wird zB von einem Bundesminister ernannt, der vom Bundespräsidenten ernannt wurde, welcher seinerseits vom Volk gewählt wurde. Ein Landesbediensteter wird vom Landeshauptmann ernannt, der vom Landtag gewählt wurde, welcher seinerseits vom Volk gewählt wurde. Den organisatorischen Zusammenhängen stehen die funktionellen zur Seite: Ein Strafmandat etwa gründet in der Feststellung eines Verstoßes gegen eine Verordnung, welche auf einem Gesetz 353 basiert, das seinerseits von einer gesetzgebenden Körperschaft beschlossen wurde, die dazu vom Volk gewählt worden ist.

354 Ein Baustein in diesem staatsorganisatorischen Demokratiekonzept ist zum einen die Gesetzesbindung der Verwaltung (Art 18 B-VG) – die Staatswillensbildung obliegt primär den allgemeinen Vertretungsorganen, nicht der Verwaltung –, zum anderen die Verantwortlichkeit der Verwaltung gegenüber den allgemeinen Vertretungskörpern (für den Bundesbereich insb Art 52 B-VG). Da die parlamentarische Verantwortlichkeit an die obersten Verwaltungsorgane (Rz 133) anknüpft, muss sichergestellt sein, dass diese obersten Verwaltungsorgane das Handeln der nachgeordneten Behörden und Ämtern so effektiv zu **steuern** vermögen, dass sie dieses Handeln auch tatsächlich gegenüber dem jeweiligen Parlament verantworten können (VfSlg 16400/2001, Korinek ÖZW 2000, 49, Raschauer in K/H zu Art 19 B-VG, Rz 54). Beispielsweise muss der BMF dem Nationalrat auf Anfrage zu jedem einzelnen Vorgang in einem Finanzamt Rede und Antwort stehen.

Im Grundsatz ist die Verwaltung nach diesem Modell daher nicht eine Ansammlung von selbständigen Organen und Organwaltern, sondern ein gegliederter, hierarchisch strukturierter Apparat, an dessen Spitze leitungsbefugte und dafür parlamentarisch verantwortliche oberste Organe stehen. Zur Sicherung dieser Steuerung ist die den obersten Organen unterstellte Verwaltung hierarchisch organisiert und durch den **Leitungszusammenhang** charakterisiert. Art 20 Abs 1 B-VG bestimmt: „Unter der Leitung der obersten Organe des Bundes und der Länder führen nach den Bestimmungen der Gesetze auf Zeit gewählte Organe oder ernannte berufsmäßige Organe die Verwaltung. Sie sind, soweit nicht **verfassungsgesetzlich** anderes bestimmt wird, an die **Weisungen** der ihnen vorgesetzten Organe gebunden und diesen für ihre amtliche Tätigkeit **verantwortlich**".

355 Allein aus dem Umstand, dass die Bundesverfassung Abweichungen vom Grundsatz der Weisungsgebundenheit der unterstellten Organe und Organwalter nicht durch einfachgesetzliche Bestimmungen, sondern nur durch Verfassungsgesetz zulässt, und dass sich diese Regelung im Allgemeinen Teil der Bundesverfassung findet, erkennt man bereits den hohen Rang, den der Verfassungsgesetzgeber diesem Organisationsmodell zugeordnet hat.

356 Innerhalb der einzelnen **Dienststellen**, also der einzelnen organisatorisch selbständigen Organisationseinheiten (Rz 129), kommt dem jeweils mit der Funktion des Dienststellenleiters betrauten Organwalter die Leitungsbefugnis zu. Hierarchische Zusammenhänge bestehen in gleicher Weise zwischen übergeordneten und nachgeordneten Dienststellen. Insbesondere bildet jedes oberste Organ mit seinen nachgeordneten Dienststellen (untergeordneten Ämtern; Rz 133) ein **„Ressort"**.

357 Die den obersten Organen damit übertragene allgemeine **Leitungsgewalt** gegenüber den Mitarbeitern ihrer eigenen Dienststelle und gegenüber den nachgeordneten Dienstellen umfasst mehrere Komponenten, nämlich

- die Weisungsbefugnis,
- die Organisationsgewalt,
- die Personalhoheit,
- die Finanzhoheit und
- die allgemeine Aufsichtsbefugnis.

358 Verwaltung im funktionellen Sinn – sei dies Hoheitsverwaltung, sei dies nichthoheitliche Verwaltung – wird nicht nur von der Verwaltung im organisatorischen Sinn geführt, auf Grund besonderer Zurechnungsregeln führen auch andere Personen und

Einrichtungen – als Organe im nur funktionellen Sinn – die Verwaltung. Diese Personen und Einrichtungen sind definitionsgemäß nicht in einen Ressortzusammenhang eingegliedert. Dementsprechend können sie nur in **funktioneller**, dh funktionell beschränkter, Weise Weisungs- und Aufsichtsbefugnissen anderer Verwaltungsorgane unterstehen.

C. Weisungszusammenhänge

1. Weisungsbefugnis und Weisungsgebundenheit

Ausdrücklich als Element der Leitungsgewalt genannt ist in Art 20 Abs 1 B-VG die 359
Weisung; auf die Weisung als Handlungsform der Verwaltung ist im Rahmen des Funktionsrechts einzugehen (Rz 974).

Das Verhältnis zwischen einem weisungsbefugten und einem weisungsgebundenen Organ (Organwalter) kann man als **Weisungszusammenhang** bezeichnen. Die aktive Seite des Weisungszusammenhanges bedeutet ein Anordnen-Dürfen, die passive Seite ein Befolgen-Sollen. Weisungszusammenhänge bestehen sowohl innerhalb von Verwaltungsstellen, insb zwischen dem Leiter der Verwaltungsstelle gegenüber den der Verwaltungsstelle zugeordneten Personen (Organwaltern iwS; Rz 102), als auch zwischen Verwaltungsstellen, insb zwischen obersten Organen und nachgeordneten Ämtern. Dementsprechend können Weisungen sowohl an bestimmte Personen als auch an bestimmte Organe – in einer den jeweiligen Organwalter verpflichtenden Weise – adressiert sein.

Weisungszusammenhänge können organisationsrechtliche, dienstrechtliche und 360
funktionsrechtliche Grundlagen haben. **Organisationsrechtlich** korrespondiert der Weisungsbefugnis des vorgesetzten Organs (Organwalters) gemäß Art 20 Abs 1 B-VG die Weisungsgebundenheit des nachgeordneten Organs (Organwalters). Ein gleichartiges Unterstellungsverhältnis wird durch eine **funktionelle** Betrauung begründet: Grundsätzlich soll auch ein solches „Führen der Verwaltung" durch nicht der Organisationshierarchie (dem Ressortverband) angehörige Personen staatlicher Steuerung unterliegen (vgl noch Rz 374). Die Gehorsamspflicht – als Amtspflicht des Nachgeordneten – ist rein organisationsrechtlich bzw funktionsrechtlich nur selten mit Sanktionsmöglichkeiten verknüpft. Letztlich bleibt im Allgemeinen nur das Instrument der Funktionsenthebung (Absetzung, Abberufung). Weitergehende Rechtsfolgen ergeben sich allerdings, wenn die Amtspflicht bei einem öffentlich Bediensteten gleichzeitig eine Dienstpflicht bildet: **Dienstrechtlich** (Art 21 Abs 3 B-VG) korrespondiert die Gehorsamspflicht der öffentlich Bediensteten (zB § 44 Abs 1 BDG) der Weisungsbefugnis und Weisungspflicht (vgl § 45 Abs 1 BDG) des – meist durch dienstrechtliche Bezugnahme auf das Organisationsrecht konstituierten – „Vorgesetzten". Auf diese Weise wird die organisationsrechtliche Weisungsgebundenheit bei öffentlich Bediensteten auch zum Inhalt einer dienstrechtlichen Pflicht und damit disziplinarrechtlich [361–362]
mittelbar sanktioniert.

In organisatorischen Hierarchien – dh innerhalb von Dienststellen oder zwischen 363
übergeordneten und nachgeordneten Dienststellen desselben Ressorts – ist nicht nur von der Möglichkeit einer „Weisungskette", sondern als Grundsatz von einem „Weisungsdurchgriff" auszugehen: Erforderlichenfalls darf zB das oberste Organ den Referenten einer nachgeordneten Dienststelle unmittelbar anweisen (anders zB § 58 Abs 2 AMSG).

In Geschäftsordnungen von Dienststellen ist bisweilen (innenrechtlich) vorgesehen, dass Weisungen „im Wege über die Zwischenvorgesetzten" zu erteilen sind, damit auch diese Zwischenvorgesetzten Kenntnis vom Inhalt der Weisung erlangen. Dies ändert nichts daran, dass eine (unter Übergehung des Zwischenvorgesetzten) unmittelbar erteilte Weisung für den betreffenden Organwalter verbindlich ist.

364 Anders zu sehen sind Fälle mittelbarer Verwaltung, wie insb gemäß Art 103 Abs 1 und 3 B-VG: Weisungen des BMin in Angelegenheiten der mittelbaren Bundesverwaltung haben stets an den LH zu ergehen. Dabei handelt es sich nicht um eine bloße „Ordnungsvorschrift", sondern um den verfassungsrechtlichen Respekt vor der besonderen staatsrechtlichen Stellung des LH. Der LH ist sodann gegebenenfalls verpflichtet, die Weisung „weiterzugeben" oder in eigene Weisungen zu „transformieren". –
[365] Ähnlich zu sehen ist auch die Stellung des Bürgermeisters in den Angelegenheiten des übertragenen Wirkungsbereiches gemäß Art 119 Abs 3 B-VG.

366 Die Weisungsbefugnis ist das zentrale Steuerungsmittel in administrativen Zusammenhängen. Ausschlaggebend ist dabei die „Befugnis" zur Weisungserteilung, nicht die tatsächliche Erteilung förmlicher Weisungen; dies erfolgt nämlich, wie allenthalben konstatiert wird, sehr selten. Im Allgemeinen muss es, ebenso wie in wirtschaftlichen Unternehmungen, als Orientierung für die Mitarbeiter einer Organisationseinheit genügen, dass der Vorgesetzte seine Vorstellungen über eine gebotene Vorgangsweise (zB in einer Abteilungsbesprechung) zum Ausdruck bringt oder dass er einen Mitarbeiter im Einzelfall zur Rede stellt. Letztlich ist nämlich der Vorgesetzte seinem Vorgesetzten bzw das oberste Verwaltungsorgan der gesetzgebenden Körperschaft nicht nur für die gesetzmäßige, sondern auch für die – politisch zu bewertende – „richtige" Verwaltungsführung verantwortlich.

Immer wieder wurde die Frage aufgeworfen, wie sich die Weisungsbindung mit der Gesetzesbindung der Verwaltungsorgane verträgt, ob mit dem Mittel der Weisung nicht die Gesetzesbindung „unterlaufen" werden könne. Diese Fragestellung ist reichlich naiv. In einer Organisationsform, die sich bewusst vom Organisationsmodell der richterlichen Unabhängigkeit unterscheidet und am Modell politischer und politisch verantwortlicher Steuerung orientiert ist, in der es also Befehlsgeber und Befehlsempfänger gibt, ist im Konfliktsfall eben nicht das Rechtsverständnis des Befehlsempfängers, sondern jenes des Befehlsgebers maßgeblich. Mit einem Unterlaufen der Gesetzesbindung hat das nichts zu tun, wohl aber damit, dass Gesetzesbindung nicht die Garantie der Rechtsauffassung jedes einzelnen Organwalters bedeutet.

367 **Managementsysteme** im Bereich der Verwaltung zielen auf die Selbständigkeit von Entscheidungsbefugnissen und Approbationsbefugnissen der einzelnen Sachbearbeiter ab (*management by delegation, management by objectives* ua). Das eine verstärkte Orientierung an Kundeninteressen anstrebende „**New Public Management**" („Wirkungsorientierte Verwaltungsführung") koppelt die gemeinsame schriftliche Festlegung des zu Erreichenden („Leistungsvereinbarung") mit einer erhöhten „Autonomie" dieser Verwaltungseinheiten hinsichtlich der Entscheidung über die Organisation und die zugewiesenen Personal- und Finanzressourcen („Flexibilisierungs-Klauseln", zB § 17a BHG); vgl sinngemäß auch §§ 32aff ASVG, § 13 UniG. Ein „Reporting", „Monitoring" und „Controlling" dient dann der Beurteilung des Grades der Zielerreichung. Als Besonderheit der Managementsysteme im Bereich der staatlichen Verwaltung steht aber (erforderlichenfalls) das Weisungs- und Letztentscheidungsrecht des Vorgesetzten rechtlich stets außer Streit.

2. Weisungsfreie Verwaltungsführung

368 Die Bundesverfassung ordnet der Weisungsbefugnis in organisatorischen Zusammenhängen der Verwaltung, wie erwähnt, einen hohen Stellenwert zu. Von den den obersten Verwaltungsorganen unterstellten Organen dürfen gemäß Art 20 Abs 1 B-VG

Verwaltungsgeschäfte **weisungsfrei** nur dann geführt werden, wenn dies „**verfassungsgesetzlich**" vorgesehen ist. Die einfachgesetzliche Freistellung von Weisungen ist unzulässig.

Bundes- bzw landesverfassungsrechtliche Regelungen, aus denen sich die **Weisungsfreiheit** von Organen bzw Organwaltern ergibt, finden sich aus unterschiedlichen Gründen in verschiedenen Formen:

a) Dass die obersten Verwaltungsorgane – wenn verfassungsrechtlich nichts anderes angeordnet ist (insb Art 103 B-VG) – keinen fremden Weisungen unterliegen, ergibt sich aus ihrer Stellung als „oberste" Organe (Rz 133).

b) Aus politischen Motiven grundsätzlich weisungsfrei gestellt wurden die proporzmäßig besetzten (Art 81a Abs 3 B-VG) Landes- und Bezirksschulräte (in Wien der Stadtschulrat; Art 81a Abs 2 B-VG) durch die Verfassungsbestimmung des Art 81a Abs 4 B-VG.

c) Durch besondere Verfassungsbestimmungen in den betreffenden Gesetzen 369 wurden die Organwalter bestimmter Rechtsmittelbehörden in Dienstrechts- und Abgabensachen „in Ausübung dieses Amtes" weisungsfrei gestellt (zB §§ 29 Abs 6, 88 Abs 4, 102 Abs 2 und 207j Abs 7 BDG, § 14 Abs 10 Statut des ausw Dienstes, §§ 15, 72a HeeresdiszG, § 10 Abs 1a GleichbehG, §§ 24 und 37 Bundes-GleichbehG, §§ 7, 18 Abs 3 und 34 Abs 1 AusschreibungsG und nunmehr die Berufungssenate des unabhängigen Finanzsenats, zB § 271 BAO, sowie vergleichbare landesrechtliche Bestimmungen).

d) Nach bisherigem Verständnis (vgl aber nunmehr VfSlg 15885, 16048/2000, 370 16189/2001[1]) stellte Art 20 Abs 2 B-VG eine allgemeine „Hülse" für die einfache Bundes- und Landesgesetzgebung bereit: Sieht ein solches Gesetz vor, dass einem Kollegialorgan wenigstens ein Richter (nicht notwendig als Vorsitzender) angehört **und** statuiert es ausdrücklich, dass die Bescheide des Kollegialorgans nicht der Aufhebung oder Abänderung im Verwaltungsweg unterliegen, so hat dies kraft Verfassung zur Folge, dass auch die übrigen Mitglieder in Ausübung dieser Funktion weisungsfrei sind (sog „**Kollegialbehörden mit richterlichem Einschlag**"); Bestimmungen von der Art des § 14 Abs 6 SignaturG haben nur normwiederholende Bedeutung. Da die Mitglieder dieses Gremiums allein auf Grund eines solchen Gesetzgebungsakts weder unabsetzbar noch unversetzbar sind, bildet ein solches Kollegialorgan daher weder ein Gericht im Sinn von Art 83 Abs 1 B-VG (Rz 125) noch auch ein *tribunal* im Sinn von Art 6 EMRK (Rz 203), wohl aber kann es ein vorlagebefugtes „Gericht" im Sinn von Art 234 EGV sein (Rz 485, 630).

e) Dadurch, dass die Organwalter überdies im betreffenden Gesetz auf bestimmte 371 Zeit für unabsetzbar und unversetzbar erklärt wurden, wurden solche Kollegien (zwar nicht zu Gerichten, wohl aber) zu **Tribunalen** im Sinn von Art 6 EMRK aufgewertet (näher Öhlinger Rz 650), zB die Agrarsenate, die Landesgrundverkehrskommissionen, der Oberste Patent- und Markensenat, die Datenschutzkommission, der Umweltsenat,

---

1 Vgl Rittler ÖJZ 2000, 401; Wiederin wbl 2001, 460. Zu den primär die **verfassungsrechtliche** Zulässigkeit betreffenden Fragen der „Kollegialbehörden mit richterlichem Einschlag" vgl auch VfSlg 15972/2000, VfGH 25. 9. 2002, B 110/02 sowie Grabenwarter in K/H zu Art 20/2 B-VG und zu Art 133/4 B-VG; Grabenwarter/Holoubek ZfV 2000, 194; Rill ZfV 2000, 556; Bussjäger ZfV 2001, 15; Funk, Holoubek, Lang und Mayer in Holoubek/Lang (Hg), Senatsverfahren in Steuersachen (2001); Hiesel ÖJZ 2001, 321; Rill ZfV 2001, 386.

die Landesvergabeämter und -senate, die Übernahmekommission, der Börseberufungssenat, mehrere Disziplinarsenate nach Kammerrecht, die Schiedskommissionen nach ASVG, nach Krankenanstaltenrecht und nach Sozialhilferecht und die regulierungsbehördlichen Kommissionen (Rz 255a).

Ohne Beiziehung von Richtern (und damit in Abweichung von Art 20 Abs 2 B-VG) wurden die **unabhängigen Verwaltungssenate** in den Ländern, der unabhängige Bundesasylsenat und das Bundesvergabeamt als Tribunale eingerichtet.

372 f) Einzelne Verwaltungsorgane, die bestimmte Interessen gegebenenfalls auch „gegen die Verwaltung" vertreten sollen, wurden durch besondere Verfassungsbestimmungen weisungsfrei gestellt, wie zB die Beschwerdekommission nach § 6 WehrG, der Fachhochschulrat nach § 7 Abs 4 FHStG, der Akkreditierungsrat nach § 4 Abs 2 UniAkkrG, der Menschenrechtsbeirat gemäß § 15a SPG, der Generaldirektor für Wettbewerb als Leiter der Bundeswettbewerbsbehörde (§ 1 WettbG), die Flugunfalluntersuchungsstelle (§ 4 Abs 4 Flugunfall-UntersG), die meisten der landesgesetzlich eingerichteten Umweltanwaltschaften sowie Kinder- und Jugendanwaltschaften und zuletzt va die Finanzmarkt Austria. Erwähnt seien auch die Rechtsschutzbeauftragten (§ 62a SPG, § 57 MBG, § 149n StPO) und die verschiedenen Ethikkommissionen.

g) Eine funktionelle Weisungsfreiheit kann sich aus einzelnen Grundrechten ergeben, wie dies zB für „beamtete Wissenschaftler" aus Art 17, 17a StGG abgeleitet wird.

h) Strukturell ähnliche, wenngleich nicht verfassungsrechtlich begründete, funktionelle Überlegungen werden verschiedentlich im Hinblick auf die Rechtsstellung von Amtssachverständigen angestellt. Sie unterliegen nach dieser Sicht zwar fremder Leitung, doch sollen sich Weisungen nicht auf den Inhalt des von ihnen zu erstellenden Gutachtens beziehen dürfen. Möglicherweise auf Grund eines solchen Verständnisses ist der fachliche Leiter der Statistik Österreich nach der einfachgesetzlichen Bestimmung des § 38 Abs 1 BStatG „in allen wissenschaftlich methodischen Fragen" weisungsfrei.

373 i) Die Führung der Justizverwaltung der ordentlichen Gerichte unterliegt grundsätzlich den Weisungen des BMJ, doch sind die in diesem Bereich tätigen gerichtlichen Kollegialorgane durch Art 87 Abs 2 B-VG weisungsfrei gestellt (Rz 196). Die Führung der Justizverwaltung des VfGH und des VwGH wird nunmehr als weisungsfrei beurteilt (§ 13 VfGG in Gefolge von VfSlg 15762/2000).

Die Führung der parlamentarischen Hilfsgeschäfte (Art 30 Abs 3–6 B-VG) durch Parlamentsbedienstete unterliegt allein den Weisungen des Präsidenten des Nationalrats als insoweit selbständiges „oberstes Organ" (vgl Rz 135). Ähnlich zu sehen ist die Führung der administrativen Geschäfte der Volksanwaltschaft und des Rechnungshofs und vergleichbarer Einrichtungen der Länder.

3. Die Weisungsgebundenheit der Verwaltung im funktionellen Sinn

Art 20 Abs 1 B-VG stellt nicht nur organisatorisch auf dienststellen- und ressortmäßige Organisationshierarchien ab – insofern wäre die verfassungsrechtliche Verankerung des Weisungsprinzips gar nicht erforderlich –, er stellt vielmehr tatbestandsmäßig ausdrücklich auf das „**Führen der Verwaltung**" ab. Dies ist in mehrfacher Hinsicht von Bedeutung:

a) Zum Ersten ist mit der herrschenden Lehre daraus zu folgern, dass auch die **Selbstverwaltung** einer verfassungsrechtlichen Grundlage bedarf. Die Weisungsfreiheit in den Angelegenheiten des eigenen Wirkungsbereichs eines Selbstverwaltungskörpers (Rz 310) bedeutet nämlich Weisungsfreiheit bei der Wahrnehmung von Angelegenheiten, die entweder aus dem Vollziehungsbereich des Bundes oder aus jenem der Länder stammen (Rz 206). Hinsichtlich der **Gemeinden** ergibt sich die verfassungsrechtliche Verankerung der Weisungsfreiheit der zuständigen Organe in den Angelegenheiten des eigenen Wirkungsbereiches zweifelsfrei aus Art 118 Abs 4 B-VG. Aus dem Regelungszweck des Art 116a Abs 3 B-VG kann man Entsprechendes für Organe der Gemeindeverbände vertreten, die Angelegenheiten des eigenen Wirkungsbereiches ihrer Mitglieder wahrnehmen. 374

Hinsichtlich der „beruflichen Vertretungen" (**Kammern**) folgen Lehre und Rechtsprechung der von Werner (ÖJZ 1950, 437, 441 und 1951, 157) entwickelten Deutung, derzufolge in den entsprechenden verfassungsrechtlichen Kompetenztatbeständen ein bestimmtes Modell weisungsfreier Kammerselbstverwaltung seinen Niederschlag und damit seine verfassungsrechtliche Anerkennung gefunden hat. Ähnliches wird im Hinblick auf die parzielle Weisungsfreiheit der Sozialversicherungsträger (Art 10 Abs 1 Z 11 B-VG) und der Universitäten („Schulwesen" im Sinn von Art 14 Abs 1 B-VG) vertreten. Umstritten ist nach wie vor die Zulässigkeit der Weisungsfreiheit sonstiger traditioneller Selbstverwaltungskörper, die im Verfassungstext keinerlei Niederschlag gefunden haben, wie zB der Jägerschaften und der Agrargemeinschaften; der VfGH hat die Zulässigkeit weisungsfreier Verwaltung auch in solchen Fällen in VfSlg 8215/1977 als verfassungsrechtlich in bestimmten Grenzen vorausgesetzt angenommen (Raschauer in K/H zu Art 20/1 B-VG, Rz 81). Keine verfassungsrechtliche Grundlage konnte bisher für die offenbar bloß beschränkte Weisungsgebundenheit der Agrarmarkt Austria (§§ 25–27 AMA-G) und des Arbeitsmarktservice (§ 59 AMSG) angegeben werden. Ohne verfassungsrechtliche Grundlage erlaubt auch § 10 Abs 2 Gesundheits- und ErnährungsSG nur begründete schriftliche Weisungen.

b) Zum Zweiten müssen Weisungsbefugnisse – soweit nicht verfassungsgesetzlich anderes bestimmt wird – auch dann bestehen, wenn durch besondere Bestimmungen nicht in die Hierarchie eingegliederte Organe (Organe im bloß funktionellen Sinn) mit der Führung der Verwaltung betraut, also **funktionell beigezogen** werden. Für den Bereich der mittelbaren Bundesverwaltung ordnet Art 103 Abs 1 B-VG dementsprechend die Weisungsgebundenheit des funktionell betrauten LH an, ebenso Art 119 Abs 1 und 2 B-VG die Weisungsgebundenheit des Bürgermeisters bei der Vollziehung des übertragenen Wirkungsbereichs der Gemeinde. Soweit mit der erstinstanzlichen Wahrnehmung von Agenden der mittelbaren Bundesverwaltung Bundesbehörden anstelle von Landesbehörden betraut werden, unterliegen diese wiederum den Weisungen des LH. In Fällen mittelbarer Verwaltung im Verhältnis zwischen Gebietskörperschaften geht somit mit der funktionellen Betrauung eine – allerdings **funktionell** auf die Wahrnehmung der betreffenden Aufgabe **beschränkte** – **Weisungsbindung** einher. Daher wird auch nicht in Zweifel gezogen, dass Verwaltungsorgane des Bundes, die gemäß Art 97 Abs 2 B-VG bei der Vollziehung der Länder mitwirken, insoweit den Weisungen der obersten Landesorgane unterliegen, obwohl im Text der Bundesverfassung davon nicht die Rede ist (vgl A/F/H Rz 31.025). 375

Das Gleiche gilt zB in den Fällen des § 41 Abs 2 StbG, dh der erstinstanzlichen Zuständigkeit der diplomatischen Vertretungsorgane (Bundesorgane im organisatorischen Sinn) in den Angelegenheiten des Staatsbürgerschaftswesens (Landesverwaltung im funktionellen Sinn gemäß Art 11

Abs 1 Z 1 B-VG). Kein Weisungszusammenhang ist dagegen – schon wegen der richterlichen Unabhängigkeit – gegeben, wenn auf der Grundlage von Art 97 Abs 2 B-VG Gerichte mit Angelegenheiten der Landesvollziehung betraut werden. Es tritt vielmehr ein „Wechsel der Verbandskompetenz" ein. Ganz allgemein ist festzuhalten, dass in Fällen eines Wechsels der Verbandskompetenz (Rz 207) Weisungszusammenhänge zum früheren Kompetenzträger nicht gegeben sind.

376 c) Zum Dritten ist Weisungsgebundenheit auch in den Fällen geboten, in denen Private – als **Beliehene** (Rz 110) – als funktionelle Organe Verwaltungsaufgaben wahrnehmen. Diese (früher umstrittene) Regel entspricht seit VfSlg 14473/1996 (betr Austro Control GmbH) ständiger Rechtsprechung. Da Art 20 Abs 1 B-VG auf „Private" – allgemein: auf außerhalb der Staatsorganisation stehende Rechtsträger – nach Auffassung des VfGH nicht unmittelbar anwendbar ist, muss die Weisungsgebundenheit positivrechtlich hergestellt werden (VfSlg 15946/2000). Sie besteht also nur nach Maßgabe der einschlägigen Verwaltungsvorschriften. Solche Bestimmungen finden sich da und dort (zB § 2 Austro Control-G, § 5 Abs 6 RundfunkgebG, §§ 40 Abs 2, 41 Abs 3 SchiffG, weiters § 36 Abs 2 Z 3 FSG: Weisungsgebundenheit der zur Ausstellung von internationalen Führerscheinen ermächtigten Vereine; vgl auch § 81 Abs 4 KFG). Mitunter erlauben diese Bestimmungen den obersten Organen nur „begründete, schriftliche Weisungen" (zB § 21 Abs 2 Energie-RegulierungsbehördenG, § 79 Abs 2 EisbG), bleiben also insoweit hinter Art 20 Abs 1 B-VG zurück.

377 d) Ganz allgemein werfen Fälle echter „**Ausgliederung**", insb der Errichtung von **Kapitalgesellschaften** zum Zweck der Führung von Aufgaben der Gebietskörperschaften (als bloße Organisationsprivatisierung) in diesem Zusammenhang schwierige Fragen auf. Durch eine solche Errichtung wird nicht nur eine eigene Rechtsperson als selbständiger Zurechnungsendpunkt geschaffen; insb bei Errichtung einer Aktiengesellschaft kommt dem Vorstand der Gesellschaft nach der – satzungsmäßig nicht abdingbaren – Bestimmung des § 70 AktG Weisungsfreiheit zu. Beispielsweise wurde die – anstaltsähnlich organisierte – Oesterreichische Nationalbank durch das NBG bewusst als „Aktiengesellschaft" errichtet, um ihrer Geschäftsführung die erforderliche Unabhängigkeit von den politischen Bundesbehörden zu sichern. Bei einer GmbH darf der Gesellschaftsvertrag zwar Weisungsbefugnisse von Gesellschaftern vorsehen, doch geht diese gesellschaftsrechtliche Weisungsbefugnis nie so weit wie die in Art 20 Abs 1 B-VG verankerte Weisungsbefugnis.

378 Nach heute herrschender Auffassung hat sich die Gebietskörperschaft, soweit mit der Ausgliederung öffentliche Aufgaben übertragen werden (also keine Aufgabenprivatisierung erfolgt), die nach Art der Aufgabe erforderlichen „**Ingerenzmöglichkeiten**" zu sichern (vgl Korinek ÖZW 2000, 52). In der Gesetzgebungspraxis finden sich spezialgesetzliche Weisungsbindungen (zB § 5 Abs 4 Spanische HofreitschuleG, § 15 Abs 3 IAF-G), eingeschränkte Weisungsbindungen (zB § 12 Abs 1 BundesbahnG: „allgemeine Weisungen"), Steuerungen mit den Mitteln des Gesellschaftsrechts (vgl auch § 1 BundesforsteG) und Weisungsfreistellungen (zB § 31a Abs 7 FOG: Bundesmuseen im Rahmen ihrer Privatrechtsfähigkeit). Die bei den ausgegliederten Unternehmen als nachgeordnete Dienstbehörden für die zugewiesenen öffentlich Bediensteten eingerichteten „Ämter" (als Dienstbehörden erster Instanz) sind durchgehend weisungsgebunden (zB § 125 Abs 1 UniG). Hinsichtlich der sonstigen Beleihung mit hoheitlichen Aufgaben, für deren Wahrnehmung der ausgliedernde Rechtsträger immerhin haftet, ist dies nicht durchgehend erfolgt (vgl dazu auch Kucsko-Stadlmayer 15. ÖJT I/1, 43, 67).

D. Weitere Aspekte der Leitungsbefugnis

Die Weisungsbefugnis ist gewiss der am schärfsten hervorspringende Aspekt der Leitungsgewalt, sie ist gleichwohl nur ein Teil. Mit jeder Weisungsbefugnis geht Aufsichtsbefugnis einher, Aufsichtsbefugnis kann aber auch unabhängig von Weisungszusammenhängen gegeben sein. Mit organisatorischen Leitungszusammenhängen sind überdies die Personal-, Organisations- und Finanzhoheit (Rz 357) verbunden. 379

Von daher erklärt sich, dass auch alle weisungsfreien nicht-obersten Organe – einschließlich der Gerichte – der Aufsicht eines obersten Organs unterliegen. Dieses Unterworfen-Sein unter eine fremde Leitungsgewalt darf nämlich nicht bloß „negativ" im Sinn von „Beeinflussung" gesehen werden: Auch weisungsfreie Organe benötigen Hilfspersonal und Sachmittel (zB Kanzlei, Räume) und sind daher auf fremde Personal-, Organisations- und Finanzentscheidungen angewiesen. Im Einzelnen ist freilich zu unterscheiden: Ist bei einem Verwaltungsorgan nicht mehr als seine Weisungsfreiheit angeordnet, so bleibt die (auch) fachliche Aufsichtsbefugnis der (organisatorisch, dienstrechtlich oder funktionell) übergeordneten Organe uneingeschränkt. Kommt dem Verwaltungsorgan dagegen – wie dies bei den Tribunalen im Sinn von Art 6 EMRK erforderlich ist – volle fachliche Unabhängigkeit zu, dann verbleibt den organisatorisch übergeordneten Organen – ebenso wie bei den Gerichten – nur eine auf die Personal-, Organisations- und Finanzverwaltung eingeschränkte Aufsichtsbefugnis (zB Gebarungsrevision, Einhaltung der Dienstpflichten).

Die **Aufsichtsbefugnis** gründet zum einen im **Organisationsrecht**: Die vorgesetzten Organe (Organwalter) sind befugt und verpflichtet, sich über die Verwaltungsführung durch die nachgeordneten Organe (Organwalter) zu unterrichten; sie können jederzeit Akten und Berichte anfordern, Inspektionsorgane entsenden und sich auf jede andere Weise über die Verwaltungsführung der Unterstellten unterrichten. Es ist die organisationsrechtliche Amtspflicht der Unterstellten, diese Beaufsichtigung zu dulden und daran mitzuwirken. Soweit die Unterstellten einem Dienstrecht unterliegen, hat die Aufsichtsbefugnis überdies **dienstrechtliche** Grundlagen: der Dienstvorgesetzte ist befugt und verpflichtet, darauf zu achten, dass seine Mitarbeiter ihre dienstlichen Aufgaben ordnungsgemäß erfüllen (zB § 45 Abs 1 BDG), und gegebenenfalls die (disziplinäre) Verantwortlichkeit der Mitarbeiter geltend zu machen. Die Bediensteten haben den Vorgesetzten auch im Rahmen seiner Aufsichtsführung zu unterstützen (zB § 44 Abs 1 BDG). In Fällen funktioneller Unterstellung geht die Aufsichtsbefugnis mit der Weisungsbefugnis einher; sie ist dementsprechend ebenfalls funktionell auf die ordnungsgemäße Führung der übertragenen Verwaltungsaufgaben beschränkt. 380

Im Hinblick auf die „normale Verwaltung", dh soweit die Verwaltungsführung in Ressortzusammenhängen den Inhalt der Dienstpflichten von öffentlich Bediensteten bildet, wird herkömmlich zwischen der **Fachaufsicht** und der **Dienstaufsicht** unterschieden. Die Dienstaufsicht ist personenbezogen, die Fachaufsicht ist sachbezogen. 381

Diese Unterscheidung hängt damit zusammen, dass gemäß **Art 21 Abs 3 B-VG** die **Diensthoheit** gegenüber den Bediensteten des Bundes grundsätzlich von den obersten Organen des Bundes und gegenüber den Bediensteten der Länder grundsätzlich von den obersten Organen der Länder ausgeübt wird und dass gemäß Art 118 Abs 3 Z 2 B-VG die Ausübung der Diensthoheit gegenüber Gemeindebediensteten (dem zuständigen Organ) der Gemeinde zukommt. Die „Diensthoheit" umfasst die Befugnis, die Einhaltung der Dienstpflichten geltend zu machen, und zwar unabhängig vom Inhalt der wahrzunehmenden Aufgaben. Demgegenüber gründet die Fachaufsicht auf

Art 20 Abs 1 B-VG; sie umfasst die Befugnis, auf das Fachliche bezogen die ordnungsgemäße Wahrnehmung bestimmter Aufgaben geltend zu machen.

382 Im Allgemeinen fallen innerhalb von Verwaltungsstellen beide Komponenten zusammen: Der organisatorisch Vorgesetzte ist zugleich dienstrechtlicher Dienstvorgesetzter, er kontrolliert die Untergebenen daher sowohl in fachlicher als auch in dienstlicher Hinsicht und weist sie erforderlichenfalls entsprechend an. In anderen Fällen (Zuteilungen, Unterstellungen) können sie aber auseinanderfallen. Beispielsweise sind die Angehörigen der Bundesgendarmerie Bundesbedienstete und unterliegen daher der Dienstaufsicht des Bundes. Die als Bezirksgendarmeriekommanden eingerichteten Einheiten sind allerdings den BVB beigegeben (unterstellt). Dementsprechend unterliegen sie (der fachlichen Weisungsbefugnis und) der Fachaufsicht des betreffenden Leiters der BVB. Die Fachaufsicht bezieht sich dabei ausschließlich auf die der Gendarmerie aus dem sachlichen Wirkungsbereich der BVB übertragenen Aufgaben, wie zB die „Besorgung der Sicherheitsverwaltung" (§ 9 Abs 1 SPG);
[383] dienstliche (ebenso wie organisatorische) Anordnungsbefugnisse bezüglich der Gendarmerie verbleiben dagegen in der gendarmerieinternen Leitungshierarchie.

384 Auch in den Fällen mittelbarer Verwaltung fallen diese Befugnisse auseinander: In den Angelegenheiten der mittelbaren Bundesverwaltung darf der BMin dem LH nur auf die Wahrnehmung dieser Aufgaben bezogene Weisungen erteilen und ihn nur in dieser Hinsicht beaufsichtigen. Ob für diese Zwecke eigene Organisationseinheiten des Landes errichtet werden, ob solche Agenden auf Landesräte übertragen werden, wie die betrauten Landesdienststellen personell und sachlich ausgestattet werden und vor allem die Ausübung der Diensthoheit über die eingesetzten Landesbediensteten sind der Anordnung und Aufsicht des Bundes entzogen.

385 Soweit für das Verwaltungshandeln keine bestimmte Zuständigkeitsordnung außenwirksam festgesetzt ist, umfasst die Leitungsgewalt des Übergeordneten auch die Befugnis, Aufgaben (mandatsweise) an Nachgeordnete zu übertragen oder sie generell oder im Einzelfall an sich zu ziehen (Evokationsrecht). Für das formalisierte Verwaltungshandeln, insb für Hoheitsakte, ist dagegen die außenwirksame **Zuständigkeitsverteilung** charakteristisch (funktionelle Zuständigkeit; vgl Rz 147). Die hierarchische Verwaltungsaufsicht – sei dies ressortintern, sei dies verbandsübergreifend – setzt in diesen Fällen nicht die Zuständigkeitsordnung außer Kraft, sie umfasst daher keine Kassations- oder Arrogationsbefugnisse bzw kein Eintrittsrecht in der Sache: Das aufsichtsbefugte Organ kann – außerhalb verfahrensrechtlicher Bestimmungen von der Art des § 68 AVG – nicht allein kraft seiner Aufsichtsbefugnis einmal getroffene Entscheidungen aufheben oder anstelle der nachgeordneten Dienststelle entscheiden; es kann nur mit dem Mittel der Weisung darauf hinwirken, dass das nachgeordnete Organ von den ihm zu Gebote stehenden Mitteln Gebrauch macht.

386 Die weiteren über die Weisungsbefugnis hinausgehenden Komponenten der Leitungsgewalt sind gesetzlich gestaltbar. Zudem unterliegen sie auf Grund und nach Maßgabe der besonderen Organisations-, Haushalts- und Dienstrechtsgesetze der Gestaltung des Ressortleiters, im Übrigen des jeweiligen Dienststellenleiters. Allgemeine Aussagen über diese Aspekte der Steuerung der Verwaltung können daher an dieser Stelle nicht gemacht werden.

[387]

E. Staatsaufsicht über die Selbstverwaltung

388 Selbstverwaltung bedeutet, wie erwähnt, die Befugnis zur „eigenverantwortlichen" (Rz 309) Besorgung „eigener" Verwaltungsagenden; sie ist damit in einer Gegenüber-

stellung zur „staatlichen Verwaltung" (des Bundes und der Länder) zu sehen. Mit dem Gesichtspunkt der „Eigenverantwortlichkeit" kommt zum Ausdruck, dass die mit der Führung der Selbstverwaltungsagenden betrauten Organe grundsätzlich nur den Mitgliedern oder Organen des Selbstverwaltungskörpers gegenüber verantwortlich sind, nicht aber der staatlichen Verwaltung.

Nun handelt es sich allerdings auch bei der Selbstverwaltung um gesetzesgebundene (Art 18 Abs 1, 118 Abs 4 B-VG) Verwaltungsführung, insb um die Wahrnehmung von öffentlichen Aufgaben. Vor allem aus zwei Gründen ist daher eine spezifische staatliche Überwachung der Selbstverwaltung eingerichtet: Einerseits soll Selbstverwaltung nicht „Kantönligeist" bedeuten; gerade in Verbänden, deren Organe sich auf eine eigenständige demokratische Legitimation berufen können, ist der strikte Vollzug „fremder" Gesetze mitunter nicht bedingungslos gewährleistet. Andererseits ist Selbstverwaltung tendenziell „parteilich"; für den Schutz der jeweiligen Minderheiten ist die distanziert-anonyme staatliche Verwaltung oft günstiger als das Unterworfen-Sein unter das Mehrheitsregime in personalisierten Verbänden. Nach ihrem **Aufsichtsziel** strebt daher Staatsaufsicht über Selbstverwaltung die umfassende und aktuelle Wahrung der Rechtmäßigkeit, insb der **Gesetzmäßigkeit** der Führung der Selbstverwaltung an. „Gesetzmäßigkeit" bedeutet zunächst Hintanhaltung von Verstößen gegen die maßgeblichen Rechtsvorschriften. Da der Selbstverwaltung auch Pflichten zukommen, ist auch die Erfüllung der „ihr obliegenden Aufgaben" (Art 119a Abs 1 B-VG, § 2 BdGemAufsG) Teil dieser Rechtmäßigkeitskontrolle. In einem weiteren Schritt gelangt man zu der Beurteilung, dass häufig auch die Voraussetzungen für die Wahrnehmung der Selbstverwaltungsaufgaben gewährleistet werden sollen (zB bei gleichzeitigem Rücktritt mehrerer Funktionäre); insoweit kann man in der Sicherung der **Funktionsfähigkeit** des Selbstverwaltungskörpers ein zweites Aufsichtsziel sehen. Bei manchen Selbstverwaltungskörpern, jedenfalls bei den Gemeinden, bildet auch die **Wirtschaftlichkeitskontrolle** (Art 119a Abs 2 B-VG: Sparsamkeit, Wirtschaftlichkeit, Zweckmäßigkeit) ein Aufsichtsziel. Bei echten Selbstverwaltungskörpern (anders zB § 449 ASVG) ist der Staat allerdings **nie** zu einer **Zweckmäßigkeitskontrolle** berufen. 389

[390]

Die hier zu besprechende Staatsaufsicht ist zu unterscheiden von den verschiedenen Formen der Rechtskontrolle (zB VfGH, VwGH, Datenschutzkommission, Landesvergabekontrolle gem Art 14b Abs 6 B-VG) und der Gebarungskontrolle durch Rechnungshöfe. Beispielsweise besteht die VO-Kontrolle durch die Aufsichtsbehörde zusätzlich zu jener durch den VfGH und die Gebarungskontrolle durch die LReg zusätzlich zu jener durch die Rechnungshöfe.

Vor allem bei der territorialen Selbstverwaltung dienen mehrere **Beschränkungen** der Staatsaufsicht der Wahrung der Eigenverantwortlichkeit: 391

- Die staatliche Aufsicht ist selbst an das Gesetz, insb an die gesetzlich vorgegebenen Aufsichtsmittel und Aufsichtsziele, gebunden.
- Sie darf grundsätzlich nur der Sicherung der Rechtmäßigkeit, nicht Fragen der Zweckmäßigkeit des Selbstverwaltungshandelns dienen.
- Sie darf grundsätzlich nur zu einer kassatorischen, dh aufhebenden, nicht aber zu einer reformatorischen Entscheidung (in der Sache) führen (vgl jedoch zur „Ersatzvornahme" noch unten).
- Nicht zuletzt ist die Staatsaufsicht – kraft ihres Eingriffscharakters – an den Grundsatz der Verhältnismäßigkeit (Rz 665) gebunden. Neben Elementen des Opportunitätsprinzips (Rz 674) gilt das Übermaßverbot: es darf nur das gelindeste zum Ziel führende Aufsichtsmittel zum Einsatz gebracht werden.

392 Die Wahrnehmung einer solchen staatlichen Aufsicht stellt staatliche Verwaltung, insb Hoheitsverwaltung dar. Sie unterliegt dementsprechend auch der Haftung gemäß Art 23 B-VG. Die Ausübung der Aufsicht erfolgt im öffentlichen Interesse; grundsätzlich kommt daher niemandem ein subjektives öffentliches Recht (Rz 1124) auf die Wahrnehmung der staatlichen Aufsicht zu.

393 Rechtlich am weitesten ausgebildet ist die staatliche Aufsicht im Hinblick auf **Gemeinden** (Art 119a B-VG). Sie ist auf die Angelegenheiten des **eigenen** Wirkungsbereiches (Rz 319) – unter Einschluss der kommunalen Wirtschaftsverwaltung – bezogen. Nicht einer staatlichen Aufsicht unterworfen ist, wie erwähnt (Rz 334), die Gemeindeverwaltung in Wien. Die Ausübung der Aufsicht ist **kompetenzrechtlich** geteilt (Art 119a Abs 3 B-VG):

- Sie kommt dem Bund zu, soweit es um die Wahrnehmung von Angelegenheiten aus dem Vollziehungsbereich des Bundes geht (zB die örtliche Marktpolizei und die örtliche Gesundheitspolizei gemäß Art 118 Abs 3 Z 6 und 7 B-VG, aber etwa auch die in §§ 28, 85 AWG geregelte Problemstoffsammlung).
- Sie kommt dem betreffenden Land zu, soweit es um die Wahrnehmung von Angelegenheiten aus dem Vollziehungsbereich des Landes geht (dies betrifft im Wesentlichen die übrigen Angelegenheiten des Art 118 Abs 3 B-VG, aber etwa auch die im betreffenden Landes-AWG geregelte Haus- und Sperrmüllsammlung).
- Und sie kommt dem betreffenden Land zu, soweit es um die allgemeine Aufsicht über die Gemeinde (insb Wirtschaftlichkeitskontrolle) und um Tätigkeiten im Bereich der kommunalen Wirtschaftsverwaltung geht (Art 119a Abs 2 B-VG).

394 Auszuüben ist die staatliche Gemeindeaufsicht durch „**Behörden der allgemeinen staatlichen Verwaltung**“ (Art 119a Abs 3 B-VG). Nach üblichem Verständnis handelt es sich dabei um die BVB und um jene Behörden, denen das AdLReg als gemeinsame Dienststelle beigegeben ist, also den LH und die LReg. Für Zwecke der Aufsicht des Bundes können also die BH und der LH, für Zwecke der Aufsicht des Landes die BH und die LReg gesetzlich herangezogen werden, im Hinblick auf Statutarstädte der LH bzw die LReg.

§ 3 Abs 1 BdGemAufsG beruft für seinen Bereich den LH, ermächtigt ihn allerdings zu einer mandatsweisen Betrauung der BH. Aufsichtsbehördliche Entscheidungen ergehen daher im Namen des LH; ein weiterer Instanzenzug ist grundsätzlich ausgeschlossen (§ 12 Abs 4 BdGemAufsG). Im Hinblick auf Statutarstädte und Gemeindeverbände (§ 1 Abs 4 BdGemAufsG) gilt dasselbe.

Hinsichtlich der Aufsicht durch das Land finden sich verschiedene Modelle: Nach § 79 bgld GemO und § 115 Abs 1 tir GemO ist im Regelfall die BH als Aufsichtsbehörde berufen, nach § 86 Abs 1 nö GemO und nach § 92 vlbg GemeindeG zum Teil die BH, zum Teil die LReg, nach anderen GemO die LReg. Soweit die LReg als Aufsichtsbehörde zuständig ist, ist sie verschiedentlich zur mandatsweisen Betrauung der BH befugt. Bei den Statutarstädten ist naturgemäß die LReg zuständig, ebenso ganz überwiegend bei den Gemeindeverbänden.

Als **Aufsichtsmittel** sind insb vorgesehen:

395 a) Das **Auskunfts- und Einschaurecht** (Art 119a Abs 4 B-VG). Es ist sachlich umfassend – insb hinsichtlich der Kontrolle der gesamten Gebarung durch das Land –, bezieht sich aber nur auf konkrete Einzelfälle (VfSlg 14394/1995). Darüber hinaus sehen GemO die Pflicht zur Einberufung von Sitzungen von Kollegialorganen

auf Verlangen der Aufsichtsbehörde sowie die Möglichkeit der Entsendung von Vertretern der Aufsichtsbehörde in Sitzungen des Gemeinderats vor.

b) Die Pflicht zur **Vorlage von Verordnungen** (Art 119a Abs 6 B-VG). Die Vorlagepflicht bezieht sich auf bereits „erlassene" – und daher nicht auf genehmigungspflichtige (unten c) – Verordnungen (Durchführungsverordnungen und selbständige Rechtsverordnungen) und soll die Möglichkeit der (zeitgerechten) Kassation bei Rechtswidrigkeit (unten d) sichern. 396

c) Der **Genehmigungsvorbehalt** (Art 119a Abs 8 B-VG, § 14 F-VG). Im Allgemeinen sehen die GemO vor, dass das Eingehen erheblicherer finanzieller Verpflichtungen der Genehmigung der Aufsichtsbehörde bedarf. Nach den ROG sind insb auch Flächenwidmungsplanänderungen genehmigungspflichtig. Die beantragte Genehmigung kann nur erteilt oder verweigert werden, der genehmigungspflichtige Akt kann von der Aufsichtsbehörde nicht „abgeändert" werden. 397

d) Die **Kassation** von Beschlüssen und Akten der Gemeinde (Art 119a Abs 6 und 7 B-VG). Speziell angesprochen ist die Kassation der angezeigten Verordnungen (oben b) mittels Verordnung der Aufsichtsbehörde wegen Rechtswidrigkeit (zB VfSlg 15298/1998). Bei der Aufhebung von (formell rechtskräftigen) Bescheiden durch aufsichtsbehördlichen Bescheid (zB VwSlg 15526 A/2000) handelt es sich – auch wenn verschiedentlich auf § 68 AVG verwiesen wird – nicht um eine Aufhebung iS von § 68 Abs 3 und 4 AVG; letztlich gelten aber vergleichbare Grundsätze (insb Verhältnismäßigkeit; vgl auch den Grundsatz der Schonung der Rechte Dritter). In länderweise unterschiedlichem Umfang können auch sonstige Beschlüsse aufsichtsbehördlich behoben und sonstige Maßnahmen untersagt werden. Der aufhebende Akt (ggf eine Verordnung) muss bei sonstiger Rechtswidrigkeit begründet werden. 398

e) Die **Ersatzvornahme** bei Säumigkeit (Art 119a Abs 7 B-VG). Da es sich um eine Aufsichtsmaßnahme „in der Sache" handelt (die nach Art 119a Abs 7 B-VG nur in Fällen „unbedingter Notwendigkeit" zulässig ist), sehen die einzelnen Regelungen zunächst eine bescheidförmige Aufforderung zur Nachholung des Versäumten binnen angemessener Frist vor. Nach fruchtlosem Verstreichen dieser Frist kann das Versäumte – ob es sich um einen Hoheits- oder um einen Privatrechtsakt handelt – auf Kosten der Gemeinde von der Aufsichtsbehörde gesetzt werden: der Bescheid oder die Verordnung der Aufsichtsbehörde gelten dann als entsprechende Akte der säumigen Gemeinde. 399

f) Die **Auflösung** von Gemeindeorganen und die **Absetzung** von Organwaltern (Art 119a Abs 7 B-VG). Ausdrücklich angesprochen ist die mit Bescheid zu verfügende Auflösung des Gemeinderates; sie kommt zB in Betracht, wenn der Gemeinderat arbeitsunfähig geworden ist und dient insoweit dem Funktionsschutz, sie kommt aber – bei Versagen anderer Aufsichtsmittel – auch als *ultima ratio* in Betracht und hat insoweit Sanktionscharakter. Grundsätzlich ist sodann ein Regierungskommissär (in der Regel ein Jurist der Aufsichtsbehörde) zu bestellen, dessen Funktion die einstweilige Führung der laufenden und unaufschiebbaren Gemeindeagenden ist, und sind von der Aufsichtsbehörde ehetunlich Neuwahlen auszuschreiben. Ähnlich zu sehen ist die in § 13 BdGemAufsG und in einzelnen GemO vorgesehene Möglichkeit, den Bürgermeister oder Mitglieder des Gemeindevorstands des Amts zu entheben (zB § 102 stmk GemO). 400

g) Vereinzelt sehen GemO auch die Verhängung von **Ordnungsstrafen** gegen Organwalter der Gemeinde vor. 401

Auf das außerordentliche Rechtsmittel der „**Vorstellung**“ ist unten gesondert einzugehen (Rz 446).

402 In aufsichtsbehördlichen Verfahren kommt der Gemeinde als solcher **Parteistellung** zu; insb hat sie ein Recht auf Erteilung einer erforderlichen Genehmigung, wenn die gesetzlichen Voraussetzungen gegeben sind. Gegen eingreifende aufsichtsbehördliche Maßnahmen stehen der betroffenen Gemeinde die entsprechenden **Rechtsmittel** (Berufung, VwGH- und/oder VfGH-Beschwerde) offen. Ebenso kann die Gemeinde in Fällen einer Säumnis der Aufsichtsbehörde bei genehmigungspflichtigen Akten die entsprechenden Rechtsmittel (Devolutionsantrag, Säumnisbeschwerde) ergreifen.

403 Der Sache nach ähnlich strukturierte, wenngleich im Detail abweichende, Aufsichtsmittel der – im betreffenden Gesetz festgelegten – staatlichen Aufsichtsbehörden über **andere Selbstverwaltungskörper** finden sich in den diese Verbände regelnden Organisationsvorschriften.

F. Ingerenzbefugnisse gegenüber selbständigen Rechtspersonen

404 Wird eine Verwaltungsaufgabe gesetzlich auf eine von einer Gebietskörperschaft verschiedene Rechtsperson, sei dies eine juristische Person des öffentlichen Rechts oder eine solche des Privatrechts, übertragen, so wird damit grundsätzlich eine eigenständige **Verbandskompetenz** dieser Rechtsperson begründet. Es liegt dann nicht mehr funktionelle Organschaft für eine Gebietskörperschaft, sondern ein von den Gebietskörperschaften verschiedener Zurechnungsendpunkt vor. In diesem Sinn wurden öffentliche Aufgaben auf selbständige Anstalten und Fonds des öffentlichen Rechts wie auch auf privatrechtliche Verbände, vor allem auf Kapitalgesellschaften übertragen. Die Aufgabe eines Lastenausgleichs unter den von Amtshaftungsansprüchen betroffenen Gemeinden obliegt in einzelnen Ländern zB einem Amtshaftungsausgleichsfonds, die Aufgabe der Aufsicht über Banken, Versicherungen und Wertpapierdienstleister der selbständigen Anstalt Finanzmarktaufsicht, die Aufgabe der Errichtung und Erhaltung bestimmter Bundesstraßen der ASFINAG. Diese haben die ihnen übertragenen Aufgaben durch eigene Organe „**im eigenen Namen**“ zu erfüllen.

Damit stellt sich die Frage, ob und inwieweit den – immerhin in einen demokratischen Legitimations- und Verantwortungszusammenhang eingebundenen – staatlichen Organen Möglichkeiten der Einflussnahme auf die entsprechende Erfüllung der öffentlichen Aufgaben durch die betraute Rechtsperson offen stehen.

405 Im Hinblick auf die **selbständigen Anstalten, Stiftungen und Fonds** lassen die Art 126b Abs 1, 127 Abs 1 und 127a Abs 1 B-VG erkennen, dass der Verfassungsgesetzgeber die Möglichkeit einer organisatorischen Verflechtung vor Augen gehabt hat. So ist die Zuständigkeit des Rechnungshofes bei solchen Rechtsträgern im Fall einer „**Fremdorganschaft**“ gegeben, wenn sie also „von Organen einer Gebietskörperschaft verwaltet“ werden. Ist zB ein BMin zur Verwaltung und Vertretung eines selbständigen Fonds berufen, so kommt dem BMin (auch) die Stellung eines Fondsorgans zu (zur Bescheidzurechnung in einem solchen Fall VwGH 10. 10. 2001, 99/03/0139; vgl § 1 Abs 2 BinnenschifffahrtsfondsG, § 40 Abs 1 FLAG, § 12 VersöhnungsfondsG, § 2 IvF-G, § 291i ASVG). Ein Weisungs- und Aufsichtszusammenhang kann in einem solchen Fall einer Organidentität nicht bestehen.

406 Der Zuständigkeit des Rechnungshofes unterworfen sind solche Rechtsträger nach den genannten Bestimmungen aber auch dann, wenn sie „von Personen (Personengemeinschaften) verwaltet werden, die hiezu von Organen einer Gebietskörperschaft

bestellt sind". So wird die Finanzmarktaufsicht von zwei vom BPräs ernannten Direktoren geleitet und wird der oö Landmaschinenfonds von einer vom oö Landtag bestellten Verwaltungskommission verwaltet (LGBl 1/1955; vgl auch § 75 bgld LGBl 27/1991, § 37 Abs 2 BStatG, § 13 Diplomatische AkademieG, § 2 BundesmuseenG, § 6 Bundesstelle für SektenfragenG, § 8 AuslandsösterreicherfondsG, § 7 Künstler-Sozialversicherungsfondsg, § 2 Abs 2 Privatkrankenanstalten-FinanzierungsfondsVO). Es handelt sich zwar um **Selbstorganschaft**, jedoch in Verbindung mit externer, nämlich staatlicher, Organwalterbestellungbefugnis. In diesen Fällen sehen die Gesetze im Allgemeinen nur eine „Aufsicht" durch ein oberste Organ vor.

Noch größer ist die Selbständigkeit bei Rechtsträgern, bei denen keines der beiden 407 Kriterien erfüllt ist (und die daher grundsätzlich nicht der Rechnungshofkontrolle unterliegen; vgl VwSlg 15275 A/1999). Beispielsweise ist bei der Agrarmarkt Austria ein Vorstand zur Geschäftsführung berufen (§ 5 AMA-G), dessen Mitglieder vom Verwaltungsrat der AMA bestellt werden. Zwar werden die Mitglieder des Verwaltungsrats vom BMLFUW (auf Vorschlag der Sozialpartner) bestellt, es werden jedoch die zur Verwaltung der AMA berufenen Personen nicht von Organen einer Gebietskörperschaft bestellt. Vgl auch § 13 Salzburger FestspielfondsG, § 10 ÖBIG-FondsG und die beiden Fonds nach dem Forschungs- und TechnologieförderungsG.

Aus verschiedenen Gründen sind zB „die Finanzmarktaufsicht" (ihre Organe) sowie die Kollegialorgane der staatlichen Universitäten (§ 20 Abs 3 UniG) und des ORF [408] (§ 19 Abs 2 ORF-G) weisungsfrei.

Im Fall des Einsatzes von **Kapitalgesellschaften** ist noch weiter zu differenzieren. 409 Da die Gebietskörperschaften als „Träger von Privatrechten" (Art 17, 116 Abs 2 B-VG) auch zum Führen rein erwerbswirtschaftlich tätiger Unternehmen befugt sind, finden sich Unternehmungen, die – direkt oder indirekt – im ausschließlichen oder überwiegenden Eigentum von Gebietskörperschaften stehen (Art 126b Abs 2, 127 Abs 3, 127a Abs 3 B-VG), jedoch nicht mit dem „Führen der Verwaltung" im Sinn von Art 20 Abs 1 B-VG betraut sind. Im Verhältnis zB zu einer kommunalen Liftgesellschaft stehen der betreffenden Gemeinde nur die jedem Anteilsinhaber offen stehenden gesellschaftsrechtlichen Einwirkungsmöglichkeiten zu Gebote. Demokratische Verantwortungszusammenhänge, insb parlamentarische Kontrollrechte, können sich also nur darauf beziehen, inwiefern das zur Verwaltung der Anteilsrechte zuständige staatliche Organ von den gesellschaftsrechtlichen Möglichkeiten in entsprechender Weise Gebrauch gemacht hat.

Anders zu sehen sind Unternehmungen – in wessen Eigentum sie auch immer 410 stehen mögen –, die nicht bloß erwerbswirtschaftlichen Zwecken dienen, sondern mit der Wahrnehmung einer Staatsaufgabe – also mit einer Aufgabe, die, gäbe es die Unternehmung nicht, von einer staatlichen Dienststelle zu besorgen wäre – betraut sind. In diesen Fällen sehen die besonderen Gesetze oder die Satzungen bzw Gesellschaftsverträge zumeist besondere einflusssichernde Instrumente vor, zB Organwalterbestellungsrechte, Informationspflichten, Weisungsrechte, Bindungen an Richtlinien oder Zustimmungsvorbehalte. Sie können einzeln oder insgesamt zu einer „Beherrschung" des betreffenden Unternehmens iSv Art 127 Abs 2 B-VG bzw iSd Bestimmungen des Gemeinschaftsrechts (insb TransparenzRL; vgl Potacs in Raschauer, Wirtschaftsrecht, Rz 901) führen.

Der VfGH hat in VfSlg 14473/1996 im Hinblick auf die Austro Control GmbH und in VfSlg 16400/2001 im Hinblick auf die seinerzeitige, als Anstalt eingerichtete Bundeswertpapieraufsicht hervorgehoben, dass das Weisungsprinzip des Art 20 Abs 1 B-VG auch dort maßgeblich ist, wo Verwaltungsgeschäfte durch außerhalb der staatlichen Organisation stehende Rechtsträger besorgt werden. Derartigen Rechtsträgern gegenüber müssten Weisungsbefugnisse ausdrücklich eingeräumt werden (VfSlg 15946/2000). Bei Rechtsträgern privaten Rechts könnten Weisungsbefugnisse allerdings auch sondergesellschaftsrechtlich statuiert werden. – Ob die vorgenannten Konstruktionen den aus der Verfassung abgeleiteten Vorgaben entsprechen, soll hier nicht beurteilt werden. Das Recht der ausgegliederten Rechtsträger befindet sich zweifellos im Umbruch.

G. Koordination und Amtshilfe

411 Die Beziehungen zwischen den zahlreichen Organen und Dienststellen der Verwaltung erschöpfen sich nicht in der Leitungsbefugnis der nachgeordneten durch übergeordnete Organe. Die Rechtsordnung kennt auch verschiedene Formen der Ordnung des „**Nebeneinander**" von Organen und Dienststellen. Diese Fragen von Koordination und Kooperation betreffen sowohl die einzelnen Verwaltungsstellen im Verhältnis zueinander als auch die einzelnen Organisationseinheiten innerhalb einer Dienststelle. In jenem Fall finden sich Regelungen oft in Gesetzen, in diesem praktisch ausschließlich in den einschlägigen Geschäftsordnungen.

412 Eine elementare Form – gleichsam als „negative Koordination" – ist in der **Zuständigkeitsordnung** enthalten: Im Hinblick auf eine konkrete Angelegenheit ist eine bestimmte Dienststelle zuständig und sind die anderen Dienststellen unzuständig. Die Zuständigkeit ist von Amts wegen zu beachten (vgl § 6 AVG), die Nichtbeachtung kann einen Zuständigkeitskonflikt zur Folge haben (Rz 157).

413 Schon in diesem Zusammenhang zeigt sich, dass neben der **Selbstkoordination** – zB Weiterleiten eines Aktes an die zuständige Dienststelle, aber auch das Herstellen eines Einvernehmens über die jeweiligen Befugnisse (Rz 160) – in hierarchisch strukturierten Organisationen die **Weisung** ein wichtiges Koordinationsinstrument ist: gibt es ein gemeinsames vorgesetztes Organ, kann dieses über die Zuständigkeiten und Befugnisse der Dienststellen entscheiden; gibt es kein gemeinsames vorgesetztes Organ, kann ein vorgesetztes Organ jedenfalls die ihm weisungsmäßig unterstellte Dienststelle anweisen, eine Sache aufzugreifen oder aber von der Verfolgung einer Sache abzusehen.

414 Eine wichtige Voraussetzung für jede Form positiver Koordination und Kooperation bildet die **Information**. Zahlreiche Bestimmungen verpflichten Verwaltungsstellen, bestimmte andere Verwaltungsstellen von ihnen bekannt gewordenen Sachverhalten zu unterrichten (zB §§ 18, 27, 38 PStG, § 15 SPG, §§ 53ff StbG, § 69 ASVG). Seit das DatSchG die Übermittlung automationsunterstützt verarbeiteter personenbezogener Daten auch innerhalb des „öffentlichen Bereiches", ja sogar innerhalb von Dienststellen mit unterschiedlichen Aufgabenbereichen (vgl § 4 Z 12 DatSchG) nur unter eingeschränkten Voraussetzungen zulässt, hat die Zahl der ausdrücklichen gesetzlichen Regelungen der zwischenbehördlichen Melde-, Informations- und Auskunftspflichten explosionsartig zugenommen.

415 **Antragsrechte** (zB § 26 DenkSchG, § 16 Abs 5 ForstG, § 35 Abs 1 WGG, §§ 79a Abs 1 GewO, § 3 Abs 7 UVP-G, vgl auch die „Anregung" gemäß § 14 GelVkG, § 49 Bundesbediensteten-SchutzG) sollen es einer (interessierten oder sachkundigen, jedoch selbst) nicht zuständigen Dienststelle ermöglichen, auf eine Entscheidung oder Verfügung durch das zuständige Organ hinzuwirken. Das angerufene Organ hat den Antrag im Lichte der anwendbaren Rechtsvorschriften zu „würdigen".

416 **Anhörungs- und Stellungnahmerechte** (zB § 94f StVO, §§ 9, 14 Abs 2, 49 Abs 4 ua ASVG, §§ 53 Abs 1 Z 2, 69 Abs 2, 77 Abs 8 ua GewO, § 12 Abs 9 UniG, § 84 AWG) räumen der anzuhörenden Dienststelle die Möglichkeit der Einbringung ihres Stand-

punktes ein, sei dies im Interesse einer „Materialsammlung" zu Beginn eines Ermittlungsverfahrens, sei dies nach Art eines „Parteiengehörs" zu den Ergebnissen eines Ermittlungsverfahrens; sie räumen ihr kein Recht auf eine Entscheidung eines bestimmten Inhalts ein (zB VwGH 21. 6. 2000, 2000/09/0024). Wurde eine gesetzlich vorgesehene Anhörung nicht oder nicht ausreichend ermöglicht, ist die getroffene Entscheidung verfahrensfehlerhaft zustande gekommen.

In einzelnen Fällen sind Verwaltungsstellen verpflichtet, von sich aus auf Akte oder 417
Ziele einer anderen Dienststelle „**Bedacht zu nehmen**" (zB § 4 NBG, § 6 BMinG, § 16 tir ROG, § 28 Abs 2 MBG, § 9 Abs 6 ForstG, § 36 Abs 2 DatSchG). Dies löst in verfahrensrechtlicher Hinsicht eine Auseinandersetzungspflicht und in materieller Hinsicht eine Pflicht zur tunlichen Berücksichtigung aus.

Institutionalisierte Formen einer Ermöglichung einer gesamthaften Berücksichti- 418
gung und Abwägung mehrerer berührter Interessen stellen **Beiräte** und Verwaltungskommissionen (§ 8 BMinG) dar (zB § 51a FrG, § 22 PunzierungsG, § 34 AWG, § 5 AusfuhrförderungsG, § 14 AußHG, § 62 GWG, § 21 EnLG; vgl auch § 52 LMG, § 60 AMG; Lachmayer, Beiräte in der Bundesverwaltung, Diss Wien 2002). Eine – bei materieller Würdigung – nicht zeitgerechte oder nicht ausreichende Befassung eines gesetzlich vorgesehenen Beirats oder eine unzureichende Auseinandersetzung mit der Stellungnahme eines solchen Beirats bei der Erlassung eines Rechtsaktes kann den Akt rechtswidrig machen (Rz 827).

Bisweilen finden sich Bestimmungen, die bestimmte Akte von der „Zustimmung" 419
einer übergeordneten Verwaltungsstelle abhängig machen (zB § 90 Abs 1 FrG; vgl auch § 31 Abs 7 ASVG).

Zahlreiche gesetzliche Bestimmungen verpflichten Verwaltungsstellen dazu, in 420
bestimmten Angelegenheiten „im **Einvernehmen**" mit einer anderen Verwaltungsstelle vorzugehen (zB Art 78b Abs 2 B-VG, §§ 14, 23, 65 ua AWG, §§ 69 Abs 2, 74 Abs 7, 82 ua GewO, § 69 MinroG, §§ 15, 16 LMG, §§ 41 Abs 4, 48 Abs 1 ForstG, § 19 WRG, § 448 Abs 4 ASVG, § 11 Abs 3 PornG, § 2 Abs 2 FrG, § 7 Abs 3 SPG, § 18 Abs 6 MeldeG, § 12 Abs 3 WEvG, § 19 SignaturG, § 49 BörseG, § 11 ÖkostromG, § 3 Austro ControlG; vgl auch die „Zustimmung" gemäß Art 118 Abs 7 B-VG). In solchen Fällen sind die betreffenden Erledigungen (Verordnungen, Entscheidungen, Ernennungen, Weisungen) der „federführend" zuständigen Dienststelle von der Zustimmung einer oder mehrerer anderer Dienststellen abhängig (vgl auch Rz 248). Erforderlich ist ein ausdrücklicher positiver Willensakt zu einem konkret vorliegenden Erledigungsentwurf. Ein ohne das erforderliche Einvernehmen erlassener Akt ist nicht nur verfahrensfehlerhaft ergangen, sondern verletzt auch Art 83 Abs 2 B-VG.

Anders zu sehen sind Fälle, in denen Behörden zu einem „**einvernehmlichen** 421
Vorgehen" (in ihren jeweiligen Wirkungsbereichen) verpflichtet sind (zB § 4 AVG, Art 11 Abs 8 und 15 Abs 7 B-VG, § 113 Abs 3 TKG). In diesen Fällen ist eine positive inhaltliche Koordination erforderlich, die zu einem aufeinander abgestimmten, zumindest widerspruchsfreien Vorgehen in den jeweiligen Wirkungsbereichen führt. Gelingt die Einigung auf eine koordinierte Vorgangsweise nicht, sind zumeist Formen einer Devolution vorgesehen.

Positivrechtliche Bestimmungen, die Vorgänge einer positiven inhaltlichen Koordi- 422
nation regeln, sind überaus selten. Als Beispiel sei **§ 5 BMinG** betreffend die Koordination zwischen BMin genannt. Danach ist bei fehlender Übereinstimmung darüber, welches Ministerium überhaupt das „federführend" zuständige ist, zunächst eine Entscheidung dieser Frage „im Schoß der BReg" (dh einstimmig) zu suchen; im Übrigen kommt dem federführend zuständigen BMin das Initiativrecht zu (Rz 248).

423 Dies belegt, dass bei praktischer Betrachtung die Weisung das bei weitem wichtigste Instrument zur Herstellung inhaltlicher Übereinstimmung darstellt. Es vermag freilich nur innerhalb hierarchischer Zusammenhänge zu wirken. Mangels gemeinsamem übergeordnetem Organ hängt Koordination vom guten Willen aller Beteiligten ab.

Dies ist auch im Hinblick auf die häufig zitierte **Koordinationsbefugnis des Bundeskanzlers** („Angelegenheiten der allgemeinen Regierungspolitik einschließlich der Koordination der gesamten Verwaltung des Bundes, soweit sie nicht in die Zuständigkeit eines anderen Bundesministeriums fällt": A/1 von Teil 2 der Anlage zum BMinG) festzuhalten: sie ermächtigt zu einem „Hinwirken" auf Koordination, insb durch Vorschläge und durch Antragstellung, nicht aber zu einem „Hineinregieren" in fremde Ressortzuständigkeiten oder zu „Entscheidungen" in fremden Angelegenheiten.

424 Darüber hinaus sind nach der – unmittelbar anwendbaren – Verfassungsbestimmung des **Art 22 B-VG** „alle Organe des Bundes, der Länder und der Gemeinden im Rahmen ihres gesetzmäßigen Wirkungsbereiches zur wechselseitigen Hilfeleistung verpflichtet" (**Amtshilfe**). Berechtigt und verpflichtet sind damit Gerichte ebenso wie Verwaltungsorgane, Behörden ebenso wie schlichte Dienststellen. Angesprochen sind allerdings nur Organe (im organisatorischen Sinn) des Bundes, der Länder und der Gemeinden. Inwiefern auch Organe anderer juristischer Personen (des öffentlichen Rechts) zur Amtshilfe berechtigt bzw verpflichtet sind, ergibt sich daher nicht aus Art 22 B-VG, sondern aus den Bestimmungen der betreffenden besonderen Verwaltungsvorschriften. Zweck und Problematik der Amtshilfe liegt darin, eine möglichst ökonomische Vollziehung zu ermöglichen, ohne jedoch die bestehende Zuständigkeitsordnung aufzuheben.

425 Die Sache, deren Vorantreiben das Ersuchen dient, muss in den allgemeinen gesetzlichen Wirkungsbereich (Rz 146) des ersuchenden Organs fallen. Gleichzeitig muss das ersuchte Organ zur Vornahme der betreffenden Handlung der Art nach befugt sein, was insb bei hoheitlichen Akten (zB Vorladung) von Bedeutung ist. Hauptanwendungsfälle sind das Ersuchen um Information (allenfalls auch um Aktenübermittlung), um Ausforschung einer Person, um Einvernahme einer Person oder auch um Mitwirkung bei Kundmachungen oder Verhandlungen (näher Wiederin in K/H zu Art 22 B-VG).

426 Da es sich nicht um Fälle mittelbarer Verwaltung (funktioneller Organstellung) handelt und da dem ersuchenden Organ kein – einen Haftungszusammenhang rechtfertigendes – Weisungsrecht zukommt, sondern das ersuchte Organ seinen eigenen „gesetzmäßigen Wirkungsbereich" (Art 22 B-VG, VfSlg 3237/1957) wahrnimmt, haftet bei hoheitlicher Schadenszufügung der Rechtsträger des ersuchten Organs.

H. Instanzenzüge

1. Allgemeines

427 Aus den verfahrensrechtlichen Bestimmungen, die sog „**aufsteigende Rechtsmittel**" an „instanzenmäßig übergeordnete" Verwaltungsbehörden vorsehen, erkennt man, dass die Verwaltungsorgane nicht nur weisungsmäßig „von oben nach unten", sondern – insb soweit sie bescheidförmig zu entscheiden haben – auch in der Form von Rechtsmittelzügen (Instanzenzügen) „von unten nach oben" verbunden sind, und zwar in der Weise, dass im Gefolge der Entscheidung einer Behörde durch Antrag (insb Berufung) eine andere (übergeordnete) Behörde zu einer Sachentscheidung in

derselben Sache angerufen werden kann. Dieser Umstand wird in der Bundesverfassung, die nur punktuelle Sonderregelungen kennt, vorausgesetzt. Näher zu behandeln sind Instanzenzüge im Hinblick auf in der Form von **Bescheiden** ergehende Entscheidungen; in anderen Bereichen der Hoheitsverwaltung (zB UVS-Beschwerde gegen AuvBZ) und in Angelegenheiten der Privatwirtschaftsverwaltung (zB Vergabekontrolle) eingerichtete Rechtsmittel sollen hier außer Betracht bleiben.

Bei der Möglichkeit, gegen letztinstanzliche Bescheide Beschwerde an den VwGH oder den VfGH zu erheben, handelt es sich nicht um einen „Instanzenzug". Ebenso wird durch die Möglichkeit, Aufsichtsbeschwerde (zB § 68 Abs 7 Satz 2 AVG) o dgl zu erheben oder „außerordentliche Rechtsmittel" einzubringen, nicht ein Instanzenzug begründet. Unabhängig davon zu sehen und dementsprechend in einem eigenen Abschnitt zu behandeln ist die Ordnung der Zuständigkeitsübergänge in Fällen der **Säumnis** von Verwaltungsbehörden (Rz 449).

Das ordentliche Rechtsmittel nach AVG heißt „**Berufung**". Im Übrigen ist Unterscheidung geboten: Der „Einspruch" gem § 4 WEvG hat nicht einen Bescheid, sondern die (vermeintlich) unrichtige Führung eines öffentlichen Buchs zum Gegenstand. Beim „Einspruch" gem § 49 VStG sowie gem § 12 Abs 5 PrivatradioG und § 15 Abs 5 PrivatfernsehG handelt es sich um Anträge auf Durchführung eines ordentlichen Verfahrens, beim „Einspruch" gem § 102 PatG um eine Einwendung (Rz 1145). Dagegen handelt es sich beim „Einspruch" nach § 412 ASVG um ein ordentliches aufsteigendes Rechtsmittel, also um eine Berufung. – Bei der „Vorstellung" gem § 57 Abs 2 AVG (vgl auch § 9 DVG, § 40 DatSchG, § 88 Abs 2 HVG) handelt es sich um nichtaufsteigende Rechtsmittel, bei der „Vorstellung" nach § 42 StudFördG um eine Berufung, bei der „Vorstellung" nach Gemeindeaufsichtsrecht (Rz 446) um ein außerordentliches Rechtsmittel.

Die Instanzenzüge folgen grundsätzlich der hierarchischen Organisation der Verwaltung unter Berücksichtigung der Gewaltenteilung gemäß Art 94 B-VG (Rz 188) und der bundesstaatlichen Trennung der Vollzugsbereiche (Rz 205). Sie gehen daher vielfach parallel zu den Weisungszusammenhängen, sind aber oft „kürzer"; daraus ergibt sich der Sinn der verfahrensrechtlichen Unterscheidung von „(sachlich in Betracht kommender) **Oberbehörde**" und „**instanzenmäßig übergeordneter Behörde**". 428

Vor einer systematischen Behandlung der einzelnen Vollzugsbereiche, ist es zweckmäßig, einige allgemeine Sonderfälle vorwegzunehmen: 429

- Wenn es sich um ein administratives **Straferkenntnis** handelt, so steht – welche Behörde immer als Strafbehörde erster Instanz entschieden hat – Berufung an den örtlich zuständigen UVS offen (§ 51 VStG; anderes gilt nach VwGH 25. 7. 2002, 2002/07/0050 in Agrarstrafsachen). Ebenso entscheidet über Beschwerden gegen AuvBZ grundsätzlich (Rz 1051) der UVS (§ 67a Abs 1 Z 2 AVG).
- Sofern ein Bescheid des Organs einer Gemeinde oder eines Gemeindeverbandes in einer gesetzlich dem **eigenen Wirkungsbereich** der Gemeinde zugewiesenen Angelegenheit vorliegt, kommt nur die Anrufung des gesetzlich festgelegten übergeordneten Gemeinde- oder Verbandsorgans in Betracht; vgl Rz 310.
- Sofern es sich um einen Bescheid einer nach **Art 20 Abs 2 B-VG** eingerichteten Behörde (Rz 370) handelt, ist zu beachten, dass diese „in oberster Instanz" entscheidet; ein weiterer Instanzenzug kommt in einem solchen Fall nicht in Betracht (zB § 40 Abs 2 DatSchG). Das Gleiche gilt in Fällen, in denen eine Angelegenheit gemäß Art 129a Abs 1 Z 3 B-VG den UVS zugewiesen ist (zB § 72 FrG, § 88 Abs 2 SPG, §§ 59ff kntn Landes-VergabeG, § 33 szbg GrundverkG) sowie in den Fällen des Art 129c B-VG (UBAS) und des § 135 Abs 2 BVergG.
- Die Anrufung der übergeordneten Behörde kommt dann nicht in Betracht, wenn 430
die entscheidende Behörde mandatsweise für diese übergeordnete Behörde ent-

schieden hat (Rz 166); möglicherweise steht jedoch nach allgemeinen Regeln ein Rechtszug gegen die der übergeordneten Behörde zuzurechnende Entscheidung offen. Das gleiche gilt, wenn die Grundlage einer Zuständigkeit eine Delegation bildet, die als „unechte Delegation" (Rz 165) zu verstehen ist (so dürften VwGH 11. 7. 2001, 2001/03/0001 und 17. 6. 1998, 98/03/0018 zu verstehen sein).

- Letztlich sei nur in Erinnerung gerufen, dass in Fällen „**sukzessiver Zuständigkeiten**" (Rz 190) administrative Rechtsmittel nur gegen verfahrensrechtliche Bescheide in Betracht kommen. Die administrative Sachentscheidung tritt dagegen voraussetzungsgemäß mit der Anrufung des Gerichts außer Kraft, sodass administrative Rechtsmittel an eine übergeordnete Verwaltungsbehörde insoweit als ausgeschlossen gelten (VfGH 12. 10. 2002, G 117/02).

2. Instanzenzüge im Bereich der Landesverwaltung

431 Beginnen wir beim relativ einfacheren Fragenkreis, den Instanzenzügen im Bereich der **Landesverwaltung** (Art 11, 12, und 15 B-VG). Als oberstes Organ der Landesverwaltung ist in Art 101 B-VG die LReg festgelegt, sodass im Zweifel von einem Instanzenzug an die LReg auszugehen ist.

Ein solcher Instanzenzug kommt – wenn man von den vorstehend genannten Sonderregelungen absieht – nicht in Betracht, sofern gesetzlich die erstinstanzliche Zuständigkeit der LReg selbst festgelegt ist (zB § 94a StVO, § 39 StbG). Ansonsten besteht in der Regel ein Instanzenzug von der erstinstanzlich zuständigen Behörde an die LReg, welche „letztinstanzlich" entscheidet. Der administrative Instanzenzug ist damit erschöpft. Bei der erstinstanzlich zuständigen Behörde handelt es sich in Angelegenheiten der Landesverwaltung in der Regel um die BVB, in Betracht kommen aber, wie erläutert (Rz 296f) auch Organe eines im Vollziehungsbereich des Landes eingerichteten Selbstverwaltungskörpers oder – auf besonderer verfassungsrechtlicher Grundlage – auch Bundesbehörden.

432 Das Gesetz kann einen Instanzenzug von einer erstinstanzlichen Landesbehörde an die LReg ausdrücklich ausschließen (zB § 9 Abs 7 wr BauO, § 79 Abs 4 bgld GemO); „im Zweifel" ist jedoch, wie erwähnt, ein Instanzenzug an die LReg anzunehmen. – Besondere (die Zuständigkeit der LReg verdrängende) Regeln stellt Art 12 Abs 2 B-VG für die Angelegenheiten der **Bodenreform** (Agrarbehörden der Länder und des Bundes) auf (Rz 305). Vgl für **Wien** weiters Art 111 B-VG, demzufolge auch für die Angelegenheiten der überörtlichen Baupolizei und der Landesabgaben die Zuständigkeit spezieller Rechtsmittelkommissionen (Rz 332) vorgeschrieben ist.

Bei ausgegliederten Einrichtungen geht VfSlg 15946/2000 davon aus, dass ein Instanzenzug nur besteht, wenn er ausdrücklich eröffnet ist (vgl Rz 435).

433 Da es sich um ein oberstes Organ handelt, kommt ein über die LReg hinausgehender Instanzenzug grundsätzlich nicht in Betracht. Abweichendes muss bundesverfassungsrechtlich ausdrücklich vorgesehen sein.

Dies ist in Art 11 Abs 7 B-VG hinsichtlich der Entscheidung in UVP-Angelegenheiten (Berufung an den Umweltsenat) sowie in den Fällen des Art 129a Abs 1 Z 1 und 2 (UVS) der Fall. In einem weiteren Sinn können auch in Art 12 Abs 3 B-VG (Elektrizitätswesen) sowie in Art 11 Abs 8 und 15 Abs 7 B-VG (Devolution in Säumnisfällen) „Quasiinstanzenzüge" gesehen werden.

3. Instanzenzüge im Bereich der Bundesverwaltung

434 Für den Bereich der **Bundesverwaltung** gilt Folgendes: Wenn man von den eingangs behandelten besonderen Fällen absieht (Rz 429), so stellen sich Instanzen-

züge im Bereich der Bundesverwaltung grundsätzlich in zwei unterschiedlichen Erscheinungsformen dar: der mittelbaren Bundesverwaltung (unten Rz 436) und der unmittelbaren Bundesverwaltung.

In den Angelegenheiten der **unmittelbaren Bundesverwaltung** (Rz 253f) geht „im Zweifel" ein Instanzenzug vom bundesgesetzlich für zuständig erklärten Bundesorgan bis zum obersten Organ der Bundesverwaltung, dh bis zum zuständigen BMin. Im Extremfall kann es sich dabei sogar um einen viergliedrigen Instanzenzug handeln (VfSlg 13092/1992). In der Regel sind gesetzlich allerdings zweigliedrige Instanzenzüge eingerichtet (zB § 14a SPG, § 94 Abs 1 FrG, § 13 Abs 2 MeldeG, § 22 Abs 2 PassG, § 49 Satz 1 WaffenG, § 18 VersG, § 9 Abs 2 VerG, § 10 Abs 4 StrafregG, § 13 Abs 4 GrekoG; vgl in Konsequenz VwGH 9. 7. 2002, 2000/01/02). In Asylsachen sieht Art 129c B-VG den UBAS als Berufungsbehörde vor. 435

Unklar ist die Rechtslage bei Ausgegliederten bzw Beliehenen. Bei der Telekom-Control GmbH ging VfSlg 16369/2001 und bei der GIS geht VwGH 11. 7. 2001, 2001/03/0001 davon aus, dass ein Instanzenzug nur besteht, wenn er ausdrücklich eröffnet wurde. Bei Entscheidungen des AMS ging VwGH 29. 9. 1998, 96/09/0377 in nicht überzeugender verfassungskonformer Interpretation davon aus, dass ein Instanzenzug an den BMin offen stehe.

Vielgestaltig sind die möglichen Instanzenzüge im Bereich der **mittelbaren Bundesverwaltung**. Wenn man wiederum von den einleitend genannten Sonderfällen (Rz 429) absieht, ist als zentraler Grundsatz festzuhalten, dass in einer Angelegenheit der mittelbaren Bundesverwaltung im materiellen Sinn (Rz 273) von der in erster Instanz zuständigen Behörde (Rz 276) ein **Instanzenzug zum LH** – und nur bis zu diesem – geht (Art 103 Abs 4 B-VG). Dies gilt insb gerade auch dann, wenn die besondere Verwaltungsvorschrift keine ausdrückliche Regelung enthält (§ 2 AVG). 436

Art 103 Abs 4 B-VG räumt dem Bundesgesetzgeber allerdings die Befugnis ein, bestimmte abweichende Modelle zu verwirklichen: 437

- „Ausnahmsweise auf Grund der Bedeutung der Angelegenheit" (Art 103 Abs 4 B-VG) dürfte bundesgesetzlich ausdrücklich ein über den LH hinausgehender (und damit dreigliedriger) Instanzenzug an den BMin vorgesehen werden; derartige Bestimmungen wurden jedoch durch das VerwaltungsreformG 2001 aufgehoben.
- Umgekehrt gilt es als zulässig, bundesgesetzlich allein eine (dem LH unterstellte) Behörde als „erste und einzige Instanz" vorzusehen (§ 18 Abs 3 BerufsausbildungsG). 438

  Aus Art 129a B-VG ergibt sich die Möglichkeit, **an Stelle des LH** den **UVS** als Berufungsbehörde für zuständig zu erklären; dies wurde mit dem VerwaltungsreformG 2001 für große Teile des **Anlagenrechts** verwirklicht (zB § 359a GewO, § 38 Abs 8 AWG, § 101a WRG, § 170 Abs 6 ForstG; vgl überdies § 35 Abs 1 FSG, § 123 Abs 1a KFG).
- Mitunter erachtet es der Bundesgesetzgeber als erforderlich, den **LH** funktionell als **erste Instanz** zuständig zu machen (zB § 99 WRG, §§ 44 Abs 3, 114 ForstG, §§ 24f AWG). In diesen Fällen ergibt sich aus Art 103 Abs 4 B-VG – wiederum von Verfassungs wegen und ohne dass dies gesetzlich „wiederholt" werden müsste – ein Instanzenzug an den sachlich zuständigen BMin, der endgültig entscheidet. 439

  Dem Bundesgesetzgeber steht es in diesem Fall frei, den Instanzenzug an den BMin auszuschließen und den LH als erste und **einzige** Instanz vorzusehen (zB § 6 Abs 6 AWG, § 67 PStG, § 12 Abs 4 Bundes-GemeindeaufsichtsG, § 14 Abs 1 TiergesundheitsG).

Gemäß Art 129a Abs 1 Z 3 B-VG steht dem Bundesgesetzgeber auch die Möglichkeit offen, **an Stelle des BMin** den **UVS** als Berufungsbehörde gegenüber dem LH vorzusehen (zB § 38 Abs 8 AWG, § 123 Abs 1 KFG).

440 Auf den problematischen Fall, dass in einer Materie der mittelbaren Bundesverwaltung bundesgesetzlich ein BMin in erster und damit letzter Instanz für zuständig erklärt ist (zB § 100 WRG, § 373c GewO, § 29 AWG, §§ 7, 16 UmwManG), wurde bereits hingewiesen (Rz 281).

Ein über ein oberstes Organ der Bundesverwaltung hinausgehender Instanzenzug kann sich aus Art 129a Abs 1 und 2 B-VG (UVS) ergeben, wenn ein BMin zur Entscheidung in Verwaltungsstrafsachen zuständig ist oder einen AuvBZ gesetzt hat.

4. Instanzenzüge im Bereich der Selbstverwaltung

441 Bezieht man schließlich noch Selbstverwaltungskörper, die immerhin im organisatorischen Sinn über „eigene" Organe verfügen, in die Betrachtung ein, so ergeben sich weitere Differenzierungen. Zunächst ist näher auf die Instanzenzüge im Bereich der **Gemeindeverwaltung** einzugehen.

Handelt es sich um eine Angelegenheit des **übertragenen Wirkungsbereiches** der Gemeinde, so geht von dem zwingend in erster Instanz zuständigen Bürgermeister (Rz 326) nach den in den vorigen Abschnitten genannten Regeln ein Instanzenzug an eine staatliche Behörde:

- Sofern es sich um eine Verwaltungsstrafsache handelt, steht gegen das Straferkenntnis des Bürgermeisters (vgl zB § 33 Abs 3 nö GemO) eine Berufung an den UVS offen (§ 51 VStG). Im Übrigen gilt Folgendes:
- In den Angelegenheiten der unmittelbaren Bundesverwaltung ist die Berufungsbehörde gesetzlich bestimmt; in den Angelegenheiten der Sicherheitsverwaltung (Fund-, Melde-, Strafregisterwesen) ist dies jeweils der SiDir.
- Handelt es sich im kompetenzrechtlichen Sinn um eine Angelegenheit der mittelbaren Bundesverwaltung, dann geht im Zweifel ein Instanzenzug an den LH und nur zu diesem (zB VwSlg 14551 A/1996). In Wien ist bundesverfassungsgesetzlich ein Instanzenzug vom Magistrat an den Bürgermeister als LH vorgesehen (Art 109 B-VG). Der LH entscheidet – entsprechend Art 103 Abs 4 B-VG – im Zweifel endgültig.
- Handelt es sich im kompetenzrechtlichen Sinn um eine Angelegenheit der Landesvollziehung (Art 11, 12, 15 B-VG), dann bestimmt sich der Instanzenzug primär nach den besonderen Verwaltungsvorschriften (zB § 29 bgld LandtagswahlO), subsidiär nach den Bestimmungen der GemO bzw der Stadtstatute. Während die GemO zumeist einen Instanzenzug an die BH und von dieser weiter an die LReg vorsehen, regeln die Stadtstatute (naturgemäß) einen unmittelbaren Rechtszug an die LReg. In Wien ist – soweit nicht die Zuständigkeit der Bauoberbehörde oder der Abgabenberufungskommission gegeben ist – die LReg Berufungsbehörde (§ 132 WStV). Im Zweifel geht ein Rechtszug an die LReg und nur an diese (zB VwGH 27. 4. 2000, 98/06/0232).

442 Für die Angelegenheiten des **eigenen Wirkungsbereiches** der Gemeinden ist durch Art 118 Abs 4 B-VG der Ausschluss eines Instanzenzuges an staatliche Behörden (einschließlich der UVS: VfSlg 16320/2001) verfassungsgesetzlich verbindlich vorge-

geben. Dies betrifft zB Angelegenheiten der örtlichen Baupolizei, der örtlichen Feuerpolizei oder der örtlichen Straßenpolizei.

In den Angelegenheiten des eigenen Wirkungsbereichs der Gemeinde entscheidet 443
das im betreffenden Materiengesetz, subsidiär das in der GemO bzw im Stadtstatut vorgesehene Gemeindeorgan in zweiter und letzter Instanz. Dieses Gemeindeorgan entscheidet endgültig, der Instanzenzug ist damit erschöpft.

Zumeist ist nach den gemeinderechtlichen Bestimmungen der Gemeinderat subsidiär als Berufungsbehörde in den Angelegenheiten des eigenen Wirkungsbereiches festgelegt. § 94 kntn Allg GemO und § 31 tir GemO sehen dagegen subsidiär den Gemeindevorstand vor, in den Stadtstatuten ist verschiedentlich der Stadtsenat als Berufungsbehörde bestimmt. Vor allem in Städten sind zur Entlastung der „politischen Gremien" der Gemeinde besondere kommunale Berufungsbehörden eingerichtet, zB der Berufungssenat gemäß §§ 48aff und 99 WStV, die Berufungskommission gemäß §§ 33a, 67b Grazer Stadtstatut oder gemäß § 31 Stadtrecht Salzburg.

Ähnlich zu sehen sind die Instanzenzüge im Fall des Einsatzes von **Gemeinde-** 444
verbänden: Nach den näheren Bestimmungen der GemO bzw der besonderen GemeindeverbandsG (Rz 337) steht gegen Bescheide des Verbandsobmanns in Angelegenheiten des eigenen Wirkungsbereichs der Gemeinden (und damit: des Gemeindeverbands) im Allgemeinen ein Instanzenzug an ein kollegiales Verbandsorgan (Verbandsversammlung, Verbandsvorstand) offen, das endgültig entscheidet. In Angelegenheiten des übertragenen Wirkungsbereiches der Gemeinden (und damit: des Gemeindeverbands) bestimmt sich der Instanzenzug primär nach den anzuwendenden besonderen Verwaltungsvorschriften, subsidiär nach den Bestimmungen des jeweiligen Gemeindeverbandsrechts; im Allgemeinen geht er je nach der kompetenzrechtlichen Vollziehungszuständigkeit im Zweifel an den LH (in Angelegenheiten der mittelbaren Bundesverwaltung) bzw an die LReg (in Angelegenheiten der Landesverwaltung), welche endgültig entscheiden.

Hinsichtlich der **nicht-territorialen Selbstverwaltung** bestehen – wenn man 445
vom Grundsatz der Trennung der Vollzugsbereiche (Rz 205) absieht – kaum verfassungsrechtliche Vorgaben: Weder ist es dem Gesetzgeber geboten noch ist es ihm verboten, Instanzenzüge einzurichten. Dementsprechend hat in der Judikatur die Regel Anerkennung gefunden, dass in Angelegenheiten der nicht-territorialen Selbstverwaltung Instanzenzüge – sei dies kammerintern (zB VwSlg 14242 A/1995), sei dies an staatliche Behörden (zB VfSlg 10813/1986, VwSlg 9953 A/1979) – nur bestehen, wenn sie gesetzlich ausdrücklich vorgesehen sind (VwGH 21. 2. 2001, 2000/08/0033). In den Angelegenheiten des eigenen Wirkungsbereiches solcher Selbstverwaltungskörper finden sich in diesem Sinn immer wieder gesetzlich geregelte interne Instanzenzüge (zB vom Kammerpräsidenten an den Kammervorstand), in den Angelegenheiten des übertragenen Wirkungsbereichs mitunter Instanzenzüge an staatliche Behörden (zB § 2 Abs 2 nö SaatgutanerkennungsG, § 47 Abs 2 nö TierzuchtG).

Wenn ein über den Selbstverwaltungskörper hinausgehender Instanzenzug eingerichtet ist, dann unterliegt dieser den allgemeinen Regeln: er geht dann in den Angelegenheiten aus dem Vollziehungsbereich des Bundes (Art 10 B-VG) an ein Bundesorgan (VfSlg 8478/1979), in Angelegenheiten aus dem Vollziehungsbereich des Landes (Art 11, 12 und 15 B-VG) an ein Landesorgan. Bei einem Rechtsmittelverfahren vor einer staatlichen Behörde handelt es sich nicht mehr um die Wahrnehmung einer Selbstverwaltungsangelegenheit.

I. Die „Vorstellung"

446 Als eines der Aufsichtsmittel zur Wahrung der gesetzmäßigen Führung der Angelegenheiten des **eigenen** Wirkungsbereichs (Rz 319) durch Gemeinden und Gemeindeverbände (Art 119a Abs 10 B-VG) sieht die Verfassung in der Form der „**Vorstellung**" (Art 119a Abs 5 B-VG) ein außerordentliches Rechtsmittel vor. Es unterscheidet sich von sonstigen „Aufsichtsbeschwerden" an die zuständigen Aufsichtsbehörden anderer Selbstverwaltungskörper dadurch, dass es mit einem Erledigungsanspruch des Vorstellungswerbers verbunden ist; dementsprechend verlangen VwGH und VfGH für die Zulässigkeit einer an sie gerichteten Beschwerde, dass auch dieser „Quasi-Instanzenzug" vorerst „ausgeschöpft" werden muss. Vorstellung kann nur gegen den letztinstanzlichen Bescheid (nicht gegen eine Verordnung) der Gemeinde bzw des Gemeindeverbandes erhoben werden, der kommunale Instanzenzug muss daher „erschöpft" sein. Sie ist innerhalb von vierzehn Tagen bei der Gemeinde oder bei der Aufsichtsbehörde einzubringen, ihr kann zT aufschiebende Wirkung zuerkannt werden. Gegenstand des Vorstellungsverfahrens ist die Frage, ob der Vorstellungswerber durch den letztinstanzlichen kommunalen Bescheid in ihm aus den anzuwendenden Verwaltungsvorschriften erwachsenden subjektiven Rechten verletzt wurde.

Im Interesse der Wahrung der kommunalen Selbstverwaltung ist der Vorstellungsbehörde (im Fall der Stattgebung) nur eine **kassatorische** Entscheidungsbefugnis übertragen, sie darf also in Vorstellungsangelegenheiten nie „in der Sache" entscheiden. In einem allfälligen fortgesetzten Verfahren sind die Gemeindeorgane allerdings an die in der kassatorischen Entscheidung zum Ausdruck kommende Rechtsansicht der Vorstellungsbehörde gebunden.

447 Die zuständige **Vorstellungsbehörde** – es muss sich um eine „Behörde der allgemeinen staatlichen Verwaltung" handeln (Art 119a Abs 3 B-VG, Rz 394) – bestimmt sich danach, aus wessen Kompetenzbereich die betreffende Angelegenheit des eigenen Wirkungsbereichs stammt und wessen Aufsichtsregime (BdGemAufsG einerseits, GemO oder Stadtstatut andererseits) danach maßgeblich ist: Beispielsweise ist in Angelegenheiten der örtlichen Marktpolizei, welche kompetenzrechtlich Art 10 Abs 1 Z 8 B-VG unterliegen, der **LH** zuständig (§ 3 BdGemAufsG). Dagegen ist in Angelegenheiten der örtlichen Baupolizei (Art 118 Abs 3 Z 9 in Verbindung mit Art 15 Abs 1 B-VG) die durch die betreffende Gemeindeordnung festgelegte Landesbehörde zuständig, das ist in der Regel die **LReg**. Inwiefern gegen die Entscheidung der Vorstellungsbehörde Rechtsmittel offen stehen, bestimmt sich nach den auf die staatliche Verwaltung anwendbaren Regeln der Instanzenzüge.

448 In § 7 Abs 6 BdGemAufsG sowie in der Mehrzahl der Stadtstatute wurde von der verfassungsrechtlichen Ermächtigung, eine Vorstellung gegen Entscheidungen der **Statutarstadt** in Angelegenheiten des eigenen Wirkungsbereichs **auszuschließen** (Art 119a Abs 5 letzter Satz B-VG), Gebrauch gemacht. In diesen Fällen steht daher nach der Erschöpfung des städtischen Instanzenzugs sogleich die Beschwerde an VfGH bzw VwGH offen.

J. Devolutionszüge

1. Allgemeines

449 Im Anwendungsbereich des AVG ist in seinem § 73 Abs 2 (vgl auch § 311 BAO) ein besonderer administrativer Rechtsbehelf gegen behördliche Säumnis bei der Erlassung

von Bescheiden vorgesehen, der **Devolutionsantrag**. Außerhalb des Anwendungsbereichs dieser Bestimmungen gilt die Möglichkeit eines Devolutionsantrags dagegen nicht als einer der „allgemeinen Grundsätze eines rechtsstaatlichen Verwaltungsverfahrens" (VfSlg 16028/2000; Rz 881). Das Institut des Devolutionsantrags wird komplementär ergänzt durch das Rechtsmittel der Säumnisbeschwerde an den VwGH (Art 132 B-VG, § 27 VwGG); diese steht erst nach Ausschöpfen der administrativen Säumnisbehelfe offen.

Sofern eine Form von „sukzessiver Zuständigkeit" (Rz 190) eingerichtet ist, ist gegen die säumige Verwaltungsbehörde die administrative Oberbehörde im Devolutionsweg anzurufen. Es kann allerdings statt dessen gesetzlich eine besondere „Säumnisklage" (zB § 65 ASGG) vorgesehen sein (zB VwGH 20. 3. 2001, 2001/11/0074 zum IvF-G).

Der „Antrag auf Übergang der Entscheidungszuständigkeit" gemäß § 73 Abs 2 AVG ist nicht an die „instanzenmäßig übergeordnete Behörde" im oben erläuterten Sinn, sondern an die „**sachlich in Betracht kommende Oberbehörde**" zu richten (und bei dieser einzubringen). Nach der Judikatur tritt die auf diese Weise zuständig gewordene Behörde an die Stelle der säumigen Behörde, und zwar auch in funktioneller (Rz 147) Hinsicht: War zB die erstinstanzlich zuständige Behörde säumig, so hat die im Devolutionsweg angerufene Oberbehörde „als erste Instanz" zu entscheiden, und nicht – nach den Regeln des § 66 AVG – „als Berufungsbehörde". 450

Allgemein ist festzuhalten, dass ein Devolutionszug bei einer kraft zwischenbehördlichen Mandats (Rz 166) zuständigen Behörde mE nicht an die ermächtigende Behörde gehen kann, da im Rechtssinn die ermächtigende Behörde selbst säumig geworden ist; anders VwGH 19. 2. 2002, 2002/01/0029 bezüglich einer unechten Delegation. Ähnlich sind Fälle zu sehen, in denen ein Kollegialorgan Entscheidungszuständigkeiten auf eines oder mehrere seiner Mitglieder übertragen hat; das Kollegium ist nicht als „Oberbehörde" zu sehen (vgl auch VwGH 4. 7. 2001, 99/12/0170).

Wer ist die „**sachlich in Betracht kommende Oberbehörde**"? Primär sind explizite gesetzliche Regelungen maßgeblich: In einzelnen Fällen ist die Devolutionszuständigkeit gesetzlich bestimmt, zB durch eine ausdrückliche Regelung (vgl §§ 410 Abs 2, § 348f Abs 2 ASVG) oder durch die Bezeichnung einer Behörde als „Oberbehörde" (zB § 2 Abs 2 AgrVerfG, § 94 Abs 6 FrG, § 5 UmwSenG, § 2 Abs 1 AVOG, § 11 Abs 3 DüngemittelG, § 6 Abs 2 Gesundheits- und ErnährungsSG). Im Übrigen ist nach der Rechtsprechung davon auszugehen, dass der Begriff der „sachlich in Betracht kommenden Oberbehörde" gegenüber dem der „instanzenmäßig übergeordneten Behörde" der weitere Begriff ist: Zunächst einmal meint er – und das ist (sofern ein Instanzenzug nicht ausgeschlossen ist) der Regelfall – die im **Instanzenzug** übergeordnete Behörde im oben behandelten Sinn. Stünde gegen die Entscheidung der säumigen Behörde kein (weiterer) Instanzenzug offen, dann kann nach der Judikatur aber auch sonst einer im Ressortverband übergeordneten Behörde die Stellung einer Oberbehörde zukommen. Dies ist jedenfalls dann der Fall, wenn diese Behörde gegenüber der säumigen Behörde **weisungsberechtigt** ist. Nun kann es sich bei der säumigen Behörde aber auch um eine in fachlicher Hinsicht **weisungsfreie** Verwaltungsbehörde handeln. In dieser Hinsicht lässt die Judikatur grundsätzlich den Bestand sonstiger Leitungsbefugnisse ausreichen. Freilich können nicht alle Ansätze einer Leitungsbefugnis schon die Stellung einer Oberbehörde im verfahrensrechtlichen Sinn begründen. Es gilt nämlich zu berücksichtigen, dass von der Oberbehörde eine Entscheidung „in der Sache" erwartet wird. Dies ist insb im Hinblick auf Behörden von der Art des UVS von Bedeutung: Soweit sich die Stellung der LReg gegenüber einer 451 solchen Behörde darauf beschränkt, in personeller, finanzieller und sachlicher Hinsicht für den ordnungsgemäßen Betrieb Vorsorge zu treffen, ist sie nicht als „Oberbehörde" im verfahrensrechtlichen Sinn zu verstehen. Dies betrifft insb alle Kollegialorgane, bei denen gemäß Art 20 Abs 2 B-VG explizit eine Aufhebung oder Abänderung ihrer Entscheidung im Verwaltungsweg ausgeschlossen ist. Ist eine übergeordnete Behörde dagegen gegenüber einer weisungsfreien Behörde auch in fachlicher Hinsicht aufsichtsbefugt, dann bildet sie ihre Oberbehörde. Dementsprechend hat sich in der Judikatur die Formel herausgebildet, dass eine Oberbehörde eine solche ist, die wenn schon nicht mit dem Mittel der Weisung, so wenigstens auf sonstige Weise **auf den Inhalt der unterbliebenen Entscheidung Einfluss hätte nehmen können** (zusammenfassend VwSlg 15484 A/2000 – Akkreditierungsrat).

[452] Wenn bei Kollegialbehörden im Sinn von Art 20 Abs 2 B-VG nicht ausdrücklich die Möglichkeit der Anrufung des VwGH gemäß Art 133 Z 4 B-VG gesetzlich vorgesehen ist, besteht keine (direkte) Möglichkeit, die Säumnis geltend zu machen. Dies kann gegen rechtsstaatliche Grundsätze verstoßen.

[453]

2. Devolutionszüge in den einzelnen Verwaltungsbereichen

454 Ist in einer Angelegenheit der **Landesverwaltung** (Art 11, 12, 15 B-VG) die in erster Instanz befasste Behörde säumig geworden, so kann nach § 73 Abs 2 AVG die im konkreten Zusammenhang instanzenmäßig übergeordnete Behörde angerufen werden – sei dies die LReg, sei dies eine besondere Berufungsbehörde, wie zB der
[455] UVS, der Landesagrarsenat oder eine Landesgrundverkehrsbehörde. Wurde eine von der LReg verschiedene Landesbehörde, gegen deren Entscheidung ein Instanzenzug
[456] nicht oder nicht mehr offen steht, säumig, so kann im Allgemeinen die LReg als Oberbehörde im Devolutionsweg angerufen werden. Dies gilt auch bei weisungsfreien Disziplinar-, Leistungsfeststellungs- oder Landesgrundverkehrskommissionen. Dies gilt jedoch dann nicht, wenn die LReg im konkreten Zusammenhang – wie im Fall des UVS (Rz 298) – nicht als Oberbehörde zu qualifizieren ist. Ist die LReg selbst säumig geworden, so steht im Allgemeinen allein die Säumnisbeschwerde an den VwGH (§ 27 VwGG) offen; ein Devolutionszug kommt nur in den bundesverfassungsgesetzlich vorgesehenen Fällen in Betracht (vgl Art 11 Abs 7 und 8, 12 Abs 3 und 15 Abs 7 B-VG).

457 Ist in einer Angelegenheit der **unmittelbaren Bundesverwaltung** die in erster Instanz befasste Bundesbehörde säumig, so steht ein Devolutionsantrag an jene Bundesbehörde offen, die gegenüber der säumigen Behörde instanzenmäßig, ansonst leitungsmäßig (unmittelbar) übergeordnet ist. Häufig ist dies der ressortzuständige BMin. Ist die Organisation der Bundesverwaltung mehrgliedrig, kann dies aber auch eine andere Bundesbehörde sein; da diese sodann funktionell als Behörde erster Instanz tätig wird, kann es insofern zu einem „Parallel-Verschieben" der Instanzenzüge
[458] kommen, als gegen die Entscheidung dieser Oberbehörde gegebenenfalls Berufung an den sonst im Instanzenzug gar nicht anrufbaren BMin erhoben werden kann. Als Grundsatz gilt jedenfalls auch hier, dass der Devolutionszug grundsätzlich bis zum zuständigen BMin geht, es muss also dieser Devolutionszug „ausgeschöpft" werden, bevor eine Säumnisbeschwerde an den VwGH in Betracht kommt.

459 In Angelegenheiten der **mittelbaren Bundesverwaltung** nimmt die Judikatur in gleicher Weise ein „Parallel-Verschieben" der Instanzenzüge an: Da der im Devolutionsweg gegen die säumige erstinstanzliche Behörde angerufene LH in erster Instanz entscheidet, wird aus dem Wortlaut des Art 103 Abs 4 B-VG abgeleitet, dass gegen

seine Entscheidung oder im Fall seiner Säumnis der zuständige BMin angerufen werden kann (zB VwGH 8. 8. 2002, 2002/11/0152, 4. 7. 2002, 2002/11/0106). Ist der in [460] erster Instanz zuständige LH säumig, so kann der betreffende BMin im Devolutionsweg angerufen werden, und zwar auch dann, wenn der LH in erster und einziger Instanz zu entscheiden hätte. Ist der in erster Instanz zuständige, im Instanzenzug oder im Devolutionsweg angerufene BMin säumig, so kommt nur eine Säumnisbeschwerde an den VwGH in Betracht. Wiederum ist festzuhalten, dass diese Regeln nicht gelten, wenn im Devolutionsweg der UVS oder eine vergleichbare Einrichtung (zB der unabhängige Bundesasylsenat) anzurufen ist oder aber wenn eine solche Behörde selbst säumig geworden ist.

In den Angelegenheiten des **übertragenen** Wirkungsbereichs von Selbstverwal- 461
tungskörpern bestehen keine Besonderheiten, da ihre Organe funktionell insoweit den betreffenden Bundes- oder Landesbehörden unterstellt sind, die dementsprechend im Devolutionsweg angerufen werden können, sei dies als instanzenmäßig übergeordnete Behörden, sei dies als zu einer entsprechenden fachlichen Aufsicht berufene Behörden.

In den Angelegenheiten des **eigenen** Wirkungsbereichs der Gemeinden kann 462
dagegen nur ein Gemeindeorgan im Devolutionsweg zuständig werden. Es ist dies bei Säumnis des erstinstanzlich zuständigen Gemeindeorgans in erster Linie das instanzenmäßig übergeordnete Gemeindeorgan, sei dies der Gemeinderat oder der Gemeindevorstand (Stadtsenat), sei dies eine besondere Berufungsbehörde (Rz 443). Bei Säumnis eines vom Gemeinderat verschiedenen Gemeindeorgans, gegen dessen Entscheidung kein (weiteres) Rechtsmittel offen steht, ist im Allgemeinen der Gemeinderat als oberstes Gemeindeorgan anzurufen (VwGH 3. 7. 2002, 2002/05/0755, 23. 5. 2002, 2002/05/0041). Bei Säumnis des Gemeinderats steht die Säumnisbeschwerde an den VwGH offen.

Die Aufsichtsbehörde kann in keinem Fall (mit dem Mittel der Vorstellung) gegen ein säumiges Gemeindeorgan angerufen werden. Rechtsschutz gegen die Säumnis der Vorstellungsbehörde bestimmt sich nach den auf diese staatliche Behörde allgemein anwendbaren Regeln.

Auch bei den **anderen Selbstverwaltungskörpern** ist maßgeblich, inwiefern 463
gegen die Entscheidung des säumigen Organs ein (ausdrücklich statuierter: Rz 445) Instanzenzug offen steht (zB VwSlg 11791 A/1985). Steht ein Instanzenzug nicht oder nicht mehr offen, so ist nach den maßgeblichen (zB kammerrechtlichen) Rechtsvorschriften zu prüfen, inwiefern einem anderen Organ ein fachliches Weisungs- und/ oder Aufsichtsrecht zukommt.

Im Fall von **Ausgliederungen und Beleihungen** nimmt der VfGH einen Devolu- 464
tionszug nur parallel zu ausdrücklich geregelten Instanzenzügen oder sonst bei ausdrücklicher gesetzlicher Verankerung – zB durch Verwendung des Begriffs „Oberbehörde“ (zB §§ 140 Abs 1, 140b Abs 2 LFG, § 7 Abs 4 IAF-G, § 11 Abs 4 KommAustriaG) – an (VfSlg 16369/2001; aA VwGH 13. 9. 1999, 97/09/0021, wonach ein Weisungszusammenhang genügen soll). Im Hinblick auf die devisenbehördlichen Befugnisse der OeNB zB hat der VwGH in 18. 4. 1986, 85/17/0162 entschieden, dass keine „gegenüber der OeNB übergeordnete Behörde vorhanden ist, die durch Weisungs- oder Aufsichtsrecht den Inhalt der unterbliebenen Entscheidung hätte bestimmen können“. Dagegen führten Aufsichtsbefugnisse gegenüber dem weisungsfreien Akkreditierungsrat in VwSlg 15484 A/2000 zur Qualifikation des BMin als Oberbehörde.

III. Teil: Funktionsrecht

Die Verwaltung ist, wie die anderen Staatsfunktionen auch, eine rechtlich gebundene Staatsfunktion. Die Verwaltungsorganisation als rechtlich geordnete Organisation war Gegenstand der vorhergehenden Abschnitte. In den folgenden Abschnitten sind die rechtlichen Regeln für das **Wirken** der Verwaltung zu behandeln. In diesem Zusammenhang ist nachzuholen, was im Hinblick auf das Organisationsrecht noch zurückgestellt worden war, nämlich eine Präzisierung des „Rechts“, das neben der Organisation auch die Funktionen der Verwaltung regelt. 465

VIII. Rechtsquellen des Verwaltungsrechts

A. Rechtsquelle und Rechtserzeugung

466 Eine Besonderheit des Gegenstands „Recht" ist darin zu sehen, dass das Recht seine eigene Erzeugung regelt. Dieses Ineinandergreifen von „Metaebene" und „Objektebene" begründet manche Schwierigkeiten bei der adäquaten Erfassung des positiven Rechts. Im Besonderen regelt das Recht, welches Organ (Organisationsrecht) in welchem Verfahren (Verfahrensrecht) unter Berücksichtigung welcher materieller Determinanten (materielles Recht) neues Recht schaffen kann. Ein solches „Set von Regeln" konstituiert damit eine „**Rechtsquelle**". Beispielsweise konstituieren die Bestimmungen über die Gesetzgebung des Bundes (insb Art 24ff B-VG) die Rechtsquelle „Bundesgesetz". In diesem Sinn kann man zB die Rechtsquellen (Rechtssatztypen) „Landesgesetz", „Staatsvertrag", „Gliedstaatsvertrag", „Verordnung" ua anführen.

467 Es ist nun eine Frage des Abstraktionsniveaus, auf welchem man die Suche nach rechtlich eingesetzten Rechtsquellen betreiben will, wie viele Rechtsquellen man letztlich auffinden wird. Beispielsweise kann man im Hinblick auf den Rechtsquellentypus „Bundesgesetz" mehrere Formen des Zusammenwirkens von Organen, mehrere Abstimmungsregeln u dgl unterscheiden und dementsprechend zu der Beurteilung kommen, dass es verschiedene Arten von Bundesgesetzen gibt.

Wollte man auch bei den Verordnungen beginnen, je nach den unzähligen Verwaltungsbehörden und den jeweils statuierten speziellen Verfahrensregeln verschiedene Arten von Verordnungen zu unterscheiden, so zeigen sich schnell die Grenzen eines solchen Unterfangens. Es gilt daher ein Abstraktionsniveau zu finden, das als „Rechtsquellentypen" Gruppen von Rechtserzeugungsregeln mit „wesentlichen" Gemeinsamkeiten zusammenfasst. Bei den Prüfzuständigkeiten des VfGH finden sich zB nur die globalen Titel „Bundes- und Landesgesetze" und „Verordnungen von Bundes- und Landesbehörden" (Art 139 und 140 B-VG); Bundesverfassungsgesetze und Bundesfinanzgesetze unterliegen daher der Prüfung durch den VfGH, soweit man sie – mit der einhelligen Lehre und Rechtsprechung – unter den globalen Typus „Bundesgesetze" subsumiert.

Für den Bereich des Verwaltungsrechts erweist sich eine solche Typisierung als ausreichend, sie soll daher hier zugrundegelegt werden. Wir unterscheiden: Bundes- und Landesgesetze, Staatsverträge, Gliedstaatsverträge und Verordnungen, überdies – da nach österreichischem Recht auch individuelle Akte rechtserzeugend sein können – Bescheide, Akte unmittelbarer verwaltungsbehördlicher Befehlsgewalt und Weisungen.

Gliedstaatsverträge (Art 15a B-VG) sind zwar administrativ erzeugtes Recht; da sie jedoch transformationsbedürftig und daher in keinem Fall für die Verwaltung unmittelbar anwendbar sind (VwSlg 15386 A/2000, VwGH 27. 6. 2000, 99/11/0368), sollen sie hier außer Betracht bleiben.

B. Das „System“ der Rechtsquellen

Der Befund, dass eine „Rechtsquelle“ durch ein bestimmtes Set von Rechtserzeugungsregeln konstituiert wird, leitet über zu der Frage, inwiefern es sich dabei um ein **geschlossenes System** von Rechtsquellen handelt, mit anderen Worten, ob der einfache Gesetzgeber „neue“ Rechtsquellen erfinden darf. Die Dichte, mit der die Bundesverfassung die Formen der Rechtserzeugung regelt, und das Erfordernis einer verfassungsrechtlichen Legitimation staatlicher Rechtserzeugung legen den Schluss nahe, dass nur die verfassungsrechtlich vorgesehenen Rechtsquellen zulässig sein sollen. Dies wird durch das System des Rechtsschutzes vor den Gerichtshöfen des öffentlichen Rechts untermauert, das einen Rechtsschutz nicht allgemein bei „öffentlich-rechtlichen Streitigkeiten“, sondern nur gegenüber bestimmten Rechtsakten eröffnet; die einfachgesetzliche Entwicklung neuer Rechtsquellen würde Rechtsschutzsuchende in ein Vakuum werfen. 468

Beispielsweise hat sich der VfGH in VfSlg 7593/1975 bei der Beurteilung des Redakteursstatuts nach RundfunkG als einer besonderen Art von „Betriebsvereinbarung“ grundsätzlich zur „Theorie der Geschlossenheit des Rechtsquellensystems“ bekannt: Bei der Betriebsvereinbarung handle es sich um eine vom B-VG vorgefundene und als zulässig vorausgesetzte Rechtserzeugungsform. In VfSlg 9226/1981 beurteilte er den „subordinationsrechtlichen Verwaltungsvertrag“ (Rz 1258) als eine verfassungsrechtlich nicht vorgesehene Rechtserzeugungsform, es könne sich daher nicht um eine selbständige Rechtsquelle handeln (vgl noch Rz 1260). Vgl auch VfSlg 9886/1983. 469

Es kann also festgehalten werden, dass die Theorie von der Geschlossenheit des Rechtsquellensystems herrschende Lehre und Rechtsprechung ist, mögen auch die konkrete dogmatische Begründung und der Inhalt der Theorie kontrovers sein: Muss die Rechtsquelle namentlich im Verfassungstext angeführt sein? Muss sie der Sache nach in der Verfassung angesprochen sein? Genügt es, dass die Rechtsquelle vom B-VG „vorgefunden“ und „übernommen“ wurde? Ein erheblicher Teil der Lehre erachtet diese Theorie als nur für generelle Rechtsquellen maßgeblich. 470

Vor diesem Hintergrund ist es leicht verständlich, dass dem **Gewohnheitsrecht** im Bereich des heute maßgeblichen Verwaltungsrechts keine praktische Bedeutung zukommt, da der Gesetzmäßigkeitsgrundsatz alles verdrängt (zB VwSlg 12096 A/1986). Ein Rechtsunterworfener kann gegenüber einer Gebietskörperschaft nicht ein Recht durchsetzen, das nicht gesetzlich begründet ist, eine Verwaltungsbehörde darf dem Rechtsunterworfenen gegenüber keine Entscheidung treffen, die nicht gesetzlich begründet ist. Mögen in den Entscheidungsgrundlagen, wie noch auszuführen ist (Rz 554, 575, 627), auch zahlreiche Determinanten zusammenwirken, so wurden Fälle einer gesetzesartigen Bindung kraft lang andauernder Übung und *opinio iuris ac necessitatis* doch nicht nachgewiesen. Auf Gewohnheiten – bestimmt schon § 10 ABGB – „kann nur in den Fällen, in welchen sich ein Gesetz darauf beruft, Rücksicht genommen werden“. Tatbestandsmäßige Bezugnahmen auf Übung, Tradition und Herkommen finden sich in der Tat in großer Zahl, sei es dass ältere Kundmachungsregeln von der „ortsüblichen Kundmachung“ oder Kammergesetze vom „standesgemäßen Verhalten“ sprechen, sei es dass § 29 GewO hinsichtlich des Umfanges der Gewerbeberechtigung subsidiär auf „die in den beteiligten gewerblichen Kreisen bestehenden Anschauungen und Vereinbarungen“ oder § 69 Abs 2 GewO hinsichtlich der Ausübungsregeln auf „Gewohnheiten und Gebräuche“ abstellen (vgl auch § 2 Abs 3a GewO, § 2 Abs 1 BewertungsG). Keiner dieser Fälle ist als „Delegation zur Rechtserzeugung“ zu sehen, vielmehr hat die zuständige Behörde gegebenenfalls im Zuge der Rechtsanwendung vorerst Erhebungen im Sachverhaltsbereich über tatsächlich bestehende Gegebenheiten vorzunehmen. Es handelt sich also durchwegs um sog 471

„unbestimmte Gesetzesbegriffe" (Rz 618). Vgl auch VwGH 28. 1. 2002, 99/17/0407, VwSlg 4991 F/1976.

472 Ähnlich zu sehen ist auch der sog **Verwaltungsbrauch**: Selbstverständlich sind praktische Verwaltungsabläufe in hohem Maße durch Tradition und Herkommen bestimmt, sie können zB unter Gesichtspunkten des Vertrauensschutzes auch zu rechtserheblichen „Selbstbindungen" führen. Gleichwohl bildet Verwaltungsbrauch in keinem Fall eine Rechtsquelle (vgl auch VwGH 24. 9. 1997, 96/12/0089, 11. 12. 1990, 90/07/0104). Wenn nach § 2 Abs 1 lit b WRG subsidiär auch jene Gewässer als öffentliche gelten, die schon vor dem 1. 11. 1934 „als öffentliche behandelt wurden", so wird der Behörde im Sachverhaltsbereich das Studium alter Akten abverlangt.

473 Differenziert zu sehen ist der Fragenkreis des sog „**Richterrechts**". Die primäre Funktion der Gerichte und der Verwaltungsbehörden bei der Entscheidung von Einzelfällen ist es, das in den generell-abstrakten Rechtsvorschriften Geregelte am konkreten Fall „zu Ende zu denken". Darauf aufbauend bestimmt § 12 ABGB, dass Entscheidungen in Einzelfällen „nie die Kraft eines Gesetzes haben" und „auf andere Fälle oder auf andere Personen nicht ausgedehnt werden können". Freilich kann Urteilen und Bescheiden nach ihrem Inhalt in Verbindung mit ihrer gesetzlichen Zwecksetzung auch eine *erga omnes*-Wirkung zukommen: ein Kind gilt als ehelich, eine Person gilt als österreichischer Staatsbürger. Eine solche Entscheidung ist ab ihrer Rechtskraft für jedermann, auch für jede Behörde verbindlich. Instanzenmäßig gegliederte Rechtsmittelzüge können ihre Funktion nur dann erfüllen, wenn untergeordnete Behörden (im fortgesetzten Verfahren) nicht nur an den „Spruch", sondern auch an die *rationes decidendi* der Rechtsmittelentscheidung gebunden sind. Schließlich ist es nicht nur ein Gebot intellektueller Redlichkeit, sondern allgemein unter Willkür- und Amtshaftungsgesichtspunkten erforderlich, dass sich die zu einer Entscheidung berufene Behörde mit in ähnlichen Fällen ergangenen Entscheidungen von Höchstgerichten und Rechtsmittelbehörden auseinandersetzt und abweichende rechtliche Beurteilungen entsprechend begründet („Umkehr der Argumentationslast").

C. Verfassungsrechtliche Vorprägung der Rechtsquellen

474 Diese Sicht der verfassungsrechtlichen Vorprägung der Rechtserzeugung entfaltet naturgemäß **Rückwirkungen** auch auf die administrative Rechtssetzung. Geht man davon aus, dass die Verfassung eine Erzeugung von neuem Recht nur in der Form von bestimmten Rechtssatztypen zulässt, dann bindet dies sowohl den Gesetzgeber als auch die Vollziehung: Wenn die Verfassung für den Bereich der Hoheitsverwaltung zB nur die Formen „Verordnung", „Bescheid" usw vorsieht, dann ist es dem Gesetzgeber verwehrt, für die hoheitliche Rechtssetzung „Mischformen" – zB eine „Allgemeinverfügung" nach deutschem Vorbild, die als solche weder den Regeln für Verordnungen noch jenen für Bescheide unterläge – einzuführen. Er darf bei Akten, die den Elementen des „verfassungsrechtlichen Verordnungsbegriffes" entsprechen, nicht Konstruktionen entwickeln, welche die Anwendbarkeit der für Verordnungen maßgeblichen Regeln ausschließen.

475 Allerdings darf daraus nicht der vorschnelle Schluss gezogen werden, jede generelle Regelung im Bereich des öffentlichen Rechts stelle eine Verordnung dar, jede administrative Einzelfallentscheidung im Bereich des öffentlichen Rechts müsse von Verfassungs wegen ein Bescheid sein bzw sei im Einzelfall ein Bescheid. Beispielsweise lässt Art 137 B-VG deutlich erkennen, dass es Einzelfallentscheidungen im öffentlichen Recht geben kann, die nicht mit Bescheid zu erledigen sind. Auf diese

Fragen wird in den einzelnen Zusammenhängen zurückzukommen sein (Rz 755, 849). Der „harte Kern" der verfassungsrechtlichen Vorprägung der Rechtsquellen ist daher in einem Umgehungsverbot (Verbot des Formenmissbrauchs) zu sehen.

D. Die Rechtsüberleitung

Von **Rechtsüberleitung** spricht man, wenn eine neue (durch die bisher geltende Rechtsordnung nicht legitimierte) Rechtssetzungsautorität „im Großen und Ganzen wirksam" wird – wie dies 1918, 1938 und 1945 der Fall war – und wenn die neue Rechtssetzungsautorität, die nicht alles sogleich neu regeln kann, anordnet, dass früher in Geltung gestandene Rechtsvorschriften „weiter gelten" sollen (zB § 16 StGBl 1/1918, Art II GBlÖ 1/1938, § 2 R-ÜG 1945); vgl Öhlinger Rz 52. Da die frühere Rechtsordnung unwirksam geworden ist, handelt es sich um ein (neuerliches) In-Geltung-Setzen. 476 [477]

478 In diesem Zusammenhang stellt sich die Frage, „als was" die übergeleiteten Rechtsvorschriften gelten sollen, insb ob als Gesetz oder als Verordnung, ob als Bundesrecht oder als Landesrecht (Einordnungsfrage). Als allgemeinste Regel gilt dabei, dass eine Rechtsvorschrift nach der Überleitung als Rechtsvorschrift jener Art gilt, in der sie ihrem Inhalt zufolge im Rahmen der neuen Rechtsordnung erlassen werden müsste. Dementsprechend konnte zB ein als Bundesgesetz übergeleitetes kaiserliches Patent nach 1918 nur vom Bundesgesetzgeber aufgehoben oder abgeändert werden (zuletzt zB VfSlg 16195/2001, 15201/1998).

Dies führte dazu, dass zT ursprünglich aus dem 18. Jahrhundert stammende Rechtsvorschriften bis in die jüngste Zeit Bestandteile des geltenden Rechts waren. Die **Rechtsbereinigungen** des Bundes (BGBl I 191/1999) und der Länder (zB Hörtenhuber/Steiner JRP 2002, 7) haben manche solche Rechtsakte aufgehoben, aber noch immer zT ursprünglich aus dem 19. Jahrhundert stammende Rechtsakte in Geltung belassen.

479 Strukturell ähnliche Fragen können auch **innerhalb** einer Rechtsordnung auftreten. Insb schafft jede Änderung der bundesstaatlichen Kompetenzverteilung eine neue föderale Zurechnungsregel für bereits geltende unterverfassungsrechtliche Bestimmungen. Aus dem ÜG 1920 lässt sich – vereinfacht – die Regel ableiten, dass eine Rechtsvorschrift demjenigen zugerechnet wird, der eine Rechtsvorschrift dieses Inhalts nach der neuen Verfassungsordnung zu erlassen hätte. Wird beispielsweise die Abfallwirtschaft kompetenzrechtlich neu geordnet, so gelten diejenigen landesrechtlichen Bestimmungen auf dem Gebiet der Abfallwirtschaft, die nunmehr in den Bereich der Zuständigkeit des Bundes fallen, ab dem Inkrafttreten der BVG-Novelle im betreffenden Bundesland als Bundesrecht („**partikuläres Bundesrecht**"). Sie können nur mehr bundesrechtlich geändert oder aufgehoben werden. Umgekehrt gelten diejenigen bundesrechtlichen Bestimmungen auf dem Gebiet der Abfallwirtschaft, die nunmehr in den Bereich der Länderzuständigkeit fallen, ab dem Inkrafttreten der Novelle in jedem einzelnen Bundesland als Landesrecht. Sie können nur mehr landesrechtlich geändert oder aufgehoben werden. Bewirkt die Kompetenzänderung auch eine Änderung der Vollzugskompetenz, so können sich eo ipso auch Behördenzuständigkeiten ändern (anschaulich VwGH 23. 2. 1990, 89/18/0160).

Versteht man Überleitungsfragen als Fragen nach der maßgeblichen Zurechnungsregel, dann erkennt man, dass auch jede Änderung von Behördenzuständigkeiten solche Fragen aufwirft. Wird auf Grund einer Gesetzesnovelle statt dem BMin der LH zur Erlassung bestimmter VO zuständig, so gelten die bereits erlassenen ministeriellen VO ab dem Wirksamwerden der Novelle als VO der betreffenden LH. Ähnliches ist in

[480–481] den Fällen einer **Funktionsnachfolge** (Rz 67) zu beobachten: Bestehende Rechtsakte gelten als Rechtsakte des Funktionsnachfolgers.

482 Individuelle Rechtsakte (**Bescheide**, Urteile) lösen sich mit ihrer Rechtskraft von der ihnen zugrundeliegenden generell-abstrakten Rechtslage ab (Rz 955). Daher bleiben eine in der reichsdeutschen Zeit erworbene Baubewilligung oder ein in dieser Zeit erworbener akademischer Grad auch dann wirksam, wenn derartige (nicht absolut nichtige) Bescheide nach 1945 nicht mehr hätten ergehen dürfen.

In einem ganz allgemeinen Sinn wird der Begriff „Rechtsüberleitung" auch bei Rechtsfragen aller Art verwendet, die sich im Hinblick auf die Beurteilung bestehender Akte und Einrichtungen im Gefolge einer Rechtsänderung – insb im Hinblick auf „Übergangsbestimmungen" von Novellen – stellen (zB VwSlg 15284 A/1999).

E. Gemeinschaftsrecht und nationales Recht

483 Österreichische Verwaltungsbehörden haben nicht nur österreichisches Recht, sondern auch Europäisches Gemeinschaftsrecht anzuwenden (Rz 215). Sie haben es dabei „als Gemeinschaftsrecht" anzuwenden. Gemeinschaftsrecht und nationales Recht bilden zwei gesonderte, auf demselben Territorium Befolgung erheischende Rechtsordnungen. Dies ergibt sich aus der für die EG charakteristischen **supranationalen** Rechtssetzung:[1]

- Das Gemeinschaftsrecht ist nach seinem Selbstverständnis eine „autonome" Rechtsordnung. Das bedeutet dem EuGH zufolge einerseits, dass es seinen Geltungsgrund in sich trägt und nicht abgeleiteter Teil einer oder mehrerer nationaler Rechtsordnungen ist, und andererseits, dass es nicht Bestandteil der Rechtsordnungen der Mitgliedstaaten ist. In diesem Sinn kommt dem Gemeinschaftsrecht „unmittelbare Geltung" **in** den Mitgliedstaaten zu, dh es gilt aus eigenem Recht, nicht kraft Rezeption oder Transformation durch nationales Recht.
- Dem Gemeinschaftsrecht – und zwar nicht nur dem Primärrecht, sondern auch dem Sekundärrecht – kommt Vorrang vor allem nationalen Recht zu.
- Das Gemeinschaftsrecht ist aus der Perspektive der Rechtsunterworfenen (nicht bloß der Unionsbürger) zum Teil „unmittelbar anwendbar", dh es begründet zum Teil Rechte und Pflichten der Rechtsunterworfenen.
- 484 Aus diesen Grundsätzen resultiert im Fall eines Normenkonfliktes zwischen (unmittelbar anwendbaren) Bestimmungen des Gemeinschaftsrechts und des nationalen Rechts der „**Anwendungsvorrang**" des Gemeinschaftsrechts (zB VfSlg 15815/2000). Eine „Derogation" zwischen Gemeinschaftsrecht und nationalem Recht kommt – da es sich um jeweils eigenständige Rechtsordnungen handelt – nicht in Betracht, gleichgültig welche Bestimmung die „lex posterior" ist. Der Anwendungsvorrang wird dahin verstanden, dass dem unmittelbar anwendbaren Gemeinschaftsrecht entgegenstehende nationale Rechtsvorschriften unangewendet bleiben müssen. Das verfassungsrechtliche Legalitätsprinzip steht insoweit seit dem Beitritt unter einem „Gemeinschaftsrechtsvorbehalt".

485 Die Frage des Anwendungsvorranges ist grundsätzlich im Zusammenhang zu sehen mit dem Vorabentscheidungsverfahren gemäß Art 234 EGV. Das nationale **Gericht**, über dessen Vorlage nationales Recht vom EuGH als mit Gemeinschafts-

1 Vgl die Literaturhinweise oben Rz 215. Speziell zu nationalen Sanktionen in Bezug auf EG-RL Kert JBl 1999, 87 und in Bezug auf EG-VO Kert ÖJZ 2001, 298.

recht unvereinbar erkannt wurde, hat es unangewendet zu lassen. Als „Gerichte" im autonomen Sinn des Gemeinschaftsrechts sind auch unabhängige Verwaltungsbehörden zu verstehen, die auf Grund gesetzlicher Vorschriften zur bindenden Entscheidung über Rechtsstreite berufen sind (Thienel 146), also auch UVS, UBAS, Bundesvergabeamt und die nach Art 20 Abs 2 B-VG eingerichteten Kollegialorgane. Der EuGH ist jedoch dazu übergegangen, auch eine Verpflichtung nationaler **Verwaltungsbehörden** anzunehmen, widersprechendes nationales Recht unangewendet zu lassen, obwohl ihnen ein Vorlagerecht nicht zukommt (vgl insb EuGH *Fratelli Costanzo* 1989, 1839, *UVP* 1995 I-2189). Kein Verwerfungsrecht kommt nationalen Organen dagegen hinsichtlich vermeintlich primärrechtswidrigem EG-Sekundärrecht zu (Hatje 84).

Was ist nun dieses Gemeinschaftsrecht, das im Sinn des Anwendungsvorranges 486
nationales Recht zu verdrängen vermag? Zunächst einmal sind manche Bestimmungen des **Primärrechts** selbst unmittelbar wirksam, etwa das Diskriminierungsverbot (Art 12 EGV), das Zollverbot oder das Verbot von Abgaben zollgleicher Wirkung (Art 23, 25 EGV), das Verbot von Einfuhr- bzw Ausfuhrbeschränkungen sowie von Maßnahmen gleicher Wirkung (Art 28 und 29 EGV) oder die Kapitalverkehrsfreiheit (Art 56 EGV). Komplizierter liegen die Dinge bei der Niederlassungs- und der Dienstleistungsfreiheit, da es in diesen Bereichen sowohl unmittelbar anwendbare Bestimmungen (Art 43, 49 EGV) als auch Harmonisierungsermächtigungen gibt (Art 44, 52 EGV). Von alles überragender Bedeutung ist jedenfalls der in Art 10 EGV verankerte Grundsatz der „Gemeinschaftstreue", der zu einer modifizierten Interpretation mehrerer nationaler Bestimmungen nötigt (vgl noch Rz 628).

Beispielsweise wurde in VwSlg 15422 A/2000 entschieden, dass bei Parallelimport von Pflanzenschutzmitteln die **Warenverkehrsfreiheit** gebietet, dass besondere Bewilligungserfordernisse für das Inverkehrbringen unangewendet bleiben.

Nach VwSlg 15197 A/1999 gebietet die **Kapitalverkehrsfreiheit** beim Grunderwerb durch einen Unionsbürger, dass ein Genehmigungserfordernis nach Grundverkehrsrecht unangewendet bleibt. Dagegen verstoßen nach VwSlg 15296 A/1999, VwGH 19. 10. 2001, 2000/02/0235 bloße Anzeigepflichten nicht gegen die Kapitalverkehrsfreiheit.

Wenn ein Unionsbürger grenzüberschreitend als Fremdenführer tätig wird, gebietet nach VwGH 4. 9. 2002, 2000/04/0066 die **Dienstleistungsfreiheit**, dass die gewerberechtlichen Berufsantrittsvoraussetzungen unangewendet bleiben (vgl daher nunmehr § 2 Abs 15 GewO). Dagegen ist es nach VwGH 9. 5. 2001, 2001/04/0085, nach den Regeln der Dienstleistungsfreiheit durch ein Allgemeininteresse gerechtfertigt, wenn bei der grenzüberschreitenden Erbringung von Baumeisterleistungen der Befähigungsnachweis iSd GewO verlangt wird.

Vgl zu dem auch auf die Einhebung von Abgaben durchschlagenden Verbot der Durchführung genehmigungspflichtiger nicht genehmigter **Beihilfen** (Art 88 Abs 3 EGV) VwGH 20. 3. 2003, 2000/17/0084, 28. 4. 2003, 2002/17/0055, 21. 5. 2003, 2000/17/85.

Die unmittelbare Anwendbarkeit von **EG-Verordnungen** ergibt sich generell aus 487
Art 249 Art 2 EGV. Sie wirken „gesetzesähnlich", verdrängen entgegenstehendes nationales Recht, erfordern allerdings im Allgemeinen nationale **Begleit**regelungen (Rz 220; Öhlinger/Potacs 120).

Vgl zB zur Handhabung der EG-AbfallverbringungsVO VwGH 21. 3. 2002, 2002/07/0035, 20. 3. 2003, 2003/07/0033. – Im Rahmen der nationalen Vollziehung des Gemeinschaftsrechts sind auch die allgemeinen Rechtsgrundsätze des Gemeinschaftsrechts zu beachten (VwGH 23. 10. 2000, 99/17/0193). – Im Hinblick auf das Nichtmitführen der Fahrtenschreiber-Schaublätter entschied VwGH 23. 2. 2001, 99/02/0057, dass als verletzte Verwaltungsvorschrift iSv § 44a Z 2 VStG nicht § 102 KFG, sondern ausschließlich Artikel 15 Abs 7 der VO 3821/85/EWG maßgeblich war.

488 **EG-Richtlinien** sind dagegen grundsätzlich an die Mitgliedstaaten gerichtet, sie sind also durch nationale Rechtssetzungsakte in nationales Recht **umzusetzen** und wirken insoweit nicht unmittelbar. Aus der Perspektive der nationalen Verwaltungen geht es daher in dem durch RL geregelten Bereich primär um „normale" Vollziehung nationalen Rechts. Vor allem in zweierlei Hinsicht können RL aus der Perspektive der Verwaltung maßgeblich sein: Zum einen ist das anwendbare nationale Recht – soweit der Wortlaut dies zulässt (VwGH 29. 4. 2002, 2000/03/0066; Öhlinger/Potacs 79) – im Zweifel so zu deuten, dass es EG-RL nicht widerspricht (richtlinienkonforme Interpretation; Hatje 71). Zum anderen kann eine im nationalen Recht unzureichend umgesetzte RL unter bestimmten Voraussetzungen unmittelbare Anwendbarkeit entfalten (Klagian ZÖR 2001, 305); die Frage der unmittelbaren Anwendbarkeit setzt dort ein, wo die Möglichkeiten richtlinienkonformer Interpretation enden.

488a Im Rahmen **richtlinienkonformer Interpretation** hat der VwGH zB entschieden, dass bestimmte Verzehrprodukte nicht als Lebensmittel iSd LMG, sondern als Arzneimittel iSd AMG zu qualifizieren sind (zB VwGH 27. 8. 2002, 99/10/0176), dass bestimmte Stoffe nicht als Abfall iSd AWG zu qualifizieren sind (VwGH 25. 7. 2002, 2001/07/0043, 4. 7. 2001, 99/07/0177), dass eine bestimmte Art der Berechnung der Zusammenschaltungsentgelte nach TKG zulässig ist (VwGH 6. 9. 2001, 2000/03/0195, 11. 12. 2002, 2000/03/0190) oder dass eine Bestrafung wegen des Inverkehrbringens von Verzehrprodukten mit nicht irreführenden gesundheitsbezogenen Angaben unzulässig ist (VwGH 25. 2. 2003, 2003/10/0025). Nach VfGH 28. 11. 2002, B 1160/00 gebietet RL-konforme Interpretation, auch den Widerruf von Ausschreibungen der vergaberechtlichen Nachprüfung zu unterstellen.

Auch aus EG-RL kann sich ein (gemeinschaftsrechtlich begründetes) öffentliches Interesse ergeben, das im Rahmen von Ermessensübungen und Abwägungsvorgängen nach nationalem Recht maßgeblich ist (vgl VwGH 16. 4. 2002, 2002/03/0028, 7. 2. 2002, 2001/03/0134 zur Zuerkennung der aufschiebenden Wirkung).

488b Der EuGH hat zudem (rechtsfortbildend) entschieden, dass nicht fristgerecht umgesetzten RL **unmittelbare Anwendbarkeit** zukommen kann, sodass sie letztlich wie EG-VO wirken. Voraussetzung für diese Wirkung ist, dass

a) die in der RL statuierte Umsetzungsfrist abgelaufen ist,
b) das nationale Recht den umzusetzenden Vorgaben nicht bzw nicht vollständig entspricht,
c) die nicht bzw nicht adäquat umgesetzten Bestimmungen der RL inhaltlich in einer für eine unmittelbare Anwendung hinreichenden Weise bestimmt und unbedingt sind und
d) die RL-Bestimmungen auf die Begünstigung von Rechtsunterworfenen abzielen.

Unmittelbar anwendbar sind daher oft nur einzelne Bestimmungen einer – im Zeitpunkt der nationalen Rechtsanwendung – nicht (adäquat) umgesetzten RL (zB VwGH 20. 2. 2003, 2001/07/0171 zur unmittelbaren Anwendung der EG-UVP-RL). Im Umfang unmittelbarer Anwendbarkeit gehen RL-Bestimmungen entgegenstehenden Vorschriften des nationalen Rechts kraft Anwendungsvorrangs vor. Im Zug **jeder nationalen Rechtsanwendung** ist daher (von Amts wegen) zu prüfen, ob unmittelbar anwendbare Bestimmungen des Gemeinschaftsrechts anzuwenden sind und ob sie gegebenenfalls Bestimmungen des nationalen Rechts verdrängen. Dies ist freilich dann nicht der Fall, wenn das anwendbare nationale Recht einer gemeinschaftsrechtskonformen Interpretation zugänglich ist.

Beispielsweise wurde in VwSlg 15530 A/2000 entschieden: Soweit eine nationale Berufsantrittsregelung strengere Voraussetzungen, als sie die DiplomanerkennungsRL 89/48/EWG vorsieht, ausdrücklich statuiert und insoweit eine RL-konforme Interpretation nicht zulässt, kommt der RL Anwendungsvorrang zu und hat die nationale Regelung unangewendet zu bleiben. – Dabei ist zu unterscheiden, ob eine RL eine **Mindestharmonisierung** oder eine **Vollharmonisierung** zum Inhalt hat; im ersten Fall stellt nur eine „Unterschreitung" der RL-Bestimmungen eine unzureichende Umsetzung dar, im zweiten Fall jedoch jede Abweichung.

In verfahrensrechtlicher Hinsicht bedeutet dies, dass Verwaltungsbehörden im Rahmen von Ermittlungsverfahren jedenfalls jene Ermittlungen durchzuführen haben, die für die Beurteilung erforderlich sind, ob einer Bestimmung des Gemeinschaftsrechts Anwendungsvorrang zukommt (VwGH 25. 6. 2002, 2000/03/0136, 27. 6. 2002, 99/10/0159).

Eine Grenze findet die unmittelbare Anwendbarkeit von RL an der nationalen Organisationsautonomie (Rz 222): Fehlende innerstaatliche Behördenzuständigkeiten können nicht durch die unmittelbare Anwendung von RL suppliert werden (EuGH *Dorsch Consult* 1997, I-4961; VfSlg 15106/1998 ua; abweichend jüngst EuGH 22. 5. 2003, C-462/99). 488c

Auf der andere Seite ist auf Konsequenzen hinzuweisen, die sich aus der Nichtanwendung von RL ergeben, die verfahrensrechtliche Regeln für nationale Rechtssetzungen und andere Regulierungen treffen: Wurden „technische Vorschriften und Normen" – im autonomen Sinn des Gemeinschaftsrechts, also gleichgültig, ob Gesetze, Verordnungen, ÖNORMEN o dgl – nicht dem in der RL **98/34** idF 98/48/EG geregelten Notifikationsverfahren unterzogen, sind sie „unanwendbar" (Rz 828). Sie dürfen dann also auch von Verwaltungsbehörden nicht als geltendes Recht herangezogen werden (Öhlinger/Potacs 42). 488d

F. Arten von Rechtsvorschriften

Die in Rechtstexten auffindbaren Rechtsvorschriften können nach verschiedenen Gesichtspunkten unterschieden und systematisiert werden. Die erste Orientierung des Rechtssuchenden wird im Allgemeinen zunächst eine nach dem gesuchten Inhalt sein. Je nach dem herangezogenen Abstraktionsniveau kann man zB unterscheiden: Inneres Verwaltungsrecht, Wirtschaftsverwaltungsrecht, Umweltverwaltungsrecht usw oder Personenstandsrecht, Polizeirecht, Vereins- und Versammlungsrecht, usw. Diese für die Darstellung des Besonderen Verwaltungsrechts erheblichen Gliederungen brauchen hier nicht vertieft zu werden. In der Folge sind allerdings drei ebenfalls auf den Inhalt von Rechtsvorschriften bezogene Unterscheidungen zu erörtern, denen in mehreren Bereichen des Verwaltungsrechts grundlegende Bedeutung zukommt. 489

1. Materielles Recht und formelles Recht

Eine für alle Zweige des Rechts bedeutende Unterscheidung ist die von **materiellem Recht** und **formellem Recht**. Formelles Recht bildet eine zusammenfassende Bezeichnung für Organisationsrecht einerseits und Verfahrensrecht andererseits. 490

– Das materielle Recht beinhaltet im Kern zum einen die Verhaltensregeln für die Rechtsunterworfenen und zum anderen die inhaltlichen Determinanten für das Handeln der Staatsorgane. Beispielsweise verbieten Landes-Polizeistrafgesetze die „Erregung ungebührlicherweise störenden Lärms" und sehen bei Verletzung dieser Verhaltenspflicht die Verhängung von Verwaltungsstrafen vor. Die BauO wiederum erklären bestimmte bauliche Maßnahmen für bewilligungspflichtig und regeln, unter welchen Voraussetzungen die Verwaltung eine entsprechende Bewilligung erteilen soll.

- Das Organisationsrecht umfasst die Bestimmungen über die Errichtung, die (abstrakte) Zuständigkeit und die innere Einrichtung von (staatlichen) Einrichtungen (Dienststellen, Organen). Beispielsweise finden sich in §§ 1 und 2 Abs 1 sowie in den §§ 7ff BMinG Bestimmungen über die (äußere und innere) Einrichtung der Bundesministerien, im AVOG Bestimmungen über die Organisation der Finanzverwaltung, in den §§ 6ff SPG Bestimmungen über die Organisation der Sicherheitsverwaltung, in den Landesgesetzen über die Bezirkshauptmannschaften Bestimmungen über deren Organisation und in Gemeindeordnungen, Stadtstatuten und Kammergesetzen Bestimmungen über die Organisation dieser Selbstverwaltungskörper. Bestimmungen über die Organisation der bundeseigenen Verwaltungsbehörden (Rz 254) finden sich zumeist in den einschlägigen Materiengesetzen.
- Das Verfahrensrecht enthält Regeln über die Einleitung, Durchführung und Beendigung jener Abläufe, die zu staatlichen Entscheidungen führen. Für die Erlassung von Bescheiden ist das zentral maßgebliche Verfahrensrecht im AVG enthalten. Spezielle verfahrensrechtliche Bestimmungen finden sich aber immer wieder auch in den Materiengesetzen, wie zB in den §§ 339ff GewO oder in den §§ 102ff WRG. Für Verwaltungsverfahren, die nicht Bescheide zum Gegenstand haben, bestehen nur vereinzelte und sehr spezielle Regelungen in den Materiengesetzen.

In den besonderen Verwaltungsvorschriften finden sich alle diese Arten von Regelungen oft in bunter Gemengelage. Beispielsweise enthält das SPG sowohl organisations- und verfahrensrechtliche als auch materiell-rechtliche Bestimmungen. Daher kann sich in speziellen Zusammenhängen zB die Frage stellen, ob eine Regelung, derzufolge bestimmte Anlagen alle drei Jahre von einem befugten Sachverständigen zu überprüfen sind, als eine materiell-rechtliche oder als eine verfahrensrechtliche Bestimmung zu qualifizieren ist. Diese inhaltliche Beurteilung hat sich am erkennbaren Regelungszweck zu orientieren, letztlich kann auch, wie dies in VfSlg 8466/1978 (Rz 10) zum Ausdruck gebracht wurde, eine schwergewichtsmäßige typologische Zuordnung geboten sein.

491 Warum stellt sich diese Frage? Die Unterscheidung von materiellem und formellem Recht (Organisationsrecht, Verfahrensrecht) ist zunächst einmal auf der verfassungsrechtlichen Ebene von Bedeutung. In kompetenzrechtlicher Hinsicht ist zum Teil eine unterschiedliche Gesetzgebungszuständigkeit festzustellen: Während beispielsweise zur Erlassung der materiell-rechtlichen Bestimmungen auf dem Gebiet der Straßenpolizei (Art 11 Abs 1 Z 4 B-VG) die Bundesgesetzgebung berufen ist, ist zur Erlassung organisationsrechtlicher Bestimmungen für die mit der Vollziehung der Straßenpolizei betrauten Landesbehörden gemäß Art 15 Abs 1 B-VG die Landesgesetzgebung berufen; der Bundesgesetzgeber wiederum ist gemäß Art 11 Abs 2 B-VG in einem bestimmten Umfang zur einheitlichen Regelung des behördlichen Verfahrens – auch auf dem Gebiet der Straßenpolizei – befugt.

492 Die Unterscheidung ist weiters im Hinblick auf **Fristen** (Zeitspannen) von Bedeutung. Sind das Entstehen oder Erlöschen von materiell-rechtlichen Rechten oder Pflichten an den Ablauf eines Termins geknüpft, ist insb das Entstehen eines Anspruchs (Rz 1090) davon abhängig, dass bis zum Ablauf eines Termins ein bestimmter Akt der Geltendmachung gesetzt wird, dann handelt es sich um eine **materiell-rechtliche** Frist (zB VwGH 23. 4. 2002, 2000/11/0061, VfGH 12. 10. 2002, G 117/02). Steht einer Verfahrenspartei die Vornahme einer Verfahrenshandlung nur bis zum Ablauf eines bestimmten Termins offen (zB Rechtsmittelfrist, Frist zur Erfüllung eines Verbesserungsauftrages), dann handelt es sich um eine **verfahrensrechtliche** Frist. Ist gegenüber der Verwaltung ein Antrag innerhalb einer verfahrensrechtlichen Frist zu

stellen, so ist die Frist nach den Regeln des § 32 AVG zu berechnen und ist die Frist mit der zeitgerechten Aufgabe bei der Post bzw bei einem elektronischen Zustelldienst gewahrt (§ 33 Abs 3 AVG); im Fall einer materiell-rechtlichen Frist ist der Postenlauf unbeachtlich (§§ 902f ABGB), die Erklärung muss dem Adressaten innerhalb der Frist zugegangen sein (§ 862a ABGB).

Der VfGH sieht als eine verfahrensrechtliche Frist „nur eine solche, die entweder durch ein Verfahren ausgelöst wird oder die in einem Verfahren läuft“ (zB VfGH 2. 3. 2002, B 1426/99).

Grundsätzlich gilt, dass mit dem Ablauf einer materiell-rechtlichen Frist das Recht bzw die Pflicht als solche erlöschen (zB VwGH 21. 6. 2000, 99/09/0028); eine Rechtsausübung nach Erlöschen des Rechts ist „unberechtigt“, eine Erfüllungshandlung im Hinblick auf einen erloschenen Anspruch bedeutet die Erbringung einer Nicht-Schuld und ist gegebenenfalls als rechtsgrundlos rückforderbar. Verfahrensrechtliche Bestimmungen über eine „Wiedereinsetzung“ finden auf die Versäumung solcher Termine keine Anwendung (zB VwSlg 15393 A/2000). Ist dagegen eine verfahrensrechtliche Frist abgelaufen, dann ist das betroffene materielle Recht nicht erloschen, sondern ist der Berechtigte nur verfahrensrechtlich an der Geltendmachung gehindert; die Möglichkeit der Geltendmachung kann, insb auf Grund einer Wiedereinsetzung (vgl § 71 AVG), wieder aufleben. 493

Mehr als eine grobe Orientierung ergibt sich allerdings aus dieser Typsierung nicht, da die konkrete Bedeutung von Fristen, Terminen und Zeitspannen primär aus dem konkreten rechtlichen Zusammenhang zu ermitteln ist. Beispielsweise sind auch materiell-rechtliche Fristen verschiedentlich nicht verlängerbar und müssen verfahrensrechtliche Erklärungen zum Teil der Behörde innerhalb der Frist zugegangen sein. Für den Bereich der BAO ist die Bedeutung dieser Unterscheidung überhaupt zurückgetreten, da ihre §§ 108ff auf eine Harmonisierung der Fristregelungen abzielen (vgl auch § 59 ASVG). Ebenso kommen bei der Anwendung von Gemeinschaftsrecht zum Teil spezifische Fristberechnungsregeln der EG-VO 1182/71 zur Anwendung. 494

Verschiedentlich werden die Begriffe „materiell-rechtlich“, „verfahrensrechtlich“ und „organisationsrechtlich“ als **Rechtsbegriffe** verwendet. Nach § 50 Abs 2 ForstG entfällt unter der Voraussetzung bestimmter anderer Bewilligungsverfahren das Erfordernis einer forstrechtlichen Anlagenbewilligung nach § 49, „es sind jedoch dessen materiellrechtliche Bestimmungen anzuwenden“. Dem Rechtsanwender obliegt damit die Interpretation, welche der Bestimmungen des § 49 ForstG als primär materiellrechtliche zu verstehen und daher im maßgeblichen anderen Verfahren mitanzuwenden sind (vgl auch § 356b GewO, § 121 MinroG, § 127 WRG, § 6 LRG-K). Vgl demgegenüber § 35 KarenzgeldG, § 25 KinderbetreuungsgeldG („verfahrensrechtliche Bestimmungen“). Übergangsbestimmungen erklären verschiedentlich nur materiellrechtliche Bestimmungen als auf anhängige Verfahren anwendbar (zB VwGH 28. 6. 2002, 99/02/0239, 24. 1. 2001, 2000/08/0160, VfSlg 15139/1998). Schließlich hängen mit der hier zu erörternden Unterscheidung zB die Unterscheidungen zwischen materiell-rechtlichen Bescheiden und verfahrensrechtlichen Bescheiden (Rz 929), zwischen materiell-rechtlichen Erklärungen und verfahrensrechtlichen Erklärungen (Rz 1275) und zwischen materiell-rechtlichen Rechten und verfahrensrechtlichen Rechten (Rz 1158) zusammen. 495

[496]

2. Öffentliches Recht und Privatrecht

Entwickelte Rechtsordnungen kennen sowohl Bestimmungen, die auf einen billigen und gerechten Ausgleich der Rechte und Pflichten der Rechtsunterworfenen 497 untereinander abzielen, als auch solche, die Rechte und Pflichten gegenüber dem „Staat“ zum Inhalt haben. Wer ein Haus bauen will, wird zunächst einen Baugrund erwerben – dabei handelt es sich um ein zivilrechtliches Rechtsgeschäft. Es kann sein, dass man für diesen Erwerb eine grundverkehrsbehördliche Bewilligung benötigt – dieser Vorgang spielt sich im öffentlichen Recht ab. Ist das Grundstück noch nicht „parzelliert“, muss man es erst grundbücherlich „abschreiben“ – ein zivilrechtlicher Vorgang, der seinerseits – im Bereich des öffentlichen Rechts – eine baubehördliche Abteilungsbewilligung zur Voraussetzung haben kann. Mit der Errichtung des Gebäudes wird ein Bauunternehmer beauftragt – es handelt sich um einen zivilrechtlichen Werkvertrag. Als Bauunternehmer darf nur ein „gewerberechtlich Befugter“ beauftragt werden – diese Befugnis bestimmt sich nach öffentlichem Recht. Beim Erwerb der Baumaterialien handelt es sich um zivilrechtliche Kaufverträge. Die für die Errichtung des Gebäudes erforderliche Baubewilligung wird im Bereich des öffentlichen Rechts zu erwirken sein usw.

498 Was im Sinn einer solchen Grobgliederung relativ klar scheint, wird dann, wenn man mit Abgrenzungsproblemen im Detail konfrontiert ist, rasch problematisch – wo sind zB die Wohnbauförderung oder der Wasserleitungsanschluss einzuordnen? Generationen von Juristen haben sich um Abgrenzungskriterien bemüht, letztlich nur mit begrenztem Erfolg. Nimmt man Gesetzestexte zur Hand, dann liest sich tatsächlich „ein Paragraph wie der andere“, man kann ihm rein äußerlich fast nie „ablesen“, ob er eine öffentlich-rechtliche oder eine zivilrechtliche Regelung beinhaltet. Man könnte daher die Unterscheidung überhaupt abtun, da sich jedenfalls mit formalen Mitteln eine Abgrenzung nicht erzielen lässt; kurz: es gibt **keinen Rechtswesensunterschied** zwischen öffentlichem Recht und Privatrecht (Bürgerlichem Recht, insb Zivilrecht).

Historisch hat sich das „öffentliche Recht“ aus dem *ius eminens* als dem vom *ius commune* abweichenden Sonderrecht des Landesherrn entwickelt, insoweit war die Unterscheidung tatsächlich „ideologisch“ belastet. Heute ist es derselbe Gesetzgeber, der einmal öffentlich-rechtliche, das andere Mal privatrechtliche Regelungen trifft; die Frage hat sich also auf eine solche der „Rechtstechnik“ reduziert.

499 Dem Europäischen Gemeinschaftsrecht ist diese Unterscheidung nicht geläufig, immerhin ist es auch mit Rechtsordnungen konfrontiert, die – wie die britische – nicht auf dieser Unterscheidung aufbauen. Dementsprechend stellt sich für die nationale Rechtssetzung im Bereich der Umsetzungs- und Begleitregelungen (Rz 219, 220a) die (rechtspolitische) Frage, ob – zB im Bereich der Landwirtschaftsförderung – einem öffentlich-rechtlichen oder einem privatrechtlichen Regime der Vorzug zu geben ist. Die Rechtsanwendung hat dementsprechend zu ermitteln, welche Ausgestaltung im nationalen Recht getroffen wurde und somit maßgeblich ist.

500 Auf dem Boden des positiven Rechts, also **rechtsinhaltlich**, kommt man um den Befund nicht herum, dass das geltende Recht vom „Zivilrechtswesen“, von „juristischen Personen des öffentlichen Rechts“, von „öffentlich-rechtlichen Einwendungen“, von „bürgerlichen Rechtssachen“ uam spricht. Ein gesetzlicher Anhaltspunkt für die bei der Beurteilung von konkreten Fragen gebotene Vorgangsweise ergibt sich aus § 1 JN, wonach die Gerichtsbarkeit in **bürgerlichen Rechtssachen**, soweit dieselben nicht durch besondere Gesetze vor andere Behörden verwiesen sind, durch die ordentlichen Gerichte ausgeübt wird. Sofern daher nicht „besondere Gesetze“ anderes bestimmen (indem sie explizit die Zuständigkeit einer bestimmten Behörde festlegen), soll dann, wenn der geltend gemachte Rechtsgrund eines Anspruchs im „bürgerlichen Recht“ (vgl dazu Art XXX EGZPO) wurzelt, das zuständige ordentliche Gericht
[501] entscheiden.

Es ist daher erforderlich, im Einzelfall eine Zuordnung zu finden. Dennoch soll hier nicht auf die große Zahl von zur Abgrenzung von öffentlichem Recht und Privatrecht entwickelten Theorien – es wurden schon mehr als zwanzig gezählt – eingegangen werden, da sich die hier zu erörternde Unterscheidung in der Gesamtrechtsordnung **nicht einheitlich** darstellt: 502

- Wenn Art 6 EMRK (Rz 203) von „zivilrechtlichen Ansprüchen und Verpflichtungen" spricht, dann handelt es sich dabei nach der Judikatur des EGMR um einen sehr weiten Begriff, der autonom aus einem europäischen Standard zu verstehen ist und offenbar auch manche bescheidförmige Entscheidungsbefugnisse von Verwaltungsbehörden auf Grund von öffentlich-rechtlichen Bestimmungen umfasst.
- Wenn Art 10 Abs 1 Z 6 B-VG das „Zivilrechtswesen" zur Bundessache erklärt, so handelt es sich um einen aus der Kompetenzverteilung heraus zu interpretierenden Begriff, der ersichtlich weder ausschließt, dass sich in Gesetzen auf dem Gebiet des Zivilrechts auch öffentlich-rechtliche Regelungen finden (zB § 925 ABGB), noch dass „zivilrechtliche Regelungen" auch auf der Grundlage anderer Kompetenztatbestände getroffen werden dürfen. 503
- Wenn der Gesetzgeber im Energierecht anordnet, dass über den Anschluss an Netze „privatrechtliche Verträge" zu schließen sind, will er nicht nur Privatrecht für anwendbar erklären, sondern auch die Zuständigkeit der ordentlichen Gerichte im Streitfall festlegen. 504

In jedem dieser Zusammenhänge stellt sich die Abgrenzungsfrage auf eine andere Weise. Die praktische Vorgangsweise muss dementsprechend differenziert sein. Sie muss aber auch pragmatisch sein, denn die in der Rechtsanwendung auftretenden Fragen sind nicht abstrakter Natur, sondern sehr konkret: Was ist eine „juristische Person des öffentlichen Rechts" iSv § 8 PrivatradioG oder iSv § 1 KSchG? Was ist ein „öffentlich-rechtlicher Dienstgeber" iSv § 4 Abs 2 Z 4 GSVG? Was ist eine „privatrechtliche Einwendung" iSv § 69 Abs 4 der Wr BauO? Was ist ein im öffentlichen Recht wurzelnder vermögensrechtlicher Anspruch im Sinn von Art 137 B-VG?

Wenn eine mitbeteiligte Partei in einem Baubewilligungsverfahren die **Einwendungen** erhebt, dass durch die Bewilligung ein ihr auf dem Baugrund zustehendes vertraglich begründetes Servitutsrecht beeinträchtigt würde und dass das Projekt die zulässige Gebäudehöhe überschreiten würde, so macht sie im ersten Fall ein im zivilrechtlichen Sachenrecht wurzelndes Recht geltend, im zweiten Fall die Einhaltung einer baurechtlichen Beschränkung. Im ersten Fall beruft sie sich also auf ein Recht, das – in diesem Fall unzweifelhaft – rechtsstrukturell und rechtssystematisch dem Zivilrecht zugehört, im zweiten Fall beruft sie sich auf eine gesetzliche Bestimmung, über die – als privatautonom nicht abdingbare verwaltungspolizeiliche Regelung im Staat-Bürger-Verhältnis – einseitig von einer Verwaltungsbehörde entschieden werden soll. Dementsprechend ist auch die Konsequenz geregelt, die rechtlich an diese Unterscheidung geknüpft ist: Im Hinblick auf zivilrechtliche Einwendungen ist im Allgemeinen eine gütliche Einigung anzustreben; kann diese im Bauverfahren nicht erzielt werden, soll letztlich das ordentliche Gericht über die Begründetheit entscheiden. Über die Begründetheit der öffentlich-rechtlichen Einwendung soll jedenfalls die Verwaltungsbehörde selbst entscheiden. 505

An diesem Beispiel wird gleichzeitig sichtbar, was genau genommen der **Gegenstand der Unterscheidung** „öffentlich-rechtlich" – „privatrechtlich" ist: es sind dies 506

- **Rechtsvorschriften**: man sagt etwa, dass die Bestimmungen einer BauO (im Wesentlichen ausschließlich) dem öffentlichen Recht zugehören;

– **Rechte:** das aus dem objektiven Recht ableitbare subjektive Recht (Rz 1111) ist dann gegebenenfalls ein subjektives öffentliches Recht, ein öffentlich-rechtlicher Anspruch; und
– **Rechtsverhältnisse:** das zwischen den Partnern eines Rechte und Pflichten umfassenden Rechtsbands bestehende Rechtsverhältnis (Rz 1213) wird dann gegebenenfalls von den Grundsätzen des öffentlichen Rechts beherrscht.

Daraus wird wiederum deutlich, dass die Unterscheidung „öffentlich-rechtlich" – „privatrechtlich" weitgehend mit jener von „hoheitlich" – „nicht-hoheitlich" (Rz 722, 725) parallel geht: hoheitliche Befugnisse von Behörden wurzeln stets im öffentlichen Recht, ihr Vorliegen ist ein Hinweis auf den öffentlich-rechtlichen Charakter eines Rechtsverhältnisses. Letztlich hat freilich das eine mit dem andern nichts zu tun, da die Unterscheidung hoheitlich – nicht-hoheitlich „Handlungsformen" der Verwaltung zum Gegenstand hat, nicht aber Rechte und Rechtsverhältnisse.

507 Es gilt daher zu ermitteln, auf welche Arten von Rechten und Rechtsverhältnissen das rechtssetzende Organ mit der jeweiligen **Rechtsvorschrift** im jeweils maßgeblichen systematischen Kontext abgezielt hat. Im Hinblick auf die Frage des Rechtswegs wird die juristische Arbeit dadurch erleichtert, dass die Zuständigkeitsfrage beim heutigen Stand der Gesetzgebung in der ganz dominierenden Zahl der Fälle positivrechtlich ausdrücklich geregelt ist. Beim heutigen Stand der Bundesgesetzgebung bilden auch die in den Vollziehungsklauseln statuierten Zuständigkeiten des Bundesministers für Justiz (zB § 185 Abs 4 ForstG, § 381 Abs 2 GewO, § 10 NahversG, § 173 PatG) – in Gegenüberstellung zu den Vollzugszuständigkeiten anderer BMin – immer wieder Anhaltspunkte dafür, welche Bestimmungen eines Gesetzes der Gesetzgeber selbst als zivilrechtliche (oder strafrechtliche oder formell-justizrechtliche) ansieht.

Im Übrigen muss sich der Interpret aus den jeweiligen systematischen Zusammenhängen um die Klärung bemühen, ob die **überwiegenden Indizien** eher auf das typisch durch Zwang, durch einseitige Anordnungsbefugnisse, durch nicht abdingbare Regelungen im Über-Unterordnungsverhältnis zwischen Staat und Bürger charakterisierte öffentliche Recht oder eher auf das typisch durch Freiwilligkeit, durch Einvernehmen, durch dispositive Regelungen im Gleichordnungsverhältnis der Einwohner des Staates unter sich charakterisierte Privatrecht hindeuten. Beispielsweise sind im Vereinsrecht nur die Bestimmungen über die staatliche Vereinsaufsicht öffentlich-rechtlicher Natur, während das Vereins-Verbandsrecht privatrechtlicher Natur ist.

In dieser Hinsicht können ausdrücklich getroffene Zuständigkeitsregelungen interpretativ fruchtbar gemacht werden: Sind zur Entscheidung Gerichte berufen, handelt es sich im Zweifel um privatrechtliche, sind Verwaltungsbehörden berufen, im Zweifel um öffentlich-rechtliche Vorschriften. Nawiasky (Allgemeine Staatslehre, Bd 3, 1956, 169) hat etwa die Formel vorgeschlagen: „Öffentliches Recht ist dann gegeben, wenn die Rechtsnorm in bezug auf einen bestimmten Sachverhalt die Amtspflicht der Behörde ausspricht, für die Wahrung der Gesamtinteressen gegenüber beteiligten Einzelinteressen zu sorgen, privates Recht, wenn die Rechtsnorm die an einem Sachverhalt beteiligten Interessen auf gleiche Stufe stellt und deren Verfolgung dem Interessenten überläßt". Maßgeblich sind die in den Rechtsvorschriften zum Ausdruck kommenden Wertentscheidungen hinsichtlich der beteiligten Interessenlagen. Dabei kann für beide Rechtsbereiche von durch Tradition bestimmten Kernbereichen ausgegangen werden und kann in Grenzfällen eine typisierende Betrachtungsweise weiterhelfen. Beispielsweise gelten Streitigkeiten über das Eigentum, über Verträge *inter privatos* oder über Schadenersatz im Zweifel als zivilrechtliche. So sind nach VfSlg

16104/2001 Nutzungsrechte an öffentlichem Gut (Rz 1395, 1402) im Zweifel privatrechtlicher Natur.

Im Hinblick auf die **juristischen Personen** wurde bereits darauf hingewiesen (Rz 80), dass in Zweifelsfällen vor allem die Errichtung durch Hoheitsakt, weiters auch die Pflichtmitgliedschaft, die hoheitlichen Entscheidungsbefugnisse der juristischen Person, insb auch gegenüber den Mitgliedern oder Benutzern, die Einbringlichkeit von Beiträgen im Verwaltungsweg u dgl auf das Vorliegen einer juristischen Person des öffentlichen Rechts hindeuten. 508

Ob ein **Rechtsverhältnis** ein öffentlich-rechtliches ist, ist in gleicher Weise unter abwägender Würdigung aller rechtlichen Umstände zu beantworten. Das Nutzungsverhältnis bei einem Friedhof (Grabstätte) ist nicht deshalb ein öffentlich-rechtliches, weil es sich um einen Gemeindefriedhof handelt, da auch Gebietskörperschaften privatrechtliche Anstaltsnutzungsverhältnisse vorsehen dürfen. Wird der „Antragsteller" zur Nutzung „zugelassen", kann das Nutzungsrecht „widerrufen" werden, ist dafür eine „Gebühr" zu entrichten, können ausstehende Gebühren „im Verwaltungsweg" eingebracht werden, so deuten diese Gesichtspunkte auf ein öffentlich-rechtliches Rechtsverhältnis hin; wird die Nutzung „vereinbart", ist ein „Entgelt" zu entrichten und kann das Nutzungsverhältnis „gekündigt" werden, deutet dies eher auf das Vorliegen eines privatrechtlichen Rechtsverhältnisses hin (zB VfSlg 11259/1987). Das Dienstverhältnis eines Beamten wird mit Bescheid begründet und ist deshalb ein öffentlichrechtliches. 509

Bei Rechtsverhältnissen wirft die Frage der „Teilbarkeit" mitunter besondere Fragen auf. Beispielsweise entscheidet über die Mitbenutzung von Rohrleitungen im Streitfall die Verwaltungsbehörde, über das Entgelt das Gericht (§ 6 RohrLG). Zum öffentlichrechtlichen Nutzungsverhältnis tritt also ein privatrechtliches Entgeltverhältnis (zu symmetrischen Fällen Schragel 142, 153).

Ansprüche sind dann öffentlich-rechtliche, wenn ihre Rechtsgrundlage im öffentlichen Recht wurzelt (zB OGH RdU 1998, 199). Dabei ist in prozessualer Hinsicht zu beachten, dass die angerufene Behörde zunächst von dem in der Klage (im Antrag) geltend gemachten Anspruchsgrund auszugehen hat. 510

Vermögensrechtliche Ansprüche gegen eine Gebietskörperschaft können dann gemäß **Art 137 B-VG** vor dem VfGH mit Klage geltend gemacht werden, wenn sie weder im ordentlichen Rechtsweg auszutragen, noch durch Bescheid einer Verwaltungsbehörde zu erledigen sind. Solche Ansprüche sind gemäß § 1 JN (Rz 500) dann nicht im ordentlichen Rechtsweg auszutragen, wenn weder eine spezialgesetzliche Zuständigkeitszuweisung zu den ordentlichen Gerichten gegeben ist noch eine „bürgerliche Rechtssache" vorliegt, wenn es sich also um einen im öffentlichen Recht wurzelnden Anspruch handelt (vgl zu einem Rückzahlungsbegehren gem § 89a StVO VfGH 24. 9. 2002, A 5/02). In diesem Sinn sind zB spezialgesetzlich begründete Ansprüche auf bestimmte Zuwendungen im Staat-Bürger-Verhältnis, die von Verwaltungsorganen verwaltet werden, über die einseitig entschieden wird und bei denen nichts auf das Eingehen zivilrechtlicher Vertragsbeziehungen hindeutet, als öffentlichrechtliche Ansprüche zu sehen (vgl zB VfSlg 11944/1989, 15534/1999 – Parteienförderung, 13640/1992, 13. 6. 2002, A 35/00 – Klubförderung).

3. Außenrecht und Innenrecht

In vielen Zusammenhängen stößt man auf die Formulierung, dass es sich bei einer bestimmten Regelung oder bei einem bestimmten Rechtsakt „bloß um Innenrecht" 511 handelt. Gemeint ist damit, dass eine solche Regelung bzw ein solcher Rechtsakt die „allgemeine Rechtslage" nicht berührt. Beispielsweise wird eine Regelung, wie die Kanzlei eines Ministeriums bestimmte Akten verwahren soll, als administratives Innenrecht bezeichnet, ebenso die Weisung eines vorgesetzten öffentlich Bediensteten gegenüber einem nachgeordneten.

512 Es handelt sich somit um eine Unterscheidung aus der Perspektive des Rechtsunterworfenen. Die aus seiner Sicht „allgemeine Rechtslage" – die für ihn maßgeblichen Rechte und Pflichten, die für ihn maßgebliche Zuständigkeitsordnung und die aus seiner Sicht maßgeblichen Verfahrensregeln – bilden in diesem kontrastierenden Sinn das „Außenrecht", also, wenn man so will, das „normale Recht" (im objektiven Sinn) nach allgemeinem Rechtsverständnis. Dagegen wird der Rechtsunterworfene durch Dienstinstruktionen für öffentlich Bedienstete oder durch Abteilungsgliederungen staatlicher Dienststellen rechtlich nicht berührt. Beispielsweise qualifizierte VfSlg 15046/1997 die Gendarmeriedienstinstruktion als „verwaltungsinterne Anordnung".

513 Die Unterscheidung ist zum Ersten für Fragen des Gesetzesvorbehalts und der Kundmachungspflicht, zum Zweiten für Fragen der Rechte und Pflichten der Rechtsunterworfenen und zum Dritten für Fragen der Rechtsfolgen bei ihrer Verletzung von Bedeutung: Eine Regelung, die eine bestimmte Gruppe von öffentlich Bediensteten zu einer „Abteilung" zusammenfasst, bedarf weder der Form des Gesetzes noch der Kundmachung an die Allgemeinheit. Eine Regelung, die Dienstpflichten für Beamte statuiert, begründet als solche keine subjektiven öffentlichen Rechte der Rechtsunterworfenen. Ein Verstoß gegen haushaltsrechtliche Regelungen kann für den betreffenden Organwalter disziplinarrechtliche Konsequenzen nach sich ziehen, berührt jedoch nicht die Gültigkeit des mit einem Privaten abgeschlossenen Rechtsgeschäfts (Rz 574b).

514 Da es sich auch bei dieser Unterscheidung um eine rechtsinhaltliche Unterscheidung handelt, kommt es auf die Form der Regelung nicht primär an. Insb kann sich auch Innenrecht in Gesetzen oder in Rechtsverordnungen finden. Beispielsweise stellen die sog **Selbstbindungsgesetze** (Statutargesetze; vgl Öhlinger Rz 595) im Bereich der Privatwirtschaftsverwaltung (Rz 746) durch den expliziten Ausschluss subjektiver Rechte klar (zB § 4 UmwFördG), dass sie nur als Innenrecht zu verstehen sind.

515 Freilich kann die Form der Regelung gerade auch bei der Beurteilung, ob es sich um Außenrecht handelt, Indizwirkung haben. Beispielsweise bilden Verfahrensregelungen Außenrecht, wenn sie nach ihrer erkennbaren Zwecksetzung notwendige Entstehungsbedingungen für Rechtsakte sein sollen. Wird daher eine verfahrensrechtliche Regelung gesetzlich, insb im AVG, getroffen, dann ist im Zweifel anzunehmen, dass es sich – im Unterschied etwa zu einem erlassförmig statuierten Genehmigungsvorbehalt – um eine außenwirksame Erzeugungsregel handelt.

[516–518]

G. Geltung und Anwendungsbereiche von Rechtsvorschriften

519 Der Rechtssuchende, der ein Gesetzeswerk zur Hand nimmt, ist mit einem in Paragraphen, Artikel, Absätze usw gegliederten Text konfrontiert. Er besteht, wie andere Texte auch, aus zahlreichen „Sätzen", die oft genug überhaupt nicht „anordnend" oder „gebietend" formuliert sind, sondern Zielaussagen, Definitionen, Aufzählungen, Feststellungen usw umfassen. Es ist die Art ihrer Erzeugung sowie die Funktion dieser Sätze, Lebenssachverhalte zu „**regeln**", welche bewirken, dass auch indikativ formulierte „Sätze" als „Vorschriften" verstanden werden. Solche Sätze als

„kleinste Einheiten" von Rechtstexten aller Art sollen hier als „**Rechtsvorschriften**" bezeichnet werden.

Häufig ist in juristischen Formulierungen aller Art von „**Rechtsnormen**" die Rede, es wird unkritisch von „Verhaltensnormen", „Sanktionsnormen", „Derogationsnormen", „Überleitungsnormen" usw gesprochen. Dies ist sowohl aus der Perspektive der Rechtstheorie als auch auf dem Boden des positiven Rechts verfehlt, da die so bezeichneten Sätze (Rechtsvorschriften) zumeist keine selbständige Regelung enthalten, sondern erst im (interpretativ zu ermittelnden) Zusammenhang mit anderen Rechtsvorschriften eine rechtliche Anordnung oder Regelung erkennen lassen. Aus dem Umstand, dass die Rechtsordnung als „Material" nur Rechtsvorschriften bereithält, folgt, dass die hier zu erörternde Qualität der Geltung nur konkreten einzelnen Rechtsvorschriften, nicht aber den als „Rechtsnormen" bezeichneten intellektuellen Deutungen zugeordnet werden kann.

1. Geltung

Im Rahmen der österreichischen Rechtsordnung bestimmt sich die Geltung von 520
Rechtsvorschriften nach formellen Kriterien. Eine Rechtsvorschrift „gilt", wenn sie vom zuständigen Organ in dem für eine Rechtsvorschrift der betreffenden Art vorgeschriebenen Verfahren erlassen wurde. Sobald dieses Rechtserzeugungsverfahren abgeschlossen ist, wurde die Rechtsvorschrift „**Bestandteil der Rechtsordnung**". Abgeschlossen ist das Rechtserzeugungsverfahren in einem rechtsstaatlichen System mit der Kundmachung, sei dies eine allgemeine Kundmachung bei generellen Rechtsakten, sei dies eine individuelle Bekanntgabe bei individuellen Rechtsakten.

Bei generellen Akten ist der Beginn des zeitlichen Geltungsbereichs – der vom noch zu erörternden Beginn des zeitlichen Anwendungsbereichs (Rz 540) zu unterscheiden ist – grundsätzlich mit Ablauf des Tages der Kundmachung gegeben (Thienel in K/H zu Art 49 B-VG, Rz 50). Im Allgemeinen kann daher der Rechtsakt bzw die einzelne Rechtsvorschrift ab diesem Termin (unabhängig von ihrem zeitlichen Anwendungsbereich) Gegenstand von Anfechtungen nach den einschlägigen Rechtsmittelwegen sein.

Grundsätzlich ist mit diesem Modell die Regel verbunden, dass eine Rechtsvor- 521
schrift dann nicht zustande kommt, wenn auch nur eine der Erzeugungsbedingungen nicht erfüllt ist, wenn also zB eine Verfahrens- oder Formvorschrift nicht eingehalten wurde. Im Rahmen der österreichischen Rechtsordnung bestehen allerdings zahlreiche Rechtsmitteleinrichtungen (zB die Berufung gemäß § 63 AVG, die Normkontrollanträge gemäß Art 139, 140 B-VG). Will man diese nicht pauschal als sinnlos abtun, weil es gar nichts gibt, was angefochten werden könnte, dann gilt es, zu differenzieren: Offenbar lässt die österreichische Rechtsordnung auch gewisse fehlerhafte Rechtsakte (zumindest vorläufig) Bestandteile der Rechtsordnung werden. Werden sie von einem Anfechtungsberechtigten erfolgreich angefochten und werden sie von der zur Kontrolle solcher Akte zuständigen Behörde „aufgehoben" und damit aus dem Rechtsbestand eliminiert, so verlieren sie ihre Geltung. Bleiben sie dagegen unangefochten, dann können auch rechtswidrige Akte dauerhaft Bestandteil der Rechtsordnung werden.

Allerdings können nicht alle von staatlichen Organen ergangenen Akte angefoch- 522
ten werden. Das kann zum einen seinen Grund darin haben, dass für den betreffenden Akt ein Rechtsmittelregime nicht eingerichtet ist. Dies wird zB für nicht in Gesetzesform zu fassende parlamentarische Beschlüsse vertreten. Für solche Akte gilt das

Grundmodell des „Alles oder Nichts“: sie sind entweder rechtlich völlig einwandfrei zustande gekommen oder sie sind – wenn auch nur ein Fehler unterlaufen ist – überhaupt nicht in rechtliche Existenz getreten.

523 Zum anderen kann bei Akten, für die ein kassatorisches Kontrollregime eingerichtet ist, der Fall eintreten, dass der Akt so grob rechtswidrig ist, dass er „nicht einmal anfechtbar“ ist. Er liegt gleichsam unterhalb der Schwelle der Anfechtbarkeit. Ein von einer Gruppe von Abgeordneten im Kaffeehaus beschlossenes „Gesetz“ kann ebenso wenig bekämpft werden wie ein Bescheid, der keinen „Spruch“, dh keinen normativen Inhalt aufweist; darauf bezogene Rechtmittel sind zurückzuweisen, da kein anfechtbarer Akt vorliegt.

Merkl (Die Lehre von der Rechtskraft, 1923, 293) hat für diese Gedankengänge den Begriff des „**Fehlerkalküls**“ eingeführt. Der Umfang, in dem rechtswidrige Staatsakte (zumindest vorläufig, möglicherweise aber auch endgültig) dem Rechtsbestand angehören, ergibt sich – von Rechtsakt zu Rechtsakt unterschiedlich – aus den jeweils maßgeblichen Anfechtungsmöglichkeiten. Jene Akte, die unterhalb der Schwelle des Fehlerkalküls liegen, hat Winkler (Die absolute Nichtigkeit von Verwaltungsakten, 1960) als Fälle „**absoluter Nichtigkeit**“ untersucht: Wenn man die Wesenselemente eines Rechtsakts als seine „Mindestbedingungen“ begreift (vgl zB noch Rz 757, 918), dann kann man auf diese Weise Fälle absoluter Nichtigkeit erkennen. Allerdings ist in diesen Zusammenhängen oft keine schematische Beurteilung möglich, vielmehr ist nach Gesichtspunkten der **Gravität und Evidenz** des Fehlers zu würdigen, ob der Fehler der Erfüllung der Mindestbedingungen entgegensteht (zuletzt Hattenberger ZfV 2001, 546).

524 Für das europäische Gemeinschaftsrecht gilt, dass Gemeinschaftsakte, die an „besonders schweren und offensichtlichen Fehlern“ leiden, als „*actes inexistants*“ zu behandeln sind (zB EuGH 1998 I-441, Hatje 86).

525 Eine einmal in Geltung getretene Rechtsvorschrift „gilt“ grundsätzlich auf Dauer (vgl § 9 ABGB). Die Beendigung der Geltung setzt daher die Erfüllung eines entsprechenden Tatbestands voraus. Das **Ende der Geltung** einer Rechtsvorschrift kann eintreten

- ipso iure durch Ablauf einer Frist, sei es, dass diese Frist in einer höherrangigen Regelung getroffen ist (zB gesetzliche Befristung von Baubewilligungen), sei es, dass der betreffende Akt selbst eine Frist enthält (zB ein befristetes Aufenthaltsverbot, eine befristete Übergangsregelung),
- ipso iure durch Eintritt einer Bedingung, an welche die Geltung des Aktes durch eine höherrangige Regelung oder durch den betreffenden Akt selbst geknüpft ist (zB § 78 LMG, § 43 Abs 5 FSG),
- durch Derogation, dh durch einen ausdrücklichen *actus contrarius* oder durch einen inhaltlich entgegenstehenden Akt derselben Rechtssetzungsautorität; wird der aufzuhebende Akt namentlich bezeichnet, spricht man von einer „formellen Derogation“ (zB § 194 MinroG), werden nur in mehr oder minder pauschaler Weise „ältere“ oder „entgegenstehende“ Rechtsvorschriften für aufgehoben erklärt, spricht man von einer materiellen Derogation (zB § 139 Abs 1 WRG); vgl zu einer materiellen Derogation zwischen Verordnungen VfSlg 15583/1999.
- durch (sonstige) Aufhebung (Kassation) durch ein aufhebungsbefugtes Organ, zB durch eine Rechtsmittelbehörde oder durch eine zur Aufsicht befugte Behörde.

526 Darüber hinaus kann sich das Ende der Geltung einer Rechtsvorschrift aus verschiedenen besonderen Umständen ergeben, etwa wenn die erlassende Rechtsperson wegfällt, ohne dass

eine Funktionsnachfolge (Rz 67) eine Zurechnung zu einer anderen Rechtsperson ermöglicht, oder wenn der einzige mögliche Adressat der Rechtsvorschrift wegfällt, in bestimmten Konstellation auch dann, wenn die rechtliche Grundlage einer Rechtsvorschrift ihre Geltung verloren hat. Dagegen verliert eine Rechtsvorschrift im Allgemeinen nicht allein deshalb ihre rechtliche Existenz, weil sie (einmal) ihren intendierten Zweck erreicht hat.

Mit dem Ende ihrer Geltung hat die Rechtsvorschrift aufgehört, dem Rechtsbestand 527
anzugehören; eine Aufzählung der „in Geltung stehenden“ Rechtsvorschriften dürfte die betreffende Vorschrift nicht mehr anführen. – Zu Aspekten einer fortwirkenden Maßgeblichkeit (Rechtserheblichkeit) außer Geltung getretener Vorschriften vgl noch Rz 544.

2. Derogation

Die schwierigsten Rechtsfragen stellen sich im Zusammenhang mit Fällen materi- 528
eller Derogation; die vielfältigen in solchen Zusammenhängen zu berücksichtigenden Gesichtspunkte verbieten jede mechanistische Vorgangsweise. Zunächst ist davon auszugehen, dass auch die österreichische Rechtsordnung auf dem Grundsatz **lex posterior derogat legi priori** aufbaut (zB VfSlg 14282/1995, VwGH 3. 7. 1998, 96/19/0724): Rechtsvorschriften werden im Wissen erlassen, dass dem B-VG das traditionelle Verständnis zugrunde liegt, dass Rechtsvorschriften grundsätzlich durch nachfolgende Rechtsvorschriften (gleicher Art) abgeändert oder aufgehoben werden können (§ 9 ABGB), dh dass eine Ermächtigung zur Erlassung von Rechtsvorschriften auch die Ermächtigung zur Abänderung oder Aufhebung der auf dieser Grundlage erlassenen Rechtsvorschriften mitumfasst. Damit ist freilich nicht mehr gesagt, als dass **im Prinzip** die Aufhebung einer älteren Rechtsvorschrift durch eine jüngere in Betracht kommt. Bei näherer Betrachtung ist freilich eine Präzisierung in folgendem Sinn geboten: **Derogation tritt nur ein (a) in dem Umfang, in dem (b) dieselbe Rechtssetzungsautorität (c) denselben Sachverhalt im späteren Rechtsakt abweichend regelt und (d) wenn nichts gegen die Annahme spricht, dass eine Derogation „gesollt“ ist**.

a) Im Bereich materieller Derogationen begegnet man zumeist nicht der Aufhe- 529
bung eines Rechtsakts in seiner Gesamtheit, sondern einer bloß **partiellen** Derogation einzelner Rechtsvorschriften. Als zB mit dem SparkassenG 1979 und mit dem VersicherungsaufsichtsG 1979 die betreffenden Fragenkreise neu geregelt wurden, trat auch eine Derogation der einschlägigen Bestimmungen des Vereinspatents 1852 ein, allerdings nur der auf den Betrieb von Sparkassen bzw von Versicherungsunternehmungen bezogenen Bestimmungen dieses damals als Bundesgesetz fortgeltenden Patents. In solchen Fällen bestätigt sich die teilweise Berechtigung des viel zitierten Satzes „*lex specialis derogat legi generali*“: Wenn die lex specialis die lex posterior ist, dann kann – bei Erfüllung der weiteren Voraussetzungen – der Fall gegeben sein, dass Teile der älteren lex generalis ihre Geltung verlieren. Ebensogut kann der Fall gegeben sein, dass nur der sachliche Anwendungsbereich der älteren lex generalis eingeschränkt wird, möglicherweise ist aber nicht einmal das der Fall: Ob sich im Fall der Erlassung eines neuen GaragenG die – weitergeltenden – Bestimmungen der älteren BauO nicht mehr auf Garagenbauten beziehen oder ob nun beide Regelungswerke kumulativ anzuwenden sind, kann erst auf Grund einer konkreten Analyse der beiden Gesetze beantwortet werden (vgl auch VfSlg 12184/1989, VwGH 26. 6. 2000, 2000/17/0001).

530 b) Derogation setzt grundsätzlich Identität der Rechtssetzungszuständigkeit voraus. Beispielsweise kommt eine Derogation eines Bundesgesetzes durch ein Landesgesetz – und umgekehrt – grundsätzlich nicht in Betracht (besondere Konstellationen bei WIEDERIN, Bundesrecht und Landesrecht, 1995). Eine Derogation zwischen Gesetzen und Verordnungen scheitert im Allgemeinen bereits am Grundsatz der Gewaltenteilung; ein „höherer Rang" als solcher impliziert – auch in Ermächtigungszusammenhängen – nicht derogatorische Kraft. Auf die fehlende Derogationskraft zwischen Europäischem Gemeinschaftsrecht und nationalem Recht wurde bereits hingewiesen (Rz 484).

531 c) Derogation kann, wie gezeigt, nur im Umfang der Übereinstimmung der Anwendungsbereiche (Rz 534ff) von Rechtsvorschriften eintreten. In diesem Fall bedarf es näherer Interpretation, inwiefern die neue Regelung überhaupt einen „abweichenden" Inhalt aufweist, inwiefern also zB nicht eine „harmonisierende" Auslegung möglich und gegebenenfalls geboten ist. Die spätere Rechtsvorschrift kann sich auch als Fall einer bloßen „Normwiederholung" erweisen, die als solche – wenn zB nicht eine „Kodifikation" gesollt ist – nicht notwendig zu einer Derogation führt (zB im Verhältnis von § 50 ForstG und § 356b GewO).

532 d) Das Erfordernis, nach derogationsvermeidenden harmonisierenden Auslegungen zu suchen, wird verstärkt, wenn man im jüngeren Rechtsakt etwa die Bestimmung vorfindet, dass die in Frage stehende ältere Rechtsvorschrift „unberührt" bleiben soll. Das rechtssetzende Organ bringt auf diese Weise mit den ihm zu Verfügung stehenden sprachlichen Möglichkeiten zum Ausdruck, dass eine Derogation nicht gesollt ist. Der Wille des normsetzenden Organs kann aber auch auf andere Weise, insb in den Materialien oder in den systematischen Zusammenhängen, zum Ausdruck kommen. Daher darf man den Satz „*lex generalis non derogat legi speciali*" nicht mechanistisch zur Anwendung bringen: Ob zB durch eine neue BauO ein bestehendes GaragenG aufgehoben werden soll, ist allein mit Hilfe dieses Satzes nicht beantwortbar. Vielmehr gilt es zu ermitteln, ob mit der BauO eine „**Kodifikation**" des Rechts der baulichen Anlagen intendiert ist – dann verliert die lex specialis ihre Geltung – oder ob die lex specialis „unberührt" bleiben soll. In diesem Sinn ist auch festzuhalten, dass die Derogation eines Bescheides ein möglicher Inhalt eines neuen Bescheides ist, dass aber, wie noch zu erläutern ist (Rz 970), häufig vom additiven Hinzutreten eines Bescheides zu einem bestehenden auszugehen ist.

3. Anwendbarkeit und Verbindlichkeit

533 Wenn man auch in einem formellen und daher von Inhalten unabhängigen Sinn von einer Rechtsvorschrift sagen kann, dass sie Bestandteil der Rechtsordnung geworden ist und daher „gilt", ist sie doch nur in einem **inhaltlich** jeweils näher bestimmbaren und insoweit relativen Sinn anwendbar, dh **maßstäblich** für die Beurteilung von Rechtsfragen, und **verbindlich**, dh Befolgung erheischend.

534 Herkömmlich ist von den „Geltungsbereichen" von Rechtsvorschriften oder Rechtsnormen die Rede. Da die Geltung formal bestimmt ist und man in dieser Hinsicht nicht mehr angeben kann als den Urheber, das durchlaufene Rechtserzeugungsverfahren sowie Beginn und Ende der Geltung, soll im Hinblick auf inhaltliche Analysen von **Anwendungsbereichen** (Verbindlichkeitsbereichen) gesprochen werden. Solche inhaltliche Analysen können insb darauf abzielen, die persönliche, sachliche, räumliche oder zeitliche Dimension zu bestimmen.

- Mit dem „**persönlichen Anwendungsbereich**" einer Rechtsvorschrift ist der Kreis der Personen gemeint, deren Verhalten geregelt wird bzw für deren Verhalten die Vorschrift maßstäblich sein soll. Man spricht von den „Adressaten" (Normadressaten). Da Rechtsvorschriften in mehreren Dimensionen wirken können – als Verhaltensgebot, als Beurteilungsmaßstab und als Vollzugsbefehl –, kann ein und dieselbe Rechtsvorschrift sowohl an Rechtsunterworfene als auch an Staatsorgane adressiert sein; im Allgemeinen ist der Kreis der betroffenen Rechtsunterworfenen gemeint, wenn von „Adressaten" die Rede ist. Dieser Adressatenkreis kann **generell**, dh nach Gattungsmerkmalen umschrieben sein, wie dies typischerweise bei Gesetzen und Verordnungen der Fall ist, oder aber **individuell**, dh durch namentliche Benennung bestimmter Adressaten oder durch individuelles Apostrophieren einer bestimmten Person, wie dies bei Bescheiden oder bei AuvBZ der Fall ist. 535
- Mit dem „**sachlichen Anwendungsbereich**" einer Rechtsvorschrift ist der Kreis der von der Rechtsvorschrift tatbestandsmäßig erfassten Sachverhalte gemeint, dh jener Sachverhalte, für deren rechtliche Beurteilung die Rechtsvorschrift maßstäblich ist. Beispielsweise kann man zu der Beurteilung gelangen, dass die Regelungen einer BauO nur auf bestimmte Bauführungen, nicht aber auf Bergbaumaßnahmen anwendbar sind. Dieser Sachverhaltsbereich kann auf (relativ) **abstrakte** oder aber auf (relativ) **konkrete** Weise umschrieben sein. Während Gesetze und Verordnungen zumeist auf relativ abstrakte Weise eine Vielzahl von Sachverhaltskonstellationen erfassen, haben Bescheide und AuvBZ im Allgemeinen konkrete Sachverhalte, insb konkrete Verhaltensweisen ihrer Adressaten, zum Gegenstand. 536
- Mit dem „**örtlichen Anwendungsbereich**" (räumlichen Anwendungsbereich; vgl § 3 DatSchG) einer Rechtsvorschrift ist der Raum gemeint, in welchem sie für die ihrem sachlichen Anwendungsbereich unterworfenen Sachverhalte maßstäblich sein soll. Beispielsweise reicht er bei einer Geschwindigkeitsbeschränkung von ihrem „Anfang" bis zu ihrem „Ende" (§ 52 lit a Z 10a, 10b StVO). Eine BauO soll nur auf Bauführungen im betreffenden Bundesland Anwendung finden. Bei von Gebietskörperschaften erlassenen Rechtsvorschriften ist im Zweifel davon auszugehen, dass das ganze Gebiet der Körperschaft den räumlichen Anwendungsbereich der Vorschrift bildet (zB Art 49 B-VG, Art 37 vlbg L-VG). Zur Ermittlung des örtlichen Anwendungsbereiches kann es erforderlich sein, vorhergehend anhand des sachlichen Anwendungsbereichs den relevanten „Anknüpfungspunkt" (zB Ort der Anlage, Sitz des Unternehmens, Hauptwohnsitz; vgl § 3 AVG) zu ermitteln; beispielsweise wird man im Hinblick auf eine BauO zu der Beurteilung kommen, dass es auf den Ort der Bauführung, nicht auf den Wohnsitz des Antragstellers ankommt. 537

Die Frage des örtlichen Anwendungsbereichs hat nichts damit zu tun, „von wo" aus und „wohin" Rechtsakte ergehen dürfen. Eine Baubewilligung kann einem außerhalb der Gemeinde wohnhaften Bauwerber zuzustellen sein. Eine Weisung darf von Bediensteten bzw an Bedienstete erteilt werden, welche sich gerade im Ausland aufhalten usw. Letztlich dürfen also bloß Zwangsakte (AuvBZ, Vollstreckungsakte) grundsätzlich nur innerhalb des Amtssprengels der Behörde gesetzt werden (sofern das Gesetz nichts anderes bestimmt: zB § 27 Abs 3 VStG, § 14 Abs 3 SPG). Auf Grund gemeinschaftsrechtlicher Rechtsakte ist aber sogar die Setzung behördlicher Akte in anderen Mitgliedstaaten vorgesehen: vgl zum sicherheitspolizeilichen Einschreiten § 15 PolKG, zu bankaufsichtsrechtlichen Prüfungen § 70 BWG.

Die Frage hat weiters nichts damit zu tun, dass Rechtsvorschriften an außerhalb des Gebietes situierte Sachverhalte **anknüpfen** können (vgl zum „Bedarf" bei Krankenanstalten VfSlg 16058, 16059/2000, VwGH 21. 1. 2003, 2001/11/0132). Erklärt eine Rechtsvorschrift den Immissionsbe- 538 reich einer emittierenden Anlage zum Schutzbereich, so können auch außerhalb des räumlichen Zuständigkeitsbereichs gelegene Bereiche beurteilungsrelevant sein. Die in diesem Zusammenhang anzutreffende pauschale Berufung auf das sog „Territorialitätsprinzip" (zuletzt etwa VwGH 3. 2. 2000, 99/07/0190) ist verfehlt, da die Anknüpfung an das eigene Gebiet – neben dem „Personalitätsprinzip" (vgl § 1 Abs 5 vlbg SchischulG) und dem „Wirkungsprinzip" (vgl § 2 Abs 2 VStG) – nur einen möglichen rechtsinhaltlichen Anknüpfungspunkt bildet.

539 Der örtliche Verbindlichkeitsbereich individueller Rechtsakte ist durch Interpretation des betreffenden Akts in Verbindung mit der maßgeblichen generellen Rechtslage (Ermächtigungsgrundlage) zu bestimmen. Beispielsweise gilt ein durch Bescheid der LReg Eingebürgerter für das ganze Bundesgebiet (letztlich: für die ganze Welt) als österreichischer Staatsbürger. Dagegen wird eine Apothekenkonzession für einen bestimmten „Standort" erteilt. Für eine entsprechende Tätigkeit an einem anderen Standort ist daher eine weitere Konzession erforderlich. Rechtsvorschriften können jedoch eine – generelle oder individuelle – Wirkungserstreckung statuieren (zB Anerkennung, Nostrifikation, zB bei Jagdprüfungen oder Akademischen Graden). Weitgehende Erfordernisse zur Anerkennung von durch Unionsbürger erworbenen Qualifikationen im Rahmen von Berufszulassungen ergeben sich heute auf Grund des Gemeinschaftsrechts (vgl Raschauer, Wirtschaftsrecht Rz 92). Auf Grund gemeinschaftsrechtlicher Bestimmungen kommt manchen Rechtsakten, wie zB Bankkonzessionen, eine „europaweite" Bedeutung zu; derartige Rechtsakte werden heute **transnationale Verwaltungsakte** genannt (Hatje 206, Linke, Europäisches Internationales Verwaltungsrecht, 2001).

540 – Mit dem „**zeitlichen Anwendungsbereich**" einer Rechtsvorschrift ist jener Zeitraum gemeint, innerhalb dessen sie für ihrem sachlichen Anwendungsbereich unterworfene Sachverhalte maßstäblich sein soll. Grundsätzlich fallen Beginn und Ende des zeitlichen Anwendungsbereichs mit dem Beginn und Ende des zeitlichen Geltungsbereichs zusammen: Die Rechtsvorschrift ist also anwendbar auf und verbindlich für alle ihr unterworfenen Sachverhalte, die sich ab dem Ablauf des Tages der Kundmachung und bis zum Ablauf des Tages des Endes ihrer Geltung ereignen.

541 Eine häufig anzutreffende Abweichung von dieser Regel ist die sog **Legisvakanz**, die durch die ausdrückliche Anordnung eines späteren Beginns der Verbindlichkeit bewirkt wird; häufig wird dann vom „Inkrafttreten" gesprochen: Vor dem Beginn der Anwendbarkeit (Verbindlichkeit) besteht weder die Pflicht zur Rechtsbefolgung durch die Rechtsunterworfenen noch die Befugnis und die Pflicht der zur Rechtsanwendung berufenen staatlichen Organe, diese Rechtsvorschrift gegenüber den Normadressaten als rechtlichen Beurteilungsmaßstab heranzuziehen.

542 Während die Legisvakanz im Interesse der Einstellung und Vorbereitung auf die künftige Rechtslage gleichsam den „normalen" Fall des Auseinanderfallens von Geltungs- und Verbindlichkeitsbeginn darstellt, ist die symmetrische Konstellation rechtfertigungsbedürftig: Bei einer sog **Rückwirkung** stellt die Rechtsvorschrift tatbestandsmäßig – zumindest auch – auf Sachverhalte ab, die vor dem Beginn des zeitlichen Geltungsbereichs liegen; es wird damit etwas als rechtlicher Beurteilungsmaßstab bestimmt, was im Zeitpunkt der Verwirklichung des Sachverhalts (des Beginns der Verwirklichung des Sachverhalts) noch nicht dem Rechtsbestand angehörte. „Rückwirkung" bedeutet also nicht eine Zurückverlegung des Beginns der „Geltung", sondern ein tatbestandsmäßiges Anknüpfen an frühere Sachverhalte. Diese haben sich bei der sog „echten Rückwirkung" vor dem Geltungsbeginn ereignet: Bemessungsgrundlage einer Abgabenschuld ist dann gegebenenfalls ein Verhalten in einer abgelaufenen Periode; die Konsequenz wird in der Pflicht zur Nachzahlung der Differenz liegen. Bei der „unechten Rückwirkung" wird dagegen in ein dauerhaftes Rechtsverhältnis, dessen Realisierung vor dem Beginn des zeitlichen Geltungsbereichs

begann, *pro futuro* eingegriffen (zB Änderung von Studienvorschriften für bereits Studierende).

Entsprechend zu sehen ist das Ende des zeitlichen Anwendungs- und Verbindlich- 543 keitsbereichs. Grundsätzlich erlischt die „verbindende Kraft" einer Rechtsvorschrift, wenn sie aufhört, Bestandteil der österreichischen Rechtsordnung zu sein, dh mit dem Ende ihrer Geltung. Nun gibt es einerseits Fälle, in denen eine Rechtsvorschrift – wie zB eine Übergangsbestimmung – Regelungen nur für einen bestimmten Zeitraum trifft, aber nach dem Ablauf dieses Zeitraums nicht aufgehoben wird. Da das Ende des zeitlichen Anwendungs- und Verbindlichkeitsbereichs grundsätzlich nicht die rechtliche Existenz der Vorschrift berührt, steht sie in einem solchen Fall weiterhin (funktionslos) „in Geltung".

Auf der anderen Seite gibt es Fälle eines „**Weiterwirkens**" kraft tatbestandsmäßi- 544 ger Rechtserheblichkeit: eine Rechtsvorschrift bleibt dann auch nach dem Ende ihrer Geltung Beurteilungsmaßstab für während ihres Geltungszeitraums konkretisierte Sachverhalte – der VfGH formuliert, dass die Regelung „mit einem auf die Vergangenheit bezogenen Anwendungsbereich in Geltung steht". Ein solches „Rechtserheblich-Bleiben" muss sich aus einer derzeit in Geltung stehenden Regelung als ausdrücklicher oder interpretativ erschließbarer Wille des rechtssetzenden Organs ergeben. Beispielsweise ordnen neue Abgabengesetze zumeist an, dass die früher geltenden Abgabenvorschriften für vergangene Abgabenzeiträume maßgeblich bleiben; sie bilden für auf solche Sachverhalte bezogene Bescheide die „anwendbare Rechtslage". Aber auch bei allen (geltenden) Vorschriften, die zB auf Berechtigungen oder Bewilligungen abstellen, ist im Zweifel davon auszugehen, dass das Bestehen eines solchen Rechts weiterhin anhand der im Erwerbszeitpunkt maßgeblichen Bestimmungen zu beurteilen ist. Zutreffend geht daher auch die Judikatur zB davon aus, dass der Inhalt einer Flächenwidmung anhand der Institutionen und Begriffe desjenigen Raumordnungsrechts interpretativ zu ermitteln ist, das im Zeitpunkt der Erlassung der Widmung in Geltung gestanden ist.

EG-Verordnungen treten, falls sie nicht selbst anderes bestimmen, am 20. Tag nach 545 ihrer Kundmachung im Amtsblatt in Kraft (Art 254 Abs 2 EGV). EG-Richtlinien sind innerhalb der in der Richtlinie angegebenen Frist in nationales Recht umsetzen; sie können mit dem ungenutzten Verstreichen des Endtermins – sofern die weiteren Voraussetzungen (Rz 488b) gegeben sind – unmittelbar anwendbar werden.

4. Die „unmittelbare Anwendbarkeit"

Anhand der Staatsverträge wurde diskutiert, dass rechtliche Regelungen nach 546 ihrem Inhalt unmittelbar anwendbar oder nicht unmittelbar anwendbar (*non self-executing*) sein können. Es handelt sich dabei allerdings um ein allgemeines rechtliches Phänomen.

Die Frage nach der unmittelbaren Anwendbarkeit zielt auf eine Analyse des persönlichen Anwendungsbereiches (Adressatenkreises), insb auf eine Analyse aus der Perspektive des Rechtsunterworfenen ab: Eine Rechtsvorschrift kann in Geltung stehen und in bestimmter Hinsicht aktuell anwendbar sein (zB als Ermächtigung für verordnungsbefugte Behörden) und gleichzeitig aus der Sicht der Rechtsunterworfenen insoweit non self-executing sein, als es dafür, dass sie ihnen als verbindlich und maßstäblich entgegengehalten werden kann, erst eines konkretisierenden Rechtsakts bedarf. Beispielsweise können Abgabenvorschriften unmittelbar anwendbar sein, wenn sie – wie zB das EStG – selbst alle für die Abgabenschuld relevanten Regelungen enthalten, sie können aber auch nicht-unmittelbar anwendbar sein, wenn zB erst die Erlassung einschlägiger Gebührenordnungen durch die einzelnen Gemeinden erforderlich ist.

547 Maßgeblich sind einerseits der erkennbare Wille des rechtssetzenden Organs, wie er in einem Konkretisierungsbefehl – in einem auf weitere Schritte der Rechtskonkretisierung angelegten Regelungszusammenhang – zum Ausdruck kommen kann, andererseits aber auch die für eine unmittelbare Anwendung unzureichende und daher eine Konkretisierung erfordernde inhaltliche Unbestimmtheit der Regelung.

548 Differenzierend zu beurteilen ist die – von der unmittelbaren Geltung des Gemeinschaftsrechts in den Mitgliedstaaten zu unterscheidende – unmittelbare Anwendbarkeit des **Europäischen Gemeinschaftsrechts**:

- Mehrere Bestimmungen des Primärrechts gelten als unmittelbar anwendbar in dem Sinn, dass sich die Rechtsunterworfenen gegenüber nationalen und EG-Behörden darauf berufen können (Rz 486ff). Die überwiegende Zahl der Bestimmungen des Primärrechts ist allerdings nicht an die Rechtsunterworfenen gerichtet oder der Konkretisierung durch nationale und/oder EG-Behörden vorbehalten.
- EG-Verordnungen sind im Allgemeinen stets unmittelbar anwendbar, mögen sie auch „unbestimmt" scheinen und mögen die erforderlichen nationalen Begleitregelungen noch nicht erlassen worden sein (Rz 219).
- EG-Richtlinien sind aus der Sicht der Rechtsunterworfenen grundsätzlich nicht unmittelbar anwendbar, doch können sie unter bestimmten Voraussetzungen – unter diesen die hinreichende inhaltliche Bestimmtheit und Unbedingtheit – im Nicht-Umsetzungsfall unmittelbar anwendbar werden (Rz 488b).

549 Von der Frage der unmittelbaren Anwendbarkeit zu unterscheiden ist die – vor allem in Rechtsmittelverfahren relevante – parallele Frage der **aktuellen** (nicht bloß „potenziellen") Anwendbarkeit. Eine Rechtsvorschrift kann zB aus zeitlichen Gründen (insb Legisvakanz) oder – aus der Sicht eines bestimmten Adressaten – wegen des Fehlens tatbestandsmäßiger Voraussetzungen (zB bei sozialversicherungsrechtlichen Leistungsbestimmungen) oder bestimmter Aktualisierungsmaßnahmen nicht aktuell anwendbar sein. Dies wird insb bei Fragen der Individualanträge gem Art 139, 140 B-VG sichtbar: Vorschriften über Betriebsprüfungen können zB in bestimmten Konstellationen unmittelbar, aber nicht aktuell anwendbar sein.

H. Das Verhältnis zwischen Rechtsvorschriften

550 Die zahlreichen Rechtsvorschriften und Rechtsakte stehen in inhaltlicher Hinsicht nicht beziehungslos nebeneinander. Sie erweisen sich als durch tatbestandsmäßige Bezugnahmen, Verweisungen und Ermächtigungen in vielfältiger Weise „vernetzt". Zwar bildet die moderne Rechtsordnung kein geschlossenes „logisches System", sie ist aber vom prinzipiellen Postulat der Widerspruchsfreiheit getragen. Dementsprechend ist die systematische Interpretation (Rz 560, 562) eine der zentralen juristischen Aufgaben.

551 **Verweisungen** finden sich in zahlreichen Erscheinungsformen. Die elementarsten stellen sich als implizite „Voraussetzungen" dar. Jede Rechtsvorschrift, die tatbestandsmäßig an den „Eigentümer" einer Sache anknüpft, setzt damit große Teile des einschlägigen bürgerlich-rechtlichen Sachenrechts voraus. Nicht anders zu sehen ist es aber, wenn der Gesetzgeber diesen Zusammenhang explizit macht, wenn etwa eine BauO eine Bauführung nur durch „befugte Gewerbetreibende" zulässt oder wenn § 9 AVG bestimmt, dass die Rechts- und Handlungsfähigkeit von Verfahrensbeteiligten grundsätzlich nach den Vorschriften des bürgerlichen Rechts zu beurteilen ist. Der-

artigen Regelungen liegt keine „Delegation zur Rechtserzeugung" zugrunde: Es ist nicht die Intention des AVG-Gesetzgebers, den Zivilrechtsgesetzgeber zur Regelung der Prozessfähigkeit für die Zwecke des AVG zu ermächtigen. Derartige pauschale **tatbestandsmäßige „Anknüpfungen"** (Attlmayer ÖJZ 2000, 96) sind in einer arbeitsteiligen Rechtsordnung von vornherein unvermeidlich, da nicht in jedem Rechtsakt aufs Neue die einschlägige Gesamtrechtsordnung mitgeregelt werden kann. Derartige Bezugnahmen begegnen daher nicht einmal dann Bedenken, wenn sie zwischen unterschiedlichen Rechtssetzungsautoritäten erfolgen, wenn etwa die BauO auf die Einhaltung bestimmter gewerberechtlicher Bestimmungen oder wenn bundesgesetzliche Bestimmungen auf das Vorliegen bestimmter Fischereirechte abstellen.

Rechtsstaatlichen Bedenken können allerdings Verweisungen auf Rechtsakte einer **anderen** Rechtssetzungsautorität begegnen, die sich als „Delegation zur Rechtserzeugung" darstellen, wenn etwa ein Landesgesetzgeber anordnet, dass sich Dienstpflichten der Landesbediensteten aus dem „Beamten-Dienstrecht des Bundes in der jeweils geltenden Fassung" bestimmen. Im Zweifel ist daher bei Verweisungen auf Rechtsakte einer anderen Rechtssetzungsautorität davon auszugehen, dass die bei Beginn der Geltung des verweisenden Rechtsakte in Geltung gestandene Fassung des verwiesenen Rechtsakts für maßgeblich erklärt ist.

Berücksichtigt man, dass das Recht seine eigene Erzeugung regelt, so liegt auf der Hand, dass sich in den Rechtsvorschriften zahlreiche Rechtserzeugungsregeln finden, insb **Ermächtigungen**. Insoweit kann man zwischen ermächtigenden und ermächtigten (delegierten) Rechtsvorschriften unterscheiden und von Rechtsvorschriften „höheren" bzw „niedereren" Ranges sprechen. Es besteht zwischen diesen Rechtsvorschriften ein „Ermächtigungszusammenhang" („Delegationszusammenhang"). Die höherrangige Regel ist rechtliche Voraussetzung, Determinante und Maßstab für die niederrangige Regel, die Vorschrift niederer Stufe soll – bei sonstiger Rechtswidrigkeit – nicht gegen eine Vorschrift höherer Stufe verstoßen. Spinnt man diesen Gedanken weiter, so kann man Delegationsketten finden. Auf dieser Grundlage hat Merkl den Gedanken eines **„Stufenbaus der Rechtsordnung"** weit vorangetrieben. 552 [553]

Aus der Perspektive der Rechtsanwendung im Verwaltungsrecht hat der **Stufenbau nach dem Rechtsanwendungszusammenhang** Bedeutung. Wenn eine Behörde eine Entscheidung im Einzelfall treffen soll, so hat sie dabei alle auf den Fall anwendbaren höherrangigen Rechtsvorschriften anzuwenden. Aus der Perspektive der Rechtsanwendung darf ein Rechtsakt nicht einer in diesem Sinn **rechtsinhaltlich** übergeordneten Rechtsvorschrift widersprechen: Die Baubewilligung muss dem Bebauungsplan entsprechen, der Bebauungsplan darf dem Flächenwidmungsplan nicht widersprechen, der Flächenwidmungsplan darf der BauO und dem ROG nicht widersprechen, diese Gesetze dürfen wiederum weder der Landesverfassung noch den einschlägigen bundesverfassungsrechtlichen Vorschriften widersprechen. Zum Teil kraft unmittelbarer Anwendung, zum Teil als inhaltliche Determinante, zum Teil kraft harmonisierender Auslegung hat die Baubehörde im konkreten Baubescheid alle maßgeblichen Rechtsvorschriften zu vollziehen, anzuwenden und zu berücksichtigen (vgl noch Rz 576ff). 554

I. Aspekte der Gesetzesinterpretation

Ordnet ein Gesetz an, dass die zuständige Behörde den Rechtsunterworfenen unter bestimmten Voraussetzungen die Entrichtung von Abgaben vorzuschreiben hat, dann soll die betreffende Behörde auf Grund entsprechender Ermittlungen die erforder- 555 lichen Abgabenbescheide erlassen. Erklärt ein Gesetz eine bestimmte Tätigkeit für bewilligungspflichtig, so soll die zuständige Behörde auf der Grundlage entsprechender Anträge über die Erteilung bzw Verweigerung von Bewilligungen entscheiden. Erklärt ein Gesetz eine bestimmte Tätigkeit für verboten und strafbar, so hat die zuständige Behörde über wahrgenommene Verstöße Straferkenntnisse zu erlassen.

So einfach, wie es dieser Skizze entsprechen würde, stellt sich Verwaltungshandeln freilich nur selten dar. Ordnet ein Gesetz an, dass bestimmte Anlagen erforderlichenfalls unter Vorschreibung bestimmter geeigneter Auflagen zu genehmigen sind, dann stellt sich die Frage, wann Auflagen „erforderlich" sind, wie „bestimmt" sie sein müssen und unter welchen Voraussetzungen sie als „geeignet" anzusehen sind. Wie ist vorzugehen, wenn einem Fremden nach dem Gesetzeswortlaut unter bestimmten Voraussetzungen die Staatsbürgerschaft verliehen werden „kann"? Wie soll die Verwaltung vorgehen, wenn das Gesetz Ausnahmebewilligungen vom Denkmalschutz vorsieht, aber in diesem Zusammenhang keine Regelung darüber trifft, unter welchen Voraussetzungen eine solche Bewilligung erteilt werden soll? Bestimmt das Gesetz, dass eine Bewilligung zu erteilen ist, wenn dem Vorhaben nicht öffentliche Interessen entgegenstehen, dann stellt sich sogleich die Frage, welche „öffentlichen Interessen" gemeint sind und wann sie „entgegenstehen".

Diese Beispiele verdeutlichen, dass die zu vollziehenden Gesetze selten „gebrauchsfertig" sind, dass sie selten nach Art eines Algorithmus auf Grund eines „Inputs" mit zwingender Logik einen bestimmten „Output" nach sich ziehen (sollen). Geboten sind praktisch immer Schritte der Interpretation, der Rekonstruktion des Willens des rechtssetzenden Organs. Dem Verwaltungspraktiker wird auf Grund langjähriger Erfahrung Vieles klar sein, was sich der mit einem Rechtsbereich neu Konfrontierte erst aneignen muss. Judikate, Kommentare und frühere Entscheidungen in vergleichbaren Fällen helfen bei der Orientierung, können die eigenständige Interpretationsarbeit jedoch nicht ersetzen.

556 Die damit geforderte Leistung ist zu einem erheblichen Teil eine durch Tradition standardisierte und damit erlernbare „handwerkliche" Tätigkeit: Da Rechtsvorschriften seit langem mit Hilfe bestimmter Vorgangsweisen „interpretiert" werden, setzen die Rechtssetzungsorgane voraus, dass auch die von ihnen erlassenen Rechtsvorschriften im Zuge der Rechtsanwendung auf diese Weise interpretiert werden. Die rechtssetzenden Organe wollen nämlich in der sozialen Wirklichkeit bestimmte Wirkungen erzielen. Sie verwenden daher solche Begriffe und Regelungstechniken, dass unter Zugrundelegung der üblichen juristischen Interpretationstechniken ein bestimmtes Verhalten der Rechtsunterworfenen sowie ein bestimmtes Vollzugsverhalten voraussehbar zu erwarten ist. In diesem Sinn teilen die herkömmlichen Interpretationstechniken die Verbindlichkeit jener Rechtsvorschriften, auf die sie angewendet werden sollen.

557 Als „Kanon üblicher Interpretationstechniken" für die Auslegung generell-abstrakter Rechtsvorschriften gelten heute im Allgemeinen:

- die Wortinterpretation (Verbalinterpretation)
- die grammatikalisch-logische Interpretation
- die systematische Interpretation
- die historische Interpretation
- die teleologische Interpretation.

Die in diesem Zusammenhang erheblichen Untersuchungen und Überlegungen kann man verschieden gruppieren. Beispielsweise ist es seit einiger Zeit üblich geworden, von einer „Wortsinninterpretation“ zu sprechen, wofür in der Tat § 6 ABGB spricht, wonach „die eigentümliche Bedeutung der Worte in ihrem Zusammenhang“ maßgeblich sein soll. Andererseits ist bisweilen von einer logisch-systematischen Interpretation die Rede oder wird zusammenfassend von einer historisch-teleologischen Interpretation gesprochen. Auf die einzelnen Akzentsetzungen muss hier nicht eingegangen werden, erforderlich können jedenfalls folgende Schritte sein:

- Auf einer elementaren Ebene kann es im Rahmen der **Wortinterpretation** 558
  erforderlich sein, die Bedeutung von Rechtsbegriffen mit Hilfe von Wörterbüchern oder durch Befragung Sachkundiger zu klären. Begriffe wie „Russwert“, „Brennstoffwärmeleistung“ oder „Großvieheinheit“ erschließen sich dem Interpreten meist nicht sogleich; sie setzen nämlich die Kenntnis eines bestimmten Lebensbereichs voraus, auf dessen Fachterminologie der Gesetzgeber aufbaut. Aber auch alltägliche Begriffe können in der Situation konkreter Rechtsanwendung „unklar“ werden (vgl noch Rz 618; zur Unterscheidung der Bedeutung im allgemeinen Sprachgebrauch und rechtsspezifischen Bedeutungen VwGH 18. 2. 2002, 2001/10/0202).

Auf Grund einer Wortinterpretation – unter Heranziehung von Wörterbüchern – ergab sich zB für den VfGH, dass unter „Gewerkschaft“ allgemein eine Berufsvereinigung zur Vertretung von Arbeitnehmerinteressen verstanden wird oder dass „Anzeigen“ iS eines AnzeigenabgabenG auch Rundfunkwerbung umfassen. Für den VwGH ergab eine Wortinterpretation des Begriffs „Verstellen“, dass für die Bedeutung wesentlich ist, dass durch Aufstellen von Gegenständen bzw durch Im-Wege-Stehen etwas unpassierbar gemacht oder versperrt wird, weiters dass es sich bei einem „Kaffeehaus“ im Sinn eines LustbarkeitsabgabeG um eine Gaststätte handelt, in der der Ausschank von Kaffee und Tee im Vordergrund steht und die dem geselligen Beisammensein bei Spielen oder sonst der Entspannung dient, dass sich das Wort „Bahnhof“ in seinem Begriffskern auf Anlagen der Eisenbahn bezieht (VwGH 5. 9. 2001, 2001/04/0122) oder auch dass es sich bei Bodensee nicht um ein „fließendes Gewässer“ handelt (VwGH 25. 4. 2002, 99/07/0135). Vgl zB auch VwGH 6. 9. 2001, 99/03/0424, 20. 6. 2001, 99/06/0187, 23. 5. 2001, 99/06/0143.

- Ebenso ist auf einer elementaren Ebene im Rahmen der **grammatikalisch-** 559
  logischen Interpretation davon auszugehen, dass Rechtssetzungsautoritäten, die sich nun einmal des Mittels der Sprache bedienen, auch an den Regeln der Grammatik und der Logik zu messen sind. Für VwGH 9. 10. 2001, 2001/05/0123 ergab eine grammatikalische Interpretation des § 32 ktn BauO, dass die Behörde dem Verpflichteten die Wahlmöglichkeit zwischen einem nachträglichen Ansuchen oder der Wiederherstellung einzuräumen hat. Und mit Hilfe der Regeln der Logik lässt sich im Hinblick auf Art 87 Abs 2 B-VG ermitteln, wann ein Richter nicht unabhängig ist.
- Schließlich steht die logische Interpretation auch mit der gesetzes-**systematischen** 560
  Interpretation in Zusammenhang, wenn man bedenkt, dass Rechtsvorschriften niemals isoliert herangezogen werden dürfen, dass es stets das „Gesetz als Ganzes“ zu berücksichtigen gilt: An einer Stelle kann sich eine Legaldefinition, an einer anderen Stelle eine Regel finden, die zur vorliegenden in einem Regel-Ausnahme-Verhältnis steht usw. Vgl etwa VwGH 22. 4. 2002, 2000/10/0053, 28. 3. 2002, 95/10/0265, 25. 6. 2001, 2000/07/0035.

Diese Gesichtspunkte entsprechen elementaren Anforderungen des Verstehens 561
von Texten, zu ihrer sachgerechten Berücksichtigung genügt Sprachkompetenz und ist Rechtskompetenz nicht erforderlich. Die Rechtssetzungsautoritäten setzen aber mehr an „Auslegungsarbeit“ und vor allem an „Rechtserfahrung“ voraus, wenn sie Rechtsvorschriften erlassen.

– Eine spezifisch juristische Handwerkstechnik stellen die Formen der **historischen** Interpretation dar: Zum einen sind neue Rechtsvorschriften in aller Regel als „Antworten" auf die frühere – als rechtspolitisch unzureichend beurteilte – Rechtslage zu sehen. Aus dem Vergleich mit der (interpretativ zu rekonstruierenden) früheren Rechtslage ergibt sich in solchen Fällen, in welcher Hinsicht die Rechtslage nunmehr „anders" sein soll, aber auch, in welcher Hinsicht eine als bewährt beurteilte Rechtslage aufrechterhalten werden soll (**historisch-vergleichende** Interpretation). Zum anderen können sich aus der Entstehungsgeschichte Anhaltspunkte für das Verständnis von Rechtsvorschriften ergeben (**historisch-genetische** Interpretation): Soweit eine Regierungsvorlage im weiteren parlamentarischen Verfahren nicht abgeändert wurde, sind die „Erläuternden Bemerkungen" zu dieser Regierungsvorlage zu berücksichtigen, soweit ein Ausschussbericht im Plenum nicht abgeändert wurde, ist dieser Bericht ebenfalls zu berücksichtigen.

562 – Die wichtigste – genuin juristische – praktische Interpretationsleistung stellt zumeist die inhaltlich-**systematische** Interpretation dar. Sie setzt umfassende Rechtskenntnis und Erfahrung im Umgang mit Rechtstexten voraus. Aus dem inhaltlichen Zusammenhang einer Rechtsvorschrift mit anderen Rechtsvorschriften desselben Gesetzes und mit Regelungen anderer Rechtsquellen ergeben sich Bestimmungsgründe für das Verständnis einzelner Rechtsbegriffe und Regelungen und für die in den Rechtstexten zum Ausdruck kommenden „Wertentscheidungen". Welcher Begriff von „Quadratmeter" in der berüchtigten Vielfalt der Wohngesetze jeweils gemeint ist, erschließt sich nur durch sorgfältige systematische Interpretation. Vgl VwGH 24.6.2003, 2002/01/0081 („Hauptwohnsitz"). Systematische Interpretation hilft, das erste Ergebnis der Wortinterpretation zu klären oder zu korrigieren. Mag man im Hinblick auf eine Anordnungsermächtigung Zweifel haben, ob ein Bescheid oder eine Verordnung gemeint ist, so wird die inhaltliche Analyse der angesprochenen Anordnungsinhalte und der Regelungsadressaten Klarheit in die eine oder andere Richtung bringen. Schließlich ergibt nur eine gesamthafte Analyse des Staatsbürgerschaftsrechts jene Gesichtspunkte, die bei einer Einbürgerungsentscheidung zu berücksichtigen sind, und die Art ihrer Gewichtung (vgl noch Rz 608).

563 Besondere – und schwierig zu verwirklichende – Varianten einer inhaltlich-systematischen Interpretation stellen die sog **Konformitätsregeln** dar, denen zu Folge die Gesamtrechtsordnung „gemeinschaftsrechtskonform" (Rz 488a, 630ff), das unterverfassungsrechtliche Recht „verfassungskonform" und generelle sowie individuelle Verwaltungsakte „gesetzeskonform" zu interpretieren sind. Die traditionelle Lehre fügt hinzu, dass solche korrigierenden „-konformen" Interpretationen einerseits nur „im Zweifel" und andererseits nur im Rahmen des durch den Wortlaut der zu interpretierenden Vorschriften Gedeckten zulässig sind; der VfGH pflegt allerdings seit längerem eine der Rechtssicherheit oft nicht förderliche weitergehende Sicht (krit Jabloner ÖJZ 1998, 166, Handstanger ÖJZ 1998, 169).

564 Aus der Anwendung der EMRK bekannt ist der Auslegungsgesichtspunkt, dass es sich bei ihren Rechtsbegriffen – da es sich um einen Staatsvertrag handelt – um „**autonom**" zu bestimmende Begriffe handelt (Rz 42). Nichts anderes gilt für das Europäische Gemeinschaftsrecht. Wenn etwa Art 50 EGV die „gewerblichen" Tätigkeiten den kaufmännischen und den handwerklichen Tätigkeiten zur Seite stellt, erkennt man, dass es sich um eine vom Gewerbebegriff des österreichischen Verwaltungsrechts unabhängige Terminologie handelt. Zu einer Interpretation nach den einzelnen EG-Sprachfassungen vgl zB VwGH 4. 2. 2000, 99/19/0125.

- Ambivalent zu beurteilen ist die sog **teleologische** Interpretation. Auf der einen Seite könnte man meinen, dass jede Interpretation, die auf die Rekonstruktion des Willens des Rechtssetzungsorgans und damit des *telos* der Regelung abzielt, eine teleologische Interpretation ist; bei dieser Sicht könnte man auf den Begriff der teleologischen Interpretation verzichten. Auf der anderen Seite ist die Problematik zu berücksichtigen, dass der Interpret unter dem Titel der zweck- und zielorientierten Auslegung nicht seine subjektiven Zweck- und Zielkonzeptionen einfließen lassen soll: In einem parlamentarisch-demokratischen System sind die verfassungsrechtlich legitimierten Rechtssetzungsorgane und nicht die Interpreten zur „Schaffung" (Ergänzung, Berichtigung) und Aufhebung von Recht berufen; der Interpret soll demgegenüber das „Gesetz als Befehl" am Einzelfall „zu Ende denken". Dass auch im Verwaltungsrecht die teleologische Interpretation geboten ist, ergibt sich allerdings unabweislich zB aus Art 130 Abs 2 B-VG, demzufolge das der Verwaltung eingeräumte Ermessen stets „im Sinn des Gesetzes" auszuüben ist. Vergleichbare „Unbestimmtheiten" finden sich in allen Teilen des Verwaltungsrechts. Konfrontiert mit der Ermächtigung zur Erteilung von Bewilligungen gemäß § 5 DenkSchG oder gemäß § 2 DevG, stellt der Interpret zunächst fest, dass die Ermächtigung keine inhaltlichen Determinanten festlegt, dass der VfGH die Rechtslage jedoch als in verfassungsrechtlicher Hinsicht hinreichend bestimmt ansieht. Dem Interpreten und dem Rechtsanwender bleibt also gar nichts anderes über, als den für die Entscheidung maßgeblichen „Sinn des Gesetzes" zu rekonstruieren (vgl Rz 604, 608). Immer wieder finden sich Abwägungsermächtigungen von der Art des § 17 ForstG (Stolzlechner ZfV 2000, 521). Dem primären Gesetzestext lässt sich zwar entnehmen, „was" in die Abwägung einzustellen ist, aber oft nur annäherungsweise, wie die abwägungsrelevanten Faktoren zu gewichten sind. Wiederum ist die teleologische Interpretation geboten. Eine in diesem „technischen" Sinn verstandene teleologische Interpretation geht im Allgemeinen mit einer anderen Interpretation einher, sei es, dass sie als **historisch-teleologische** Interpretation mit den Mitteln der historischen Interpretation nachweisbare Zweck- und Zielvorstellungen zu rekonstruieren sucht, sei es – vor allem –, dass sie als **systematisch-teleologische** Interpretation aus den in den Rechtstexten objektiviert in Erscheinung tretenden Wertungen der Rechtssetzungsautorität (vgl § 7 ABGB) Gesichtspunkte für eine rechtsinhaltliche Beurteilung zu gewinnen sucht. Vgl etwa VwGH 21. 3. 2002, 2000/20/0138, 29. 3. 2001, 2000/20/0473 („teleologische Reduktion"), 26. 1. 2001, 2000/02/0340, 8. 9. 2000, 2000/19/0094; VfSlg 16226/2001. 565 [566–568]

569 Gemessen an diesen herkömmlichen Vorgangsweisen juristischer Interpretation zeigt sich, dass die häufig als Formen „juristischer Auslegungskunst" oder als Formen der „Rechtslogik" bezeichneten Gesichtspunkte – wie etwa „extensive/restriktive Interpretation", „teleologische Reduktion", Lücke/Analogie/Umkehrschluss, „*argumentum a maiori ad minus*", „*argumentum a fortiori*" ua – keine selbständige Bedeutung haben. Es handelt sich um Termini, mit denen – in der Art einer Kurzformel – das **Ergebnis** einer Interpretation eine Bezeichnung findet. Wenn und weil sich auf Grund der teleologischen Interpretation in einem bestimmten Regelungskontext ergibt, dass dort, wo das „Mitbringen von Hunden verboten" ist, auch Pferde nicht mitgebracht werden dürfen, darf man dieses „*argumentum a minori ad maius*" zu Recht vertreten. Dass es sich um keine selbständige Schlussformel handelt, erhellt aber schon daraus, dass dieses Schild auch an einer Pferdekoppel angebracht sein könnte.

570 Ebenso ist die Frage der sog „**Lücke**“ in Rechtsvorschriften zu sehen. Von einer Lücke spricht man, wenn der Interpret im primär anwendbaren Rechtsmaterial eine ausdrückliche Antwort auf seine Rechtsfrage vermisst. Es handelt sich also letztlich nur um eine subjektive Befindlichkeit des Interpreten. Konfrontiert mit einer gesetzlichen Aufzählung könnte der Interpret „seinen Fall“ darin vermissen. Es steht ihm nun nicht frei, zwischen der „Analogie“ („Daher auch in meinem Fall“) und dem Umkehrschluß (*e-contrario*-Schluß: „Daher nicht in meinem Fall“) zu wählen. Vielmehr ist zuerst mit den Mitteln der Interpretation zu prüfen, ob es sich um eine taxative oder um eine demonstrative Aufzählung handelt, und nur im zweiten Fall stellt sich die weitere Frage, ob sich die fragliche Rechtsvorschrift nach der erkennbaren Absicht der Rechtssetzungsautorität – wie sie ua auch in den in der Aufzählung selbst enthaltenen Wertentscheidungen zum Ausdruck kommt – auch auf den vorliegenden Sachverhalt erstrecken soll. Es stellt also die Erläuterung des „Ergebnisses“ der Auslegungsarbeit dar, wenn der Interpret abschließend folgert, dass eine „analoge“ Anwendung der fraglichen Rechtsvorschrift geboten (oder aber unzulässig) ist.

[571]

IX. Determinanten des Verwaltungshandelns

A. Einleitung

Ein wesentlicher Unterschied zwischen privatwirtschaftlichen Unternehmen auf der einen Seite und der öffentlichen Verwaltung auf der anderen Seite wird darin gesehen, dass sich erstere ihre Ziele selbst setzen und die Art der Verfolgung der so gewählten Ziele selbst bestimmen. Zwar hat die Verwaltungslehre nachgewiesen, dass es auch innerhalb der Verwaltung in einem erheblichen Maß zu Vorgängen autonomer Ziel- und Mittelbestimmungen kommt, es bleibt aber doch ein prinzipieller Unterschied: Für Unternehmen stellen Gesetze Rahmenbedingungen dar, innerhalb welcher es wirtschaftliche Ergebnisse zu optimieren gilt, für die öffentliche Verwaltung stellen Gesetze dagegen auch Vollzugsbefehle und inhaltliche Determinanten dar. 572

Zentral im Vordergrund als Determinante des Handelns der Verwaltung steht das **Gesetz** – letztlich, da es nicht nur „ein" Gesetz gibt, die gesamte staatliche Rechtsordnung, soweit sie im Hinblick auf einen konkreten Fall zu vollziehen, anzuwenden oder wenigstens zu berücksichtigen ist (Rz 576ff). Allerdings hat eine solche Sicht offenkundig nur ein gewisses Bild von „Verwaltung" vor Augen, nämlich die klassische, „konditional programmierte" Hoheitsverwaltung von der Art, wie sich der Laie die außenwirksame Tätigkeit der Finanzämter, der Baubehörden oder auch der Bundespolizeibehörden als Strafbehörden vorstellt. Offenkundig gibt es daneben – ungleich größere – Bereiche der Verwaltung, die mit einem solchen Bild nicht adäquat erfasst werden können: Wenn die Verwaltung beschließt, eine EDV-gestützte Dokumentation des Bundesrechts aufzubauen, ein baufälliges Museum instand zu setzen, eine Straße zu asphaltieren, für eine Krankenanstalt ein neues Gerät anzuschaffen, die Bürgerinformation auszubauen, die Aufsicht über Deponien zu intensivieren, das Kanalnetz zu erweitern usw, so werden dabei – will man den Begriff nicht überdehnen – nicht Gesetze „vollzogen", vielmehr wird im Rahmen und auf Grund allgemeiner Zuständigkeitsregeln „verwaltungspolitisch" beurteilt, geplant und entschieden. Auch solche Entscheidungen werden nicht im „rechtsfreien Raum" gefällt: sie können sich nicht nur als politisch unzweckmäßig, sondern auch als rechtswidrig erweisen.

B. Der „Grundsatz der Gesetzmäßigkeit"

1. Allgemeines

Gemäß Art 18 Abs 1 B-VG „darf die gesamte staatliche Verwaltung nur auf Grund der Gesetze ausgeübt werden". Mit dem B-VG wurde damit – in Abkehr von der Verfassung der Monarchie – ein sog „Totalvorbehalt" eingeführt, wie er sich vom Anspruch her weder im deutschen noch im schweizerischen Recht findet, von anderen Rechtsordnungen ganz zu schweigen. Ausgeschlossen werden durch diesen Gesetzesvorbehalt (typisch monarchische) „Reservate" und „Prärogativen" der Verwaltung. Dementsprechend sind beispielsweise selbständige Verordnungen (Rz 805) 573 nach österreichischem Recht nur insoweit zulässig, als sie – als Abweichung von der Gesetzesbindung der Verwaltung – verfassungsgesetzlich ausdrücklich vorgesehen sind.

Ganz allgemein betrachtet erfüllt das Gesetz in diesem System mehrere Funktionen:

- „Das Gesetz als Voraussetzung" von Verwaltungshandeln: Es begründet die Zuständigkeit und ermächtigt zum Handeln. Ohne gesetzliche Grundlage soll die Verwaltung nicht tätig werden. Insoweit ist das Gesetz zugleich Ermächtigung und Schranke.
- „Das Gesetz als Befehl": Der Verwaltung wird durch das Gesetz nicht nur die Befugnis zum Handeln eröffnet, sondern auch ein Auftrag erteilt, nämlich der Auftrag, das Gesetz zu vollziehen (Vollziehungsbefehl). Die Verwaltung wird durch den sie treffenden Gesetzesbefehl sowohl materiell – dh inhaltlich als Determinante – als auch formell – dh hinsichtlich der einzuhaltenden Vorgangsweise – vorherbestimmt.
- Aus der Perspektive der Kontrolle wirkt das Gesetz damit auch als „Maßstab" für die Beurteilung der Gesetzmäßigkeit der Verwaltung in formeller und materieller Hinsicht.

574 Im Einzelnen ist die Gesetzesgebundenheit der Verwaltung allerdings unterschiedlich zu sehen. Selbstverständlich ist die Verwaltung an das Gesetz gebunden, sofern – wie hinzuzufügen ist – eine gesetzliche Regelung besteht. Wenn für das Verfahren der Erlassung von Verordnungen – was die Regel ist – besondere gesetzliche Bestimmungen nicht bestehen, dann bestehen insoweit eben keine besonderen Bindungen. Das bedeutet nicht, dass Verwaltungsbehörden bei der Erlassung von Verordnungen beliebig vorgehen dürften, maßgeblich sind dann jedoch allein allgemeine rechtsstaatliche Grundsätze. Wenn Verwaltungsstellen administrative Vorhaben „planen", dann vollziehen sie in aller Regel nicht gesetzliche Vorschriften. Das bedeutet nicht, dass sie im „gesetzesfreien Raum" agieren. Vielmehr werden sie auf Grund allgemeiner Aufgabenbestimmungen tätig, werden haushaltsrechtlich eröffnete Kredite bewirtschaftet und sind dienst- und organisationsrechtliche Bestimmungen einzuhalten. Die Verwaltung wird auch in diesen Fällen „auf Grund der Gesetze" ausgeübt.

2. Die Gesetzesgebundenheit der Privatwirtschaftsverwaltung

574a Vom Grundsatz her im entgegengesetzten Sinn werden jene Bereiche der Verwaltung gesehen, in denen Gebietskörperschaften zulässiger Weise in den Formen des Privatrechts (Rz 725, 746) tätig werden. „Art 18 B-VG gilt nicht für die Privatwirtschaftsverwaltung", wie die heute herrschende Lehre formuliert (Rill in R/S zu Art 18, Rz 33). Das Gesetz bildet bei dieser Betrachtung nicht Grundlage, sondern nur „Schranke" administrativen Handelns.

Freilich soll das nicht besagen, dass Gesetzmäßigkeit im Bereich der Privatwirtschaftsverwaltung nicht maßgeblich wäre. Den Gebietskörperschaften kommt ganz grundsätzlich nie jene „Privatautonomie", insb jene rechtsgeschäftliche Abschluss- und Inhaltsfreiheit, zu, wie sie den „Einwohnern des Staates unter sich" (§ 1 ABGB) verfassungsrechtlich gewährleistet ist. Die verfahrensrechtlichen Regeln und die materiell-rechtlichen Entscheidungskriterien des BVergG oder die Verfahrensregeln und die Entscheidungskriterien der zahlreichen Förderungsgesetze sind für die zuständigen Verwaltungsstellen in der gleichen Weise maßgeblich und verbindlich wie vergleichbare gesetzliche Bestimmungen in den Bereichen der Hoheitsverwaltung: Hat bestimmten öffentlichen Aufträgen eine öffentliche Ausschreibung voranzugehen, dann darf eine solche Auftragsvergabe ohne ein Ausschreibungsverfahren nicht erfolgen. Dürfen bestimmte Maßnahmen nur mit einem Höchstbetrag gefördert werden, dann darf im Rahmen des einzelnen Förderungsvertrages dieser Höchstbetrag nicht überschritten werden. Die privatrechtliche Handlungsform als solche dispensiert nicht von der Bindung an das Gesetz. Solche gesetzlichen Bindungen bestehen auch in den Bereichen der Privatwirtschaftsverwaltung in großer Zahl (vgl Rebhahn in Raschauer, Wirtschaftsrecht, Rz 807; Sperlich ÖZW 2001, 44).

Soweit Verwaltungsaufgaben in den Formen des Privatrechts wahrzunehmen sind, 574b
sind zunächst die **Bestimmungen des allgemeinen Privatrechts**, also des für die „Einwohner des Staates unter sich“ geltenden Rechts maßgeblich. Daher handelt es sich auch bei der Vergabe eines Bauauftrages, auf den das BVergG Anwendung findet, um einen „Werkvertrag“ im Sinn des bürgerlichen Rechts und handelt es sich bei dem in einem Förderungsgesetz vorgesehenen Darlehensvertrag um einen „Darlehensvertrag“ im Sinn des bürgerlichen Rechts. Die Bestimmungen der vorgenannten speziellen Gesetze sind also **an die Verwaltung adressiert** und regeln zB die Voraussetzungen, unter denen ein solcher Vertrag abgeschlossen werden darf, die einzuhaltenden Modalitäten (zB die vorzulegenden Unterlagen oder die vorhergehende „Zusicherung“) und den notwendigen oder zulässigen Inhalt eines solchen Vertrages. Es handelt sich aber im Allgemeinen nicht um Regelungen „auf dem Gebiet des Zivilrechts“, sondern um an die Verwaltung adressierte Vorschriften. Der Vertrag selbst ist ein zivilrechtliches Rechtsgeschäft, das den Regeln des bürgerlichen Rechts unterliegt.

Nur selten verdrängen Bestimmungen besonderer Gesetze auf den Gebieten der Privatwirtschaftsverwaltung als leges speciales das allgemeine Zivilrecht (zB § 4 Abs 5 und 6 WRG). Im Allgemeinen treten sie nur als (interne) Bindungen der staatlichen Vertragsseite hinsichtlich ihrer Abschlussbefugnis rechtlich in Erscheinung. Wenn zB § 11 Abs 3 Z 4 UmwFördG unter bestimmten Voraussetzungen die Rückforderung von Förderungsmitteln vorsieht, so handelt es sich nicht um einen spezialgesetzlichen Vertragsaufhebungsgrund, sondern für die staatliche Vertragsseite um einen obligatorisch auszubedingenden Vertragsinhalt.

Mit der Maßgeblichkeit der allgemeinen Bestimmungen für die privatrechtsförmige 574c
Führung der Verwaltung geht ganz allgemein auch die Anwendbarkeit verwaltungsrechtlicher Verpflichtungen, insb auch verwaltungsrechtlicher Bewilligungsvorbehalte einher. Beispielsweise benötigt auch die Straßenverwaltung für die Querung eines Gewässers eine wasserrechtliche Bewilligung.

Vereinzelt finden sich auch in diesen Zusammenhängen – unter dem verfassungsrechtlichen Gleichheitssatz rechtfertigungsbedürftige – Ausnahmebestimmungen. Beispielsweise müssen Kraftfahrzeuge von Gebietskörperschaften gemäß § 59 Abs 2 KFG grundsätzlich nicht haftpflichtversichert sein.

Nach § 290 ABGB sind die Bestimmungen des bürgerlichen Sachenrechts in der 574d
Regel auch von den Verwaltern des **Staatsvermögens** zu beobachten (Rz 1391), wobei „Abweichungen“ im „Staatsrecht und in den politischen Verordnungen“ enthalten sein können (zu Nutzungsrechten an öffentlichem Gut VfSlg 16104/2001). Grundsätzlich unterliegt daher auch das Staatsvermögen zB den nachbarrechtlichen Regeln des § 364 ABGB. Soweit die Gebietskörperschaften als Träger von Privatrechten tätig werden, unterliegen sie grundsätzlich dem allgemeinen bürgerlichen Schadenersatzrecht.

Staatseigene Kapitalgesellschaften werden mitunter „durch Gesetz“ errichtet, zum Teil werden Verwaltungsorgane spezialgesetzlich zur Errichtung ermächtigt (Rz 78), zum Teil wird die Errichtung allein auf der Grundlage des allgemeinen Gesellschaftsrechts vorgenommen. Vereinzelt sind die Aufgaben und Befugnisse der Gesellschaften gesetzlich in unmittelbar anwendbarer Weise geregelt, zum Teil sind die gesetzlichen Regelungen in die Satzung (den Gesellschaftsvertrag) der Gesellschaft zu übernehmen (Erfordernis der **Satzungstransformation**), im Übrigen sind allein die gesellschaftsrechtlichen Bestimmungen über die Satzung bzw den Gesellschaftsvertrag maßgeblich. Für die Einwirkungsmöglichkeiten des Staates als Anteilseigner sind – soweit sich keine als Sondergesellschaftsrecht (Rz 378) zu sehenden abweichenden gesetzlichen Bestimmungen finden – allein die gesellschaftsrechtlichen Regelungen maßgeblich.

574e In allen Bereichen der Privatwirtschaftsverwaltung – mögen sie nun Gegenstand spezieller Gesetze sein oder „nur" dem allgemeinen Zivilrecht unterliegen – finden sich zahlreiche spezifisch an die Verwaltung adressierte Bindungen. An ihrer Spitze steht das allgemeine Gebot der Beachtung der „**Sparsamkeit, Wirtschaftlichkeit und Zweckmäßigkeit**" (Art 126b Abs 5, 127 Abs 1 und 127a Abs 1 B-VG). Sodann sind für die Verwaltungsorgane gerade auch in den Bereichen der Privatwirtschaftsverwaltung **haushaltsrechtliche** Bestimmungen maßgeblich.

Soweit das Handeln der Verwaltungsstellen in den Bereichen der Privatwirtschaftsverwaltung nicht ohnehin Gegenstand gesetzlicher Determinanten ist, sind vielfach untergesetzliche „verwaltungsinterne" Vorschriften (Verwaltungsverordnungen, Richtlinien, Erlässe ua) maßgeblich (zB § 58 Abs 5 BHG, § 13 UmwFördG, § 145 ForstG). Letztlich unterliegen auch die in den Bereichen der Privatwirtschaftsverwaltung tätigen Amtswalter den Weisungen der vorgesetzten Organe.

In diesem weiten Sinn wird daher auch die Privatwirtschaftsverwaltung „auf Grund der Gesetze" geführt.

C. Arten der gesetzlichen Vorherbestimmung des Verwaltungshandelns

575 Das Verwaltungshandeln wird durch das Gesetz auf **verschiedene Weisen** vorherbestimmt. Ordnet zB eine BauO an, dass Bauansuchen im Fall des Widerspruchs zur Flächenwidmung abzuweisen sind, dann hat die Behörde auch den Flächenwidmungsplan (Rz 789), der die maßgebliche Widmung enthält, mitanzuwenden. Der Sinn der in diesem Plan enthaltenen Kürzel wie „BW" ergibt sich zumeist aus einer anderen Verordnung, der Planzeichenverordnung. Erfährt man daraus, dass BW „Bauland-Wohngebiet" bedeutet, dann muss man noch im RaumordnungsG des betreffenden Bundeslandes nachlesen, welche baulichen Maßnahmen in einem derartigen Widmungsbereich zulässig sind. Im Zug der Rechtsanwendung ist charakteristischer Weise eine Vielzahl von materiell-rechtlichen Vorschriften in inhaltlich vernetzter Weise maßgeblich (Rz 550).

576 Es ist zweckmäßig, in derartigen Fällen von der „**Vollziehung**" der BauO durch die Baubehörde zu sprechen, da diese den an die Baubehörde gerichteten „Vollziehungsbefehl" (Rz 573) in Baubewilligungssachen enthält. Dagegen liegt hinsichtlich der anderen Rechtsvorschriften nur in einem weiteren Sinn „Vollziehung" vor, nämlich in dem Sinn, dass eine Behörde im Rahmen der gebotenen systematischen Interpretation letztlich die gesamte Rechtsordnung zu „vollziehen" haben kann. Es ist daher zweckmäßig, hinsichtlich des auf das Raumordnungsrecht bezogenen Vorgehens der Baubehörde von der „**Anwendung**" des Raumordnungsrechts zu sprechen. Beispielsweise ist die LReg gemäß § 39 UVP-G zur „Vollziehung" des UVP-G berufen, sie kann

dabei allerdings verfahrensrechtliche Bestimmungen anderer Gesetze (§ 42 Abs 1 UVP-G) sowie verschiedene materiell-rechtliche Bestimmungen der besonderen Verwaltungsvorschriften (§ 17 Abs 1 UVP-G) „mitanzuwenden" haben. Nichts anderes gilt im Hinblick auf das Europäische Gemeinschaftsrecht: EG-Verordnungen sind in den Fällen des „mittelbaren Vollzugs" (Rz 219) von für zuständig erklärten nationalen Behörden zu „vollziehen", im Übrigen haben nationale Behörden Gemeinschaftsrecht in vielfältiger Weise mitanzuwenden.

Eine Zwischenstellung nimmt das Verfahrensrecht ein, da es einerseits zu vollziehen, 577
andererseits bloß anzuwenden ist: der Verfassungsgesetzgeber hat sich daher für den neutralen Begriff „Handhabung" (Art 11 Abs 4 B-VG) entschieden.

Ungeklärt ist der Umfang des Begriffs der „Anwendung" in Art 139 Abs 1 Satz 1 und 140 Abs 1 Satz 1 B-VG; beispielsweise stellt sich die Frage, inwiefern die Mitanwendung eines Flächenwidmungsplans in einem bundesrechtlichen Verfahren auch in einem für den VfGH maßgeblichen Sinn „präjudiziell" ist und daher zur inzidenten Überprüfung dieses Plans Anlass geben kann.

Eine besondere Form von bloßer Anwendung ist in der Beurteilung von sog 578
„**Vorfragen**" zu sehen. In einem weiteren Sinn ist alles eine „Vorfrage", was eine logische Voraussetzung für die Beantwortung einer Frage darstellt. In dieser Hinsicht wäre etwa die Feststellung der eigenen Zuständigkeit, der Vollständigkeit eines Antrages oder der Schlüssigkeit eines Gutachtens eine Vorfrage in einem weiteren rechtslogischen Sinn. Im **engeren** positivrechtlichen Sinn des § 38 AVG sind nur jene Rechtsfragen als „Vorfragen" zu verstehen, die im Hinblick auf die entscheidungsmaßstäbliche Rechtsvorschrift **tatbestandsmäßige Entscheidungsvoraussetzungen** bilden **und** die gleichzeitig im Streitfall **Gegenstand einer selbständigen Entscheidung** – entweder durch eine andere Behörde oder auch durch dieselbe Behörde in einem eigenen Verfahren – sein sollen.

Die rechtliche Bedeutung der Heraushebung dieses Begriffs der Vorfragen im engeren Sinn ist darin zu sehen, dass diese Vorfragen unter den Voraussetzungen des § 38 AVG Grund für eine **Aussetzung** eines anhängigen Verfahrens bilden können. Im Allgemeinen soll die Behörde allerdings die für die Entscheidung maßgeblichen Vorfragen **selbst** beantworten. Diese eigenständige „Beurteilung" von Vorfragen soll dementsprechend in der Begründung des Bescheides ihren Niederschlag finden, nicht aber im Spruch des Bescheides „entschieden" werden.

Beispielsweise stellt sich für eine Baubehörde stets die „Vorfrage", ob der Antrag- 579
steller überhaupt Grundeigentümer ist; ansonsten ist nämlich im Allgemeinen die Zustimmung des Grundeigentümers nachzuweisen. Eine Vorfrage im engeren (verfahrensrechtlichen) Sinn bildet diese Frage, weil Streitigkeiten über das Grundeigentum als „Hauptfrage" von den ordentlichen Gerichten zu entscheiden sind. Für die BVB als Forstbehörde stellt sich stets die „Vorfrage", ob die Fläche, deren Rodung beantragt wurde (§ 17 ForstG), überhaupt „Wald" iS des ForstG ist. Im Allgemeinen wird sie diese Frage im Rodungsbewilligungsverfahren inzidenter beurteilen können. Im Streitfall könnte sie das Rodungsbewilligungsverfahren aber auch aussetzen und über die Waldeigenschaft der betreffenden Fläche selbständig entscheiden, da § 5 ForstG ein eigenes Waldfeststellungsverfahren vorsieht.

Bisweilen bedarf es weiterer Differenzierungen. Beispielsweise kann es eine Vorfrage darstellen, inwiefern das Bauvorhaben auf einem „geeigneten Bauplatz" zur Ausführung kommen soll. Soweit in dieser Hinsicht eine rechtskräftige bescheidförmige Bauplatzerklärung vorliegt, ist keine „Vorfrage" ieS gegeben, da der vorliegende Bescheid Bindungswirkung (jedenfalls für die an der Bauplatzerklärung beteiligten Parteien) entfaltet. Die Frage der inhaltlichen Richtigkeit oder der Rechtmäßigkeit des Bauplatzbescheides stellt keinesfalls eine „Vorfrage" dar. Soweit eine rechtskräftige

Bauplatzerklärung nicht vorliegt, ist die Baubehörde zur eigenständigen vorfrageweisen Beurteilung der Bauplatzeignung befugt. Wird im Zuge der Bauverhandlung allerdings lediglich in Zweifel gezogen, ob der Hang, auf dem das Bauvorhaben verwirklicht werden soll, rutschungsgefährdet ist, so ist dies im Allgemeinen zwar beurteilungserheblich, bildet jedoch keine „Vorfrage" ieS, da weder die Baubehörde noch sonst eine Behörde befugt ist, über die Frage der Rutschungsgefährdung des Hanges als Hauptfrage selbständig abzusprechen.

580 Über den Bereich der Vollziehung und Anwendung von Rechtsvorschriften hinaus können weitere Rechtsvorschriften zu „**berücksichtigen**" sein, sei es, dass sich dies in einer für das betreffende Verwaltungsorgan maßgeblichen Weise aus der betreffenden Rechtsvorschrift selbst ergibt, sei es, dass sich eine Berücksichtigungspflicht aus übergeordneten Rechtsprinzipien ergibt. Beispielsweise bestimmt § 16 tir ROG ua, dass bei der Erlassung von Verordnungen auf Grund von Landesgesetzen bestehende Raumordnungsprogramme zu berücksichtigen sind und dass Förderungsmaßnahmen des Landes Tirol nur im Einklang mit bestehenden Raumordnungsprogrammen erfolgen dürfen. Daher hat zB die Naturschutzbehörde – obwohl sie das ROG weder zu vollziehen noch kraft tatbestandsmäßiger Bezugnahme anzuwenden hat – bei der Erlassung einer Schutzverordnung darauf Rücksicht zu nehmen, ob sie einen vermeidbaren Widerspruch zu einem einschlägigen Raumordnungsprogramm hintanhalten kann. Ebenso haben Kultur-, Fremdenverkehrs- und Sportförderungen auf Vorgaben eines einschlägigen Raumordnungsprogramms „Bedacht zu nehmen". Da aber nicht einmal eine „Anwendung" – geschweige denn eine „Vollziehung" – vorliegt, bilden solche berücksichtigungsbedürftige rechtliche Grundsätze keine „Vorfragen" im rechtlichen Sinn, sie sind lediglich in eine **Abwägung** einzubeziehen (vgl auch § 20 Abs 3 RohrLG, § 6 Abs 2 FMABG, § 71 Abs 5 GewO, § 19 Abs 2 ÖkostromG, § 31 Abs 6 Z 20 ASVG, § 3 Abs 4 ChemG; vgl im Hinblick auf Gefahrenzonenpläne gem § 11 ForstG auch VfSlg 16286/2001).

Die Verwendung von Worten wie „berücksichtigen" oder „Bedacht nehmen" für sich ist nicht ausschlaggebend. Ergibt eine nähere Interpretation, dass zu „berücksichtigende" Gesichtspunkte zB eine Abweisung eines Antrages rechtfertigen können, handelt es sich nicht bloß um Berücksichtigung, sondern um Anwendung (zB § 13 Abs 2 StarkstromwegeG). Andererseits handelt es sich bei der überwiegenden Zahl der Fälle, in denen Verwaltungsstellen etwas zu berücksichtigen haben, um Tatsächliches; es liegen also Ermittlungsanweisungen vor.

581 Berücksichtigungspflichten können sich aus allen Formen der Aufgabenteilung in einer komplexen Organisation ergeben. Im Gefolge des Jagdrechts/Forstrechts-Erkenntnisses VfSlg 10292/1984 wurde das bundesstaatliche **Rücksichtnahmegebot** in seiner Bedeutung für die Gesetzgebung eingehend diskutiert. Es ist in gleicher Weise aber auch für die Vollziehung von Bedeutung, da auch die Vollziehung – ob dies im Gesetz ausdrücklich verankert ist oder als allgemeiner verfassungsrechtlicher Befehl im Sinn einer verfassungskonformen Interpretation zu veranschlagen ist – ein vermeidbares „Unterlaufen" (Torpedieren) legitimer Aufgabenwahrnehmung durch die gegenbeteiligte Gebietskörperschaft vermeiden soll (zB VfSlg 14994/1997 zur Berücksichtigung naher militärischer Anlagen im Zug von Bauverfahren). Beispielsweise soll bei der Planung einer Straßentrasse möglichst vermieden werden, ein naturschutzrechtliches Schutzgebiet zu beeinträchtigen, wie auch eine naturschutzrechtliche Schutzmaßnahme nach Möglichkeit nicht so gestaltet werden soll, dass damit eine Verkehrsanlage beeinträchtigt wird. Sind bei einer gewerblichen Betriebsanlage Auflagen vorzuschreiben, dann soll nach Möglichkeit nichts vorgeschrieben werden, was offenkundig baurechtlich oder naturschutzrechtlich gar nicht bewilligungsfähig wäre;

eine solche Vorschreibung wäre keine „geeignete“ Auflage im Sinn von § 77 Abs 1 GewO. Bei einer solchen Beurteilung handelt es sich weder um eine Vollziehung noch um eine Anwendung des Bau- oder Naturschutzrechts durch die Gewerbebehörde.

Im Hinblick auf die „Berücksichtigung“ wurden vorstehend nicht von Ungefähr schwache Formulierungen gewählt, wie die „Vermeidung des Vermeidbaren“. Das zu Berücksichtigende tritt nämlich als zusätzliche Determinante zum primären Vollziehungsbefehl hinzu, Berücksichtigung wirkt schwächer als Vollziehung oder Anwendung. Insb kann eine Berücksichtigung letztlich die gesetzlich befohlene **Vollziehung nicht hindern**: erweist sich die Errichtung einer Verkehrsanlage als rechtlich geboten und gibt es keine andere praktikable Trassenführung, dann darf die Trasse auch durch ein Naturschutzgebiet festgelegt werden – das wiederum bedeutet nicht, dass die gegenbeteiligte Naturschutzbehörde nach entsprechender Würdigung dieses Verkehrsinteresses die erforderliche naturschutzrechtliche Ausnahmebewilligung auch unter allen Umständen erteilen muss (deutlich VfSlg 15552/1999). Beide Akte – die Trassenbestimmung einerseits wie der naturschutzbehördliche Bescheid andererseits – sind jedoch als solche rechtswidrig, wenn sie sich mit der legitimen Aufgabenwahrnehmung durch die gegenbeteiligte Gebietskörperschaft nicht nachweislich **auseinandersetzen** und diese gebührend in eine Abwägung einbeziehen – mag dies im Gesetz verankert sein oder nicht. Die materiell-rechtlich begründete Berücksichtigungspflicht mündet also im Allgemeinen in eine verfahrensrechtliche **Auseinandersetzungspflicht**.

[582–591]

D. „Ermessen“ als abwägungsgebundene Rechtsanwendung

1. Ermessen und Gebundenheit

Überlegungen über die Gesetzesgebundenheit der Verwaltung gehen im Allgemeinen von einem bestimmten Grundmodell des „normalen Gesetzesvollzugs“ aus. Man spricht von „gebundenen Entscheidungen“ und impliziert damit, dass sich aus dem Gesetz schlüssig „die eine“ richtige Rechtsanwendung ergibt. Diesem Modell werden Fälle gegenübergestellt, in denen die Verwaltung zB eine bestimmte Bewilligung erteilen „kann“ und die dementsprechend als „Ermessensentscheidungen“ bezeichnet werden. 592

Die einschlägigen gesetzlichen Bestimmungen verwenden nur selten den Begriff „Ermessen“ als Rechtsbegriff (§ 21 WaffenG, § 112 Abs 3 PatG, §§ 6 Abs 1, 20 Abs 2, 27 Abs 2 Schieß- und SprengmittelG). Im Allgemeinen ist der Befund, dass eine Ermessensentscheidung vorgesehen ist, das Ergebnis der Interpretation der maßgeblichen Rechtslage. In dieser Hinsicht gilt die Verwendung der Worte „kann“ oder „darf“ in einer Bestimmung als Indiz für die Einräumung von Ermessen, während die Verwendung der Worte „hat zu“, „muss“ oder „ist“ ein Indiz für eine gebundene Entscheidung bildet. Anschauliche Beispiele ergeben sich etwa aus der Gegenüberstellung der §§ 10 und 12 StbG sowie der einzelnen Sätze innerhalb von § 21 Abs 1 bis 3 WaffenG.

Freilich bildet die Verwendung des Wortes „kann“ nur ein Indiz für das Vorliegen einer Ermächtigung zur Ermessensübung. Eine umfassende Interpretation des Gesetzes kann nämlich ergeben, dass es gar keine zusätzlichen im Gesetz zum Ausdruck kommenden Gesichtspunkte gibt, die entscheidungserheblich und damit ermessensrelevant sind, sodass das „kann“ in Wahrheit als „muss“ zu lesen ist (zB VwGH 27. 8. 2002, 99/10/0004). 593

[594]

2. Arten von Ermessensermächtigungen

595 In welchen Formen sieht der Gesetzgeber von einer bindenden Regelung des Verhaltens der Verwaltung durch Einräumung von Ermessen ab? Einen zentralen Bereich stellt der Fall dar, dass sich aus dem Gesetzestext nicht detailliert ergibt, ob die Verwaltung überhaupt handeln muss. Wird der Vollziehung eingeräumt, dass sie ein bestimmtes Verhalten setzen „kann", aber nicht „muss", kann man von **Handlungsermessen** sprechen (zB § 10 StbG, §§ 8f, 19 FrG, § 87 Abs 2 bis 5 GewO, § 28 Abs 1 kntn NSchG, § 68 Abs 2 und 3 AVG). Verwandte Fälle bilden Ermächtigungen, nach denen eine Behörde unter bestimmten – auf eine Rechtsgüterabwägung hinauslaufenden – Voraussetzungen von einer gesetzlich vorgesehenen Vorgangsweise „Abstand nehmen" darf oder soll; im Bereich des Polizeirechts spricht man vom **Opportunitätsprinzip** (vgl § 23 SPG; Rz 674).

596 In einem weiteren Sinn kann man es auch als Ermessen bezeichnen, wenn der Verwaltung alternative Vorgangsweisen anheim gestellt werden: Wird ein Haus erheblich baufällig, dann kommt nach den Bestimmungen der BauO entweder die Erlassung eines Instandsetzungsauftrags **oder** die Erlassung eines Abbruchauftrags in Betracht. In solchen Fällen kann man von **Auswahlermessen** sprechen.

597 Geht man davon aus, dass es im Wesen der Planung liegt, dass sie einer gesetzlichen Vorherbestimmung kaum zugänglich ist, da es dabei um Auswahl, Zielbestimmung und Abwägung und in weiterer Folge um planerische Gestaltungen geht, dann ist es verständlich, dass insb im Bereich der Flächenwidmung auch der Begriff des **Planungsermessens** Eingang in die Rechtsprache gefunden hat.

Dieses „Planungsermessen" geht im Allgemeinen einher mit einer gesetzestextlich primär **zielorientierten**, also nicht konditionalen, sondern **„finalen Determinierung"** des Verwaltungshandelns. Eine derartige Zielorientierung ist freilich kein Spezifikum des Planungsrechts, da sich anzustrebende „Ziele" in allen Bereichen des Verwaltungsrechts finden.

598 Ein Teil der Lehre hält, in Abgrenzung zu den vorgenannten Phänomenen, fest, dass Ermessen nicht in jedem vagheitsbedingten Mangel an gesetzessprachlicher Determinierung, sondern nur in Fällen einer gesetzlich „intendierten Ermächtigung zur Selbstbestimmung" der Verwaltung vorliege. In diesem Sinn ist auch seit langem anerkannt, dass der verfahrensrechtliche Grundsatz der **„freien Beweiswürdigung"** (§ 45 Abs 2 AVG) **keine** Ermessensermächtigung bildet. Strittig ist allerdings, inwiefern in (manchen) „unbestimmten Gesetzesbegriffen" bei näherer Analyse Ermessensermächtigungen zu sehen sind (Rz 623).

599 Immer wieder ist es erforderlich, der Verwaltung im Rahmen der Ermittlung der Entscheidungsgrundlagen die Beurteilung von künftigen Entwicklungen aufzutragen, sie also zu **„Prognosebeurteilungen"** („Prognoseentscheidungen") zu verpflichten, beispielsweise indem auf die auf Grund des bisherigen Verhaltens zu erwartende „Verlässlichkeit" (zB § 95 GewO, § 8 WaffenG, § 7 FSG) oder einen künftig zu erwartenden „Bedarf" (zB § 21 Abs 2 WaffenG) oder den vorhersehbaren „Immissionsbereich" (§ 75 Abs 2 GewO) oder die absehbare Entwicklung einer Demonstration oder den (in der Folgeperiode maßgeblichen) „volkswirtschaftlich gerechtfertigten Preis" abgestellt wird. Es handelt sich **nicht** um Ermessensfälle, sondern um besonders strukturierte Ermittlungsanweisungen. Hervorhebenswert sind Prognosebeurteilungen nur deshalb, weil mit ihnen eine spezifische Folgeverantwortung („Revisionspflicht"; Rz 704) verbunden ist.

3. Besonderheiten der Ermessensübung

Allen Formen von „Ermessen" ist gemeinsam, dass das Handeln der Behörde gesetzestextlich nicht im Detail vorherbestimmt ist. Freilich ist damit keine Besonderheit von Ermessensermächtigungen ausgemacht, da auch Ermächtigungen zu „gebundenen Entscheidungen" selten so genau vorherbestimmt sind, wie sich das der Rechtsanwender wünschen würde. Worin ist die Sonderstellung von Ermessensermächtigungen zu sehen? 600

Hinsichtlich der **verfahrensrechtlichen** Behandlung bestehen keine Besonderheiten. Insb ist auch bei Ermessensentscheidungen der Sachverhalt in allen beurteilungserheblichen Punkten zu klären und ist Parteiengehör uneingeschränkt zu den Ergebnissen des Ermittlungsverfahrens – und zwar zu allen entscheidungserheblichen und damit auch zu allen ermessensrelevanten Gesichtspunkten – zu gewähren. Weiters kommt gerade in Ermessensfällen der verfahrensrechtlichen **Begründungspflicht** große Bedeutung zu: In der Begründung einer Ermessensentscheidung ist in schlüssiger und nachvollziehbarer Weise darzulegen, warum nach Auffassung des Rechtsanwendungsorgans diese – und keine andere – Ermessensübung rechtlich geboten, weil dem Sinn des Gesetzes entsprechend, war.

Tatsächlich geht es bei der Ermessensproblematik auch nicht um verfahrensrechtliche Fragen, sondern um die Frage der **inhaltlichen** Vorherbestimmung des Verwaltungshandelns. Diese Frage wurde und wird im Zusammenhang gesehen mit einer einschränkenden Sicht der **verwaltungsgerichtlichen Kontrolle** in Ermessensfällen. 601

In der Monarchie galt der „Ermessensbereich" als der besondere Kernbereich der Verwaltung. Er war dementsprechend der gerichtlichen Kontrolle entzogen, der VwGH war also zur Überprüfung von administrativen Ermessensentscheidungen „unzuständig". Eine „Erinnerung" an diese vor-konstitutionelle Zeit ist noch darin zu sehen, dass sich der Satz des B-VG, in dem vom „(freien) Ermessen" die Rede ist, nämlich Art 130 Abs 2 B-VG, in jener Bestimmung findet, die die „Zuständigkeit" des VwGH regelt; sie statuiert, inhaltlich betrachtet, allerdings schon seit dem Jahr 1920 nicht mehr die „Unzuständigkeit" des VwGH in Ermessenssachen, sondern stellt – ganz im Gegenteil – die Zuständigkeit des VwGH zur Prüfung von Ermessensentscheidungen ganz unzweideutig klar. Dennoch schwebt die Vorstellung, dass es sich beim Ermessen um einen besonderen „Reservatbereich" der Verwaltung handle, noch immer im Raum. 602

So kann es nicht verwundern, dass das Ermessen verschiedentlich als Bereich einer besonderen administrativen „**Freiheit**", als Fall der „Einräumung einer **Wahlmöglichkeit** zwischen zwei oder mehreren Lösungen, die von vornherein vom Gesetzgeber als rechtlich gleichwertig und dem Gesetz entsprechend befunden worden sind", oder als „**Entscheidungsspielraum**" bezeichnet wird. Solche Formulierungen, die der gesetzlichen Gebundenheit der Verwaltung „Freiräume" und „Spielräume" zur Seite stellen, müssen in einem Rechtsstaat verwundern; sie werfen vor allem die Frage auf, wie die Verwaltung solche Räume „füllen" soll, ob sie – überspitzt gesagt – etwa „würfeln" darf. 603

Eine solche Sicht ist nicht nur in einem Rechtsstaat unerträglich, sie ist auch mit dem Text der Bundesverfassung unvereinbar. Nach **Art 130 Abs 2 B-VG** liegt in Fällen, in denen die Gesetzgebung von einer bindenden Regelung durch Einräumung von Ermessen absieht, Rechtswidrigkeit (nur) dann nicht vor, wenn von diesem (freien) Ermessen „**im Sinn des Gesetzes**" Gebrauch gemacht wird. Es sind daher auch Ermessensentscheidungen nicht „frei". Der intellektuelle Vorgang des Interpreten und Rechtsanwenders ist bei sog Ermessensentscheidungen prinzipiell kein anderer als bei sog gebundenen Entscheidungen. 604

Nun könnte man erwägen, dass administrative Wahlfreiheit doch jedenfalls in Fällen angenommen werden müsse, in denen dem Gesetz keinerlei Determinanten 605 entnommen werden können. Beispielsweise steht es der Verwaltung nach Auskunftspflichtsrecht weitgehend frei, ob sie dieser Verpflichtung zB durch eine mündliche oder schriftliche Antwort, durch Übermittlung einer Ablichtung des relevanten Dokuments oder durch Gewährung von Akteneinsicht nachkommt. Einer Marktgemeinde steht es nach § 292 Abs 2 GewO frei, ob sie die Marktordnung im Sinn eines öffentlichrechtlichen oder eines privatrechtlichen Nutzungsregimes ausgestaltet. In solchen Fällen seien die in Betracht kommenden Alternativen rechtlich gleichwertig, ein Rechtsunterworfener kann durch die administrative Entscheidung für eine Variante nicht in Rechten berührt oder gar verletzt werden. Eine solche Sicht ist freilich schon im Ansatz verfehlt: Es geht nicht darum, wann im Rahmen eines auf den Schutz subjektiver Rechte abgestellten Rechtsschutzsystems eine Rechtsverletzung gegeben ist, vielmehr ist die Frage zu beantworten, nach welchen Gesichtspunkten das zur Ermessensübung berufene Organ eine unter mehreren in Betracht kommenden Varianten auswählen soll.

Beispielsweise **kann** die Behörde nach § 71 wr BauO Bauten, die vorübergehenden Zwecken dienen oder nicht dauernd bestehen bleiben können, sei es wegen des bestimmungsgemäßen Zweckes der Grundfläche, sei es, weil in begründeten Ausnahmefällen die Baulichkeit den Bestimmungen dieses Gesetzes aus sachlichen Gegebenheiten nicht voll entspricht, auf eine bestimmte Zeit **oder** auf Widerruf bewilligen. – Will nun jemand einen Gebrauchtwagenplatz auf einer für öffentliche Zwecke gewidmeten Grundfläche, die allerdings derzeit noch nicht benötigt wird, errichten, dann ist als Sinn des Gesetzes zu erkennen, dass eine zwischenzeitliche bauliche Nutzung durch Objekte, die jederzeit rasch und leicht entfernt werden können, zulässig sein soll. Die Verweigerung der Bewilligung ist in solchen Fällen keine „rechtlich gleichwertige" Lösung. Aber auch die Frage „befristet" oder „auf Widerruf" bildet nur scheinbar eine Alternative: Ist die Verwirklichung des öffentlichen Zwecks terminlich vorgegeben, dann entspricht eine Befristung dem Sinn des Gesetzes, ansonst ist die Bewilligung auf Widerruf zu erteilen. – Im Vergleich zu solchen alltäglichen Ermessensentscheidungen werfen sog gebundene Entscheidung oft ungleich komplexere Auslegungsfragen auf.

606 Der vorstehend genannte § 71 der wr BauO wurde nur auszugsweise zitiert, er enthält nämlich noch weitere tatbestandsmäßige Voraussetzungen. Es ist allgemein zu beobachten, dass es nur selten „reine" Ermessensbestimmungen gibt, in aller Regel umfassen Ermessensermächtigungen auch konkrete Tatbestandselemente und weisen somit „**Elemente der Gebundenheit**" auf. Wenn wir zum Fall des baufälligen Hauses (Rz 596) zurückkehren, dann zeigt sich sogleich, dass ein „Auswahlermessen" nicht gegeben ist. Die Bestimmungsgründe, wann ein Abbruchauftrag und wann ein Instandsetzungsauftrag zu erteilen ist, sind in den BauO so detailliert umschrieben, dass von einem „Wahlrecht" der Verwaltung gar keine Rede sein kann.

607 Bisweilen ist von sog „**Koppelungstatbeständen**" die Rede: In § 10 StbG wird etwa die tatbestandsmäßig detailliert gegliederte Aufzählung von Voraussetzungen für die Verleihung der Staatsbürgerschaft mit einem „kann" verknüpft, dh „gekoppelt". In § 8 iVm §§ 10ff FrG wird hinsichtlich der Erteilung von Einreise- und Aufenthaltstiteln eine ebenso ausführliche Aufzählung von (negativen) Tatbestandselementen mit einem „kann" verknüpft. Soweit Ermessen eingeräumt ist, muss daher der jeweiligen **spezifischen Verknüpfung von Gebundenheit und Ermessen** Rechnung getragen werden: Ermessen darf in den Fällen des § 10 StbG zB nur geübt werden, wenn alle angegebenen Voraussetzungen erfüllt sind; sind alle angegebenen Voraussetzungen erfüllt, dann muss erst noch Ermessen geübt werden. In den Fällen des § 8 FrG darf Ermessen nur geübt werden, wenn ermittelt ist, dass keiner der in den §§ 10ff FrG genannten Negativtatbestände erfüllt ist.

608 Auch in Ermessensfällen steht daher in vielen Fällen in dominierendem Maß normale Rechtsanwendung im Vordergrund. Dennoch bleiben Aspekte einer genuinen „Ermessensübung". Auch diese ist nicht „frei". Zum Teil finden sich spezielle Anweisungen zur Ermessensübung (zB § 11 StbG, § 8 Abs 2 FrG, § 10 WaffenG). Im Übrigen ist Ermessensübung gemäß Art 130 Abs 2 B-VG an den „Sinn des Gesetzes" gebunden (zB VwGH 24. 7. 2002, 99/18/0242). Wie ermittelt man den „**Sinn des Gesetzes**"? Gefragt sind damit im Grundsatz Vorgänge normaler Gesetzesauslegung, also die in historischer Interpretation ermittelbaren Zwecksetzungen und vor allem die in systematischer Interpretation erschließbaren, im Gesetz zum Ausdruck kommenden **Wertungen.** Diese Wertungen kommen gerade auch in den speziellen Genehmigungsvoraussetzungen zum Ausdruck. Im Hinblick auf § 10 StbG lassen sich etwa in systematischer Interpretation aus dem StbG die für eine Einbürgerungsentscheidung relevanten Gesichtspunkte gewinnen. So sind

- positiv (dh zugunsten des Antragstellers) zu veranschlagen:
  - die Herstellung von Familieneinheit
  - die Beseitigung des Status der Staatenlosigkeit
  - bestehende Beziehungen zu Österreich (Sprache, Wohnsitzdauer, gesellschaftliche Integration)
  - öffentliche Interessen an der Einbürgerung;
- negativ (dh zulasten des Antragstellers) zu veranschlagen:
  - bestehende Verurteilungen
  - anhängige Strafverfahren
  - sonstige „Gefährlichkeit" (bestehendes Aufenthaltsverbot, nachteilige Beziehungen zu anderen Staaten)
  - Aufrechterhaltung der Loyalitätsbande zum bisherigen Heimatstaat
  - unsichere finanzielle Verhältnisse
  - entgegenstehende öffentliche Interessen.

609 In solchen Fällen bedeutet Ermessensübung also einen **Abwägungsvorgang** (anschaulich etwa VwGH 25. 3. 2003, 2002/01/0229). Das „kann" als Ermächtigung und Verpflichtung zur Ermessensübung ist ein gesetzessprachliches „Kürzel" für die Summe der – interpretativ zu ermittelnden – rechtserheblichen Entscheidungsgesichtspunkte. Der Abwägungsvorgang ist strukturell kein anderer als der etwa in § 17 ForstG („Abwägung" der für und gegen eine Rodungsbewilligung sprechenden Interessen) oder der in § 21 Abs 1 WRG („Abwägung" bei der Bestimmung der Frist für ein Wasserbenutzungsrecht) vorgesehene (vgl Weber JRP 1999, 176, Stolzlechner ZfV 2001, 214). Überwiegen die für einen Antrag sprechenden rechtlich erheblichen Kriterien, ist [610]
stattgebend, sonst abweisend zu entscheiden.

611 Wenn das Gesetz keinerlei Anhaltspunkte als „Sinn des Gesetzes" erkennen lässt, sind übergeordnete Prinzipien und allgemeine Rechtsgrundsätze heranzuziehen. Beispielsweise soll sich auch die auskunfterteilende Behörde „von Rücksichten auf möglichste Zweckmäßigkeit, Raschheit, Einfachheit und Kostenersparnis leiten lassen" (§ 39 Abs 2 AVG) und ist auch die Gemeinde bei der Gestaltung ihrer Marktordnung an die Grundsätze der „Sparsamkeit, Wirtschaftlichkeit und Zweckmäßigkeit" (Art 127a Abs 1 B-VG) gebunden. Aus der Sicht des Organwalters können überdies innenrechtliche Bestimmungen maßgeblich sein.

612 Schließlich ist gerade auch in Ermessensfällen der verfassungsrechtliche **Gleichheitssatz** von determinierender Bedeutung. Entsprechend dem Kantschen Verallge-

meinerungsprinzip soll der Interpret die Auslegung einer gesetzestextlich weniger konkret bestimmten Regelung nicht allein für den Einzelfall schöpfen, sondern so konzipieren, dass in gleichen Fällen in gleicher Weise entschieden werden kann. Er soll also „**plangemäß**" vorgehen. Dementsprechend finden sich in der Praxis fallweise „**Ermessensrichtlinien**" in der Form von Verwaltungsverordnungen.

[613]

4. Die Kontrolle von Ermessensentscheidungen

614 Soweit eine im Instanzenzug übergeordnete Behörde zu einer Sachentscheidung in einer Ermessensangelegenheit berufen ist, steht es ihr – kraft besserer Einsicht, die wiederum eingehend zu begründen ist – uneingeschränkt offen, den Bescheid nach jeder Richtung abzuändern (§ 66 Abs 4 AVG), also auch zu einem anderen Abwägungsergebnis zu kommen.

615 Somit verbleibt als einzige positivrechtliche Besonderheit in Ermessenssachen die – die **verwaltungsgerichtliche Kontrolle** von Ermessensbescheiden betreffende – Bestimmung des Art 130 Abs 2 B-VG, wonach Rechtswidrigkeit aus der Warte dieser kassatorischen Kontrolle dann nicht gegeben ist, wenn die Behörde vom Ermessen „im Sinn des Gesetzes Gebrauch gemacht hat" (Ähnlich zu sehen ist die Kognitionsbefugnis der Vorstellungsbehörde im Gemeindeaufsichtsrecht sowie nunmehr die Kognitionsbefugnis der UVS in „Widerspruchsfällen" gem § 67h Abs 2 AVG). Art 130 Abs 2 B-VG wird verschiedentlich dahin verstanden, dass der VwGH Ermessensentscheidungen auf irgendeine Weise „eingeschränkt" prüfen soll. Solchen Vorstellungen ist der VwGH selbst in einem bemerkenswerten Erkenntnis entgegengetreten: „Gerade der Umstand, daß gemäß Art 130 Abs 2 B-VG Ermessensentscheidungen nicht schlechthin von der Kontrolle durch den Verwaltungsgerichtshof ausgenommen, sondern in der Richtung auf ihre Verträglichkeit mit dem Sinne des Gesetzes seiner Überprüfung zugänglich sind, zeigt, daß der normativ auf höchster Stufe stehende Verfassungsgesetzgeber hinsichtlich der Anforderungen, die vom Standpunkt des Rechtsstaates an jede verwaltungsbehördliche Entscheidung zu stellen sind, Ermessensentscheidungen keineswegs grundsätzlich anders gewertet wissen will als gebundene Entscheidungen" (VwSlg 7022 A/1966; bestätigend zB VwSlg 15200 A/1999, VwGH 21. 9. 2000, 99/20/0558). Vgl zur Kontrolle im Hinblick auf den Sinn des Gesetzes zB VwGH 18. 7. 2002, 98/20/0563, 26. 6. 2002, 99/21/0219, 24. 5. 2002, 2002/18/0089.

616 Dementsprechend stellt sich die klassische „**Ermessensfehlerlehre**", die – abgehoben von der administrativen Wirklichkeit und ohne Bezug zum heutigen Stand der Rechtsprechung – unreflektiert von einem Lehrbuch zum anderen tradiert wird, als ein Anachronismus dar: Die als formelle Ermessensfehler qualifizierten Mängel, wie die unzureichende Sachverhaltsermittlung oder Begründungsdefizite, unterscheiden sich nicht von formellen Mängeln im Allgemeinen. Und die als Besonderheiten bezeichneten inhaltlichen Ermessensfehler (Ermessensunter- bzw -überschreitung, Ermessensfehlgebrauch) bilden bei näherer Betrachtung „normale" Fälle inhaltlicher Rechtswidrigkeit, vergleichbar zB dem Unterlassen einer gesetzlich gebotenen Abwägung in Fällen gebundener Entscheidung (zB VwGH 24. 7. 2002, 99/18/0338: unterlassene Ermessensübung).

[617]

E. Die sog „unbestimmten Gesetzesbegriffe"

618 Als unbestimmte Gesetzesbegriffe werden, einer Lehrbuchtradition zufolge, Rechtsbegriffe bezeichnet, die von ihrem Begriffsinhalt und -umfang her (prima vista) sehr allgemein und unbestimmt zu sein scheinen. Als ein Beispiel wird etwa der Begriff

„zur Nachtzeit" angeführt, und abstrakt lässt sich in der Tat trefflich streiten, ob diese um 18 Uhr oder erst um 22 Uhr beginnt, ob sie im Sommer anders zu sehen ist als im Winter usw.

Der Terminus „unbestimmter Gesetzesbegriff" („unbestimmter Rechtsbegriff") wurde in der Lehre des ausgehenden 19. Jahrhunderts von am Rechtsstaat interessierten Juristen geprägt, um eine Einschränkung des der verwaltungsgerichtlichen Kontrolle damals entzogenen „Ermessens" (Rz 602) argumentativ zu begründen. Eine parallele, heute längst abgeschlossene, Entwicklung war hinsichtlich der „freien Beweiswürdigung" (Rz 598) zu beobachten.

Die rechtliche Problematik ist in diesem Zusammenhang eine in gewisser Weise zur Ermessensfrage spiegelbildliche: Während der VwGH im Hinblick auf den Wortlaut des Art 130 Abs 2 B-VG eine „Sonderbehandlung" von sog unbestimmten Gesetzesbegriffen ablehnt (VwGH 27. 11. 2000, 2000/17/0148, 24. 1. 1996, 95/12/0084, VwSlg 13413 A/1993; vgl auch VfSlg 14542/1996), geht ein großer Teil der Lehre davon aus, dass der Gesetzgeber auch mittels unbestimmter Gesetzesbegriffe „von einer bindenden Regelung des Verhaltens der Verwaltung absehen" kann, dies mit der Konsequenz, dass solche Rechtsbegriffe ebenfalls der Verwaltung „einen gewissen Spielraum" einräumen und nur einer eingeschränkten Kontrolle durch den VwGH zugänglich seien.

Die Qualifikation von Rechtsbegriffen als „unbestimmte Gesetzesbegriffe" war historisch von Interesse, ist aber beim heutigen Stand der Rechtsentwicklung ohne jeden rechtlichen Wert. Um zum Beispiel der „Nachtzeit" zurückzukehren: Abstrakt ist dieser Begriff in der Tat „unbestimmt", aber eben nur abstrakt. Im rechtlichen Kontext einer konkreten Regelung ergibt zumeist ein hinreichend klarer Sinn: In einer Jugendschutzregelung wird an die „Ausgangssperre" für Minderjährige anzuknüpfen sein, bei einer Ordnung für eine unbewachte Parkanlage an den „Einbruch der Dunkelheit".

Auf der anderen Seite sind die üblicherweise nicht als „unbestimmte Gesetzesbegriffe" etikettierten Rechtsbegriffe oft um nichts weniger unbestimmt, es fällt nur auf den ersten Blick nicht auf, sondern zeigt sich erst anhand des konkreten Subsumtionsversuchs. Wer vor einem gefüllten Swimmingpool steht, könnte stutzig werden, ob er „Wasser" im Sinn des WRG vor sich hat, und plötzlich wird bewusst, wie „unscharf" eigentlich der Begriff „Wasser" ist; wer vor dem Minarett einer islamischen Moschee steht, könnte sich fragen, ob das ein „Gebäude" im Sinn einer BauO ist; wer sich über den klavierspielenden Nachbarn ärgert, könnte nachzudenken beginnen, ob das „Lärm" im Sinn des Landes-Polizeirechts ist.

Letztlich ist jeder Rechtsbegriff zugleich unbestimmt – weil nur in seinem „**Begriffskern**" klar und in seinem „**Begriffshof**" unklar – und auch bestimmt – weil aus dem jeweiligen Regelungszusammenhang und Regelungszweck interpretativ zu klären. Im Vordergrund steht also die systematische Interpretation. Im Hinblick auf den Rechtsbegriff des „volkswirtschaftlich gerechtfertigten Preises" in § 6 PreisG 1992 kann angesichts der im Wesentlichen übereinstimmenden Judikatur aller drei Höchstgerichte zur – insoweit gleichlautenden – Vorgängerbestimmung des § 2 PreisG 1976 gesagt werden, dass der Gesetzgeber einen hinreichend geklärten Begriff übernommen hat; mag der Gesetzestext auch „unbestimmt" erscheinen, führt in diesem Fall die historische Auslegung doch zu hinreichend bestimmten Inhalten. 619 [620–621]

Die sog „**Technikklauseln**", wie zB in § 77 Abs 1 GewO oder in § 43 Abs 1 Z 2 AWG, sind – unter Beiziehung von Sachverständigen – im Einzelfall anzuwenden, mögen sie durch **Ermittlungsanweisungen** in der Form von Legaldefinitionen (zB § 71a GewO, § 2 Abs 8 Z 1 AWG) unterstützt sein oder nicht. 622

623 Einen Sonderfall bilden allerdings jene Rechtsbegriffe, die rechtliche **Abwägungen nach Art einer Ermessensübung** implizieren, wie insb der Gesichtspunkt der für oder gegen ein Vorhaben sprechenden „öffentlichen Interessen“ (zB § 17 ForstG, § 105 WRG, § 71 LFG). Es ist rechtlich gleichwertig, ob ein Gesetz bestimmt, dass „die Bewilligung erteilt werden **kann**“, oder bestimmt, dass „die Bewilligung zu erteilen **ist**, wenn öffentliche Interessen nicht entgegenstehen“ (vgl zB § 4 AuslBG). Die „öffentlichen Interessen“ sind durch umfassende Analyse der Regelungsgegenstände und Regelungszwecke des betreffenden Rechtsbereichs zu ermitteln; der intellektuelle Vorgang ist kein anderer als im Fall der Ermittlung der ermessensrelevanten Kriterien. Wenn man davon ausgeht, dass die Einräumung von Ermessen nicht nur durch die Verwendung des Wortes „kann“, sondern auch durch andere Regelungstechniken zum Ausdruck gebracht werden kann, sind in derartigen Regelungen Ermessensermächtigungen im Sinn von Art 130 Abs 2 B-VG zu sehen. Besondere Konsequenzen ergeben sich – bei der hier vertretenen Rechtsansicht – daraus freilich nicht.

624 Wichtiger als die oben erwähnte Unterscheidung von „unbestimmten Gesetzesbegriffen“ und anderen Rechtsbegriffen ist jene nach den durch Rechtsbegriffe ausgelösten Beurteilungsvorgängen. Kommt es darauf an, ob eine Tätigkeit „befugt“ ausgeübt wird, ob eine Lärmerregung „ungebührlich“ ist oder ob eine Betriebsbeschränkung „erforderlich“ ist, dann spricht man von „**Rechtsfragen**“, die durch (juristische) Interpretation zu ermitteln sind. Kommt es dagegen darauf an, ob durch ein Vorhaben „das Landschaftsbild beeinträchtigt wird“, ob ein Behinderter „dauernd hilfebedürftig“ ist oder ob ein Lebensmittel „verfälscht“ ist, dann spricht man von „**Tat(sachen)fragen**“. Der Unterschied wird in der gebotenen verfahrensrechtlichen Vorgangsweise deutlich: Zur Beantwortung von Tatsachenfragen benötigt der verfahrensleitende Jurist (so er nicht selbst sachkundig ist) ein entsprechendes Sachverständigengutachten; zu diesem wird er der Partei Gelegenheit zur Stellungnahme zu geben haben (Parteiengehör). Dagegen ist es weder erforderlich noch zulässig, Rechtsfragen auf Sachverständige „abzuwälzen“, da solche Fragen mit den Mitteln der Interpretation zu klären sind.

Die vorgenannte Unterscheidung bietet nur eine allgemeine Orientierung, keine kategoriale Differenzierung. In der überwiegenden Zahl der Fälle – sie werden bisweilen als „gemischte Rechtsfragen“ bezeichnet – stellt sich die Subsumtion als ein mehrstufiger Vorgang dar. Darf eine Anlage nicht bzw nur unter den erforderlichen Beschränkungen bewilligt werden, wenn sie zu unzumutbaren Belästigungen für die Nachbarn führt, dann hat zunächst der Jurist durch Interpretation den Begriff der „unzumutbaren Belästigung“ (abstrakt) zu klären und den Sachverständigen entsprechend konkretisierte Fragen zu stellen. Ergibt sich daraus die Annahme einer unzumutbaren Belästigung, dann wird in einem zweiten Schritt rechtlich zu prüfen sein, ob und welche „Beschränkungen“ im Bewilligungsbescheid vorgeschrieben werden dürften und werden die Sachverständigen zu fragen sein, welche Auflagen geeignet sind, eine solche unzumutbare Belästigung auszuschließen. Nicht zuletzt wird der Jurist interpretativ zu dem Ergebnis kommen, dass er nur „die geringste zum Ziel führende Maßnahme“ vorschreiben darf (Rz 676) und die Sachverständigen um Hinweise zur Klärung der Angemessenheit der Auflagen im Lichte dieses Verhältnismäßigkeitsprinzips ersuchen.

F. Strafrahmen

625 Häufig ist die Verwaltungsbehörde berufen, bei Vorliegen einer Verwaltungsübertretung eine Geldstrafe in der Höhe von (mindestens …/höchstens …) oder eine Freiheitsstrafe in der Dauer von (mindestens …/höchstens …) zu verhängen. Von der rechtlichen Struktur her liegt etwas Ähnliches vor, wie ein in der Form eines Handlungsrahmens gestaltetes Auswahlermessen.

§ 19 VStG bestimmt in diesem Zusammenhang, dass Grundlage für die Bemessung der Strafe stets das Ausmaß der mit der Tat verbundenen Schädigung oder Gefährdung derjenigen Interessen, deren Schutz die Strafdrohung dient, und der Umstand, inwieweit die Tat sonst nachteilige Folgen nach sich gezogen hat, sein sollen. Im ordentlichen Verfahren sind überdies die nach dem Zweck der Strafdrohung in Betracht kommenden Erschwerungs- und Milderungsgründe, soweit sie nicht schon die Strafdrohung bestimmen, gegeneinander abzuwägen. Auf das Ausmaß des Verschuldens ist besonders Bedacht zu nehmen. Unter Berücksichtigung der Eigenart des Verwaltungsstrafrechts sind die §§ 32–35 StGB sinngemäß anzuwenden. Die Einkommens-, Vermögens- und Familienverhältnisse des Beschuldigten sind bei der Bemessung von Geldstrafen zu berücksichtigen. § 19a VStG regelt die Anrechenbarkeit einer Vorhaft.

Der verwiesene § 33 StGB zählt demonstrativ Erschwerungsgründe auf (zB Mehrzahl strafbarer Handlungen, einschlägige Vorverurteilung, besonders verwerfliche Beweggründe), der verwiesene § 34 StGB nennt demonstrativ Milderungsgründe (zB bisheriges Wohlverhalten, achtenswerte Beweggründe, Unbesonnenheit, Wiedergutmachungsbemühung, reumütiges Geständnis); vgl zB VwGH 14. 11. 2001, 2001/03/0218.

Unter **Abwägung** aller dieser Umstände – der für ein niedriges Strafausmaß sprechenden Gesichtspunkte ebenso wie der für ein hohes Strafausmaß sprechenden Gesichtspunkte – soll die Verwaltungsbehörde das vom Gesetzgeber anvisierte „Strafziel" im Einzelfall bestmöglich verwirklichen. Der intellektuelle Vorgang, der zur verhängten Strafe geführt hat, muss in der Begründung des Straferkenntnisses seinen entsprechenden Niederschlag finden. Der UVS und gegebenenfalls der VwGH prüfen, ob damit im Einzelfall dem „Sinn des Gesetzes" entsprochen wurde (zB VwGH 27. 9. 2002, 99/09/0262, 3. 9. 2002, 99/09/0022). 626

G. Weitere inhaltliche Determinanten

Hat man einmal die Bindung der Verwaltung an das Gesetz als fundamentalen rechtsstaatlichen und demokratischen Grundsatz erkannt – bei aller gesetzessprachlich unvermeidbaren Unschärfe oder auch bewusst angestrebten Offenheit dieser Bindung –, dann lohnt es, den Blick auf weitere inhaltliche Bestimmungsgründe des Verwaltungshandelns zu lenken. Nur in der klinisch reinen Perspektive universitärer Lehrveranstaltungen ist es so, dass sich aus der Subsumtion eines Sachverhaltes unter die als anwendbar befundenen Rechtsvorschriften das gebotene administrative Vorgehen ergibt. In der Verwaltungspraxis dominieren Konstellationen, in denen zum einen der Sachverhalt bereits rechtlich präformiert ist und in denen zum anderen die Bindung der Verwaltung an das Gesetz durch andere rechtliche Bindungen modifiziert oder überlagert ist. 627

Die Anlage, deren Bewilligung beantragt wird, ist bereits errichtet und war bereits Gegenstand eines rechtskräftigen Entfernungsauftrags. Der beabsichtigten Vorschreibung der Getränkesteuer wird eine schriftliche Vereinbarung mit dem Bürgermeister entgegengehalten, in welcher dieser namens der Gemeinde im laufenden Jahr auf die Einhebung der Getränkesteuer verzichtet. Verpachtet werden soll der Gewerbebetrieb einer Person, die mangels Erfüllung der Voraussetzungen zur Gewerbeausübung gar nicht befugt ist, doch wurde wegen des Wechsels eines Sachbearbeiters bisher kein Untersagungsbescheid erlassen. In der mündlichen Verhandlung bemängelt der Amtssachverständige das Fehlen einer Antragsunterlage, im Vorprüfungsverfahren war jedoch bereits die Vollständigkeit der Unterlagen niederschriftlich festgehalten worden. Zu einer Naturdenkmalerklärung teilt die Finanzabteilung mit, dass keine Mittel für Entschädigungsleistungen zur Verfügung stehen. Einem dringend gebotenen Entfernungsauftrag wird *res judicata* entgegengehalten, da ein bereits vor Jahren erlassener Entfernungsauftrag von der Vollstreckungsbehörde als nicht hinreichend bestimmt unbehandelt geblieben ist.

In derartigen Konstellationen überlagern rechtserhebliche Umstände aus früheren Vorgängen oder verfahrensrechtliche oder innenrechtliche Bindungen die unmittelbare Maßgeblichkeit der einschlägigen materiell-rechtlichen Verwaltungsvorschriften. Im Entscheidungszeitpunkt findet der Amtswalter daher ein Bündel von materiellrechtlichen Bindungen in der Sache vor, das durch ein Bündel von verfahrensrechtlichen Bindungen aus der Sache konkretisiert wird. Derartige Bindungen aus dem Einzelfall vermögen die Maßgeblichkeit des prima vista einschlägigen materiellen Rechts zu verdrängen. Auch sie sind „rechtliche" Bindungen, da sich ihre Maßgeblichkeit aus Rechtsvorschriften und Rechtsgrundsätzen ergibt.

Die damit angesprochene Vielfalt von Fallkonstellationen ist naturgemäß einer zusammenfassenden Behandlung nicht zugänglich. Auf einzelne relevante Gesichtspunkte wird in späteren Zusammenhängen zurückzukommen sein. Einige zum Gesetz hinzutretende Bindungen wirken allerdings in generell-abstrakter Weise. Solche weiteren Bindungen, die eine das Gesetz ergänzende, unter Umständen aber sogar eine das Gesetz verdrängende Wirkungsweise aufweisen können, können sich insb aus dem Europäischen Gemeinschaftsrecht, aus unmittelbar anwendbaren völkerrechtlichen Regelungen, aus dem Verfassungsrecht und aus allgemeinen Rechtsgrundsätzen ergeben; auf solche Fragestellungen soll in den folgenden Abschnitten eingegangen werden.

H. Die Maßgeblichkeit des Gemeinschaftsrechts und des Völkerrechts

628 Mit dem Beitritt Österreichs zur Europäischen Union ist eine vielschichtige Bindung der Republik Österreich entstanden, die hier nur skizzenhaft angesprochen werden kann. Mögen sich die aus dem **Gemeinschaftsrecht** erwachsenden Verpflichtungen auch in vielen Bereichen in erster Linie an den – nach der bundesstaatlichen Kompetenzverteilung zuständigen – Gesetzgeber richten, wirkt das Gemeinschaftsrecht doch zum Teil auch als unmittelbare Determinante für das Verwaltungshandeln. Grundlage dieser Bindungswirkung sind neben der **unmittelbaren Anwendbarkeit** mancher Teile des Gemeinschaftsrechts (Rz 548) der sog **Anwendungsvorrang des Gemeinschaftsrechts** und der in Art 10 EGV verankerte **Grundsatz der Gemeinschaftstreue**.

629 – Besteht auf einem Gebiet eine unmittelbar anwendbare Regelung des Gemeinschaftsrechts, insb eine Verordnung gemäß Art 249 Abs 2 EGV, dann haben österreichische Behörden – im Umfang des sachlichen und persönlichen Anwendungsbereichs der gemeinschaftsrechtlichen Bestimmung – denselben Bereich regelnde nationale Rechtsvorschriften **unangewendet** zu lassen (Rz 484). Beispielsweise müssen nationale gesetzliche Bestimmungen auf dem Gebiet der Ein- und Ausfuhr von Abfällen unangewendet bleiben, soweit sie mit der EG-Abfallverbringungsverordnung 93/259/EWG nicht vereinbar sind. Soweit eine EG-Verordnung (wie zB der Zollkodex) auch Verfahrensfragen regelt, verdrängt sie im Umfang dieses Anwendungsbereiches nationales Verfahrensrecht (Öhlinger/Potacs 126). In mehreren Zusammenhängen verdrängt etwa die EG-FristberechnungsVO 1182/71 nationale Fristberechnungsregeln, mag dies gesetzlich vorgesehen sein oder – wie in den §§ 32f AVG bzw §§ 108ff BAO – nicht.

- Haben Tribunale (Gerichte) iSv Art 234 EGV – im Bereich des Verwaltungsrechts iW also die UVS, der UBAS, das BVA und die nach Art 20 Abs 2 B-VG eingerichteten Organe (näher Grabenwarter 14. ÖJT I/2, 68) – Gemeinschaftsrecht (zu vollziehen oder) anzuwenden, sind sie unmittelbar kraft Gemeinschaftsrechts berechtigt und, wenn gegen ihre Entscheidungen nur mehr der VfGH angerufen werden kann, auch verpflichtet, bei Zweifeln bezüglich der Geltung und Auslegung des von ihnen anzuwendenden Gemeinschaftsrechts den EuGH anzurufen (Vorlage, Vorabentscheidungsverfahren). 630
- Aus dem Gemeinschaftsrecht können sich **subjektive (öffentliche) Rechte** der Einzelnen ergeben. Im Hinblick auf das Primärrecht, wenn man nur an die Freiheiten denkt, oder im Hinblick auf EG-Verordnungen, welche die Rechtslage der Rechtunterworfenen gestalten, ist dies offenkundig und nicht weiter erörterungsbedürftig. Im Hinblick auf EG-Richtlinien ist eine differenzierende Betrachtung geboten (vgl schon Raschauer in FS Leisner, 1999, 906; Frank 404, 429; Öhlinger/Potacs 53, 107). 631

RL sind an die Mitgliedstaaten gerichtet und begründen daher als solche nie subjektive Rechte der Rechtsunterworfenen. Nach ihrem spezifischen Umsetzungsbefehl können RL auf die innerstaatliche Begründung von subjektiven Rechten abzielen, wie dies etwa bei den VerbraucherschutzRL zu beobachten ist. Nicht jede RL, die bestimmte Personen begünstigt, verpflichtet allerdings schon zur nationalen Begründung subjektiver Rechte. Soweit etwa anlagenrechtliche RL die Anhörung der Öffentlichkeit gebieten, ist innerstaatlich ein Anhörungsverfahren vorzusehen, nicht notwendig jedoch Parteistellung in Anlagenverfahren „für jedermann". Dessen ungeachtet sieht es der EuGH (zB EuGH 1991, I-825) als geboten an, dass direkt und individuell betroffenen Personen (unabhängig von der Zu- oder Aberkennung einer Parteistellung nach nationalem Recht) die Möglichkeit zukommen muss, die Frage der Verletzung des Gemeinschaftsrechts vor ein vorlagebefugtes nationales Tribunal iSv Art 234 EGV zu bringen (treffend Frank 412). Rechtsmittelbehörden sind daher nicht befugt, derartige hinreichend substantiierte Vorbringen im Einzelfall mangels Geltendmachung subjektiver Rechte zurückzuweisen.

Sind Bestimmungen einer RL in Folge defizitärer Umsetzung unmittelbar anwendbar geworden (Rz 488b), verdoppelt sich ihre Rechtsnatur. Soweit solche Bestimmungen auf die Begründung subjektiver Rechte abzielen, begründen sie in unmittelbar wirksamer Weise solche subjektive Rechte.

Soweit sich in Anwendung dieser Grundsätze subjektive Rechte bestimmter Personen ergeben, kann dies in Bescheidverfahren dazu führen, dass ihnen gemäß § 8 AVG **Parteistellung** zukommt (Frank 408; Thienel 90; vgl noch Rz 1140).

- Bestimmungen, die Rechtsverfolgungsmöglichkeiten beschränken, wie Frist- und **Präklusions**regeln, müssen so (interpretiert und) angewendet werden, dass sie der effektiven Möglichkeit, eine Verletzung des Gemeinschaftsrechts geltend zu machen, nicht entgegen stehen (Öhlinger/Potacs 128). Geht man davon aus, dass die (von subjektiven Rechten unabhängige) Frage der Gemeinschaftsrechtskonformität – ähnlich wie die Frage der Behördenzuständigkeit – nicht Gegenstand einer Präklusion sein kann, scheinen Bestimmungen von der Art des § 42 AVG unproblematisch (Frank 476, 532; zweifelnd Thienel 163). Nach EuGH EuZW 2003, 147 sind Präklusionsbestimmungen des nationalen Rechts unbedenklich, wenn sie „angemessen" sind. 632
- Auf Grund richtlinienkonformer Interpretation kann sich ergeben, dass bestimmte förmliche Entscheidungen, die den Betroffenen mitzuteilen sind, in Österreich die Entscheidung in Form eines **Bescheids** erforderlich machen. Gebietet eine RL eine „begründete" Entscheidung, ist der Bescheid zu begründen, auch wenn eine Begründung nach § 58 Abs 2 AVG entfallen dürfte. Gebietet die RL eine Entschei- 633

dung zB „innerhalb von 90 Tagen", ist das Ausschöpfen der Entscheidungsfrist des § 73 AVG rechtswidrig (wurde die RL-Frist nicht umgesetzt, kann sie zudem – auch für die Zwecke des Devolutionsantrags – unmittelbar anwendbar geworden sein). Näher Frank 497.

- Soweit nach nationalem Recht „Ermessen" zu üben ist, sind im Rahmen der danach gebotenen Abwägung auch die Regelungsziele des Gemeinschaftsrechts zu berücksichtigen.

634 – Da sich aus dem Grundsatz der Gemeinschaftstreue (Art 10 EGV) ergibt, dass die Anwendung des nationalen Rechts die Tragweite und Wirksamkeit des Gemeinschaftsrechts nicht beeinträchtigen darf (EuGH *Deutsche Milchkontor* 1983, 2633 ua), können **einstweilige Anordnungen** erforderlich sein. Besteht die Gefahr, dass Zwecke des Gemeinschaftsrechts durch zwischenzeitliche Dispositionen auf irreparable Weise vereitelt werden, kann dies nach Lage des Falls „Gefahr im Verzug" darstellen und die Erlassung eines Mandatsbescheids (§ 57 AVG) erforderlich machen (andernfalls kann jedoch zB eine Aussetzung nach § 212a BAO zulässig sein: VwSlg 7103 F/1996). Entsteht eine gleichartige Gefahrenlage dadurch, dass einer Berufung aufschiebende Wirkung zukommt, kann es erforderlich sein, diese Wirkung auszuschließen (§ 64 Abs 2 AVG); vgl EuGH *Tafelwein* 1990, I-2879. Frank 518 weist zudem auf § 8 VVG hin. Vgl auch § 171 BVergG. – VfSlg 16193/2001 geht davon aus, dass der VfGH nicht befugt ist, mittels einstweiliger Verfügung die Nichtanwendung eines vermeintlich gemeinschaftsrechtswidrigen Gesetzes zu verfügen.

- Diesem Grundsatz steht der Grundsatz gegenüber, dass es einem Rechtsunterworfenen im Fall von „erheblichen Zweifeln" darüber, ob eine anzuwendende nationale Regelung mit Gemeinschaftsrecht vereinbar ist, offen stehen muss, zu dieser Frage ein zu einer Vorlage nach Art 234 EGV befugtes Tribunal (Gericht) anzurufen. Dies darf nicht durch die nicht wieder gutzumachende Durchsetzung des nationalen Rechts unterlaufen werden, soweit dem Rechtsunterworfenen „ein schwerer und nicht wiedergutzumachender Schaden droht" (EuGH *Süderdithmarschen* 1991, I-415). Die nationale Rechtsdurchsetzung kann in solchen Konstellationen aus Gründen des Gemeinschaftsrechts **auszusetzen** sein, einem Rechtsmittel kann in gemeinschaftsrechtskonformer Interpretation aufschiebende Wirkung zuzuerkennen sein (EuGH *Factortame* 1990, I-2433; näher Öhlinger/Potacs 115, 146). Bestehen diese Voraussetzungen nicht, ist die Zuerkennung aufschiebender Wirkung nicht geboten (zB VwGH 9. 4. 1999, 99/21/0061-AW).

Die heute herrschende Lehre bezieht die vorstehenden Überlegungen nur auf vorlageberechtigte Tribunale iSv Art 234 EGV. Dies ist – berücksichtigt man die „Wirksamkeit des Gemeinschaftsrechts" als tragenden Rechtsgrund – mE nicht gerechtfertigt. Vielmehr ist jede staatliche Stelle im Rahmen ihrer Befugnisse gehalten, dem Gemeinschaftsrecht zum Durchbruch zu verhelfen.

- Ist unmittelbar anwendbares Gemeinschaftsrecht von einer österreichischen Behörde zu vollziehen, so hat sie dies gemäß Art 10 EGV unter Bindung an den Grundsatz eines „wirksamen Vollzuges des Gemeinschaftsrechts" zu tun. Dies kann insb eine gemeinschaftsrechtskonforme Interpretation nationalen Verfahrensrechts erforderlich machen: Beispielsweise darf bei der nationalen Anwendung von Gemeinschaftsrecht nicht von der Beschränktheit der Wiederaufnahmegründe des § 69 AVG ausgegangen werden, wenn ein wirksamer Vollzug des Gemeinschaftsrechts unter Abwägung aller Gesichtspunkte der Sache nach eine Verfahrenswiederaufnahme erforderlich macht (vgl Frank 544 und Öhlinger/Potacs 67 im Hinblick auf zwischenzeitliche anderslautende EuGH-Urteile).

– Grundsätzlich können auch rechtskräftige Bescheide (Bescheidteile) nicht anzuwenden sein, wenn sie mit unmittelbar anwendbarem Gemeinschaftsrecht unvereinbar sind (EuGH *Ciola* 1999, I-2517). Freilich geht auch das Gemeinschaftsrecht davon aus, dass Bescheidadressaten gegebenenfalls Rechtsmittel ergreifen sollen und dass unangefochtene Bescheide verbindlich werden (Potacs in Hauer 13; verfehlt wohl VwGH 15. 3. 2000, 97/09/0341, wonach ein rechtskräftiges Aufenthaltsverbot in einem Folgeverfahren aus Gründen vermeintlicher Gemeinschaftsrechtswidrigkeit unbeachtet zu bleiben habe). Daher müssen es mE Konstellationen sein, in denen den entgegen dem Gemeinschaftsrecht Belasteten ein effektiver Rechtsschutz nicht offen stand, welche das Außerachtlassen rechtskräftiger Bescheide rechtfertigen können (im Fall *Ciola* ging es um die Beschränkung der Zahl der Bootsanlegeplätze für Ausländer in einem **vor** dem EU-Beitritt erlassenen Anlagenbescheid; der Bescheid ist also erst mit 1. 1. 1995 gemeinschaftsrechtswidrig geworden). 635

Differenziert zu beurteilen sind die Konsequenzen der Annahme der Unanwendbarkeit eines Bescheides (Hengstschläger Rz 577). Gerade im Fall *Ciola* ging es nicht um den Entfall „des Bescheides" (der Anlagenbewilligung) selbst, sondern um eine Auflage. Das Unangewendet-Lassen einer Auflage kann jedoch (wenngleich nicht im Fall *Ciola*) dazu führen, dass der verbleibende Bescheidinhalt mit dem maßgeblichen österreichischen Recht unvereinbar wäre. Die richtige „Lösung" liegt daher in einer neuerlichen Entscheidung der Verwaltungssache (so in der Folge VwGH 20. 9. 1999, 99/10/0071): Die §§ 68 Abs 1 und 69 AVG – gemeinschaftsrechtskonform verstanden – stehen in solchen Fällen einer neuerlichen Entscheidung nicht entgegen (aA Grabenwarter 14. ÖJT I/2, 23).

Der EuGH und in der Folge VwSlg 15227 A/1999 gingen davon aus, dass eine Bestrafung wegen Verstoßes gegen die in Frage stehende Auflage unzulässig ist (Gleiches wird wohl auch für Vollstreckungsakte und andere belastende Maßnahmen der Rechtsdurchsetzung gelten; wollte man alles das als „Tatbestandswirkungen" sehen, nähme man dem Bescheid die Normativität). ME ist das Strafverfahren bis zur Klärung der Frage der Anpassung des Bescheides auszusetzen; § 1 Abs 2 VStG wird dann in der Tat zur Unzulässigkeit der Bestrafung führen.

– Schließlich kann sich aus dem Grundsatz der Gemeinschaftstreue ergeben, dass als gemeinschaftsrechtswidrig erkannte Entscheidungen aufzuheben und darauf gegründete Rechtsverhältnisse rückabzuwickeln sind. Wurde beispielsweise eine bereits durchgeführte Förderungsmaßnahme als gemeinschaftsrechtswidrig erkannt (Art 87f EGV), dann ist die zu Unrecht geleistete Beihilfe zurückzufordern. Wurde sie im nationalen Recht privatrechtlich zuerkannt, dann ist der Betrag auch dann zurückzufordern, wenn kein Nichtigkeitsgrund im Sinn von § 879 ABGB vorliegt. § 879 ABGB bedarf insoweit der gemeinschaftsrechtskonformen Interpretation. Wurde die Beihilfe hoheitlich zuerkannt, dann ist der Subventionsbescheid auch dann aufzuheben, wenn ein solcher Widerruf nicht – wie in § 5 AusfuhrerstattungsG, § 103 MOG – gesetzlich vorgesehen ist; § 68 Abs 3 AVG bedarf insoweit der gemeinschaftsrechtskonformen Interpretation (vgl Rebhahn in Raschauer, Wirtschaftsrecht, Rz 882; Öhlinger/Potacs 133). 636

Frank 576 und Hengstschläger Rz 576 sprechen sich für eine gemeinschaftsrechtskonforme Interpretation des § 68 Abs 4 Z 4 AVG aus. Dies impliziert allerdings das Bestehen und das Tätigwerden einer Oberbehörde, womit die Wirksamkeit des Gemeinschaftsrechts nicht uneingeschränkt gewährleistet wäre.

In seinem Anwendungsbereich bildet § 101 ASVG ein Instrument zur Herstellung eines gemeinschaftsrechtskonformen Rechtszustands (VwGH 23. 4. 2003, 2002/08/0270).

637 Von den **völkerrechtlichen** Rechtsquellen stehen die Staatsverträge im Vordergrund. Sofern nicht der Nationalrat gemäß Art 50 Abs 2 B-VG oder der BPräs gemäß Art 66 Abs 2 oder 3 B-VG einen Erfüllungsvorbehalt beschlossen bzw angeordnet hat, können Staatsverträge, die sich nach dem Willen der Vertragsparteien und nach ihrer inhaltlichen Bestimmtheit als für Behörden unmittelbar anwendbar erweisen (Rz 547), rechtliche Grundlage für Verwaltungshandeln sein. Je nach ihrem Inhalt können sie – Gesetzen gleich – von Verwaltungsbehörden zu „vollziehen" sein (zB Amtshilfeabkommen, Doppelbesteuerungsabkommen); vgl zB VwGH 14. 11. 2001, 2001/03/0380 zum Amts- und Rechtshilfeabkommen mit Deutschland, VwGH 21. 12. 2000, 2000/01/0126 zur unmittelbaren Anwendbarkeit der Genfer Flüchtlingskonvention, aber auch VwSlg 15044 A/1998 zur mangelnden unmittelbaren Anwendbarkeit des Wr Übereinkommens über Straßenverkehr sowie VwGH 30. 1. 1998, 96/19/1049, VfSlg 14050/1995 zur mangelnden unmittelbaren Anwendbarkeit des UN-Pakts über bürgerliche und politische Rechte.

Staatsverträge können aber auch als inhaltliche Determinanten bei der Vollziehung nationaler Gesetze mitanzuwenden sein (vgl VfSlg 15170/1998 zur staatsvertraglichen Rechtfertigung einer Einschränkung der Versammlungsfreiheit). Mittelbare Anwendung kann geboten sein, soweit Verwaltungsvorschriften tatbestandsmäßig auf völkerrechtliche Verpflichtungen verweisen (zB § 84 FrG, §§ 22 Abs 1 Z 3, 48 Abs 4 SPG, §§ 3, 5 Abs 2 PolKG, § 3 KriegsmatG, §§ 22 Abs 2, 32 Abs 3 MBG, § 26 Abs 1 StVO).

638 Als inhaltliche Determinanten mitanzuwenden bzw zu berücksichtigen sein können auch völkergewohnheitsrechtliche Regeln und allgemeine völkerrechtliche Rechtsgrundsätze (Art 9 Abs 1 B-VG). Von praktischer verwaltungsrechtlicher Bedeutung ist das daraus erfließende Gebot, nationale Rechtsvorschriften im Lichte bestehender völkerrechtlicher Verpflichtungen zu interpretieren.

I. Verfassungsrechtliche Determinanten des Verwaltungshandelns

639 Auch im Hinblick auf die Verfassungsrechtsordnung ist grundsätzlich festzuhalten, dass sie primär an die Gesetzgebung adressiert ist. Verfassungsunmittelbare Organkompetenzen (Rz 225) oder Ermächtigungen zur Erlassung selbständiger Verordnungen (Rz 805) bestätigen als Ausnahmen die Regel. Es ist freilich nicht zu übersehen, dass sich aus dem Verfassungsrecht auch **inhaltliche Determinanten** für das Verwaltungshandeln ergeben. Verschiedentlich ist die Verwaltung zur **unmittelbaren Anwendung** (Mitanwendung) von Verfassungsbestimmungen verhalten; eine „Wiederholung" solcher Pflichten in unterverfassungsgesetzlichem Recht ist nicht erforderlich. Solche verfassungsunmittelbaren Determinanten ergeben sich zum Teil bereits aus dem B-VG, zum Teil aus anderen Verfassungsbestimmungen, insb den Grundrechten:

640 – Beispielsweise statuiert Art 20 Abs 3 B-VG die grundsätzliche Verpflichtung aller mit Aufgaben der Bundes-, Landes- und Gemeindeverwaltung betrauten Organe sowie der Organe anderer Körperschaften des öffentlichen Rechts zur Verschwiegenheit über alle ihnen ausschließlich aus ihrer amtlichen Tätigkeit bekannt gewordenen Tatsachen, deren Geheimhaltung im Interesse der Aufrechterhaltung der öffentlichen Ruhe, Ordnung und Sicherheit, der umfassenden Landesverteidigung, der auswärtigen Beziehungen, im wirtschaftlichen Interesse einer Körperschaft des öffentlichen Rechts, zur Vorbereitung einer Entscheidung oder im

überwiegenden Interesse der Parteien geboten ist (**Amtsverschwiegenheit**; näher Wieser in K/H zu Art 20/3 B-VG). – Dagegen erachtet der VfGH die in Art 20 Abs 4 B-VG statuierte Pflicht der genannten Organe zur Erteilung von **Auskünften** als nicht unmittelbar anwendbar (sondern von der einfachgesetzlichen Ausgestaltung abhängig: VfSlg 12838/1991). – Vgl Hauer (Hg), Die Verwaltung zwischen Verschwiegenheit und Transparenz, 2003.

- Nach Art 22 B-VG sind alle Organe des Bundes, der Länder und der Gemeinden im Rahmen ihres gesetzmäßigen Wirkungsbereiches zur wechselseitigen Hilfeleistung verpflichtet (**Amtshilfe;** Rz 424). 641
- Nach Art 126b Abs 5, 127 Abs 1 und Art 127a Abs 1 sind die der Rechnungshofskontrolle unterliegenden Einrichtungen bei gebarungswirksamen Maßnahmen zur „**Sparsamkeit, Wirtschaftlichkeit und Zweckmäßigkeit**" verpflichtet.
- Art 3 EMRK verbietet (auch) der Verwaltung jede erniedrigende, die **Menschenwürde** grob missachtende Behandlung von Menschen. Dies ist insb dort von Bedeutung, wo die Verwaltung gesetzlich zur Ausübung von Zwang befugt ist. 642
- Nach dem im Verfassungsrang fortgeltenden Beschluss der Provisorischen Nationalversammlung StGBl 3/1918 sind die **Vorzensur** sowie administrative Postverbote untersagt.
- Der Gleichheitssatz des Art 7 B-VG verbietet nicht nur unsachliche generelle Regelungen der Verwaltung, sondern auch „**Willkür**" bei administrativem Handeln im Einzelfall.
- Detaillierte Pflichten für die Verwaltung bestehen insb bei Eingriffen in die persönliche **Freiheit** oder in das **Hausrecht**.
- Zusätzlich zu seinen speziellen Anordnungen – darunter auch die Verpflichtung zur Gewährleistung von „**Waffengleichheit**" in Strafverfahren – enthält Art 6 EMRK das allgemeine und unmittelbar wirksame Gebot, in den seinem Anwendungsbereich unterliegenden Angelegenheiten „innerhalb einer angemessenen **Frist**" die Parteien zu hören und zu entscheiden. 643

Wenn Verwaltungshandeln in den Anwendungsbereich (Schutzbereich) eines Grundrechts fällt, ist der Grundsatz der **Verhältnismäßigkeit** maßgeblich. Soweit Grundrechtseingriffe (insb auf Grund eines Gesetzesvorbehaltes) zulässig sind, bedeutet dies nämlich nie die pauschale Zulässigkeit von Eingriffen jeder Art und jedes Ausmaßes. Die Verpflichtung zur Wahrung der Verhältnismäßigkeit trifft nicht nur den Gesetzgeber, sondern auch die Vollziehung (vgl noch Rz 665). Aus der Verpflichtung zur Wahrung der Verhältnismäßigkeit können sich im Einzelnen auch spezielle Rechte der Grundrechtsträger (vgl zum Anspruch auf Rückübereignung Rz 1347) und korrespondierende verfassungsunmittelbare Pflichten der Verwaltung ergeben (zB VfSlg 11567/1987). 644 [645]

Eine weitgehende Verpflichtung ergibt sich nach der Rechtsprechung aus dem **VerbotsG**, da das Verbot nationalsozialistischer Wiederbetätigung von jeder staatlichen Behörde unmittelbar mitanzuwenden ist. Ebenso ist das BVG über den **umfassenden Umweltschutz** BGBl 491/1984 potentiell bei jeder Rechtsanwendung als inhaltliche Determinante mitzuberücksichtigen (VwSlg 14323 A/1995, VfSlg 13102/1992). Schließlich verpflichtet Art 7 Abs 1 Satz 4 B-VG ua auch die Verwaltung, die Zugänglichkeit von Verwaltungsstellen, Verwaltungsabläufe und auch Verwaltungsleistungen „durch die Brille von **Behinderten**" zu analysieren und zu verbessern, und verpflichtet Art 7 Abs 2 B-VG ua auch die Verwaltung zu Maßnahmen zur Förderung der faktischen Gleichstellung von Mann und **Frau**. 646

647 In der Hauptsache wird Verfassungsrecht für die Verwaltung allerdings im Wege einer **verfassungskonformen Interpretation** (Rz 563) der maßgeblichen Gesetzeslage wirksam. Die Verwaltung hat den von ihr zu vollziehenden bzw anzuwendenden generellen Regeln einen mit der Verfassung vereinbaren, näherhin den von den für die Kontrolle der Verwaltung zuständigen Höchstgerichten für maßgeblich befundenen Sinn beizumessen.

648 Im Vordergrund derartiger Bindungen stehen vor allem jene, die aus den Grundrechten erwachsen, die Verwaltungsführung mittelbar oder unmittelbar determinierende Bindungen ergeben sich aber zB auch aus dem **rechtsstaatlichen Grundprinzip**. Beispielsweise gelten auch außerhalb des Anwendungsbereichs des AVG als allgemeine Rechtsgrundsätze, dass befangene Organwalter an Entscheidungen nicht mitwirken sollen, dass Rechtsakten eine gegenstandsadäquate Ermittlung der Entscheidungsgrundlagen zugrunde liegen muss, dass außerhalb von Dringlichkeitsfällen den von einem Eingriff in ihre Rechte individuell Betroffenen Gelegenheit zur Stellungnahme zu geben ist (*audiatur et altera pars*) oder dass belastende (individuelle) Rechtsakte der Begründung bedürfen (vgl Raschauer, Wirtschaftsrecht, Rz 131).

649 Eine besonders schwierige Problematik bildet der Fragenkreis der aus den Grundrechten erwachsenden **Schutzpflichten**. Der Staat ist nämlich nicht nur verpflichtet, rechtswidrige Eingriffe in die Grundrechte zu unterlassen, sondern auch, die grundrechtlichen Freiheiten zu gewährleisten. Daraus kann sich die Verpflichtung des Gesetzgebers zur Erlassung entsprechender zivil-, straf- oder verwaltungsrechtlicher Bestimmungen ergeben. Es wird aber auch die Auffassung vertreten, dass sich die **Verwaltung** in Fällen einer offenkundigen Grundrechtsverletzung, die durch den Gesetzgeber hintan zu halten wäre, nicht auf das Fehlen einer expliziten gesetzlichen Eingriffsermächtigung zurückziehen darf (insb VfSlg 12501/1990 zum Schutz von rechtmäßigen Versammlungen).

J. Die Grundrechtsbindung der Privatwirtschaftsverwaltung

650 Im Rahmen der vorstehenden Überlegungen zur Verfassungsgebundenheit der Verwaltung als Staatsfunktion wurde nicht zwischen hoheitlichen und nicht-hoheitlichen Angelegenheiten unterschieden. Tatsächlich differenzieren die hier maßgeblichen Grundsätze und Regelungen, etwa das rechtsstaatliche Prinzip, das Wirtschaftlichkeitsprinzip, die Verpflichtung zur Amtsverschwiegenheit oder die Grundrechte nicht danach, ob es jeweils um Bereiche der Hoheitsverwaltung oder der Privatwirtschaftsverwaltung geht.

651 Die grundrechtliche Bindung des privatrechtlich handelnden Staates hat nichts mit der Frage der sog „Drittwirkung" von Grundrechten zu tun. Sie ergibt sich aus dem staatsgerichteten, nicht nach Wirkungsbereichen differenzierenden sachlichen Anwendungsbereich der Grundrechtsbestimmungen. Dieses grundrechtliche Gebunden-Sein des „Fiskus", dh des Staates als Träger von Privatrechten, kann man, wenn man will, mit einem eigenen Begriff belegen; eingebürgert hat sich die Bezeichnung „**Fiskalgeltung**".

652 Soweit die Grundrechte die **Verwaltung** verpflichten, binden sie auch die Privatwirtschaftsverwaltung, und zwar grundsätzlich in gleicher Weise wie in den Bereichen der Hoheitsverwaltung. Da die privatrechtlich handelnde Verwaltung an die besonderen Gesetze auf den Gebieten der Privatwirtschaftsverwaltung (zB Förderungsgesetze) gebunden ist und im Übrigen das allgemeine Zivilrecht anzuwenden hat, wird die Bindung an die Grundrechte in erster Linie durch diese Gesetze „vermittelt" (**mittelbare Fiskalgeltung**).

Unter den im Bereich der Privatwirtschaftsverwaltung relevanten Grundrechtsbindungen steht naturgemäß die Bindung an den **Gleichheitssatz** und damit die Bindung an das Sachlichkeitsgebot und an das Willkürverbot im Vordergrund. In diesen Fällen ist entsprechend den aus dem Gleichheitssatz erwachsenden Verpflichtungen der Verwaltung danach zu differenzieren, ob es sich um generelle Rechtssetzung oder um Einzelfallentscheidungen in den Bereichen der Privatwirtschaftsverwaltung handelt. Beispielsweise müssen privatrechtliche Allgemeine Geschäftsbedingungen, Entgeltsregelungen, Beförderungsbedingungen, Marktordnungen oder Förderungsrichtlinien – nach Maßgabe allfälliger besonderer gesetzlicher Grundlagen – „**sachlich**" ausgestaltet sein, dürfen keine sachlich nicht gerechtfertigen Differenzierungen enthalten und müssen auf Konstellationen schützenswerten Vertrauens Bedacht nehmen. Die für den Rechtsschutz im Bereich der Privatwirtschaftsverwaltung primär zuständige **ordentliche Gerichtsbarkeit** hat diesen Aspekt auch aufgegriffen und begonnen, zB Förderungsrichtlinien anhand des Sachlichkeitsgebots zu prüfen (zB OGH SZ 61/261). 653 [654]

Ebenso unterliegt die staatliche Verwaltung in den Bereichen **individueller** privatrechtlicher Entscheidungen – wie die Zuerkennung oder Verweigerung einer Beförderung oder einer Beihilfe sowie die Kündigung von Verträgen oder der Ausschluss von Rechtsbeziehungen – den grundrechtlichen Bindungen, insb dem im verfassungsrechtlichen Gleichheitssatz enthaltenen **Willkürverbot** (grundlegend OGH SZ 44/138 zur Verweigerung einer erforderlichen Zustimmung). 655

Adressat der grundrechtlichen Verpflichtungen ist „der Staat", es sind dies damit jedenfalls die Gebietskörperschaften. Verschiedentlich angestellte Überlegungen, dass eine Einschränkung insoweit zu ziehen sei, als der Staat bloß erwerbswirtschaftlich tätig ist (zB Posterverkauf in einer Verwaltungsstelle), sind aus Art 7 B-VG nicht begründbar, vielmehr darf der Staat nie unsachlich oder willkürlich handeln. 656

Differenziert zu sehen ist dagegen die Frage, inwiefern auch andere „staatsnahe" Rechtspersonen an den verfassungsrechtlichen Gleichheitssatz gebunden sind. Der die Bindung „ausgegliederter" Organisationsformen tragende Grund ist darin zu sehen, dass die Grundrechte „den Staat" binden und insoweit nicht von der jeweils aktuellen Konfiguration der Staatsorganisation abhängig sind. Den Zurechnungsgrund bildet die Wahrnehmung staatlicher Aufgaben (Bindung des Staates im funktionellen Sinn). Dementsprechend sind juristische Personen des öffentlichen Rechts als Teile des Staates im organisatorischen Sinn ganz allgemein an den Gleichheitssatz gebunden. Auf der anderen Seite sind ausschließlich erwerbswirtschaftlich tätige Unternehmen auch dann nicht an den Gleichheitssatz gebunden, wenn sie ausschließlich oder mehrheitlich im Eigentum von Gebietskörperschaften stehen (vgl Raschauer, Wirtschaftsrecht, Rz 176; Holoubek ÖZW 2000, 39). 657

[658]

K. „Gleichheit" und „Sachgerechtigkeit"

Aus dem Europäischen Gemeinschaftsrecht ergibt sich auch für die österreichische Verwaltung ein allgemeines, dh nicht nur auf die Vollziehung oder Anwendung von Gemeinschaftsrecht bezogenes, Diskriminierungsverbot (Art 12 EGV): es schließt, soweit das Primärrecht nicht etwas anderes vorsieht oder zulässt, eine diskriminierende Behandlung von anderen Unionsbürgern im Vergleich zu österreichischen Staatsbürgern aus. Dieses gemeinschaftsrechtliche Diskriminierungsverbot ist unmittelbar anwendbar; es kann daher der Anwendbarkeit von diskriminierenden Staatsbürger-Klauseln im nationalen Recht entgegenstehen. 659

660 Darüber hinaus ist auch der in Art 7 B-VG verankerte Gleichheitssatz unmittelbar anwendbar. Für die Verwaltung stellt er sich primär als **Willkürverbot** dar: Entscheidungen dürfen nicht durch „in der Person des Betreffenden gelegene Umstände" (wie Geschlecht, Rasse, Zugehörigkeit zu einer politischen Partei) motiviert sein. Soweit die Verwaltung zur Erlassung genereller Normen befugt ist, kommen darüber hinaus grundsätzlich dieselben Regeln zur Anwendung, wie sie der Gleichheitssatz für die Gesetzgebung bereithält: Gleiches ist gleich, Ungleiches ist entsprechend seinen Eigenarten differenzierend zu behandeln, tatbestandliche Unterscheidungen müssen aus dem Tatsächlichen gerechtfertigt sein (vgl Raschauer, Wirtschaftsrecht, Rz 156).

Im deutschen Recht wird verschiedentlich eine „**Selbstbindung** der Verwaltung" durch eine fortwährende Verwaltungspraxis angenommen. In der Tat wird im begründungslosen Abgehen von einer ständigen Praxis im Einzelfall ein Indiz zu sehen sein, dass Willkür vorliegen könnte. Willkür liegt aber dann nicht vor, wenn eine abweichende Entscheidung im Einzelfall auf sachlichen Gründen basiert (Rz 1334f).

661 Der Gleichheitssatz enthält auch ein allgemeines **Sachlichkeitsgebot**. Das bedeutet, dass Regelungen – unabhängig vom Vorgang des Vergleichens – in einer die tatsächlichen Gegebenheiten berücksichtigenden Weise, in sich stimmig und in einer zur Erreichung des betreffenden Zieles adäquaten Weise ausgestaltet sein müssen. Plastisch haben dies Jann und Oberndorfer (Die Normenkontrolle des Verfassungsgerichtshofes im Bereich der Raumplanung, 1995) anhand der Judikatur des VfGH zu den Flächenwidmungsplänen anschaulich gemacht. Sie bezeichnen den „Gleichheitssatz als Surrogat für eine fehlende materiell-rechtliche Determinierung durch das Gesetz".

- Für die Rechtmäßigkeit einer Widmung spricht es, wenn ihr ein sachliches städtebauliches Konzept zugrunde liegt (VfSlg 8163/1977).
- Stets erforderlich ist eine umfassende Interessenabwägung (VfSlg 10277/1984).
- Soll eine Umwidmung nur dazu dienen, ein bestehendes rechtswidriges Gebäude nachträglich zu legitimieren, ist dies unsachlich und daher rechtswidrig (VfSlg 12171/1989).
- Erweist sich eine Rückwidmung von Bauland in Grünland als erforderlich, dann sollen nicht gerade die für eine Bebauung am ehesten geeigneten Flächen rückgewidmet werden (VfSlg 13282/1992).
- Wenn ein Gebiet im Flächenwidmungsplan als Wohngebiet ausgewiesen ist, dann ist es unsachlich, wenn für diese Fläche im Bebauungsplan die Gebäudehöhe mit 0,00 m festgelegt wird (VfSlg 12163/1989).

662 Dieses allgemeine Sachlichkeitsgebot ist nicht nur für generell-abstrakte Regelungen, sondern auch für alle nicht bloß „konditional" programmierten administrativen Einzelfallentscheidungen von Bedeutung. Insb in Konstellationen der Knappheit (Kontingente, Frequenzen, Standplätze, limitierte Zahl von Konzessionen u dgl) muss die Verwaltung in dem Umfang, in dem Zuweisungsregeln nicht gesetzlich bestimmt sind (zB § 17 WRG, § 55 TKG, § 19 ElWOG, § 32 Abs 4 GWG) im Verwaltungsinnenbereich im Vorfeld der sodann zu treffenden Einzelfallentscheidungen einen „**Plan**" für die Zuweisungen erstellen; alle individuellen Entscheidungen müssen in der Folge – bei sonstiger Rechtswidrigkeit – „plangerecht" sein (Rz 612). Im Apothekenrecht wurde zB die Reihung nach dem Zeitpunkt des Einlangens als sachgerecht beurteilt (zuletzt VwGH 11. 6. 2001, 2000/10/0165), im Kraftfahrlinienrecht, wo es auf die Befriedigung von Verkehrsbedürfnissen ankommt, wurde die Priorität als nicht maßgeblich beurteilt (VwGH 16. 12. 1998, 95/03/0228, 27. 11. 1991, 90/03/0189). Allgemein bildet der Gesichtspunkt, welcher von mehreren Anträgen am meisten, am nachhaltigsten oder am umfassendsten zur Verwirklichung der aufgegebenen öffentlichen
[663–664] Interessen beiträgt, stets ein sachliches Kriterium.

L. Der Verhältnismäßigkeitsgrundsatz

Während wir in den vorhergehenden Zusammenhängen positivrechtliche Vorschriften als – zum Teil die gesetzliche Bindung überlagernde – Determinanten zu berücksichtigen hatten, soll in der Folge der Frage nachgegangen werden, inwieweit „allgemeinen Rechtsgrundsätzen" die Bedeutung von inhaltlichen Determinanten des Verwaltungshandelns zukommt. 665

Das *„principe de la proportionalité"* stammt aus dem zur Mitte des 19. Jahrhunderts bereits wesentlich weiter entwickelten französischen Verwaltungsrecht, dann aus dem deutschen Recht, und zwar insb aus dem Polizei-, Vollstreckungs- und Enteignungsrecht. Derartige – besonders intensive – obrigkeitliche Eingriffe sollen angemessen, nicht übermäßig, nicht übers Ziel schießend durchgeführt werden; wenn der Rechtsunterworfene schon zur Duldung des staatlichen Zwanges verpflichtet ist, muss er doch nur das Erforderliche dulden. Im Polizeirecht entwickelte sich darüber hinaus der Grundsatz: „Man soll nicht mit Kanonen auf Spatzen schießen": Nicht jedes erregte Wort von beisammen stehenden Bürgern soll dazu führen, dass sie als „staatsgefährliche Versammlung" aufgelöst werden.

Gerade in den genannten Bereichen steht die Bindung an den Grundsatz der Verhältnismäßigkeit auch in Österreich außer Streit. Nach § 2 Abs 1 VVG haben die **Vollstreckungs**behörden bei Handhabung der in diesem Gesetz geregelten Zwangsbefugnisse „an dem Grundsatz festzuhalten, daß jeweils **das gelindeste noch zum Ziel führende Zwangsmittel** anzuwenden ist". Es handelt sich um die knappste und präziseste Formulierung des Verhältnismäßigkeitsgrundsatzes: 666

- Das eingesetzte Vollstreckungsmittel muss geeignet sein, zum (Vollstreckungs-) **Ziel** zu führen; der Verhältnismäßigkeitsgrundsatz beinhaltet keinen Abstrich von der gebotenen Aufgabenwahrnehmung, es geht niemals um das „Ob" der Wahrnehmung der Aufgabe, sondern immer nur um das „Wie" der Zielverwirklichung. 667
- Das Vollstreckungsmittel muss zum Ziel „**führen**", es muss also zur Zielerreichung „geeignet" sein; eine Maßnahme, die der Sache nach zur Erreichung des vorgegebenen Ziels nicht geeignet ist, kann keine zulässige Vollstreckungsmaßnahme sein. 668
- Unter den als geeignet in Betracht kommenden Zwangsmitteln ist jenes zu wählen, das den „**gelindesten**" Eingriff bewirkt. Welcher Eingriff der gelindeste ist, bestimmt sich nach den Umständen des Falles und zwar – nach der Zwecksetzung der Bestimmung – aus dem Blickwinkel des Betroffenen. 669

Im Bereich des **Enteignungsrechts** kann das Erkenntnis VfSlg 3666/1959 als *leading case* betrachtet werden, demzufolge eine Enteignung nur zulässig ist, „wenn und soweit es notwendig ist, Privatrechte zu entziehen, um einem Gebot des allgemeinen Besten zu entsprechen. Es muß demnach ein **konkreter Bedarf** vorliegen, dessen Deckung im öffentlichen Interesse liegt; es muß weiters das Objekt der Enteignung überhaupt **geeignet** sein, diesen Bedarf unmittelbar zu decken, und es muß schließlich **unmöglich** sein, den Bedarf **anders** als durch Enteignung zu decken". 670

Auf der Ebene des Gesetzes bedeutet dieses Erfordernis, dass gesetzliche Enteignungsermächtigungen von vornherein nur in dem zur Aufgabenwahrnehmung erforderlichen Umfang vorgesehen werden dürfen. Auf der Ebene der Vollziehung ergibt sich das Gebot, dass nur der (aus der Perspektive des Enteignungsgegners gelindeste) zur Verwirklichung des im öffentlich Interesse gelegenen Vorhabens erforderliche Rechtseingriff vorgenommen werden darf, dass vorgängig der effektive Versuch nach 671 einem gütlichen (zivilrechtlichen) Rechtserwerb durchzuführen ist und dass nur zur Zielverwirklichung geeignete Rechte beschränkt oder entzogen werden dürfen.

672 Im Bereich des **Polizeirechts** ist zunächst einmal das WaffengebrauchsG anzuführen, das nach seiner Textierung und nach der abgestuften Gliederung seiner Ermächtigungstatbestände – vom nicht lebensgefährdenden Waffengebrauch im Einzelfall bis zum „Einsatz geschlossener Einheiten" – nichts anderes als eine gegliederte Konkretisierung des Verhältnismäßigkeitsgrundsatzes im Hinblick auf den Waffengebrauch durch Mitglieder von Wachkörpern ist (vgl dazu VwGH 21. 12. 2000, 96/01/0351).

673 Im Hinblick auf die Sicherheitsverwaltung ordnet § 29 Abs 1 SPG – unter der Überschrift „Verhältnismäßigkeit" – an, dass ein Eingriff in Rechte von Menschen, welcher sich als **erforderlich** erweist (insb weil **andere Mittel** zur Erfüllung dieser Aufgaben **nicht ausreichen**: § 28a Abs 3), dennoch nur erfolgen darf, soweit er die **Verhältnismäßigkeit zum Anlass** und **zum angestrebten Erfolg** wahrt. § 29 Abs 2 fügt konkretisierend weitere Grundsätze hinzu, insb die Wahl der voraussichtlich am wenigsten beeinträchtigenden Maßnahme, die Wahrung der Relation von angestrebtem Erfolg und Schadenspotenzial und die Beendigung der Maßnahme bei Erreichen oder Feststellen der Nichterreichbarkeit des Ziels.

674 Diese vom Vollstreckungsrecht abweichende Konzeption zeigt, dass der Grundsatz der Verhältnismäßigkeit im sicherheitspolizeilichen Kontext eine allgemeine Güterabwägung umfasst, die auch zum Absehen von der Zielerreichung selbst führen kann („Verhältnismäßigkeit zum Anlass": sog **Opportunitätsprinzip**; vgl auch § 23 SPG). Es zeigt sich also, dass dem Verhältnismäßigkeitsgrundsatz in den einzelnen Rechtsbereichen je und je spezielle Ausprägungen zukommen können.

675 Letztlich erweist sich die gesamte Verwaltungsrechtsordnung – allerdings in zumeist weniger spektakulärer Weise – durchzogen vom Grundsatz der Verhältnismäßigkeit; meist bringt der Gesetzgeber die Maßgeblichkeit dieses Grundsatzes schlicht mit den Worten „notwendig", „erforderlich", „geboten" u dgl zum Ausdruck:

- Nach § 68 Abs 3 AVG ist ein Eingriff in die Rechtskraft von Bescheiden unter bestimmten Voraussetzungen „insoweit" zulässig, als dies zur Wahrung bestimmter (hochwertiger) Schutzgüter „notwendig und unvermeidlich ist".
- Nach Art 119a Abs 7 B-VG ist die Verwendung der aufsichtsbehördlichen Ersatzvornahme „auf Fälle unbedingter Notwendigkeit zu beschränken".
- Nach § 360 GewO darf die Gewerbebehörde nur die zur Wahrung bestimmter Schutzgüter „notwendigen Maßnahmen" setzen.
- Nach § 122 Abs 1 WRG darf die Wasserrechtsbehörde im Gefahrenfall nur „die erforderlichen einstweiligen Verfügungen" treffen.
- Nach § 3 Abs 2 VerssG dürfen Lenkungsmaßnahmen „nur in einem solchen Ausmaß und für eine solche Dauer ergriffen werden, als dies zur Abwendung oder Behebung einer Störung der Versorgung … unbedingt erforderlich ist. Sie … sind nach Wegfall der Voraussetzungen unverzüglich … aufzuheben".

Solche Beispiele lassen sich in beliebiger Zahl zusammenstellen. Ihnen ist gemeinsam, dass die Behörde nur das nach Lage des Falles gelindeste zum gebotenen Ziel führende Mittel einsetzen bzw vorschreiben darf; ein Absehen von der Zielerreichung selbst ist diesen Ausprägungen des Verhältnismäßigkeitsprinzips nicht immanent.

676 Angesichts der Dichte und Ubiquität derartiger Verhältnismäßigkeitsregeln ist es gerechtfertigt, im Gebot der Verhältnismäßigkeit mit Pesendorfer (ÖZÖR 1977, 265)

einen **allgemeinen Grundsatz** zu sehen, der seinerseits interpretativ auf das Rechtsmaterial zurückwirkt. Mit anderen Worten: Der Verhältnismäßigkeitsgrundsatz ist auch dann zu berücksichtigen, wenn er im zu Rechtseingriffen ermächtigenden Gesetz tatbestandsmäßig nicht explizit angeführt ist, sofern das Gesetz nicht erkennen lässt, dass dieser Grundsatz nicht maßgeblich sein soll (explizit zustimmend VwSlg 12683 A/1988: die Behörde habe nicht geprüft, ob „mit weniger einschneidenden Maßnahmen dasselbe Ziel erreicht werden kann"; vgl auch VwSlg 14617 A/1997).

Vgl aus der neueren Judikatur zB VwGH 27. 1. 1999, 98/04/0176 (nachträgliche Auflagen gem § 79 GewO), 14. 12. 2000, 98/07/0048 (Anpassungsauftrag gem § 21a WRG), 21. 2. 2002, 2001/07/0103 (abfallpolizeilicher Auftrag), 2. 7. 2002, 2000/12/0179 (beamtendienstrechtliche Untersagung einer Nebenbeschäftigung). Deutlich auch VwGH 22. 10. 2001, 2001/19/0018 zu einem Eingriff in eine rechtskräftige Bewilligung: „Bei einer solchen Ermessensübung ist darauf zu achten, dass die Aufsichtsmittel unter möglichster Schonung erworbener Rechte Dritter zu handhaben sind und dass das der Aufsichtsbehörde dabei zustehende Ermessen nicht in einer solchen Weise geübt werden darf, dass wegen jeder auch noch so geringfügigen Rechtswidrigkeit in rechtskräftige Bescheide eingegriffen wird .... Der Grundsatz der möglichsten Schonung erworbener Rechte statuiert ein Gebot der Verhältnismäßigkeit des Eingriffes in erworbene Rechte. So sind im Zuge der Ermessensübung die nachteiligen Wirkungen des Bescheides in Bezug auf das durch die verletzte Norm geschützte öffentliche Interesse gegen jene Nachteile abzuwägen, welche die Aufhebung des Bescheides in Bezug auf die durch das (im Institut der Rechtskraft verkörperte) Prinzip der Rechtssicherheit geschützten Interessen des Dritten nach den konkret zu beurteilenden Umständen des Einzelfalles mit sich brächte. Es sind auch Fälle einer zwar vorliegenden Rechtswidrigkeit denkbar, die jedoch keine oder nur unbedeutende Auswirkungen auf das geschützte öffentliche Interesse nach sich zieht (vgl VwSlg 13569 A/1992)." 677 [678–679]

Der Grundsatz der Verhältnismäßigkeit, der auf eine angemessene Relation von erforderlichem Aufwand und erzielbarer Wirkung abstellt, wirkt im Allgemeinen als **objektive** Schranke für Rechtseingriffe: auf subjektive Elemente, wie insb die Einkommens- und Vermögenslage der konkret Betroffenen, kommt es dabei, wenn das Gesetz nichts anderes bestimmt, nicht an. 680

Als allgemeiner Grundsatz des Gemeinschaftsrechts ist der Grundsatz der Verhältnismäßigkeit auch im Bereich der Vollziehung und Anwendung von Gemeinschaftsrecht maßgeblich (Frank 60).

M. „Zumutbarkeit" von „Bürgerpflichten" als Grenze öffentlicher Lasten

Zahlreiche Gesetze begründen „öffentliche Lasten", dh im öffentlichen Interesse statuierte persönliche oder vermögensrechtliche Verpflichtungen. Dies reicht von meist weniger belastenden Duldungspflichten, wie etwa der Verpflichtung, die Anbringung von Straßenbezeichnungen und von Leitungen für die Straßenbeleuchtung an Gebäuden oder das Aufstellen von Straßenverkehrszeichen auf Grundstücken zu dulden oder der Verpflichtung, das Betreten des eigenen Grundes durch Dritte zu dulden, über Leistungspflichten, wie Auskunfts- und Meldepflichten, Bevorratungs- und Ablieferungspflichten, Gehsteigreinigungspflichten, die Hand- und Spandienste nach Gemeinderecht, die Mithilfepflichten in Katastrophenfällen, die Geschworenen- und Schöffenpflicht, die Erste-Hilfe-Pflicht der Ärzte oder die Armenvertretungspflicht der Rechtsanwälte, bis zu meist stärker belastenden Verpflichtungen, wie etwa der Pflicht der Arbeitgeber zur staatsvertretenden Führung der Lohnbuchhaltung, der Erhaltungspflicht im Fall des Denkmalschutzes, der Sanierungspflicht bei rechtskräftig bewilligten Anlagen oder den Wehr- oder Zivildienst. 681

682 Nach Art 4 Abs 2 EMRK darf niemand gezwungen werden, **Zwangs- oder Pflichtarbeit** zu verrichten. Nicht als „Zwangs- und Pflichtarbeit" in diesem Sinn gelten gemäß Art 4 Abs 3 lit c und d EMRK ua Dienstleistungen im Fall von Notständen und Katastrophen, die das Leben oder das Wohl der Gemeinschaft bedrohen, aber auch Arbeiten und Dienstleistungen, die zu den „**normalen Bürgerpflichten**" gehören. „Normal" können Bürgerpflichten sein, weil sie „in einer demokratischen Gesellschaft" üblich sind. Als unproblematisch beurteilten zB VwSlg 15533 A/2000 die Geschworenen- und Schöffenpflicht, VwGH 29. 8. 2000, 2000/05/0097 die Kanalanschlusspflicht, 22. 5. 2001, 2001/05/0153 die baurechtliche Instandhaltungspflicht. „Normal" können sie aber auch dann sein, wenn sie nach Lage des Falles **zumutbar** sind.

683 Der Maßstab der Zumutbarkeit ist ein relativer, von den tatsächlichen und rechtlichen Umständen der Situation abhängiger: Wer mit seinen Maßnahmen und Anlagen die Umwelt belastet, muss sich – nicht zuletzt im Lichte des BVG über den umfassenden Umweltschutz (Rz 646) – größere Anstrengungen zur Vermeidung solcher Belastungen auch nachträglich zuordnen lassen. Dagegen ist das bloße Eigentum an einer Liegenschaft keine Tatsache, die etwa die Verpflichtung zur Duldung des Zutritts von Touristen als zumutbar erscheinen lässt. Erheblich sind darüber hinaus ganz allgemein Gesichtspunkte der Schwere, der Vorhersehbarkeit, der Ortsüblichkeit, des Sonderopfer-Charakters usw (vgl Raschauer, Wirtschaftsrecht, Rz 168, 201).

684 Zumutbarkeit kann allerdings durch verschiedene rechtliche Rahmenbedingungen bewirkt werden: Der Belastung kann ein Entschädigungsanspruch (Rz 1376i), eine korrespondierende steuerliche Begünstigung oder ein sonstiger „Ausgleich der Vermögensnachteile" gegenüberstehen. Zumutbarkeit kann weiters gegeben sein, wenn bei Eintreten einer Situation der Unzumutbarkeit – als „Ventil" – ein Rechtsanspruch auf Aufhebung bzw Widerruf der Belastung besteht (zB VfSlg 7759/1976; vgl auch VfSlg 11019/1986 zur denkmalschutzrechtlichen Ausnahmebewilligung; jüngst wieder VwGH 23. 5. 2002, 2001/09/0204). Nicht selten sieht die Gesetzgebung allerdings bereits selbst eine Begrenzung der öffentlichen Last vor, wenn sie explizit auf die „Zumutbarkeit" bzw auf die „wirtschaftliche Zumutbarkeit" abstellt (zB §§ 79 Abs 1, 82 Abs 5 GewO, § 22 RohrLG, § 29 Abs 2 GWG, §§ 29 Abs 1, 48 Abs 1 EisbG, § 44 Abs 2 ChemG, § 8 Abs 1 TKG, § 12 Abs 2 kntn NSchG, § 33b Abs 10 WRG, § 83 Abs 2 SchiffG, § 26 Abs 5 PrivatfernsehG).

685 Eine nähere Interpretation dieser Zumutbarkeitsklauseln ergibt, dass manche von ihnen auf das **objektive** Verhältnis von Aufwand und Erfolg abstellen und damit letztlich einen Aspekt des Verhältnismäßigkeitsprinzips (Rz 680) ansprechen (anschaulich zB VwGH 13. 11. 2001, 2001/05/0633). Andere wiederum stellen auf die **subjektiven** Verhältnisse des Belasteten ab und begründen damit eigenständige – angesichts der Maßgeblichkeit subjektiver Umstände schwierig zu vollziehende – Begrenzungen öffentlicher Lasten.

686 Der Verwaltung obliegt nicht nur die Vollziehung solcher konkreter gesetzlicher Zumutbarkeitsbestimmungen, sondern darüber hinaus gegebenenfalls eine **verfassungskonforme Interpretation** der die Begründung individuell-konkreter öffentlicher Lasten statuierenden oder ermöglichenden Rechtslage, und zwar in dem Sinn, dass der „Zumutbarkeit" in bestimmten Fällen bloß im öffentlichen Interesse statuierter Verpflichtungen auch dann Rechnung zu tragen sein kann, wenn dies im Gesetz nicht verankert ist. Zwar gilt grundsätzlich, dass bei verwaltungspolizeilichen Aufträgen wirtschaftliche Zumutbarkeitsüberlegungen „keinen Raum haben" (zB VwGH 21. 2. 2002, 2001/07/0103, 28. 3. 2000, 99/05/0269). Ist jedoch eine Person nicht Verursacher

des Missstands, sondern nur auf Grund einer subsidiären Haftungsregel heranzuziehen („Zustandsstörerhaftung"), dann gebietet nach VfSlg 13587/1993 der Grundsatz der Verhältnismäßigkeit die Beschränkung der Belastung auf das Zumutbare.

Darüber hinausgehend wurde es in VwGH 19. 2. 2001, 98/10/0333 (vereinzelt) als „allgemeiner Grundsatz" bezeichnet, dass „Lasten, die durch gesetzlich vorgesehene Eigentumsbeschränkungen entstehen, die Grenzen der wirtschaftlichen Zumutbarkeit und der Adäquanz im Verhältnis zu dem der Beschränkung zu Grunde liegenden öffentlichen Interesse nicht überschreiten dürfen" (anders noch VwGH 16. 12. 1996, 96/10/0039).

[687]

N. Vertrauensschutz

In Diskussionen kommt der Satz, dass ein staatlicher Akt deshalb rechtswidrig sei, 688
weil er einen Eingriff in „wohlerworbene Rechte" bewirke, oft schnell von den Lippen. Einer nüchternen juristischen Analyse offenbart sich dagegen, dass es kaum Rechte gibt, in die der Staat nicht – abändernd, einschränkend oder aufhebend – eingreifen dürfte. Der Erwerber eines Baugrundes muss feststellen, dass sein Grundstück in Grünland umgewidmet oder überhaupt enteignet wird, der Eigentümer eines Hauses muss feststellen, dass sein Haus in eine Schutzzone einbezogen oder überhaupt unter Denkmalschutz gestellt wird, der Betreiber einer rechtskräftig genehmigten Betriebsanlage muss feststellen, dass ihm nachträglich die Installation einer für ihn unerschwinglichen Abluftreinigung vorgeschrieben oder die Bewilligung überhaupt entzogen wird – alles das kann eintreten, ohne dass die letztlich angerufenen Höchstgerichte eine Rechtswidrigkeit feststellen.

Auf der Ebene der verfassungsrechtlichen Bindungen der Gesetzgebung geht der 689
VfGH heute davon aus, dass ein erheblicher (gravierender) nachträglicher (nicht vorhersehbarer) staatlicher Eingriff in Rechtspositionen in Situationen eines gerechtfertigten Vertrauen-Dürfens mit dem verfassungsrechtlichen Gleichheitssatz unvereinbar sein kann (näher Raschauer, Wirtschaftsrecht, Rz 169). Diese Überlegungen sind mutatis mutandis auch für die Erlassung genereller Verwaltungsakte von Bedeutung (vgl jedoch zB VfSlg 16201/2001 zur Zulässigkeit der Rückwidmung von Bauland in [690–693]
Grünland; andererseits zB VfSlg 11374/1987).

Fraglich ist allerdings, inwiefern Gesichtspunkte des Vertrauensschutzes auch bei 694
Einzelfallentscheidungen von Bedeutung ist. In diesen Zusammenhängen wird dieser Grundsatz zumeist von der in den generell-abstrakten Regelungen selbst getroffenen Güterabwägung verbindlich überlagert, insb von den Grundsätzen der Rechtskraft von Bescheiden und vom Verhältnismäßigkeitsgrundsatz, sodass für selbständige Vertrauensschutz-Überlegungen zumeist kein Raum bleibt: Wurde eine Berechtigung bescheidförmig verliehen, dann stellt sich eine nachträgliche Abänderung oder ein Widerruf als ein Eingriff in die Rechtskraft des Bescheides dar; dies ist nur in den Grenzen der §§ 68 und 69 AVG oder der speziellen Regelungen der besonderen Verwaltungsvorschriften (zB § 79 GewO, § 21a WRG) zulässig, wobei bei der Ausübung dieser Befugnisse der Verhältnismäßigkeitsgrundsatz (Rz 675) zu beachten ist. Sofern es um nicht bescheidförmig verliehene Rechtspositionen geht, sind eingreifende staatliche Hoheitsakte durch die tatbestandsmäßigen Beschränkungen der entsprechenden gesetzlichen Ermächtigungen limitiert und ist bei der Ausübung dieser Befugnisse wiederum der Verhältnismäßigkeitsgrundsatz zu beachten. Im Bereich privatrechtlicher Verträge sind im Allgemeinen allein die vertraglich vereinbarten Gestaltungsmöglichkeiten maßgeblich. Insgesamt kann daher mit VwSlg 8511 A/1973 festgehalten werden, dass einseitige Eingriffsbefugnisse in bestehende

Rechte im Zweifel nicht zu vermuten sind, sondern – als Abweichungen von § 5 ABGB – hinreichend deutlich vorgesehen sein müssen.

695 In besonderen Fällen kann eine verfassungskonforme Interpretation der Rechtslage zum Erfordernis der Berücksichtigung des Vertrauensschutzes auch bei Einzelfallentscheidungen führen: In VfSlg 13896/1994 war der VfGH mit dem Fall eines Zeitsoldaten konfrontiert, der vorzeitig sein Ausscheiden aus dem Dienst erklärte (um ein Stelle als Vertragsbediensteter anzunehmen). Wenige Tage nach seiner Austrittserklärung wurde eine Gesetzesnovelle kundgemacht, die vorzeitig Austretende zur Entrichtung eines Erstattungsbetrages verpflichtete. Angesichts dieser nicht vorhersehbaren und erheblichen rückwirkenden Belastung hätte der VfGH das – nicht hinreichend differenzierende – neue Gesetz als verfassungswidrig aufheben können; er sprach sich jedoch für eine verfassungskonforme Gesetzeshandhabung in der Richtung aus, dass die dienstrechtlichen Bestimmungen über die Nicht-Rückzahlung eines im guten Glauben empfangenen Übergenusses in einem solchen Fall analog anzuwenden seien. Dies entspricht strukturell der im Bereich der Abgabenrechts entwickelten Lehre, wonach Fälle einer gegen Treu und Glauben verstoßenden Verletzung gerechtfertigten Vertrauens (Rz 1325) gegebenenfalls im Rahmen der Anwendung von Billigkeits- und Nachsichtstatbeständen auszugleichen sind.

Nach VfGH 28. 2. 2002, B 781/00 darf einer gesetzlichen Neuregelung im Zweifel nicht unterstellt werden, dass sie rechtmäßig „bisher getätigte Investitionen … hinfällig werden“ lässt.

Der VwGH wiederum kombinierte in Bezug auf einen aufzugsrechtlichen Anpassungsauftrag in VwGH 13. 11. 2001, 2001/05/0633 alle in Betracht kommenden Ansätze: Einer gesetzlichen Ermächtigung, die einen hoheitlichen Eingriff in bereits erteilte Bewilligungen gestattet, sei der Grundsatz der Verhältnismäßigkeit immanent. Dies entspreche auch VwSlg 8511 A/1973, „wonach die Erhaltung wohl erworbener Rechte immer dort anzunehmen ist, wo ein Gesetz nicht das Gegenteil festlegt“. „Das bedeutet, dass auch die voraussichtlichen Kosten der in Aussicht genommenen Maßnahmen zur Beurteilung der wirtschaftlichen Zumutbarkeit festzustellen sind.“

696 Als eine Regelung, die spezielle „Dreiecksfälle“ anspricht, ist Art 119a Abs 7 B-VG anzuführen: Danach hat die Gemeindeaufsichtsbehörde – was wohl allgemein für Fälle einer Beaufsichtigung von Selbstverwaltungskörpern gilt – „Aufsichtsmittel unter möglichst Schonung erworbener Rechte Dritter zu handhaben“. Soll beispielsweise ein rechtswidriger Beschluss eines Gemeindeorgans als gesetzwidrig aufgehoben werden, so ist abwägend zu berücksichtigen, inwiefern dieser Beschluss nicht die Grundlage für einen Vertragsabschluss mit einem Dritten bildet, der damit in seinem schützenswerten Vertrauen beeinträchtigt würde.

697 Kaum mit Vertrauensschutzüberlegungen bewältigbar sind dagegen „**faktische Änderungen**“ der Verhältnisse durch Verwaltungsmaßnahmen aller Art: eine Straße wird zurückgebaut und ein Nachbar verliert dadurch „seinen“ angestammten Kfz-Parkplatz; um eine Ortschaft wird eine Umfahrungsstraße gebaut und die bisher ruhige Lage wird zu einer immissionsbelasteten; neben einem Haus wird eine „Müllinsel“ errichtet; eine öffentliche Bibliothek, eine Schule, ein Gendarmerieposten wird geschlossen usw.

Nichts mit „schützenswertem Vertrauen“ zu tun haben jene Regelungen, mit denen einzelne Landesgesetze auf die nachträgliche Legitimierung von rechtswidrig (weil ohne die erforderliche Bewilligung) errichteten Gebäuden abzielten. Solche Regelungen sind vielmehr mit rechtsstaatlichen Grundsätzen unvereinbar.

698 Ähnliche Überlegungen zum Vertrauensschutz hat im Hinblick auf die Vollziehung des **Europäischen Gemeinschaftsrechts** der EuGH entwickelt. Relevant ist vor allem ein durch die Gemeinschaftsorgane veranlasstes Vertrauen-Dürfen und die mangelnde Vorhersehbarkeit der Änderung; zurücktreten muss schützenswertes

Vertrauen im Fall übergeordneter „zwingender Interessen des Gemeinwohls“ (näher Frank 97).

O. Die Pflicht zur „Reparatur“ rechtswidrigen Staatshandelns

Die verschiedenen Rechtsmittel, welche die Rechtsordnung zur Abwehr vermeintlich rechtswidrigen Verwaltungshandelns bereitstellt, dürfen nicht den Blick darauf verstellen, dass die Verwaltung – konkret: jene Verwaltungsstelle, der ein Handeln (transitorisch) zuzurechnen ist (Rz 107) – ganz allgemein eine **Verantwortung** für die von ihr gesetzten (ihr zurechenbaren) Akte trifft. Erweist sich ein Verwaltungshandeln als rechtswidrig oder wird es zB durch eine Änderung der Umstände nachträglich rechtswidrig, so darf sich die Verwaltung nicht auf die Feststellung zurückziehen, dass den Beteiligten ohnehin Rechtsmittel offen stünden. 699

Diese fortgesetzte Verantwortung ergibt sich aus mehreren Grundsätzen: 700

- Soweit es um die Unvereinbarkeit mit Europäischem Gemeinschaftsrecht geht, gebietet der Grundsatz der Gemeinschaftstreue (Art 10 EGV) die – gegebenenfalls auch nachträgliche – Herstellung des **gemeinschaftsrechtskonformen** Rechtszustandes (Rz 636); der Umstand, dass das nationale Recht solche „Reparaturmöglichkeiten“ nicht oder nicht ausreichend vorsieht, kann dem Gemeinschaftsrecht nicht wirksam entgegengehalten werden.
- Soweit ein Verwaltungsakt einen Grundrechtseingriff zum Gegenstand hat, ist er stets dann rechtswidrig, wenn die Voraussetzungen für den Grundrechtseingriff nicht erfüllt sind. Eine solche Rechtswidrigkeit kann auch nachträglich eintreten oder hervorkommen. Der Staat – als durch die Grundrechte Verpflichteter – hat den rechtswidrigen bzw rechtswidrig gewordenen **Grundrechtseingriff** im Allgemeinen auch jederzeit nachträglich abzustellen, soweit dem nicht entsprechend hochrangige Rechtsgüter entgegenstehen (Rz 708). Dies ist zB bei – rechtswidrigen oder rechtswidrig gewordenen – Freiheitsentziehungen oder Beschlagnahmen auch völlig unbestritten: der Festgenommene ist unverzüglich freizulassen, die beschlagnahmte Sache ist unverzüglich herauszugeben (vgl zum Restitutionsanspruch noch Rz 1342). In VfSlg 8981/1980 hat der VfGH erkannt, dass es der verfassungsrechtlichen Eigentumsgarantie immanent ist, dass eine zweckverfehlende Enteignung (der Enteignungszweck wird nicht verwirklicht) wieder rückabzuwickeln ist (vgl Raschauer, Wirtschaftsrecht, Rz 197). 701

  Einen Schritt weiter ging der VfGH in einem Fall, in dem eine als Verkehrsfläche gewidmete Fläche längere Zeit hindurch diesem Zweck nicht zugeführt wurde: Die Behörde ist in einem solchen Fall nicht nur zu einer Rückübereignung, sondern auch zu einer Rückwidmung verpflichtet (VfSlg 13744/1994). In einem solchen Fall würde nämlich die bloße Rückübereignung nichts nützen, da die Fläche bei aufrechter Widmung als Verkehrsfläche nicht anderweitig nutzbar wäre.

- Das Amtshaftungsrecht begründet nicht nur einen „Liquidationsanspruch“ des Geschädigten. Ihm liegt zwar nicht die Pflicht zur Naturalrestitution, aber – da nach den Bestimmungen des bürgerlichen Rechts gehaftet wird (§ 1 AHG) – doch auch die Pflicht zur Vermeidung der Schadenszufügung und zur Minderung des drohenden Schadens (Rettungspflicht) zugrunde. Erkennt die Verwaltung, dass die von ihr zu verantwortende (schadenszufügende oder schadensdrohende) Rechtslage rechtswidrig zu werden droht oder bereits rechtswidrig geworden ist, hat sie von Amts wegen die ihr offenstehenden Möglichkeiten zur Abwendung oder Reparatur zu ergreifen. 702

703 – Im Speziellen hat der VfGH in VfSlg 12555/1990 entschieden, dass ein als gesetzwidrig erkannter Flächenwidmungsplan auch dann zur Herstellung des gesetzmäßigen Zustandes abzuändern ist, wenn die gesetzlichen Voraussetzungen für eine Änderung des Flächenwidmungsplans nicht gegeben sind. Auf die aus der Eigentumsgarantie abzuleitende Rückwidmungspflicht, wenn eine als Verkehrsfläche gewidmete Fläche nicht mehr für Verkehrszwecke benötigt wird, wurde bereits hingewiesen.

704 – Liegt einer auf Dauer angelegten administrativen Entscheidung eine **Prognosebeurteilung** (Rz 599) zugrunde, so impliziert eine solche Prognoseentscheidung eine **Revisionspflicht** (grundlegend VfSlg 8212/1977; vgl auch VfSlg 12290/1990). Die Verwaltung hat wiederkehrend zu prüfen, ob die Annahmen, von denen sie bei ihrer Entscheidung ausgegangen ist, noch zutreffen. Gegebenenfalls hat sie – ohne dass dies, da im Wesen einer Prognoseentscheidung gelegen, gesetzlich besonders vorgesehen sein muss – den Verwaltungsakt entsprechend abzuändern.

705 – Darüber hinaus finden sich zahlreiche besondere Bestimmungen: Die §§ 63 Abs 1 VwGG und 87 Abs 2 VfGG verpflichten die Behörde nicht nur zur Erlassung eines gegebenenfalls erforderlichen, der Rechtsanschauung des Gerichts entsprechenden „Ersatzbescheides", sondern ganz allgemein zur „**Herstellung des der Rechtsanschauung des Gerichts entsprechenden Rechtszustandes**" (VfGH 2. 10. 2002, B 1589/99). Da diese „Herstellung" nicht nur die Herstellung des entsprechenden Rechtszustandes, sondern die Herstellung des „rechtmäßigen Zustandes" beinhaltet und da diese nach Lage des Falls auch in begleitenden tatsächlichen Maßnahmen (Entfernung von Plomben, Herausgabe von Sachen) bestehen kann, sind diese Bestimmungen nur spezielle Ausdrucksfälle der sog **Folgenbeseitigungspflicht** (vgl noch Rz 1350, 1362c sowie Hengstschläger Rz 503). Da wohl nicht ernsthaft vertreten werden kann, dass eine solche Pflicht nur dann besteht, wenn gerade die genannten Höchstgerichte kassatorisch über einen Bescheid entschieden haben, nicht aber, wenn zB eine Berufungsbehörde eine der Berufung stattgebende Sachentscheidung gefällt hat oder wenn es überhaupt nicht um einen Bescheid gegangen ist, muss davon ausgegangen werden, dass eine allgemeine Amtspflicht zur Herstellung des „rechtmäßigen Zustandes" besteht.

706 – Mehrere einfachgesetzliche Bestimmungen verpflichten die Behörde zur Aufhebung eines Aktes der Eingriffsverwaltung, wenn die Voraussetzungen für seine Erlassung weggefallen sind (zB §§ 79c, 360 GewO, § 93 Abs 4 ASchG, § 3 Abs 2 VerssG, §§ 36 Abs 4, 49 Abs 3 SPG). Da es sich letztlich um eine besondere Ausprägung des Verhältnismäßigkeitsgrundsatzes handelt (Rz 675), geben derartige Bestimmungen nur Selbstverständliches wieder.

707 – In dieses Bild fügt es sich auch, dass ein durch Bescheid rechtskräftig abgeschlossenes Verfahren nicht nur auf Antrag einer Partei, sondern auch von Amts wegen **wiederaufgenommen** werden kann (§ 69 Abs 3 AVG), wenn nachträglich neue Tatsachen oder Beweismittel hervorkommen, die voraussichtlich zu einem anders lautenden Bescheidspruch geführt hätten, oder wenn eine der Entscheidung zugrundegelegte Vorfragenbeurteilung nachträglich eine in wesentlichen Punkten anders lautende Entscheidung der zuständigen Behörde erfährt. Da die Abstellung des Rechtswidrigen wohl „im Sinn des Gesetzes" (Rz 604, 608) gelegen ist, wird eine korrekte Ermessensübung in solchen Fällen in der Regel eine amtswegige Wiederaufnahmeverfügung gebieten. Im Übrigen kann – wie VfSlg 12566/1990 belegt – eine verfassungskonform erweiternde Interpretation des § 69 AVG geboten sein.

Freilich werden gerade an diesem Beispiel auch Grenzen einer nachträglichen Reparatur des Rechtswidrigen sichtbar, soweit es um **Bescheide** geht: Das Prinzip der „**Rechtsrichtigkeit**“ findet zum Teil eine Schranke im Prinzip der „**Rechtssicherheit**“. Insb „heilt“ die Rechtskraft eines Bescheides grundsätzlich seine Rechtswidrigkeit: Selbst dann, wenn die Baubewilligung nicht hätte erteilt werden dürfen, ist ab dem Eintritt der allseitigen Rechtskraft grundsätzlich nur noch die – wie ein Individualgesetz wirkende – tatsächlich erteilte Baubewilligung maßgeblich. Wenn also nicht ein bloß belastender Bescheid im Sinn von § 68 Abs 2 AVG vorliegt, wenn weiters nicht eine Gefahrenlage von der Größenordnung des § 68 Abs 3 AVG gegeben ist, wenn nicht einer der in § 68 Abs 4 AVG genannten gravierenden Mängel vorliegt, wenn keiner der Wiederaufnahmsgründe des § 69 AVG gegeben ist und wenn schließlich die anwendbaren besonderen Verwaltungsvorschriften nicht zur amtswegigen Abänderung ermächtigen – eine Fallkonstellation, die als überaus häufig anzusehen ist –, dann ist die Behörde grundsätzlich an einer amtswegigen Abänderung oder Aufhebung des rechtswidrigen Bescheides gehindert. § 68 Abs 5 AVG und § 69 Abs 3 AVG statuieren darüber hinaus – gerade im Interesse der Rechtssicherheit – **zeitliche Beschränkungen** für bestimmte Fälle der Nichtigerklärung und der Wiederaufnahme. Der **Rechtswert der Stabilität und Berechenbarkeit** der Rechtslage kann daher der Herstellung des rechtmäßigen Zustandes entgegenstehen. 708

Geringere Hindernisse stehen der Reparatur des Rechtswidrigen im Hinblick auf andere Arten von Verwaltungshandeln entgegen: die Verordnung ist aufzuheben oder abzuändern, der AuvBZ ist aufzuheben oder abzuändern, die Urkunde ist zu berichtigen, das Geschuldete ist auszuhändigen, die rechtswidrig gespeicherten Daten sind zu löschen, das rechtswidrig Hergestellte ist zu entfernen usw. Im Einzelfall können solchen Maßnahmen in mehrpoligen Rechtsverhältnissen allerdings Gesichtspunkte des Vertrauensschutzes der – rechtswidrig, aber unverschuldet – Begünstigten entgegenstehen (vgl VfSlg 14052/1995).

Die vorgenannten Beschränkungen stehen beim derzeitigen Stand des Gemeinschaftsrechts allerdings, wie erwähnt (Rz 636), einer Aufhebung oder Abänderung von nationalen Rechtsakten nicht entgegen, die sich als **gemeinschaftsrechtswidrig** erweisen. Der EuGH geht dabei davon aus, dass die Kenntnis des Gemeinschaftsrechts (insb im Bereich des Beihilfenrechts) zumutbar ist, sodass der Reparatur im Allgemeinen Gesichtspunkte des Vertrauensschutzes nicht wirksam entgegengehalten werden können (Frank 171). 709

Insgesamt ist es nicht aufmunternd, aber treffend, wenn man festhält, dass zum primären Gesetzestext verschiedene weitere Determinanten des Verwaltungshandelns hinzutreten, die dazu führen, dass die Verwaltung immer wieder zu einer **umfassenden Abwägung** der in einem konkreten Fall betroffenen Rechtsgüter verhalten ist. Dementsprechend ist die Feststellung gerechtfertigt, dass das Gebot der „Gesetzmäßigkeit“ des Verwaltungshandelns die Berücksichtigung der „Billigkeit im Einzelfall“ – wie zuletzt Öhlinger (ZfV 1999, 678) gezeigt hat – nicht ausschließt.

X. Das Verwaltungshandeln

A. Rechtsakte und sonstiges Verwaltungshandeln

710 Das Verwaltungshandeln stellt sich in einer Vielfalt dar, die eine vernünftige Umschreibung, geschweige denn eine in irgendeiner Hinsicht präzise Systematisierung nicht zulässt. Mit dem Verwaltungshandeln und seinen Ergebnissen kommt der Rechtsunterworfene meist unbewusst fortlaufend in Berührung: Man geht oder fährt über Straßen, deren Errichtung und Erhaltung der Verwaltung obliegt, benutzt öffentliche Verkehrsmittel, die von Verwaltungsunternehmen betrieben werden, und unterliegt der polizeilichen Verkehrsregelung. Bei Dunkelheit freut man sich über die öffentliche Beleuchtung, in Erholungspausen über öffentliche Parkanlagen und Bänke, beim Einkaufsbummel über Fußgängerzonen. Im geschäftlichen Verkehr, bei Reisen ua benötigt man Legitimationspapiere, Reisepässe und andere Dokumente, die von der Verwaltung ausgestellt wurden. Im Krankheitsfall wissen sich ca 99 % der Bevölkerung in der sozialen Krankenversicherung versichert. In Notfällen erwartet man den Einsatz von Polizei, Rettung und Feuerwehr. Als selbstverständlich werden Krankenanstalten und Schulen vorausgesetzt. Viele Menschen sind auf die Leistungen der Arbeitsmarktverwaltung oder der Sozialhilfe angewiesen. Und ganz allgemein wird erwartet, dass sich „jemand" um die Reinhaltung der Luft und der Gewässer, um die Lebensmittel- und Arzneimittelkontrolle, um den Schutz der Denkmäler oder um die Sanierung von Altlasten „kümmert" (vgl Raschauer in Holzinger/Oberndorfer/Raschauer (Hg), Österreichische Verwaltungslehre, 2001, 169).

In allen diesen Fällen liegt in irgendeiner Form Verwaltungshandeln vor. Stets liegt auch auf die eine oder andere Weise **rechtlich gebundenes** Verwaltungshandeln vor. Für jegliches Verwaltungshandeln bestehen rechtliche Ermächtigungen und rechtliche Determinanten, und sei dies nur in der Form von allgemeinen Aufgabenbestimmungen und haushaltsrechtlichem Regelungen betreffend die Verwendung öffentlicher Mittel. Die heutige Verwaltungsrechtslehre steht in einem eigenartigen Gegensatz zu dieser Vielfalt, wenn sie sich auf bestimmte förmliche Verwaltungsakttypen, wie „Bescheide" und „Verordnungen" konzentriert und damit die ganz dominierende Masse „sonstigen" Verwaltungshandelns ausblendet. Die gesetzesvollziehende und die rechtssetzende Funktion der Verwaltung werden für das Ganze der Verwaltung genommen, obwohl die Hervorhebung der formalisierten „Verwaltungsakte" lediglich dem Ausstechen einzelner Keksformen aus einem riesigen Teig entspricht. Die Vielfalt und Lebendigkeit der Verwaltung als rechtsgebundene Staatsfunktion wird heute praktisch nur in den Darstellungen des Amtshaftungsrechts sichtbar.

711 „**Regierung im funktionellen Sinn**" ist im geltenden Verfassungssystem eine Verwaltungsfunktion. Sie umfasst – üblicherweise als „politisch" verstandene – Initiativ-, Leitungs- und Koordinationsmaßnahmen. Was immer als tagespolitisch erforderlich erachtet wird und von wem immer die Idee ausgegangen sein mag: Zunächst bedarf es einer politischen Entscheidung zur Zielverwirklichung, sei dies von einer

„**Regierung im organisatorischen Sinn**" (BReg, LReg), sei dies auf der Ebene einer Ressortleitung. Sodann sind allenfalls erforderliche Rechtssetzungsinitiativen zu ergreifen, sind die Bediensteten der beteiligten Ressorts entsprechend anzuweisen, sind erforderliche organisatorische Vorkehrungen zu treffen, ist für die finanzielle Abdeckung der Maßnahmen vorzusorgen usw. Nur bestimmte verfassungsunmittelbare Interorganakte, etwa die Zustimmung der BReg zu einem Landesgesetz oder die Unterfertigung eines Bundesgesetzes durch den BPräs, können als „**Regierungsakte**" im gesetzlichen Sinn (Rz 877) bezeichnet werden, vereinzelt finden sich auch auf der Ebene der Regierung Bescheide und Verordnungen. Der ganz überwiegende Bereich des Regierungshandelns ist mit diesen Kategorien allerdings nicht erfassbar.

Während man sich daran gewöhnt hat, dass es bei den Gerichten eine „Justizverwaltung" (Rz 194) und bei der Gesetzgebung „parlamentarische Hilfsgeschäfte" (Rz 197) gibt, ist die Vorstellung, dass es auch bei der Verwaltung eine „**Verwaltung der Verwaltung**" geben muss, nicht verbreitet. Tatsächlich besteht jedoch ein großer Teil der Verwaltungstätigkeit in der Personal- und Sachmittelverwaltung, im Buchhaltungs- und Kassenwesen und in anderen Maßnahmen der Gewährleistung eines ordnungsgemäßen Dienstbetriebs für alle Zweige der Verwaltung. Einzelne dieser Maßnahmen können kategorisierte Formen des Verwaltungshandelns bilden, wie zB Dienstverträge, dienstrechtliche Bescheide, fiskalische Hilfsgeschäfte (Rz 747) sowie Weisungen und Verwaltungsverordnungen. Hinsichtlich des Sachsubstrats können „öffentliche Aufträge" und sogar Enteignungen erforderliche Maßnahmen sein. Letztlich sind aber auch die Botenfahrt eines Amtschauffeurs, das Herstellen von Fotokopien durch einen Kanzleibediensteten oder das Auswechseln von Glühbirnen durch einen Hauselektriker „Verwaltungshandeln". 712

Da Verwaltung systematisch und zweckmäßig geführt werden soll, ist über die laufenden Geschäfte hinaus immer wieder Grundsatzarbeit zu leisten. Die Ressortleitung verlangt Daten, Statistiken und Entwürfe; Parlament, Volksanwaltschaft, Rechnungshof und andere Kontrolleinrichtungen verlangen – wie auch die Medien – Berichte und Stellungnahmen. Manche dieser „Papiere" dienen der Dokumentation, andere der Vorbereitung von politischen Entscheidungen. Sie bilden damit die Grundlage für ressortinterne **Planungen** und Prioritätsfestlegungen. So soll nach § 9 ForstG für das ganze Bundesgebiet ein „Waldentwicklungsplan" (als Darstellung und vorausschauende Planung der Waldverhältnisse des Bundesgebietes) erstellt werden. Manche dieser Planungen wirken wie (generelle) Weisungen, wie zB der Revisions- und Probenplan für die Lebensmittelüberwachungsmaßnahmen eines Kalenderjahres (§ 36 Abs 1 LMG). Einzelne solcher Planungen werden veröffentlicht, gleichsam als Dokumentation amtsinternen Rationalitätsstrebens, wie zB die Abfallwirtschaftspläne. Manche Planungen werden als Verordnungen kundgemacht und sollen „indikativ" wirken, wie zB die raumordnungsrechtlichen Wirtschaftsförderungsschlüssel („Zielgebiete"). Bei der Flächenwidmung handelt es sich um verordnungsförmige imperative territoriale Planung. Letztlich ist auch das Budget (Bundesfinanzgesetz) – als „in Zahlen gegossenes Regierungsprogramm" – ein Akt der „Planung". 713

Im Sinn einer funktionellen Typologie sind auch bestimmte Formen der „**Rechtssetzung**" Verwaltungsfunktionen. Die Verwaltung ist gesetzlich dazu berufen, in generell-abstrakter Weise die Schulsprengel festzulegen, Parkordnungen zu erlassen, Beihilfensätze festzulegen, Beförderungsordnungen für öffentliche Verkehrsmittel zu erlassen, Immissionsgrenzwerte nach dem Stand der Technik festzusetzen, Friedhofsordnungen zu erlassen, die bei Anträgen beizulegenden Antragsunterlagen zu bestimmen, die der Aufsichtsbehörde zu meldenden Daten festzulegen, Amts- und Dienst- 714 stunden der Verwaltungsstellen zu fixieren usw. In manchen dieser Fälle „delegiert" die Gesetzgebung die als erforderlich erachtete „nähere" Rechtssetzung an die Verwaltung, in anderen Fällen wird die Verwaltung auf Grund spezieller oder globaler (Art 18 Abs 2, 20 Abs 1 B-VG) verfassungsrechtlicher Ermächtigungen tätig. Viele derartige Akte können als „Verordnungen" zu qualifizieren sein.

715 Dominierend im Vordergrund stehen die laufend zu treffenden „**Entscheidungen**" in Einzelfällen. Im Licht der Systemtheorie wird die Verwaltung überhaupt als eine „Organisation zur Herstellung verbindlicher Entscheidungen" gesehen. Dabei darf man allerdings nicht nur an die Erteilung von Bewilligungen oder an die Verhängung von Strafen denken: Ein Verfahren wird eingeleitet, eine Verhandlung wird anberaumt, das Wort wird erteilt und entzogen, ein Sachverständiger wird bestellt, von der Einvernahme eines Zeugen wird abgesehen, eine Bestätigung wird ausgestellt, ein Geldbetrag wird ausgezahlt, das Entfernen eines verkehrsbehindernden Gegenstands wird veranlasst, ein Störer wird eines Platzes verwiesen, dem Bestbieter wird der Zuschlag erteilt, ein Bediensteter wird versetzt, ein Akt wird an eine andere Abteilung abgetreten, dem von einer anderen Behörde übermittelten Entwurf wird die Zustimmung erteilt, der Austausch der Fenster in einer Schule wird verfügt, für einen städtischen Park wird ein Parkwächter angestellt usw. Wie immer das Verwaltungshandeln in Erscheinung treten mag – und sei dies nur im Anbringen eines Eingangsstempels oder in der Erteilung einer Auskunft –, ihm liegt stets eine Entscheidung zugrunde. Manche solche Entscheidungen sind in einer gewissen förmlichen Weise zu beurkunden; manche dieser förmlich beurkundeten Entscheidungen können wiederum „Bescheide" bilden.

716 **Individuelle Leistungen** werden von der Verwaltung in denkbar unterschiedlichen Formen erbracht, sie reichen von Auskünften und Informationen im Einzelfall und dem Ausstellen von Urkunden (Geburtsurkunde, Reisepass) über Fürsorgemaßnahmen im Bereich der Sozialhilfe („Essen auf Rädern") oder der Jugendhilfe („Amtsvormundschaft"), den Krankentransporten, der Pflege in Anstalten und Heimen aller Art und der Vergabe von Sozialwohnungen, verschiedenen Leistungen der Sozialversicherung und Subventionsleistungen (Familienförderung, Wirtschaftsförderung, Kulturförderung usw) bis zu den verschiedenen Aspekten der Daseinsvorsorge, wie Wasserversorgung oder Abwasser- und Abfallentsorgung und den umfangreicheren Maßnahmen der agrarischen Strukturverbesserung. Manche dieser Leistungen werden bloß faktisch erbracht, andere werden auf Grund hoheitlicher Entscheidung faktisch erbracht, wieder andere werden auf Grund und in Erfüllung privatrechtlicher Vereinbarungen (zB Förderungsvertrag) erbracht.

717 Nicht-individualisiert werden **Leistungen „für die Allgemeinheit"** erbracht, indem zB Straßen gebaut, Sportanlagen errichtet, Bibliotheken und Museen betrieben, Märkte organisiert, Verkehrsmittel und Kläranlagen betrieben, Straßen gereinigt werden usw. In manchen Fällen werden diese „Infrastruktureinrichtungen" im weitesten Sinn von den jeweiligen Interessenten faktisch benutzt (zB Straßen), in manchen Fällen im Rahmen eines privatrechtlichen Vertrages (zB Beförderungsvertrag), in anderen Fällen auf Grund hoheitlicher Zulassung (zB bei einem Marktplatz).

718 Basiert die staatliche Gemeinschaft auch ganz wesentlich und dominierend auf der rechtstreuen Rechtsbefolgung durch die Rechtsunterworfenen, so ist das Hinwirken auf die Einhaltung von staatlichen Rechtsvorschriften und auf die **Abstellung rechtswidriger Zustände** doch eine wesentliche Verwaltungsaufgabe. Organe des öffentlichen Sicherheitsdienstes üben den sicherheitspolizeilichen Streifen- und Überwachungsdienst (§ 5 Abs 3 SPG) aus, zahlreiche weitere Verwaltungsorgane sind mit Aufgaben der verwaltungspolizeilichen Überwachung betraut. Es werden Anlagen

inspiziert, Proben gezogen und untersucht, Maschinen werden stillgelegt, kontaminiertes Erdmaterial wird ausgehoben, Störer werden „ermahnt" und „abgemahnt", Verdächtige werden befragt, Gegenstände werden beschlagnahmt, rechtswidrig erstellte Baulichkeiten werden abgerissen, Waffen werden zwangsweise abgenommen usw. Manche derartige Akte sind als „Akte unmittelbarer verwaltungsbehördlicher Befehls- und Zwangsgewalt" zu deuten, andere als „Vollstreckungsakte". Überwiegend bleiben administrative Überwachungstätigkeiten aber unterhalb der Schwelle der „Normativität".

Es soll an dieser Stelle genug sein, darauf hinzuweisen, dass die große Masse der Verwaltungstätigkeit eben **nicht** in der Erlassung von Bescheiden u dgl besteht. Der Grund der Konzentration auf diese formalisierten Formen von Verwaltungsakten ist darin zu sehen, dass diese Formen als „Rechtsquellen" eingesetzt sind. Damit unterliegen sie naturgemäß besonders strengen Form- und Verfahrensregeln, die eine nähere Analyse rechtfertigen. Freilich werden die näheren Erörterungen dieser formalisierten Rechtsakte in den folgenden Abschnitten verdeutlichen, dass bisweilen mehr an Abgrenzungsproblemen als an gesichertem „Kernbestand" festzustellen ist. Bei jedem Kontakt zwischen der Verwaltung und dem Rechtsunterworfenen können jedoch Rechte- und Pflichtenkreise berührt werden, können „Rechtsverhältnisse" entstehen. Unter diesem Titel wird auf einige Fragenkreise dieser vielfältigen Aspekte des Verwaltungshandelns noch zurückzukommen sein (Rz 1212).

Im neueren deutschen Schrifttum wird häufig der Begriff des „**informalen Verwaltungshandelns**" verwendet. ZB ist man zu der Erkenntnis gelangt, dass es – gerade bei Großprojekten – auch außerhalb von mündlichen Verhandlungen Gespräche aller Art zwischen Verwaltung und Rechtsunterworfenen gibt, die zur Feststellung übereinstimmender Auffassungen („Absprachen") führen können. Oder dass Behörden nicht bei jeder festgestellten Rechtswidrigkeit sofort einschreiten („flexible Duldung"). Oder dass es – staatliche Regelungen vermeidende – Branchenvereinbarungen mit wirtschaftlichen Interessenvertretungen gibt. Es handelt sich dabei jedoch nicht um „neue" Kategorien von Verwaltungshandeln, sondern um Fallkonstellationen, wie sie in der Vielfalt des Verwaltungshandelns, also nicht nur in komplexen Verwaltungsverfahren, seit jeher vorkommen. „Informales" Verwaltungshandeln ist als solches weder „gut" noch „schlecht", vielmehr ist jede einzelne Verhaltensweise auf ihre Rechtmäßigkeit zu prüfen, ob zB der Grundsatz der prozessualen Waffengleichheit verletzt wurde oder ob eine legitime Anwendung des Opportunitätsprinzips (Rz 674) vorliegt. 719

Dabei werden gewiss auch immer wieder bedenkliche Vorgangsweisen und Rechtsschutzprobleme sichtbar; mit der Bezeichnung solcher Akte als informales Verwaltungshandeln ist aber weder erkenntnismäßig noch rechtsschutzmäßig etwas gewonnen. Beispielsweise ist **staatliche Informationstätigkeit** – sei sie werbend, sei sie warnend (zB OGH SZ 72/5 – Sektenbroschüre; Holoubek in Holoubek/Lang (Hg), Organhaftung und Staatshaftung in Steuersachen, 2003, 254) – sehr oft rechtlich problematisch; mit einer bloßen Etikettierung sind die damit jeweils verbundenen Rechtsfragen aber nicht beantwortet. Es ist gleichgültig, ob eine Verordnung auf eine „Vereinbarung" zurückgeht; rechtserheblich ist allein, ob sie formell und materiell rechtmäßig ist – oder nicht (VfGH 8. 10. 2002, V 82/01). Bei den „Absprachen" handelt es sich in aller Regel um *gentlemen's agreements*, die allenfalls Konstellationen von Treu und Glauben (Rz 1328) bewirken können, jedoch als solche zumeist weder von der Verwaltung noch gegen die Verwaltung durchgesetzt werden können.

Rechtlich sind alle diese Arten von Verwaltungshandeln unterschiedlich danach zu beurteilen, ob es sich um Akte im Bereich der Hoheitsverwaltung oder um Akte im

Bereich der nicht-hoheitlichen Verwaltung (Privatwirtschaftsverwaltung) handelt. Daher ist zunächst diese für das österreichische Verwaltungsrecht fundamentale Unterscheidung näher zu beleuchten.

B. Hoheitsverwaltung und Privatwirtschaftsverwaltung

1. Allgemeines

720 Die „Hoheitsverwaltung“ stellt jenen Bereich der Verwaltung dar, der das spezifisch „Staatliche“ ausmacht, das Obrigkeitliche, das einseitig Anordnende und Gebietende: der Staat als Träger des ihm eigentümlichen *imperiums*. Es handelt sich um die erste Assoziation, die man üblicherweise mit dem Begriff der (staatlichen) „Verwaltung“ (im funktionellen Sinn) verbindet: Bewilligungen, Verbote, Behörden, Polizei, Strafen u dgl. Es bedurfte erst Antoniollis (Allgemeines Verwaltungsrecht, 1954, 11) Aufschrei, damit die Privatwirtschaftsverwaltung überhaupt in das Bewusstsein der Rechtswissenschaft trat. Längst machen jene Agenden, die in der privatrechtlichen Vergabe öffentlicher Aufträge (zB Straßenbau, Wohnungsbau), der privatrechtlichen Vergabe von Förderungen (Subventionen) und der „Verwaltung der Verwaltung“ (zB Einstellung von Vertragsbediensteten, Erwerb und Erhaltung von Verwaltungssachen) bestehen, den überwiegenden Teil der Ausgaben der öffentlichen Hand aus. Ein ganz wesentlicher Teil der Verwaltung wird also in Formen durchgeführt, die grundsätzlich auch jedem Privaten offen stehen: es werden Werkverträge, Dienstverträge, Mietverträge, Kaufverträge uam abgeschlossen.

721 Dies hat schon früh zu der Auffassung Anlass gegeben, dass es bei der Unterscheidung von Hoheitsverwaltung und Privatwirtschaftsverwaltung – zumindest in erster Linie – um eine Unterscheidung nach den **Formen des Verwaltungshandelns** geht, derer sich der Staat bedient: zB Bescheide sowie Befehls- und Zwangsakte im einen Fall, zivilrechtliche Rechtsakte, insb Rechtsgeschäfte im anderen Fall.

722 Unter Zugrundelegung dieses Verständnisses kann man das hier zu erörternde Begriffspaar zunächst von einigen verwandten Begriffen abgrenzen:

- Der Begriff „**öffentliche Aufgabe**“ ist ein weiter Begriff, der als wissenschaftlicher Begriff die gesellschaftliche Wichtigkeit einer Angelegenheit anspricht, der sich vereinzelt aber auch als Rechtsbegriff findet (zB Art I Abs 3 Rundfunk-BVG, § 2 Abs 1 BundesmuseenG). Das BVergG (§ 7 Abs 1 Z 2) stellt ua darauf ab, ob Auftraggeber „im Allgemeininteresse liegende Aufgaben“ zu erfüllen haben (vgl auch § 23 Abs 2 BStatG, § 2 Z 4 BArchG). Der Zusammenhang mit der Verfolgung „öffentlicher Interessen“ liegt auf der Hand. Wenn man von einer Angelegenheit sagt, dass sie eine öffentliche Aufgabe darstellt, so bringt man damit nicht zugleich zum Ausdruck, dass es sich um eine „**Staatsaufgabe**“ handelt: öffentliche Aufgaben können auch von Privaten wahrgenommen werden (zB die staatsentlastende Tätigkeit der Vereine für Bewährungshilfe oder für AIDS-Hilfe). Die „**Verwaltungsaufgaben**“ wiederum bilden eine Teilmenge der Staatsaufgaben. Beispielsweise ist die Staatsaufgabe Grundbuchsführung derzeit keine Verwaltungsaufgabe. Alle diese Begriffe besagen nichts über die Handlungsform: öffentliche Aufgaben im Allgemeinen und Staats- bzw Verwaltungsaufgaben im Besonderen können grundsätzlich sowohl hoheitlich als auch in den Formen des Privatrechts wahrzunehmen sein.

Zur Wahrung öffentlicher Interessen (*service public*) sind bestimmten Unternehmen in Bereichen gemeinschaftsrechtlich geprägter „Marktöffnung“ (zB Telekom, Post, Energie) **Univer-**

saldienstpflichten (zB flächendeckende Leistungserbringung, Tarifeinheit, Kontrahierungspflicht) auferlegt. Im klassischen Recht öffentlicher Unternehmen fanden sich Betriebspflicht, Tarifzwang und Kontrahierungszwang als Konzessionspflichten.

- Die Unterscheidung „**öffentlich-rechtlich**" – „**privatrechtlich**" stellt auf Rechtsvorschriften, Rechte und Rechtsverhältnisse ab (Rz 506), nicht aber auf Handlungsformen der Verwaltung. Rechtsvorschriften, die hoheitliches Handeln vorsehen, gehören stets dem öffentlichen Recht an, öffentliches Recht ist jedoch nicht immer durch hoheitliche Akte im engeren Sinn zu vollziehen. Ebenso kommt es für den Begriff „**civil rights**" in Art 6 EMRK (Rz 203) nicht darauf an, in welchen nationalen Kategorien Rechte und Handlungsformen zu qualifizieren sind. Civil rights können auch berührt sein, wenn nach nationalem Recht – wie zB im Grundverkehrsrecht – eine Verwaltungsbehörde auf Grund öffentlich-rechtlicher Bestimmungen in Bescheidform zu entscheiden hat.
- Der Begriff „**Behörde**" meint jene (Gerichts- und Verwaltungs-)Organe, die – im Gegensatz zu den „schlichten Dienststellen" – zur Setzung von Hoheitsakten ermächtigt sind. Nicht jeder Akt einer Behörde (Rz 132) muss allerdings ein Hoheitsakt sein, da dieselben Organe vielfach auch privatrechtlich tätig werden. Der Rechtsbegriff „**behördlich**" (§ 14 WaffenG, § 52 Abs 2 TierseuchenG, § 28 Abs 1 KFG, § 72 Abs 4 WRG) wird häufig verwendet, um hoheitliche Funktionen – in spezifischer Gegenüberstellung zum Verwaltungshandeln in privatrechtlichen Formen – anzusprechen. 723
- Der Begriff „**Ausübung öffentlicher Gewalt**" ist ein engerer Begriff, der im Europäischen Gemeinschaftsrecht als Ausnahmetatbestand von den Regeln der Niederlassungs- und Dienstleistungsfreiheit von Bedeutung ist (Art 45, 55 EGV; daran anknüpfend § 1 Abs 3 NotO). Er spricht einen Kernbereich von (Organen mit) hoheitlichen Befugnissen an. – Dagegen meint „Tätigkeit öffentlicher Gewalt" („Hoheitsbetriebe") in § 2 Abs 5 KörpStG Wahrnehmung öffentlicher Aufgaben. 724
- Wenn in Gesetzen vom Handeln „in **Vollziehung der Gesetze**" die Rede ist, so sind damit hoheitliche Funktionsbereiche von (Gerichten und) Verwaltungsstellen gemeint (zB § 1 Abs 1 ZustellG, § 54a Abs 9 ZivDG, § 302 StGB; vgl auch § 10 Abs 2 Z 1 ArbKG sowie zur Amtshaftung Rz 736). Den Regeln für Auftraggeber des öffentlichen Bereichs unterliegen nach §§ 1 Abs 5, 5 Abs 2 DatSchG Einrichtungen in Formen des Privatrechts, die „in Vollziehung der Gesetze" tätig sind, also insoweit als sie zu hoheitlichem Handeln ermächtigt sind.
- Der Begriff „fiskalisch" stammt aus dem Recht der Monarchie, aus der Unterscheidung der „Polizey-Befugnis" des Landesherrn einerseits und dem Staat als „fiscus" andererseits. Dementsprechend meint er heute meist Aspekte der Privatwirtschaftsverwaltung (vgl die „fiskalischen Hilfsgeschäfte" oder die „Fiskalgeltung" der Grundrechte).

In der neueren Gesetzgebung findet sich der Begriff „Hoheitsverwaltung" verschiedentlich als Rechtsbegriff (§ 1 OrgHG, § 30 Abs 1 Z 1 MBG, § 5 Uni-KremsG, § 20 Abs 3 TierseuchenG, § 50 Z 3 MedienG, § 269 StGB), es wird zwischen „hoheitlicher oder privatwirtschaftlicher Vollziehung" unterschieden (§ 9 Abs 3 LebMBewG, § 2 Abs 6 BundesrechenzentrumsG).

2. Das klassisch-verwaltungsrechtliche Konzept der Hoheitsverwaltung

Als Ausgangspunkt ist nach wie vor der klassische *leading case* **VfSlg 3262/1957** maßgeblich. Auf das hier Relevante reduziert, ging es um Folgendes: Der ehemalige 725

Getreidewirtschaftsfonds (ein Vorläufer der Agrarmarkt Austria) weigerte sich, einen Preiszuschuss (Stützung) zu dem von einem Getreidebauern an eine Mühle gelieferten Brotgetreide (vermeintlich) schlechter Qualität zu leisten. Der VfGH hatte zu entscheiden, ob es sich bei der Fondsentscheidung um eine hoheitliche Entscheidung, insb um einen Bescheid handelt. Dem Erkenntnis lassen sich ua folgende Aspekte entnehmen:

- Es ist unerheblich, dass es sich um „öffentliche Verwaltung" handelt, dass der Fonds in diesem Zusammenhang die „öffentliche Aufgabe" der Brotpreisstützung wahrnimmt, da nicht alles „Öffentliche" hoheitlich zu vollziehen ist.
- Es ist nicht ausschlaggebend, dass es sich beim thematisch einschlägigen MarktordnungsG um eine Regelung auf dem Gebiet des öffentlichen Rechts handelt, denn nicht alles, was im Zusammenhang mit einer öffentlich-rechtlichen Regelung geschieht, muss hoheitliches Handeln sein.
- Es ist gleichgültig, dass der Fonds mit öffentlichen Mitteln arbeitet, denn „über andere als ‚öffentliche' Gelder verfügt der Staat nicht" (auch im Rahmen der Privatwirtschaftsverwaltung arbeitet der Staat mit öffentlichen Mitteln).
- Es ist gleichgültig, dass es sich beim Fonds (beim zuständigen Fondsorgan) an und für sich um eine „Behörde" handelt, denn nicht jeder Akt eines mit behördlichen Befugnissen ausgestatteten Organs ist ein Hoheitsakt.

Ausschlaggebend ist allein, welche „**rechtstechnischen Mittel**" der Gesetzgeber bereitgestellt hat, ob also eine gesetzliche Ermächtigung zu hoheitlichem Handeln gegeben ist und ob von einer solchen im konkreten Fall Gebrauch gemacht wird (Korinek/Holoubek, Grundlagen staatlicher Privatwirtschaftsverwaltung, 1993, 9; vgl zu Nutzungsverhältnissen an öffentlichem Gut VfSlg 16104/2001). Da im Zusammenhang mit der Stützung von Brotgetreide im MOG die Entscheidung mittels Bescheides o dgl nicht vorgesehen war, hatte die Verweigerung der Übernahme nicht in Bescheidform zu ergehen und stellte das konkrete Handeln des Fonds keinen Bescheid dar.

726 Aus diesem im Grundsätzlichen nach wie vor maßgeblichen Erkenntnis ergeben sich mehrere Konsequenzen: Zunächst ist festzuhalten, dass sich die Befugnis zu hoheitlichem Handeln nie allein aus dem „Wesen" einer Aufgabe oder aus der besonderen Bedeutung eines entscheidungsbefugten Organs ergibt. **Hoheitsverwaltung wird durch das Gesetz konstituiert.** Liegt eine solche konstitutive Begründung von Hoheitsverwaltung nicht vor, dann kann das Verwaltungshandeln kein hoheitliches sein. Vgl zB § 3 Abs 1 IAF-G: „Die Aufgabenbesorgung hat in den vom Gesetz bestimmten Fällen hoheitlich, sonst in den Formen des Privatrechts zu erfolgen". Nach OGH 30. 1. 2001, 1 Ob 257/00a erfolgt die Vermittlung Arbeitssuchender durch das AMS nicht im hoheitlichen Bereich. Dies hat zu der vielzitierten Wendung Anlass gegeben, dass „**im Zweifel Privatwirtschaftsverwaltung**" anzunehmen sei.

727 Wie muss die hoheitliche Ermächtigung zum Ausdruck kommen? Kein Zweifel kann bestehen, wenn der Gesetzgeber anordnet, dass zB über Stipendienanträge „mit Bescheid" zu entscheiden ist. Der Bescheid ist definitionsgemäß ein Hoheitsakt und dementsprechend ist in der Bescheidermächtigung eine Ermächtigung zu hoheitlichem Handeln zu sehen. Es muss im Gesetzestext allerdings nicht der Begriff „Bescheid" verwendet werden, es genügt, wenn hinreichend deutlich eine einseitige Anordnungs- und Entscheidungsbefugnis zum Ausdruck kommt, zB durch Worte wie: „ordnet an", „entscheidet", „verfügt", „gebietet", „setzt fest", „bestimmt" usw, sofern im systematischen Kontext nichts darauf hindeutet, dass es sich etwa um eine einseitige zivilrechtliche Entscheidungsbefugnis handeln soll. So ist etwa auch die behördliche „Zustimmung" gem § 69 wr BauO als Bescheid zu sehen.

Auf dieser Grundlage kann man jene Ermächtigungen zusammenstellen, die als Ermächtigungen zu hoheitlichem Handeln anzusehen sind. Es sind dies Ermächtigungen zur Erlassung bzw Setzung von 728

- **Bescheiden**
- **Verordnungen**
- **Akten unmittelbarer verwaltungsbehördlicher Befehls- und Zwangsgewalt** (AuvBZ).

Als „klassische Hoheitsakte" gelten überdies **Weisungen**. Es handelt sich um Anordnungen, die von vorgesetzten an unterstellte Organwalter ergehen, die also zum „Innenbereich" der Verwaltung zählen (Rz 974). Insoweit konstituiert die Weisungsbefugnis als Teil der Leitungsgewalt nicht hoheitliche Befugnisse „nach außen". Ebenso stellen auch **Vollstreckungsakte** unzweifelhaft hoheitliche Verwaltungsakte dar. Ihnen muss jedoch ein bestehender (oder wenigstens bevorstehender) Vollstreckungstitel zu Grunde liegen. Daher prägen nicht die Vollstreckungsakte die Rechtsnatur eines Vollziehungsbereiches, sondern die als Vollstreckungstitel in Betracht kommenden vorhergehenden Akte.

3. Die „schlichte Hoheitsverwaltung"

Bereits Antoniolli hat die Perspektive über die allein durch bestimmte Rechtsakte konstituierte Hoheitsverwaltung hinaus erweitert, als er aus Deutschland den Begriff der „schlichten Hoheitsverwaltung" importierte. Wenn der Arbeitsinspektor – wie sein berühmtes Beispiel lautet – im Rahmen einer Betriebsbesichtigung bloß „geht und schaut", so ist das weder ein Bescheid noch ein Befehls- und Zwangsakt (vgl zu Aufforderungen VwSlg 13368 A/1991, 15391 A/2000). Nichts anderes gilt zB für den „Streifen- und Überwachungsdienst" der Exekutivorgane (§ 5 Abs 3 SPG). Nach der oben zitierten Zweifelsregel müsste man sagen: Daher handelt es sich um Privatwirtschaftsverwaltung – was offenkundig absurd ist. Immerhin hat der Arbeitsinspektor hoheitliche Befugnisse: stellt er einen Missstand fest, drohen hoheitliche Akte. Freilich: das „Gehen und Schauen" selbst, das unzweifelhaft Verwaltungshandeln darstellt, ist mit den genannten Kategorien der „Hoheitsakte" im engeren Sinn nicht zu erfassen. Der Begriff der „**schlichten Hoheitsverwaltung**" will also Verwaltungshandeln erfassen, das selbst **nicht „normativer**" (anordnender, gebietender usw) Art ist und somit nicht als „Rechtsakt" qualifiziert werden kann, das aber jedenfalls „**im Zusammenhang mit**" **der Hoheitsverwaltung** erfolgt (vgl auch OGH 59/12, 60/156 ua; Schragel 120). 729

Im Schrifttum gab es verschiedentlich Kritik an dieser Begriffsbildung. Der Sache nach ist aber nicht in Abrede zu stellen, dass es Akte der Verwaltung gibt, die keine selbständige Normativität aufweisen, aber unzweifelhaft – vorbereitend, begleitend, durchführend – im Rahmen der Hoheitsverwaltung gesetzt werden, wie zB eine Auskunft im Rahmen eines behördlichen Verfahrens, die (tatsächliche) Auszahlung einer bescheidförmig zuerkannten Summe Geldes, die Ausstellung bestimmter Urkunden, wie zB Pass oder Staatsbürgerschaftsnachweis. Verschiedentlich ist sogar ausdrücklich vorgesehen, dass die Verweigerung einer solchen (tatsächlichen) Leistung „mit Bescheid" erfolgen soll, was wohl der deutlichste Hinweis dafür ist, dass auch der Fall der positiven Stattgebung bzw Erfüllung als hoheitliches Handeln zu qualifizieren ist. Verschiedentlich ist im Schrifttum in diesem Zusammenhang von „**hoheitlichen Realakten**" die Rede, womit ebenfalls betont werden soll, dass diese Akte – im 730

Gegensatz zu „Rechtsakten“ – keinen selbständigen normativen Inhalt aufweisen. Typisch ist das schlicht-hoheitliche Handeln zB in Bereichen staatlicher Aufsicht (zB Banken, Versicherungen, Selbstverwaltung): es wird, bewusst unterhalb der Schwelle des normativen Akts, „beraten“, „belehrt“, „gemahnt“ usw; nur dann, wenn diese „schlichte Aufsichtstätigkeit“ nicht zum Ziel führt, kommt es zur Setzung von Hoheitsakten ieS. Offenbar sind solche schlicht-aufsichtsbehördliche Akte – ebenso wie polizeiliche „Abmahnungen“ (zB § 35 Z 3 VStG, § 82 SPG) – kein „rechtliches Nichts“, und ebenso offenbar haben sie nichts mit Privatwirtschaftsverwaltung zu tun. Der Sache nach hat dies der Gesetzgeber anerkannt, wenn er für „schlichtes Polizeihandeln“ in § 88 Abs 2 SPG speziell konzipierten Rechtsschutz einrichtet (dazu VwSlg 14701 A/1997 ua); vgl auch die ErlBem zu § 5 DatSchG.

731 Hat man sich diesen Gedankengang zu eigen gemacht, so nimmt man auch die damit einhergehende qualitative Veränderung der Begriffsbildung wahr: Die „schlichte Hoheitsverwaltung“ kann man nämlich nicht mehr allein aus den typisierten Formen einer limitierten Zahl von Hoheitsakten bestimmen. Ausschlaggebend ist, dass bestimmte Handlungen gesetzt werden, die – an und für sich (wie zB die Erteilung einer Auskunft, die Auszahlung von Geld, die Ausstellung einer Urkunde) – sowohl im Bereich der Hoheitsverwaltung als auch im Bereich der Privatwirtschaftsverwaltung anzutreffen sind, also für sich „neutral“ sind. Was sie zum hoheitlichen Handeln macht, ist also nicht das Handeln als solches, sondern der **Kontext**, in dem sie gesetzt werden. Es gilt also, „Materien“, „Bereiche“ oder „Angelegenheiten“ als hoheitlich geprägte zu bestimmen. Nur eine solche Betrachtungsweise macht es überhaupt möglich, ein Nicht-Handeln als „hoheitliches Unterlassen“ zu qualifizieren. Und häufig bietet nur eine solche Bereichsdefinition die Möglichkeit, einen unter Ausübung von „Zwang“ gesetzten Akt als AuvBZ einzuordnen (vgl zu Entfernungsaufträgen auf öffentlichem Gut VfSlg 16104/2001).

732 Dieses Denken in „Zusammenhängen mit hoheitlichen Ermächtigungen“ erlaubt auch eine adäquate Deutung einiger verwandter Phänomene. Wenn ein Rechtsmittel an einen UVS erhoben wird, so kommt Parteistellung auch der Behörde zu, gegen deren hoheitlichen Akt das Rechtsmittel ergriffen wurde (§§ 67b AVG, § 51d VStG). Wie ist das Handeln dieser (belangten) Behörde im UVS-Verfahren rechtlich zu qualifizieren? Sie soll nicht selbst Hoheitsakte setzen, vielmehr soll sie – durch Gebrauchnahme von den einer Verfahrenspartei offen stehenden Parteirechten – im Verfahren die für die Rechtmäßigkeit des Akts sprechenden Gesichtspunkte vorbringen. Mit „Privatwirtschaftsverwaltung“ hat das nichts zu tun. Man nennt solche Akte (Anträge, Stellungnahmen und sonstige Erklärungen in einem Verfahren) daher **behördliche Parteierklärungen**. Ähnlich zu sehen sind die Anträge, Stellungnahmen, Rechtsmittel ua der Arbeitsinspektorate, der Disziplinaranwälte, der Umweltanwaltschaften oder Stellungnahmen mitbeteiligter Behörden (§ 2 UVP-G) im UVP-Verfahren, letztlich auch die Verfahrenshandlungen des Staatsanwalts als Ankläger.

733 Gelangt ein Bürgermeister in den Verhandlungen mit dem Betreiber eines Supermarkts zu der Überzeugung, dass eine Pauschalierung der Getränkesteuer gerechtfertigt ist, und schließt in der Folge die Gemeinde mit dem Betriebsinhaber eine darauf bezogene Vereinbarung, so handelt es sich um einen **verwaltungsrechtlichen Vertrag** (Rz 1256). Alle diese Akte zählen zur Hoheitsverwaltung, im Fall der Nichteinigung oder des Streits über den Inhalt der Vereinbarung droht nämlich der Abgabenbescheid. Mit Privatwirtschaftsverwaltung hat auch das nichts zu tun.

734 Bezogen auf den Ausgangsfall könnte man daher formulieren: Weil sich in den Bestimmungen des MOG, die den Fragenkreis der staatlichen Übernahme von Getreide

regelten, keine Ermächtigung zur Setzung von Hoheitsakten fand, war dieser „**Bereich**" nicht der Hoheitsverwaltung zuzuzählen. Daher waren die einzelnen Handlungen, die in diesem Zusammenhang zu setzen waren – die Anlieferung und Übernahme, die Probennahme und Untersuchung, das Abwiegen, das Ausstellen von Bestätigungen, die Erteilung von Auskünften, die Abrechnung, die Ausstellung von Kontoauszügen, die Auszahlung des Entgelts – keine hoheitlichen Akte. Hätte das Gesetz dagegen zB vorgesehen, dass der Fonds zur Vermahlung ungeeignetes Getreide mit Bescheid zurückweisen soll, so wären die gleichen Akte als Akte der Hoheitsverwaltung zu qualifizieren. Insgesamt ist daher der zentrale Grundgedanke von VfSlg 3262/1957 unverändert gültig: Die Hoheitsverwaltung wird durch das Gesetz konstituiert, maßgeblich sind die gesetzlich bereitgestellten rechtstechnischen Mittel (Schragel 107). Erweitert hat sich in der neueren Lehre jedoch der Bereich, in dem die für die Beurteilung eines Funktionsbereichs maßgeblichen rechtstechnischen Mittel herangezogen werden.

In diesem Sinn kann man also nur auf Grund einer **konkreten Interpretation der rechtlichen Zusammenhänge** zB zu der Beurteilung kommen, dass es sich bei der Herstellung eines Kanalanschlusses, bei der Zuweisung einer Grabstätte auf einem kommunalen Friedhof, bei der Untersuchung durch den Chefarzt eines Sozialversicherungsträgers, bei der Aufnahme in eine öffentliche Schule um Akte der Hoheitsverwaltung handelt – oder eben nicht.

4. Das „Verhalten in Vollziehung der Gesetze"

Der „Graubereich" der Hoheitsverwaltung wurde und wird naturgemäß vor allem 735
im **Amtshaftungsrecht**[1] sichtbar. Wenn man das Bild vom Arbeitsinspektor weiterentwickelt: Was dann, wenn der Arbeitsinspektor, der eigentlich nur „geht und schaut", dabei versehentlich etwas umstößt, kurz: wenn er dem Betriebsinhaber einen „Schaden" zufügt. Handelt es sich um eine hoheitliche Schadenszufügung, dann bestimmt sich die Haftung des Bundes (Art 10 Abs 1 Z 11 B-VG) nach Amtshaftungsrecht, im anderen Fall könnte der Bund nur unter den Voraussetzungen der §§ 1313a, 1315 ABGB privatrechtlich in Anspruch genommen werden.

Nach **Art 23 B-VG** und **§ 1 AHG** haftet ein dort genannter Rechtsträger, wenn

- jemandem
- ein „Schaden" (am Vermögen oder an der Person)
- durch ein Verhalten eines Organs eines Rechtsträgers,
- das „in Vollziehung der Gesetze" erfolgt ist,
- zugefügt wurde (Kausalität),
- wobei das Verhalten rechtswidrig und schuldhaft war.
- Gehaftet wird „nach den Bestimmungen des bürgerlichen Rechts".
- Der Schaden ist nur in Geld zu ersetzen.

Als „**Rechtsträger**" passivlegitimiert sind nur die Gebietskörperschaften, sonstige Körper- 735a
schaften öffentlichen Rechts (zB Gemeindeverbände, Kammern, Wasserverbände) und die

1 Rebhahn, Staatshaftung wegen mangelnder Gefahrenabwehr, 1997; Kucsko-Stadlmayer in K/H zu Art 23 B-VG; Weber/Pöschl, Die Haftung der Länder in der mittelbaren Bundesverwaltung, 2000; St Korinek ÖJZ 2000, 741; Kucsko-Stadlmayer ÖZW 2000, 62; Hofmann in ÖJK (Hg), Entstaatlichung – Gefahr für den Rechtsstaat ?, 2002, 148; Mayer ecolex 2002, 796; Holoubek/Lang (Hg), Organhaftung und Staatshaftung in Steuersachen, 2003; Schragel, AHG[3] 2003; Kucsko-Stadlmayer 15. ÖJT I/1 72.

Sozialversicherungsträger. Andere Anstalten, Fonds, „Ausgegliederte" und Beliehene sind nicht selbst passivlegitimiert, wohl aber haftet für ihre hoheitliche Schadenszufügung eine Gebietskörperschaft (Rz 1362b). Vgl zur Haftung des Bundes für hoheitliche Schadenszufügung durch Organe der OeNB OGH SZ 68/191, durch Tätigkeit eines Notars als Gerichtskommissär OGH SZ 57/172, zur Haftung des Landes für Schädigung durch ein Gasversorgungsunternehmen OGH SZ 69/188. – Einstehen muss letztlich der Rechtsträger, dem das Verhalten **funktionell** zuzurechnen ist, mag gem § 1 Abs 3 AHG auch die Klage gegen den Rechtsträger zulässig sein, dessen Organ im organisatorischen Sinn den Schaden verursacht hat. Selbstverwaltungskörper haften daher nur selbst, soweit das Verhalten ihrem eigenen Wirkungsbereich zuzuzählen ist; für Verhalten im übertragenen Wirkungsbereich eines Selbstverwaltungskörpers haften Bund oder Land je nach der betroffenen Vollzugskompetenz (Rz 206). – Das Organ, das den Schaden herbeigeführt hat, haftet, wenn Amtshaftung gegeben ist, nicht selbst (§§ 1 Abs 1, 9 Abs 5 AHG; zB OGH SZ 71/99); ebenso wenig die beliehene juristische Person, deren Organ tätig wurde (Schragel 36, 56; abweichend § 9 Abs 1 BibliothekenverbundG).

Auch Angehörige von Drittstaaten sind, da eine GegenseitigkeitsVO gem § 7 AHG nicht erlassen wurde, aktivlegitimiert.

Die Judikatur anerkennt auch Kreditschädigung (§ 1330 Abs 2 ABGB) als Schaden am Vermögen (Schragel 237).

735b Der Rechtsträger muss nicht nur für seine **Organe** im organisatorischen Sinn und andere seiner Sphäre zuzurechnende Personen (zB Portier einer Dienststelle) einstehen, sondern auch für jedes Verhalten einer (natürlichen; Schragel 36) **Person**, das im Zusammenhang mit einer dieser Person übertragenen (hoheitlichen) Befugnis gesetzt wird (Potacs in Holoubek/Lang 186). Für Hilfsorgane (OGH SZ 71/99 – Baggerfahrer) ebenso wie für Organe und Repräsentanten von beliehenen Unternehmen (Schragel 48). Auf die Art der Bestellung oder Betrauung kommt es nicht an (§ 1 Abs 2 AHG). Gesetzlich statuierte Privathaftung gilt dagegen als Indiz dafür, dass nach dem Willen des Gesetzgebers Amtshaftung nicht gegeben sein soll (Schragel 53, 62, 65, 67, 74). – Verfehlt ist die Annahme einer Haftung für Kesselprüfstellen (OGH ÖZW 2002, 59 mit Kritik von Kucsko-Stadlmayer) und für Bankprüfer (OGH 25. 3. 2003, 1 Ob 188/02g; ablehnend schon Schragel 53), da diese nicht „für" Rechtsträger tätig werden (zudem werden sie – anders als die erwähnten Gasversorgungsunternehmen – nicht hoheitlich tätig).

Aus einem Erkenntnis eines Höchstgerichts kann ein Ersatzanspruch nicht abgeleitet werden (§ 2 Abs 3 AHG). – Schadenszufügung durch EG-Organe unterliegt nicht dem AHG.

735c Gehaftet wird, das ist der Sinn dieser „deliktischen Haftung", für rechtswidriges Verhalten und damit auch bei Überschreitung von Befugnissen (Schragel 47). Nicht als Organverhalten ist nach der Judikatur Verhalten zu sehen, das nur „gelegentlich" einer Funktionsausübung gesetzt wird oder überhaupt als Privatverhalten zu qualifizieren ist (Schragel 173).

Rechtswidrigkeit indiziert in Anbetracht von § 2 Abs 1 AHG Verschulden (Umkehr der Beweislast).

Haftung nach den Bestimmungen des bürgerlichen Rechts impliziert das Erfordernis eines **Rechtswidrigkeitszusammenhangs** (Schragel 179), bei Vermögensschäden wird zudem gefordert, dass es sich bei der verletzten Vorschrift um ein „Schutzgesetz" iSv § 1311 ABGB handelt (OGH 23. 11. 1999, 1 Ob 103/99z, Schragel 181). Der Verstoß gegen allein im öffentlichen Interesse statuierte Ordnungsvorschriften löst demnach keine Haftung aus, ebenso wenig die rechtswidrig erteilte naturschutzrechtliche Bewilligung in Bezug auf Immissionsschäden aus der bewilligten Anlage. Gemäß § 2 Abs 2 AHG müssen die nach Lage des Falls zur Abwehr des Schadens zielführenden Rechtsmittel (incl VwGH-Beschwerde) ausgeschöpft werden; im Übrigen kann ein Verstoß gegen die bürgerlich-rechtliche **Schadensminderungspflicht** Mitverschulden (§ 1304 ABGB) bewirken (Schragel 248).

§ 3 regelt den Rückersatzanspruch des ersatzleistenden Rechtsträgers gegenüber der schadensverursachenden Person (Organwalter); Ausgliederungsgesetze regeln zT Regressketten (zB § 10 Austro ControlG). – Soweit **Geschädigter** ein Rechtsträger ist und Schädiger „sein" Organ ist, kommt nicht das AHG, sondern das **OrgHG** (in Bereichen hoheitlicher Vollziehung) oder das **DHG** zur Anwendung.

Zu anderen Anspruchsgrundlagen vgl noch Rz 1376.

Im vorliegenden Zusammenhang interessiert insb das Tatbestandselement des „Verhaltens in **Vollziehung der Gesetze**". Es hat seinen guten Grund, dass in Art 23 B-VG (§ 1 AHG, § 1 OrgHG) gerade nicht auf bestimmte Arten von formalen Rechtsakten abgestellt wird. Schadensverursachendes Ereignis kann wohl auch ein rechtswidriger Bescheid, ein rechtswidriger AuvBZ oder eine rechtswidrige VO (Schragel 93) sein. Typisches schadensverursachendes Ereignis ist aber in der Regel irgendein „sonstiges" Verhalten im Bereich der Hoheitsverwaltung. Daher wird in der amtshaftungsrechtlichen Judikatur die Pathologie der Hoheitsverwaltung in einzigartiger Weise sichtbar. 736

Der Begriff „Verhalten in Vollziehung der Gesetze" bedeutet zweierlei. Zum Ersten impliziert diese Wendung den Ausschluss einer Haftung für „legislatives Unrecht" (vgl Rz 1362d), gehaftet wird nur für die „Vollziehung" der Gesetze, damit für Justiz und Verwaltung. Zum Zweiten ist der Begriff aus dem im Jahr 1949 herrschenden Verständnis zu verstehen: „Vollziehung der Gesetze" galt als gleichbedeutend mit **hoheitlichem** Verhalten, da im Bereich des Privatrechts Gesetze nicht „vollzogen", sondern „angewendet" werden. Wenn der Staat „wie ein Privater" tätig wird, dann „vollzieht" er nicht die Gesetze. 737

Angesichts dieses Vorverständnisses ist festzuhalten, dass nicht immer dann, wenn es überhaupt „ein Gesetz gibt", Hoheitsverwaltung vorliegt. Der Umstand, dass viele Subventionen auf der Grundlage von Gesetzen verwaltet werden, besagt nicht, dass Schadenszufügung deshalb dem AHG unterläge; maßgeblich ist vielmehr, ob diese Subventionen hoheitlich (mit Bescheid) oder privatrechtlich (mit Vertrag) zu vergeben sind. 738

a) Haftungsbegründendes Ereignis nach AHG können somit zunächst Hoheitsakte im eigentlichen Sinn sein, wie rechtswidrige VO (zB Preisfestsetzung), Bescheide (zB Versagung einer Bewilligung) oder AuvBZ (zB OGH SZ 68/155 – Waffengebrauch). Da der Begriff „Verhalten" sowohl ein Tun als auch ein Unterlassen umfasst, kann auch das Nicht-Erlassen gebotener Bescheide (Säumnis) oder das Nicht-Erlassen gebotener VO (zB AnerkennungsVO, Anpassung einer VO an den Stand der Technik; Schragel 99) haftungsbegründend sein. Berücksichtigt man die Begriffe der „schlichten Hoheitsverwaltung" bzw der „hoheitlichen Realakte", so können überdies alle Akte, die „im Zusammenhang mit" Hoheitsakten gesetzt werden, „Verhalten in Vollziehung der Gesetze" darstellen (Holoubek in Holoubek/Lang 249), wie zB eine Schadenszufügung bei einem Lokalaugenschein im Rahmen eines Verwaltungsverfahrens (vgl auch OGH 23. 11. 1999, 1 Ob 103/99z – Stellungskommission). Dasselbe gilt auch für das Unterlassen gebotener (schlicht-hoheitlicher) Akte, wie zB der Beaufsichtigung und Kontrolle (OGH SZ 66/130; Schragel 195). Aber auch alle Hilfstätigkeiten oder sonst unselbständigen Akte teilen die Rechtsnatur der im Vordergrund stehenden Amtstätigkeit. Ein AHG-Fall ist daher zB auch im Aufstellen eines Straßenverkehrszeichens (auf dem „falschen" Grund) zu sehen, da es sich um einen Teilakt im Rahmen der Kundmachung einer Verordnung handelt (OGH SZ 62/144). 739

Bisweilen können bei AHG-Fällen die beiden Fragenkreise der Zurechenbarkeit und der Hoheitlichkeit fließend ineinander übergehen. So ist eine (schadensverursachende) Ohrfeige, die ein Lehrer einem Schüler im Unterricht gibt, zweifellos ein AHG-Fall. Die Ohrfeige, die derselbe Lehrer demselben Schüler außerhalb einer Lehrveranstaltung auf der Straße gibt, ist jedoch nicht bloß kein hoheitlicher Akt, sondern überhaupt ein nicht-staatlicher Akt (Privatverhalten). Die Schussverletzung, die ein Soldat bei einer Ausbildungsveranstaltung im Rahmen des Bundesheeres erleidet, ist ein AHG-Fall, die Schussverletzung, die jemand bei einer Schießübung eines Heeressportvereins erleidet, ist nicht nur kein Hoheitsakt, sondern hat überhaupt nichts mit dem Bundesheer zu tun. 740

741 b) Ein mit einem Polizei-Kfz verursachter Unfall ist ein AHG-Fall, weil solche Kfz nur für hoheitliche Fahrten verwendet werden: entweder zu Einsatzfahrten oder zu Fahrten, die potenziell zu einem Befehls- und Zwangsakt führen, oder zu Fahrten im Rahmen schlicht-hoheitlichen „Überwachens“ (zB im Rahmen der Verkehrsaufsicht). Diesen Gedanken kann man weiterspinnen: Jede Fahrt zur Wartung einer hoheitlichen Einrichtung ist dementsprechend eine „hoheitliche Fahrt“ (SCHRAGEL 83). Damit ist bereits der gedankliche Ansatz gelegt zu dem als extrem kritisierten „Gendarmeriehund-Fall“ (SZ 41/2): Da solche Hunde im Einsatzfall „Waffen“ iSd WaffengebrG darstellen, ist ihr Halten, so der OGH, **nicht im „Erwerbs- und Gewinnstreben**“ der öffentlichen Hand begründet, sondern dient hoheitlichen Zwecken.

Das genannte Urteil stellt den Höhepunkt einer Entwicklung der amtshaftungsrechtlichen Judikatur dar, die auf eine Umkehr der genannten „Zweifelsregel“ hinauslief: Für den Bereich des AHG würde demnach jedes Verhalten der öffentlichen Verwaltung „im Zweifel“ als hoheitlich gelten, wenn nicht dargetan werden kann, dass es im „Erwerbs- und Gewinnstreben“ der staatlichen Verwaltung begründet ist. Es handelt sich – angesichts der Erleichterungen für den AHG-Kläger – um eine bewusst rechtsschutzfreundliche Sicht. Dieses Judikat führt freilich zu Konsequenzen, die dogmatisch nicht zu bewältigen sind: Müsste dann nicht die gesamte Verwaltung des einschlägigen Sachsubstrats (zB Mannschaftsräume, Waffenkammer, Dienstgarage) der hoheitlichen Verwaltung zugezählt werden? – eine Folgerung, die zu Recht nicht gezogen wurde, da es sich nur um Wirtschaftsverwaltung, nämlich um das Verwalten eigener Sachen handelt (SCHRAGEL 160).

Die neuere Judikatur ist wieder differenzierter und bemüht sich um **bereichsspezifische** Zuordnungen. Nach OGH SZ 55/17 zählen die Repräsentationspflichten eines Botschafters ihrem Wesen nach zur Hoheitsverwaltung (dunkel OGH 26. 2. 2002, 1 Ob 29/02z – Lehrerausbildung). Nach OGH 61/261 handelt es sich bei der Förderungsverwaltung „im Zweifel“ um Privatwirtschaftsverwaltung. Ebenso bei der Wasserversorgung (ohne Anschlusszwang) durch eine Wassergenossenschaft (OGH SZ 73/57). In der neueren Judikatur tritt der Gedanke in den Vordergrund, dass der Bereich, in dem dem Rechtsunterworfenen Abwehransprüche genommen sind (kein Unterlassungsanspruch gegen Hoheitsakte), dem Anwendungsbereich der Amtshaftung korrespondiert (OGH SZ 64/85, 72/5 – Sektenbroschüre, JBl 2001, 580, 27. 10. 1999, Ob 117/99h, SCHRAGEL 30, HOLOUBEK in Holoubek/Lang 254).

742 c) Die erweiternde Sicht hat zu einer „Suche nach **hoheitlichen Indizien**“ geführt: Immer wieder ist die AHG-Judikatur mit Fällen der **Leistungsverwaltung** („Daseinsvorsorge“) konfrontiert. In diesem Zusammenhang vermag ein hoheitliches Element einen ganzen Verwaltungsbereich zu „infizieren“:

Entsteht ein Schaden dadurch, dass das kommunale Wasserwerk die Zuleitung sperrt (und es daher zB in einer Tierhandlung zu einem Fischsterben kommt), handelt es sich zumeist um eine AHG-Frage, da das Wasserlieferungsverhältnis im Regelfall kraft Anschlusszwangs ein hoheitliches ist (SCHRAGEL 33, 133). Das Gleiche gilt hinsichtlich der Abwasserentsorgung und der Müllabfuhr. Bei öffentlichen Schulen und Privatschulen mit Öffentlichkeitsrecht werden Prüfungen und die Ausstellung von Zeugnissen als Hoheitsakte gesehen (SCHRAGEL 159).

743 Andererseits erfolgt die Errichtung und Instandhaltung von Straßen stets nichthoheitlich, da die Bau- und Instandhaltungsmaßnahmen durch kein hoheitliches Element geprägt sind: wird durch Arbeiter des Bauunternehmens der Zaun eines benachbarten Grundstücks eingedrückt, ist dies ein ABGB-Fall. Ebenso ist der Sturz auf einer schadhaften Treppe eines Bundesmuseums oder Theaters bloß ein Problem der „Verkehrssicherungspflicht“, da die Zulassung zu solchen Einrichtungen nicht

mittels Hoheitsakts erfolgt und das Benutzungsverhältnis auch sonst nicht hoheitlich geprägt ist.

d) Angesichts der besonderen Begründung der vorgenannten erweiterten Sicht hoheitlicher Leistungsverwaltung entstehen **Teilbarkeits**- und Relativitätsprobleme: Im Verhältnis zum Abfallentsorgungspflichtigen, dessen Müll nicht, schlecht oder unzureichend entsorgt wird, kann es sich, wie gesagt, um ein AHG-Problem handeln. Wenn das Müllabfuhrauto aber in weiterer Folge einen Verkehrsunfall verursacht, steht es zu diesem anderen Verkehrsteilnehmer in keinem durch ein hoheitliches Indiz geprägtes Rechtsverhältnis. Wenn gegenüber dem Wasseranschlusspflichtigen die Versorgung unzureichend wahrgenommen wird, kann es sich um einen AHG-Fall handeln. Wenn aber die Wasserleitung an einer anderen Stelle undicht wird und dies zur Überflutung eines Kellers führt, handelt es sich insoweit um einen bloß nachbarrechtlichen Immissionsfall. Die Errichtung einer Wasserversorgungsanlage als solche ist – wie beim Straßenbau – stets Privatwirtschaftsverwaltung. 744

Auskünfte nach den AuskunftspflichtG stellen Verhalten in Vollziehung der Gesetze dar, mag der Gegenstand der Auskunft auch Angelegenheiten der Privatwirtschaft betreffen. Die staatliche Aufsicht über die Selbstverwaltung ist hoheitlicher Natur, mag den Gegenstand der Kontrolle auch ein Privatrechtsakt des Selbstverwaltungskörpers bilden. Die Vergabekontrolle ist hoheitlich ausgestaltet, obwohl das dieser Kontrolle unterworfene Vergabeverfahren selbst nicht-hoheitlich ausgestaltet ist. – Bei staatlichen Anstalten ist mitunter nur das Gebührenregime, nicht aber das Leistungsregime hoheitlich ausgestaltet (Schragel 142, 153; Rz 1221).

e) Teilbarkeitsfragen stellen sich mitunter auch in „Dreiecksverhältnissen“: Wenn die BVB im Fall einer Gewässerverunreinigung gemäß § 31 WRG einschreitet, kann dies zu Zwangsmaßnahmen unter Beiziehung eines Bauunternehmens (Abheben von kontaminiertem Erdreich u dgl) führen. Das Rechtsverhältnis der BVB gegenüber dem Verursacher und/oder Grundeigentümer ist ein hoheitliches (OGH SZ 71/99; vgl zum Abschleppunternehmen OGH SZ 69/132), ihr Kosten-Vorschreibungsverhältnis ihm gegenüber ebenfalls. Dagegen ist ihr Auftragsverhältnis gegenüber dem Bauunternehmen nicht ein hoheitliches, sondern ein werkvertragliches (Rz 115). 745

Weite Beachtung fand der *ATS-Fall* (OGH SZ 52/186), in dem der durch den Konkurs einer Bank geschädigte Einleger die unzureichende staatliche Aufsicht rügte. Als Einleger befindet sich der Sparer in einem zivilrechtlichen Rechtsverhältnis zu einer Bank; diese unterliegt jedoch ihrerseits einer – hoheitlich ausgestalteten – öffentlich-rechtlichen Aufsicht (§§ 69ff BWG). Im Fall der Zahlungsunfähigkeit der Bank kann dem Einleger wegen unzureichender Beaufsichtigung ein AHG-Anspruch gegen den Bund zustehen, da dieses Aufsichtsregime auch „Schutznormqualität“ (§ 1311 ABGB) hat.

Ähnlich zu sehen ist – nach der problematischen (Rz 118) Judikatur – die periodische „Pickerl-Kontrolle“ bei Kfz (§ 57a KFG): Der Verkehrsunfall zwischen privaten Verkehrsteilnehmern ist ein normales ABGB- bzw EKHG-Ereignis. Ist die unzureichende „Pickerl-Prüfung“ ursächlich für den Schadensfall (der Defekt an der Bremse hätte auffallen müssen), kann ein AHG-Anspruch gegenüber dem Bund (Art 10 Abs 1 Z 9 B-VG) offen stehen.

5. Von der „Privatwirtschaftsverwaltung“ zur „nicht-hoheitlichen Verwaltung“

Man kann in gleicher Weise – gleichsam mit umgekehrten Vorzeichen – an die Frage der Präzisierung des Begriffs „Privatwirtschaftsverwaltung“ herangehen, indem 746 man bei den klassischen Formen ansetzt und sich dann schrittweise den Grenzfällen nähert (vgl zum Staat als Wirtschaftssubjekt und Auftraggeber HOLOUBEK VVDStRL 60, 160).

747 Als ein „klassischer" Bereich der Privatwirtschaftsverwaltung gelten insb die sog „**fiskalischen Hilfsgeschäfte**", wie sie für die „Verwaltung der Verwaltung" (Rz 712) typisch sind: Sie reichen von der „Bedarfsdeckung", dh vom Erwerb der „Amtstinte" – heute würde man eher vom Erwerb von EDV-Systemen u dgl sprechen – über den Erwerb, das Mieten und Leasen des Sachsubstrats, über die „Vermögensverwaltung" (§§ 287, 288 ABGB), dh die Maßnahmen der Errichtung und Instandhaltung von Verwaltungssachen, über die Nutzung von Verwaltungssachen, beispielsweise durch Vermietung (zB von Gemeindewohnungen) bis zum Abschluss und zur Verwaltung von Dienstverträgen (Vertragsbedienstete). Es werden – wenn man vom Sonderfall der hoheitlichen Enteignung zum Zweck des Erwerbs des Sachsubstrats absieht – zivilrechtliche (Kauf-, Werk-, Miet-, Dienst- ua) Verträge abgeschlossen.

748 Soweit die staatliche Nachfrage nach Gütern und Leistungen größere Dimensionen erreicht, gewinnt sie – als „**Vergabe öffentlicher Aufträge**" (KORINEK/DENK in Raschauer, Wirtschaftsrecht, Rz 701) – nicht nur wirtschaftspolitische (insb konjunkturpolitische) Bedeutung, sie wirft vielmehr auch spezifische Rechtsschutzprobleme auf. Das in Umsetzung gemeinschaftsrechtlicher Richtlinien erlassene BVergG zielt daher auf Transparenz und Hintanhaltung von Diskriminierungen ab. Im Rahmen eines Vergabeverfahrens wird auf Grund öffentlicher Ausschreibungen (sie stellen zivilrechtliche Einladungen zur Offertstellung dar) zB für die Errichtung von Gebäuden oder Straßen oder für den Erwerb von Verwaltungssachen unter den einlangenden zivilrechtlichen Offerten der Bieter der Billigst- oder der Bestbieter ausgewählt (Zuschlagserteilung), sodann wird mit diesem ein zivilrechtlicher Werk- oder Kaufvertrag abgeschlossen. Während sich diese Vorgänge im Außenverhältnis nach Zivilrecht bestimmen, ist zu beachten, dass der „Innenbereich" der Verwaltung auch in diesen Zusammenhängen allein dem öffentlichen Recht unterliegt. Mit der Überprüfung und gegebenenfalls „Aufhebung" von im Zuge des Vergabevorgangs gesetzten Akten sind besondere Kontrollbehörden betraut; ihre Tätigkeit stellt Hoheitsverwaltung dar. Man kann also sagen, dass das Vergaberecht nicht in „allen Phasen" Privatwirtschaftsverwaltung darstellt.

749 Als weiteres klassisches Gebiet der Privatwirtschaftsverwaltung gilt die **Subventionsverwaltung** (REBHAHN in Raschauer, Wirtschaftsrecht, Rz 801). Freilich bedarf es der Differenzierung: Es gibt – mit abnehmender Tendenz – gesetzliche Bestimmungen, welche die Vergabe von Subventionen „mit Bescheid" vorsehen (zB Stipendien gemäß § 35 StudFördG). In den weiten Bereichen der Wirtschafts-, Landwirtschafts- und Umweltförderung stellt die „Zusicherung" dagegen im Allgemeinen eine (zivilrechtliche) einseitige rechtsgeschäftliche Erklärung dar. Man kann also nicht sagen, dass die Subventionsverwaltung „wesensgemäß" Privatwirtschaftsverwaltung sei; freilich ist die Rechtslage im Bereich der Förderungsverwaltung sehr häufig nicht-hoheitlich ausgestaltet.

750 Wenn letztlich auch die Führung „**öffentlicher Unternehmen**" (POTACS in Raschauer, Wirtschaftsrecht, Rz 901) im Zusammenhang mit der Privatwirtschaftsverwaltung genannt wird, so ist zweierlei zu beachten: Zum einen gelten als öffentliche Unternehmen im weiteren Sinn auch manche öffentlich-rechtliche Einrichtungen, zB manche Anstalten und Fonds; nur das privatrechtliche Handeln solcher Einrichtungen könnte in einem weiteren Sinn als (nicht-staatliche) Privatwirtschaftsverwaltung verstanden werden. Zum anderen ist bei den privatrechtlich organisierten Unternehmen

(Kapitalgesellschaften) nur die Ausübung der Eigentümerrechte der Gebietskörperschaften selbst Privatwirtschafts-"verwaltung". Dagegen ist das (privatrechtliche) Handeln dieser Unternehmen ihnen grundsätzlich (Rz 35) selbst zuzurechen; es stellt im Allgemeinen nicht Verwaltung und damit auch nicht Privatwirtschaftsverwaltung dar (zB ÖBB, Post AG, ÖIAG). Andererseits bildet das hoheitliche Handeln von „beliehenen Unternehmen" (zB OeNB, Austro Control GmbH) definitionsgemäß Hoheitsverwaltung.

Es gibt also, zusammenfassend, keine Verwaltungsbereiche, die – als „Bereiche" – von vorneherein und gleichsam definitorisch Privatwirtschaftsverwaltung bilden. Wohl aber ist in den vorgenannten Bereichen privatrechtliches Verwaltungshandeln häufig anzutreffen, sodass man von „typischen" Beispielen für Privatwirtschaftsverwaltung sprechen kann.

Geht man über diesen engsten Bereich hinaus, so lässt sich die oben beschriebene 751
„Grauzone" der Hoheitsverwaltung symmetrisch in gleicher Weise als „Grauzone" der Privatwirtschaftsverwaltung darstellen: Wenn einem Vertragsbediensteten eine Arbeitgeberbestätigung ausgestellt wird, dann handelt es sich zwar um eine „öffentliche Urkunde" (§ 47 AVG), aber doch um eine zivilrechtliche Erklärung. Wenn in Erfüllung eines Förderungsvertrages der zugesicherte Förderungsbetrag ausgezahlt wird, so handelt es sich um eine zivilrechtliche Erfüllungshandlung. Es gibt also auch im Bereich der Privatwirtschaftsverwaltung „Realakte", die ihre spezifische rechtliche Qualifikation erst aus der Zuordnung zum rechtlichen Kontext gewinnen.

Wie die vorhergehenden Beispiele sichtbar gemacht haben, werden Formen des 752
Privatrechts auch in Zusammenhängen vorgesehen, die nichts mehr mit privatrechtlichen Rechtsverhältnissen im klassisch bürgerlich-rechtlichen Sinn (§ 1 ABGB) zu tun haben. Privatrechtliche Handlungsformen finden sich gerade auch in Bereichen der Leistungs- und Lenkungsverwaltung, die durch eindeutige Über-/Unterordnungsverhältnisse zwischen der staatlichen Verwaltung und den Rechtsunterworfenen geprägt sind. „Interventionskäufe" – ähnlich dem Ausgangsfall VfSlg 3262/1957 – gehören zum Kernbereich staatlicher oder gemeinschaftlicher Marktintervention (vgl Puck in Raschauer, Wirtschaftsrecht, Rz 608). Geblieben ist daher in solchen Fällen die **„bloße Form" privatrechtlichen Handelns**.

Angesichts derartiger Konstellationen wird es daher verschiedentlich vorgezogen, 753
anstelle des Begriffs „Privatwirtschaftsverwaltung" den – leider nur negativ bestimmten – Begriff **„nicht-hoheitliche Verwaltung"** zu verwenden (zB § 8 Abs 1 JWG, § 59 Abs 1 AMSG, § 9 Abs 4 Gesundheits- und ErnährungsSG). Zum einen ist das einzige „Private" an dieser „Privatwirtschaftsverwaltung" nämlich, dass sich die Verwaltung nicht dem öffentlichen Recht unterliegender Handlungsformen bedient bzw bedienen soll. Zum anderen geht es eben, wie gezeigt, keineswegs nur um das einer unternehmerischen Tätigkeit vergleichbare „Wirtschaften" des Staates.

XI. Administrative Rechtssetzung

A. Allgemeines

754 Die Verwaltung hat nicht nur generell-abstrakte Rechtsvorschriften zu vollziehen, sie erlässt auch selbst generell-abstrakte Rechtsvorschriften und wird insoweit „rechtssetzend" tätig. Gemessen an der Summe der generell-abstrakten Rechtsvorschriften steht die administrative Rechtssetzung sogar ganz dominierend im Vordergrund. Allein schon in den einzelnen Bänden des BGBl herrschen neben „Verordnungen" (BGBl II) insb „Staatsverträge" und staatsvertragsakzessorische „Kundmachungen" (BGBl III) vor. Bei allen diesen – hier nicht zu erörternden – Rechtsakten handelt es sich, ebenso wie bei den Gliedstaatsverträgen (Art 15a B-VG) oder den Wiederverlautbarungen (Art 49a B-VG), um Formen **administrativer** Rechtssetzung, mögen sie auch zum Teil der parlamentarischen Genehmigung bedürfen.

Wollte man die bestehenden Formen administrativer Rechtssetzung nur nach ihren Bezeichnungen und nach ihren äußeren Erscheinungsformen erfassen, wäre man mit einer erdrückenden Vielfalt konfrontiert: Da gibt es Anordnungen, Verordnungen, Kundmachungen, Entschließungen, Erlässe, Verlautbarungen, Satzungen, Statuten, Festsetzungen, in speziellen Zusammenhängen finden sich Hausordnungen, Marktordnungen, Parkordnungen, Geschäftsordnungen, Richtlinien, Beförderungsbedingungen, Flächenwidmungspläne, Abfallwirtschaftspläne – um nur einmal Beispiele prima vista rechtssetzender Akte anzuführen.

Rechtssetzend wird die Verwaltung sowohl im Bereich der Hoheitsverwaltung als auch im Bereich der Privatwirtschaftsverwaltung tätig. Bei den generellen Rechtsakten der Verwaltung im Bereich der Hoheitsverwaltung handelt es sich zumeist um die in der Folge näher zu erörternden „Verordnungen". Rechtssetzend wird die Verwaltung sowohl gegenüber den Rechtsunterworfenen tätig – polizeiliche Anordnungen verbieten bestimmte gefährliche Tätigkeiten, technische Richtlinien regeln die Ausstattung bestimmter Anlagen und Geräte, Durchführungsverordnungen präzisieren den steuerrechtlichen Begriff der „Liebhaberei" usw – aber auch für den „eigenen Bereich", also „intern": Erlässe weisen öffentlich Bedienstete an, wie sie bestimmte Gesetze anzuwenden haben, Geschäftseinteilungen regeln die Gliederung einer Dienststelle, Rundschreiben geben die dienstrechtlichen Möglichkeiten einer „Einarbeitung" von „Fenstertagen" bekannt usw.

B. Die Verordnung

755 Als eine Form genereller Rechtssetzung setzt das verfassungsrechtliche Rechtsquellensystem (Rz 466) die „**Verordnung**" ein. Für die Erlassung von VO hält die Bundesverfassung eine eigenständige Ermächtigung bereit (Art 18 Abs 2 B-VG), und für den Rechtsschutz gegen VO begründet sie eine besondere Zuständigkeit des VfGH (Art 139 B-VG). Aus diesem Grund ist in einem bestimmten Umfang von einem **verfassungsrechtlich vorgeprägten Verordnungsbegriff** auszugehen (zuletzt

Hattenberger ZfV 2001, 546 mwN). Der Inhalt dieses verfassungsrechtlichen Verordnungsbegriffs ist zum einen systematisch, in Abgrenzung zu anderen Formen administrativer Rechtssetzung, zum anderen historisch aus der vom B-VG 1920 vorgefundenen Rechtslage und Verwaltungspraxis bestimmt.

Bei der näheren Betrachtung des Phänomens „Verordnung" ist es von nicht zu unterschätzender Bedeutung, dass für diese Rechtsakte verfassungsrechtlich weder eine bestimmte Bezeichnungspflicht noch eine bestimmte Kundmachungsform vorgeschrieben sind. Das führt nämlich dazu, dass eine erstaunliche Vielfalt von Akten als VO zu qualifizieren ist. VO sind also keineswegs nur jene Akte, die zB im BGBl unter der Bezeichnung „Verordnung" kundgemacht sind; ein großes Papier mit bunten Färbelungen und Aufdrucken („Flächenwidmungsplan") kann ebenso eine VO sein wie eine Rundfunkansprache des BPräs, die sich als „Einsatzverfügung" (§ 65b WehrG) darstellt.

Bei einer näheren Diskussion von Rechtsakt-Typen mit einem verfassungsrechtlich vorgeprägten Inhalt – dies gilt für die hier zu erörternden VO ebenso wie zB für die später zu besprechenden Bescheide (Rz 856) – sind mehrere **Ebenen der Fragestellung** zu unterscheiden: 756

- Welchen Akt hat der Gesetzgeber, der ein bestimmtes Verwaltungshandeln regelt, von Verfassungs wegen vorzusehen? Beispielsweise kann man der Frage nachgehen, in welchen Fällen der Gesetzgeber, der die Ausübung der Straßenpolizei regelt, dabei – wie immer zu benennende (Straßenverkehrszeichen, Bodenmarkierungen etc) – VO vorzusehen hat.
- Welchen Akt hat die Verwaltung auf der Grundlage einer konkreten Rechtsvorschrift zu erlassen? Es handelt sich um eine Aufgabe der Interpretation der betreffenden Rechtsgrundlagen. Beispielsweise kann man der Frage nachgehen, ob es sich bei der im nö Leichen- und BestattungsG vorgesehenen „Friedhofsordnung" um eine – entsprechend kundzumachende und nach Art 139 B-VG anfechtbare – VO handeln soll.
- Als was ist ein konkret vorliegender administrativer Akt zu deuten? Beispielsweise kann man der Frage nachgehen, ob ein bestimmtes an der Amtstafel einer Gemeinde ausgehängtes Schreiben des Bürgermeisters eine VO darstellt.

Auf der Ebene der Analyse eines Verwaltungsakts ist zunächst maßgeblich, inwiefern der konkret vorliegende Akt überhaupt die „**Mindestbedingungen**" für eine (allenfalls rechtswidrige) VO erfüllt. Wurde ein Akt beispielsweise nicht von einer Verwaltungsbehörde erlassen, enthält er keinen normativen Inhalt oder wurde er nicht nach außen kundgemacht, so kann er – gemessen an den Erzeugungsbedingungen für VO – nicht einmal eine fehlerhafte VO sein; eine Anfechtung eines solchen Akts nach Art 139 B-VG wäre mangels Vorliegens eines tauglichen Anfechtungsobjekts zurückzuweisen (näher Hattenberger ZfV 2001, 546). 757

Eine von der Bestimmung der **Rechtsnatur** eines Akts grundsätzlich unabhängige Frage ist die, ob der Akt **rechtmäßig** ist: Wenn ein Akt den für eine VO maßgeblichen Mindestbedingungen genügt, dann liegt jedenfalls eine VO vor, mag der Akt auch den für einen Akt der betreffenden Art maßgeblichen rechtlichen Erzeugungsvorschriften und inhaltlichen Determinanten nicht entsprechen. In den seltenen Fällen, dass sich Argumente für verschiedene Arten von Verwaltungsakten finden (VO oder Bescheid, VO oder AuvBZ), ist allerdings (auch) zu veranschlagen, dass ein Akt „im Zweifel" nicht auf eine Weise gedeutet werden soll, die ihn rechtswidrig erscheinen lassen würde. 758

C. Die Merkmale der Verordnung im Einzelnen

Ausgehend von der allgemeinen Begriffsumschreibung, wonach als VO jede von einer (staatlichen) **Verwaltungsbehörde im Bereich der Hoheitsverwaltung erlassene generelle außenwirksame Norm** zu verstehen ist, sollen in der Folge einzelne Merkmale näher erörtert werden.

a) „Akt" – „Bezeichnung"

759 Von einer VO kann nur gesprochen werden, wenn der in Frage stehende Akt überhaupt gegenüber einem außerhalb des betreffenden Organs stehenden Personkreis bekannt gegeben wurde, wenn er – mit den Worten des VfGH – „ein Mindestmaß an Publizität erlangt hat" (zB VfSlg 16281/2001). Erfolgte die Kundmachung bloß nicht in der für einen Akt der betreffenden Art vorgesehenen Weise, so ist das In-Geltung-Treten des Akts als VO mE grundsätzlich nicht ausgeschlossen, der Akt ist freilich rechtswidrig.

Lehre und Rechtsprechung gehen seit der Neuordnung der gerichtlichen Befugnis zur VO-Anfechtung mit der B-VG-Nov 1975 davon aus, dass „nicht gehörig" kundgemachte VO für Behörden, auf die Art 89 B-VG anwendbar ist (Gerichte [mit Ausnahme des VfGH], UVS, UBAS, BVA), rechtlich nicht existent seien (zB VwGH 20. 9. 2001, 98/11/0275). Wenn sie nur ein Mindestmaß an Publizität erlangt haben, sind sie bis zur ihrer allfälligen Aufhebung durch den VfGH gleichwohl für alle anderen Behörden und Dienststellen und – vor allem – für die Rechtsunterworfenen verbindlich!

760 Maßgeblich ist der nach außen in Erscheinung tretende Staatswille. Weicht das tatsächlich Kundgemachte vom Beschlossenen ab, so unterliegt der Akt der Aufhebung, ist aber nicht absolut nichtig (zB VfSlg 15192/1998). Selbst in dem Fall, dass überhaupt kein Willensakt der zuständigen Behörde vorliegt, kann der nach außen erlassene Akt – da es auf den Adressatenhorizont ankommt – als (rechtswidrige) VO zu qualifizieren sein, sofern er nur überhaupt den Anschein erweckt, von einer verordnungsbefugten Behörde erlassen worden zu sein (anschaulich VfSlg 7177/1973; anders VfSlg 11462/1987).

761 Auf die Bezeichnung des Akts kommt es, wie erwähnt, nicht an. Keine Bestimmung trägt dem Gesetzgeber bzw einer verordnungserlassenden Behörde die Bezeichnung solcher Akte als „Verordnung" auf.

„Für die Qualifikation eines Rechtsaktes als Verordnung im Sinne des Art 18 Abs 2 B-VG ist weder seine Bezeichnung noch der formelle Adressatenkreis noch die Art seiner Veröffentlichung bestimmend; vielmehr kommt es auf den normativen Gehalt des Verwaltungsaktes an" (VwGH 14. 5. 1998, 97/12/0401, VfSlg 15061/1997, zuletzt VfGH 11. 12. 2002, V 104/01). Auch ein gesetzlich nicht näher geregelter „Anschlag in der Gemeinde" kann nach VwGH 23. 4. 1996, 94/05/0021 und VfSlg 15545/1999 eine (unmittelbar pflichtenbegründende) VO sein (krit Aichlreiter ZfV 2002, 20).

b) „von einer (staatlichen) ***Verwaltungsbehörde****"*

762 – Um eine VO kann es sich nur handeln, wenn der Urheber des Akts ein **staatliches** Organ im weiteren Sinn (Rz 46) ist. Daher sind „Versicherungsbedingungen" privater Versicherungsunternehmen, „Kirchenbeitragsordnungen" der Kirchen und Religionsgesellschaften oder „Verordnungen" von Organen der Europäischen Gemeinschaften (Rz 219) keine „Verordnungen" im vorliegenden Sinn; ebenso wenig „ÖNORMEN" des Österreichischen Normungsinstitutes (VwSlg 15282 A/1999;

Korinek/Denk in Raschauer, Wirtschaftsrecht, Rz 705) oder Richtlinien einer Internationalen Gewässerschutzkommission (VwGH 25. 4. 2002, 99/07/0125). Dagegen kann es sich bei generellen Rechtsakten der Sozialversicherungsträger (zB den Krankenordnungen) um VO handeln (zu Richtlinien des Hauptverbands Raschauer DRdA 2003, 266). Wird ein Privater in einem hoheitlichen Kontext gesetzlich ausdrücklich zur Erlassung genereller Regelungen ermächtigt, dann kann es sich bei dem betreffenden Akt um eine – der zuständigen Gebietskörperschaft zurechenbare – VO handeln; darüber hinaus können Beliehene in dem Funktionsbereich, in dem sie mit hoheitlichen Befugnissen ausgestattet sind, gemäß Art 18 Abs 2 B-VG auch VO erlassen. Da „kollektivvertragsfähige Körperschaften" (§§ 4ff ArbVerfG) als solche nicht als hoheitlich beliehen angesehen werden, gelten die von ihnen vereinbarten „Kollektivverträge" als Rechtsquellen eigener Art (Rz 469) und jedenfalls nicht als VO.

- Urheber des Akts muss ein **Verwaltungs**organ sein. Maßgeblich ist der funktionelle Begriff. Dementsprechend sind Landtagsbeschlüsse keine VO; wohl aber können Gemeinderatsbeschlüsse VO sein, da es sich beim Gemeinderat um ein kollegiales Verwaltungsorgan handelt. Ebenso sind generelle Justizakte (Rz 196) keine VO. Dagegen kann es sich bei generellen Justizverwaltungsakten (VfGH 12. 12. 2002, G 194/02) oder bei generellen Anordnungen der Parlamentsverwaltung (zB Besucherordnung) um VO handeln, da sie von Verwaltungsorganen im funktionellen Sinn erlassen werden. Schließlich sind die „Satzungen" und andere generelle Ordnungen der Selbstverwaltungskörper in dieser Hinsicht als VO zu qualifizieren. Ein Verwaltungsakt hört nicht deshalb auf, ein Verwaltungsakt zu sein, wenn er – zB in den Fällen des Art 55 Abs 4 B-VG – der Mitwirkung eines Nicht-Verwaltungsorgans bedarf; ausschlaggebend ist das federführend zuständige Organ. 763
- Urheber muss schließlich eine Verwaltungs**behörde** sein: Es muss in der Rechtsordnung also mindestens eine auf dieses Verwaltungsorgan bezogene Ermächtigung zu hoheitlichem Handeln geben (Rz 132, 723). Daher können generelle „Regelungen" von Verwaltungseinrichtungen, welche nicht einmal *in abstracto* zur Erlassung von Bescheiden oder VO befugt sind, keine VO sein (zB die Ausleiheordnung einer Bibliothek). Ist die Behörde zwar zur Erlassung von VO befugt, war sie jedoch *in concreto* nicht zur Erlassung der bestimmten VO befugt, so kann es sich um eine VO handeln, sie ist allerdings rechtswidrig. 764

c) *„im Bereich der **Hoheitsverwaltung**"*

Man könnte meinen, dass dieses Kriterium angesichts des vorgenannten Kriteriums „Verwaltungsbehörde" entbehrlich ist. Wenn man allerdings davon ausgeht, dass nicht alles, was eine „Behörde" macht, ein Hoheitsakt sein muss (Rz 725), dann ist die gesonderte Anführung dieses Kriteriums (zumindest didaktisch) zweckmäßig. 765

- In erster Linie maßgeblich ist eine gesetzliche Qualifikation: Sieht ein Gesetz vor, dass eine bestimmte Frage „mit Verordnung" zu regeln ist, dann liegt im Zweifel zumindest eine limitierte hoheitliche Ermächtigung vor und ist ein auf dieser Grundlage erlassener genereller Akt im Zweifel als VO zu werten.
- Qualifikationsfragen ergeben sich daher vor allem dann, wenn die administrative Handlungsweise gesetzlich nicht näher vorgezeichnet ist. Ergeht ein genereller Akt in einem „Bereich" (Rz 731ff), der nach seiner gesetzlichen Ausgestaltung als Teil der Hoheitsverwaltung zu werten ist, dann ist dies ein Indiz für den Verordnungscharakter des Aktes. Fehlen solche Anhaltspunkte, so wird es sich eher um Akte handeln, 766

die ähnlich zu sehen sind wie „Allgemeine Geschäftsbedingungen" im zivilrechtlichen Sinn, etwa die „Beförderungsbedingungen" kommunaler Verkehrsbetriebe.

767 – Generelle Regelungen teilen im Zweifel die Rechtsnatur des Rechtsverhältnisses, das sie regeln, dies ist insb bei kommunalen Einrichtungen zu beobachten: Vor allem dann, wenn das Gesetz ausdrücklich alternative Gestaltungsmöglichkeiten eröffnet (zB § 292 Abs 2 GewO), müssen alle Indizien, die in die eine (zB „Vereinbarung", „Entgelt", „Kündigung") oder andere Richtung (zB „Anordnung", „Gebühr", „Widerruf") weisen, berücksichtigt werden.

768 – Soweit Subventionen in den Formen des Privatrechts zu vergeben sind, sind Richtlinien für die Subventionsvergabe grundsätzlich als privatrechtliche Akte anzusehen (zB VfSlg 15430/1999 zur Sonderrichtlinie ÖPUL). Andererseits sind „Krankenordnungen" der Sozialversicherungsträger auch deshalb als VO zu qualifizieren, da über die darin geregelten Leistungen hoheitlich abzusprechen ist.

769 – Bei Einrichtungen, die grundsätzlich zur Erlassung behördlicher Akte befugt sind, ergeben sich immer wieder Einordnungsprobleme im Hinblick auf solche Akte, die der Art nach auch von Privaten erlassen werden können, wie insb „Hausordnungen", „Parkordnungen" oder „Anstaltsordnungen" (vgl VfSlg 8329/1978). Denn einerseits dürfen auch Gebietskörperschaften „als privatrechtliche Eigentümer" generell-abstrakt festlegen, wen sie unter welchen Voraussetzungen zu „ihren" Sachen zulassen oder wie sie diese Sachen nutzen lassen wollen. Andererseits sind Behörden – ähnlich wie die StVO das Verhalten der Verkehrsteilnehmer auf Straßen mit öffentlichem Verkehr regelt – auf entsprechender gesetzlicher Grundlage auch zur Erlassung hoheitlicher, insb gefahrenvermeidender Regelungen befugt. Dementsprechend kann im Einzelfall eine typologische Zuordnung geboten sein: Stehen bei einer konkreten Regelung eher Bestimmungen im Vordergrund, **wie sie jeder Eigentümer** treffen könnte, handelt es sich (insoweit) um eine „privatrechtliche" Ordnung; steht eher die obrigkeitliche Ordnung des Verhaltens derjenigen Personen, die in einem öffentlich-rechtlichen Benutzerverhältnis stehen, im Vordergrund, handelt es sich um eine „öffentlich-rechtliche Ordnung" und damit zumeist um eine VO.

770 – Einen nicht geklärten Grenzfall stellen generelle Regelungen (insb Satzungen und Geschäftsordnungen) jener juristischen Personen öffentlichen Rechts (insb öffentlich-rechtlichen Genossenschaften) dar, die nicht zur Erlassung von Hoheitsakten befugt sind. Der VfGH hat die Satzungen von Agrargemeinschaften in VfSlg 12279/1990 recht pauschal nicht als VO qualifiziert und ging – bei grundsätzlich öffentlich-rechtlicher Deutung – in VfSlg 13975/1994 eher missverständlich von der Möglichkeit einer Nichtigkeit gemäß § 879 ABGB aus (in Konsequenz VwGH 25. 4. 2002, 99/07/0206). ME ist zu unterscheiden: „Nach außen" können von solchen Einrichtungen keine Hoheitsakte erlassen werden; daher sind zB die Geschäftsbedingungen der Landes-Hypothekenbanken oder Deponietarife von Abfallwirtschaftsverbänden als Privatrechtsakte zu sehen. Sind dagegen Gegenstand einer Satzung oder einer Geschäftsordnung Verbandsverhältnisse, die definitionsgemäß dem öffentlichen Recht zuzählen, dann ist eine „Regelung auf dem Gebiet des öffentlichen Rechts" ergangen (vgl noch Rz 781).

*d) „**nach außen** erlassen"*

771 Die Lehre unterscheidet traditionell zwischen „**Rechtsverordnungen**" einerseits, die die allgemeine Rechtslage gestalten oder feststellen, insb wenn sie Rechtsverhält-

nisse zu oder zwischen Rechtsunterworfenen zum Gegenstand haben, und die daher insoweit „nach außen" (extern) wirken, dh „Außenrecht" schaffen, und „**Verwaltungsverordnungen**" andererseits, die ausschließlich an unterstellte Verwaltungsorgane adressiert sind (vgl § 2 Abs 2 Z 2 BGBlG), dementsprechend die allgemeine Rechtslage nicht berühren und insoweit bloß „innenrechtlich" (intern) wirken. Erstere sind entsprechend kundzumachen (Rz 833), letztere müssen nur den betroffenen Organwaltern bekannt gemacht werden. Nur Rechtsverordnungen, nicht auch Verwaltungsverordnungen binden die Gerichte (Art 89 B-VG). Mittels Rechtsverordnung werden zB Emissionsgrenzwerte geregelt, mittels Verwaltungsverordnung die Aufbau- und Ablauforganisation von Verwaltungsstellen. Gegenstand von Verwaltungsverordnungen kann aber – und das ist der kritische Punkt – auch die Frage sein, wie nachgeordnete Verwaltungsorgane bestehende Gesetze in inhaltlicher Hinsicht anzuwenden haben.

Verwaltungsverordnungen werden häufig als „Dienstanweisungen", „Instruktionen", „Richtlinien" oder „Erlässe" bezeichnet. Ihnen kommt oft eine große praktische Bedeutung zu, da sie die für die Verwaltungsbediensteten kraft Weisung verbindliche Interpretation der Gesetze enthalten (vgl zB die Richtlinien zu einzelnen Abgabengesetzen: Kogler/Kogler ZfV 2002, 388).

Walter (ÖJZ 1965, 29) hat hervorgehoben, dass Verwaltungsverordnungen eigentlich „generelle Weisungen" seien, da sie ausschließlich an nachgeordnete Organwalter (in ihrer Eigenschaft als Organwalter) gerichtet sind. Das würde bedeuten, dass solche „Verwaltungsverordnungen" nicht nach den Regeln für VO, sondern nach den Regeln für Weisungen zu beurteilen sind (interne Kundmachung, Ablehnungsbefugnis), und dass sie nicht gemäß Art 139 B-VG vom VfGH überprüft werden können.

An diesem Punkt setzt eine entscheidende Problematik ein: Was dann, wenn eine 772
solche generelle Weisung, **materiell** betrachtet, sehr wohl „nach außen wirkt", weil sie das Vollzugsverhalten der Behörden in einer vom Gesetz abweichenden Weise steuert? Anhaltspunkte für die Annahme einer solchen **materiellen Außenwirkung** sieht der VfGH in der imperativen Formulierung der Enuntiation, in dem Umstand, dass sie nicht bloß den Gesetzestext wiederholt, sondern ersichtlich eine bindende Gesetzesauslegung (in einer bestimmten Richtung) anstrebt und damit Geltung gegenüber einer in allgemeiner Weise bestimmten Vielzahl von Personen beansprucht. Ein Anhaltspunkt kann auch das tatsächliche Vollzugsverhalten der Behörden sein, insb wenn diese einen solchen „Erlass" einer vorgesetzten Behörde tatsächlich anwenden und sich auf ihn – im Spruch oder in der Begründung – als Entscheidungsgrundlage berufen (zB VfSlg 14154/1995).

Diese – gar nicht seltene – Fallkonstellation hat zu einer Konsequenz geführt, die gern als Fall einer „Judikaturdivergenz" bezeichnet wird: Der VwGH, der zur Prüfung berufen ist, ob ein Rechtsunterworfener in (gesetzlich begründeten) subjektiven Rechten verletzt ist, ignoriert einen solchen Erlass als nicht dem objektiven (Außen-)Rechtsbestand angehörig und betrachtet die Berufung auf den „Erlass" im angefochtenen Bescheid gewissermaßen als „Fehlzitat": Erweist sich der Bescheid – ungeachtet dieses Fehlzitates – als gesetzlich gedeckt, ist die Beschwerde abzuweisen, ansonst ist ihr stattzugeben. Da der Erlass seines Erachtens in der externen Rechtssphäre gar nicht „existiert", sieht sich der VwGH insb nicht zu einer Antragstellung gemäß Art 89 und 139 B-VG an den VfGH veranlasst (VwGH 22. 11. 2000, 99/12/0116). Vgl zB VwGH 31. 1. 2001, 99/13/0235 – Erlass des BMF, 22. 2. 2001, 2000/07/0101 – GewässerschutzRL eines AdLReg, 27. 11. 2001, 2000/14/0202 – Handbuch für den auswärtigen Dienst, 9. 4. 2002, 2001/06/0163 – AuslandsbesoldungsRL, 20. 2. 2003, 2002/07/0025 – ALSAG-Erlass.

Der VfGH nimmt einen solchen Fall dagegen gegebenenfalls zum Anlass für ein amtswegiges Verordnungsprüfungsverfahren, da er den tatsächlich (materiell) nach außen wirkenden Erlass (inhaltlich) als Rechtsverordnung qualifiziert; dementsprechend kommt es – gewissermaßen zwangsläufig – zu einer Aufhebung mangels der für eine Rechtsverordnung gebotenen Kundmachung (vgl VfSlg 15189/1998, 15061/1997).

773 Rechtliche Grundlage einer Verwaltungsverordnung ist die **Leitungsbefugnis** der vorgesetzten Organe (Art 20 Abs 1 B-VG). Bei generellen dienstrechtlichen (zB Urlaubseinteilungen), haushaltsrechtlichen (zB Ordnung des Verrechnungswesens), organisationsrechtlichen (zB neue Abteilungsgliederung; vgl auch VfSlg 13021/1992 – Gendarmerieposten) oder ablaufsrechtlichen (zB Genehmigungsprozeduren) Regelungen ist dies auch ganz unzweifelhaft (vgl VfSlg 15046/1997 – Gendarmeriedienstinstruktion). Es ist also letztlich allein der Aspekt des „**Formenmissbrauchs**", des „Verschleierns" einer außenrechtlichen Rechtssetzung in der Form eines internen
[774–776] „Erlasses", der den Gedanken einer materiellen Außenwirkung zu tragen vermag.

777 – Es stellen sich daher generelle Regelungen, die das Entscheidungsverhalten von Verwaltungsbehörden in Bereichen der Hoheitsverwaltung in selbständig normativer Weise regeln, als (Rechts)Verordnungen dar. Dementsprechend sind „Förderungsrichtlinien" betreffend hoheitlich zu vergebende Subventionen als VO zu qualifizieren.

778 – Immer mehr in Gebrauch kommen sog „antizipierte generelle Gutachten" (zB Lebensmittelcodex, Immissionsrichtlinien, Gefahrenzonenpläne nach § 11 ForstG). Sie werden – als generelle Leitlinien für die Beurteilung von Einzelfällen durch Amtssachverständige – im Interesse einer Vereinheitlichung der Beurteilungspraxis an nachgeordnete Dienststellen gerichtet und stellen daher im Allgemeinen Verwaltungsverordnungen dar; dies insb dann, wenn sie die Beurteilung nur „anleiten"
[779] und nicht regeln, dh wenn sie die eigenständige Beurteilung im Einzelfall nicht ausschließen (anschaulich VwGH 24. 11. 1997, 97/10/0148).

780 – Akte zwischen selbständigen Rechtspersonen sind „externe" Akte. Wenn daher der Hauptverband Richtlinien an die einzelnen Sozialversicherungsträger adressiert (§ 31 Abs 6 ASVG), so können sie schon deshalb keine „Verwaltungsverordnungen" sein, weil jede dieser Einrichtungen eine selbständige juristische Person des öffentlichen Rechts ist (vgl VfSlg 15517/1999, 15907/2000, Raschauer DRdA 2003, 266).

781 – Ein Abgrenzungsproblem eigener Art stellen „**selbstadressierte**" Akte dar: Wenn ein Kollegialorgan Beschränkungen für bestimmte Berichte oder für Wortmeldungen beschließt, so erwachsen daraus Bindungen für den Vorsitzenden und die Mitglieder, die offenkundig bloß „interner" Natur sind. Wenn das Organ die Einsetzung einer Kommission bzw eines Ausschusses beschließt, so ist dies grundsätzlich ebenfalls ein interner Akt. Setzt dasselbe Organ jedoch eine „Kommission mit Entscheidungsbefugnis" (in hoheitlichen Angelegenheiten) ein, dann handelt es sich um einen Delegationsbeschluss (Rz 164), der die Zuständigkeitsordnung verändert und damit extern wirkt (vgl VwGH 14. 5. 1998, 97/12/0401). Besonders schwierige Zuordnungsfragen werfen in diesem Zusammenhang „**Geschäftsordnungen**" auf: Es gilt nämlich, jene Regeln, die die Identität des Organs konstituieren (insb Anwesenheits- und Abstimmungsquoren) und deren Verletzung die Unwirksamkeit eines Beschlusses zur Folge haben soll, von den bloß internen Verfahrensregeln abzugrenzen. In je höherem Maße die eigentlichen „Beschlussregeln" bereits gesetzlich festgelegt sind, in umso höherem Maße wird sich eine Geschäftsordnung als bloß selbstadressierter und daher interner Akt erweisen. Bei dieser Betrachtungsweise ist davon auszugehen, dass „Satzungen" und „Geschäftsordnungen" bei juristischen Personen des öffentlichen Rechts weit-

gehend bloß selbstadressierte und damit interne Akte sind. Sie bedürfen nicht der Kundmachung „an die Allgemeinheit".

*e) „**generell**"*

Im Gegensatz zum Bescheid und zu den AuvBZ als „individuellen" Akten weisen VO einen generell umschriebenen persönlichen Anwendungsbereich auf, dh sie sind – mit den Worten des VfGH – an einen „nach Gattungsmerkmalen bestimmten Adressatenkreis" gerichtet (VfSlg 6490/1971 ua). Nach dem verfassungsrechtlich vorgeprägten VO-Begriff kommt es im österreichischen Recht auf das Kriterium der Generalität des Adressatenkreises und nicht auf jenes der Allgemeinheit des sachlichen Anwendungsbereichs an. Dies gilt es zu beachten, wenn in einzelnen Bestimmungen von „allgemeinen" Akten (zB Art 55 Abs 4 B-VG, § 2 Abs 2 Z 1 BGBlG) die Rede ist. 782

Im Einzelnen sind gerade auch im vorliegenden Zusammenhang die drei Ebenen der Fragestellung (Rz 756) zu unterscheiden: 783

- Auf der verfassungsrechtlichen Ebene kommt dem **Gesetzgeber** eine **Beurteilungsprärogative** zu (zB VfSlg 10430/1985, 15065/1997): Zwar muss der Gesetzgeber dann, wenn ein bestimmter Hoheitsakt unzweideutig Rechtswirkungen für eine unbestimmte bzw nur nach Gattungsmerkmalen bestimmte Vielzahl von Personen auslösen oder überhaupt die generelle Rechtslage gestalten soll, die Erlassung einer VO vorsehen – die Regelung der Rechtsform des Bescheides wäre in einem solchen Fall verfassungswidrig. Umgekehrt wäre es ebenso verfassungswidrig, wenn der Gesetzgeber die Form der VO für einen Hoheitsakt vorsieht, der Rechtswirkungen nur für eine oder einzelne bestimmte Personen entfaltet. Da es aber eben dieser Gesetzgeber ist, der die Rechtswirkungen des betreffenden Aktes regelt, vermag er in verfassungsmäßiger Weise auch die Wahl der Aktform zu steuern.
- Tatsächlich gibt es immer wieder Hoheitsakte, die sowohl die Rechtslage einzelner (zB Hersteller, Grundeigentümer) als auch die Rechtslage der Allgemeinheit oder eines unbestimmten Personenkreises gestalten. Im Wesentlichen soll sich der Gesetzgeber an der „überwiegenden" rechtlichen Betroffenheit orientieren. 784

Wenn ein militärisches Sperrgebiet mit **Verordnung** festzulegen ist (§ 1 Abs 1 SperrgebietsG: Verbot für jedermann, obwohl auch der Grundeigentümer betroffen ist), wenn ein Filmvorführverbot mit VO auszusprechen ist (zB § 8 Abs 2 vlbg LichtspielG: gerichtet an jeden Kinobetrieb, obwohl der Hersteller oder Vertreiber erheblich betroffen ist) oder wenn die Widmung einer Fläche zum Gemeingebrauch mit VO erfolgen soll (zB § 2 Z 3 oö StraßenG: Benutzungsrecht für jedermann, Belastung des Grundeigentümers), ist dies ebenso wenig zu beanstanden, wie die Öffentlicherklärung einer Straße mit **Bescheid** (§ 58 kntn StraßenG), die Erklärung einer Gemeinde zum „Kurort" mit Bescheid (zB § 13 Abs 2 sbg Heilvorkommen- und KurorteG: Sonderstellung der Gemeinde, keine rechtlichen Auswirkungen für die Allgemeinheit), die Naturdenkmalerklärung mit Bescheid (zB § 12 Abs 1 nö NSchG: Zerstörungsverbot für jedermann, aber intensivere Betroffenheit des Grundeigentümers) oder die Bannlegung eines Waldes mit Bescheid (§ 27 ForstG).

- Auf der Ebene der Vollziehung ist in erster Linie zu ermitteln, welche Form der Gesetzgeber für eine bestimmte Art hoheitlichen Handelns vorgesehen hat. Ist ausdrücklich von einer „Verordnung" oder von einem „Bescheid" die Rede, dann ist die Verwaltung an eine solche Fixierung der Handlungsform gebunden. 785
- Es kommt vor, dass das Gesetz zwar eine Ermächtigung zu normativer hoheitlicher Regelung enthält (zB „festsetzen" in § 2 PreisG, „anordnen" in § 104 VAG), aber die Handlungsform nicht bestimmt, oder dass es gar eine alternative Ermächtigung 786

enthält (zB § 76 GewO: Typenbewilligung durch VO oder Bescheid, § 12 LMG: Anerkennung von Zusatzstoffen durch VO oder Bescheid, § 44 Abs 2 ForstG: Vorschreibung von Schädlingsbekämpfungsmaßnahmen durch VO oder Bescheid). Dies widerspricht grundsätzlich nicht dem Gesetzmäßigkeitsgrundsatz und eröffnet der Verwaltung kein „Wahlrecht", da die jeweils gebotene Handlungsform durch den Adressatenkreis bestimmt wird: Soll eine solche Regelung gegenüber einem nach Gattungsmerkmalen bestimmten Personenkreis ergehen, ist die Form der VO geboten.

787 – In den Fällen, in denen der Gesetzgeber die Handlungsform nicht festgelegt hat und in denen mit dem Akt sowohl Rechtswirkungen für Einzelpersonen als auch Rechtswirkungen für einen generellen Adressatenkreis verbunden sind, ist grundsätzlich davon auszugehen, dass die **eine** Regelung nicht künstlich in mehrere Akte aufgespaltet werden soll. Da diesfalls im selben Akt sowohl typische Bescheidwirkungen als auch typische Wirkungen einer VO zusammentreffen („Janusköpfigkeit"), obliegt es der Verwaltung, bei der Bestimmung der gebotenen Handlungsform die „überwiegende rechtliche Betroffenheit" und die Adäquanz des Rechtsschutzes in Rechnung zu stellen.

788 – Hilfsweise kann im Lichte einer gesetzlich nicht bestimmten Ermächtigung – wie Funk (FS Antoniolli, 1979, 157) deutlich gemacht hat – die Beurteilung geboten sein, inwiefern es sich bei dem betreffenden Akt um eine „**Regelung**" einer Angelegenheit (und nicht bloß um eine Entscheidung) handelt bzw handeln soll. Soll im Hinblick auf ein Haus ein Prostitutionsverbot erlassen werden, dann hat eine VO zu ergehen: Geregelt wird nämlich nicht „das Haus", sondern „die Ausübung der Prostitution" (durch wen auch immer; zB VfSlg 10830/1986).

– Dementsprechend kann es unbeachtlich sein, dass in einer bestimmten historischen Situation nur ein einzelner Adressat einer Regelung existiert (vgl auch VfSlg 12562/1990): Wenn ein Polizist eine Kreuzung durch „Armzeichen" regelt, dann ist sein Zeichen auch dann eine VO, wenn er durch Drehen nur einem einzelnen Verkehrsteilnehmer das Zeichen „Freie Fahrt" (§ 37 Abs 5 StVO) gibt – er regelt nämlich „den Verkehr". Dagegen ist die an einen bestimmten Verkehrsteilnehmer gerichtete polizeiliche Aufforderung, anzuhalten (§ 97 Abs 5 StVO), als (individueller) AuvBZ zu qualifizieren.

789 – Das hilfsweise Abstellen auf den Regelungscharakter lässt erkennen, warum der „Flächenwidmungsplan" nicht als eine Summe von dinglichen (vom Eigentümerwechsel unabhängigen) Bescheiden gedeutet wird. Zu der heute allgemein vertretenen Verordnungsqualifikation gelangt man, wenn man wertungsmäßig in Rechnung stellt, dass es nicht primär um Einzelwidmungen, sondern um die – vorausschauende, planhafte und gesamthafte – „Ordnung des Gemeindegebietes", also um eine Regelung geht. Ganz allgemein ergehen **gebietsbezogene** Regelungen im Allgemeinen mit Verordnung: vgl die Erklärung eines Gebietes zum Assanierungsgebiet (§§ 1, 5 StadterneuerungsG), zur Schutzzone (zB § 7 wr BauO), zum Naturschutzgebiet (zB § 11 nö NSchG), zum Grundwassersanierungsgebiet (§ 33f WRG) oder zur Sicherheitszone (§ 87 Abs 1 LuftfahrtG).

790 – Wird für **eine** Liegenschaft die Flächenwidmung geändert, dann hat dies nicht mit Bescheid zu geschehen; die Umwidmung erfolgt nämlich durch „Änderung des Flächenwidmungsplans", es handelt sich daher um eine Novelle zu einer VO (zB VfSlg 8119/1977).

791 – Was schließlich die Ebene der **Identifikation eines konkret vorliegenden Aktes** betrifft, so sind primär formelle Kriterien maßgeblich: Ist ein Akt explizit als

„Verordnung“ oder als „Bescheid“ bezeichnet, dann ist er grundsätzlich als ein solcher Akt zu behandeln. Von einer VO kann weiters nur die Rede sein, wenn sie einem (außerhalb der akterlassenden Verwaltungsstelle stehenden) unbestimmten Personenkreis gegenüber „kundgemacht“ wurde.

- Maßgeblich ist sodann der im betreffenden Akt selbst bestimmte persönliche Anwendungsbereich, sei es dass explizit nach Gattungsmerkmalen bestimmte Adressaten angesprochen sind („alle Hauseigentümer im Gemeindegebiet müssen ...“), sei es dass eine Regelung so getroffen wird, dass nach den Umständen nicht zweifelhaft ist, dass alle von ihrem sachlichen Anwendungsbereich betroffenen Personen erfasst werden (zB „Müllsammelgefäße sind so aufzustellen, dass ...“).
- Selbst in der definitionsgemäß rechtswidrigen Konstellation einer „**verschleierten Verfügung in Verordnungsform**“ (VfSlg 3859/1960, 15065/1997) – wenn also eine als VO gestaltete bzw erlassene Regelung rechtsmissbräuchlich so konzipiert ist, dass sie tatsächlich (strukturell) nur einen bzw einzelne Rechtsunterworfene trifft und treffen kann – liegt bis zu ihrer Aufhebung zunächst einmal (auch) eine VO vor. 792
- Unbeachtlich ist es dagegen, ob ein individueller historischer Sachverhalt bloß den „Anlass“ für eine generelle Regelung gegeben hat, wenn die Regelung nur tatsächlich letztlich so konzipiert ist, dass sie auf eine unbestimmte Mehrzahl von Personen Anwendung finden kann. 793
- Ergibt sich aus dem Akt nicht eine hinreichend deutliche Bestimmung seines Adressatenkreises, so ist davon auszugehen, dass Regelungen, die gesetzliche Bestimmungen konkretisieren, in ihrem Adressatenkreis im Zweifel – dh wenn nicht besondere Umstände das Gegenteil erweisen – die Generalität der gesetzlichen Grundlage teilen. 794
- In ihrer Generalität geht die VO den **AuvBZ** stets vor: polizeiliche Megaphon-Anordnungen an eine Gruppe von „Hausbesetzern“ (§ 36 SPG) oder „Kundmachungen“ mittels Rundfunk gemäß § 6 VerssG stellen kraft der Generalität ihres Adressatenkreises stets VO dar. 795

f) „Norm“

Eine VO kann nur dann vorliegen, wenn es sich um einen Akt mit einem „normativen Inhalt“ handelt. Denn von Verwaltungsbehörden „Kundgemachtes“ gibt es in großer Zahl: Ansprachen, Informationen auf Plakatwänden, Jubelbroschüren von Dienststellen, Statistiken, Berichte. Niemand kommt auf den Gedanken, in solchen Kundmachungen VO zu sehen, da durch sie offenbar nichts „gesollt“ ist (vgl zum wr Stadtentwicklungsprogramm als unverbindlichem Programm VwGH 24. 4. 1990, 89/05/0044). **Ein normativer Inhalt ist in der Gestaltung oder verbindlichen Feststellung der Rechtslage zu sehen.** Maßgeblich ist der objektive Gehalt des Kundgemachten (VfSlg 8350/1978). 796

- Auf der Ebene der Interpretation der gesetzlichen **Ermächtigung** ist im Allgemeinen davon auszugehen, dass dann, wenn das Gesetz eine VO vorsieht, eine VO ergehen soll, mag die Normativität auch zweifelhaft scheinen. Beispielsweise geben die „Zielverordnungen“ nach § 14 Abs 6 AWG nur Recyclingziele an, bei deren Nicht-Erreichen sich die zuständige BMin weitergehende Regelungen „vorbehalten“; allein auf Grund dieser VO ist allerdings noch nichts „gesollt“.

- Ebenso ist eine VO zu erlassen, wenn sich aus dem Gesetz ergibt, dass mit dem zu erlassenden Akt in einem hoheitlichen Kontext kraft Gesetzes eine Gestaltung oder verbindliche Feststellung der allgemeinen Rechtslage verbunden ist.
- Akte, welche die allgemeine Zuständigkeitsordnung verändern (zB Delegationen; vgl Rz 163ff), sind „als Verordnungen" zu erlassen.

797 – Dies leitet über zur **Identifikation** eines konkret vorliegenden, wie immer bezeichneten Aktes. Im Allgemeinen ist ein von einer staatlichen Behörde ausgehender Akt, der als „Verordnung" bezeichnet ist, als VO zu werten.

798 – Offenkundig liegt Normativität vor, wenn etwas vorgeschrieben (geboten, verboten) wird, was vorher nicht vorgeschrieben war (zB kommunales Rasenmähverbot für Wochenenden), wenn die Rechtslage also „**gestaltet**" wird (zB Delegationsverordnung, Typenbewilligungsverordnung, Ausnahmeverordnung, Widmungsverordnung). Es können aber auch generell-abstrakte „**Feststellungen**" normativ wirken (zB § 2 R-ÜG 1945, § 1 Abs 1 HochleistungsstreckenG): die Normativität ist dann darin zu sehen, dass **nach** der Feststellung andere Regeln anwendbar sind als **vor** der Feststellung, oder dass das, was vorher gegebenenfalls im Einzelfall subsumtionsbedürftig war, nunmehr generell-abstrakt und für den Einzelfall unwiderleglich „festgestellt" (und damit „festgesetzt") ist.

799 – Die Normativität eines Akts kann sich aber ebenso aus dem **Akt selbst**, dh allein aus der sprachlichen Fassung eines von einer Behörde erlassenen Aktes ergeben („Es wird hiermit bei Strafe verboten ..."). Im Hinblick auf die Benützungsrichtlinien des Österreichischen Staatsarchivs sah VfSlg 12574/1990 allein in ihrer „imperativen Form" ein Indiz für ihre Verordnungsqualität. – In gleicher Weise kann der Akt externe Verbindlichkeit aber auch explizit ausschließen (zB VfSlg 13836/1994).

800 – Es ist zu beachten, dass normative Akte oft narrativ formuliert sind („Der Grenzwert *beträgt* 50 dB"). Die Normativität ergibt sich dann daraus, dass sich eine andere (selbst normative) Regelung **tatbestandsmäßig** auf den betreffenden Akt **bezieht** („Die Überschreitung des vom BMin festzusetzenden Grenzwertes ist verboten"). Daher können auch bildliche Darstellungen (vgl zB den Totenkopf und das Andreaskreuz als Festlegungen des Inhalts von Kennzeichnungspflichten nach der ChemVO oder die Grenzwert-Kurve nach der FCKW-VO) normative Regelungen sein. Im Flächenwidmungsplan bedeutet sogar eine bestimmte Färbelung eine Widmungs-Regelung. Umgekehrt kann man sagen: **Wenn sich an einen Akt keine Rechtsfolgen (insb Rechte und Pflichten) knüpfen, dann ist er kein normativer Akt** (zB einzelne Hinweiszeichen nach § 53 StVO, Gefahrenzonenpläne nach § 11 ForstG, Kundmachung einer Vereinsauflösung gemäß § 29 Abs 2 VerG, die auf der homepage der E-Control kundgemachten „Marktregeln").

- Die Frage der Normativität darf nicht mit besonderen Kundmachungserfordernissen verwechselt werden. Bestimmte straßenpolizeiliche Regelungen sind (auch) mittels Straßenverkehrszeichen, mittels Arm- und Lichtzeichen oder zum Teil mittels Bodenmarkierungen kundzumachen. Es wäre verfehlt, Straßenverkehrszeichen als „bloßes Blech" abzutun.

801 – Allerdings bringt nicht jedes Straßenverkehrszeichen eine VO zum Ausdruck. Manche „weisen" zB nur auf eine kommende Ausfahrt „hin" und haben daher bloß **informative**, nicht normative Qualität. Es gilt ganz generell, dass Informationen oft auf die gleiche Weise veröffentlicht werden, wie normative Akte. Wenn nur die „Bekanntgabe der Rechtsanschauung" einer Behörde vorliegt, dann handelt es sich nicht um einen normativen Akt. Wenn vor Wahlen in den Häusern die Zahlen der

Wahlberechtigten „amtlich kundgemacht“ werden, so dient dies der Information über den Stand der Wählerevidenz, nicht aber der „Gestaltung“ des aktiven Wahlrechts. Ebenso bilden die in amtlichen Medien veröffentlichen Ausschreibungen öffentlicher Funktionen oder die Bekanntgabe der Planungsabsicht gemäß § 38 Abs 1 sbg ROG keine normativen Akte. Vgl zu einem bloßen Informationsschreiben VfSlg 15234/1998, zu einer bloßen Absichtserklärung VfSlg 15526/1999.

- Einen Grenzfall stellen „**normwiederholende** Akte“ dar, die bloß dem Hinweis auf eine bereits bestehende Rechtslage dienen. Wenn sich an Plakatwänden „Kundmachungen über die Stellungspflicht“ der stellungspflichtigen Jahrgänge finden (vgl § 24 WehrG), dann präzisieren solche Plakate zwar Datum und Ort der Stellung, sie begründen aber nicht die kraft Gesetzes ohnehin bestehende Stellungspflicht. 802
- Als „unselbständige“ normative Akte sind **Edikte** zu qualifizieren: Wird in einer Tageszeitung ein Verhandlungstermin betreffend eine Abfallbehandlungsanlage kundgemacht (zB § 4 Abs 3 LRG-K, § 41 AWG, § 16 Abs 1 UVP-G) oder wird im Amtsblatt zur Wiener Zeitung ein „Versteigerungstermin“ oder ein Einspruchstermin kundgemacht, dann handelt es sich um Verfahrensakte (Rz 903). Da sie als Verfahrensakte nicht die endgültige „Regelung“ einer Sache zum Gegenstand haben, können sie keine selbständig normativen Akte und damit auch keine Verordnungen sein. 803

Die Frage der Normativität eines Akts darf nicht mit der Frage seiner Rechtmäßigkeit verwechselt werden: Eine VO ist, wie erwähnt (Rz 757), diesseits der Grenze der absoluten Nichtigkeit bis zu ihrer Aufhebung auch dann eine VO, wenn sie formal und inhaltlich rechtswidrig ist.

D. Arten von Verordnungen

Die „Verordnung“ ist als verfassungsrechtlich vorgeprägte Form genereller administrativer Rechtserzeugung, wie erwähnt, von anderen Phänomenen abzugrenzen, insb von Staatsverträgen, Gliedstaatsverträgen, Wiederverlautbarungen (Art 49a B-VG) und Kollektivverträgen (Rz 469). Angesichts der verfassungsgesetzlichen Konstituierung der VO als Rechtsquelle begegnet es keinen Bedenken, dass auch Gerichte in ihrem Wirkungsbereich von Verwaltungsbehörden erlassene (Rechts-)Verordnungen anzuwenden haben und an diese gebunden sein können (Art 89 B-VG). 804

Innerhalb des Rechtsquellentypus „Verordnung“ lassen sich in **inhaltlicher** Hinsicht **Rechtsgestaltungsverordnungen** (zB Außenhandelsverordnungen, Preisbestimmungen, Flächenwidmungen), insb Bewilligungsverordnungen, Ausnahmeverordnungen und Gebots- oder Verbotsverordnungen, sowie **Feststellungsverordnungen** unterscheiden.

Bedeutsam ist die nach dem Verhältnis zum Gesetz getroffene Unterscheidung zwischen **Durchführungsverordnungen** einerseits und **selbständigen (verfassungsunmittelbaren) Verordnungen** andererseits.

1. Selbständige Verordnungen

Selbständige Verordnungen sind dadurch gekennzeichnet, dass sie auf der Grundlage einer jeweils speziellen verfassungsrechtlichen Ermächtigung ergehen. Je nach dem Verhältnis zum Gesetz werden traditionell unterschieden: 805

806 – **Gesetzesergänzende** Verordnungen: Beispielsweise dürfen Gemeinden gemäß Art 118 Abs 6 B-VG in den Materien des eigenen Wirkungsbereiches „**ortspolizeiliche Verordnungen**" zur Abwehr oder Bekämpfung von gemeindespezifischen Missständen erlassen; diese dürfen nicht gegen bestehende Gesetze (und Verordnungen) verstoßen, sie dürfen also nur in „gemeindespezifischer" Weise „Regelungslücken" schließen und bestehende Gesetze insoweit „ergänzen" (zB VfSlg 10614/1985, 14384/1995; näher Demmelbauer/Hauer, Grundriss des österreichischen Sicherheitsrechts, 2002, 359).

807 – **Gesetzesvertretende** Verordnungen: Beispielsweise ist die Errichtung von BPolDion allein der Rechtssatzform „Verordnung der BReg" (Art 78c Abs 2 B-VG) vorbehalten, ein Bundesgesetz darf auf diesem Gebiet nicht ergehen (Rz 267). Die Aufteilung der Agenden der LReg auf ihre Mitglieder darf nur durch die von der LReg selbst zu beschließende „Geschäftsordnung" (Art 103 Abs 2 B-VG) erfolgen (Rz 285); eine Regelung dieses Ressortsystems durch Landesgesetz wäre unzulässig. Ebenso steht die Schaffung von Berufstiteln allein dem BPräs zu (Art 65 Abs 2 lit b B-VG). Auf solcher Grundlage erlassene VO „vertreten" Gesetze, genauer: die speziellen Ermächtigungen „verdrängen" ansonst gegebene Gesetzgebungszuständigkeiten.

808 – **Gesetzesändernde** Verordnungen: Sofern man mit der herrschenden Lehre davon ausgeht, dass eine Notverordnung des BPräs (Art 18 Abs 3 B-VG) ein Bundesgesetz „abändert" (soweit sie überhaupt einen solchen Inhalt hat) und nicht – was mE treffender ist – bloß vorübergehend „überlagert", könnte man in einem solchen Akt eine gesetzesändernde VO sehen; ebenso im Fall der Notverordnung der LReg gem Art 97 Abs 3 B-VG.

809 Diese traditionelle Unterscheidung dient nur didaktischen Zwecken und bringt keine verallgemeinerungsfähige Typologie zum Ausdruck. Tatsächlich lässt sich die überwiegende Zahl der verfassungsunmittelbaren VO in dieses Schema nicht überzeugend einordnen. Der konkrete rechtliche Gehalt jeder verfassungsrechtlichen Verordnungsermächtigung ist für sich zu bestimmen.

2. Durchführungsverordnungen

810 Art 18 Abs 2 B-VG enthält für Durchführungsverordnungen eine besondere verfassungsunmittelbare, jedoch gesetzesakzessorische Rechtsgrundlage: „Jede Verwaltungsbehörde kann auf Grund der Gesetze innerhalb ihres Wirkungsbereiches Verordnungen erlassen". Die zuständigen Verwaltungsbehörden sind damit befugt, „nähere" Regelungen zu bestehenden Gesetzen, also „Durchführungs"verordnungen zu erlassen.

811 Innerhalb der Gruppe der Durchführungsverordnungen lassen sich **Abstufungen** erkennen von den „reinen Durchführungsverordnungen", die „konkretere" Regelungen zur „Präzisierung" des Inhalts bestehender Gesetze treffen, bis zu den kraft spezieller gesetzlicher Ermächtigung erlassenen VO, die oft genug vom (primären) Gesetzesinhalt abweichende Regelungen treffen (und treffen dürfen; zB Ausnahmever-
[812] ordnungen; vgl dazu Stolzlechner ZfV 1977, 573 einerseits und Walter ZfV 1978, 377 andererseits).

813 In ihrem Kern ist die sich aus Art 18 Abs 2 B-VG ergebende Ermächtigung jeder Verwaltungsbehörde der Disposition des Gesetzgebers entzogen: Hinsichtlich der von dieser verfassungsunmittelbaren Ermächtigung erfassten Durchführungsverordnungen

dürfen Behörden weder gesetzlich zur Erlassung verpflichtet werden (arg „kann") noch dürfen sie in ihrer Befugnis zur Erlassung solcher VO beschränkt werden. Freilich ist es dem Gesetzgeber – auf der Grundlage ausreichender inhaltlicher Vorherbestimmung – unbenommen, über die bloße Durchführung hinausgehende Ermächtigungen zur Erlassung von VO zu statuieren. In solchen Fällen ist nur dasjenige Organ zur Verordnungserlassung berechtigt und gegebenenfalls auch verpflichtet, das in der speziellen Ermächtigung angegeben ist, und es ist inhaltlich nur zu der besonders genannten Regelung ermächtigt.

3. Die Ermächtigung des Art 18 Abs 2 B-VG

Nach Art 18 Abs 2 B-VG kann jede Verwaltungsbehörde auf Grund der Gesetze innerhalb ihres Wirkungsbereiches VO (Durchführungsverordnungen) erlassen. Daraus ergibt sich im Einzelnen Folgendes: 814

- Ob ein Organ eine **Verwaltungsbehörde** ist, ergibt sich aus den ihr (sonst) übertragenen hoheitlichen Ermächtigungen (Rz 728); ist eine Behörde – also auch eine beliehene Unternehmung – zB zur Erlassung von Bescheiden oder von AuvBZ befugt, so darf sie gemäß Art 18 Abs 2 B-VG – ohne dass dies noch einer weiteren gesetzlichen Regelung bedürfte – in dem ihr zur behördlichen Vollziehung übertragenen Bereich bloße Durchführungsverordnungen zu dem betreffenden Gesetz erlassen.
- Sie darf allerdings VO nur „**auf Grund der Gesetze**" erlassen. Unmittelbar auf Grund von Art 18 Abs 2 B-VG darf eine Verwaltungsbehörde also nur bloße Durchführungsverordnungen erlassen. In dieser Hinsicht bedarf es keiner expliziten Verordnungsermächtigung im Gesetzestext (zB VfSlg 11653/1988), eine einschränkende gesetzliche Regelung wäre sogar verfassungswidrig. Auf der Grundlage von Art 18 Abs 2 B-VG dürfen allerdings nur bestehende gesetzliche Regelungen „**konkretisiert**" werden. Durch bloße Durchführungsverordnungen dürfen also insb keine neuen Organe, keine neuen Lasten der Rechtsunterworfenen und keine neuen Straftatbestände geschaffen werden. Die Bestimmungen einer solchen Durchführungsverordnung dürfen die gesetzlichen Regelungen nicht nur nicht „überschreiten", sie dürfen sie auch nicht – etwa durch Eliminierung von Rechten von Rechtsunterworfenen – „unterschreiten". 815

Soll der Verordnungsgeber dagegen ermächtigt werden, die Rechtslage im Verhältnis zur Gesetzeslage genuin zu „gestalten", dann muss dies gesetzlich ausdrücklich vorgesehen werden; in dieser Hinsicht ist Art 18 Abs 2 B-VG als (alleinige) Ermächtigungsgrundlage nicht ausreichend. 816

Eher irreführend ist es, wenn im Hinblick auf besondere Konstellationen von einem „Stufenbau von Verordnungen" die Rede ist: Eine VO bildet nämlich nie die Rechtsgrundlage (Ermächtigungsgrundlage) für eine VO, diese findet sich stets in einem Gesetz (Verfassungsgesetz). Wohl aber kann eine VO **inhaltlich** durch eine andere – insoweit höherrangige – VO determiniert werden. Dementsprechend ist eine VO, die gegen eine sie inhaltlich determinierende VO verstößt, „gesetzwidrig" im Sinn von Art 139 B-VG, da sie den gesetzlichen Befehl, die höherrangige VO zu beachten, verletzt. 817

- Weiters dürfen Verwaltungsbehörden Durchführungsverordnungen nur „**innerhalb ihres Wirkungsbereiches**" erlassen. In räumlicher Hinsicht bedeutet dies, dass zB die Durchführungsverordnung eines Gemeindeorgans im Zweifel nur für den Bereich des Gemeindegebiets Verbindlichkeit beanspruchen kann. In sach- 818 licher Hinsicht ist nur eine mit der Vollziehung der GewO betraute Behörde zur Erlassung von Durchführungsverordnungen zu (den von ihr zu vollziehenden Bestimmungen) der GewO befugt. Allerdings darf dies „jede" sachlich zuständige Behörde: Wenn ein BH meint, die bei einer Gewerbeanmeldung vorzulegenden Unterlagen konkretisieren zu müssen, so steht ihm dies gemäß Art 18 Abs 2 B-VG frei; die Erlassung von Durchführungsverordnungen ist keineswegs nur den obersten Organen eines Vollzugsbereichs vorbehalten.

819 Die damit erwachsende Möglichkeit des Bestehens mehrerer zum selben Gesetz erlassener Durchführungsverordnungen zieht die Frage nach sich, wie der Fall eines Widerspruchs zwischen solchen Regelungen zu sehen ist. Eher pragmatisch – mit historischen Argumenten und unter Bezugnahme auf die Leitungsgewalt gemäß Art 20 Abs 1 B-VG – geht die Lehre von einer Derogation der widersprechenden Bestimmungen einer VO der untergeordneten Behörde durch eine später erlassene VO der übergeordneten Behörde aus.

Eine Einschränkung des vorgenannten Grundsatzes ergibt sich aus Art 11 Abs 3 B-VG: In den in Art 11 Abs 1 und 2 B-VG genannten Angelegenheiten dürfen Durchführungsverordnungen von den zur Vollziehung der betreffenden Bundesgesetze zuständigen Landesbehörden (und Gemein-
[820] den) nur dann erlassen werden, wenn dies bundesgesetzlich ausdrücklich vorgesehen ist.

821 Auch gesetzliche Ermessensregelungen oder unbestimmte Gesetzesbegriffe dürfen Gegenstände von Durchführungsverordnungen sein. Sie dürfen allerdings nur „konkretisieren", also den Regelungsbereich weder über- noch unterschreiten, wohl aber – zB durch demonstrative Typisierung von Fallkonstellationen – den Inhalt der gesetzlichen Regelung verdeutlichen.

Besonders weit ist der Gestaltungsbereich auf Grund der – zulässiger Weise – allgemeiner gehaltenen gesetzlichen Regelungen für den Bereich der (eigenständig demokratisch legitimierten) Selbstverwaltung („autonomes **Satzungsrecht**"; vgl Winkler ÖJZ 1991, 73). In der Judikatur ist eine unterschiedliche Behandlung von Standesregeln einerseits und den – strikten Determinierungsregeln unterworfenen – Beitrags- und Umlagenordnungen andererseits zu beobachten.

E. Das Verordnungsverfahren

1. Zuständigkeit

822 Zur Erlassung selbständiger VO ist allein das in der verfassungsrechtlichen Ermächtigung genannte Organ befugt. Zur Erlassung von Durchführungsverordnungen ist, wie gezeigt (Rz 814), grundsätzlich jede Verwaltungsbehörde in dem Umfang befugt, in dem gesetzliche Bestimmungen zu ihrem sachlichen Wirkungsbereich gehören. Bei BMin ist subsidiär die Vollzugsklausel des betreffenden Bundesgesetzes maßgeblich für die allgemeine Zuständigkeit, Durchführungsverordnungen zu dem betreffenden Gesetz zu erlassen. In Fällen spezieller gesetzlicher Ermächtigungen ist (nur) das in der betreffenden Ermächtigung genannte Organ zur Verordnungserlassung berufen.

823 Bei Gesetzen, die zu einem späteren Zeitpunkt in Kraft treten sollen (Legisvakanz), stellt sich die Frage, ab wann Durchführungsverordnungen erlassen werden dürfen. In der heutigen Staatspraxis ermächtigen Gesetze mit Legisvakanz „zur Sicherheit" die Behörde, Durchführungsverordnungen schon vor dem Inkrafttreten des Gesetzes – aufschiebend befristet mit dem Inkrafttreten des Gesetzes – zu erlassen. Im Hinblick auf bloße Durchführungsverordnungen (Rz 811) wäre dies nicht erforderlich, da Art 18 Abs 2 B-VG hinsichtlich der durchzuführenden Gesetze zwischen geltenden und

verbindlichen Gesetzen nicht unterscheidet. Wohl aber dürfen auch solche „vorzeitig" erlassene VO frühestens mit der Verbindlichkeit des Gesetzes verbindlich werden.

2. Verfahrensregelungen

Im Allgemeinen sind VO von der zuständigen Behörde allein von Amts wegen zu erlassen. Ein in dieser Hinsicht eingebrachter „Antrag" eines Interessenten mag die Aufmerksamkeit der Behörde auf einen Sachverhalt lenken, er begründet jedoch – mangels einer dem § 73 AVG vergleichbaren Bestimmung – keinen Erledigungsanspruch. Allerdings ist zum Teil verfassungsrechtlich (zB Art 67 Abs 1, 118 Abs 7 B-VG), zum Teil gesetzlich (zB § 5 Abs 1 StadterneuerungsG, § 5 Abs 2 BodenbeschaffungsG) vorgesehen, dass bestimmte VO auf Antrag bestimmter Beteiligter erlassen werden sollen; in solchen Fällen begründet zum Teil erst das Vorliegen des Antrags eines Antragslegitimierten die „konkrete Zuständigkeit" (Rz 148) der Behörde (zur Antrags- [825] bindung oberster Organe Raschauer in K/H zu Art 19 B-VG, Rz 68, 80). 824

In **verfahrensrechtlicher** Hinsicht bestehen keine allgemeine Bestimmungen; 826 das AVG ist jedenfalls nicht anwendbar, da es nur die Erlassung von Bescheiden regelt. In speziellen Zusammenhängen finden sich bisweilen verfahrensrechtliche Regelungen, beispielsweise ist die Erlassung von Flächenwidmungsplänen in den RaumordnungsG oft mehreren Stufen unterworfen: Kundmachung der Planungsabsicht – Grundlagenforschung – Entwurfsauflage – öffentliches Stellungnahmerecht – Abwägung und Beschluss – aufsichtsbehördliche Genehmigung – Kundmachung. Vgl auch die TrassenVO nach § 24 UVP-G.

Häufiger finden sich punktuelle verfahrensrechtliche Bestimmungen, wie **Anhörungs- oder Stellungnahmerechte** von Dritten, Interessenvertretungen, Beiräten oder anderen Verwaltungsorganen (zB § 94f StVO); eingelangte Stellungnahmen sind von der verordnungserlassenden Behörde zu „würdigen". Bei VO, die gesetzlich nur „final" oder sonst in sehr allgemein gehaltener Weise determiniert sind, legt der VfGH Wert auf eine besonders „strikte" Einhaltung dieser verfahrensrechtlichen Ansätze (zB VfSlg 16096/2001 einerseits, VfGH 26. 2. 2002, V 59/01 andererseits; zur Wahrung der Anhörungsfrist VfSlg 16031/2000). 827

Weiters finden sich Verpflichtungen der zur Verordnungserlassung zuständigen Behörde, mit bestimmten anderen Behörden das **Einvernehmen** herzustellen (zB § 3 Abs 3 LRG-K, § 48 Abs 1 ForstG, § 14 Abs 1 AWG); ohne Einvernehmen (Zustimmung) darf die geplante VO nicht erlassen werden. Insb VO von Selbstverwaltungskörpern können gegenüber der Aufsichtsbehörde **anzeigepflichtig** oder sogar **genehmigungspflichtig** sein (Rz 397); während das Unterlassen der Anzeige nicht das rechtmäßige Entstehen der VO hindert, stellt eine vorgeschriebene Genehmigung eine notwendige Voraussetzung für das rechtmäßige Zustandekommen dar (das Fehlen der gebotenen Genehmigung bedeutet allerdings nicht die absolute Nichtigkeit der VO). Wenn eine VO „technische Vorschriften" enthält, ist bei sonstiger Rechtswidrigkeit (Unanwendbarkeit) der VO das **Notifikationsverfahren** gemäß der EG-RL 98/34 idF 98/48 einzuhalten (vgl dazu auch VfSlg 16288/2001, Öhlinger Rz 437, Raschauer Wirtschaftsrecht, Rz 85). 828

Soweit – wie im Regelfall – solche verfahrensrechtliche Bindungen nicht statuiert sind, ist die verordnungserlassende Behörde grundsätzlich „frei". Die Durchführung der nach Art des Gegenstandes erforderlichen „Grundlagenforschung", die Durchführung der sachlich erforderlichen Ermittlungen, stellt allerdings ein rechtsstaatlich gebotenes Elementarerfordernis dar, das gesetzlich nur präzisiert werden kann, aber 829 auch bei Fehlen ausdrücklicher gesetzlicher Regelung maßgeblich ist (auch in dringlichen Fällen: VfSlg 15765/2000).

830 Eine **Begründungspflicht**, wie sie für EG-VO allgemein in Art 253 EGV verankert ist, findet sich für VO österreichischer Behörden nur selten (Art 119a Abs 6 B-VG, § 36 Abs 6 oö ROG).

[831–832]

3. Kundmachung

833 Die „gehörige" (Art 89 B-VG) Kundmachung von VO bestimmt sich in erster Linie nach allgemeinen und besonderen **gesetzlichen** Vorschriften. Beispielsweise sind allgemeine Entschließungen des BPräs und Rechtsverordnungen der BReg und der BMin grundsätzlich im BGBl kundzumachen (§ 2 Abs 2 BGBlG); entsprechende Bestimmungen für VO der obersten Organe der Landesverwaltung enthalten die VerlautbarungsG der Länder. In den besonderen Verwaltungsvorschriften finden sich zahlreiche abweichende Regelungen, insb ist in Wirtschaftsgesetzen (zB § 6 VerssG, § 7 Abs 2 NBG) in der Regel eine Verlautbarung im „Amtsblatt zur Wiener Zeitung" vorgesehen, manche Dienststellen haben VO in den von ihnen herausgegebenen „Amtsblättern" zu veröffentlichen, der Hauptverband und die Sozialversicherungsträger haben bestimmte VO „im Internet" zu verlautbaren (§§ 31 Abs 8, 455 Abs 1, 456 Abs 1 ASVG; vgl allerdings VfGH 13. 3. 2003, V 21/03), Gemeinden haben ihre VO nach den Bestimmungen der GemO in der Regel zumindest – während einer bestimmten Zahl von Tagen – an der „Amtstafel" kundzumachen (vgl auch § 4 Abs 1 GreKoG).

Straßenpolizeiliche VO können (auch) durch Straßenverkehrszeichen und Bodenmarkierungen (§ 44 StVO) sowie durch Arm- und Lichtzeichen kundzumachen sein. Ähnliches gilt für die Schifffahrtspolizei (Schifffahrtszeichen gemäß § 25 SchiffG). Sicherheitspolizeiliche Platzverbotsverordnungen sind grundsätzlich „auf eine Weise kundzumachen, die geeignet erscheint, einen möglichst weiten Kreis potentiell Betroffener zu erreichen, wie etwa durch Anschlag oder Verlautbarung in Medien", in Fällen aktueller Gefahr auch „mittels Megaphon" (§ 36 Abs 3 und 4 SPG). Wenn eine Kundmachung im Amtsblatt zur Wiener Zeitung nicht oder nicht zeitgerecht möglich ist, sind VO nach dem VerssG „in anderer geeigneter Weise – insbesondere durch Rundfunk oder sonstige akustische Mittel oder Veröffentlichung in einem oder mehreren periodischen Medienwerken, die Anzeigen veröffentlichen, insbesondere in Tageszeitungen – kundzumachen" (§ 6 VerssG; vgl auch § 44 Abs 5 StVO).

Für die Kundmachung von Straßenverkehrs- und Schifffahrtszeichen statuiert Art 11 Abs 3 B-VG ein kompliziertes Regel-Ausnahme-Schema: Auch die von Landesbehörden zu erlassenden Verkehrszeichen sollen danach bundesweit eine einheitliche Gestaltung aufweisen.

Die Kundmachung ist Teil des Verordnungserlassungsverfahrens und stellt dementsprechend selbst hoheitliche Verwaltung dar. § 33 StVO sieht für die Aufstellung von Straßenverkehrszeichen Duldungsbescheide vor. Das Aufstellen von Straßenverkehrszeichen „auf dem falschen Grund" stellt somit ein amtshaftungsrechtliches Problem dar (Rz 739).

Bestehen keine besonderen gesetzlichen Regelungen, unterliegt die Kundmachung allgemeinen **rechtsstaatlichen** Grundsätzen. Danach müssen VO „**ausreichend**", dh in einer zumindest zur (dauerhaften) Erreichung ihrer jeweiligen Adressaten geeigneten Weise verlautbart werden (VfSlg 12293/1990; zuletzt VfSlg 15549/1999, 16281/2001).

834 Eine VO muss in der Kundmachung nicht ausdrücklich als „Verordnung" bezeichnet werden, die Rechtsgrundlage (VfSlg 16094/2001) und die Durchführung einer

allenfalls vorgeschriebenen Anhörung (VfSlg 16048/2000) müssen in der Kundmachung nicht angegeben werden. Wohl aber gebietet das rechtsstaatliche Prinzip, dass der Autor der VO und alle zur Mitentscheidung (Einvernehmen, Genehmigung oder Zustimmung) berufenen Behörden sowie die bundesverfassungsgesetzliche Voraussetzung zur Anordnung einer Zuständigkeitsübertragung angeführt werden (VfSlg 14938/1997, 15741/2000).

EG-Richtlinien schreiben neuerdings die Bezugnahme auf die betreffende RL in der amtlichen Veröffentlichung des Umsetzungsakts vor. Ein Unterlassen stellt eine Vertragsverletzung dar, ist für den innerstaatlichen Bereich jedoch unerheblich.

4. Geltungsbeginn und Verbindlichkeitsbeginn

Nach § 3 ABGB sollen VO „gleich" nach ihrer Kundmachung in Kraft treten. Da jedoch § 4 BGBlG bestimmt, dass bei Verlautbarungen im BGBl die rechtsverbindliche Kraft „**nach Ablauf des Tages der Kundmachung**" – dh mit 0 Uhr des Tages, der auf den Tag folgt, der auf dem betreffenden Stück des BGBl als Herausgabetag festgehalten ist – beginnt und da sich in den VerlautbarungsG der Länder gleichartige Bestimmungen finden, geht man davon aus, dass diese Regel einen allgemeinen Grundsatz des österreichischen Rechts darstellt. 835

Es kann jedoch in den besonderen Verwaltungsvorschriften – vgl zB § 36 Abs 4 SPG, wonach Megaphon-Verordnungen „unmittelbar nach ihrer Verlautbarung in Kraft treten" – oder auch „in ihr", also in der VO selbst, Anderes bestimmt werden (zB § 4 BGBlG; vgl schon § 3 ABGB). In solchen Konstellationen fallen der Beginn der Geltung und der Beginn der Verbindlichkeit auseinander; insb gibt es auch bei VO die Möglichkeit einer „**Legisvakanz**" („Verordnungsvakanz"; Rz 541).

Die Befugnis, „anderes zu bestimmen" (zB § 32 Abs 2 AMA-G), wird jedoch – mit rechtsstaatlich gutem Grund – nicht als ausreichend angesehen, um in Abweichung vom allgemeinen Grundsatz des § 5 ABGB einer VO einen „**rückwirkenden**" Inhalt (Rz 542) zu geben (zB VfSlg 15166, 15227/1998, 15675/1999). Wenn der Gesetzgeber solches ermöglichen will, muss er dies – im Rahmen des sachlich Zulässigen – **ausdrücklich** vorsehen. Vgl zB § 6 VerssG, wonach Lenkungsverordnungen grundsätzlich bereits mit dem Beginn des Tages der Kundmachung in Kraft treten; vgl auch §§ 31 Abs 8, 49 Abs 4 ASVG. 836

5. Änderbarkeit und Änderungspflicht

VO werden grundsätzlich nicht „rechtskräftig" (bestandskräftig) in dem bei Bescheiden geläufigen Sinn; wenn sich die verordnungserlassende Behörde zu einer Änderung oder Aufhebung veranlasst sieht, so steht ihr das grundsätzlich jederzeit frei. 837

In einzelnen „sensiblen" Bereichen hat der Gesetzgeber die Abänderbarkeit rechtsgestaltender VO gesetzlichen Beschränkungen unterworfen. Bei antragsbedürftigen oder einvernehmensgebundenen VO versteht sich dies gewissermaßen von selbst. Darüber hinaus darf zB ein Flächenwidmungsplan nach den einschlägigen raumordnungsrechtlichen Bestimmungen zumeist nur geändert werden, wenn ein „wichtiger Grund" (ein Änderungsanlass) gegeben ist. 838

Andererseits verpflichten Gesetz und Verfassung verschiedentlich zur (periodischen) Überprüfung – und damit gegebenenfalls zur Abänderung bzw Aufhebung – von VO. Bei Akten, die erheblich in Rechte der Rechtsunterworfenen eingreifen können, wird in Erinnerung an den – ohnehin maßgeblichen – Verhältnismäßig- 839 keitsgrundsatz (Rz 675) bisweilen ausdrücklich angeordnet, dass die VO bei Wegfall der Voraussetzungen aufzuheben ist (zB § 36 Abs 3 und 4 SPG, § 3 Abs 2 VerssG). Nach § 96 Abs 2 StVO haben die Straßenpolizeibehörden ua alle Straßenverkehrszeichen „alle zwei Jahre“ auf ihre fortdauernde Erforderlichkeit zu überprüfen und gegebenenfalls zu entfernen (zB VfSlg 16366/2001); ähnliche Bestimmungen finden sich im Hinblick auf Flächenwidmungspläne in den ROG. VO können wegen Änderung der gesetzlichen Grundlage (Rz 843) oder wegen Änderung maßgeblicher tatsächlicher Verhältnisse rechtswidrig werden, aber allein deshalb nicht ihre Geltung verlieren.

840 VO, denen eine „Prognosebeurteilung“ (Rz 599) zu Grunde liegt, sind regelmäßig daraufhin zu überprüfen, ob die der Prognose zugrundegelegten Annahmen noch zutreffen (**Revisionspflicht**). Solche VO sind gegebenenfalls – bei sonstigem Gesetzwidrig-Werden – abzuändern oder aufzuheben (VfSlg 8212/1977, 12290/1990). Ganz allgemein tragen verordnungserlassende Behörden die Verantwortung für „ihre“ (dh für die ihnen nach den aktuellen Behördenzuständigkeiten zuzurechnenden) VO: droht eine VO **gesetzwidrig zu werden** (zu „invalidieren“), so ist sie abzuändern oder aufzuheben (Rz 704).

6. Geltungsende und Verbindlichkeitsende

841 Manche VO tragen schon auf Grund der für sie maßgeblichen Ermächtigungsgrundlage eine **Befristung** in sich, sie bedürfen in diesem Fall keiner „Aufhebung“, sondern treten „kraft Gesetzes“ außer Kraft. Beispielsweise gelten Bausperre-VO nach den Bauordnungen nur für zwei bzw drei Jahre, Platzverbotsverordnungen nach § 36 Abs 3 SPG treten – wenn sie nicht schon vorher aufgehoben wurden – „jedenfalls drei Monate nach ihrem Wirksamwerden außer Kraft“, Megaphon-Verordnungen nach § 36 Abs 4 SPG treten (spätestens) sechs Stunden nach ihrer Erlassung außer Kraft.

VO können auch selbst ihr Außerkrafttreten zu einem bestimmten Termin anordnen und insoweit „**befristet**“ erlassen werden; auch in einem solchen Fall bedarf es keiner „Aufhebung“.

842 Im Übrigen können VO durch einen konstitutiven Akt „**aufgehoben**“ werden, sei dies durch ein Erkenntnis des VfGH gemäß Art 139 B-VG, durch eine Aufhebungsverordnung der Aufsichtsbehörde bei Selbstverwaltungskörpern (zB Art 119a Abs 6 B-VG) oder durch *actus contrarius* jener Behörde, der die VO zuzurechnen ist. Eine Aufhebung durch die „zuständige“ Behörde kann in ausdrücklicher Weise erfolgen (formelle Derogation) oder implizit durch Erlassung einer den selben Gegenstand regelnden späteren Verordnung (materielle Derogation; vgl VfSlg 15583/1999).

843 Differenziert zu beurteilen ist die Frage, inwiefern **Gesetze** (bzw die Änderung oder Aufhebung von Gesetzen) die Geltung von Durchführungsverordnungen zu beeinflussen vermögen.

- Als wesentliche Prämisse ist zunächst festzuhalten, dass Gesetze Akte der Gesetzgebung und Verordnungen Akte der Verwaltung sind, sodass einer **formellen Derogation** der Grundsatz der Gewaltenteilung entgegensteht: Gesetze können und dürfen VO nicht in Geltung setzen, abändern oder aufheben (zB VfSlg 6055/1969).

844 – Wird ein Gesetz, das die materiell-rechtliche Grundlage einer VO bildet, **abgeändert**, dann bleibt die Geltung der VO unberührt. Da die VO aber jederzeit der materiellen Gesetzeslage entsprechen muss, ist hinsichtlich der Frage der Recht-

mäßigkeit zu unterscheiden. Zum einen kann die „alte" VO in der neuen Gesetzeslage unverändert eine inhaltliche gesetzliche „Deckung" finden, sodass die VO unbedenklich weitergilt (zB VfGH 24. 9. 2002, B 114/02, VwGH 11. 4. 2000, 99/11/0338). Zum anderen kann die „alte" VO mit der neuen Gesetzeslage inhaltlich unvereinbar sein: sie wird damit gesetzwidrig und bedarf der Aufhebung oder Abänderung durch die Behörde, ansonsten unterliegt sie der Aufhebung durch den VfGH. – Vor diesem Hintergrund erklärt sich auch der Vorgang der **Konvalidation**: Eine ursprünglich in materiell-rechtlicher Hinsicht gesetzlose oder gesetzwidrige VO kann durch die nachträgliche Erlassung einer geeigneten gesetzlichen Grundlage hinsichtlich ihrer Rechtswidrigkeit „geheilt" werden (zB VfSlg 12325/1990).

– Einen Sonderfall stellt die (ersatzlose) **Aufhebung** der gesetzlichen Grundlage einer VO dar. Mit der Judikatur ist – im Licht des Umstands, dass diese schon in der Monarchie entwickelte Regel vom B-VG 1920 übernommen wurde – davon auszugehen, dass in diesem Fall automatisch auch alle Durchführungsverordnungen zu dem betreffenden Gesetz ihre Geltung verlieren (sog **Herzog-Mantel-Theorie**: Wenn der Herzog fällt, muss auch der Mantel fallen; zB VfSlg 16261/2001, VwGH 31. 5. 1999, 98/10/0373). 845

Als richterrechtlich entwickelte Ausnahme von dieser Ausnahme ist es zu sehen, dass der VfGH davon ausgeht, dass eine Durchführungsverordnung dann nicht eo ipso ihre Geltung verliert, wenn der VfGH selbst gem Art 140 B-VG die gesetzliche Grundlage aufgehoben hat (zB VfSlg 16144/2001).

7. Rechtsschutz

Gegen eine VO kann nicht „Berufung" im Sinn der Verwaltungsverfahrensgesetze erhoben werden; vielmehr kommt nach Art 139 B-VG allein dem – mit Antrag eines Antragslegitimierten (vgl auch Art 119a Abs 6 B-VG, § 24 Abs 11 UVP-G) anzurufenden – **VfGH** ein **Prüfungsmonopol** zu. Auch die Europäischen Gerichte können, insb im Zug eines Vorabentscheidungsverfahrens (Art 234 EGV), nur über die Geltung und den Inhalt des Gemeinschaftsrechts absprechen, nicht aber über Geltung und Inhalt österreichischer VO. 846

Indirekte Rechtsbehelfe bilden die Beschwerde an die Volksanwaltschaft bzw an die Vorarlberger Landes-Volksanwaltschaft, da diese Einrichtungen gemäß Art 148e und 148i B-VG zur Anfechtung von VO befugt sind, sowie in Selbstverwaltungsangelegenheiten die Beschwerde an die betreffenden Aufsichtsbehörden, da diese bei festgestellter Gesetzwidrigkeit regelmäßig zur Aufhebung solcher VO befugt sind. Weiters kann auch die Schadensverursachung durch Erlassung bzw Nicht-Erlassung einer VO Gegenstand eines Amtshaftungsverfahrens sein (Rz 736, 739). Schließlich können Verfahren, in denen die betreffende VO „anzuwenden" ist, zu einer Befassung des VfGH (Art 89, 139 B-VG) führen.

Jede Art von Rechtsmittel gegen eine VO kommt naturgemäß nur dann in Betracht, wenn überhaupt eine „Verordnung" vorliegt, wenn der in Frage stehende Akt nicht – im Hinblick auf den Rechtssetzungstypus „Verordnung" – **absolut nichtig** ist. Absolute Nichtigkeit ist gegeben, wenn die Mindestvoraussetzungen (Rz 523) nicht erfüllt sind, insb wenn der Akt nicht von einer Verwaltungsbehörde ausgeht, wenn er nicht im Bereich der Hoheitsverwaltung erlassen wurde, wenn er keine „Norm" enthält oder wenn ein Mindestmaß an Kundmachung nach außen nicht gegeben ist. Eine spezifische Form von Unanwendbarkeit hat das Unterlassen der bei „technischen Vorschriften" (Rz 828) gebotenen EG-Notifikation zur Folge.

Der VfGH geht neuerdings davon aus, dass Verfahrensmängel bei der Erlassung einer VO nur dann zur Aufhebung führen sollen, wenn sie „beachtlich" bzw „wesentlich" sind (VfSlg 16242/2001 – dazu SCHULEV-STEINDL ÖZW 2002, 18; VfGH 22. 6. 2002, V 53/01, 26. 6. 2002, V 73/01 – dazu BAUMGARTNER ZfV 2003, 160).

XII. Administrative Entscheidungen

A. Allgemeines

Wie in jedem Managementbereich sind nach allem Erheben, Berichten, Planen, Prüfen und Erörtern letztlich „Entscheidungen" vonnöten. Die Entscheidungen im Bereich der Verwaltung sind um nichts weniger vielfältig als jene in wirtschaftlichen Unternehmungen. Sie können Prioritätensetzungen, Vorgangsweisen, Organisationsreform, Personaleinsatz, Mittelverwendung usw betreffen. Es handelt sich zunächst einmal um „interne" Vorgänge der administrativen Willensbildung, häufig werden nur die Konsequenzen nach außen sichtbar: Da wird ein Schulbauvorhaben öffentlich ausgeschrieben, dort wird bekannt, dass ein Straßenprojekt „zurückgestellt" wurde, da wird eine Wasserleitung verlängert, dort wird die gemeindeeigene Müllabfuhr im Zug einer Privatisierung eingestellt. Allen diesen Vorgängen liegen im Bereich der Verwaltung gefällte Entscheidungen zugrunde. Nicht nur im Hinblick auf die „Kommunalpolitik", sondern ganz allgemein gilt, dass staatliche Verwaltung zunächst einmal auch „Verwaltungspolitik" ist. 847

Bei einem Teil dieser administrativen Entscheidungen besteht die wesentliche Funktion nicht in Verwaltungspolitik oder in der Selbstorganisation der Verwaltung, sondern darin, **Entscheidungen gegenüber Rechtsunterworfenen** zu fällen, zB bei der Erteilung einer Bewilligung oder bei der Verhängung einer Strafe. Zwar hat die Verwaltung auch insoweit zunächst intern eine Entscheidung zu fällen, wesentlich ist in diesen Fällen aber die Willensbekundung gegenüber den Betroffenen und dementsprechend die Bekanntgabe der Entscheidung „nach außen". Die **Entscheidung** mündet daher in eine **Willenserklärung**, die ihrerseits dem Betroffenen **kundgemacht** wird: Dem A wird eröffnet, dass ihm derzeit keine Gemeindewohnung zugewiesen werden kann, dem B wird mitgeteilt, dass sein Ansuchen auf Kuraufenthalt bewilligt wurde, dem C wird eine Strafverfügung zugestellt, der D wird zu einer Einvernahme vorgeladen, der E erhält die beantragte Wohnbauförderung zuerkannt, dem F wird ein Pass ausgestellt, der G erfährt, dass seine Anmeldung eines Geschäftsführers als anstandslos zum Akt und damit behördlich zur Kenntnis genommen wurde, dem H wird aufgetragen, seine nicht bewilligte Bautätigkeit sofort einzustellen, dem I wird mitgeteilt, dass er nicht zum Aufstiegskurs in der Verwaltungsakademie zugelassen wird.

Die Arten, wie Rechtsunterworfene von Entscheidungen der Verwaltung betroffen sind, sind ebenso vielfältig, wie die Verwaltungsaufgaben überhaupt. Es wird geboten und verboten, es werden Leistungen erbracht oder verweigert, es wird bestraft, bewilligt, bestätigt, verbindlich erklärt, informiert, gekündigt, enteignet usw. Wenn gegenüber dem Einzelnen eine Entscheidung gefällt wird, ist dies bei einer rechtlich gebundenen staatlichen Verwaltung stets **rechtserheblich**. Es gibt keine außerhalb rechtlicher Bindung stehenden administrativen Entscheidungen, stets ist relevant, ob den in inhaltlicher und formeller Hinsicht bestehenden Amtspflichten entsprochen wurde. Nicht jede „nach außen" wirkende „individuelle" Entscheidung der Verwaltung 848 hat freilich eine Gestaltung oder Feststellung der Rechtslage zum Inhalt, nicht jede derartige Entscheidung ist in diesem Sinn eine „**normative**". Wird einem Bürger mitgeteilt, dass bei der Behörde bisher kein Bauansuchen seines Nachbarn eingelangt ist, so kann eine solche „Wissenserklärung" richtig oder falsch, rechtmäßig oder rechtswidrig sein, es handelt sich aber offenkundig nicht um eine „normative" Entscheidung, die über eine Verwaltungssache „abspricht".

Individuelle außenwirksame normative Entscheidungen werden in Verwaltungsangelegenheiten gefällt, in denen das Rechtsverhältnis zwischen der Gebietskörperschaft und dem Betroffenen dem öffentlichen Recht unterliegt, insb in Angelegenheiten der Hoheitsverwaltung (individuelle Hoheitsakte). Solche Entscheidungen werden aber auch in Bereichen gefällt, die dem Zivilrecht unterliegen. Beispielsweise kann eine Gebietskörperschaft eine bestimmte Benutzung einer öffentlichen Sache „gestatten", der Mieter einer Gemeindewohnung kann durch einseitige rechtsgeschäftliche Erklärung „gekündigt" werden usw.

Eine bestimmte Teilmenge der individuellen außenwirksamen normativen Entscheidungen der Verwaltung stellen die unten zu erörternden „Bescheide" dar.

B. Der verfassungsrechtliche Bescheidbegriff

849 Als eine Form von **Rechtserzeugung** setzt die Verfassung, wie erwähnt (Rz 467, 474), den **Bescheid** ein. Für Bescheide sieht die Verfassung in einem bestimmten Umfang ein besonderes Rechtsschutzsystem vor: gegen bescheidförmig getroffene Entscheidungen ist letztlich die Möglichkeit der Anrufung des VwGH und/oder des VfGH verfassungsrechtlich gewährleistet (Art 130, 144 B-VG). Insoweit kann man auch im vorliegenden Zusammenhang von einer **verfassungsrechtlich vorgeprägten** Form des Verwaltungshandelns sprechen.

Der Inhalt dieses Verfassungsbegriffes ist zum einen in systematischer Interpretation, insb in Abgrenzung zu den anderen verfassungsrechtlich vorgegebenen Formen administrativer Rechtserzeugung zu bestimmen: Der Bescheid ist in der Systematik des B-VG eine Form des Verwaltungshandelns und näherhin eine Form **hoheitlichen Verwaltungshandelns**. Aus der Gegenüberstellung zur „Verordnung" ergibt sich, dass der Bescheid durch seinen **individuellen** Adressatenkreis bestimmt ist. Aus der Gegenüberstellung zu den ebenfalls individuellen „Befehlsakten" ergibt sich, dass der Bescheid durch eine prinzipielle **Form- und Verfahrensgebundenheit** charakterisiert ist. Aus der Gegenüberstellung zur „Weisung" ergibt sich, dass der Bescheid an „Rechtsunterworfene" und nicht an Organwalter in ihrer Funktion als Organwalter adressiert ist und in diesem Sinn „**nach außen**" ergeht (vgl auch Hengstschläger Rz 419).

850 Zum anderen ist die historische Interpretation maßgeblich: Es ist zu veranschlagen, dass jener B-VG-Novelle 1925, die den Begriff „Bescheid" in das B-VG einführte, die Erlassung der Verwaltungsverfahrensgesetze voranging. Dementsprechend kann man sagen, dass der Verfassungsgesetzgeber den Bescheid in seinen im AVG getroffenen Ausprägungen vor Augen hatte. Als „Bescheid" ist daher ein auf Grund entsprechender verfahrensgebundener Feststellungen (§§ 37, 56 AVG) förmlicher (§§ 56, 58 AVG) **hoheitlicher** Akt (arg „behördlich" in Art II EGVG) einer **Verwaltungsbehörde** (Art II EGVG) zu verstehen, mit dem gegenüber „Parteien" (§ 58 Abs 2 AVG) in „erledigender" und damit grundsätzlich rechtskraftfähiger Weise (§ 68 Abs 1 und 2 AVG) über eine Verwaltungssache (§§ 37, 59 Abs 2, 66 Abs 4 AVG ua) **normativ** (arg „Spruch" in § 59 Abs 1 AVG) abgesprochen wird und der grundsätzlich **individuell bekannt zu geben** ist (§ 18 Abs 3 AVG).

Nach VfSlg 13642/1993 ist ein Bescheid iSv Art 144 B-VG daher anzunehmen, „wenn die **Erledigung gegenüber individuell bestimmten Personen eine Verwaltungsangelegenheit in einer der Rechtskraft fähigen Weise normativ regelt, wenn sie also für den Einzelfall bindend die Gestaltung oder Feststellung von Rechtsverhältnissen zum Inhalt hat**, ob sie nun in Form eines Bescheides nach den §§ 56ff AVG ergeht oder nicht". 851

Freilich ist mitzubedenken, dass sich aus dieser verfassungsrechtlichen Vorprägung der Rechtssatzform „Bescheid" nicht ergibt, dass für jeden außenwirksamen individuellen normativen Hoheitsakt die Form des „Bescheides" vorgesehen werden müsste. Schon im Jahre 1925 kannte das Verwaltungsrecht nämlich zB Verfahrensanordnungen (§ 39 Abs 2 AVG) und Rückstandsausweise (§ 3 Abs 2 VVG). Weiters kannte das Verwaltungsrecht seit jeher Fälle, in denen einem Antrag durch faktisches Entsprechen stattgegeben werden kann, zB durch Erteilung der beantragten Auskunft, Ausstellung der beantragten Urkunde, tatsächliche Durchführung der beantragten Eichung oder antragsgemäße Auszahlung des angesprochenen Geldbetrages. Weiters ergibt sich aus Art 137 B-VG, dass nicht alle im Bereich des öffentlichen Rechts zu treffenden Entscheidungen in der Form des Bescheides zu fällen sind. Schließlich ist nicht zu verkennen, dass es der jeweilige Materiengesetzgeber ist, der zur rechtlichen Gestaltung der Rechtsverhältnisse, zur Begründung von Rechten und Pflichten und damit auch zu der Festlegung berufen ist, ob Verwaltungsstellen überhaupt zur Erlassung irgendwelcher materiell-rechtlicher Entscheidungen berufen sein sollen. 852

In dem Maß, in dem die Verwaltungsrechtslehre ihr Interesse an den Formen des Verwaltungshandelns auf den Bescheid konzentriert hat – was verständlich ist, weil man in diesem Zusammenhang mit der größten Regelungsdichte konfrontiert ist –, sind andere Formen des Verwaltungshandelns in den Hintergrund getreten und rechtsdogmatisch, aber auch rechtlich nur stiefmütterlich behandelt worden. Diese – zu Recht als unbefriedigend empfundenen – Defizite erklären wiederum die verbreitete Tendenz, möglichst viel an Verwaltungshandeln als „Bescheid" zu deuten. Damit hat sich der Bescheid – als „Bescheid im materiellen Sinn" – allerdings immer mehr entfernt von seiner historischen Analogie zum richterlichen Urteil; als oft rechtsschutzorientierte „Zweckkonstruktion" weist er immer weniger klare Anhaltspunkte und Konturen auf. Gleichzeitig werden – zum Teil vermeintliche – Rechtsschutzdefizite bei anderen administrativen Entscheidungen umso drastischer empfunden.

Als unbestrittenes Minimum der verfassungsrechtlichen Bindung des Gesetzgebers kann man eine spezielle **Rechtswegegarantie** festhalten: Aus den verfassungsgesetzlich gewährleisteten Rechten der Art 130 und 144 B-VG ergibt sich, dass den von einem außenwirksamen individuellen normativen Hoheitsakt in ihren subjektiven Rechten Betroffenen letztlich die Möglichkeit offen stehen muss, die Gerichtshöfe des öffentlichen Rechts anzurufen; VfSlg 13699/1994 hielt aber auch fest, dass es bei einem „**nicht** als Bescheid zu wertenden Akt" rechtsstaatlich geboten sein kann, dass er „im Hinblick auf seine Rechtsfolgen auf **andere** Weise überprüft werden kann" (vgl Raschauer, Wirtschaftsrecht Rz 148; Thienel 54). 853

[854–855]

C. Ebenen der Untersuchung

Insgesamt sind daher mehrere Ebenen der Fragestellung zu unterscheiden: 856

- Welchen Akt hat der Gesetzgeber, der eine bestimmte Form des Verwaltungshandelns regelt, vorzusehen? Beispielsweise kann man der Frage nachgehen, inwiefern der Gesetzgeber, der die Zulassung zu staatlichen Anstalten regelt, für die Zulassungsentscheidung einen „Bescheid" vorzusehen hat.
- Welchen Akt hat die Verwaltung auf der Grundlage einer bestimmten Rechtsvorschrift zu erlassen? Es handelt sich um eine Aufgabe der Interpretation der betreffenden Rechtsgrundlagen. Beispielsweise kann man der Frage nachgehen,

ob es sich bei der „Festlegung“, dass eine Verzichtserklärung gemäß § 2 HabsburgerG ausreichend ist, um einen Bescheid handeln soll.

- Ist ein konkret vorliegender administrativer Akt als Bescheid zu deuten? Dies erfordert eine Interpretation des Akts, und zwar einerseits aus sich selbst heraus, andererseits im Lichte seiner Ermächtigungsgrundlagen. Beispielsweise kann man der Frage nachgehen, ob ein mit der Post zugestelltes Schreiben auf dem Briefpapier einer Verwaltungsstelle, das mit den Worten „Sehr geehrte Frau X“ beginnt, einen Bescheid, näherhin einen Bescheid iSv § 63 AVG darstellt.

[857–858]

D. Die Bescheidmerkmale

859 In der Folge soll der **Bescheid** als zentrale, rechtlich formalisierte Form administrativer Entscheidungen näher untersucht werden. Dabei soll im Interesse einer Gliederung im Licht der verfassungsrechtlichen Vorprägungen (Rz 474f, 850) davon ausgegangen werden, dass ein Bescheid eine **von einer (staatlichen) Verwaltungsbehörde im Bereich der Hoheitsverwaltung förmlich erlassene individuelle außenwirksame Norm** ist.

a) „Akt“ – „Bekanntgabe“

- Aus der Perspektive der Aktanalyse ist festzuhalten, dass ein Akt, dh ein positives Tun vorliegen muss. Behördliche Untätigkeit kann keinen (stillschweigenden) Bescheid darstellen. Die im französischen Verwaltungsrecht entwickelte Lehre vom „acte implicite“ (acte tacite) hat in Österreich keine Anerkennung gefunden, behördliche Untätigkeit ist mit den gegen Säumnis vorgesehenen Rechtsmitteln zu bekämpfen. – Allerdings kann im Anwendungsbereich des Gemeinschaftsrechts auch faktischem Zurkenntnisnehmen durch eine Behörde rechtskonstitutive Bedeutung zukommen, da das Gemeinschaftsrecht verschiedentlich durch die französische Dogmatik geprägt ist (vgl Hatje 233; vgl VwGH 24. 1. 2001, 99/16/0529 zu einer zollrechtlichen Niederschrift).

860 - Ein Bescheid soll allen Parteien des Verfahrens zugestellt werden. Gemessen am Maßstab der Mindestbedingungen kann von einem Bescheid nur dann gesprochen werden, wenn ein normativer Staatsakt überhaupt „in rechtliche Existenz getreten ist“, dh wenn er wenigstens einer Person, für die er Rechtswirkungen entfalten soll, gegenüber ordnungsgemäß bekannt gegeben wurde (VwGH 21. 12. 1998, 96/17/0098).

Im Anwendungsbereich des ZustellG ist eine entgegen den Bestimmungen dieses Gesetzes erfolgte Bekanntgabe nicht als rechtswirksame Bekanntgabe zu sehen, sofern nicht eine „Heilung“ durch (nachweisliches) tatsächliches Zukommen eintritt (§ 7 ZustellG). Wurde ein Bescheid nur einer von mehreren Parteien rechtswirksam zugestellt, so entfaltet der Bescheid für die anderen Personen noch nicht die intendierten Rechtswirkungen, er ist allerdings – da in rechtliche Existenz getreten – auch für sie anfechtbar.

861 - Bildet der Bescheid auch im Allgemeinen die Verkörperung eines Willensaktes, so gehen Rechtsprechung und Lehre im Fall einer Divergenz zwischen Wille und Erklärung – bei formgebundenen Akten von der Art des Bescheides – vom **Vorrang des Erklärten**, dh des tatsächlich Bekanntgegebenen aus. Wird einem Rechtsunterworfenen eine bescheidförmige Erledigung zugestellt, obwohl die betreffende Behörde den Inhalt der Erledigung nicht oder nicht so beschlossen hat,

so kann für den Rechtsunterworfenen doch nur das maßgeblich sein, was ihm gegenüber als förmlicher staatlicher Hoheitsakt in Erscheinung tritt. Bei dieser Sicht ist ein „willensloser" Bescheid nicht absolut nichtig, sondern nur anfechtbar. Damit können freilich auch – wie VfSlg 11590/1987 (betreffend unterschriftslose Bescheide) sichtbar macht – zB „Verwaltungsfabrikate" einer programmgemäß „weiterdruckenden" Datenverarbeitungsanlage zu normativen Staatsakten „kraft äußerer Form" werden, die, wenn sie unangefochten bleiben, endgültige Bestandteile der Rechtsordnung werden.

b) „Bescheid"-Bezeichnung

- Aus der Perspektive der gesetzlichen Ermächtigung wird im Allgemeinen kein Zweifel an der gebotenen Handlungsform bestehen, wenn der Gesetzgeber eine Erledigung „mit Bescheid" vorschreibt. Freilich ist der Gesetzgeber nicht gehindert, andere Bezeichnungen zu wählen, etwa Straferkenntnis (§ 43 VStG), Berufungsvorentscheidung (§ 64a AVG), Konzession (zB § 2 GelVkG), Dienstrechtsmandat (§ 9 DVG) ua. Dass ein Bescheid gesollt ist, kann auch nicht zweifelhaft sein, wenn in individuellen normativen hoheitlichen Zusammenhängen von einer „Genehmigung", „Bewilligung", „Anordnung", „Festsetzung" ua die Rede ist. Der Gesetzgeber muss aber überhaupt keinen derartigen Begriff verwenden. Wenn die in der Folge zu behandelnden Voraussetzungen erfüllt sind, insb wenn in einem hoheitlichen Zusammenhang hinreichend deutlich erkennbar wird, dass ein individueller normativer Abspruch gesollt ist, so kann dennoch eine bescheidförmige Erledigung geboten sein. 862
- Aus der Perspektive der Aktanalyse ist von Bedeutung, dass im Anwendungsbereich des AVG durch seinen § 58 Abs 1 vorgeschrieben ist, dass „jeder Bescheid ausdrücklich als solcher zu bezeichnen ist" (abweichend § 10 DVG). Aus diesem Grund und weil der Bescheid mit mehreren anderen Formen individueller Verwaltungsakte „in Konkurrenz steht", legt die Rechtsprechung auf die Bezeichnung höheren Wert (vgl dagegen zu den VO Rz 761). Andererseits soll etwas, das unzweideutig ein Bescheid sein soll, nicht bloß deshalb ins Leere gehen, weil der Behörde bei der Bezeichnung ein Mangel unterlaufen ist. Darüber hinaus ist zu bedenken, dass das Gesetz, wie erwähnt, selbst verschiedentlich andere Bezeichnungen vorsieht. Letztlich wird man im Licht des vorliegenden Form/Inhalts-Problems nicht mehr als die beiden „Zweifelsregeln" formulieren können: Ist ein Akt ausdrücklich als Bescheid bezeichnet, so ist er im Zweifel als Bescheid anzusehen, wenn sich aus dem übrigen Inhalt des Aktes (zB dem Fehlen jeden normativen Inhalts), aus dem Bescheidurheber oder dem Gegenstand des Abspruchs nicht unzweideutig etwas anderes ergibt. Ist ein Akt nicht als Bescheid bezeichnet, so ist er im Zweifel nicht als Bescheid anzusehen, wenn sich aus dem übrigen Inhalt des Aktes – wie zB der eindeutig individuellen hoheitlichen Entscheidung oder Verfügung eines bescheidbefugten Organs – nicht das tatsächliche Vorliegen eines Bescheids ergibt. 863

c) „von einer (staatlichen) ***Verwaltungsbehörde****"*

Als Bescheide sind nur Akte zu bezeichnen, die von einem staatlichen Verwaltungsorgan im weiteren Sinn (Rz 46), näherhin von einem Verwaltungsorgan, das zur Erlassung hoheitlicher Akt befugt ist (Behörde; Rz 132), ausgehen. 864

- Aus der Perspektive der gesetzlichen Ermächtigung ist festzuhalten, dass eine Ermächtigung zur Entscheidung „mit Bescheid" bereits als solche die Rechtsstellung des Ermächtigten als funktionelle Verwaltungsbehörde begründet. Auslegungsprobleme können daher nur dann auftreten, wenn der Gesetzgeber keine solche explizite Ermächtigung verwendet und wenn gleichzeitig das Vorliegen der weiteren Voraussetzungen (insb Hoheitsverwaltung, Normativität) in Zweifel stehen.

865 – Auf der Ebene der Aktanalyse ist festzuhalten, dass ein Bescheid nur vorliegen kann, wenn sein Urheber ein **staatliches** Organ ist. Daher sind die einseitige „Kündigung des Kontoführungsvertrages" durch eine Bank, der „Kirchenbeitragsbescheid" einer Kirche oder Religionsgesellschaft, die Verweigerung eines Begräbnisses auf einem konfessionellen Friedhof oder „Entscheidungen" von Organen der Europäischen Gemeinschaft keine „Bescheide" im vorliegenden Sinn. Dagegen kann es sich bei einem Leistungs- oder Beitragsbescheid eines Sozialversicherungsträgers um einen Bescheid handeln. Hoheitliche Einzelfallentscheidungen von Beliehenen (Rz 112) können Bescheide darstellen.

866 – Urheber muss ein **Verwaltungs**organ sein. Daher sind zB sitzungsleitende Entscheidungen des Nationalratspräsidenten (zB §§ 53ff NR-GOG) oder richterliche Urteile und Beschlüsse keine Bescheide. Die (von Exekutivorganen der Verwaltung durchzuführende) richterliche Anordnung einer Hausdurchsuchung stellt einen Gerichtsbeschluss, dh einen individuellen Justizakt dar. Dagegen können zB im Bereich der Justizverwaltung Gerichtsgebühren mit Bescheid vorzuschreiben sein und kann im Bereich der Parlamentsverwaltung einem Interessenten ein Besucherausweis mit Bescheid verweigert werden; es handelt sich um Verwaltung im funktionellen Sinn. Ebenso erlassen Gerichtspräsidenten, aber auch der Nationalratspräsident, der Rechnungshofpräsident, der Vorsitzende der Volksanwaltschaft und entsprechende Organe der Länder dienstrechtliche Bescheide. Bedarf ein Bescheid der „Mitwirkung" eines parlamentarischen Organs, liegt dennoch ein Verwaltungsakt vor.

867 – Urheber muss eine Verwaltungs**behörde** sein, es muss in der Rechtsordnung also mindestens eine auf dieses Verwaltungsorgan bezogene Ermächtigung zu hoheitlichem Handeln geben. Daher sind individuelle „Entscheidungen" von Verwaltungseinrichtungen, die nicht einmal *in abstracto* zur Erlassung von Bescheiden befugt sind (zB der Rückgabeauftrag einer Bibliothek), keine Bescheide. Ist die Behörde zwar zur Erlassung von Bescheiden befugt, war sie bloß *in concreto* nicht zur Erlassung des bestimmten Bescheides befugt, so kann es sich durchaus um einen Bescheid handeln, allerdings um einen rechtswidrigen.

*d) „im Bereich der **Hoheitsverwaltung**"*

868 Der Bescheid stellt definitionsgemäß einen „Hoheitsakt" (Rz 728) dar. Dies unterscheidet ihn von individuellen normativen Akten im Bereich der Privatwirtschaftsverwaltung.

- Aus der Perspektive der gesetzlichen Ermächtigung wird es keine Zweifel geben, wenn eine Ermächtigung zur Entscheidung „mit Bescheid" vorliegt, da diese Rechtssatzform, wie erwähnt, als solche eine hoheitliche Ermächtigung darstellt. Im Übrigen bedarf es einer materiellen Beurteilung, inwiefern der Rechtsbereich, in dessen Rahmen der in Frage stehende Rechtsakt zu setzen ist, als ein Bereich der Hoheitsverwaltung (Rz 734) ausgestaltet ist (vgl VwGH 26. 6. 1997, 95/11/0059 zur Begründung eines Grabbenutzungsrechts nach sbg Recht).

- Auf der Ebene der Aktanalyse ist zu beachten, dass nicht alles, was eine „Behörde" macht, ein Hoheitsakt sein muss. Insb muss nicht jede einseitig getroffene Anordnung, Entscheidung oder Festsetzung einer Dienststelle der Verwaltung – mag sie auch über hoheitliche Befugnisse verfügen – ein hoheitlicher Akt sein. Bei einer Verwaltung, die sich der Formen des Privatrechts bedienen darf, kommen alle Formen einseitiger zivilrechtlicher Rechtsakte und rechtsgeschäftlicher Erklärungen in Betracht: Für die Gemeinde als Eigentümerin des öffentlichen Gutes kann der Magistrat über die Herstellung einer Gehsteigüberfahrt zu einer Betriebsanlage zu entscheiden haben, der LH als Verwalter des öffentlichen Wasserguts hat privatrechtlich über die Zustimmung zur Einräumung dinglicher Rechte zu entscheiden (§ 4 WRG). Privatrechtliche Entscheidungen stellen die Zuweisung von Standplätzen auf (privatrechtlich organisierten: Rz 767, 1403) Märkten, die Kündigung einer Gemeindewohnung, der Widerruf einer Dauerleihgabe an ein Museum, die Kündigung eines Förderungsvertrages, die Zustimmung zu einer Nebenbeschäftigung eines Vertragsbediensteten, die Verweigerung einer (privatrechtlich zu bewilligenden) Subvention, die Erteilung eines vergaberechtlichen „Zuschlags", die Mitteilung, dass ein Mietvertrag nicht verlängert wird, das Mahnschreiben betreffend Mietzinsrückstände bei einer Gemeindewohnung, die Mitteilung eines kommunalen Betriebes, dass er die Gas- oder Fernwärmeversorgung einstellen wird, die Verweigerung der Annahme einer Werbungssendung durch den ORF, die Aufforderung zur Rückgabe von Büchern durch eine Bibliothek sowie – kraft ausdrücklicher gesetzlicher Typisierung – die „Auslobung" nach dem VerbrechensopferG oder nach dem Wachebediensteten-HilfeleistungsG dar. Vgl zum Beschluss eines Abfallverbandes VwSlg 14591 A/1997. 869
- Besondere Abgrenzungsfragen können sich in Fällen ergeben, in denen die Rechtsverhältnisse zwar öffentlich-rechtlich gestaltet sind, in denen sich jedoch keine als hoheitliche Ermächtigungen deutbaren Befugnisse der zuständigen Verwaltungsstelle finden. Da sich die Befugnis zur Erlassung von Bescheiden nicht aus einer verfassungsrechtlichen Generalermächtigung von der Art des Art 18 Abs 2 B-VG ergibt, gibt es – wie auch Art 137 B-VG bestätigt – Bereiche, in denen nur öffentlich-rechtliche Realakte (Rz 730) zu setzen, nicht aber „Bescheide" zu erlassen sind. 870

e) „nach außen"

Als Wesenselement des Bescheides ist festzuhalten, dass es sich um einen „externen" Akt handelt, dass er an Rechtsunterworfene adressiert ist. Dies unterscheidet ihn insb von der „Weisung" (Rz 974), die an Organwalter bzw an öffentlich Bedienstete in dieser ihrer Eigenschaft gerichtet ist (vgl VfSlg 15330/1998 zu einem Dienstauftrag). 871

- Aus der Perspektive der gesetzlichen Ermächtigung kann eine Bescheidermächtigung nur vorliegen, wenn Gegenstand der Regelung nicht ein „interner Rechtsakt" ist, sondern wenn ein Abspruch gegenüber Rechtsunterworfenen erfolgen soll. Organisationsrechtliche (Art 20 Abs 1 B-VG), dienstrechtliche (§ 1 Abs 4 DVG) und fachliche (zB § 15 Abs 1 und 7 MeldeG, § 14 Abs 1 SPG) Weisungen und sonstige Dienst- und Organisationsakte stellen keine Bescheide dar.

Freilich sind für Beamte Rechtsakte, die insb ihr dienstrechtliches „Statusverhältnis" betreffen, aus ihrer persönlichen Sicht Außenrecht. Daher sieht das Dienstrecht verschiedentlich „**dienstrechtliche Bescheide**" vor. In Fällen, in denen es nicht um 872 die Stellung des Betreffenden als Organ(walter), sondern um seine Aufgaben als Dienstnehmer geht (zB Versetzung, Leistungsfeststellung, Disziplinarmaßnahmen), ist die Verwendung des Bescheides oft nicht nur aus Rechtsschutzgründen rechtspolitisch erwünscht, sondern kraft Betroffenheit der persönlichen Rechtsstellung auch verfassungsrechtlich geboten. Für solche Bescheide gelten im DVG geregelte, zum Teil vom AVG abweichende Verfahrensbestimmungen.

873 – Werden Rechtsunterworfene mit öffentlichen Funktionen betraut (zB Bestellung zum Staatskommissär, Bestellung zum Mitglied einer Kommission), so hat die Bestellung dann mit Bescheid zu erfolgen, wenn mit der Betrauung eine „neue" – dh nicht schon kraft eines Dienstverhältnisses bestehende – Pflicht begründet werden soll.

874 – Da kein Organwalter oder öffentlich Bediensteter „schlechthin" Organwalter bzw öffentlich Bediensteter ist (Rz 106), unterliegen auch solche Personen außerhalb ihrer amtlichen bzw dienstlichen Funktion grundsätzlich dem für alle Rechtsunterworfenen geltenden Recht. Daher ist auch einem Gemeindebeamten gegenüber über eine Baubewilligung mit Bescheid zu entscheiden.

– Ebenso benötigt eine Gemeinde für die Errichtung ihres Gemeindeamts eine vom zuständigen Gemeindeorgan zu erteilende Baubewilligung in der Form eines „externen" Bescheides (vgl VwGH 20. 10. 1994, 94/06/0053), wie gegebenenfalls auch der Bund für ein Vorhaben eine wasserrechtliche Bewilligung in Bescheidform benötigen kann.

875 – Rechtsakte zwischen selbständigen Rechtspersonen können (aus der Sicht der Adressaten) keine „internen" Akte sein: Daher haben förmliche aufsichtsbehördliche Einzelfallentscheidungen gegenüber Selbstverwaltungskörpern (Genehmigungen, Aufhebungen ua; Rz 397f) in Bescheidform zu ergehen bzw stellen derartige Akte – sofern die übrigen Voraussetzungen vorliegen – Bescheide dar.

876 – Im Verhältnis zwischen Weisung und Bescheid kann es zu Phänomenen der „Janusköpfigkeit" kommen: Wird ein Beamter des BMF zum Staatskommissär bei einer Bank bestellt (§ 76 BWG), ist das für jenen eine Weisung, für diese ein Bescheid.

877 – § 2 Abs 2 BMinG (vgl auch § 90 NR-GOG) stellt im Hinblick auf BMin „**Regierungsakte**" der „behördlichen Verwaltung" einerseits und der „Verwaltung als Träger von Privatrechten" andererseits gegenüber und schafft damit mehr Probleme als Lösungen. Traditionell werden Regierungsakte als „verfassungsunmittelbare Interorganakte" bezeichnet (zB Regierungsvorlagen, der Einspruch der BReg gegen ein Landesgesetz oder die Einberufung oder Auflösung des Nationalrats durch den BPräs). Sie gehören zweifellos zum Bereich der Hoheitsverwaltung, sind jedoch nicht an Rechtsunterworfene, sondern an andere Verfassungsorgane adressiert. Andererseits ist die Verleihung eines Berufstitels mittels Entschließung des BPräs als Bescheid und nicht als Regierungsakt zu qualifizieren.

878 – Auch in den Bereichen der „normalen" Verwaltung gibt es zahlreiche **Interorganakte**: Von den Weisungen war bereits die Rede, ebenso von den Amtshilfeersuchen (Rz 424). Vielen fehlt von vornherein ein selbständiger normativer Inhalt, wie etwa den Anträgen, Bestätigungen, Mitteilungen oder Stellungnahmen. Manche dieser Anträge und Stellungnahmen sind von der Verwaltungsstelle, an die sie gerichtet sind, zu würdigen, wie zB die Stellungnahmen der mitwirkenden Behörden nach §§ 4 Abs 2, 5 Abs 3, 20 Abs 2 UVP-G. Andere entfalten für ihren Teilbereich eine für die in der Sache zuständige Behörde rechtlich bindende Wirkung, wie zB die Bestätigung der BReg nach § 10 Abs 6 StbG. Noch stärker ist

die Normativität, wenn das Gesetz das Verwaltungshandeln an das Einvernehmen mit einer anderen Dienststelle oder an deren Zustimmung bindet. Ist der Akt einer solchen mitwirkenden Behörde nach dem erkennbaren Willen des Gesetzgebers an eine andere Verwaltungsstelle (und nicht an eine Partei) zu adressieren, ist ein Verfahrensrechtsverhältnis zwischen der mitwirkenden Behörde und den Parteien nicht vorgesehen und ist ersichtlich nicht eine selbständige Rechtskraftfähigkeit intendiert, dann ist nicht die Erlassung eines Bescheides gesollt.

Im Allgemeinen sind solche internen Mitwirkungsakte innerhalb von Dienststellen oder zwischen Organen desselben Verbandsbereichs vorgesehen. Es kann sich aber auch bei verbandsübergreifenden Mitwirkungsakten um nicht-externe Akte handeln. Wenn der Akt an eine Rechtsperson „als Partei" adressiert ist – wie dies bei den aufsichtsbehördlichen Genehmigungen von Akten der Selbstverwaltungskörper der Fall ist –, handelt es sich aus der Perspektive dieser Rechtsperson jedoch um einen externen Akt (Rz 875).

In Fällen, in denen bei gegenüber Rechtsunterworfenen zu erlassenden Bescheiden Zustimmungsakten anderer Behörden Bindungswirkung zukommt (vgl zB § 10 Abs 6 StbG), wird immer wieder kritisch erörtert, inwiefern nicht der verfassungsrechtliche Bescheidbegriff bzw das verfassungsrechtliche Rechtsschutzsystem die Ausgestaltung des Zustimmungsaktes als selbständigen Bescheid gebieten (insb Thienel, Der mehrstufige Verwaltungsakt, 1996). Dies ist mE bei den bisher untersuchten Fällen nicht der Fall. Zum einen ist Gegenstand des Zustimmungsaktes gerade nicht eine selbständige Verwaltungssache, vielmehr wird nur die besondere Kompetenz (im fachlichen oder rechtlichen Sinn) eines anderen Organs nutzbar gemacht. Zum anderen genügt der an die Entscheidung der zuständigen („federführenden") Behörde anknüpfende Rechtsschutz den verfassungsrechtlichen Erfordernissen der Art 130 und 144 B-VG, da die Gesamtverantwortung für die insgesamt zu treffende Entscheidung – unabhängig von administrativen Willensbildungsregeln – allein bei der bescheiderlassenden Behörde liegt.

Neuerdings wird betont, dass sich aus Gemeinschaftsrecht das Erfordernis gerichtlichen Rechtsschutzes auch in Bezug auf „Teilakte" ergeben kann (Frank 515ff unter Hinweis auf EuGH *Borelli* 1992, I-6313).

Probleme werfen Fälle auf, in denen die Partei selbst eine „Stellungnahme" einer anderen Dienststelle (etwa in den Antragsunterlagen) vorzulegen hat. In diesem Zusammenhang besteht das rechtsstaatliche Problem, wie die Partei die Ausstellung durchsetzen kann und wie die entscheidungsbefugte Behörde die Verweigerung der Ausstellung zu „würdigen" hat (VfSlg 13889/1994 ua).

Im Hinblick auf das rechtsstaatliche Prinzip zu konstatierende Rechtsschutzdefizite machen jedoch Nicht-Bescheide nicht zu Bescheiden.

– Aus der Perspektive der Aktanalyse kann ein Bescheid erst dann vorliegen, wenn 879 ein normativer Akt wenigstens einem Rechtsunterworfenen, an den er gerichtet ist, gegenüber „**erlassen**" – also förmlich bekannt gegeben – wurde (Rz 860), wenn er also tatsächlich „nach außen" ergangen und damit in außenrechtliche Existenz getreten ist. Wurde ein normativer Akt nur anderen Verwaltungsorganen gegenüber bekannt gegeben – beispielsweise zur Erzielung des erforderlichen Einvernehmens –, so kann (noch) kein Bescheid vorliegen, selbst wenn dieser Akt formal und inhaltlich alle Merkmale eines Bescheides aufweist. Andererseits wird ein Akt, der nur Verwaltungsorgane zu Adressaten hat, nicht deshalb zu einem Bescheid, weil er „nach außen" in Erscheinung tritt; beispielsweise sind Weisungen, Amtshilfeersuchen oder behördenadressierte Zustimmungen nicht deshalb Bescheide, weil sie einer Partei tatsächlich zukommen.

f) förmlich

Als Unterschied zwischen den Bescheiden einerseits und den AuvBZ andererseits 880 wird hervorgehoben, dass erstere form- und verfahrensgebunden, letztere „relativ verfahrensfrei" sind. In den meisten Fällen hat die zur Bescheiderlassung berufene Behörde ein Verwaltungsverfahrensgesetz anzuwenden. Aus diesem ergibt sich, dass im Regelfall der Erlassung des Bescheides ein bestimmtes förmliches Ermittlungsverfahren unter Wahrung des Parteiengehörs voranzugehen hat, dass der Bescheid in bestimmter Weise gestaltet sein soll (Bescheidbezeichnung, Gliederung in Spruch, Begründung und Rechtsmittelbelehrung) und dass der Bescheid den Adressaten auf eine bestimmte Weise zugestellt werden soll.

881 Ist ein Bescheid zu erlassen und findet keines dieser Verwaltungsverfahrensgesetze Anwendung (zB im Rahmen der Justizverwaltung oder der personalen Selbstverwaltung), dann soll die Behörde dem Verfahren „**die allgemeinen Grundsätze eines rechtsstaatlichen Verwaltungsverfahrens**" zugrundelegen; dies bedeutet nicht – wie manchmal formuliert wird – eine „analoge" Anwendung des AVG (wenn dieses Gesetz nach dem Willen des Gesetzgebers nicht Anwendung finden soll, dann ist dies zu respektieren). Vielmehr sind durch eine Art Rechtsvergleich zwischen den Verwaltungsverfahrensgesetzen „gemeinsame Grundsätze" zu ermitteln. Als solche allgemeine Grundsätze wurden zB erkannt: das Recht auf Parteiengehör, auf ordnungsgemäße Sachverhaltsermittlung, auf Ausschluss befangener Organwalter und auf Bescheidbegründung. Jedenfalls besteht auch für nicht dem AVG unterliegende Bescheide eine Form- und Verfahrensbindung.

882 – Im Rahmen der Analyse der gesetzlichen Ermächtigung besteht Klarheit nur dann, wenn der Gesetzgeber auf der einen Seite den Begriff „Bescheid" oder einen auf die Rechtskraftfähigkeit hindeutenden Begriff wie „Bewilligung", „Genehmigung", „Konzession", „Feststellung", „Kostenvorschreibung", „Widerruf" o dgl verwendet oder wenn er auf der anderen Seite – im Hinblick auf AuvBZ – von „Zwang", von der „unmittelbaren" Durchsetzung o dgl spricht.

– Schwierigkeiten ergeben sich dann, wenn der Gesetzgeber als neutral geltende Begriffe verwendet. Beispielsweise decken Begriffe wie „Anordnung" oder „Auftrag" nach ihrem sprachlichen Gehalt Verordnungen, Bescheide und Befehlsakte. In solchen Fällen kann nur eine nähere Interpretation Aufschluss geben, ob nur einer dieser Akte gemeint ist oder aber ob mehrere solche Akttypen zulässig sein sollen. Verschiedentlich können je nach dem Grad der Dringlichkeit Bescheide oder Befehls- oder Zwangsakte zu erlassen bzw zu setzen sein (zB § 31 Abs 3 WRG, § 73 AWG, § 129 Abs 6 wr BauO; vgl auch § 35 Abs 5 kntn BauO: „notwendige Maßnahmen").

883 – Auf der Ebene der Aktanalyse wirft die Identifizierung eines Bescheides im Anwendungsbereich der Verwaltungsverfahrensgesetze angesichts der form- und verfahrensrechtlichen Bindungen im Allgemeinen keine Probleme auf. Abgrenzungsfragen können im Wesentlichen nur dann auftreten, wenn entweder von Ausnahme- und Sonderbestimmungen der Verwaltungsverfahrensgesetze Gebrauch gemacht wird, oder aber, wenn die gebotenen Förmlichkeiten im Einzelfall rechtswidriger Weise außer Acht gelassen wurden. Beispielsweise muss in den Fällen des § 57 AVG („Mandatsbescheid") kein Ermittlungsverfahren durchgeführt werden und kann der Bescheid gemäß § 62 Abs 1 AVG mündlich verkündet werden (vgl VfSlg 15873/2000). Auch diese Fälle sollten keine Identifikationsprobleme aufwerfen, denn selbst in einem solchen Fall hat die Behörde von einem „Bescheid" zu sprechen (§ 58 Abs 1 AVG), die angewendeten Gesetzesbestimmungen anzuführen (§ 59 Abs 1 AVG), eine Rechtsmittelbelehrung zu verkünden (§ 58 Abs 1 AVG) und die Parteien über ihr Recht auf eine schriftliche Ausfertigung zu belehren (§ 62 Abs 3 AVG); vgl auch Thienel 206.

- Werden im Fall eines mündlich verkündeten Mandatsbescheides – rechtswidriger Weise – auch alle diese formellen Erfordernisse unterlassen, dann unterscheidet sich ein solcher Akt äußerlich nicht mehr von einem mündlichen Befehl, der gegebenenfalls einen AuvBZ darstellt. Als absolutes Minimum, um in solchen Fällen noch von einem – rechtswidrigen, weil formfehlerhaften, aber doch in rechtliche Existenz getretenen – „Bescheid" sprechen zu können, ist daher die **schriftliche Beurkundung** wenigstens der Tatsache der mündlichen Verkündung des Bescheides (§ 62 Abs 2 iVm § 14 Abs 7 AVG) anzusehen. Liegt auch diese nicht vor, dann kann es sich allenfalls noch um einen Befehlsakt, aber jedenfalls nicht mehr um einen Bescheid handeln. 884
- Gemäß dem allgemeinen Konformitätsgrundsatz ist gerade in Grenzfällen der Aktanalyse auch die gesetzliche Ermächtigung von Bedeutung: Ermächtigt bzw verpflichtet eine Bestimmung zur Erlassung von Bescheiden, dann dürfen in diesem sachlichen Zusammenhang ergangene Akte im Zweifel nicht als AuvBZ gedeutet werden, da die Behörde zur Setzung solcher Akte in diesen Fällen rechtens gar nicht befugt wäre. 885
- Ein gewisses Indiz kann aus der Organwalterstellung des Urhebers des Aktes gewonnen werden: Exekutivorgane (Rz 131) sind im Wesentlichen nicht zur Erlassung von Bescheiden befugt, während AuvBZ in der überwiegenden Zahl der Fälle von Exekutivorganen und nicht von Behörden zu setzen sind. 886
- In Fällen, in denen die Behörde nach Lage des Falles sowohl zur Erlassung von Bescheiden als auch zur Setzung von AuvBZ befugt ist (zB § 360 GewO, § 31 Abs 3 WRG, baubehördliche Überwachungsbefugnisse, zB § 36 nö BauO), ist nach der Judikatur – neben den formalen Erfordernissen – auch der sich in den Umständen des Aktes manifestierende Wille der Behörde maßgeblich (grundlegend VwSlg 14193 A/1995). 887

g) individuell

Dass ein Bescheid einen (oder mehrere) individuell bestimmte Adressaten haben muss, bildet ein Wesenselement des Bescheides und wird im AVG dementsprechend vorausgesetzt (VwGH 31. 1. 2001, 2000/05/0246). Tatsächlich wäre ein Bescheid, der keinen Adressaten aufweist oder – was dem gleichzuhalten ist – an eine Nicht-Person gerichtet ist („an die Hausgemeinschaft des Hauses X"), absolut nichtig (zB VwGH 10. 6. 2002, 2001/17/0065). Andererseits stellt ein Akt, der an einen nach Gattungsmerkmalen umschriebenen Personenkreis (Rz 782) adressiert ist, definitionsgemäß eine VO dar. 888

- Aus der Perspektive der gesetzlichen Ermächtigung ist Klarheit zunächst nur dann gegeben, wenn der Gesetzgeber auf der einen Seite den Begriff „Bescheid" oder einen die Gestaltung der individuellen Rechtslage indizierenden Begriff wie „Bewilligung", „Genehmigung" oder „Konzession" oder auf der anderen Seite den Begriff „Verordnung" verwendet.
- Eine ausdrückliche gesetzliche Festsetzung der Handlungsform ist gerade dann maßgeblich, wenn angesichts mehrdimensionaler rechtlicher Betroffenheit („**Janusköpfigkeit**") eine andere Gestaltung der Rechtsverhältnisse denkbar wäre. Da § 29 Abs 5 KFG vorsieht, dass die Typengenehmigung – obwohl sie für eine unbestimmte Vielzahl von Kfz derselben Type und deren künftige Besitzer maßgeblich werden soll – mit Bescheid zu erteilen ist, ist die Erlassung einer VO 889

unzulässig und ist ein in einer solchen Sache erlassener Akt im Zweifel als Bescheid zu deuten.

890 – Wenn der Gesetzgeber Allgemeinbegriffe verwendet, wie zB „Anordnung" oder „Feststellung", wenn er alternative Handlungsformen vorsieht („mit Verordnung oder Bescheid": Rz 783ff) oder wenn keine Festlegung der Aktform getroffen ist (zB „Preisbestimmung" gemäß § 2 Abs 1 PreisG), muss eine verfassungskonforme Interpretation – dh die Berücksichtigung der individuellen und generellen Rechtswirkungen – in die eine oder andere Richtung weisen. Die Ermächtigung ist in solchen Fällen, wie erwähnt (Rz 786), nicht als „unbestimmt" zu beurteilen, da sich die gebotene Handlungsform aus den im konkreten Fall anzusprechenden Adressaten bestimmt.

891 – Aus der Perspektive der Aktanalyse sind zunächst formale Kriterien, die Adressaten und die Art der Bekanntgabe, im Übrigen auch eine mit der ermächtigenden Rechtslage konforme Interpretation maßgeblich: Ist ein Akt ausdrücklich als „Bescheid" bezeichnet oder regelt er Rechtsverhältnisse bestimmter einzelner Personen oder wurde er individuell bekannt gegeben (zugestellt) oder ist gesetzlich die Erlassung eines Bescheides vorgesehen, dann spricht jedes dieser Elemente dafür, dass der konkret vorliegende Akt als Bescheid zu sehen ist. Wurde der Akt als „Verordnung" bezeichnet oder regelt er Rechtsverhältnisse eines nach Gattungsmerkmalen bestimmten Personenkreises oder wurde er durch Verlautbarung kundgemacht oder ist gesetzlich die Erlassung einer VO vorgesehen, dann spricht jedes dieser Elemente dafür, dass es sich um eine VO handelt.

892 – Ein Bescheid kann auch dann vorliegen, wenn er nicht an eine einzelne Person, sondern an eine – dann nicht in der Anrede, sondern in der „Zustellverfügung" angeführte – Mehrzahl **namentlich genannter** Personen gerichtet ist. Ein solcher **Sammelbescheid** stellt die einheitliche Verkörperung einer Mehrzahl gleichlautender Bescheide dar, wie sie grundsätzlich in jedem Bauverfahren (Parteistellung der Nachbarn) vorkommt und heute bei „Massenverfahren" über größere Anlagen schon Machbarkeitsprobleme aufwirft. Da in den NaturschutzG überwiegend vorgesehen ist, dass Naturschönheiten mit Bescheid unter Naturdenkmalschutz zu stellen sind, ist dann, wenn sich diese Naturschönheit über mehrere Parzellen erstreckt, gegebenenfalls ein Sammelbescheid, nicht aber eine VO zu erlassen.

893 – Nur eine scheinbare „Erweiterung" des Adressatenkreises tritt ein, wenn ein Bescheid im Rahmen eines Rechtsverhältnisses ergeht, das als ein „dingliches" (Rz 1229, 1164) zu bezeichnen ist. Mit einem solchen **dinglichen Bescheid** – bei dem es materiell-rechtlich nur auf bestimmte Umstände von Sachen, nicht aber auf persönliche Verhältnisse ankommt (insb Anlagenbewilligungen aller Art, anlagenpolizeiliche Aufträge aller Art; zB § 9 nö BauO, § 22 bgld BauO, § 129b Abs 1 wr BauO) – tritt eine Person in die Rechtsstellung einer anderen (des Bewilligungswerbers bzw des Bescheidadressaten) ein, sei dies während des laufenden Verfahrens, sei dies nach der Erlassung des Bescheides. Dinglichkeit macht einen Bescheid also nicht zu einer VO.

894 – Auf der Ebene der Aktanalyse ist der Bescheid vor allem durch die individuelle Erlassung gegenüber namentlich bestimmten Personen gekennzeichnet. Nur dann, wenn das Gesetz dies ausdrücklich vorsieht, kann zB die Eintragung in ein öffentliches Buch oder eine Erlassung im Ediktweg (§ 25 ZustellG, § 44f AVG) dem Vorliegen eines Bescheides nicht entgegenstehen; auch in diesen Fällen sind allerdings stets individuelle Adressaten namentlich bestimmt.

- Die Frage der Ermittlung der Rechtsnatur des tatsächlich vorliegenden Aktes darf nicht mit der Frage der **Rechtmäßigkeit** des Aktes verwechselt werden: Ergeht eine VO, obwohl ein Bescheid hätte ergehen sollen, liegt eine – als Formenmissbrauch definitionsgemäß rechtswidrige, jedoch nicht absolut nichtige – „**verschleierte Verfügung in Verordnungsform**" vor (Rz 792).

Vgl im Übrigen die zur „symmetrischen" Fragestellung im Hinblick auf die VO entwickelten Überlegungen (Rz 782).

*b) **Norm** – Ermächtigungsebene*

Von Verwaltungsstellen geht viel „Papier" aus, nicht alles enthält normative 895
Erledigungen. Vielfach werden Mitteilungen, Informationen und „Staatswerbung" aller Art zugestellt. Von einem normativen Akt ist zu sprechen, **wenn die Rechtslage gestaltet oder in verbindlicher Weise festgestellt wird**, vereinfachend: **wenn die Rechtslage nach der Erlassung eines Aktes eine andere ist bzw sein soll als zuvor.** Wenn eine „Bewilligung" erteilt wird, wenn eine „Strafe" verhängt wird, wenn ein „Dispens" erteilt wird, wenn ein „Auftrag" erteilt wird, wenn eine Bewilligung „widerrufen" wird, dann ist die Rechtslage ab der Wirksamkeit eines solchen Akts offenbar eine andere als sie vorher war. Aber auch eine bescheidförmige Feststellung enthält kraft ihrer Verbindlichkeit eine – sie von der bloßen „Urkunde" (Rz 908) unterscheidende – normative Komponente (zB VfSlg 13617/1993), da das Festgestellte „gilt": Wird gemäß § 43 StbG festgestellt, dass eine Person österreichischer Staatsbürger ist, dann gilt sie im Rechtssinn als Staatsbürger, selbst wenn dies nach der Sach- und Gesetzeslage falsch sein sollte.

Angesichts der zunehmenden Grundrechtsorientierung der Verwaltungsrechtsdog- 896
matik wird die „Normativität" von Verwaltungsakten in neuerer Zeit häufig durch das Merkmal des „Eingriffs in subjektive Rechte" bestimmt. Dies ist zu eng, wie zB Feststellungsbescheide, bestimmte Organbestellungsakte (zB VfSlg 13098/1992 – Ernennung zum Bezirkshauptmann, VwSlg 15157 A/1999 – Bestellung zum UVS-Mitglied) oder die Aufhebung bloß belastender Akte (§ 68 Abs 2 AVG) zeigen. „Normativität" ist zunächst durch die objektive **Rechtserzeugungsfunktion** bestimmt, durch die „Willensäußerung, deren Inhalt ein autoritatives Wollen des Staates" (Winkler, Der Bescheid, 1956, 45f) ist. Die subjektive Komponente der Rechtsbetroffenheit ist dagegen im Hinblick auf das Recht auf Verfahrensteilnahme und in der Folge im Hinblick auf Rechtsschutzmöglichkeiten von Bedeutung.

Normativität eines Akts kann sich aus der diese Wirkung verleihenden **gesetzlichen** Ermächtigungsgrundlage oder auch – bei entsprechender imperativer Fassung – aus dem betreffenden **Akt selbst** ergeben (vgl schon Rz 799f sowie noch unten). Der spezifische normative Gehalt des Akts – das Angeordnete, das Bewilligte, das Untersagte, das rechtskräftig Festgestellte – macht die **Verbindlichkeit** des Bescheides aus. Sie ist von den verschiedenen Formen der rechtlichen Anknüpfung an die Existenz eines Bescheides (**Tatbestandswirkung**) zu unterscheiden (vgl auch Thienel 224, 233).

- Aus der Perspektive der gesetzlichen **Ermächtigung** ist ein Bescheid jedenfalls gesollt, wenn der Gesetzgeber in einem hoheitlichen Kontext von einem „Bescheid" oder auch von einer „Bewilligung", einer „Entscheidung" (zB § 12 Abs 2 bgld BauO) o dgl spricht. Beispielsweise soll die Bekanntgabe der Bebauungsbestimmungen nach § 9 Abs 4 wr BauO „mit Bescheid" erfolgen. 897

- Wenn der Gesetzgeber besondere **Bezeichnungen** vorsieht, dann steht dies der Qualifikation eines solchen Akts als Bescheid nicht entgegen (zB „Festsetzung" gem § 2 HabsbG, „Preisbestimmung" gem § 2 PreisG, „Anordnung" gem § 104 VAG, „Einstweilige Verfügung" gem § 122 WRG, „Verlangen" gem § 16 Abs 1 DevG), sofern sich aus den rechtlichen Zusammenhängen ergibt, dass der betreffende Akt Rechtsverhältnisse in verbindlicher Weise gestalten oder feststellen soll. Erkennt man etwa, dass es sich bei einem „Körschein" (VfSlg 12141/1989, 14115/1995) oder bei der „Zuteilung von Ökopunkten" für den zwischenstaatlichen Güterverkehr (VfSlg 13952/1994) der Sache nach um behördliche Bewilligungen handelt, dann liegt die Qualifikation als Bescheid auf der Hand.

898 – Trifft der Gesetzgeber keine Klarstellung der gebotenen Rechtsaktsform, dann sind zur Beurteilung der (selbständigen) Normativität des fraglichen Akts die rechtlichen Zusammenhänge maßgeblich, und zwar primär jene Grundlagen, auf denen der Bescheid beruht, letztlich aber die gesamte Rechtsordnung. Kommt dem Akt in einem hoheitlichen Kontext die rechtliche Bedeutung einer **Gestaltung oder verbindlichen Feststellung der Rechtslage** zu, insb wenn gegenüber einer bestimmten Person **Rechte oder Pflichten begründet, abgeändert oder aufgehoben** werden sollen, und zwar in einer Weise, die – im Allgemeinen auf der Grundlage eines geeigneten Ermittlungsverfahrens – grundsätzlich auf Rechtskraftfähigkeit angelegt ist, so ist in der Regel davon auszugehen, dass die Erlassung eines Bescheides gesollt ist. Freilich ist es oft schwierig, die mit einem Akt **unmittelbar** verbundenen Gestaltungs- und Feststellungswirkungen vom bloßen gesetzlichen **„Anknüpfen"** an bestimmte Verwaltungshandlungen und von manchen rechtlichen **Fern- und Folgewirkungen** solcher Verwaltungshandlungen abzugrenzen. Beispielsweise hat die „Aufforderung" zur Übernahme eines behördlich entfernten Gegenstands (§ 89a Abs 5 StVO) informative, rechtserinnernde, nicht normative Bedeutung, obwohl der Gesetzgeber beim Eigentumsverlust (§ 89a Abs 6 StVO) an den Ablauf der Aufforderungsfrist anknüpft. Andererseits ist der Beschluss einer Behörde, ein Verfahren einzuleiten – worin grundsätzlich auch dann kein selbständig normativer Akt zu sehen ist, wenn dies einer Partei förmlich
[899] bekannt gegeben wird –, in den Fällen ein Bescheid, in denen dieser Beschluss selbst bereits die materielle Rechtslage ändert (VfSlg 11680/1988 mwN).

900 – Auf verschiedene Weise lässt der Gesetzgeber erkennen, dass bestimmte normative außenwirksame Einzelfallentscheidungen in den Bereichen der Hoheitsverwaltung **nicht** in Bescheidform ergehen sollen. Soweit nicht im Einzelfall eine verfassungskonforme Interpretation im Lichte des verfassungsrechtlichen Bescheidbegriffs und der rechtsstaatlichen Erfordernisse zu einer abweichenden Deutung zwingt, ist ein solches Auslegungsergebnis maßgeblich. Wenn der Gesetzgeber zB in § 47 Abs 1 AlVG vorsieht, dass im stattgebenden Fall eine „Mitteilung" über die Leistungsansprüche auszustellen ist und dass im ablehnenden Fall ein Bescheid auszufolgen ist, dann soll im positiven Fall offenkundig kein (rechtskraftfähiger) Bescheid erlassen werden (vgl zB auch §§ 105 Abs 5, 367 Abs 3 ASVG). Ähnlich zu sehen ist § 15 Abs 2 MeldeG, wonach eine Berichtigung des Melderegisters dann mit Bescheid vorzunehmen ist, wenn allfällige Einwendungen des Betroffenen nicht berücksichtigt werden; im stattgebenden Fall soll also kein Bescheid ergehen. Die Mitteilung nach § 21 Abs 3 BStatG „ist kein Bescheid". Das „Übereinstimmungszeugnis" einer akkreditierten Zertifizierungsstelle nach § 61g Abs 2 oö BauTG soll kein Bescheid sein, in diesem Fall soll auch der Befund der Nichtübereinstimmung nur „formlos mitgeteilt" werden (§ 61h Abs 3 oö BauTG).

- Unterschiedliche Modelle finden sich bezüglich der behördlichen Reaktion auf die Anzeige von anzeigepflichtigen Projekten: Nach § 22 tir BauO und § 33 vlbg BauG ist die Rechtmäßigkeit mit Bescheid festzustellen, nach § 62 Abs 3 wr BauO ist die Anzeige mit Bescheid zur Kenntnis zu nehmen. Dagegen sind nach § 25a oö BauO und nach § 33 Abs 6 stmk BauG im positiven Fall die Planunterlagen mit dem bloßen Vermerk „Baufreigabe" zurückzugeben und kann nach § 15 Abs 4 nö BauO überhaupt nach Ablauf einer Frist mit der Verwirklichung des Projekts begonnen werden. Eine Zwischenstellung nimmt der „Freigabevermerk" nach § 17 bgld BauO ein, da er „als Baubewilligung gilt".
- In vielen Fällen, in denen in hoheitlichen Zusammenhängen eine **administrative** 901 **Leistung** angesprochen wird – etwa die Eichung eines Gegenstands, die Erteilung einer Auskunft, die Ausstellung einer Urkunde oder Bestätigung, die Herausgabe einer Sache, die Auszahlung einer bestimmten Summe Geldes –, ist im positiven Fall die Erlassung eines Bescheides nicht vorgesehen. In solchen Konstellationen ist davon auszugehen, dass die positive Entscheidung in der Form der tatsächlichen Erbringung der Leistung nach außen zum Ausdruck kommt, dass eine stattgebende bescheidförmige Entscheidung jedoch nicht gesollt ist (vgl VwGH 2. 5. 2001, 96/12/0062).

Schwierige Fragen wirft in derartigen Konstellationen der umgekehrte Fall auf, dass die angesprochene, tatsächlich zu erbringende Leistung verweigert werden soll. Sofern der konkrete Rechtsbereich (Rz 734) hoheitlich ausgestaltet ist und die zur Entscheidung berufene Stelle bescheidbefugt ist, hat eine negative (ablehnende oder einschränkende) Entscheidung in solchen individuellen Angelegenheiten mittels Bescheid zu ergehen. Mitunter ist dies gesetzlich explizit in diesem Sinn geregelt (zB § 4 AuskunftspflichtG, § 56 Abs 4 Maß- und EichG); grundsätzlich muss dies aus rechtsstaatlichen Gründen aber auch dann gelten, wenn das Gesetz keine derartige ausdrückliche Regelung trifft. Freilich belegt Art 137 B-VG, dass bereits der Verfassungsgesetzgeber davon ausgegangen ist, dass eine Bescheidbefugnis leistungserbringender Verwaltungsstellen nicht von vorneherein vorauszusetzen ist.

- Die Erlassung eines Bescheides ist dann nicht vorgesehen, wenn der Gesetzgeber 902 auf einen Rechtsakt abstellt, der nach der Rechtsterminologie als Gegenstück zum Bescheid zu verstehen ist. Angesichts der in § 3 Abs 2 VVG und in § 4 AbgEO getroffenen begrifflichen Gegenüberstellung ist die bloße Ermächtigung zur Ausstellung eines **Rückstandsausweises** – oder, was dem prinzipiell gleichzuhalten ist, die Ermächtigung zur Einbringung öffentlich-rechtlicher vermögensrechtlicher Ansprüche „im Verwaltungswege" („politische Exekution") – nicht als eine Ermächtigung zur Bescheiderlassung zu verstehen (zB § 64 ASVG, § 30 Abs 3 KAKuG, § 84 WRG, § 73 Abs 2 ForstG).
- Ebenso ist die Erlassung eines Bescheides auch dann nicht gesollt, wenn gesetzlich 903 die Erlassung einer **Verfahrensanordnung** (§§ 39 Abs 2, 63 Abs 2, 67e Abs 2 AVG) vorgesehen ist oder wenn eine als Verfahrensanordnung zu deutende Regelung getroffen werden soll (zB Mängelbehebungsauftrag gemäß § 13 Abs 3 AVG, Anberaumung einer mündlichen Verhandlung gemäß § 41 AVG, Verweigerung der Akteneinsicht gegenüber einer Verfahrenspartei gemäß § 17 Abs 4 AVG, Abweisung einer Sachverständigen-Ablehnung gemäß § 53 Abs 2 AVG; vgl Thienel 200). Solche Akte stellen „nur das Verfahren betreffende Anordnungen" (§ 63 Abs 2 AVG) dar, insb „prozessleitende Verfügungen". Sie sollen nicht auf der Grundlage eines Ermittlungsverfahrens im Sinn der §§ 37ff AVG ergehen, sie sollen nicht eine

„Sache" erledigen und dementsprechend auch nicht „rechtskräftig" werden. Ihnen mangelt es somit – bezogen auf die materiell-rechtliche Verwaltungssache – an einer „**selbständigen**" **Normativität**; dementsprechend bilden sie keine Bescheide. Im VStG ist etwa die Aufforderung des Beschuldigten zur Rechtfertigung (§ 42 VStG), im VVG die Androhung der Ersatzvornahme (§ 4 Abs 1) oder einer Zwangsstrafe (§ 5 Abs 2) nicht als Bescheid zu sehen.

In neuerer Zeit wird der Begriff Verfahrensanordnung gesetzlich auch unabhängig von Verwaltungsverfahren verwendet. In § 360 Abs 1 GewO – es handelt sich um eine schlichte „Ermahnung" (Aufforderung) – soll auf diese wenig elegante Weise lediglich zum Ausdruck gebracht werden, dass nicht ein Bescheid erlassen werden soll; vgl auch § 75 Abs 1 EisbG. Bei der „Verfahrensanordnung" nach § 55 Abs 9 TKG dürfte es sich dagegen um eine VO handeln.

904 Manche auf den Fortgang von Verwaltungsverfahren bezogene Entscheidungen sollen allerdings als **verfahrensrechtliche Bescheide** (§§ 67a, 67d Abs 3 AVG, § 51e Abs 3 Z 4 VStG; vgl auch § 38 DatSchG, § 173 BVergG, § 83 EisbG) ergehen, sei dies im Interesse selbständiger Vollstreckbarkeit (zB Ladungsbescheid gemäß § 19 Abs 3 AVG), sei dies, weil die Entscheidung ein Verfahrensrechtsverhältnis beendet (Zurückweisung gemäß § 66 Abs 4 oder § 68 Abs 1 AVG, Abweisung gemäß § 73 Abs 2 AVG), sei es, weil die Entscheidung nicht notwendig mit einem anhängigen Verfahren zusammenhängt (Wiederaufnahme gemäß § 70 Abs 1 AVG, Wiedereinsetzung gemäß § 72 AVG). Im Rahmen des VStG sind zB die Heranziehung als Haftender (§ 9 Abs 7), eine selbständige Verfallsentscheidung (§ 17 Abs 2) oder eine Sicherheits- oder Beschlagnahmeverfügung (§§ 37, 39), im Rahmen des VVG sind „Vollstreckungsverfügungen" (§ 10 Abs 2 VVG) als Bescheide zu erlassen. In Zweifelsfällen ist interpretationsrelevant, ob ein eigenes Ermittlungsverfahren und Rechtskraftfähigkeit gesollt sind. Vgl VwGH 17. 5. 2001, 2001/07/0065.

905 – **Gutachten**, die im Zuge eines Ermittlungsverfahrens zur Erlassung eines Bescheides zu erstellen sind, sollen keine für sich normativen Akte und damit keine Bescheide sein, mögen die Gutachten der beigezogenen Sachverständigen auch für den Inhalt des nachfolgenden Bescheides erhebliche vorherbestimmende Bedeutung haben; ihre „Unrichtigkeit", „Unvollständigkeit", „Unschlüssigkeit" oder „Widersprüchlichkeit" ist gegebenenfalls in der Anfechtung des letztlich erlassenen Bescheides zu rügen. Der Zusammenhang zum Verfahren ist aber zB auch bei der amtsärztlichen Untersuchung im Zuge des Verfahrens zur Erteilung der Lenkberechtigung oder bei **Prüfungen** im Rahmen eines Universitätsstudiums gegeben. Ebenso ist die „Dienstprüfung" (zB § 27 BDG) zu sehen. Vereinzelt hat der Gesetzgeber besondere verfahrensrechtliche Rechtsschutzinstrumente vorgesehen (zB § 71 SchUG, § 74 UniG), die zu einer „Aufhebung" der Prüfung oder der Prüfungsbeurteilung führen können, was den Vorgang der Prüfungsbeurteilung allerdings nicht zu einem Bescheid macht (vgl Keschmann, Prüfungen an Universitäten, 2001; VfSlg 15630/1999).

Gutachten sind auch außerhalb von Verwaltungsverfahren vorgesehen. Beispielsweise gilt das Ergebnis forstbehördlicher Erhebungen „als öffentliche Urkunde" (§ 52 Abs 5 ForstG), soll also kein Bescheid sein. Ebenso ist die „Mitteilung" der Dienstbehörde über die Leistungsbeurteilung eines öffentlich Bediensteten „kein Bescheid" (§ 87 Abs 2 BDG). Über Prüfungen nach den §§ 350ff GewO ist ein (nicht rechtskraftsfähiges) „Zeugnis" auszustellen. Vgl zur Jagdprüfung (§ 60 nö JagdG) auch VwSlg 7350 A/1968.

906 – Nicht als Bescheide sollen Akte ergehen, die gegenüber anderen Behörden oder im Hinblick auf vor anderen Behörden zu führenden Verfahren abzugeben sind. Beispielsweise sind „behördliche Parteierklärungen" (Rz 732), aber auch – mangels selbständiger Normativität – die Erteilung oder die Verweigerung der Zustimmung gegenüber anderen Behörden (Rz 878) nicht als Bescheide zu qualifizieren.

Ebensowenig hat die Anerkennung oder Ablehnung eines Ersatzanspruches durch den aufgeforderten Rechtsträger nach § 8 AHG in Bescheidform zu ergehen.

- Verschiedentlich hat der Gesetzgeber allerdings vorgesehen, dass **Teilfragen** Gegenstände selbständiger Entscheidungen sein sollen, sei dies durch dieselbe Behörde, sei dies durch eine andere Behörde, wie zB bei Grundsatzbewilligungen (§ 111a WRG, § 18 UVP-G), bei Grundlagenbescheiden (§ 185 BAO) und anderen verbindlichen Feststellungen (zB § 5 ForstG) oder bei bindenden Vorfragenentscheidungen (§ 11 EisbG, § 4 Schieß- und SprengmittelG). In diesen Fällen haben jeweils selbständige Bescheide zu ergehen. 907
- Grundsätzlich kann der Gesetzgeber auch dadurch zum Ausdruck bringen, dass kein Bescheid gesollt ist, dass er die Ausstellung einer schlichten „Urkunde" (öffentliche Urkunde, behördliche **Beurkundung**) vorsieht (zB § 52 Abs 5 ForstG). Von einer Verwaltungsbehörde im Rahmen ihrer Amtsbefugnisse ausgestellte (öffentliche) Urkunden sind qualifizierte Beweismittel (vgl § 47 AVG), die Tatsachen, Rechte oder Rechtsverhältnisse bestätigen sollen. Im Gegensatz zu rechtskräftigen „Feststellungsbescheiden" (Rz 940) sind solche Beurkundungen – wie zB die Geburtsurkunde (§ 33 PStG), der Staatsbürgerschaftsnachweis (§ 41 StbG), die Meldebestätigung (§ 19 MeldeG), die Bestätigung über die Anmeldung einer Versammlung (§ 2 Abs 2 VersG), die Bestätigung der Abmeldung eines Kfz (§ 43 Abs 2 KFG; vgl auch §§ 16 Abs 4, 46 Abs 4 GewO) oder die Bestätigung über das Ausscheiden aus dem Staatsverband (§ 30 StbG) keine normativen Akte. Dies gilt auch für den „Reisepass": man darf nämlich nicht deshalb ein- oder ausreisen, weil man einen Reisepass hat, dh das Reisen wird nicht durch die Ausstellung des Reisepasses „bewilligt", es handelt sich um ein bloßes Legitimationspapier. Auch in diesen Fällen gilt – was nur zum Teil positiv-rechtlich statuiert ist (zB § 14 PassG) –, dass im Fall einer einschränkenden oder ablehnenden Entscheidung eine bescheidförmige Erledigung zu ergehen hat, wenn es sich um eine bescheidfähige Verwaltungsstelle handelt. Für Beurkundungen ist es charakteristisch, dass sie grundsätzlich jederzeit berichtigungsfähig sind. 908
- Eintragungen in **öffentliche Bücher** (Datenbanken) haben im Allgemeinen nur dokumentierende, nicht aber rechtskonstitutive Bedeutung (Wasserbuch, Naturschutzbuch, Personenstandsbücher, Wählerevidenzen, Staatsbürgerevidenz, Strafregister, Melderegister, Führerscheinregister, Gewerberegister, Datenverarbeitungsregister). Zum Teil besteht ein Anspruch auf Richtigstellung; über entsprechende Anträge ist dann mit Bescheid zu entscheiden. Dagegen ist die Eintragung in das Vereinsregister für das Ende der Rechtspersönlichkeit eines Vereins von rechtskonstitutiver Bedeutung (§ 27 VerG). – Bei manchen freien Berufen wird die Befugnis zur selbständigen Berufsausübung durch die Eintragung in eine **Liste** erworben; die Eintragung ist in diesem Fall rechtsbegründend (zB § 27 Abs 7 ÄrzteG), die negative Entscheidung hat in Bescheidform zu ergehen. 908a
- Freilich gibt es auch den umgekehrten Fall, nämlich individuelle normative Hoheitsakte, die nach dem Willen des Gesetzgebers „wie Urkunden aussehen". Beispielsweise ist der „Einreisetitel" (Visum) nach § 14 Abs 4 FrG im Reisepass (in der äußeren Form einer im Reisepass einzuklebenden „Vignette") „ersichtlich zu machen". Da dieser Vorgang eine Berechtigung verleiht, wird darin ein (besonderen Formvorschriften unterworfener) Bescheid gesehen (zB VwGH 7. 8. 2001, 98/18/0330). § 30 LFG ordnet im Hinblick auf den Zivilluftfahrtschein an, dass dieser „ein Bescheid ist" (vgl auch § 103 SchiffG). § 20 Abs 1 WaffenG bestimmt, dass die Erlaubnis zum Führen von Faustfeuerwaffen durch die Ausstellung eines Waffen- 909

[910] passes nach dem Muster der Anlage 1 zu erteilen ist: der Waffenpass sieht aus wie ein Personalausweis.

911 – Die mangelnde Normativität von Akten kann daran deutlich werden, dass sie in beurkundender Weise auf anderen, selbst normativen Akten „aufbauen". Hat ein Flüchtling kraft Gesetzes die vorläufige Aufenthaltsberechtigung erworben (§ 19 AsylG), kann die darüber ausgestellte Bescheinigung (§ 19 Abs 2 AsylG) nur beurkundenden Charakter haben; wurde ihm (mit Bescheid) Asyl gewährt (§ 7 AsylG), dann kann es sich bei dem in weiterer Folge ausgestellten Lichtbildausweis (§ 85 FrG) und beim Konventionsreisepass (§ 83 FrG) nur um beurkundende Dokumente, nicht um das Aufenthaltsrecht begründende Akte handeln. Ebenso sind die „Einladung zur Aufnahme der Vereinstätigkeit" im Gefolge einer Nicht-
[912] untersagung (§ 13 Abs 1 VerG) oder die Verlautbarung der Vereinsauflösung (§ 28 Abs 3 VerG) nur dokumentierende, nicht normative Akte.

913 – So wie es Akte gibt, die deshalb nicht normativ sind, weil sie normativen Akten nachfolgen und daher selbst für die Gestaltung der Rechtslage nicht konstitutiv sind, gibt es auch Akte, die den eigentlich normativen Akt erst ankündigen oder vorbereiten sollen, wie dies etwa bei der einer Entziehung der Gewerbeberechtigung voran gehenden „Aufforderung" nach § 91 Abs 2 GewO oder nach § 34 Abs 3 TKG alt (VfSlg 15571/1999) der Fall ist. Der „Einspruch" des Vertreters der Aufsichtsbehörde nach § 76 Abs 5 BWG oder nach § 448 Abs 4 ASVG setzt einen Beschluss des Beaufsichtigten außer Vollzug und ermöglicht so die zeitgerechte Sachentscheidung der Aufsichtsbehörde, stellt aber selbst keine Sachentscheidung dar und hat daher nicht als Bescheid zu ergehen. Auch ein „Bereitstellungsschein" ist lediglich eine Information darüber, wo im Fall einer Einberufung der Dienst anzutreten ist; im Gegensatz zum eigentlichen „Einberufungsbefehl" (§ 35 WehrG) ist er für sich kein Bescheid.

i) ***Norm*** *– Aktqualifikation*

914 Was die **Identifikation eines konkret vorliegenden Akts** betrifft, ist im Anwendungsbereich des AVG zunächst davon auszugehen, dass die Behörde Bescheide ausdrücklich als solche zu bezeichnen hat (§ 58 Abs 1 AVG; vgl daher zB VwGH 11. 12. 2000, 2000/17/0237). Durch die Bezeichnung eines individuellen hoheitlichen Akts als „Bescheid" bringt daher die Behörde im Allgemeinen ihre auf einen normativen Abspruch gerichtete Intention zum Ausdruck; es ist freilich nicht auszuschließen, dass diese Bezeichnung im Einzelfall einem nicht-normativen Akt und daher zu Unrecht vorangestellt wurde. Andererseits kann – selbst im Anwendungsbereich des AVG – ein Bescheid ungeachtet einer fehlenden derartigen Bezeichnung auch dann vorliegen, wenn der Inhalt eines individuellen hoheitlichen Aktes hinreichend eindeutig normativ abgefasst ist („wird hiermit angeordnet", „ergeht hiermit folgende Entscheidung", „wird abgewiesen"). Die Bescheidqualität eines konkret vorliegenden Aktes kann sich daher sowohl aus **formalen** als auch aus **inhaltlichen** Kriterien ergeben.

915 – In Zweifelsfällen ist darüber hinaus die **Konformität** mit der maßgeblichen generellen Rechtslage ausschlaggebend: Sollte im konkreten Fall ein Bescheid ergehen, lag dem Akt insb ein Antrag eines Antragslegitimierten zugrunde, und wurde der Akt von einer Behörde erlassen, die im konkreten Fall zur Bescheiderlassung zuständig war, dann sprechen diese Umstände – bei Vorliegen der sonstigen Voraussetzungen – im Zweifel dafür, dass es sich um einen Bescheid

handelt. Hätte ein Bescheid nicht (bzw nicht von dieser Behörde) ergehen sollen, dann soll der Behörde im Zweifel nicht ohne Not ein rechtswidriges Verhalten unterstellt werden. Sieht ein Gesetz zB vor, dass eine Behörde in einem bestimmten Fall eine bloße „Bescheinigung" auszustellen hat, dann wird es sich bei einem (nicht den Formvorschriften für Bescheide entsprechenden) Schreiben der Behörde in einem solchen Fall nicht um einen Bescheid, sondern eben um eine (nicht-normative) Bescheinigung handeln (zB VfSlg 13384/1993).

- Angesichts dieser Konformitätsregel sind solche Akte im Zweifel nicht als Bescheide anzusehen, mit denen eine Verwaltungsstelle von einer gesetzlich vorgesehenen, vom Bescheid zu unterscheidenden Akttype Gebrauch macht. ZB wird es sich bei einer „Lastschriftanzeige" eines Finanzamts, eines Kammeramts oder einer Krankenanstalt um einen „Kontoauszug" und damit um einen „Rückstandsausweis" im Sinn von § 3 Abs 2 VVG handeln. Rechtsschutz besteht in solchen Fällen darin, dass an die den Rückstandsausweis ausstellende Stelle „Einwendungen" erhoben werden (§ 3 Abs 2 VVG iVm § 35 EO); über diese ist mit Bescheid zu entscheiden. 916
- In gleicher Weise ist während eines anhängigen Verwaltungsverfahrens die Bestellung eines Sachverständigen oder die Anberaumung oder Vertagung einer mündlichen Verhandlung eine verfahrensleitende Verfügung und damit eine „Verfahrensanordnung". Ähnlich zu sehen ist die (einfache) Ladung gemäß § 19 Abs 1 AVG, weiters die Aufforderung an einen Führerscheinwerber, sich einem verkehrspsychologischen Begutachtung zu unterziehen (§ 8 Abs 2 FSG), die Aufforderung der Dienstbehörde an einen Einstellungswerber, sich einer bestimmten amtsärztlichen Untersuchung zu unterziehen (§ 4 Abs 1 Z 3 BDG), oder die Aufforderung eines Sozialversicherungsträgers an einen Versicherten, sich einer bestimmten ärztlichen Untersuchung zu unterziehen (§ 366 ASVG). In den Fällen der Planauflegung nach § 7 Abs 2 AgrVerfG ist es diese Planauflegung, welche die Rechtslage gestaltet; die „Verständigung" von der Planauflegung hat daher keinen normativen Inhalt. Da sie als Verfahrensanordnungen gelten, sind auch die vollstreckungsrechtliche „Aufforderung" zur Herstellung des bescheidmäßigen Zustands (§§ 4 Abs 1, 5 Abs 2 VVG) und die „Aufforderung zum Antritt der Ersatzarreststrafe" (§ 53b Abs 1 VStG) keine Bescheide. Wird in einem verfahrensrechtlichen Zusammenhang, in dem eine Verfahrensanordnung zu erlassen gewesen wäre, allerdings ein als Bescheid bezeichneter Akt zugestellt, dann handelt es sich (bei entsprechendem normativen Inhalt) um einen verfahrensrechtlichen Bescheid. 917
- Was auf der subsidiären Ebene der Abwägung von Form und Inhalt eines individuell bekannt gegebenen Aktes die **Form** eines konkret vorliegenden Aktes anbelangt, so spricht es – ungeachtet einer fehlenden Bescheidbezeichnung – für die Bescheidqualität eines Aktes, wenn sich wesentliche Formelemente finden, wenn der Akt zB eine Gliederung in Spruch, Begründung und Rechtsmittelbelehrung (§ 58 AVG) erkennen lässt. Weist der Akt die formalen Merkmale eines Aktes auf, der kein Bescheid ist (zB manche Formulare nach der Verwaltungsformularverordnung), dann spricht dies für die fehlende Bescheidqualität. 918

Fehlen die durch die Wesenselemente des Bescheides bestimmten formalen Mindesterfordernisse, ist der Akt – gemessen an den Kriterien für einen Bescheid – überhaupt **absolut nichtig** (Rz 523). Vgl VfSlg 15175/1998 zur fehlenden Behördenbezeichnung. Ungeklärt ist in dieser Hinsicht das Kriterium der (leserlichen) Unterschrift; vgl noch VfSlg 15697/1999; einschränkend VwGH 23. 2. 2000, 99/12/0291, 24. 10. 2000, 2000/05/0162; zuletzt wieder VwGH 29. 4. 2003, 99/02/0299. Vgl dazu Raschauer FS Koja, 1997, 589. Eine Neubeurteilung der Frage könnte sich auf Grund des eGovG ergeben.

919 – Grundsätzlich ist daher auch in der Ausstellung einer – insb formulargebundenen – **Beurkundung** (**öffentliche Urkunde**: zB Geburtsurkunde, Reisepass, Staatsbürgerschaftsnachweis) nicht ein Bescheid zu sehen. Freilich ist zu bedenken, dass auch der (schriftlich erlassene) Bescheid in einer (schriftlichen) Urkunde seine äußerliche Verkörperung findet. Ausnahmsweise kann daher in einem formal als Urkunde in Erscheinung tretenden Akt ein Bescheid zu sehen sein (vgl zur fremdenrechtlichen Vignette schon Rz 909).

Eine solche Konsequenz wird zB beim Zulassungsschein nach KFG und beim Führerschein nach FSG gezogen. § 5 Abs 4 FSG spricht von der Erteilung der „Lenkberechtigung" und § 13 Abs 1 FSG regelt die „über die erteilte Lenkberechtigung auszustellende Bestätigung, den **Führerschein**". Dies ist dahin zu verstehen, dass es einen Lenkberechtigungsbescheid geben soll und dass in weiterer Folge zu Beweiszwecken eine Urkunde (der Führerschein) auszustellen ist. In der Praxis wird allerdings – im Fall vollinhaltlicher Stattgebung – dem Antrag durch die tatsächliche Ausstellung des Führerscheins entsprochen. Daher lässt sich die Auffassung vertreten, dass in solchen Fällen der Führerschein den Bescheidwillen der Behörde verkörpert und daher – ungeachtet seiner urkundenartigen Form – einen Bescheid darstellt (vgl schon VwSlg 9698 A/1978). In anderen Fällen, in denen das Gesetz nicht die vorgängige Ausstellung eines Bescheides vorsieht (zB Geburtsurkunde, Reisepass, Staatsbürgerschaftsnachweis), kommt eine solche Deutung **nicht** in Betracht, vielmehr stellt die Ausstellung dieser Urkunden stets die tatsächliche Erbringung der beantragten Leistung dar (Rz 901).

Gemeinsam ist allen Beurkundungsfällen, dass im Allgemeinen nur der Behörde erster Instanz die Ausstellung der betreffenden Urkunde möglich ist. Eine im Rechtsmittelweg angerufene Behörde vermag daher nur mittels Bescheid bzw Erkenntnis zu entscheiden, nicht aber die begehrte Urkunde auszustellen. Selbst wenn man also in Beurkundungsfällen von einem verfahrensrechtlichen Recht auf eine wenigstens zurückweisende Entscheidung mittels Bescheid ausgeht, besteht im Hinblick auf die Ausstellung von Beurkundungen ein nach rechtsstaatlichen Grundsätzen inakzeptables Rechtsschutzdefizit, solange die österreichische Rechtsordnung keine allgemeine öffentlich-rechtliche Leistungsklage kennt.

920 – Beruht der Akt auf einem (ausreichenden) förmlichen **Ermittlungsverfahren**, dann ist darin ein Anhaltspunkt zu sehen, der eher für das Vorliegen einer Sachentscheidung und damit eines Bescheides spricht. Wurde kein für eine Sachentscheidung erforderliches Ermittlungsverfahren durchgeführt, dann spricht dies im Zweifel gegen das Vorliegen eines Bescheides.

921 – Was den **Inhalt** eines konkret vorliegenden Aktes betrifft, sind mehrere Gesichtspunkte relevant. Zunächst kann eine Interpretation des Akts ergeben, dass die Behörde von einer nach Lage des Falles in Betracht kommenden, von einem Bescheid zu unterscheidenden Handlungsweise Gebrauch gemacht hat: Wird zB eine Partei schriftlich in Kenntnis gesetzt, dass ihr Anbringen zuständigkeitshalber an eine andere Behörde weitergeleitet wurde, dann spricht dies für das Vorliegen einer bloßen Abtretung im Sinn von § 6 AVG (vgl zur Ablehnung eines vereinfachten Verfahrens VfSlg 14075/1995). Wird eine Partei während eines anhängigen Verfahrens „aufgefordert", zu einem Gutachten Stellung zu nehmen, dann ist darin eine „Einladung" zur Ausübung des Parteiengehörs (§ 45 Abs 3 AVG), nicht aber ein Bescheid zu sehen. Wird einer Partei ein „Protokoll" oder ein „Prüfbericht" übermittelt, so ist in erster Linie an eine Niederschrift (Verhandlungsschrift) zu denken.

922 – Viele mündliche oder schriftliche Äußerungen von Behörden stellen sich als schlichte **Belehrungen über die Sachlage** oder über die **Rechtslage** dar: Erhält der Gewerbetreibende ein Schreiben des Gewerbereferenten, in dem dieser auf das Erfordernis einer Geschäftsführerbestellung aufmerksam macht, so wird darin –

selbst im Fall imperativer Formulierung („Sie haben ... binnen ...") – im Allgemeinen kein Bescheid zu sehen sein. Ebenso ist bei einem Schreiben einer Tierärztekammer, dem ein Anmeldungsformular beiliegt und in dem auf das Erfordernis einer Eintragung in die Tierärzteliste hingewiesen wird, nicht ein Bescheid gegeben. Grundsätzlich ist in einem Akt, der nur eine eher allgemein gehaltene Aufforderung darstellt, den gesetzmäßigen Zustand herzustellen, nicht ein Bescheid zu sehen (vgl auch VfSlg 15571/1999).

– Findet der Kfz-Lenker einen mit BPolDion gestempelten Zettel hinter dem Scheibenwischer vor mit der handschriftlichen Anmerkung „Reifen abgefahren. Weiterfahrt untersagt", so wird damit nichts befohlen, sondern es wird auf eine sich unmittelbar aus dem Kraftfahrrecht ergebende Verpflichtung aufmerksam gemacht. Es gibt also Akte, die bloß **normwiederholender** – und daher selbst nichtnormativer – Natur sind, wenn sie lediglich eine bereits bestehende, hinreichend eindeutig bestimmte Pflicht wiedergeben. 923

Soweit es um gesetzliche Verpflichtungen geht, lässt die Judikatur mitunter bescheidförmige Anordnungen zur Herstellung des gesetzmäßigen Zustandes im Einzelfall zu (zB Ablieferung von ungültig gewordenen öffentlichen Urkunden, Duldung von fremden Baumaßnahmen auf eigenem Grund), und zwar zT auch dann, wenn entsprechende Bescheide im Gesetz nicht vorgesehen sind (zB Duldungsbescheide zu Lasten des Nachbarn nach § 31 iVm § 72 WRG). Die ältere Lehre sprach von „Vollziehungsverfügungen" (vgl auch Thienel 202). In diesen Fällen ist der Akt nicht normwiederholend, sondern bildet kraft Individualisierung die rechtliche Grundlage für nachfolgende Vollstreckungsmaßnahmen (vgl zu § 16 ALSAG zB VwGH 20. 10. 2000, 99/07/0031, 23. 1. 2002, 2001/07/0139). Vgl noch Rz 1390b. 924

– Ein gewisses Indiz für das Vorliegen eines Bescheides bildet es, wenn in einem hoheitlichen Kontext über einen Antrag, der ein (vermeintliches) Recht behauptet, ein Schreiben ergeht, das als Sachentscheidung zu deuten ist. Andererseits spricht es im Zweifel gegen das Vorliegen eines Bescheides, wenn die Behörde mitteilt, dass sie von einer ihr nur amtswegig obliegenden Möglichkeit nicht Gebrauch macht. So wurde in VwGH 16. 5. 2001, 2001/08/0046 formuliert: „Ein Schreiben, welches in Beantwortung eines Feststellungsantrages über subjektiv-öffentliche Rechte seines Adressaten ergangen ist, eine negative Feststellung über diese Rechtsverhältnisse beinhaltet, von jener Behörde stammt, die zur bescheidmäßigen Erledigung des Antrages zuständig und verpflichtet ist und in der objektiv erkennbaren Absicht erlassen wurde, den Feststellungsantrag abschließend zu erledigen, ist ein vor dem VwGH bekämpfbarer Bescheid" (vgl Stöger ZfV 2002, 31, 34). 925

– Geben keine anderen Gesichtspunkte den Ausschlag, dann ist letztlich die **Art der Formulierung** maßgeblich für die Beurteilung der Normativität des Aktes. Ist der Akt durch „imperative" Formulierungen geprägt („hiermit wird angeordnet", „es wird Ihnen aufgetragen"), dann spricht dies für seine Bescheidqualität. Andererseits gilt es geradezu als Indiz für die mangelnde Normativität eines Aktes, wenn die Behörde **belehrende Formulierungen** wählt („wird Ihnen mitgeteilt", „werden Sie darauf hingewiesen", „wird Ihnen hiermit eröffnet", „wird Ihnen anheimgestellt"); vgl zur „Kenntnisnahme" einer Meldung VwGH 19. 11. 1997, 97/12/0363, zur Mitteilung, dass ein Verfahren eingestellt wird VwGH 10. 10. 2001, 2001/03/0291 und 2000/03/0268. „Schreiben", die **Mitteilungen, Rechtsbelehrungen oder Auskünfte** beinhalten, sind als solche nicht geeignet, die Rechtslage zu verändern und sind dementsprechend nicht rechtskraftfähig (vgl VfGH 26. 2. 2002, B 59/01 – Ergebnis einer Stellenausschreibung). Enthält ein solches Schreiben tatsächlich keinen normativen Abspruch (vgl aber zB VwGH 10. 8. 2000, 2000/07/ 926

0043), dann würde ihm – als bloßer „Wissenserklärung" – allenfalls nicht einmal die ausdrückliche Bescheidbezeichnung zur Bescheidqualität verhelfen.

927 – In den vorgenannten Fällen wurden, in Ermangelung anderer Anhaltspunkte, verschiedentlich aus formalen oder inhaltlichen Merkmalen Rückschlüsse darauf gezogen, inwiefern der Akt von einem „**Bescheidwillen**" der Behörde getragen ist. Es ist dies gleichsam ein allgemeiner, übergreifender Orientierungsgesichtspunkt bei der abwägenden Würdigung der einzelnen formalen und inhaltlichen Kriterien: Da der Bescheid wesensgemäß ein Willensakt einer Verwaltungsbehörde ist, soll der Behörde in Grenzfällen nicht etwas als Willensakt zugesonnen werden, was nicht von ihrem Normsetzungswillen getragen ist. Freilich geht es nicht um das subjektive Wollen eines konkreten Akturhebers, sondern um den Eindruck, den ein unbefangener Beobachter aus dem objektiv vorliegenden formalen und inhaltlichen Erscheinungsbild des Akts gewinnen muss. In diesem Sinn geht die Prüfung auf den „Bescheidwillen" mit der Würdigung der vorstehend entwickelten Gesichtspunkte einher und spricht diese mit einer gesamthaften Bezeichnung an.

928 Den charakteristischen, mithilfe allgemeiner Kriterien nicht mehr auflösbaren Grenzfall stellt etwa folgende Formulierung dar: „Da in derselben Sache schon mit Bescheid v. … entschieden wurde, konnte auf Ihr Anbringen nicht neuerlich eingegangen werden". Einerseits lässt die Formulierung den fehlenden Bescheidwillen erkennen. Andererseits spricht eine behördliche Reaktion auf einen „Antrag" in einem hoheitlichen Zusammenhang eher für das Vorliegen einer (zumindest zurückweisenden) Entscheidung und damit eines materiellen Bescheides (zB VfSlg 13723/1994). Die Rechtsprechung behilft sich bisweilen mit der subsidiären Regel, dass Zweifel über das Vorliegen eines Bescheides nicht zu Lasten einer Partei wirken sollen.

E. Arten von Bescheiden und Bescheidinhalten

1. Einzelne Unterscheidungen

929 a) In inhaltlicher Hinsicht kann man Erlaubnisse, Bewilligungen, Genehmigungen, Konzessionen, Dispense, Aufträge, Untersagungen, Verbote, Ernennungen, Strafen, Feststellungen ua unterscheiden. Da sich an diese allgemeine Typisierung keine prinzipiellen rechtlichen Konsequenzen knüpfen, braucht dieser Aspekt hier nicht vertieft zu werden. Vgl zum Folgenden auch Hengstschläger Rz 421, Thienel 202.

b) Je nach dem, ob im Spruch des Bescheides über materiell-rechtliche Fragen abgesprochen, also eine „Sachentscheidung" getroffen wird, oder ob in Handhabung verfahrensrechtlicher Vorschriften entschieden wird, kann man zwischen **materiellrechtlichen** und **verfahrensrechtlichen Bescheiden** (Rz 495) unterscheiden. Die Unterscheidung hat primär Orientierungswert; sie ist nämlich insoweit eine relative, als sich zB die Abweisung eines selbständigen Antrags auf Akteneinsicht (§ 17 Abs 4 AVG) im Hinblick auf dieses Begehren als eine Sachentscheidung darstellt. Auch Bescheide nach § 68 Abs 2 bis 4 AVG gelten als „doppelfunktional" (zB VwGH 12. 3. 2002, 2001/18/0119).

930 c) Auf die Besonderheit der in Anwendung dienstrechtlicher und in Handhabung dienstrechtsverfahrensrechtlicher Bestimmungen ergehenden, an öffentlich Bedienstete adressierten und über deren dienstrechtlichen Rechte und Pflichten absprechenden **dienstrechtlichen Bescheide** wurde bereits hingewiesen (Rz 872). Da sich das Dienstrecht aus der Perspektive des Bediensteten als „materielles Recht" darstellt, kann

man insoweit weiter zwischen materiell-rechtlichen (zB im Hinblick auf das BDG) und verfahrensrechtlichen (im Hinblick auf das DVG) dienstrechtlichen Bescheiden (Bescheidinhalten) unterscheiden.

d) Materiell-rechtliche Bescheide, die nicht über persönliche Rechte und Rechtsverhältnisse, sondern über als „dinglich" zu qualifizierende Rechtsverhältnisse (Rz 1229) absprechen, werden **dingliche Bescheide** (Rz 1165) genannt.

e) Bildet Verfassungsrecht im formellen Sinn die Rechtsgrundlage eines Bescheides, spricht man von **verfassungsunmittelbaren Bescheiden** (zB Art 65 Abs 2 B-VG). 931

f) Eine besondere Form der Bekanntgabe liegt bei den sog **Intimationsbescheiden** vor: Da sie über keine eigenen Dienststellen verfügen, werden individuelle Entschließungen (Rz 237) des BPräs mit Bescheid des zuständigen BMin und Bescheide mancher Kollegialorgane mittels Bescheides der Dienststelle, die ihre Geschäfte führt, bekannt gegeben. 932

g) Zwischen **antragsbedürftigen** und **von Amts wegen** zu erlassenden Bescheiden ist zu unterscheiden, wenn nach dem jeweiligen materiellen Recht nur ein Antrag die konkrete Entscheidungszuständigkeit (Rz 149) der Behörde zu begründen vermag. Ein ohne Antrag ergangener antragsbedürftiger Bescheid ist per se rechtswidrig. Umgekehrt stellt ein im Hinblick auf einen von Amts wegen zu erlassenden Bescheid eingebrachter „Antrag" nur eine „Anregung" dar und löst im Anwendungsbereich des AVG nicht die Rechtsfolgen seines § 73 aus. 933

h) Die (inhaltliche) Unterscheidung von **begünstigenden** und **belastenden Bescheiden** hat im österreichischen positiven Recht in der formalisierten Fassung des § 68 Abs 2 AVG Berücksichtigung gefunden: Bescheide, aus denen niemandem (also auch keiner mitbeteiligten Partei) ein Recht erwachsen ist, können jederzeit von Amts wegen aufgehoben oder abgeändert werden. Die materiell-inhaltliche Unterscheidung von begünstigenden und belastenden Bescheiden schlägt teleologisch insoweit durch, als Lehre und Rechtsprechung auch bei rechtsbegründenden Bescheiden eine amtswegige Änderung **zugunsten** der (einen) Partei zulassen. Der Sache nach spielt die Unterscheidung auch bei Auflagen (Rz 957) eine Rolle, da diese nur bei begünstigenden Bescheiden in Betracht kommen. 934

2. Gestaltende und feststellende Bescheidinhalte

Traditionell wurde der Begriff Bescheid durch die Begriffe „**Entscheidung** oder **Verfügung**" gekennzeichnet. Im ersten Fall hatte der Gesetzgeber die eher gerichtsähnliche Kognition in Strafsachen und in Mehrparteien-Konstellationen vor Augen, im zweiten Fall die einseitigen Anordnungen. Die neuere Gesetzgebung hat diese Begriffskonkretisierung (ehemals noch in § 56 AVG) eliminiert. 935

Historisch ging mit dieser Begrifflichkeit die Unterscheidung von eher rechtsprechenden – **deklarativen** – und eher anordnenden – **konstitutiven** – Bescheiden einher. Mit dieser Unterscheidung wiederum schwang der Gedanke mit, dass deklarative Entscheidungen eher **ex tunc** wirken, während konstitutive Verfügungen eher **ex nunc** wirken. Lehre (Winkler, Bescheid 49ff, 57ff) und Rechtsprechung (VwSlg 9315 A/1977) haben herausgearbeitet, dass es sich um relative, nicht um kategoriale Unterscheidungen handelt. 936

937 Im Lichte der zivilprozessualen Terminologie dominiert heute (Thienel 202) die Unterscheidung zwischen

- **Gestaltungsbescheiden**, welche Rechtsverhältnisse begründen, abändern oder aufheben (zB Staatsbürgerschaftsverleihungen, Namensänderungen, Bewilligungen, Ernennungen),
- **Leistungsbescheiden**, welche Verpflichtungen auferlegen (zB Straferkenntnisse, Entfernungsaufträge), und
- **Feststellungsbescheiden**, welche Rechte und Rechtsverhältnisse verbindlich feststellen (zB Staatsbürgerschaftsfeststellungen, Gewerbefeststellungen).

938 Freilich hat auch diese Unterscheidung nur Näherungswert. Insb regelt auch jeder Leistungsbescheid ein konkretes Rechte-Pflichten-Verhältnis, hat also rechtsgestaltende Wirkung. Überdies gibt es einerseits Feststellungsbescheide, denen die Wirkung von Gestaltungsbescheiden zukommt (konstitutive Feststellungen, zB § 3 Abs 1 DenkSchG), und andererseits bloße (deklarative) Feststellungen (zB § 2 Abs 2 DenkSchG); im Hinblick auf ihre spezifische Normativität – nämlich die sie von der Beurkundung unterscheidenden Verbindlichkeit des Festgestellten – sind alle Arten von Feststellungen konstitutiv.

Zudem weisen Bescheide häufig nicht einen derart eindimensionalen Inhalt auf, dass man sie insgesamt einem Typus von Bescheiden zuordnen könnte. Hält man sich einen gewöhnlichen Baubescheid vor Augen, so kann er zB die (gestaltende) Baubewilligung, die Feststellung, dass mit dem Projekt der Stellplatzpflicht entsprochen wird, und konkrete Leistungspflichten (zB Auflagen und Kostenvorschreibungen) enthalten. Es ist daher zielführender, zwischen den im Spruch eines Bescheides enthaltenen **normativen Inhalten**, zwischen **Leistungspflichten**, **sonstigen Gestaltungswirkungen** und **Feststellungen** zu unterscheiden. Dies schließt es selbstverständlich nicht aus, dass ein konkreter Bescheid im Einzelfall bloß eine Art von Inhalt aufweisen kann und dann insgesamt als Rechtsgestaltungsbescheid (zB die Bewilligung einer Namensänderung nach § 1 NÄG), als Leistungsbescheid (zB ein Entfernungsauftrag nach § 138 Abs 1 WRG) oder als Feststellungsbescheid (zB die Feststellung der Abfalleigenschaft gemäß § 6 AWG) zu qualifizieren ist.

939 Warum ist es überhaupt erforderlich, bei einem Bescheid zwischen einzelnen Arten normativer Komponenten zu unterscheiden? Die Begründung findet sich in verschiedenen, an solche Komponenten, freilich nicht an den Bescheid insgesamt, geknüpfte Rechtsfolgen:

- Im Hinblick auf jede Leistungsverpflichtung (zB eine Auflage, eine Kostenvorschreibung) ist die Festsetzung einer Leistungsfrist geboten (§ 59 Abs 2 AVG).
- Nur im Hinblick auf Leistungspflichten – mögen sich diese auch in Auflagen finden – kommt eine Vollstreckung in Betracht.
- Nur im Hinblick auf (begünstigende) Gestaltungsinhalte kommt die Statuierung von Auflagen und Bedingungen (Rz 956ff) in Betracht.

3. Der Feststellungsbescheid

940 Da es im öffentlichen Recht keine dem § 228 ZPO vergleichbare Bestimmung gibt, die allgemein zur Erlassung von **Feststellungsbescheiden** ermächtigen würde, ist auch die Erlassung solcher Bescheide grundsätzlich nur zulässig, soweit dies in den Verwaltungsvorschriften gesetzlich vorgesehen ist (zB § 358 GewO, § 27 WRG, § 43

StbG, § 6 AWG, § 30 Abs 3 LMG, § 44 WaffenG). Die Rechtsprechung hat aber unter zwei Voraussetzungen die Erlassung von Feststellungsbescheiden auch ohne explizite gesetzliche Grundlage als zulässig erachtet (vgl auch Hengstschläger Rz 425, Thienel 203; VwGH 22. 3. 2001, 2001/07/0041):

- Von Amts wegen, wenn dies im **öffentlichen Interesse** gelegen ist: Dies ist insb dann der Fall, wenn dies der Rechtsverwirklichung dient, etwa wenn der Umfang einer bestehenden Pflicht fallbezogen präzisiert werden soll (einschränkend allerdings VwGH 29. 4. 2002, 98/03/0261) oder wenn in komplexen Verfahren die Frage der Parteistellung bestimmter Personen „vorabgeklärt" werden soll, damit das Verfahren sodann insoweit „unbelastet" durchgeführt werden kann. 941
- Auf Antrag einer Partei, wenn dies für sie ein **notwendiges Mittel zweckentsprechender Rechtsverfolgung** ist, insb wenn als Alternative zur rechtlichen Klärung einer strittigen Frage nur in Betracht käme, dass die Partei ihrem Rechtsstandpunkt gemäß handelt und eine Bestrafung in Kauf nimmt. Beispielsweise kann ein Unternehmer, der sich mit einer verordnungsförmigen Preisbestimmung für bestimmte Waren konfrontiert sieht, jedoch meint, die von ihm angebotene Spezialität sei keine derartige Ware, eine bescheidförmige Feststellung erwirken. 942

Gegenstand einer Feststellung können nur „Rechte" und „Rechtsverhältnisse" sein; nicht zulässig sind – wenn das Gesetz nicht anderes vorsieht – Feststellungsbescheide über „Tatsachen" oder über die generell-abstrakte „Rechtslage" (zB VwGH 26. 4. 2000, 2000/04/0065, 25. 6. 2002, 99/03/0278; weiter gehend VfSlg 16221/2001). Nicht zulässig ist ein Feststellungsbescheid über „echte" Vorfragen (Rz 578), die von einer anderen Behörde in einem eigenen Verfahren als Hauptfrage zu entscheiden sind. Ausgehend vom Grundsatz der Subsidiarität der Feststellungsbescheide sieht die insoweit sehr strenge Judikatur nicht nur eine Feststellung als unzulässig an, die Gegenstand einer Leistungsverpflichtung sein sollte, sondern etwa auch die Feststellung, inwiefern ein bestimmtes Vorhaben „genehmigungspflichtig" ist, da dies in einem – erst einzuleitenden – Genehmigungsverfahren zu klären sei.

Dadurch, dass der Feststellungsbescheid „verbindlich" werden kann (dh rechtskraftfähig ist), unterscheidet sich dieser „normative" Akt von der bloßen **Beurkundung** (Ausstellung einer öffentlichen Urkunde; Rz 908). Während letztere grundsätzlich jederzeit „berichtigt" bzw durch eine neue Urkunde ersetzt werden kann, unterliegt der rechtskräftige Feststellungsbescheid der grundsätzlichen Unabänderbarkeit im Sinn der §§ 68ff AVG. Verbindlichkeit kommt der Feststellung nur im Hinblick auf den ihr zu Grunde liegenden Sachverhalt zu; im Hinblick auf einen geänderten Sachverhalt ist sie nicht verbindlich.

F. Fragen der Geltung und Verbindlichkeit von Bescheiden

1. Zuständigkeit und Verfahren

Im Unterschied zu der bei Verordnungen gegebenen Rechtslage (Rz 814), kennt die österreichische Rechtsordnung keine allgemeine Ermächtigung von Verwaltungsbehörden, Bescheide zu erlassen (zB VfSlg 14713/1996 – Gleichbehandlungskommission). Insb ermächtigen auch die bei Bundesgesetzen anzutreffenden „Vollzugsklauseln" den betreffenden BMin nicht zur Erlassung von Bescheiden (Rz 247). Ob in einer Rechtssache ein Bescheid erlassen werden darf, bestimmt sich nach der jeweiligen **materiellen Rechtslage** (Rz 490). 943

In der hierarchisch strukturierten Behördenorganisation ist davon auszugehen, dass grundsätzlich nur die **in erster Instanz funktionell zuständige Behörde** (Rz 147) zur Bescheiderlassung befugt ist – anderes gilt vereinzelt in Gefahrenfällen (zB § 122 WRG).

Die Erlassung eines Bescheides unterliegt eingehenden Form- und Verfahrensvorschriften, auf die hier nicht einzugehen ist. Auf die subsidiär maßgeblichen „allgemeinen Grundsätze eines rechtsstaatlichen Verwaltungsverfahrens“ wurde bereits hingewiesen (Rz 881).

2. Die anwendbare Sach- und Rechtslage

944 Einem Bescheid ist – wenn das Gesetz nichts anderes bestimmt – die Sachlage, die im Zeitpunkt seiner Erlassung gegeben ist, und die Rechtslage, die im Zeitpunkt seiner Erlassung maßgeblich ist, zu Grunde zu legen (VwGH 19. 2. 2003, 2002/12/0324; Thienel 208). Da dies grundsätzlich das jeweils in Geltung stehende Recht ist, müssen zB einem Bewilligungsbescheid oder einem Entfernungsauftrag die im Zeitpunkt der **Erlassung** (Zustellung, Ausfolgung, Verkündung) des Bescheides – nicht die im Zeitpunkt der Antragstellung, der mündlichen Verhandlung oder der behördlichen Willensbildung – in Geltung stehenden inhaltlich maßgeblichen Rechtsvorschriften zugrundegelegt werden. Wenn die amtsinternen Willensbildungs-, Approbations- und Ausfertigungsvorgänge sowie die Zustellung längere Zeit in Anspruch nehmen, kann ein Bescheid daher – bei zwischenzeitlich geänderter Sach- oder Rechtslage – schon im Zeitpunkt seiner Erlassung rechtswidrig sein.

945 Eine zu einer nachprüfenden Sachentscheidung zuständige Behörde, insb eine Berufungsbehörde, kann trotz der „Rechtsrichtigkeit“ der erstinstanzlichen Entscheidung einem Berufungsantrag stattzugeben haben, wenn sich die Sach- oder Rechtslage in der Zwischenzeit (dh während des Berufungsverfahrens) geändert hat, da die Sach- und Rechtslage im Zeitpunkt der Erlassung des Rechtsmittelbescheides bestimmend ist. In Erfüllung des erstinstanzlichen Auftrags ergriffene Maßnahmen gelten dabei nicht als Änderung der Sachlage (VwGH 28. 2. 1996, 95/07/0079 ua). – Bloß zu **kassatorischen** Entscheidungen wegen Verletzung subjektiver Rechte berufene Kontrollorgane (Vorstellungsbehörde, VwGH) haben dagegen ihrer Entscheidung die bei Erlassung des vor ihnen angefochtenen Akts maßgeblich gewesene Sach- und Rechtslage (mögen insoweit auch seither Änderungen eingetreten sein) zu Grunde zu legen (VfGH 2. 10. 2002, B 1589/99); daher haben diese Behörden auch nachträgliche rückwirkende Änderungen der Rechtslage unbeachtet zu lassen (VwSlg 12197 A/1986).

946 Der Gesetzgeber kann freilich anderes anordnen. Häufig bestimmen „**Übergangsbestimmungen**“ von neuen Gesetzen bzw von Novellen, dass bestimmte bei Inkrafttreten der Neuregelung „anhängige Verfahren“ nach den „bisher geltenden Bestimmungen“ fortzuführen sind (zB § 56 Abs 2 vlbg BauG, § 77 Abs 1 nö BauO, § 58 Abs 1 oö BauO). Im Zweifel ist damit nur gemeint, dass bis zur Rechtskraft des (zumeist: erstinstanzlichen) Bescheides das vor der Neuregelung geltende materielle Recht (Rz 490) maßgeblich sein soll, während im Zweifel die gegebenenfalls neue Zuständigkeitsordnung und das gegebenenfalls neue Verfahrensrecht zu Grunde zu legen sind (VwGH 3. 7. 2001, 2001/05/0198). Ein Fortführen von Verfahren kommt aber dann nicht in Betracht, wenn das (deregulierte) neue Recht einen Genehmigungstatbestand der betreffenden Art nicht mehr vorsieht (VwGH 22. 3. 2000, 2000/04/0012).

Gegenstand der behördlichen Entscheidung kann auch die rechtliche Beurteilung eines **in der Vergangenheit gelegenen Sachverhalts** sein, etwa wenn heute die Abgaben für eine abgelaufene Abgabenperiode vorgeschrieben werden sollen (zB VwGH 20. 2. 2003, 2002/07/0025), wenn eine Strafe für ein in der Vergangenheit vollendetes Delikt verhängt werden soll oder wenn zu einem bestimmten vergangenen Zeitpunkt gegebene Rechte und Rechtsverhältnisse festgestellt werden sollen (VwGH 20. 12. 2001, 98/08/0062 zur Sozialversicherungspflicht während eines früheren Zeitraums). Soweit dem heute geltenden Recht die Regelung entnommen werden kann, dass der Beurteilung die im Zeitpunkt der Verwirklichung des Sachverhalts maßgebliche Rechtslage zugrunde zu legen ist (Rz 544), bildet zum einen das in der Vergangenheit abgeschlossene Verhalten – wie es sich als Ergebnis eines heute durchgeführten Ermittlungsverfahrens darstellt – die „im Zeitpunkt der Erlassung" relevante Sachlage und bildet zum anderen die – gegebenenfalls nicht mehr in Geltung stehende – Rechtslage die (kraft Verweisung) „im Zeitpunkt der Erlassung" des Bescheides maßgebliche Rechtslage. 947

Im Hinblick auf **Abgabenbescheide** entnimmt Stoll (Das Steuerschuldverhältnis, 1972, 19) ganz allgemein bereits § 4 Abs 1 BAO die Maßgeblichkeit des „jeweiligen" materiellen Abgabenrechts. Bei **Feststellungsbescheiden** bestimmt sich die im Entscheidungszeitpunkt maßgebliche Sach- und Rechtslage nach dem Inhalt und Zweck des Feststellungsanliegens.

Der VwGH scheint ähnliche Grundsätze im Hinblick auf die bescheidförmige Kenntnisnahme von **Anmeldungen** (Anzeigen) zu Grunde zu legen, wenn er judiziert, dass die Behörde das im Zeitpunkt der Anmeldung maßgebliche Recht anzuwenden hat (vgl auch § 33 Abs 8 stmk BauG). Näher besehen gilt dies allerdings nur in Fällen, in denen durch die Anmeldung selbst bereits das fragliche Recht erworben wird, in denen die behördliche Kenntnisnahme also nicht konstitutiv ist.

Bescheiden, mit denen nachträglich die rechtliche Deckung für vorläufige AuvBZ verfügt werden soll (Rz 1049), ist grundsätzlich die bei Setzung des AuvBZ maßgebliche Sach- und Rechtslage zu Grunde zu legen (vgl näher VwGH 24. 10. 2001, 2000/04/0142).

In **Verwaltungsstrafsachen** richtet sich die Strafe nach dem zur Zeit der Tat geltenden Recht, es sei denn, dass das zur Zeit der Fällung des Bescheides in erster Instanz geltende Recht für den Täter günstiger wäre (§ 1 Abs 2 VStG). Dies gilt jedoch nicht für Verfahren, die nicht Art 7 EMRK unterliegen – wie zB Disziplinarverfahren, bei denen keine gravierenden Maßnahmen drohen. 948

3. Geltungsbeginn und Verbindlichkeitsbeginn

Ein Bescheid „gilt" (frühestens) ab seiner **Erlassung**, dh ab seiner Zustellung, Ausfolgung oder Verkündung, in einem Mehrparteienverfahren ab seiner Erlassung gegenüber wenigstens einer Partei (Rz 860). Er gehört ab diesem Zeitpunkt dem Rechtsbestand an. 949

Schon vor dem Zeitpunkt der Erlassung, nämlich ab dem Verlassen der Behördensphäre, tritt für die Behörde die Rechtswirkung der Unabänderbarkeit und Unwiederholbarkeit (in den Grenzen des § 68 AVG) ein. Selbst eine Wiederaufnahme (§ 69 AVG) dürfte ab diesem Zeitpunkt (bis zum Eintritt der formellen Rechtskraft) nicht verfügt werden. 950

Handelt es sich um den Bescheid einer letztinstanzlich zuständigen Behörde, dann tritt mit der Erlassung gleichzeitig die **Verbindlichkeit** (Rz 896) ein, dh der Inhalt des 951

Bescheides wird rechtlich maßgeblich: berechtigend, verpflichtend, gegebenenfalls **vollstreckbar**. Bei anderen Bescheiden sind hinsichtlich der Verbindlichkeit des Bescheides die den Parteien offenstehenden Rechtsmittelmöglichkeiten zu berücksichtigen: Sofern dies – im Rahmen des verfassungsrechtlich Zulässigen – nicht gesetzlich (zB § 254 BAO, § 78 Abs 1 GewO, § 35 Abs 3 kntn BauO) oder durch gesetzmäßige Verfügung (zB § 64 Abs 2 AVG) ausgeschlossen wurde, kommt der Berufung einer Partei kraft Gesetzes aufschiebende Wirkung zu (§ 64 Abs 1 AVG); damit wird sowohl das Eintreten der Verbindlichkeit als auch das Eintreten der Vollstreckbarkeit ausgesetzt. Vgl auch THIENEL 231, 253.

952 Bescheide (insb Gestaltungsbescheide) können den „Wirksamkeitsbeginn" des in ihnen getroffenen Abspruchs – strukturell vergleichbar einer „Legisvakanz" (Rz 541) – auf einen künftigen Termin festsetzen (vgl zB § 23 Abs 2 StbG). Bei Leistungsbescheiden bewirkt die Festsetzung einer Leistungsfrist (§ 59 Abs 2 AVG) ein Auseinanderfallen von Schuld und Fälligkeit (Rz 1076ff): gesollt ist die Leistung ab sofort, fällig und vollstreckbar ist sie jedoch erst ab Fristablauf. Eine dem Spruch beigefügte aufschiebende Bedingung (Rz 961) macht die Verbindlichkeit (den Beginn des zeitlichen
[953] Anwendungsbereichs) eines bescheidförmigen Abspruchs von einem künftigen Ereignis abhängig.

954 Die normativen – gestaltenden oder feststellenden – Rechtswirkungen eines Bescheides treten grundsätzlich erst mit der Verbindlichkeit (bzw einem späteren Wirksamkeitsbeginn) ein, und zwar *pro futuro*. Ein Bewilligungsbescheid bewilligt daher nur künftiges Verhalten (zB VwGH 11. 7. 2001, 2001/03/0001 zu einer Gebührenbefreiung). Nur wenn das Gesetz dies vorsieht, kommt auch die Erlassung inhaltlich „rückwirkender" Bescheide in Betracht (zB die rückwirkende Feststellung der nicht gegebenen Kammerzugehörigkeit mit der Konsequenz der Rückzahlung bereits geleisteter Beiträge). Im Zweifel ist nicht vom Vorliegen eines zurückwirkenden Bescheidabspruchs und nicht vom Vorliegen einer Ermächtigung zu einer rückwirkenden Entscheidung auszugehen.

Zu den **örtlichen** Anwendungs- und Verbindlichkeitsbereichen individueller Rechtsakte vgl bereits Rz 539.

4. Die normative Selbständigkeit des Bescheides

955 Der Bescheid stellt in der österreichischen Rechtsordnung eine selbständige individuelle Rechtsnorm dar (Rz 467, 474). Ab dem Eintritt der Unanfechtbarkeit (mit ordentlichen Rechtsmitteln) wirkt das im Bescheid Entschiedene oder Verfügte wie ein „Individualgesetz". Insbesondere löst sich der Spruch von der zu Grunde liegenden generell-abstrakten Rechtslage ab und ist im Rahmen seiner Anwendungs- und Verbindlichkeitsbereiche auch dann maßgeblich, wenn er der generell-abstrakten Rechtslage – im Zeitpunkt seiner Erlassung oder in der Folge – widerspricht (VwGH 21. 11. 2001, 99/05/0248; vgl auch VwGH 19. 9. 1996, 95/07/0215): Die Baubewilligung verleiht das Recht zum Bauen, selbst wenn sie nach der BauO nicht hätte erteilt werden dürfen oder wenn eine solche Baubewilligung derzeit nicht mehr erteilt werden dürfte. Der als Staatsbürger Festgestellte ist auch dann Staatsbürger, wenn die Feststellung inhaltlich unrichtig war oder ist. Wurde eine Bewilligung befristet erteilt, dann erlischt sie mit Fristablauf auch dann, wenn die Befristung nicht hätte verfügt werden dürfen (vgl zu einem heute unzulässigen Widerrufsvorbehalt VwGH 21. 9. 1989, 87/07/0119). Individuelle Bescheide bleiben aus diesem Grund auch in Rechtsüberleitungskonstellationen unberührt (Rz 482).

5. Nebenbestimmungen im Bescheidspruch

Während bescheidförmige Feststellungen und Verpflichtungen, wie erwähnt (Rz 939) „auflagen- und bedingungsfeindlich" sind, dürfen in den Spruch eines (begünstigenden) Gestaltungsbescheides, wenn das Gesetz dies vorsieht, auch „Nebenbestimmungen" (zB § 14 Abs 3 GlSpG; vgl auch „Vorschreibungen": § 18 ForstG, § 94 ASchG) aufgenommen werden, und zwar **Auflagen**, **Bedingungen** oder **Befristungen**. 956

„**Auflagen**" treten zum Hauptinhalt des Spruchs (dh zur eigentlichen Begünstigung) als selbständige, wenngleich durch die tatsächliche Ausübung des verliehenen Rechts bedingte Aufträge hinzu, die selbständig vollstreckbar sind. Man spricht von den „einem begünstigenden Verwaltungsakt beigefügten bedingten Polizeibefehlen" (zB VwGH 5. 9. 2001, 99/04/0123). Gemeint ist damit, dass mit der Inanspruchnahme des verliehenen Rechts die Verpflichtung verbindlich wird. Wird als Auflage zu einer Anlagenbewilligung die Errichtung einer bestimmten Lärmschutzwand vorgeschrieben, dann muss bei Inbetriebnahme der Anlage (abweichend und wegen Unsachlichkeit problematisch § 77 Abs 1 letzter Satz GewO) auch die Lärmschutzwand fertiggestellt sein; andernfalls ist hinsichtlich dieses „Leistungsteils" des Gestaltungsbescheids – unabhängig von einer allfälligen Strafbarkeit – ein Vollstreckungsverfahren einzuleiten. Die Bewilligung ist rechtlich von den Auflagen und ihrer Erfüllung unabhängig; bei Verstoß gegen Auflagen wird also nicht „ohne Bewilligung" gehandelt. 957

Allgemein gilt, dass Auflagen zum Hauptinhalt des Bescheides nur „akzessorisch", dh sachlich unterstützend hinzutreten dürfen. Inhaltlich unterliegen sie kraft ihres Eingriffscharakters dem Verhältnismäßigkeitsgebot („das geringste zum gesetzlichen Ziel führende Mittel"; Rz 666, 675). Das „Wesen" der Projekts ändernde Auflagen gelten als unzulässig (zB § 26 Abs 7 tir BauO; weiter gehend allerdings § 17 Abs 4 UVP-G). Formal sollen Auflagen in einer für eine Vollstreckung geeigneten Weise „bestimmt" sein. 958 [959–960]

Während Auflagen zum Hauptinhalt des Bescheides hinzutreten, disponieren „**Bedingungen**" über diesen Hauptinhalt, über das verliehene Recht selbst. Bedingungen sind als „**aufschiebende**" Bedingungen (Suspensivbedingungen) zu bezeichnen, wenn sie den Erwerb des Rechts vom Eintritt eines bestimmten Ereignisses abhängig machen (zB § 28 Abs 3 StbG), sie sind als „**auflösende**" Bedingungen (Resolutivbedingungen) zu bezeichnen, wenn sie das Erlöschen des Rechts vom Eintritt eines bestimmten Ereignisses abhängig machen (zB § 7 Abs 1 Z 2 BWG). Bedingungen sind daher ihrer Natur nach nicht „vollstreckbar"; vielmehr liegt vor dem Eintritt einer Suspensivbedingung oder nach dem Eintritt einer Resolutivbedingung eine nicht bewilligte Tätigkeit vor – mit allen Konsequenzen bewilligungsloser bewilligungsbedürftiger Tätigkeiten. Auch für Bedingungen gelten die Grundsätze der Eignung, Bestimmtheit und Verhältnismäßigkeit. 961

Zum Teil handelt es sich um eine Frage entsprechender textlicher Gestaltung: Soll bei einer Seilbahn sichergestellt werden, dass ausreichend Parkplätze vorhanden sind, kommen folgende Varianten in Betracht: „Sie haben in einer Entfernung von nicht mehr als … eine mindestens … große, für das Abstellen von Kfz geeignete Fläche bereitzustellen" (Auflage). „Die gegenständliche Bewilligung wird unter der Voraussetzung erteilt, dass Sie vor Inbetriebnahme in einer Entfernung von … Fläche bereitstellen und der Behörde die Fertigstellung vor Inbetriebnahme anzeigen" (Bedingung). – Wenn Zweifel an der Vollstreckbarkeit bestehen (zB wenn bei den in Frage kommenden Flächen derzeit keine Verfügungsbefugnis des Unternehmers gegeben ist), soll die Behörde in solchen Fällen – wenn das Gesetz dies ermöglicht – der Bedingungsvariante den Vorzug geben.

Im Zweifel bestimmt sich die Rechtsnatur der einem Verwaltungsakt beigefügten Nebenbestimmung nach ihrem interpretativ zu ermittelnden Zweck (zB VwGH 2. 7. 1998, 97/06/0057, 9. 11. 1999, 99/05/0147).

962 Wie die Bedingung disponiert auch die „**Befristung**" über den Hauptinhalt des Spruchs, genauer: über seinen zeitlichen Anwendungs- und Verbindlichkeitsbereich. Der VwGH definiert die Befristung als eine Nebenbestimmung, welche die Rechtswirksamkeit des Verwaltungsakts von einem bestimmten künftigen Ereignis abhängig macht, sei dies durch einen kalendermäßig bestimmten Zeitpunkt, durch die Bestimmung eines Zeitraumes oder durch Abstellen auf ein Ereignis, sofern der Eintritt dieses Ereignisses gewiss ist (VwGH 25. 1. 1996, 95/07/0232). Gebräuchlich sind im Wesentlichen allein „auflösende" Befristungen, dh dass das Recht auf eine bestimmte Dauer verliehen wird (vgl zB § 21 WRG, befristete Baubewilligung nach § 30 stmk BauG, § 30 vlbg BauG, § 71 wr BauO, befristete Rodungsbewilligung gem § 18 Abs 4 ForstG, befristete Bannlegung gem § 30 Abs 5 ForstG). Mit Fristablauf erlischt die Berechtigung im Allgemeinen eo ipso, bei fortgesetztem Ausüben einer „Berechtigung" würde es sich um eine bewilligungslose Rechtsausübung handeln.

963 Die „befristete" Verleihung eines Rechts ist von verschiedenen anderen im Zusammenhang mit begünstigenden Bescheiden anzutreffenden „**Fristen**" zu unterscheiden. Zum Ersten gibt es auch „gesetzliche Befristungen" von Rechten (die im Bescheid nicht wiederholt werden müssen): Beispielsweise erlischt gemäß § 80 Abs 1 GewO eine Betriebsanlagen-Genehmigung, wenn der Betrieb der Anlage durch fünf Jahre unterbrochen wird. Zum Zweiten können Rechte – kraft Gesetzes oder kraft bescheidförmiger Festlegung – erlöschen, wenn mit der Rechtsausübung nicht innerhalb eines bestimmten Zeitraums begonnen wird (zB Baubeginnsfristen, Bauvollendungsfristen im Baurecht, § 112 Abs 1 WRG, § 80 Abs 1 GewO). Zum Dritten gibt es im Hinblick auf Leistungsbescheide oder Leistungsteile von Bescheiden (insb Auflagen und Kostenvorschreibungen) sog „Leistungsfristen" (vgl § 59 Abs 2 AVG). Solche Leistungsfristen haben „angemessen" zu sein. Wurde keine Frist gesetzt, dann ist die Leistung mE grundsätzlich „sofort" (dh „ohne schuldhaftes Säumen": Rz 1246) zu erbringen; in seiner neueren Judikatur hebt der VwGH allerdings ohne Leistungsfrist verfügte Leistungspflichten als rechtswidrig auf (zB
[964–965] VwGH 31. 8. 1999, 99/05/0054).

966 Nebenbestimmungen dürfen einem Bescheid nur beigefügt werden, wenn sie **im Gesetz „gedeckt"** sind (grundlegend VwSlg 6400 A/1964). Bei neueren Gesetzen löst dies im Allgemeinen keine Probleme aus, da diese meist schon vorsorglich zur Erteilung von Bewilligungen „unter den erforderlichen Auflagen, Bedingungen und Befristungen" (zB § 90 Abs 3 StVO, § 52 Abs 5 AWG) ermächtigen. Bisweilen ist nur von „Auflagen" die Rede und werden damit zB „Befristungen" bewusst ausgeschlossen (zB § 77 Abs 1 GewO), bisweilen ist nur von „Befristungen" die Rede und werden damit „Bedingungen" und „Auflagen" ausgeschlossen (zB § 3 Abs 3 KriegsmatG, § 4 Abs 1 TKG), bisweilen ist von „Befristungen und Auflagen" die Rede und werden damit „Bedingungen" ausgeschlossen (zB §§ 17 Abs 3, 18 Abs 3 WaffenG). Vor allem ältere Gesetze wurden allerdings unter dem Verständnis beschlossen, dass die Zulässigkeit von Beschränkungen gleichsam im Wesen von Bewilligungserteilungen liegt, entsprechend dem Verständnis Antoniollis (Allgemeines Verwaltungsrecht, 1954, 205), dass es „der Zweck der Nebenbestimmungen bei Verwaltungsakten ist, der Behörde eine mittlere Lösung zwischen unbedingtem Ja und Nein zu ermöglichen". Dementsprechend sind (bestimmte Arten von) Nebenbestimmungen oft nicht expressis verbis

vorgesehen. Das schließt freilich nicht aus, dass solche Nebenbestimmungen **inhaltlich** gesetzlich gedeckt sein können, wenn der Behörde bei der Bewilligungserteilung die Wahrung bestimmter öffentlicher Interessen aufgetragen ist (zB §§ 33, 36 Abs 4 EisbG). Allgemein unterliegt die Zulässigkeit rechtsvernichtender Nebenbestimmungen (insb auflösende Bedingungen) strengeren Anforderungen als die Statuierung von Nebenpflichten.

[967]

6. Abänderbarkeit, Geltungsende und Verbindlichkeitsende

Sowohl die Geltung als auch die Verbindlichkeit von rechtskräftigen Bescheiden – 968
als individuellen Rechtsnormen – sind grundsätzlich „auf Dauer" angelegt. Beispielsweise gelten Bewilligungen und Feststellungen nach früheren Rechtsvorschriften auch dann weiter, wenn diesen zwischenzeitlich derogiert wurde. Aus verschiedenen Gründen kann ein Bescheid seine spezifische Existenz als Bescheid (seine Geltung) [969]
verlieren oder kann sein Inhalt die Verbindlichkeit verlieren.

Zum Unterschied von den VO sind Bescheide – sei dies gemäß den §§ 68ff AVG 970
oder den entsprechenden Bestimmungen anderer Verwaltungsverfahrensgesetze oder nach allgemeinen Grundsätzen (Rz 881) – nur unter eingeschränkten Voraussetzungen aufhebbar oder abänderbar (**Bestandskraft**). Überdies finden sich auch in den besonderen Verwaltungsvorschriften – worauf § 68 Abs 6 AVG Bezug nimmt – Ermächtigungen zur **Aufhebung** oder **Nichtigerklärung** von Bescheiden (zB § 25 kntn BauO). Schließlich kann es zur **Derogation** eines Bescheides durch eine spätere inhaltlich entgegenstehende Entscheidung kommen, etwa im Fall einer Neubemessung einer Leistung oder im Fall einer nachträglichen Genehmigung eines Projekts, das bereits Gegenstand eines Entfernungsauftrages war. In derartigen Konstellationen fallen **Geltung** und Verbindlichkeit des Bescheides weg. Ebenso bei Ergreifen bestimmter Rechtsmittel (§ 64a Abs 3 AVG, § 49 Abs 2 VStG; vgl auch § 8 Abs 2 nö BauO: sukzessive Zuständigkeit, Rz 190).

Manche Bescheide tragen kraft gesetzlicher Befristung oder kraft bescheidförmiger Befristung oder auflösender Bedingung das Ende ihrer Verbindlichkeit bereits in sich. Mit Ablauf einer solchen Frist bzw mit Eintritt der Resolutivbedingung erlischt das bescheidförmig Geregelte (zB § 19 bgld BauO, § 31 stmk BauG, § 74 wr BauO), ohne dass es – im Allgemeinen (vgl aber § 29 WRG: Feststellung des Erlöschens) – eines weiteren Rechtsakts bedürfte. Überdies finden sich in den Verwaltungsvorschriften verschiedentlich kraft Gesetzes eintretende Erlöschensgründe (zB § 27 WRG, § 7 BWG, § 7a VAG, § 32 StbG) sowie Ermächtigungen zur Entziehung oder zum Widerruf von Berechtigungen (zB § 87 GewO, § 6 BWG, § 7b VAG, § 24 FSG, § 33 StbG). In solchen Konstellationen endet zwar nicht die Geltung, wohl aber die **Verbindlichkeit** des Bescheides, gegebenenfalls nur teilweise (§ 87 Abs 6 GewO). [971–972]

Bildet ein Bescheid (Grundlagenbescheid) die rechtliche Grundlage für einen darauf auf- 973
bauenden Bescheid (Detailbescheid), so verliert der Detailbescheid bei Wegfall des Grundlagenbescheides nach der Judikatur die „rechtliche Wirkung" (VfSlg 9242/1982).

Nach § 79 GewO hat die Behörde dem Inhaber einer (rechtskräftig genehmigten) 973a
gewerblichen Betriebsanlage unter bestimmten Voraussetzungen „andere oder zusätzliche Auflagen" vorzuschreiben; vgl auch § 21a WRG und § 62 Abs 3 AWG. In derartigen Fällen tritt – in einem oft auslegungsbedürftigen Umfang – eine (partielle) „**Überlagerung**" des Inhalts des „Stammbescheides" durch den Inhalt des neuen Bescheids ein. Dagegen erfolgt durch eine „Berichtigung" (§ 62 Abs 4 AVG) eine

formelle **Abänderung** des Bescheides selbst und kann nach § 22 kntn BauO der Inhalt einer Baubewilligung geändert werden. Sowohl Änderungen als auch Überlagerungen können sich auch auf Grund von reformatorischen Berufungsentscheidungen sowie auf der Grundlage der §§ 68ff AVG ergeben.

XIII. Die Weisung

Nach Art 20 Abs 1 B-VG sind die Verwaltungsorgane, soweit nicht verfassungsgesetzlich anderes bestimmt ist (vgl dazu Rz 354, 368), an die Weisungen der ihnen vorgesetzten Organe gebunden. Die Weisung, als zentrales Element der Leitungsbefugnis (Rz 359), ist damit ein ganz wesentliches Potenzial zur **Steuerung** der praktischen Verwaltungsabläufe; gleichzeitig konstituiert das Prinzip der Weisungsbindung die **hierarchische Organisation** der Verwaltung. 974

Bei der Weisung handelt es sich um einen **hoheitlichen Befehl** eines Organwalters im „**Verwaltungsinnenbereich**": Sie betrifft also die Ausübung von Kompetenzen und die Wahrnehmung von Aufgaben durch nachgeordnete Organe (Organwalter), sie berührt jedoch nicht die Außenrechtslage. Zu den – AuvBZ darstellenden – „Weisungen" (Befehlen) im Außenverhältnis, dh gegenüber Rechtsunterworfenen, vgl Rz 1019, 1007.

Die rechtlichen Beziehungen zwischen vorgesetzten und nachgeordneten Organen (Organwaltern) innerhalb der Ressorts unterliegen stets einem hoheitlichen Regime, gleichgültig, ob der Vorgesetzte bzw der Nachgeordnete öffentlich-rechtlich oder zivilrechtlich (zB als Vertragsbediensteter) bestellt ist, und unabhängig davon, ob die (nach außen) wahrzunehmenden Aufgaben in hoheitlichen oder in privatrechtlichen Formen zu erfüllen sind. Auch den im Bereich der Privatwirtschaftsverwaltung tätigen Vertragsbediensteten gegenüber sind daher hoheitliche Weisungen im Sinn von Art 20 Abs 1 B-VG und nicht (zivilrechtliche) Arbeitgeberweisungen im arbeitsrechtlichen Sinn zu erteilen. 975

Weisungen können von jedem **Verwaltungsorgan** – also nicht nur von obersten Verwaltungsorganen – erteilt werden. Sie dürfen nur von einem „**vorgesetzten**" Organ erteilt werden, sie dürfen daher nur an Organe oder Organwalter gerichtet werden, denen gegenüber der Weisungserteilende „vorgesetzt" ist (Rz 360). 976

Weisungen können auf Organe bezogen werden, wenn sie jeden Organwalter dieses Organs binden sollen, und sie können an Organwalter adressiert werden, wenn sie nur den betreffenden Organwalter selbst binden sollen. Davon zu unterscheiden ist der Aspekt, dass Weisungen sowohl an bestimmte einzelne Unterstellte („An den Leiter des Finanzamts X") als auch an einen nach Gattungsmerkmalen umschriebenen Kreis von Unterstellten („An alle Finanzamtsleiter") gerichtet sein können. In beiden Zusammenhängen werden die Begriffe „individuelle" und „generelle" Weisungen (zB VwGH 3. 9. 2002, 99/09/0118) verwendet. 977

Unklar ist, ob der Begriff der „generellen Weisung" (in beiderlei Sinn) gleichbedeutend ist mit dem Begriff „Verwaltungsverordnung" (Rz 771). Stellt man auf den „Regelungscharakter" (Rz 788) von Verwaltungsverordnungen ab, so unterliegen diese nicht dem Ablehnungsrecht des Art 20 Abs 1 B-VG.

Gegenständlich können sich Weisungen, die allein in einem organisatorischen oder funktionellen Über/Unterordnungsverhältnis gründen, auf alles beziehen, was zum übertragenen „**Führen der Verwaltung**" gehört. Weisungen, die auch durch 978 einen dienstrechtlichen Zusammenhang begründet sind, können sich auf alles beziehen, was zu den **Amts- und Dienstpflichten** des Verpflichteten gehört, also nicht nur auf Art, Form und Inhalt der Amtsausübung, sondern auch auf die dienstrechtlichen Pflichten, von der Einhaltung bestimmter Dienst- und Urlaubszeiten bis zur „Standesgemäßheit" des Verhaltens. Nicht Inhalt einer Weisung dürfen Angelegenheiten sein, die nach den dienstrechtlichen Vorschriften einem (dienstrechtlichen) **Bescheid** vorbehalten sind (zB Versetzung, im Unterschied zur bloßen Verwendungsänderung; vgl VwGH 2. 4. 2002, 98/12/0110). Weisungen dürfen selbstverständlich nicht „gesetzwidrig" sein, dh sie dürfen vom Angewiesenen kein ungesetzliches Verhalten verlangen.

979 Weisungen können sowohl schriftlich als auch mündlich (telefonisch) – als Willenserklärungen auch konkludent (Rz 1283) – erteilt werden; besondere Formvorschriften bestehen im Allgemeinen nicht (vgl aber auch Rz 374, 376), erforderlich ist lediglich, dass die Weisung dem oder den Angewiesenen hinreichend deutlich als Befehl tatsächlich zur Kenntnis kommt. Verschiedentlich bestehen – innenrechtliche oder außenrechtliche – Verpflichtungen, die Weisung an nicht unmittelbar unterstellte Organe oder Organwalter im Wege über allfällige Zwischenvorgesetzte bekannt zu geben.

980 Der angewiesene Organwalter bzw der Organwalter eines angewiesenen Organs unterliegt der Amtspflicht, gegebenenfalls auch der dienstrechtlichen Pflicht, die Weisung grundsätzlich unverzüglich, vollinhaltlich und auf die Dauer ihrer Verbindlichkeit zu **befolgen.** Grundsätzlich hat jeder Organwalter primär die konkreteste auf sein Amtsgeschäft anwendbare Regel zu befolgen: aus seiner Perspektive geht die konkrete Weisung der Verwaltungsverordnung und diese dem Gesetz vor.

981 Erachtet der Angewiesene eine Weisung als **gesetzwidrig**, so räumen – soweit die Weisungsbindung in dienstrechtlichen Bestimmungen wurzelt – dienstrechtliche Regelungen ein sog **Remonstrationsrecht** ein, dh die Befugnis, dem Vorgesetzten die rechtlichen Bedenken mitzuteilen. Wird die Weisung sodann nicht schriftlich bestätigt, gilt sie in solchen Fällen als zurückgezogen.

982 Gelangt der Angewiesene zu der rechtlichen Überzeugung, dass die Befolgung der Weisung sogar gegen **strafrechtliche** Vorschriften verstoßen würde, „kann" er die Befolgung ablehnen (Art 20 Abs 1 am Ende B-VG): Dies kann der Fall sein, wenn der Bedienstete seine Befugnisse wissentlich missbrauchen müsste, um einen Dritten an seinen Rechten zu schädigen (§ 302 StGB), oder wenn er – zB als Amtssachverständiger – ein falsches Gutachten erstatten müsste (§ 289 StGB); vgl Raschauer in K/H zu Art 20/1 B-VG, Rz 106. Ein „Wahlrecht", ob er derartige Weisungen ablehnt oder nicht, wird dem Angewiesenen durch dieses „kann" nicht eingeräumt, da strafrechtswidrige Verhaltensweisen nach dem Sinn der Verfassungsbestimmung jedenfalls abzulehnen sind.

983 Wurde die Weisung von einem – im Hinblick auf den Angewiesenen – „**unzuständigen**", weil „nicht vorgesetzten" Organwalter erteilt, so „kann" der Angewiesene nach derselben verfassungsrechtlichen Bestimmung die Befolgung der Weisung ablehnen. In diesem Zusammenhang ist zu beachten, dass für die „Zuständigkeit" im Hinblick auf innenrechtliche Beziehungen auch innenrechtliche Vorschriften maßgeblich sein können (Weisungserteilung durch einen nach der Geschäftsverteilung nicht zuständigen Sektionsleiter). In diesem Zusammenhang „muss" der Angewiesene die Befolgung der Weisung nicht unter allen Umständen förmlich „ablehnen".

984 Für Beamte stellt die Befugnis, einen dienstrechtlichen Feststellungsbescheid gemäß § 1 Abs 1 Z 9 DVO zu beantragen, ein Mittel dar, den eigenen dienstrechtlichen

Pflichtenkreis zu klären. Ein solcher Antrag dispensiert nicht von der Verpflichtung zur zwischenzeitlichen Befolgung der Weisung (VwGH 26. 6. 2002, 98/12/0523). [985]

Für die von einem Verwaltungshandeln Betroffenen entfaltet die Weisung unter keinen Umständen „Außenwirkung“: Weder schadet es, dass sich der Urheber des Aktes auf die erteilte Weisung beruft, noch stellt es im Bereich des Außenrechts eine Rechtswidrigkeit dar, wenn das Handeln „weisungswidrig“ erfolgt ist (vgl auch VwGH 5. 6. 2002, 2002/08/0044). 986

XIV. Administrative Rechtsdurchsetzung

A. Allgemeines

987 Rechtsvorschriften sind dadurch gekennzeichnet, dass sie von staatlichen oder zwischenstaatlichen Autoritäten ausgehen und dass ihre Nichtbeachtung spezifisch staatliche Rechtsfolgen auszulösen vermag. Von diesen Rechtsfolgen sind die Bestrafung und der staatliche Zwang die augenfälligsten, ihnen stehen aber auch andere Formen zur Seite, etwa Leistungspflichten (zB ein Verspätungszuschlag), der Entzug von Berechtigungen oder die Verweigerung eines angestrebten Rechtserfolgs (zB das Nichtwirksamwerden eines Rechtsgeschäfts oder die Abschöpfung eines rechtswidrig erlangten Gewinns).

Die Beachtung der (möglichen) Rechtsfolgen darf allerdings nicht den Blick darauf verstellen, dass die Rechtsordnung, um als solche gelten zu können, zunächst einmal „im großen und ganzen wirksam" sein muss. Eine Rechtsordnung ist daher in ganz dominierendem Maße durch die **Rechtsbefolgung** durch die Rechtsunterworfenen geprägt. Nur dann, wenn man feststellen kann, dass die Verhaltensvorschriften im Wesentlichen befolgt werden, dass für bewilligungspflichtige Maßnahmen im großen und ganzen die erforderlichen Bewilligungen eingeholt werden, dass Leistungspflichten im Wesentlichen entsprochen wird usw, ist die Bezeichnung eines Vorschriftensystems als „Rechtsordnung" gerechtfertigt. Dies hat va für jene Teile der Rechtsordnung Bedeutung – man denke nur an ortspolizeiliche Verordnungen, aber auch an die Regelung des „ruhenden Verkehrs" –, deren Einhaltung nicht einmal in einem Polizeistaat effektiv überwacht werden könnte.

988 Nach Maßgabe der einschlägigen Rechtsvorschriften kommt im Interesse der **Rechtsdurchsetzung** grundsätzlich alles in Betracht, was zur Herstellung des rechtmäßigen Zustands erforderlich ist, vom einfachen Befehl, eine rechtswidrige Tätigkeit einzustellen, über die Wegnahme (Entfernung, Pfändung, Beschlagnahme) oder die Zerstörung von Sachen (Aufbrechen einer Türe, Abreißen eines Gebäudes, Notschlachtung eines seuchenkranken Tieres) bis zur „Akten physischer Gewaltsamkeit gegen Menschen" (Festnahme, Fesselung, Waffengebrauch).

B. „Mittelbare" und „unmittelbare" Rechtsdurchsetzung

989 In einem Rechtsstaat muss staatliche Rechtsverwirklichung rechtlich geordnete Rechtsverwirklichung sein. Daher ist nicht nur die Rechtserzeugung (Rz 466), sondern sind auch die Verfahren der Rechtsdurchsetzung ihrerseits rechtlich geregelt.

990 In vielen Fällen wird die Rechtsverwirklichung „indirekt" angestrebt: Weil der Verpflichtete die Pflicht nicht erfüllt, wird ein Rechtsnachteil (zB Strafe, Schadenersatz) verfügt. Zum Teil sieht die Rechtsordnung aber auch eine „direkte" Rechtsverwirklichung vor, indem staatliche Organe für den Verpflichteten das tun, was dieser selbst hätte tun sollen (zB Abnahme der geschuldeten Sache). Eine andere Unterscheidung geht dahin, ob staatliche Maßnahmen der Durchsetzung einer durch einen individuell-konkreten Rechtsakt (Urteil, Bescheid) begründeten Pflicht dienen (Exekution, Voll-

streckung) oder ob sie nicht durch einen solchen Rechtsakt „vermittelt" sind; Letzteres ist gemeint, wenn Art 129a Abs 1 Z 2 B-VG von der „Ausübung **unmittelbarer** verwaltungsbehördlicher Befehls- und Zwangsgewalt" spricht und damit Vollstreckungsakte ausklammert.

Die administrative **Vollstreckung** ist vornehmlich im VVG und in der AbgEO geregelt (Raschauer ZfV 1997, 437; Thienel 553). „Vollstreckungstitel" sind danach Leistungsbescheide bzw die Leistungskomponenten von Bescheiden. Ihnen gleichgestellt sind Rückstandsausweise einer Institution, der gesetzlich „politische Exekution", dh die Einbringung von Geldleistungen „im Verwaltungsweg" zuerkannt ist (§ 3 Abs 3 VVG). Einen Sonderfall regelt § 8 VVG: Steht die Pflicht zu einer Leistung fest oder ist sie wahrscheinlich, so kann die Vollstreckungsbehörde zur Sicherung der Leistung einstweilige Verfügungen treffen, wenn die Gefahr besteht, dass sich der Verpflichtete durch Vereinbarungen mit dritten Personen oder durch andere Maßnahmen der Leistung entziehen und deren Vollstreckung vereiteln oder gefährden werde. 991 [992]

- Geht es um eine **Geldleistung**, hat grundsätzlich die Vollstreckungsbehörde für den Gläubiger beim Gericht gerichtliche Exekution zu beantragen (§ 3 VVG). 993
- Geht es um eine „**Duldung oder Unterlassung**" oder um eine „Handlung, die sich wegen ihrer eigentümlichen Beschaffenheit **nicht durch einen Dritten** bewerkstelligen läßt", so ist eine Zwangsstrafe (Beugestrafe) unter Setzung einer ausreichenden Leistungsfrist (Paritionsfrist) „anzudrohen". Nach dem ungenutzten Ablauf dieser Frist ist mittels (verfahrensrechtlichen) Bescheids (Vollstreckungsverfügung) die Zwangsstrafe zu verhängen und eine verschärfte Zwangsstrafe anzudrohen (§ 5 VVG). 994
- Geht es um sonstige Leistungen („**Arbeits- oder Naturalleistungen**"), dann ist unter Setzung einer ausreichenden Leistungsfrist (Paritionsfrist) die Ersatzvornahme „anzudrohen". Nach dem ungenutzten Ablauf dieser Frist ist mittels (verfahrensrechtlichen) Bescheids (Vollstreckungsverfügung) die Ersatzvornahme zu verfügen und (werkvertraglich) ein geeigneter Unternehmer zu beauftragen (§ 4 VVG). Gerade in diesem Zusammenhang kann die Verfügung unmittelbaren Zwanges gemäß § 7 VVG zur Überwindung eines Widerstandes oder Hindernisses erforderlich sein. Diese Zwangsakte sind Teile des Vollstreckungsverfahrens und dienen der Durchsetzung eines individuellen Rechtsakts, sie sind daher nicht Ausübung „unmittelbaren" Zwangs. 995 [996]

Gegen Vollstreckungsverfügungen steht nur das limitierte Berufungsrecht gemäß § 10 VVG offen, dem keine aufschiebende Wirkung zukommt. Gegen die Vollstreckbarkeitsbestätigung, gegen die vollstreckungsrechtlichen „Androhungen" und gegen den vollstreckungsrechtlichen Zwang stehen Rechtsmittel ieS nicht offen. 997

C. Verfahrensfreie Verwaltungsakte

Die Skizze im vorstehenden Abschnitt hat sichtbar werden lassen, dass Akte „mittelbarer" Rechtsverwirklichung, wie sie im Vollstreckungsrecht geregelt sind, einem eingehenden verfahrensrechtlichen Regime unterworfen sind. Im Interesse der Durchsetzung des der Rechtsordnung entsprechenden Zustands können administrative Maßnahmen aber gerade auch dann erforderlich sein, wenn (noch) kein Bescheid ergangen ist oder wenn ein Leistungsbescheid gesetzlich überhaupt nicht vorgesehen ist. Wenn bei einer nicht bewilligten Bauführung von der Behörde ein Baustopp verfügt wird, so handelt es sich um einen Akt, der „unmittelbar" auf die Herstellung des 998

[999] rechtmäßigen Zustands abzielt. In solchen Fällen liegt häufig ein **Akt unmittelbarer verwaltungsbehördlicher Befehls- und Zwangsgewalt** vor.

1000 Besondere Abgrenzungsprobleme ergeben sich daraus, dass es sich auch bei **rechtswidrigen** Akten, die im Zug amtlicher Tätigkeiten gesetzt werden, im Allgemeinen um „staatliche" Akte handelt, dh um Akte, die einer Gebietskörperschaft zuzurechnen sind. Daher kann staatlicher Zwang auch in Formen in Erscheinung treten, die sich – wie die vielfältigen Formen des „Handelns in Vollziehung der Gesetze" (Rz 736) überhaupt – einer rechtlichen und rechtswissenschaftlichen Ordnung letztlich entziehen. Auch solche rechtswidrige Akte können nach Lage des Falls als Akte unmittelbarer verwaltungsbehördlicher Befehls- und Zwangsgewalt zu qualifizieren sein. Bei der „Ausübung unmittelbarer verwaltungsbehördlicher Befehls- und Zwangsgewalt" handelt es sich nämlich nicht nur um eine Form der Rechtserzeugung, sondern auch um einen rechtsschutzbezogenen „Auffangtatbestand".

1001 Vor der Einführung des Begriffs „Ausübung unmittelbarer verwaltungsbehördlicher Befehls- und Zwangsgewalt" in das B-VG im Jahr 1975 wurden derartige Akte in Lehre und Rechtsprechung oft als „**faktische Amtshandlungen**" bezeichnet, der VfGH beurteilte solche individuellen hoheitlichen Akte als „Bescheide im weiteren Sinn". FUNK (Der verfahrensfreie Verwaltungsakt, 1975) wies darauf hin, dass es gerade nicht das „Faktische" dieser Amtshandlungen ist, was sie im Sinn einer Verwaltungsaktslehre bedeutsam macht, und führte er den Begriff „**verfahrensfreie Verwaltungsakte**" ein. Seit der verfassungsrechtlichen Verankerung des Rechtsbegriffs der „**Ausübung unmittelbarer verwaltungsbehördlicher Befehls- und Zwangsgewalt**". sind die „Akte unmittelbarer verwaltungsbehördlicher Befehls- und Zwangsgewalt" (AuvBZ) als eigenständiger Verwaltungsaktstypus unabweislich verfassungsrechtlich vorgegeben und von den „Bescheiden" und anderen Hoheitsakten zu unterscheiden. Die Abgrenzungsfragen kreisen seither im Wesentlichen nur noch um die Frage, ob ein bestimmtes Verwaltungshandeln unter diesen Rechtsbegriff subsumierbar ist – im Allgemeinen mit der Konsequenz der Beschwerdemöglichkeit beim zuständigen UVS – oder nicht. Diese Unterscheidung scheint in dem Maß zurückzutreten, in dem der Gesetzgeber auch nicht als AuvBZ zu qualifizierende Akte (zB § 88 Abs 2 SPG: „schlichtes Polizeihandeln"; vgl auch § 54 Abs 2 MBG, § 17 PolKG) der Kognition der
[1002] UVS unterstellt; freilich verbleiben auch in solchen Fällen rechtliche Besonderheiten (Rz 1073a).

1003 Im Detail erweist es sich als erforderlich, innerhalb der Kategorie der AuvBZ zwischen den beiden Komponenten – dem **Befehlsakt** einerseits und dem **Zwangsakt** andererseits – zu unterscheiden, da die gesetzlichen Ermächtigungen zum Teil nur eine der beiden Handlungsformen vorsehen.

1004 Im Schrifttum hat – angesichts des Wortungetüms „Ausübung unmittelbarer verwaltungsbehördlicher Befehls- und Zwangsgewalt" – das Kürzel „**Maßnahme**" (vgl auch „Maßnahmenbeschwerde") Verbreitung gefunden. ME sollte diese Bezeichnung angesichts ihrer abundanten Verwendung mit vielfältigen Bedeutungen in den Verwaltungsvorschriften eher vermieden werden.

D. Akte unmittelbarer verwaltungsbehördlicher Befehls- und Zwangsgewalt (AuvBZ)

1005 Art 129a Abs 1 Z 2 B-VG statuiert für Beschwerden gegen die „Ausübung unmittelbarer verwaltungsbehördlicher Befehls- und Zwangsgewalt" die verfassungsunmittelbare Zuständigkeit der UVS (Rz 298). Der AuvBZ ist damit als Form des

Verwaltungshandelns wie auch als Form der Rechtserzeugung verfassungsrechtlich vorgegeben. Der Inhalt dieses verfassungsrechtlich vorgeprägten Begriffs erschließt sich aus systematischen und historischen Erwägungen: Im Unterschied zu dem als „Weisung" zu qualifizierenden Befehl ist er ein „nach außen", also gegenüber Rechtsunterworfene ergehender Akt. Im Unterschied zum „Bescheid" ist er durch seine (relative) Form- und Verfahrensfreiheit und dadurch gekennzeichnet, dass er nicht auf eine rechtskraftfähige Erledigung einer Verwaltungssache gerichtet ist. In historischer Hinsicht ist unübersehbar, dass der 1975 eingeführte Verfassungsbegriff auf einer entwickelten Judikatur des VfGH zur „faktischen Amtshandlung" aufbaut. Daraus ergibt sich zB, dass generelle normative Hoheitsakte als „Verordnungen" und nicht als AuvBZ zu qualifizieren sind, weiters, dass Verfahrensanordnungen und Vollstreckungsakte nicht als AuvBZ anzusehen sind. Vgl auch Köhler in K/H zu Art 129a B-VG, Rz 45.

Zusammenfassend soll der folgenden Untersuchung die Begriffsumschreibung vorangestellt werden, dass als AuvBZ im Kern **jeder von einem Verwaltungsorgan im Bereich der Hoheitsverwaltung individuell nach außen relativ verfahrensfrei erlassene Befehl bzw unmittelbar getätigte Zwang** zu verstehen ist. Nach VwGH 21. 12. 2000, 96/01/1032, liegt ein AuvBZ vor, „wenn ein Verwaltungsorgan im Rahmen der Hoheitsverwaltung einseitig einen Befehl erteilt oder Zwang ausübt und dieser Akt gegen individuell bestimmte Adressaten gerichtet ist".

a) Akt – Bezeichnung

Das Vorliegen eines Verwaltungsakts setzt nach österreichischem Rechtsverständnis ein „Tun" voraus (Rz 859). Wenn ein Polizist, obwohl er dazu aufgefordert wird, nicht „einschreitet", ist dies kein AuvBZ. In einzelnen, besonders qualifizierten Fällen administrativen „Nicht-Reagierens" auf geltend gemachte Rechte hat die Judikatur allerdings einen als AuvBZ zu wertenden Rechtseingriffsakt gesehen (vgl noch Rz 1043). 1006

In der neueren Gesetzgebung ist immer häufiger explizit von der „Ausübung unmittelbarer Befehls- und Zwangsgewalt" die Rede (zB §§ 33, 50, 78 SPG, § 60 FrG, § 35 AsylG, § 12 Abs 1 GreKoG, § 5 Abs 2 iVm § 18 Z 2 PolKG, §§ 16ff MBG, § 38 FSG; vgl als Kontrollbegriff auch §§ 67aff AVG, §§ 62, 150ff FinStrG, §§ 85af ZollRDG, §§ 15a, 88 SPG, § 54 Abs 1 MBG). Angesichts des Elementes der relativen Formfreiheit der hier zu erörternden Akte kann – im Unterschied zum Bescheid – einer gesetzlichen Bezeichnung des Aktes keine besondere Bedeutung zukommen: „Aufforderungen" (§ 97 Abs 5 StVO), „Anordnungen" (§ 31 Abs 3 WRG, § 11 Abs 2 GreKoG), „Weisungen" (§ 9 GütBefG, § 5 Abs 3 PrivatschulG), „Wegweisungen" (§§ 38 Abs 2, 81 Abs 2 SPG, § 9 MBG, § 23 Abs 2 oö FeuerpolG) ua können AuvBZ (Befehle) sein, „Festnahmen" (§ 35 VStG), „Beschlagnahmen" (§ 39 VStG), „Entfernungen" (§ 89a StVO) oder „Zurückweisungen" (VwGH 19. 5. 2000, 96/21/0670 zu § 32 FrG) können AuvBZ (Zwangsakte) sein, wenn jeweils die in weiterer Folge zu besprechenden Voraussetzungen gegeben sind. 1007

Wird ein tatsächlich gesetzter Akt explizit als „Bescheid" bezeichnet, dann streitet – angesichts der Bedeutung der Bezeichnung bei Bescheiden (Rz 862) – die Vermutung dafür, dass es sich nicht um einen AuvBZ handelt (VwSlg 14193 A/1995). Jedenfalls ist zu beachten, dass nicht allein deshalb, weil das Gesetz die „Ausübung von Befehls- und Zwangsgewalt" ausdrücklich vorsieht, schon jeder in diesem Zusammenhang gesetzte Akt auch tatsächlich ein AuvBZ sein muss (Rz 1029, 1036).

b) Verwaltungsorgan

1008 War bisher – im Zusammenhang mit VO und Bescheiden – von „Verwaltungsbehörden" die Rede, so ist im Zusammenhang mit AuvBZ vom weiten Organbegriff des § 1 Abs 2 AHG (Rz 104, 735b) auszugehen, da AuvBZ in erster Linie von Exekutivorganen, ja sogar von Unternehmen und Personen, die als „verlängerte Arme" (Verwaltungshelfer) einer Behörde und damit einer Gebietskörperschaft zu qualifizieren sind (Rz 115f), gesetzt werden, während von (Bediensteten von) Behörden gesetzte AuvBZ eher die Ausnahme sind. Dementsprechend stellt sich die „Zurechnungsfrage" – die Abgrenzung von Staatsakt und Privatzwang – in ähnlicher Weise, wie im Bereich des Amtshaftungsrechts.

1009 – Es muss sich um einen dem Staat (dh einem Rechtsträger) zurechenbaren Akt handeln. Dazu ist es erforderlich, dass entweder ein Organwalter in Ausübung seines Amts (seiner Organwalterfunktion) oder aber ein sonst Beauftragter in Ausübung seines spezifischen staatlichen Auftrags tätig wird bzw tätig geworden ist. Die „Kopfnuss", die ein Lehrer einem Schüler während eines Wandertags austeilt, ist dem Staat zurechenbar, die Kopfnuss, die derselbe Lehrer demselben Schüler bei einem zufälligen Treffen (außerhalb einer schulbezogenen Veranstaltung) austeilt, ist dagegen ihm als Privatperson zuzurechnen. Die Feuerwehr, die im Auftrag der BVB kontaminiertes Erdreich auskoffert (§ 31 WRG), wird ebenso für den Staat tätig, wie der Transportunternehmer, der für den Magistrat ein Kfz abschleppt (§ 89a StVO).

1010 – Es muss sich weiters um die Wahrnehmung einer Verwaltungsangelegenheit handeln. Festnahmen, Hausdurchsuchungen, Exekutionsakte, Telefonabhörungen, Vollstreckungsakte nach EO usw, die auf Grund richterlichen Befehls getätigt werden, sind dem Gericht (und über dieses dem Bund) zuzurechnen (VwGH 21. 12. 2000, 96/01/1032). Dies ist aber dann und insoweit nicht der Fall, als der richterliche Befehl „offenkundig überschritten" wird und als hinsichtlich des Exzesses (Rz 189) Verwaltungshandeln vorliegt (VwGH 6. 7. 1999, 96/01/0061, 15. 11. 2000, 2000/01/0065; nach VwGH 23. 9. 1998, 97/01/1084, 31. 5. 2000, 99/13/0084, 21. 12. 2000, 99/01/0174 ua liegt nicht schon bei jeder Missachtung der einschlägigen Vorschriften ein solcher „Exzess" vor). – Akte der Sicherheitskontrolle in Gerichten (§§ 3ff GOG) sind Angelegenheiten der Justizverwaltungspolizei und können daher AuvBZ darstellen. – Werden Besucher nicht in das Parlamentsgebäude eingelassen, so handelt es sich um eine Angelegenheit der Parlamentsverwaltung und damit um Verwaltung im funktionellen Sinn; ordnet der Parlamentspräsident dagegen die Räumung der Besuchergalerie im Sitzungsraum an, dann ergehen sowohl der Befehl als auch der allfällige Zwang in Ausübung der Sitzungsleitungsbefugnis und sind damit der Gesetzgebung zuzurechnen. Der Rechnungshof wird in Ausübung seiner Kontrolle „an Ort und Stelle" mE stets als Verwaltungsorgan im funktionellen Sinn tätig (Rz 186).

1011 – Die Dienststelle, für welche die handelnde Person tätig wird, muss wenigstens *in abstracto* zur Setzung von AuvBZ befugt sein; das Unternehmen oder die Person, die als Verwaltungshelfer tätig wird, muss im betreffenden Sachzusammenhang überhaupt zur Setzung von Hoheitsakten (hoheitlichen Teilakten) befugt sein, damit ein Akt als AuvBZ qualifiziert werden kann. Wenn der Gemeindesekretär von einer nicht bewilligten Baustelle die Mischmaschine wegführt, dann kann es sich um einen AuvBZ handeln. Will ein Mitarbeiter der OeNB den Zutritt zu einer Bank erzwingen, dann kann es sich nur um Privatzwang handeln, da die OeNB zwar zur Erlassung von Bescheiden und Verordnungen, nicht aber zu Zwangsakten befugt ist. Stößt ein Bauarbeiter, der mit der Aufstellung eines Straßenverkehrszeichens beauftragt ist, den sich wehrenden Grundstückseigentümer weg, dann kann es sich um einen AuvBZ handeln, da der Akt im Zusammenhang mit der Setzung des hoheitlichen Teilakts der Kundmachung einer VO gesetzt wird. Stößt ein anderer Bauarbeiter auf einer anderen Baustelle einen Grundstückseigentümer weg, der sich gegen die Asphaltierung seines Vorgartens wehrt, dann kann es sich nur um Privatzwang handeln, da mit der Straßenbautätigkeit für das Bauunternehmen keine hoheitlichen Befugnisse verbunden sind; es handelt sich allenfalls um Besitzstörung. Andererseits kann derselbe Bauarbeiter einen AuvBZ setzen, wenn er im Baustellenbereich verkehrsregelnd tätig wird (§§ 44b, 98 Abs 3 StVO).

c) im Bereich der Hoheitsverwaltung

Dieses Kriterium geht, wie gerade die zuletzt genannten Beispiele zeigen, mit der Stellung als Verwaltungsorgan bzw mit der abstrakten Befugnis zu hoheitlichem Handeln keinesfalls zwangsläufig einher. 1012

- Bei den klassischen sicherheits- und verwaltungs„polizeilichen“ Akten (zB Kfz-Kennzeichenabnahme gem § 61 Abs 5 KFG, Kfz-Schlüssel-Abnahme gem § 102 Abs 12 KFG oder § 5b StVO, Führerscheinabnahme gem § 39 FSG, Entfernen eines Gegenstands gem § 89a StVO, gewerbepolizeiliche Anlagenstillegung gem § 360 GewO, Baueinstellungsbefehl gem § 127 Abs 8 wr BauO oder § 35 Abs 2 kntn BauO) handelt es sich um hoheitliche Akte, die daher – bei Vorliegen der weiteren Voraussetzungen – AuvBZ darstellen. 1013
- Da aber auch Gebietskörperschaften zivilrechtliche Befugnisse als Eigentümer von Sachen zukommen, kann das Entfernen von Gegenständen von Verwaltungssachen (zB Entfernen eines Plakats durch den Portier einer Dienststelle oder Anstalt, gewaltsames Öffnen der Türe einer Gemeindewohnung durch die Gemeinde als Vermieterin) auch eine privatrechtliche Selbsthilfemaßnahme (§ 344 ABGB) darstellen. 1014
- Befehle und Zwangsakte, die mit Verwaltungsrechtsverhältnissen im Zusammenhang stehen, teilen in der Regel die Rechtsnatur des Rechtsverhältnisses: Räumen Gemeindebedienstete einen nicht bewilligten Stand von einem Marktplatz weg, dessen Nutzungsverhältnis zivilrechtlich ausgestaltet ist, dann handelt es sich um einen zivilrechtlichen Akt. Räumen Arbeiter einer kommunalen Friedhofsverwaltung einen Grabstein weg, dessen Nutzung im Rahmen eines öffentlich-rechtlichen Nutzungsverhältnisses zugewiesen worden war, dann kann es sich um einen AuvBZ handeln (VfSlg 7918/1976). Da Sondernutzungen nach wr GebrauchsabgabeG hoheitlich, Sondernutzungen nach BStrG jedoch nichthoheitlich geregelt sind, kann es sich nur im ersten Fall beim Entfernen von rechtswidrig aufgestellten Objekten um AuvBZ handeln (VwGH 22. 5. 2001, 99/05/0102). Die Beschädigung einer Nachbarliegenschaft im Zuge von Straßenbauarbeiten kann, da kein öffentlich-rechtliches Rechtsverhältnis vorliegt, kein AuvBZ sein. 1015
- Grenzfälle stellen „Zwangsakte“ von öffentlich-rechtlichen Genossenschaften dar (Rz 76, 770). Lässt eine Wassergenossenschaft die Anlage eines Dritten abreißen, dann kann es sich – in Ermangelung jedweder außenwirksamer Hoheitsbefugnis – 1016

nur um Privatzwang handeln. Lässt sie die satzungswidrig errichtete Anlage eines Mitgliedes entfernen, dann handelt es sich um eine Streitigkeit im Rahmen des öffentlichen-rechtlichen Verbandsverhältnisses; sollten der Genossenschaft in diesem Zusammenhang hoheitliche Befugnisse zukommen, dann könnte ein AuvBZ vorliegen.

d) individuell

1017 Wie bereits erwähnt (Rz 795) überlagert das Element der Generalität der VO den Aspekt der Verfahrensfreiheit. Wird zB ein „Befehl" an eine unbestimmte Personenmehrheit gerichtet, dann kann es sich gegebenenfalls um eine VO, aber nicht um einen AuvBZ handeln.

- Bei der straßenpolizeilichen oder der grenzbehördlichen Aufforderung, anzuhalten (§ 97 Abs 5 StVO, § 11 GreKoG), handelt es sich um AuvBZ, dagegen bringen die Armzeichen, mit denen ein Polizist „den Verkehr regelt" (§ 37 StVO) – mag in einer konkreten Situation auch nur ein einzelner Verkehrsteilnehmer betroffen sein – eine VO zum Ausdruck.
- 1018 Die an unbestimmte Personenkreise gerichteten formlosen (Megaphon- oder Rundfunk-)Aufforderungen, ein Haus zu verlassen (§§ 36f SPG einerseits, § 38 Abs 2 SPG andererseits) oder Lenkungsmaßnahmen unterworfene Gegenstände abzuliefern (§ 6 VerssG), stellen VO dar.
- Das „Auseinandertreiben" von nicht auseinandergehenden Teilnehmern einer aufgelösten Demonstration (Versammlung) stellt gegenüber jedem Betroffenen einen AuvBZ dar.

e) extern

- 1019 Ein (formloser) Befehl eines vorgesetzten Organwalters an einen nachgeordneten (insb auch ein militärischer Befehl) stellt stets eine Weisung (Rz 974) und nicht einen AuvBZ dar.
- 1020 In der Durchsuchung des Schreibtisches eines Beamten durch Verwaltungsorgane sah VfSlg 8299/1978 mit der plausiblen Begründung einen AuvBZ, dass Schreibtischladen selbst bei einem öffentlich Bediensteten auch dazu da sind, private Sachen zu verwahren. Der Akt war also nicht mehr dem Dienstrechtsverhältnis zuordenbar und stellt insoweit aus der Perspektive des Betroffenen einen „externen" Akt dar.
- 1021 Akte der „Sitzungspolizei" (Vorsitzführung, Geschäftsleitung) in kollegialen Verwaltungsorganen (einschließlich Gemeinderäten) bilden in diesem Sinn „interne" Akte (vgl Rz 781).

f) „unmittelbar"

1022 Wenn Art 129a Abs 1 Z 2 B-VG von Akten „unmittelbarer" verwaltungsbehördlicher Befehls- und Zwangsgewalt spricht, dann sollen damit – vor allem bei den Zwangsakten – „mittelbare" Zwangsakte aus dem Rechtsbegriff ausgeklammert werden. Der Sache nach geht es, wie erläutert (Rz 990, 998), um die Ausklammerung von **Vollstreckungsakten**, deren Normativität als durch einen Vollstreckungstitel „vermittelt" anzusehen ist und die einem eigenen Rechtsschutzregime unterliegen.

- Handelt es sich um Akte, die im Rahmen eines anhängigen Vollstreckungsverfahrens zB nach dem VVG gesetzt werden, oder auch um Akte, die als spezialgesetzlich geregelte Formen einer zwangsweisen Durchsetzung auf Grund eines rechtskräftigen individuellen Rechtstitels anzusehen sind (VfSlg 10467/1985 – Schubhaft), dann stellen derartige Akte zwar „hoheitliche" Akte dar, sie sollen aber nach dem Willen des Verfassungsgesetzgebers nicht als AuvBZ bekämpfbar sein, sondern spezifisch vollstreckungsrechtlichen Rechtsschutzregeln unterliegen. Dementsprechend sind zB die Aufforderung zum Antritt einer rechtskräftig verhängten Freiheitsstrafe (§ 53b VStG) und die Durchführung der Freiheitsstrafe (§ 53c ff VStG) oder die auf Grund eines vollstreckbaren Beschlagnahmebescheides durchgeführte tatsächliche Beschlagnahme (§ 39 Abs 1 VStG) keine AuvBZ. Ebenso ist die „Entfernung" einer Person, die eine Verhandlung stört, bloß ein Akt zur Verwirklichung der entsprechenden verfahrensrechtlichen Verfügung (§ 34 Abs 2 AVG).
- Werden dagegen tatsächlich Vollstreckungsakte gesetzt, ohne dass ein (rechts- 1023
kräftiger) Vollstreckungstitel und die gegebenenfalls dafür erforderliche Vollstreckungsverfügung gegeben sind, dann liegt insoweit ein „Exzess" vor. Der – insoweit „selbständige" – Akt ist dann als ein „unmittelbarer" Akt und daher als AuvBZ zu qualifizieren. Dementsprechend ist auch die vorläufige Beschlagnahme (§ 39 Abs 2 VStG) – bis zu ihrer nachträglichen „Deckung" durch einen Bescheid – als AuvBZ anzusehen.

Aus der Perspektive des Rechtsschutzes bedeutet dies, dass letztlich jeder Vollstreckungsakt vor dem UVS bekämpft werden kann, da mit der Behauptung, dass dem angefochtenen Akt eine rechtliche Voraussetzung fehlt, die Zuständigkeit des UVS begründet wird. Die Beschwerde wird zurückzuweisen sein, wenn sich ergibt, dass ein Exzess nicht vorliegt (vgl VfSlg 13885/1994, VwGH 15. 11. 2000, 2000/01/0065).

g) *„relativ form- und verfahrensfrei"*

Mit diesem Kriterium sollen die AuvBZ – vor allem die Befehlsakte – von den, wie 1024
gezeigt (Rz 880), grundsätzlich verfahrens- und formgebundenen Bescheiden – mögen diese auch mündlich verkündet werden (zB VfSlg 15873/2000) – unterschieden werden. In Grenzfällen werden daher formale Kriterien und der aus den Umständen des Falls erkennbare oder erkennbar fehlende Bescheidwille ausschlaggebend sein (grundlegend VwSlg 14193 A/1995), etwa die fehlende Bescheidbezeichnung oder das Handeln gegenüber einer nicht als Bescheidadressat in Betracht kommenden Person (zB VfSlg 7352/1974).

Dennoch ist zu betonen, dass es sich um eine „relative" Verfahrensfreiheit handelt, 1025
da sich auch für AuvBZ immer wieder gewisse Verfahrensregeln finden. Beispielsweise ist gemäß § 39 Abs 2 VStG dem Betroffenen im Fall einer vorläufigen Beschlagnahme „sofort eine Bescheinigung auszustellen"; vgl hinsichtlich der vorläufigen Abnahme des Führerscheins auch § 39 FSG, weiters § 37a VStG, § 13 Abs 1 WaffenG, § 100 Abs 3a StVO.

Ungeachtet dieser form- und verfahrensrechtlichen Einzelheiten ist festzuhalten, dass für den Bescheid ein regelgebundenes Ermittlungsverfahren und eine bestimmte äußere Erscheinungsweise (§§ 56ff AVG) charakteristisch sind, so dass sich Unterscheidungsprobleme im Hinblick auf die gebotene Förmlichkeit tatsächlich nur in Grenzfällen stellen können (Rz 883).

b) die Normativität des „Befehlsaktes"

1026 Unter der Voraussetzung, dass weder ein Bescheid noch ein Vollstreckungsakt vorliegen, sind mündlich geäußerte Befehle von Verwaltungsorganen nach den Umständen des Falls zumeist hinreichend deutlich als normative Anordnungen zu erkennen: Der Polizist befiehlt, den Unfallort zu verlassen (§ 38 SPG), das Kfz am Fahrbahnrand anzuhalten (§ 97 Abs 5 StVO, §§ 9f GrekoG) oder den Kfz-Schlüssel auszuhändigen (§ 102 Abs 12 KFG); der BH-Jurist befiehlt einem Arbeiter, eine bestimmte Maschine abzuschalten (§ 360 GewO) oder einen bestimmten Abwasserabfluss zu schließen (§ 31 WRG), der Bürgermeister trägt einem Bagger-Fahrer auf, zu einem bestimmten Hochwassergefahrenbereich zu fahren (§ 49 WRG), die Luftfahrtkontrolle verbietet per Funk den Abflug eines Flugzeuges. „Warnschüsse" (§ 2 WaffengebrG), aber auch individuelle Armzeichen sowie Zeichen mit Signalscheiben („Kelle") aus fahrenden Polizeiautos sind meist hinreichend klar als Befehle erkennbar.

1026a Die **Rechtsprechung** ist allerdings mitunter sehr **restriktiv**. In VwGH 15. 11. 2000, 98/01/0452, und 30. 1. 2001, 2000/01/0018 stellt der VwGH – in Abweichung von der sonst geläufigen Judikaturformel (Rz 1005) – darauf ab, dass „eindeutig ein Befehl erteilt" wurde (vgl VwGH 21. 12. 2000, 96/01/0351: „Halt, oder ich schieße"). „Bloße Aufforderungen oder Wünsche, die von Organwaltern ausgesprochen werden, sind keine Ausübung unmittelbarer behördlicher Befehls- und Zwangsgewalt" (VwGH 21. 12. 1998, 98/17/0011). Unverzichtbares Inhaltsmerkmal eines Verwaltungsaktes „in der Erscheinungsform eines Befehls" ist nach VwSlg 14948 A/1998 der Umstand, dass dem Befehlsadressaten eine bei Nichtbefolgung unverzüglich einsetzende physische Sanktion angedroht wird; die Aufforderung, sich auszuweisen, wurde daher nicht als AuvBZ beurteilt (sondern nach § 88 Abs 2 SPG behandelt). Zur Androhung der Festnahme dagegen zB VfSlg 14367/1995. Der Umstand, dass bei Nichtbefolgung die Entziehung einer Befugnis (VwGH 21. 12. 1998, 98/17/0011), die Stilllegung der Anlage (VwGH 15. 9. 1999, 99/04/0114) oder die Einleitung eines Strafverfahrens (VwGH 20. 10. 1997, 97/06/0196 – Baueinstellungsbefehl, 19. 1. 1994, 93/03/0251 – Alko-Test) droht, macht eine Aufforderung nach Auffassung der Judikatur nicht zu einem AuvBZ.

1027 – Da zwischenmenschliche Gesprächssituationen zahlreiche Nuancen zulassen, kann es zu „Einladungen" kommen, die an freiwilliges Verhalten appellieren und insoweit nicht als normative Akte zu sehen sind. Formulierungen wie „Können Sie sich ausweisen?" oder „Kommen Sie mit zum Polizeiauto, dann können wir Ihre Identität über Funk klären" oder „Machen Sie einmal Ihre Tasche auf" (Verdacht eines Kaufhausdiebstahls) liegen im Allgemeinen unterhalb der Schwelle der Normativität. Solche „Ersuchen" werden auch im Rahmen schlicht-hoheitlicher Kontrollen geäußert („Schalten Sie doch einmal den Motor ein"). Einwilligung („Sie haben nichts dagegen, dass wir ihr Auto auf die Seite heben, damit die Feuerwehr durch kann?") gilt als Indiz für fehlende Normativität.

1028 – „Abmahnungen" (§ 35 VStG, § 82 Abs 1 SPG), „Ermahnungen" (§ 34 Abs 2, § 50 AVG) und andere „Hinweise" auf die bestehende Rechtslage sind nicht als normative Akte zu sehen (vgl zur Aufforderung zur Abberufung des Geschäftsführers VwGH 28. 3. 2001, 2000/04/0164). In der Regel sind auch „Ankündigungen" („Morgen wird das Wasser abgedreht") keine normativen Akte. Wird dagegen im Sinn einer Verhaltenssteuerung des Betreffenden hoheitlicher Zwang „angedroht" (vgl § 50 Abs 2 SPG), dann liegt ein Befehl vor.

- Der Umstand, dass ein Gesetz zu Befehls- und Zwangsakten ermächtigt, bedeutet nicht, dass jeder in diesem Bereich gesetzte Akt auch ein AuvBZ ist: § 60 FrG ermächtigt dazu, Zurückschiebungen und Abschiebungen mit unmittelbarer Befehls- und Zwangsgewalt durchzusetzen, „wenn dies auf andere Weise nicht oder nicht rechtzeitig möglich ist". Im Allgemeinen ist das durchaus „auf andere Weise" möglich. Die Worte „Ohne Sichtvermerk können Sie hier nicht durch" belehren über die Rechtslage, stellen aber keinen Befehl dar. 1029
- Ähnlich wie bei den Bescheiden (Rz 903), gibt es auch Befehlsakte von **unselbständiger** normativer Qualität: Wenn der Verhandlungsleiter die Bekanntgabe der Personalia verlangt, das Wort entzieht, einen Störer von der Verhandlung weist, dann handelt es sich zwar um Anordnungen, die jedoch wegen ihrer **verfahrensleitenden** Funktion nicht als (selbständige) AuvBZ gesehen werden können (VwGH 21. 1. 1995, 94/05/0355). Die Wegweisung von nicht am Verfahren beteiligten „Zuschauern" ergeht dagegen nicht im Rahmen eines Verfahrensrechtsverhältnisses (Rz 1225) und kann als AuvBZ zu qualifizieren sein (aA allerdings VwGH 15. 6. 1999, 99/05/0072). 1030
- Festnahmen (§ 35 VStG), vorläufige Beschlagnahmen (§ 37 VStG) und die vorläufige Einhebung einer Sicherheit (§ 37a VStG; VwGH 3. 9. 2002, 2001/03/0416) werden dagegen nicht als unselbständige Teile eines (Straf)Verfahrens qualifiziert; sie sind – bis zu ihrer nachträglichen „Deckung" durch einen Bescheid – als AuvBZ anfechtbar. Vgl auch § 39 Abs 3 FSG.
- Von unselbständiger Normativität sind manche Akte der **Anstaltsleitung**, wie zB der Auftrag an einen stationär behandelten Patienten, den Oberkörper frei zu machen, sich zur Röntgenstation zu begeben, ein Medikament einzunehmen oder der Auftrag an einen Schüler, zum Prüfungsgespräch vorzukommen, den Kopfhörer abzunehmen oder sich in die letzte Bank zu setzen. UVS-Beschwerde kommt in allen diesen Fällen nicht in Betracht. 1031 [1032]
- Die „Einvernahme" eines Untersuchungshäftlings (dh der „Befehl", bestimmte Fragen zu beantworten) ist kein von der Festnehmung abteilbarer selbständiger normativer Akt. „Alle Anordnungen und Entscheidungen im Zusammenhang mit dem Vollzug der Freiheitsstrafe" (§ 53a VStG) sind grundsätzlich nicht als AuvBZ zu sehen. Der Befehl, während einer Betriebskontrolle einen bestimmten Raum zu öffnen, ist kein von der Kontrolle selbst abteilbarer Akt. Dagegen können selbständige Aufforderungen, bestimmte Unterlagen herauszugeben, sofern sie nicht als Bescheide zu qualifizieren sind, AuvBZ sein. 1033

i) Die Normativität des „Zwangsaktes"

Unter der Voraussetzung, dass es sich nicht um Vollstreckungsakte handelt, sind intensive Manifestationen der Ausübung des staatlichen Gewaltmonopols im Allgemeinen unschwer als AuvBZ (Zwangsakte) zu erkennen: Der gezielte Schuss (VwGH 21. 12. 2000, 96/01/0351), Teilnehmer eines Sitzstreiks werden in einen Polizei-Lkw gehoben, ein Pkw wird „abgeschleppt", eine Betriebsanlage wird durch „Abdrehen" der Hauptschalter „stillgelegt", Tiere werden abgenommen (VwGH 23. 2. 2001, 96/02/0497), Kfz-Kennzeichentafeln werden abmontiert (VwGH 30. 5. 2001, 2001/11/0037). Auch die zwangsweise Vorführung von Personen zu einer Anstalt (§ 46 SPG) und die Einweisung in eine Anstalt, insb die „Unterbringung ohne Verlangen" (§§ 8ff UnterbringungsG) stellen AuvBZ dar (wobei der Gesetzgeber bei letzteren die UVS-Zuständigkeit durch eine gerichtliche Kontrolle verdrängt hat). Abgrenzungsprobleme treten 1034 allerdings in jenen Fällen auf, die „geringfügiger" sind, wie zB die „Anhaltung" einer Person zur Identitätsfeststellung, und in jenen Fällen, bei denen zweifelhaft ist, ob überhaupt etwas „gesollt" ist, zB wenn ein Verwaltungsorgan unbefugt ein Privatgrundstück betritt. Zur Bewältigung dieser „Grauzone" wurde zB die Prüfung vorgeschlagen, inwiefern dem Akt ein „impliziter Duldungsbefehl" (FUNK, Der Verwaltungsakt im österreichischen Rechtssystem, 1978, 60), ein (zum Teil hinzuzudenkender vorgängiger) verwaltungsbehördlicher Willensakt im Verein mit dem Fehlen eines Abwehranspruchs (MAYER in FS Walter, 1991, 463, 468) oder ein „Rechtseingriff" (KÖHLER in K/H zu Art 129a B-VG, Rz 49) bzw ein „vorsätzlicher Eingriff in subjektive Rechte" (MERLI ZfV 1993, 251, 254f) zu Grunde liegt. Jede dieser Betrachtungsweisen verdeutlicht erhebliche Gesichtspunkte, löst aber neue Abgrenzungsfragen aus. Eine geschlossene Sicht, die alle Identifikationsprobleme zu lösen vermag, gibt es nicht und kann es nach der Natur des offenen AuvBZ-Begriffs auch gar nicht geben. Immerhin bestehen zwischen dem bloßen schadensverursachenden Ereignis im Sinn des AHG und dem AuvBZ fließende Übergänge.

1035 – An der Normativität kann es, wie erwähnt (Rz 1027), in Fällen der „Freiwilligkeit" mangeln („Kommen Sie nur herein und schauen Sie selbst: Ich habe gar keine Trompete. Der Lärm kommt woanders her" – Der folgende Blick in die Wohnung ist kein AuvBZ). Steigt ein Fremder, gegen den eine Ausweisung durchsetzbar ist, freiwillig in einen Polizei-Pkw ein und lässt sich zur Staatsgrenze fahren, dann liegt in dieser Abschiebung kein Zwangsakt, obgleich ein solcher zulässig wäre (§ 60 FrG). Vgl auch VwGH 14. 9. 2001, 98/02/0136, 9. 7. 2002, 2000/01/0423.

1036 – Nicht jeder Akt, der gemäß § 50 SPG als Zwangsakt ergehen dürfte, muss im konkreten Fall tatsächlich ein AuvBZ sein (zB Absperren eines mit Platzverbot gemäß § 36 SPG belegten Bereichs durch eine Polizistenkette; vgl VfSlg 10861/1986).

1037 – Unterhalb der Schwelle des Zwangsakts sieht die Judikatur zB die gegen den Willen des Betreffenden vorgenommene allgemeine „Überwachung" (VfSlg 11953/1989), die Verfolgungsfahrt (VwSlg 15064 A/1999), die Anhaltung zur Identitätsfeststellung (VfSlg 11935/1988) oder eine kursorische Personendurchsuchung (VwSlg 10870 A/1985): Es gehört zu den „normalen Bürgerpflichten" (Art 4 Abs 3 lit d EMRK), dass man einen – ohne nennenswerte Freiheitsbeschränkung und ohne nennenswerte zeitliche Verzögerung verwirklichbaren – Beitrag zur Gefahrenvorbeugung oder zur Aufklärung von Straftaten leistet. Nicht als AuvBZ wird in der Judikatur auch das gezielte polizeiliche Fotografieren von Teilnehmern einer Demonstration angesehen (VfSlg 11935/1988). Dagegen wurde das Ergreifen an der Schulter und Hinausschieben aus dem Wacheraum als physische Zwangsausübung qualifiziert (VwGH 15. 11. 2000, 98/01/0452).

1038 – Die erkennungsdienstliche Behandlung (Abnahme und Aufzeichnung von Fingerprints, Fotografieren) von festgenommenen Personen gilt nicht als vom Freiheitsentzug abteilbarer selbständiger Zwangsakt.

1039 – Abgrenzungsprobleme stellen sich im Hinblick auf nachteilige, insb **schädigende** administrative **Einwirkungen** aller Art. Verursacht ein Polizei-Pkw im Zuge einer Einsatzfahrt einen Verkehrsunfall, so wird niemand auf den Gedanken verfallen, darin einen Zwangsakt zu sehen; wohl aber handelt es sich um ein „schädigendes Ereignis" im Sinn des Amtshaftungsrechts. Wird ein Teilnehmer einer aufgelösten Versammlung dagegen durch Schläge eines Exekutivorgans verletzt, dann ist das nicht nur ein schädigendes Ereignis, es wird damit vielmehr auch das rechtliche Unwerturteil zum Ausdruck gebracht, dass der Betroffene jetzt hier nichts verloren hat; daher handelt es sich um einen AuvBZ. Insoweit ist erheblich, inwiefern dem Verhalten des Verwaltungsorgans – gemessen am Beurteilungshorizont des Betroffenen – auch der objektive Aussagewert eines **Befehls** zukommt (problematisch VfSlg 10762/1986, VwSlg 15064 A/1999). Das „Beschimpfen" durch ein Exekutivorgan wurde daher nicht als AuvBZ gewertet (sondern nach § 88 Abs 2 SPG behandelt: VfSlg 15372/1998).

Dass es für diese Abgrenzungsproblematik nicht genügt, auf das Vorliegen eines „Willensakts" (Mayer) oder von „Vorsatz" (Merli) abzustellen, ergibt sich allein schon daraus, dass sich der Pflicht-Charakter und das Widerstandsverbot für den Betroffenen hinreichend klar aus den äußeren Umständen ergeben müssen, sodass es auf das Vorliegen irgendeiner (mängelfreien) Willensbildung, Willensqualität oder Willensrichtung nicht ankommen kann: Für die Aktbeurteilung **maßgeblich ist das Manifestierte, nicht das Gewollte** (vgl Rz 861). Vom Grundeigentümer nicht bewilligte Bundesheer-Übungen auf Privatgrund (VfSlg 10409/1985) können nach den Umständen des Falls auch dann als Zwangsakt zu deuten sein, wenn sich ein Panzer nur „verirrt" haben sollte. Ein objektiv „drohender" Eindruck kann sich auch dann ergeben, wenn dies der „Drohende" gar nicht gewollt hat. In den meisten Fällen wird die „Willentlichkeit" freilich eine praktisch durchaus ausreichende Annäherung zur Abgrenzung zwischen (normativem) Zwangsakt und bloßem administrativem Missgeschick ermöglichen.

- Wird eine in einer Telefonzelle vergessene Tasche „sichergestellt" (§ 42 SPG), dann 1040
  liegt darin – mangels erkennbarer Beschlagnahmeabsicht – kein Zwangsakt. Wird bei einem gemäß § 41 SPG durchsuchten Veranstaltungsbesucher ein Feuerwerkskörper (gegen den Willen des Betroffenen) „sichergestellt", dann ist darin ein „impliziter Duldungsbefehl" zu sehen; dementsprechend liegt ein AuvBZ vor. Dies gilt auch in Fällen, in denen Räume oder Geräte versiegelt bzw plombiert werden, da aus den Umständen erkennbar wird, dass die Siegel bzw Plomben nicht aufgebrochen werden dürfen.
- Jeder Akt, der „an sich" kein AuvBZ sein müsste, kann sich nach den **Modalitäten** 1041
  seiner Durchführung als AuvBZ erweisen, insb wenn die konkrete Vornahme rechtlich nicht gedeckt ist, wenn die Durchführung mit einem unverhältnismäßigen Rechtseingriff verbunden ist oder wenn sie sich überhaupt als „erniedrigende Behandlung" (Art 3 EMRK) darstellt (vgl zB VfSlg 15372/1998: Rippenbrüche; VwGH 21. 12. 2001, 99/01/0174: Verweigerung des Anziehens frischer Kleidung).
- Da Befehlsakte keine Vollstreckungstitel im Sinn des VVG bilden, werden sie im 1042
  Fall der Nichtbefolgung häufig durch nachfolgenden Zwangsakt (AuvBZ) tatsächlich durchgesetzt. Besteht die Gefahr, dass durch Versickerung das Grundwasser gefährdet wird, dann ist die Einstellung der Versickerung gemäß § 31 Abs 3 WRG „unmittelbar anzuordnen"; kommt der Verpflichtete diesem Befehl nicht sogleich nach, hat die Behörde das Erforderliche „durchführen zu lassen" (zwangsweises Sperren bzw Entfernen). – Die Frage der Rechtmäßigkeit darf nicht mit der Frage der Aktsqualität verwechselt werden: daher ist selbstverständlich auch in jenen Fällen der zwangsweisen Durchsetzung eines Befehls ein (rechtswidriger) AuvBZ gegeben, in denen das Verwaltungsorgan nur zu Befehlsakten (Rz 1003) ermächtigt ist. Umgekehrt ist zu berücksichtigen, dass jede Ermächtigung zur Setzung eines Zwangsakts – als „gelinderes Mittel" – auch die Ermächtigung zur korrespondierenden befehlsförmigen Anordnung inkludiert („Geben Sie den Autoschlüssel her", obwohl in § 102 Abs 12 KFG nur von der „Abnahme" die Rede ist).

1043 Von einem Verwaltungsakt – und damit auch von einem AuvBZ – kann man, wie erwähnt (Rz 1006), nur sprechen, wenn ein administratives „Handeln" vorliegt. Ausgehend von der Fallkonstellation zB der „**Nicht-Annahme**" des Wahlkuverts durch die Wahlkommission (VfSlg 7823/1976) oder der Nicht-Entgegennahme eines Antrags (VwSlg 10636 A/1982) wurde in der Judikatur allerdings die Sicht entwickelt, dass in besonders qualifizierten Fällen eines Rechtseingriffs auch eine sog „behördliche **Untätigkeit**" einen AuvBZ darstellen könne (vgl zur Nichtannahme eines Flugplans auch VwGH 22. 3. 1995, 91/03/0089). Da es sich um Fälle handelt, in denen in Wahrheit ausdrückliche oder wenigstens konkludente „negative Entscheidungen" vorliegen, bei denen es allerdings keinen sachgerecht effektiven Säumnisrechtsschutz gibt, ist dieser Ansatz noch konturlos geblieben. Ungeklärt ist zB die Nicht-Herausgabe einer beschlagnahmten Sache (vgl nur VfSlg 11935/1988 mwN). Dagegen bildet eine faktische Zurückweisung, die angesichts ihres (rechtskraftfähigen) Entscheidungscharakters eigentlich in Bescheidform ergehen sollte, keinen AuvBZ (VfSlg 13223/1992). Generell kann darin, dass einem Antrag nicht oder nicht zeitgerecht entsprochen wird, oder darin, dass die Verwaltung nicht tätig wird, wo sie hätte tätig werden sollen, ein „Zwangsakt" nicht gesehen werden. Befindet sich eine Person allerdings in Haft, dann kann Untätigkeit einen „Zwangsakt" bilden (VfSlg 14784/1997, VfGH 30. 9. 2002, B 423/01 zur Verweigerung ärztlicher Behandlung).

E. Die „Setzung" des AuvBZ

1044 **Zuständig** zur Setzung von Akten unmittelbarer verwaltungsbehördlichen Befehls- und Zwangsgewalt sind im Allgemeinen die „Organe des öffentlichen Sicherheitsdienstes" (Rz 268; vgl zB § 60 FrG, § 50 SPG, § 35 VStG). Vereinzelt sind allgemein die „Organe der öffentlichen Aufsicht" (Rz 270) berufen (zB § 39 Abs 2 VStG, § 13 WaffenG). Insb im Anlagenrecht finden sich Ermächtigungen der zuständigen „Behörden" (§ 360 Abs 3 und 4 GewO, § 127 wr BauO, § 53 vlbg BauG). Verschiedentlich dürfen zur Verwirklichung von Zwangsakten „Verwaltungshelfer" (Rz 115) herangezogen werden; die Zulässigkeit ist dann unzweifelhaft, wenn die Verwaltung eine Maßnahme durchführen „lassen" (§ 31 Abs 3 WRG) oder ihre Durchführung „veranlassen" (§ 89a Abs 2 StVO) oder eine Maßnahme mit Zwangsgewalt „durchsetzen" darf (§ 50 Abs 1 SPG).

1045 AuvBZ dürfen zulässiger Weise nur gesetzt werden, wenn sie **gesetzlich vorgesehen** sind. Das ermächtigende Gesetz muss nicht die Begriffe „Befehl" oder „Zwang" verwenden, es muss aber doch eine Ermächtigung zu einseitiger hoheitlicher Anordnung oder zur „unmittelbaren Vornahme" bestimmter Handlungen erkennen lassen. Aus der „Behördenstellung" oder aus einer Bescheidbefugnis kann nicht auf eine AuvBZ-Befugnis geschlossen werden.

Wenn das Gesetz nicht zwingend zu einem hoheitlichen Einschreiten verpflichtet („hat zu"), kann im Ermessensbereich eine Rechtsgüterabwägung zulässig und geboten sein („polizeiliches Opportunitätsprinzip"; vgl § 23 SPG).

Vereinzelt finden sich, wie erwähnt, spezielle „Verfahrensregeln" (Rz 1025); die Verwaltungsverfahrensgesestze finden auf AuvBZ allerdings keine – mittelbare oder unmittelbare – Anwendung (Art II Abs 6 Z 5 EGVG).

1046 Allgemein ist gerade wegen der grundsätzlichen Formfreiheit auch zu fordern, dass der Akt für den Betroffenen nach den Umständen des Falles hinreichend deutlich als ein staatlicher Hoheitsakt **erkennbar** werden soll. Wenn dies aus den Umständen (zB Uniform) nicht hinreichend klar ist, muss zum Ersten die Stellung als Verwaltungsorgan zum Ausdruck gebracht werden; in Grenzfällen können nämlich nur die äußerliche

Klarstellung und Legitimation („Ich bin Kriminalbeamter; ich nehme Sie hiermit fest“) die Grenze zwischen zulässiger Notwehr bzw Nothilfe (§ 3 StGB) und Widerstand gegen die Staatsgewalt (§ 269 StGB) ziehen helfen. Zum Zweiten soll dann, wenn dies nicht nach den Umständen des Falls hinreichend klar ist, auch die Qualität als Staatsakt zum Ausdruck gebracht werden: es genügt nicht, eine Plombe anzubringen, es soll auch zum Ausdruck gebracht werden, dass der Raum „hiermit amtlich versiegelt“ wird.

Solche Erklärungen sollen für die Betroffenen – möglichst auch für Umstehende – hinreichend deutlich wahrnehmbar sein. Sie sollen möglichst gegenüber einem Dispositionsbefugten (zB gegenüber dem Betriebsführer, nicht gegenüber einem Arbeiter) abgegeben werden. Vgl zum „Adressaten“ einer Beschlagnahme VwGH 3. 7. 2003, 2002/07/0125.

Allgemein unterliegen staatliche Eingriffsakte dem Grundsatz der **Verhältnismäßigkeit** (Rz 672ff): unter den „noch zum Ziel führenden Mitteln“ ist „das gelindeste“ einzusetzen (vgl die kasuistische Aufgliederung dieses Grundsatzes in § 29 SPG). Genügt eine Abmahnung, ist sie dem Befehl vorzuziehen; genügt ein Befehl, ist er dem Zwangsakt vorzuziehen (vgl VwGH 21. 12. 2000, 96/01/0351: nach Lage des Falls Unverhältnismäßigkeit eines gezielten Schusses). Hoheitliche Akte dürfen nicht zu einer „unmenschlichen oder erniedrigenden Behandlung“ von Menschen führen (Art 3 EMRK; vgl VwGH 21. 12. 2000, 96/01/1032: Festhalten im „Schwitzkasten“ nach Lage des Falls verhältnismäßig; VwGH 8. 3. 1999, 98/01/0096: Zudrücken des Halses zur Verhinderung des Schluckens von Kokainkugeln nach Lage des Falls verhältnismäßig). Vermeidbare Schäden sind zu vermeiden (AHG). Sind die Voraussetzungen für den Eingriffsakt weggefallen, dann ist ein allenfalls noch fortdauernder Akt aufzuheben: der Festgenommene ist freizulassen, die beschlagnahmte Sache ist herauszugeben, die Stilllegung ist zu beenden, die Plombe ist zu entfernen. 1047

Wenn dadurch der Zweck der Amtshandlung nicht beeinträchtigt wird, entspricht es einem rechtsstaatlichen Grundsatz, dass staatliche Eingriffsakte (gegenüber dem anwesenden Betroffenen) „begründet“ werden (vgl § 30 SPG). Werden Akte in Abwesenheit des Berechtigten gesetzt, dann soll der Berechtigte tunlichst informiert werden. Eingriffsakte können **Neben- und Folgepflichten** auslösen (vgl noch Rz 1248ff): nicht nur muss der Festgenommene während der Dauer des Freiheitsentzugs verpflegt werden, es dürfen auch nicht die dem Festgenommenen gehörenden Sachen am Ort der Festnahme zurückgelassen werden; wird eine Wohnung in Abwesenheit des Inhabers aufgebrochen, muss sie bis zum Eintreffen des Inhabers bewacht oder gesichert werden, usw. Nach Wegfall der Voraussetzungen ist ein allenfalls fortbestehender Zwang aufzuheben, ohne dass dies gesetzlich explizit angeordnet sein muss. Zwangsakte können Kostenfolgen auslösen, wenn dies das Gesetz vorsieht (zB § 31 Abs 3 WRG). 1048

In manchen Fällen ist angeordnet, dass AuvBZ – gewissermaßen als vorläufige Regelungen – der Bestätigung durch einen nachfolgenden Bescheid bedürfen (zB § 39 VStG, § 360 GewO). Geschieht dies in derartigen Fällen nicht, wird der Akt – soweit er noch fortwirkt – rechtswidrig. Wird dagegen ein entsprechender Bescheid erlassen, so hört der AuvBZ auf, ein „unmittelbarer“ Akt zu sein, er verliert also seine Eigenschaft als AuvBZ; ein UVS-Beschwerdeverfahren ist einzustellen. 1049

Dem (verwaltungs- oder sicherheits-)“polizeilichen“ Charakter der AuvBZ entsprechend kommt grundsätzlich niemandem ein Recht auf Setzung eines solchen Akts zu (kein Recht auf verwaltungspolizeiliches Einschreiten). Entsteht durch die Nichtausübung von nach Lage des Falls gebotenen polizeilichen Maßnahmen ein Schaden, 1050 kann dies amtshaftungsrechtlich relevant sein (vgl auch § 92 SPG). Hinsichtlich der (unzureichenden) Besorgung der Sicherheitsverwaltung ermöglicht § 88 Abs 2 SPG eine Beschwerde an den UVS.

Im Allgemeinen ist der **Schutz privater Rechte** gegenüber Eingriffen durch andere Private keine Aufgabe der Polizei. Grundlage polizeilichen Einschreitens ist die Gefährdung der öffentlichen Sicherheit, die Störung der öffentlichen Ordnung oder der Eintritt eines Falls der ersten allgemeinen Hilfeleistungspflicht, weiters die Begehung einer Verwaltungsübertretung. Dementsprechend darf die Polizei bei Rechtsstreitigkeiten inter privatos nur dann einschreiten, wenn dabei gleichzeitig der Tatbestand einer derartigen öffentlich-rechtlichen Aufgaben- und Befugnisnorm erfüllt ist.

Beispielsweise darf die Polizei bei Lärm nicht deshalb einschreiten, weil dadurch jemand gestört wird, sondern allein insoweit, als dadurch das Tatbild der „ungebührlicherweise störenden Lärmerregung" im Sinn des betreffenden Landes-PolizeistrafG erfüllt wird. Dass es zahlreiche Nachbarschaftskonflikte gibt (Immissionen, Besitzstörungen u dgl), für die das Instrumentarium der einstweiligen Verfügung durch das zuständige Bezirksgericht kein adäquates Instrumentarium bietet, liegt auf der Hand.

F. Rechtsschutz gegenüber AuvBZ

1. Allgemeines

1051 Wenn das Handeln eines Verwaltungsorgans einen AuvBZ darstellt, so steht dagegen gem Art 129a Abs 1 Z 2 B-VG die Möglichkeit der **Beschwerde** an den zuständigen UVS offen (§§ 67aff AVG; Hengstschläger Rz 542). Wird dies in den besonderen Verwaltungsvorschriften geregelt (zB § 88 Abs 1 SPG), dann kommt dem nur „normwiederholende" Bedeutung zu. Nach § 67c Abs 3 AVG ist der angefochtene Verwaltungsakt (zutreffendenfalls) vom UVS für rechtswidrig zu erklären. Dauert der für rechtswidrig erklärte Verwaltungsakt noch an, so hat die belangte Behörde unverzüglich den der Entscheidung des UVS entsprechenden Rechtszustand herzustellen (Folgenbeseitigungspflicht).

Besondere Kontrollzuständigkeiten enthalten – auf spezieller verfassungsrechtlicher Grundlage – §§ 62, 152 FinStrG und § 85a ZollRDG (unabhängiger Finanzsenat) sowie § 31 Abs 2 DatSchG (Datenschutzkommission). VfGH 1. 3. 2003, B 1390/02 geht davon aus, dass die §§ 85aff ZollRDG auch im Rahmen gesetzlicher Zuständigkeiten der Zollbehörden außerhalb des Zollrechts (zB Straßenbenützungsabgabe) maßgeblich sind.

Die Rechtsprechung (zB VfSlg 16119/2001; VwGH 7. 9. 2000, 99/01/0452, VwSlg 13994 A/1994) geht von der „Subsidiarität der Maßnahmenbeschwerde" aus und nimmt an, dass ganz allgemein andere Organe an Stelle der UVS zur Kontrolle von AuvBZ berufen werden dürfen – was nicht überzeugend ist, da es diesfalls der Ausnahme von Finanzstrafsachen in Art 129a Abs 1 Z 2 B-VG nicht bedurft hätte. Auf dem Boden dieser Auffassung bestehen abweichende Zuständigkeiten insb gem §§ 120f StrafvollzugsG (zB VwSlg 14869 A/1998), §§ 17f UnterbringungsG (zB VfSlg 16119/2001 mwN) oder auch im Hinblick auf § 23 Polizeigefangenenhausordnung (zB VwGH 27. 3. 1998, 95/02/0506; allerdings nur in Bezug auf die darin begründeten Rechte: VfSlg 14787/1997).

Auf der anderen Seite ist es dem Gesetzgeber in der Tat unbenommen, auch gegen Akte, die **nicht** als AuvBZ zu qualifizieren sind, Beschwerdemöglichkeiten oder Rechtsmittel vorzusehen (zB § 71 SchUG, §§ 120ff StrafvollzugsG, §§ 30f DatSchG; vgl

§ 90 SPG). Gemäß Art 129a Abs 1 Z 3 B-VG kann auch die Möglichkeit eröffnet werden, gegen Nicht-AuvBZ eine Beschwerde an den UVS zu erheben (zB § 88 Abs 2 SPG).

Als letztinstanzlicher Bescheid kann der UVS-Bescheid beim VfGH und beim VwGH in Beschwerde gezogen werden. Dies allerdings nur durch den Beschwerdeführer (soweit seiner Beschwerde nicht vollinhaltlich stattgegeben wurde), nicht aber durch die belangte Behörde als Organpartei (Rz 1149). Allerdings ist zT in den UVS-Gesetzen, zT in den Materiengesetzen (zB § 91 SPG, § 74 FrG) verschiedentlich die Befugnis von obersten Organen zur Erhebung von Amtsbeschwerden an den VwGH vorgesehen.

Im Übrigen steht auch gegen AuvBZ die Möglichkeit einer Beschwerde an die Volksanwaltschaft offen. Als „schädigendes Ereignis“ kann ein AuvBZ Amtshaftungsansprüche auslösen.

2. Sicherheitsverwaltung

Eine besondere Ausgestaltung hat der Rechtsschutz gegen „**Polizeihandeln**“ in 1052
den §§ 88f SPG erfahren (vgl Demmelbauer/Hauer, Grundriss des österreichischen Sicherheitsrechts, 2002, Rz 85). In diesem Zusammenhang ist zT der materielle Begriff der „**Sicherheitsverwaltung**“ (Rz 264) von Bedeutung. Er umfasst einerseits die allgemeine Sicherheitspolizei einschließlich der ersten allgemeinen Hilfeleistungspflicht (§ 19 SPG) und andererseits die in § 2 Abs 2 SPG angeführten Materien der Verwaltungspolizei (zB Fremdenpolizei), nicht aber andere Zuständigkeiten der Sicherheitsbehörden und der Organe des öffentlichen Sicherheitsdienstes (zB in Vollziehung der StVO oder des KFG). Nach neuerer Lehre und Rechtsprechung erfasst er überdies **nicht** die Angelegenheiten der **Kriminalpolizei** (dazu näher Demmelbauer/ [1053–1066]
Hauer Rz 211).

Nach **§ 24 StPO** haben die Sicherheitsbehörden im Allgemeinen den Verbrechen und 1067
Vergehen „nachzuforschen“. Gleichzeitig haben sie die keinen Aufschub gestattenden „**vorbereitenden Anordnungen**“ zu treffen, die zur Aufklärung der Sache dienen oder die Beseitigung der Spuren der strafbaren Handlung oder die Flucht des Täters verhüten können (sog „erstes Einschreiten“). Es handelt sich um Verwaltungshandeln, das AuvBZ darstellen kann. Diese Befugnis steht allerdings unter zwei Einschränkungen: In zeitlicher Hinsicht ist die Befugnis auf erste dringende Maßnahmen beschränkt, da nach dem Konzept der StPO „unverzüglich“ der Untersuchungsrichter befasst werden soll (zB VwGH 16. 2. 2002, 99/01/0339: vor einer Nachschau in einem Pkw-Kofferraum wäre über Funk ein richterlicher Auftrag einzuholen gewesen). In sachlicher Hinsicht dürfen die Sicherheitsbehörden alle zur Erreichung der genannten Ziele erforderlichen Maßnahmen treffen, insb Identitätsfeststellungen oder Absperrungen des Tatortes.

Hausdurchsuchungen (§ 141 Abs 1 StPO), Beschlagnahmen (§ 143ff iVm § 141 Abs 1 StPO) und 1068
Personendurchsuchungen (§ 139 Abs 2 StPO) dürfen im vorliegenden Zusammenhang von Sicherheitsbehörden „bei Gefahr im Verzug“ (restriktiv VwGH 18. 2. 2003, 2001/01/0457) auch ohne richterlichen Befehl angeordnet (und von den Sicherheitsorganen in Ausübung des Exekutivdiensts sogleich vorgenommen) werden. Festnahmen von (der Begehung eines justizstrafrechtlichen Delikts) Verdächtigen dürfen durch die Organe der Sicherheitsbehörden gemäß § 177 Abs 1 StPO dann ohne richterlichen Befehl vorgenommen werden, wenn der Verdächtige im Tatzusammenhang betreten wurde (vgl § 175 Abs 1 Z 1 StPO) oder wenn in den Fällen des § 175 Abs 1 Z 2–4 StPO die Einholung eines richterlichen Befehls „wegen Gefahr im Verzug“ nicht [1069–1070]
tunlich ist (zB VwGH 16. 2. 2000, 96/01/0570).

Im **Auftrag der Gerichte** (insb des Untersuchungsrichters) werden die Sicherheitsbehörden 1071
und ihre Exekutivorgane in zweierlei Weise tätig. Zum einen können sie im Amtshilfeweg zB um Erhebungen oder um Einvernahmen (Vernehmungen) ersucht werden (vgl § 26 StPO). Zum anderen sind sie Adressaten der „richterlichen Befehle“ zB betreffend Hausdurchsuchungen (§ 140

Abs 3 StPO), Fernmeldeüberwachungen (§ 149b Abs 1 StPO) oder Vorführungen (Festnahmen; § 174 StPO). Sie haben alle jene Akte zu setzen, die zur Verwirklichung des richterlichen Befehls erforderlich sind. In diesen Bereichen werden die Sicherheitsorgane kraft funktioneller Zuordnung „für das Gericht" tätig (vgl Rz 189, 193); diese „Justizakte" sind nicht als AuvBZ zu qualifizieren.

Für die Abgrenzung zum SPG sind Bestimmungen des SPG maßgeblich. Einerseits setzt das SPG bereits **vor** der Phase des „Versuchs" im strafrechtlichen Sinn ein, etwa wenn § 16 Abs 3 SPG bestimmt: „Ein gefährlicher Angriff ist auch ein Verhalten, das darauf abzielt und geeignet ist, eine Bedrohung (eines Rechtsgutes) vorzubereiten, sofern dieses Verhalten in engem zeitlichen Zusammenhang mit der angestrebten Tatbestandsverwirklichung gesetzt wird" (vgl auch § 54 Abs 2 SPG). Und gem § 22 Abs 3 SPG bleibt das SPG „**nach** einem gefährlichen Angriff" dann noch maßgeblich, wenn dies „zur Vorbeugung weiterer gefährlicher Angriffe erforderlich ist". Der VwGH versteht die Rechtslage dahin, dass die parallele Anwendbarkeit von SPG und StPO mit der
[1072–1073] Klärung der Identität des Verdächtigen endet (VwGH 16. 2. 2002, 99/01/0339).

1073a § 88 **Abs 1** SPG weist, wie erwähnt, bloß normwiederholend auf das Recht auf UVS-Beschwerde gegen AuvBZ hin. In diesem Zusammenhang kommt es auf die Abgrenzung der Materie nicht an, sofern es sich nur um Verwaltungshandeln (und nicht um Justizakte) handelt.

1073b Unabhängig davon sieht § 88 **Abs 2** SPG die Möglichkeit einer Beschwerde an den UVS wegen Rechtsverletzung „durch die Besorgung der Sicherheitsverwaltung" – welche **nicht** in Form eines Bescheides oder eines AuvBZ erfolgt – vor („schlichtes Polizeihandeln"; vgl auch § 17 Abs 2 PolKG, § 54 Abs 2 MBG, zT auch § 72 FrG). Dies kann auch ein Nicht-Handeln (Nicht-Einschreiten) betreffen. In diesem Zusammenhang hat der UVS die §§ 67c–67g und 79a AVG anzuwenden, also gegebenenfalls die Rechtswidrigkeit des Polizeiverhaltens festzustellen. Nach VwSlg 14701 A/1997, 15174 A/1999 erfasst die Bestimmung nur Verwaltungshandeln, das überhaupt „ein Mindestmaß an unmittelbarer Außenwirksamkeit aufweist" (also nicht verwaltungsinterne Berichte). Nach VwSlg 15064 A/1999 steht dieses Beschwerderecht nur in Angelegenheiten der Sicherheitsverwaltung und daher nicht in Bezug auf Vollzugsakte auf Grund der StVO offen.

1073c Nach § 31 SPG hat der BMI Richtlinien für das Verhalten der Organe des öffentlichen Sicherheitsdienstes zu erlassen. Auf dieser Grundlage wurde die RichtlinienVO BGBl 266/1993 erlassen. Daran anknüpfend sieht **§ 89** SPG die Möglichkeit einer Beschwerde an den UVS wegen Verletzung dieser RichtlinienVO vor (als Sonderfall einer Dienstaufsichtsbeschwerde). Auch in diesem Zusammenhang hat der UVS die §§ 67c–67g und 79a AVG anzuwenden und im Gefolge der Stellungnahme der Dienstaufsichtsbehörde gegebenenfalls die Richtlinienwidrigkeit des Polizeihandelns festzustellen. Ob das in Beschwerde gezogene Verhalten als AuvBZ zu qualifizieren ist, ist in diesem Zusammenhang nicht erheblich; die Richtlinien-Beschwerde kann vielmehr auch konkurrierend mit einer AuvBZ-Beschwerde erhoben werden (VwSlg 14908 A/1998). Allerdings steht auch die Richtlinien-Beschwerde nur in Angelegenheiten der Sicherheitsverwaltung offen.

1073d Im Unterschied zu einer VwGH-Beschwerde verlangt § 67c AVG nicht die Angabe der Verletzung bestimmter subjektiver Rechte durch den angefochtenen Akt („Beschwerdepunkte" iSv § 28 VwGG). Daraus ergibt sich, dass der UVS das angefochtene Verhalten in jeder Richtung (unter Einschluss verfassungsgesetzlich gewährleisteter Rechte) auf seine Rechtmäßigkeit zu prüfen hat (Thienel 282). Überdies ergibt sich daraus, dass der UVS im Rahmen eines gesamthaft in Beschwerde gezogenen Verhaltens (Verhaltensablaufs) jeden einzelnen (Teil)Akt zu prüfen hat, was mitunter schwierige Fragen der Abgrenzung aufwirft: Beispielsweise bilden eine Festnahme und alle damit im Zusammenhang stehenden Akte (Anlegen von Handfesseln) eine Einheit (VwGH 22. 10. 2002, 2001/01/0388). Dagegen sind eine Hausdurchsuchung und das Strammstehen-Müssen des Perlustrierten als Akte zu unterscheiden und daher gesondert zu beurteilen (VwGH 23. 9. 1998, 97/01/1084).

Dem BMI kommt, wie erwähnt, gem § 91 SPG die Befugnis zu, in den genannten **1073e** Fällen gegen den UVS-Bescheid Amtsbeschwerde an den VwGH zu erheben. Diese Befugnis bezieht sich allerdings wiederum nur auf Angelegenheiten der Sicherheitsverwaltung. VwGH 16. 2. 2002, 99/01/0339, geht daher davon aus, dass diese Befugnis dann nicht gegeben ist, wenn der UVS-Bescheid einen in Anwendung der StPO (Rz 1067) gesetzten AuvBZ zum Gegenstand hat.

IV. Teil: Verwaltungsrechtliche Rechte und Rechtsverhältnisse

XV. Öffentlich-rechtliche Rechte und Pflichten

1074 Aus dem objektiven Recht als der Summe der in Geltung stehenden Rechtsvorschriften ergeben sich – bei Erfüllung der entsprechenden tatbestandsmäßigen Voraussetzungen – Rechte und Pflichten, und zwar sowohl Rechte und Pflichten der Rechtsunterworfenen als auch Rechte und Pflichten der Gebietskörperschaften.

A. (Subjektive) Pflichten

1075 Von einer **Pflicht** (Verpflichtung) ist zu sprechen, wenn das objektive Recht ein Gebot oder Verbot in Bezug auf ein bestimmtes Verhalten (Tun, Dulden oder Unterlassen) begründet. Im Einzelnen können sich Pflichten aus allen Arten von individuellen oder generellen, innenrechtlichen oder außenrechtlichen, staatlichen oder gemeinschaftsrechtlichen Rechtsvorschriften ergeben. Dementsprechend differenziert ist auch die Frage ihrer Durchsetzbarkeit zu sehen.

1076 Besteht der Inhalt einer Pflicht in der Erbringung einer (insb vermögensrechtlichen) Leistung, wird der Verpflichtete – insb im Abgabenrecht – auch als „**Schuldner**" bezeichnet (zB „Abgabenschuldverhältnis"). Als „**Haftung**" wird im Allgemeinen das Einstehen-Müssen mit dem eigenen Vermögen für die Erfüllung einer Pflicht verstanden (zB § 145 MinroG, § 12 Abs 2 PreisG, § 33 GWG, § 11 RohrLG, § 1 AHG). Beispielsweise ist der Liegenschaftseigentümer nach den §§ 31 und 138 WRG und § 74 AWG in einem bestimmten Umfang für die Beendigung einer (von wem immer verursachten) Gewässergefährdung bzw Ablagerung und Bodenverunreinigung verantwortlich, er haftet unter bestimmten Voraussetzungen für die Kosten behördlicher Sanierungsmaßnahmen.

1077 Im Hinblick auf ihre **Aktualisierung** erwachsen Pflichten auf unterschiedliche Weise: Manche Pflichten – etwa das an jedermann gerichtete Verbot der Waldverwüstung (§ 16 ForstG), die Pflicht zur Rückgabe von Kfz-Zulassungsschein und Kennzeichentafel (§ 44 Abs 4 KFG) oder die Pflicht zur Entrichtung von sog Selbstbemessungsabgaben – wirken gesetzesunmittelbar; ein Bescheid könnte nur die bestehende Pflicht feststellen oder sie im Einzelfall (als „Vollziehungsverfügung"; Rz 924, 1390b) in vollstreckbarer Weise „wiederholen". Manche Pflichten sind (in unterschiedlich konkreter Weise) im Gesetz begründet, bedürfen jedoch im Einzelfall der Aktualisierung durch Bescheid. Beispielsweise entsteht bei Erfüllung der entsprechenden Abgabentatbestände (§ 4 Abs 1 BAO) das Abgabenschuldverhältnis (Rz 1228, 1230) und entsteht mit der bescheidförmigen Vorschreibung die konkrete Leistungspflicht, die zu dem im Bescheid genannten, sonst zu dem gemäß § 210 BAO maßgeblichen Termin „fällig" wird. Andere Pflichten sind im Gesetz nur der Art nach „angelegt", sie entstehen für die (potenziell) Betroffenen erst auf Grund eines konstitutiven Bescheides. Beispielsweise bedarf es einer behördlichen Entscheidung, damit für einen Privaten die Pflicht zur Erhaltung eines Denkmals oder eines Naturdenkmals begründet wird. In diesen Fällen kann man weiter danach unterscheiden, ob durch einen solchen Bescheid nur die bereits im Gesetz vorgesehenen Pflichten „aktualisiert" werden, sodass die Pflichten auf Grund einer rechtsgestaltenden Subsumtions-Entscheidung „kraft Gesetzes" wirken, oder ob sich die Pflichten (wenigstens zum Teil) aus dem Bescheid selbst ergeben, sodass der Bescheid insoweit (auch) als Leistungsbescheid wirkt.

Ebenso differenziert zu sehen ist die Haftung: Sie kann als „primäre Haftung" aktuelle Schuld darstellen, sie kann jedoch – insb in Fällen „subsidiärer Haftung" – durch „Haftungsbescheid" zu aktualisieren sein.

Im Hinblick auf die Durchsetzbarkeit ist zwischen der rechtlichen Existenz einer Pflicht und der Aktualität der Verbindlichkeit ihres Inhalts, insb ihrer **Fälligkeit**, zu unterscheiden. Wird eine Pflicht durch Bescheid begründet, ist im Anwendungsbereich des AVG sein § 59 Abs 2 zu beachten, wonach dann, wenn „die Verbindlichkeit zu einer Leistung oder zur Herstellung eines bestimmten Zustandes ausgesprochen wird, ... zugleich auch eine angemessene Frist zur Ausführung der Leistung oder Herstellung zu bestimmen ist". Vor dem Ablauf dieser Leistungsfrist ist die Leistungspflicht nicht geschuldet und daher auch nicht durchsetzbar. 1078

Die **Stundung** (zB § 212 BAO, § 18 AbgEO, § 35 GSVG, § 168 WTBG) hebt während der Dauer ihrer Verbindlichkeit die Fälligkeit einer Leistungspflicht auf.

Knüpfen sich an die Nichterfüllung einer Pflicht nur Rechtsfolgen, die bei materieller Würdigung nicht als „Sanktionen" oder „Zwangsmittel" zu sehen sind, kann man von (schlichten) **Obliegenheiten** sprechen (zB VwGH 26. 2. 2002, 2001/11/0011; 14. 9. 2001, 2001/19/0053). Beispielsweise ergeben sich aus Beweislastregeln des Verfahrensrechts und aus sog „Mitwirkungspflichten" der Parteien verschiedentlich Substantiierungs- und Vorlageerfordernisse. Sie sind nicht zwangsweise durchsetzbar und ihre Nichtbeachtung ist nicht strafbar; sie begrenzen jedoch die behördliche Ermittlungspflicht, ihre Nichtbeachtung kann daher zu rechtlichen „Nachteilen" für den Betreffenden führen. Nach § 8 Abs 1 AHG soll der Geschädigte den Rechtsträger zur Anerkennung des Ersatzanspruchs auffordern; tut er dies nicht, hat dies allerdings nur prozessuale Kostenfolgen. 1079

Bisweilen ist in insb verfahrensrechtlichen Zusammenhängen dann von (bloßen) „**Ordnungsvorschriften**" die Rede (zB VwGH 4. 10. 2001, 98/08/0141; 29. 3. 2001, 2000/20/0473; VfSlg 16151/2001, VfGH 19. 6. 2002, B 1400/01; vgl auch § 72 Abs 2 nö BauO), wenn die Nichtbefolgung einer erkennbar verpflichtenden Regelung das „meritum" (die Sache) nicht berühren soll. Beispielsweise besteht in Fällen der Rechtsnachfolge kraft Dinglichkeit mitunter Anzeigepflicht (zB § 22 WRG); der Rechtsübergang tritt aber unabhängig davon ein, ob der Anzeigepflicht entsprochen wird. Eine Bescheidausfertigung soll das Datum der Fertigung beinhalten (§ 18 Abs 4 AVG); das Fehlen des Datums macht den Bescheid aber nicht rechtswidrig. Nach § 8 ZustellG soll der Behörde eine Änderung der Abgabestelle gemeldet werden; die Nichtbeachtung hebt die Pflicht zur Zustellung nicht auf. Gemeinden haben nach Art 119a Abs 6 B-VG im eigenen Wirkungsbereich erlassene VO der Aufsichtsbehörde mitzuteilen; das Unterlassen der Mitteilung hindert nicht das Inkrafttreten der VO. 1080

Eine Verpflichtung, die zwar rechtswirksam erfüllt, nicht aber rechtlich durchgesetzt werden kann, wird als *Naturalobligation* bezeichnet (zB eine verjährte Schuld gemäß §§ 1432, 1501 ABGB). Im Bereich des öffentlichen Rechts ist diese Konstellation selten anzutreffen, da zB Zahlungen einer verjährten Schuld wie Zahlungen einer Nichtschuld zu behandeln, dh rückforderbar sind. 1081

Vorsicht ist bei der Verwendung des Begriffs „*lex imperfecta*" geboten. Er besagt, dass – gemessen am idealtypischen Modell der „Rechtsnorm" (Rz 519) – eine Verhaltenspflicht nicht mit einer Sanktion verknüpft ist, sodass eine „unvollständige Norm" und damit letztlich eine Nicht- 1082

Norm vorliegt. In einem engeren Sinn wird darunter eine Verhaltenspflicht verstanden, die nicht zwangsweise durchsetzbar ist. Zu beachten ist, dass sich in einer umfangreichen Rechtsordnung in aller Regel durchaus Rechtsfolgen finden, möglicherweise in einem anderen systematischen [1083] Kontext.

B. (Subjektive) Rechte

1084 Schwieriger zu bestimmen ist, was im Bereich des Verwaltungsrechts unter einem „**Recht**" (Berechtigung), insb unter einem subjektiven Recht zu verstehen ist. Zunächst gilt es, eine Homonymie zu überwinden: Während etwa die englische Sprache mit den Termini „*law*" und „*right*" für das Recht im objektiven Sinn („die Rechtsordnung") und das Recht im subjektiven Sinn („mein Anspruch") unterschiedliche Begriffe bereithält, kennt die deutsche Sprache nur den einheitlichen Begriff „Recht". Hier soll vom Recht im subjektiven Sinn, vom „subjektiven Recht" die Rede sein.

In welchem Sinn kann man im Bereich des Verwaltungsrechts von einem „subjektiven Recht" sprechen? Im Vordergrund des Interesses steht zumeist eine bestimmte verfahrensrechtliche Konsequenz: Nach § 8 AVG haben nur jene Personen Parteistellung in einem AVG-Verfahren, die „an der Sache vermöge eines Rechtsanspruches oder eines rechtlichen Interesses beteiligt sind". Es ist aber sogleich klarzustellen, dass die Frage nach dem Bestand von subjektiven Rechten grundsätzlicher Natur ist: Ob jemand im Bereich des öffentlichen Rechts einen bestimmten Anspruch hat oder ob ihm zB ein bestimmtes Gestaltungsrecht zukommt, hat prinzipiell nichts mit Verwaltungsverfahren im Allgemeinen und Fragen der Parteistellung im Besonderen zu tun. Im Hinblick auf das Verwaltungsrecht relevante subjektive Rechte ergeben sich aus unterschiedlichen rechtlichen Grundlagen, sodass eine angemessene Vorstellung einer differenzierenden Betrachtung bedarf:

1085 a) Das Verwaltungsrecht setzt voraus, dass der Einzelne durch das **bürgerliche Recht** mit bestimmten Rechten ausgestattet ist. So ist der Einzelne Träger von absoluten Rechten, insb von Persönlichkeitsrechten, des Rechts auf Leben und körperliche Unversehrtheit, des Rechts am Namen usw. Liberale Staatswesen weisen dem Einzelnen weiters sog Herrschaftsrechte zu, insb Eigentumsrechte und andere dingliche Rechte. Auch einzelne Familienrechte stellen sich als absolute Rechte dar. Schließlich ergeben sich aus dem bürgerlichen Recht zahlreiche relative Rechte, seien dies Ansprüche oder Gestaltungsrechte.

An dieses Verständnis knüpft das Verwaltungsrecht an, etwa wenn von der Antragslegitimation, von der Parteistellung oder von einer Leistungs- oder Duldungspflicht des oder der „Berechtigten" die Rede ist oder wenn der Behörde der Schutz „der Rechte der Beteiligten" aufgegeben ist. Es ist daher nicht weiter problematisch, wenn von einem Verwaltungsakt, wie etwa einem Enteignungsbescheid oder einem Abbruchauftrag, gesagt wird, dass er in ein solches „Recht", etwa in das subjektive Eigentumsrecht oder in das subjektive Mietrecht einer Person, „eingreift" bzw ein [1086] solches Recht „berührt" (tangiert).

1087 b) Träger von Rechten ist der Einzelne nicht nur auf Grund des bürgerlichen Rechts. Das Verwaltungsrecht unterwirft zahlreiche Vorhaben und Verhaltensweisen einer Bewilligungs- oder Genehmigungspflicht. Mit der Erteilung einer solchen Erlaubnis erwirbt der Betreffende eine (jeweils sachlich beschränkte) „**Berechtigung**", die sich mit der Rechtskraft des Bewilligungsbescheides grundsätzlich von der zugrundeliegenden generell-abstrakten Rechtslage ablöst (Rz 955). Es handelt sich zum einen um ein **relatives** subjektives Recht gegenüber den sachlich zuständigen Behörden bzw gegenüber der betreffenden Gebietskörperschaft: Ihnen gegenüber ist das bewilligte Verhalten „berechtigt" und ihnen gegenüber unterliegt dieses Recht einem verschieden stark ausgeprägten Bestandsschutz. Gleichzeitig kann die Bewilligung auch den Inhalt einer Berechtigung gegenüber Dritten haben (zB im Fall von Enteignungen oder Duldungsverpflichtungen). Zum anderen kommt der so erworbenen Berechtigung aber auch in unterschiedlichem Umfang eine erweiterte Wirkung zu: Die Tätigkeit, die Gegenstand der Bewilligung ist, ist in diesem Umfang im Hinblick auf die einzelnen gesetzlichen Tatbestände (zB des Straf- oder Haftungsrechts) – gegebenenfalls sowohl gegenüber Behörden als auch im Verhältnis zu Dritten – „befugt", „nicht ungebührlich", „rechtmäßig" usw.

An derartige subjektive Rechte in der Form von individuell verliehenen „Berechtigungen" knüpft die Verwaltungsrechtsordnung wiederum in zahlreichen Zusammenhängen an, etwa wenn die Antragslegitimation (zB § 19 Abs 1 Z 6 ForstG) oder wenn Mitwirkungsrechte (zB § 70 Abs 2 LFG) Trägern bestimmter administrativer Berechtigungen vorbehalten sind oder wenn der Behörde der Schutz „fremder Rechte" (zB § 9 WRG) aufgegeben ist.

Differenziert zu sehen sind die verschiedenen Arten staatlicher „**Statusakte**", wie zB die Verleihung der Staatsbürgerschaft, die Legitimation durch den BPräs, administrative Namensänderungen, die Verleihung einer Organwalterstellung oder sonstige Funktionsbetrauungen. Für derartige Statusakte ist es charakteristisch, dass sie *erga omnes* wirken. Nach ihrem rechtlichen Gehalt, dh nach ihrer spezifischen Verbindlichkeit, begründen sie eine **absolute**, dh für jedermann maßgebliche „Rechtsstellung", nicht notwendig (etwa bei Organbestellungsakten) auch Rechte. 1088

c) Der moderne Leistungsstaat begründet in großer Zahl „**Forderungsrechte**" (Leistungsrechte, Ansprüche) gegen den Staat, insb Rechte auf individuelle vermögensrechtliche Leistungen (zB Sozialversicherungsleistungen, Beihilfen, Bezüge, Gehälter), aber auch auf andere Leistungen (wie Auskünfte, Beglaubigungen oder Eichungen). Forderungsrechte können sich aus individuellen oder generellen Rechtsakten, aus staatlichem Recht oder aus Gemeinschaftsrecht ergeben. Häufig sind, wie gezeigt, mehrere Stufen der Anspruchskonkretisierung zu erkennen (Rz 1077). 1089

Im Hinblick auf den Vorgang der Rechtsverwirklichung und Rechtsdurchsetzung kann es zweckmäßig sein, zwischen dem Forderungsrecht – als subjektivem Recht in einem statisch-potentiellen Sinn – und dem **Anspruch** – als seiner Aktualisierung (und gegebenenfalls auch Individualisierung), als das „zur Geltendmachung reife subjektive Recht" – zu unterscheiden. Beispielsweise vermitteln erst das „fällige" Leistungsrecht und erst das „gefährdete" Herrschaftsrecht kraft Aktualisierung „Ansprüche", welche die materiell-rechtliche Grundlage für verfahrensrechtliche Schritte der Rechtsdurchsetzung zu bilden vermögen. So wird etwa auch das gesetzesunmittelbare Recht auf Auskunft erst auf Grund der Geltendmachung zu einem (aktuellen) Anspruch. – In der Folge wird zwischen den Begriffen Forderungsrecht und Anspruch nur dort unterschieden, wo es auf Gesichtspunkte der Rechtsverwirklichung und Rechtsdurchsetzung ankommt. 1090

Die insb durch Gesichtspunkte des Vertrauensschutzes konstituierten Positionen im Hinblick auf – beim natürlichen Verlauf der Dinge voraussehbar – künftig entstehende „Rechte" werden als „**Anwartschaften**" bezeichnet (zB § 98 Abs 3 ASVG, § 20 Abs 3 BDG, § 2 PensG, § 212 ÄrzteG). Sie bilden keine „Rechte" und sind insb weniger als noch nicht fällige Ansprüche, können jedoch zB verzichtbar sein (zB § 23j BezügeG). 1091

1092 d) Inhalt eines gesetzesunmittelbaren Forderungsrechts im vorstehend skizzierten Sinn kann auch das Recht auf Einräumung einer Berechtigung oder auf Einräumung eines Anspruchs sein. Ist nämlich eine Berechtigung, ein rechtlicher Status oder ein Anspruch von einem konstitutiven individuellen Rechtsakt abhängig, dann stellt sich die Frage, inwieweit dem Betroffenen ein Recht auf Erlassung eines solchen Akts zukommt, mithin ob ihm eine „**Einräumungsberechtigung**" zusteht.

Unter dem Blickwinkel der Grundrechte ist davon auszugehen, dass einem Bewilligungswerber, der alle gesetzlichen Voraussetzungen erfüllt, grundsätzlich ein „Recht" auf die Erteilung der rechtlich erforderlichen und rechtlich gebundenen Bewilligung, somit eine „Einräumungsberechtigung" zukommt.

1093 e) Geht man davon aus, dass der Bereich, der nicht Gegenstand von Verpflichtungen ist, für den Rechtsunterworfenen den Bereich seiner „**Freiheit**" darstellt, so kann man sagen, dass „jedes Verhalten, das einer Verpflichtung nicht widerspricht, im weiteren Sinn ‚berechtigt' ist".

1094 Auf der Grundlage einer Rechtsordnung, die den Menschen grundrechtlich als Träger von Freiheitsrechten anerkennt, ja in gewisser Weise insgesamt eine „allgemeine Handlungsfreiheit" des Einzelnen als Grundsatz voraussetzt, kann man in grundrechtlich geschützten Bereichen nicht bloß von der „Freiheit", sondern vom „**Freiheitsrecht**" des Grundrechtsträgers sprechen, alles das zu tun, was nicht rechtmäßigen objektiv-rechtlichen Grundrechtsbeschränkungen unterliegt (vgl die in
[1095] VwSlg 14220 A/1995 entwickelte „Baufreiheit"; vgl auch VfSlg 16113/2001).

1096 f) In verschiedenen Fällen eröffnet die Rechtsordnung Gestaltungsvarianten. Soweit sich daraus für Rechtsunterworfene Optionen ergeben, können auch derartige „**Befugnisse**" als „Rechte" begriffen werden. Beispielsweise „können" sich Beteiligte gemäß § 10 Abs 1 AVG grundsätzlich durch eigenberechtigte Personen vertreten lassen; sie haben daher grundsätzlich ein (verfahrensrechtliches) „Recht", einen Vertreter zu entsenden und nicht selbst zu erscheinen. Letztlich lassen sich Antrags- und Erklärungsbefugnisse in weiten Teilen des Verwaltungsrechts als „Gestaltungsrechte" begreifen. Die prominenteste dieser Befugnisse ist das „allgemeine Wahlrecht".

1097 g) Eine Sonderstellung nehmen die verschiedenen Arten von „**Ermächtigungen**" ein, seien dies die Bevollmächtigung von Organen und anderen Vertretern, seien dies funktionale Ermächtigungen, wie im Fall der gerichtlichen Ermächtigung einer Person zur Vornahme bestimmter Handlungen (zB § 12 FLAG; vgl auch § 149o Abs 2 StPO). Grundsätzlich begründet eine Ermächtigung nur die (relative) Erlaubtheit des durch die Ermächtigung gedeckten Verhaltens. Sowohl im Verhältnis zum Ermächtigenden – um dessen „Rechte" es geht – als auch im Verhältnis zu Dritten kann einer Ermächtigung aber auch die Bedeutung der Begründung eines „Rechts" auf Ausübung der erteilten Befugnis zukommen.

1098 Diese erste Skizze macht deutlich, dass sich hinter dem Begriff des „subjektiven Rechts" eine schillernde Vielfalt rechtlicher Konstellationen verbirgt, die in jedem Einzelfall zu einer differenzierenden Betrachtung nötigt. Angesichts dieser Vielfalt wird überdies deutlich, dass es keine sinnvolle allgemeine Definition des „subjektiven öffentlichen Rechts" geben kann. Häufig wird ein solches subjektives Recht die objektiv-rechtliche Einräumung einer „**Willensmacht**" bedeuten. Dies ist treffend, wenn man damit den Aspekt des „Könnens" und „Dürfens" hervorheben will, wie er insb für Herrschaftsrechte und im Allgemeinen für Gestaltungsrechte charakteristisch ist. Bedenkt man, dass die Ausübung eines Rechts (zB Vornamensbestimmung gem

§ 21 PStG) auch Inhalt einer darauf bezogenen Pflicht sein kann, darf man dieses Kriterium allerdings nicht absolut setzen. Aber auch „Ansprüche" werden mit dem Kriterium der Willensmacht nicht adäquat erfasst, geht es dabei doch um statische Relationen, die unabhängig von jedem Willen zur Ausübung und Geltendmachung zu sehen sind.

Häufig bedeuten subjektive Rechte die objektiv-rechtliche Anerkennung bestimmter subjektiver „**Interessen**". Freilich ist damit insoweit kein taugliches Kriterium angegeben, als es nicht das Interesse, sondern seine rechtliche Anerkennung ist, wodurch ein Inhalt des objektiven Rechts zu einem subjektiven Recht gemacht wird. Überdies kann die Einräumung von „Rechten" auch ein bloß rechtstechnisches Mittel sein (zB bei Organparteien). 1099

Mit der Anerkennung des Rechts des einen geht vielfach eine korrespondierende Pflicht eines anderen zu einem bestimmten Verhalten einher, was immer wieder dazu verleitet, Rechte als bloße „**Reflexe**" derartiger Pflichten zu sehen. Dieser Kurzschluss ist gerade im Verwaltungsrecht – im Verhältnis zwischen Bürger und staatlichem Organwalter – naheliegend; es wird damit allerdings die Eigenständigkeit des „Rechts" verkannt, über das man – unabhängig von einer allfälligen Pflicht – selbständige Aussagen machen kann: Wenn ein Berechtigter einen Anspruch oder ein Herrschaftsrecht geltend macht, so ist dies zB Rechtsausübung, nicht Nötigung. Rechte sind zum Teil übertragbar; eine wichtige Komponente mancher subjektiver Rechte ist, dass sie die Grundlage für Erlaubnisse und Ermächtigungen bilden können. Den Gestaltungsrechten wiederum korrespondiert keine Verpflichtung, sondern eine Gebundenheit des Adressaten der Rechtsausübung. Manche Gestaltungsrechte werden mit der Gebrauchnahme konsumiert oder gehen durch Nicht-Ausübung unter – sie können also erlöschen, bevor noch eine korrespondierende Pflicht überhaupt sichtbar wurde. Ganz allgemein dürfen subjektive Rechte daher nicht primär unter dem Blickwinkel allfälliger korrespondierender Pflichten betrachtet werden, sondern müssen zunächst einmal unter dem Blickwinkel ihrer Innehabung und Nutzung begriffen werden. 1100

Der Pflicht des einen kann ein darauf bezogenes Recht eines anderen korrespondieren; es gibt aber auch Pflichten, denen keine Rechte korrespondieren (zB die bloßen „Amtspflichten" der Behörden). Umgekehrt gibt es Rechte, denen keine Pflicht eines anderen gegenübersteht, man denke nur an das während einer bestimmten Dauer als abstrakt-statisches Gestaltungspotenzial im Raum stehende Recht einer mitbeteiligten Partei, Einwendungen zu erheben. Ebenso wäre es beim allgemeinen Wahlrecht abwegig, es als Reflex der Pflicht der Wahlkommission zur Entgegennahme eines Stimmzettels deuten zu wollen.

Häufig ist davon die Rede, dass mit dem Begriff des „subjektiven Rechts" das Erfordernis einer „**rechtlichen Durchsetzbarkeit**" verbunden sei (*ubi actio ibi ius*); ein Interesse, das nicht (zwangsweise, direkt) durchsetzbar ist, könne kein „rechtliches" Interesse und kein „Recht" sein. Damit wird allerdings eine Rechtsfolge unzulässiger Weise zu einer begrifflichen Voraussetzung gemacht. Vielmehr ist es so, dass in einem Rechtsstaat Rechte nicht ineffektiv bleiben dürfen, dass „ein vom Gesetz eingeräumter Anspruch auch rechtlich durchsetzbar sein muß" (zB VfSlg 11931/1988, 13134/1992). Beispielsweise zweifelt niemand am Recht auf Ausstellung einer Geburtsurkunde; die Durchsetzbarkeit ist freilich – wie bei allen nicht auf Bescheide gerichteten und nicht-vermögensrechtlichen öffentlich-rechtlichen Ansprüchen – dunkel. Das Fehlen von unmittelbaren rechtlichen Durchsetzungsmöglichkeiten kann sich als verfassungswidrig erweisen, darf jedoch den Blick auf das (materiell) subjektive Recht als solches nicht verstellen. 1101

1102 Alle vorgenannten Aspekte bilden für die Ermittlung, inwiefern dem objektiven Recht in einem konkreten Zusammenhang subjektive Rechte entnommen werden können, relevante Gesichtspunkte: Ist der Inhalt des objektiven Rechts eher als rechtliche Anerkennung individueller Interessen zu sehen, wird Einzelnen erkennbar eine Willensmacht eingeräumt und ist für die direkte oder wenigstens indirekte rechtliche Durchsetzbarkeit einer so konstituierten Position vorgesorgt, so wird im Allgemeinen ein subjektives Recht vorliegen (vgl VwSlg 14750 A/1997). Ist der Inhalt des objektiven Rechts allein auf die Wahrung öffentlicher Interessen bezogen, erweist sich die Vorschrift als eine Regelung von Amtspflichten von Staatsorganen und finden sich keine Anhaltspunkte für eine rechtliche Durchsetzung durch die Betroffenen, so wird im Allgemeinen ein subjektives Recht nicht vorliegen.

Je nachdem, ob derartige Rechte und Pflichten in zivilrechtlichen oder in öffentlich-rechtlichen Rechtsvorschriften ihre Grundlage finden, kann man zwischen **zivilrechtlichen** und **öffentlich-rechtlichen** (subjektiven) **Rechten und Pflichten** unterscheiden. In den folgenden Überlegungen sind naturgemäß nur öffentlich-rechtliche Rechte und Pflichten Gegenstand der Betrachtung.

C. „Subjektive öffentliche Rechte"

Während sich in den Bereichen des Privatrechts bei der Bestimmung subjektiver Rechte und Pflichten zumeist keine besonderen Abgrenzungsfragen stellen, da das Privatrecht ganz allgemein dem billigen und gerechten Ausgleich der Interessen der Einwohner des Staates unter sich dient und da dementsprechend die adäquate Verteilung von subjektiven Rechten und Pflichten den primären Inhalt des objektiven Privatrechts ausmacht, stellen sich gerade im Bereich des Verwaltungsrechts zahlreiche schwierige Fragen.

1. „Rechte" und „Kompetenzen" im Bereich der Verwaltung

1103 Zunächst ist festzuhalten, dass auch Gebietskörperschaften Träger von „Rechten" sein können. Sofern sie „als Träger von Privatrechten" (Art 17 B-VG) auftreten, kann kein Zweifel bestehen, dass Gebietskörperschaften Träger aller jener Herrschaftsrechte, Ansprüche und Gestaltungsrechte sein können, die auch Privaten zustehen können: sie sind im zivilrechtlichen Sinn Eigentümer der öffentlichen Sachen (Rz 1391), sie machen schuldvertraglich begründete Forderungsrechte geltend und üben mietrechtliche Kündigungsrechte aus.

Da das privatrechtliche Handeln der Gebietskörperschaften grundsätzlich in gleicher Weise öffentlich-rechtlichen Regeln unterliegt wie das gleichartige Handeln von Privaten (Rz 574b), können Gebietskörperschaften, vertreten durch ihre Organe, in solchen Konstellationen in gleicher Weise wie Private „Rechte" gegenüber Verwaltungsbehörden geltend machen (zB § 17 Abs 5 ALSAG). Wenn etwa der Bund (Bundesstraßenverwaltung) außerhalb eines Ortsgebiets eine Straßenmeisterei errichten will, wird dafür im Allgemeinen sowohl eine baubehördliche als auch eine naturschutzbehördliche Bewilligung erforderlich sein; mit darauf bezogenen Anträgen macht der Bund sein Recht auf Erteilung dieser Bewilligungen (seine Einräumungsberechtigung) geltend.

1104 Gebietskörperschaften können überdies auf der Basis der Gleichordnung (koordinationsrechtlich) öffentlich-rechtliche Rechte (Ansprüche) gegenüber anderen Gebietskörperschaften zustehen, zB auf Grund von Vereinbarungen gemäß Art 15a B-VG, auf Grund des Finanzausgleichsrechts oder nach allgemeinen Grundsätzen (zB im Fall von Herausgabe- oder Erstattungsansprüchen; Rz 1380). Hingewiesen sei weiters auf Mitgliedschaftsrechte (zB Landes-Krankenanstalten) bei Körperschaften des öffentlichen Rechts (zB Apothekerkammer).

Im Bereich der hoheitlichen Vollziehung von Verwaltungsvorschriften gegenüber **1105** Rechtsunterworfenen wird häufig festgehalten, dass die Verwaltungsbehörden in solchen Fällen nicht „Rechte ausüben“, sondern „**Kompetenzen** wahrnehmen“: Die Baubehörde, die mit Bescheid die Instandsetzung eines Gebäudes anordnet, übt nicht ein Recht der Gemeinde aus, sondern nimmt eine obrigkeitliche baubehördliche Zuständigkeit wahr.

Die Formel ist leicht ins Ohr gehend, aber insoweit irreführend, als sie Ungleichartiges gegenüberstellt: „Kompetenz“ bedeutet „Besorgen-Können“ und „Zurechenbarkeit“ (zu einer juristischen Person). Bezogen auf die Kompetenz kann ein bloßes Dürfen, eine Wahrnehmungs-Befugnis gegeben sein, gerade in administrativen Zusammenhängen ist die Kompetenz jedoch zumeist auch eine Aufgabe und damit eine Pflicht (Rz 98). Was den Inhalt der Kompetenz betrifft, kann es sich um die Erfüllung einer den Zurechnungsendpunkt (und über dessen Organisationsrecht das Organ) treffenden Pflicht handeln – dies ist in den vorgenannten Konstellationen gemeint: die Gemeinde ist zur Ausübung ihrer baubehördlichen Zuständigkeiten verpflichtet –, aber auch um die Ausübung eines dem Zurechnungsendpunkt zustehenden Rechts.

Es gibt auch in hoheitlichen Zusammenhängen die administrative Ausübung von **1106** „Rechten“: Solche Konstellationen sind zB gegeben, wenn ein Selbstverwaltungskörper seine **Selbstverwaltungsrechte** insb gegenüber der aufsichtsführenden Gebietskörperschaft geltend macht, da die Selbstverwaltung als Abwehr**recht** gesetzlich oder verfassungsgesetzlich besonders verankert ist.

Von der Ausübung von Rechten ist auch dann zu sprechen, wenn der Gesetzgeber **1107** das Modell individueller Rechtsverfolgung aufgreift, um – zum Zweck der Wahrung öffentlicher Interessen – bestimmte „**Amtsparteien**“ zur Geltendmachung von „Rechten“ zu berufen, wie zB die Arbeitsinspektionen im Rahmen des Arbeitnehmerschutzes in Anlagenbewilligungsverfahren oder die Umweltanwaltschaften in naturschutzbehördlichen Verfahren. Aus der Perspektive ihrer Organbefugnisse üben sie dabei „Kompetenzen“ aus. Der Inhalt dieser Kompetenzausübung besteht allerdings definitionsgemäß im Geltendmachen von „Rechten“ (des Rechtsträgers), und zwar in einer dem Geltendmachen von Rechten durch Rechtsunterworfene bewusst angeglichenen Weise (anschaulich zB VwSlg 14842 A/1998 zum Hauptzollamt als Vertreter des Bundes). Dass es sich dabei um die verfahrensrechtliche Geltendmachung von Inhalten des objektiven Rechts als materielle subjektive Rechte und nicht um Einvernehmens- oder andere Mitwirkungsformen handelt, ergibt sich schon daraus, dass zumeist ausdrücklich auf § 8 AVG Bezug genommen wird. In umfassendster Weise findet sich dieses Modell der Geltendmachung von Inhalten des objektiven Rechts als materielle subjektive Rechte durch Verwaltungsorgane in Verwaltungsverfahren in § 19 Abs 3 UVP-G verwirklicht.

Überdies gibt es Fälle, in denen nach dem Inhalt der Pflicht einer Gebietskörper- **1108** schaft eine bestimmte, insb vermögensrechtliche Leistung „**geschuldet**“ wird: Wenn mit Einkommensteuerbescheid eine bestimmte Steuerleistung vorgeschrieben wird, dann nimmt die Abgabenbehörde zwar auch eine „Kompetenz“ wahr, gleichzeitig kann man aber – bildhaft – auch sagen, dass sie damit einen der Gebietskörperschaft zustehenden „Anspruch“ durchsetzt. Aus diesem Grund ist es etwa gerechtfertigt vom „Abgabenrechtsverhältnis“ bzw vom „Steuerschuldverhältnis“ zu sprechen. Ebenso ist es im Zusammenhang mit Staatsmonopolen verbreitet, von der Ausübung der „Rechte“

des Bundes zu sprechen. In diesem Sinn kann man auch vom „Recht“ einer Gebietskörperschaft als Dienstherrin auf Erbringung der geforderten Dienstleistungen durch einen Beamten sprechen.

In einem ungewöhnlich weiten – große Teile der staatlichen Rechtsdurchsetzung, insb den „staatlichen Strafanspruch“ umfassenden – Sinn wird der Begriff „Rechte“ in § 302 StGB gebraucht.

Doppelfunktional ist § 2 Z 1 WaffengebrG zu sehen, wonach Organen der öffentlichen Sicherheit der Waffengebrauch ua „im Fall gerechter Notwehr“ erlaubt ist. Soweit es um die Abwehr einer dem betreffenden Organwalter drohenden Gefahr geht, stimmt sein individuelles Recht mit der ihm eingeräumten Organkompetenz überein.

1109 Außerhalb derartiger Sonderfälle ist es auf der Ebene der **Organ**beziehungen nicht angebracht, den Kreis der Organkompetenzen als ein „Recht“ zu bezeichnen: Ist vor der Erlassung eines Rechtsakts ein Beirat anzuhören, so macht das Unterlassen der Anhörung den Akt objektiv rechtswidrig, dem Beirat kommt jedoch kein Recht zu, angehört zu werden. Dies gilt selbst dann, wenn einem Organ die Befugnis zukommt, „Kompetenzübergriffe“ durch andere Organe in einem rechtlichen Verfahren einer verbindlichen Entscheidung zuzuführen (vgl Art 138 Abs 1 B-VG), geht es doch auch dabei nur um einen Kompetenzabgleich, nicht um die Durchsetzung einer individuell eingeräumten Rechtsposition.

1110 Aus der Sicht des **Organwalters** kann ihm ein „Recht auf das Amt“, dh auf die Organwalter**stellung**, nur insoweit zukommen, als diese Stellung durch die Grundsätze des „passiven Wahlrechts“ geschützt ist (zB beim BPräs). Im Übrigen gilt als Grundsatz, dass Inhaber von Organstellungen jederzeit abberufbar sind (Rz 99). Dienstrechtlich ist die Stellung des öffentlich Bediensteten insoweit geschützt, als er ein „Recht“ darauf hat, nicht entlassen, gekündigt oder versetzt zu werden, wenn die dienstrechtlichen Voraussetzungen nicht erfüllt sind. Ein Recht auf eine bestimmte Organwalter**kompetenz**, dh eine Garantie des Wirkungsbereichs, besteht dagegen grundsätzlich nicht. Dementsprechend greift ein staatlicher Akt, der diesen Wirkungsbereich verändert, auch im Allgemeinen nicht in „Rechte“ des Betreffenden ein (Rz 109).

2. „Subjektive öffentliche Rechte“ der Rechtsunterworfenen

a) Allgemeines

1111 Kann man daher festhalten, dass den Gebietskörperschaften, in eingeschränktem Umfang auch den Organwaltern, nicht nur „Kompetenzen“, sondern verschiedentlich auch „Rechte“ zukommen, war es im Bereich des Verwaltungsrechts lange Zeit alles andere als selbstverständlich, dass den Rechtsunterworfenen im Bereich des öffentlichen Rechts überhaupt subjektive Rechte zustehen. Bei den im Kampf um den Konstitutionalismus erstrittenen Grund- und Freiheitsrechten war freilich nicht in Abrede zu stellen, dass es sich um im öffentlichen Recht wurzelnde „Rechte“ des Einzelnen gegenüber dem Staat handelt. Mit dem Wirksamwerden der Verwaltungsgerichtsbarkeit, deren Auftrag in der Wahrung subjektiver Rechte lag und liegt, sowie mit der Verknüpfung der Befugnis zur Mitwirkung im Verwaltungsverfahren an „Rechte“ und „rechtliche Interessen“ (§ 8 AVG) konnte es nur mehr um die Ermittlung des Kreises subjektiver Rechte gehen. Insoweit steht die Existenz subjektiver öffentlicher Rechte in der republikanischen Zeit außer Streit. In welchen Bestimmungen des objektiven Rechts die Begründung solcher subjektiver Rechte zu sehen ist, ist allerdings Gegenstand andauernder Kontroversen und wird nicht zuletzt von der sich **wandelnden Sicht** allgemeiner rechtlicher Zusammenhänge bestimmt.

Die folgenden Überlegungen haben zunächst bipolare Rechtsverhältnisse und sodann „Dreiecksverhältnisse“ zum Gegenstand. Ihnen soll die heute maßgebliche Definition zu Grunde gelegt werden: „**Subjektives öffentliches Recht ist die dem Einzelnen kraft öffentlichen Rechts verliehene Rechtsmacht, vom Staat zur Verfolgung seiner Interessen ein bestimmtes Verhalten zu verlangen**“ (VwSlg 14750 A/1997). 1112

b) Das Recht auf Freiheit von nicht gesetzmäßiger Belastung

In allgemeiner Weise steht in einem Rechtsstaat das „Recht“ des Einzelnen außer Streit, dass ihm Verpflichtungen **nur in gesetzmäßiger Weise** auferlegt werden. Mit diesem Grundsatz ist nicht ein „Recht auf eine gesetzmäßige (rechtmäßige) Führung der Verwaltung“ gemeint – ein solches allgemeines Jedermanns-Recht lässt sich weder aus Art 18 B-VG noch aus einer anderen Verfassungsbestimmung ableiten (vgl aber für bestimmte Konstellationen § 87 SPG). Wohl aber ist – bezogen auf den einzelnen Rechtsunterworfenen – ein Recht auf Freiheit von nicht gesetzmäßigen (rechtmäßigen) Lasten gegeben. 1113

Von einer **Verpflichtung** ist jedenfalls dann zu sprechen, wenn dem Betreffenden ein Tun (zB Abgabenleistung), Dulden (zB Betreten-Lassen des Grundstücks) oder Unterlassen (zB Bauverbot im Schutzzonenbereich) auferlegt wird. Daher kommt dem zu Verpflichtenden in einem Verfahren, das in einen verpflichtenden Bescheid (Leistungsbescheid) münden soll, Parteistellung zu (§ 8 AVG) und ist er gegen Rechtsakte, mit denen ihm Pflichten auferlegt werden, rechtsmittellegitimiert. Ein entsprechendes Recht auf Freiheit von nicht gesetzmäßig begründeten „**Belastungen**“ kommt dem Einzelnen aber auch in Fällen zu, in denen ihm nicht eine Leistungspflicht auferlegt wird: Beispielsweise gilt auch der disziplinarrechtliche „Verweis“ (§ 92 Abs 1 Z 1 BDG) als ein belastender (vgl Rz 934) Verwaltungsakt, obwohl er nicht zu einem Tun, Dulden oder Unterlassen verpflichtet. Es können also auch rechtsgestaltende oder feststellende Akte einen „belastenden“ Inhalt aufweisen. Dies ist auch dann der Fall, wenn der Akt in ein bestehendes Recht „eingreift“, indem er dieses Recht aufhebt oder einschränkt, etwa im Fall des Widerrufs oder der nachträglichen Beschränkung einer administrativ verliehenen Berechtigung oder der Einschränkung eines gesetzlichen Anspruchs oder Gestaltungsrechts. Dieses zum Teil nur in einem rechtstechnischen Sinn begreifbare „Recht“ ist in vielen Fällen bei den „Beschwerdepunkten“ im Rahmen von VwGH-Beschwerden gemeint, aber auch bei jenem „Recht“, das zB Invidualanträgen gemäß Art 139 und 140 B-VG zu Grunde zu legen ist. Belastend ist überdies ein Vorgehen, das einen Eingriff in grundrechtliche Freiheitsrechte bedeutet, wie dies zB in jeder Beschränkung der Privatautonomie, in jeder Einschränkung der Erwerbsausübungsfreiheit oder in jedem Eingriff in die Kommunikationsfreiheit zu sehen ist.

Prinzipiell können auch „Eingriffe“ in **privatrechtlich** begründete subjektive Rechte in diesem Licht gesehen werden. Die Abnahme des Zulassungsscheins oder der Kfz-Kennzeichentafeln stellen Eingriffe in Sachnutzungsmöglichkeiten dar. Wird durch eine VO ein bestehendes Versicherungsverhältnis neu gestaltet oder wird einem Unternehmen ein Zahlungsverbot auferlegt, so ist am „Eingriff“ in ein bestehendes Vertragsverhältnis – im Sinn einer Aufhebung oder Beschränkung oder sonst mög- 1114 licherweise nachteiligen Gestaltung eines bestehenden (relativen) Rechts – nicht zu zweifeln. In diesen Fällen ist es gerechtfertigt, von „privatrechtsgestaltenden Verwaltungsakten" zu sprechen. Dem Betroffenen kommt ein „Recht" darauf zu, dass ein solcher Eingriff nur in gesetzmäßiger Weise erfolgt. Im Allgemeinen und typischerweise bewirken Verwaltungsakte allerdings nicht die Aufhebung oder Abänderung von Privatrechten, sondern entfalten rechtliche Wirkungen in privatrechtlichen Zusammenhängen nur kraft tatbestandsmäßiger Bezugnahmen.

1115 Den vorstehenden Überlegungen liegen – angesichts der üblichen verwaltungsrechtlichen Rechtsschutzfragen naturgemäß – „normative" Akte zugrunde. Selbstverständlich kann aber auch **nicht-normatives** staatliches Verwaltungshandeln in gleicher Weise „belastend" wirken. Man denke nur an kommunale Baumaßnahmen, durch welche die einzige Zugangsmöglichkeit zu einem Grundstück versperrt wird; eine solche Maßnahme greift sowohl unter dem Blickwinkel der Grundrechte als auch unter dem Blickwinkel privatrechtlicher Herrschaftsrechte in das Eigentumsrecht ein. Diese Sicht des Grundrechts auf Datenschutz gab auch zu der ausdrücklichen gesetzlichen Ermächtigung zu personenbezogenen Ermittlungen in den §§ 53f SPG Anlass. Da insoweit nicht nach der rechtlichen Qualität des belastenden Verwaltungshandelns zu differenzieren ist, kommt dem Betroffenen auch gegenüber derartigen nicht-normativen Akten das **allgemeine Recht auf Freiheit von rechtlich nicht begründeten Belastungen** zu.

Da das österreichische Recht keine allgemeine öffentlich-rechtliche Rechtswegegarantie kennt und da bestehende öffentlich-rechtliche Rechtswege im Allgemeinen verwaltungsakt-akzessorisch ausgestaltet sind, muss man gleichzeitig festhalten, dass nicht gegen jedes belastende staatliche Handeln direkter Rechtsschutz offen steht. Das subjektive Recht, nur rechtmäßige staatliche Belastungen dulden zu müssen, ist auch „indirekt" nur teilweise geschützt. Insb setzt das Amtshaftungsrecht das Vorliegen eines „Schadens" voraus. Beim derzeitigen Stand des österreichischen Verwaltungsrechts kommt man um den Befund nicht herum, dass sich das allgemeine Recht, nur gesetzmäßigen Belastungen unterworfen zu werden, in rechtsstaatlich bedenklicher Weise als nicht uneingeschränkt durchsetzbar erweist.

c) Forderungsrechte (Ansprüche)

1116 Aus der Rechtsordnung ergeben sich verschiedentlich Ansprüche auf ein Tätig-Werden des Staates. Eine elementare Form ist in der **prozessualen Reaktionspflicht** des Staates zu sehen: Im Anwendungsbereich des AVG hat der Antragsteller allein auf Grund seiner Antragstellung ein verfahrensrechtliches „Recht" auf eine – zumindest verfahrensrechtliche – Entscheidung (VwSlg 9458 A/1977, VwGH 15. 9. 1999, 96/03/0101). Beispielsweise hat auch der (vermeintlich) Nicht-Legitimierte, der nach Ablauf der Antragsfrist bei der (vermeintlich) unzuständigen Behörde auf einer Entscheidung besteht, ein Recht auf eine zurückweisende Entscheidung, da ihm erst eine solche Entscheidung eine rechtliche Überprüfung der strittigen Sachentscheidungsvoraussetzungen ermöglicht.

1117 Im Kern zielt das Verfahrensrecht aber darauf ab, einem allfälligen **materiell-rechtlichen „Recht"** zum Durchbruch zu verhelfen, sei dies ein Leistungsrecht, sei dies ein Einräumungsrecht. Der Rechtsunterworfene macht seinen materiell-rechtlichen Anspruch auf eine Sozialversicherungsleistung, auf eine Beihilfe nach dem StudienförderungsG, auf Aufnahme in eine Anstalt, auf Ausstellung einer Urkunde, auf Eintragung in die Ärzteliste, auf Richtigstellung der Wählerevidenz, auf Vornahme einer Eichung, auf Fristverlängerung, auf Kontrolle des Kfz, auf Akkreditierung, auf

Auskunft, auf Richtigstellung oder Löschung personenbezogener Daten usw geltend. Häufig ist dieses Recht durch Einbringung eines „Antrags“ geltend zu machen, dessen verfahrensrechtliche Behandlung und Erledigung – insb im Fall einer negativen Entscheidung – dem AVG unterliegt. Mit dem Antrag macht der Antragsteller jedenfalls ein materiell-rechtliches Recht auf eine Sachentscheidung eines bestimmten Inhalts geltend; diese kann in der Erlassung eines Bescheides, aber auch in einem sonstigen Verwaltungshandeln bestehen.

Wie aber erkennt man, ob eine Bestimmung des objektiven Rechts Forderungs- 1118
rechte begründet? Wenig Zweifel werden bestehen, wenn das Gesetz selbst von „Rechten“ oder „Ansprüchen“ bestimmter Einzelpersonen spricht. Mitunter werden „Rechte“ auch explizit ausgeschlossen (zB § 4 HLSG, § 7a BStrG, § 207m Abs 2 BDG, § 15 Abs 2 AusschreibungsG). Im Übrigen sind mehrere Gesichtspunkte von Bedeutung:

Eine spezielle Konstellation ist in den erwähnten Fällen von „Bewilligungsvorbehalten“ gegeben: Soweit der Staat die bürgerliche Freiheit dadurch beschränkt, dass er Vorhaben der Rechtsunterworfenen von einer behördlichen Bewilligung abhängig macht, ergibt sich im Anwendungsbereich der Grundrechte sowie allgemein aus rechtsstaatlichen Grundsätzen ein **Recht auf** die **Erteilung** einer entsprechenden Bewilligung, **sofern die gesetzlichen Voraussetzungen erfüllt** sind (VfSlg 5240/1966). Auch in solchen Fällen kann man, unabhängig vom verfahrensrechtlichen Recht auf eine Erledigung, von einem materiell-rechtlichen „Recht“ auf eine Sachentscheidung eines bestimmten Inhalts sprechen.

Prinzipiell nicht anders ist die Lage zu sehen, wenn der Verwaltung „Ermessen“ 1119
eingeräumt ist. Für diejenigen, die Ermessen als „Freiraum“ der Verwaltung (Rz 603) sehen, kann es naturgemäß nur einen verfahrensrechtlichen Anspruch „auf fehlerfreie Ermessensübung“ geben (vgl auch VwGH 3. 9. 2001, 99/10/0239). Dies ist aus dem positiven Recht nicht begründet, da die Frage, ob die Ermächtigung der Verwaltung als „Ermessen“ zu qualifizieren ist, mit der Frage, ob einer Person ein subjektives Recht zukommt, nichts zu tun hat. Kommt einer Person kein subjektives Recht zu, dann besteht auch kein Recht auf eine fehlerfreie Ermessensübung. Kommt einer Person dagegen ein subjektives Recht zu, dann hat sie nicht bloß ein verfahrensrechtliches Recht, sondern – wie bei den sonst geläufigen Auslegungs- und Abwägungsvorgängen – einen materiell-rechtlichen Anspruch auf eine positive Sachentscheidung, wenn die gesetzlichen Voraussetzungen gegeben sind und eine positive Entscheidung dem Sinn des Gesetzes (Rz 604, 608) entspricht (zB VwGH 19. 3. 1997, 94/12/0028, 13. 12. 2000, 99/12/0119, 4. 4. 2001, 2000/01/0258, 2. 5. 2001, 96/12/0062; vgl auch VwGH 22. 11. 2001, 2000/06/0177).

Mit der vermittelnden Formulierung, dass der Konzessionswerber in Ermessensfällen zwar kein „**Recht**“ auf Konzessionserteilung habe, dass er aber ein „**rechtliches Interesse**“ am Ausgang des Konzessionsverfahrens habe, versuchte Bernatzik (Rechtsprechung und materielle Rechtskraft, 1886, 181ff) seinen Zeitgenossen die Parteistellung des Konzessionswerbers in Konzessionsverfahren plausibel zu machen. Die beiden Begriffe „Rechte“ und „rechtliche Interessen“ fanden 1925 Eingang in § 8 AVG, allerdings ohne jede Differenzierung. Die Rechtsstellung eines Konzessionswerbers ist seither dieselbe wie die eines Antragstellers in Fällen gebundener Entscheidungen.

Die Sorge, dass man zwar in Fällen gebundener Entscheidung, nicht aber in Ermessensfällen von einem „Recht“ auf eine Entscheidung eines bestimmten Inhalts sprechen könne, verkennt, dass das Recht in beiden Fällen an die Erfüllung der „gesetzlichen Voraussetzungen“ gebunden ist. Zu diesen können auch bei gebundenen Entscheidungen Dispense, Ausnahmebewilligungen und Abstandnahmen oder auch das Nicht-Entgegenstehen von „öffentlichen Interessen“ gehören.

In beiden Fällen kann zu diesen „Voraussetzungen" der positive Ausgang eines Abwägungsvorgangs gehören. Jedenfalls ist auch bei gebundenen Entscheidungen der Inhalt der zu fällenden Entscheidung verschiedentlich nicht eindeutig vorherbestimmt und ist auch in sog Ermessensfällen Verfahrensgegenstand das geltend gemachte Recht auf ein bestimmtes Verwaltungshandeln, insb auf eine Sachentscheidung eines bestimmten Inhalts.

1120 Im Übrigen ist die Beurteilung oft schwierig, inwiefern eine Rechtsvorschrift, die staatliche Organe zu einem bestimmten Verhalten verpflichtet, ein subjektives Recht begründen soll. Immerhin statuieren die Verwaltungsvorschriften in großer Zahl Pflichten von Verwaltungsstellen. Zu einem erheblichen Teil begründen diese Bestimmungen jedoch **bloße Amtspflichten**, denen keine subjektiven Rechte der Rechtsunterworfenen korrespondieren; man denke nur an die Verwaltungsaufgaben im Bereich des Denkmalschutzes, der Umweltkontrolle oder der Straßenbeleuchtung.

Zudem gibt es in gewisser Weise „bedingte Rechte": Ein „Recht" auf Benützung öffentlicher Verkehrsmittel kann es nur geben, soweit diese überhaupt in Betrieb sind. Ein „Recht" auf Ausübung des Gemeingebrauchs (Rz 1413) kann es nur geben, soweit dieser (noch) besteht. Dies leitet über zu der Feststellung, dass dem Rechtsunterworfenen kein allgemeines Recht auf Wahrnehmung von Staatsaufgaben zukommt: Mag die Rechtsordnung den Gemeinden auch die Herstellung von Abwasserkanälen auftragen, kommt dem einzelnen Gemeindebürger doch kein Recht auf die Herstellung solcher Leitungen zu. Soweit solche Leitungen bereits bestehen, wird ihm allerdings im Allgemeinen ein Recht, oft auch eine Pflicht zur Herstellung eines Anschlusses zukommen.

1121 Auf der anderen Seite fällt auf, dass zB das AVG praktisch durchgängig nur von „Pflichten" der Behörden spricht. Dessen ungeachtet gehen Lehre und Rechtsprechung mit Selbstverständlichkeit von einem Recht auf Akteneinsicht, auf Teilnahme an einer mündlichen Verhandlung, auf individuelle Bekanntgabe des Bescheides und auf ungesäumte Entscheidung aus, obwohl in den betreffenden Bestimmungen von „Rechten" nicht die Rede ist. Es bedarf also hinzutretender Überlegungen, um bloße Amtspflichten von Rechten zu unterscheiden. Im Allgemeinen werden zB ausdrücklich geregelte Antragsrechte (zB § 73 Abs 2 AVG) oder Rechtsmittelvorschriften (zB § 53 Abs 2 AVG) Indizien dafür sein, dass der Amtspflicht auch ein Rechtsanspruch der Antragslegitimierten korrespondiert. Auch mit solchen Überlegungen können offenkundig nicht alle Fragen beantwortet werden.

1122 Zu einer besonders weitgehenden Formulierung hat der VwGH in VwSlg 9151 A/1976 gefunden: „Hat eine Person ein Interesse an der Erfüllung einer Pflicht, ein Interesse, das für die gesetzliche Festlegung der verpflichtenden Norm maßgebend war, so streitet im demokratischen Rechtsstaat eine Vermutung für ihre Befugnis zur Rechtsverfolgung" (zuletzt VwSlg 14826 A/1998, VwGH 23. 5. 2002, 2001/07/0188). Dies deutet darauf hin, dass eine Rechtsvorschrift, die nicht ausschließlich im öffentlichen Interesse erlassen wurde – wie etwa die Regelung der Art und Weise der Führung der Personenstandsbücher (§ 5 PStG) –, im Zweifel auch ein subjektives Recht derjenigen Personen begründet, deren Interessen durch sie gewahrt werden soll. In diesem Sinn begründet die Pflicht zur Änderung von Eintragungen in die Personenstandsbücher (§ 16 PStG) auch einen Anspruch auf Änderung, wenn die Voraussetzungen für eine Änderung eingetreten sind.

1123 Dennoch ist festzuhalten, dass nicht jede Bestimmung des objektiven Rechts, an deren Verwirklichung Rechtsunterworfene „interessiert" sind, einen „Anspruch" begründet. Beispielsweise geht gerade auch der VwGH davon aus, dass zB niemand ein Recht auf (sicherheits- oder verwaltungs-)„**polizeiliches**" Einschreiten hat (Rz 1050), wenn dies nicht – wie zB in §§ 122 Abs 1 und 138 Abs 1 WRG, § 41 Abs 6 stmk

BauG – im Gesetz ausdrücklich vorgesehen ist. Gerade diese Bereiche sind nach wie vor vom obrigkeitsstaatlichen Denken des 19. Jahrhunderts (Rz 1111) geprägt: Der „Amtspflicht" der Bau- oder Gewerbebehörde (zB in den Fällen des § 360 GewO) korrespondiert nach herrschendem Verständnis kein „Recht" des Gefährdeten auf bau- oder gewerbepolizeiliches Einschreiten.

Ähnlich zu sehen sind auch zahlreiche sonstige „einseitige" behördliche Befugnisse. Beispielsweise gehen Lehre und Rechtsprechung davon aus, dass niemand ein Recht auf die Ergreifung von Maßnahmen nach § 68 AVG hat, mag es – in den Fällen des § 68 Abs 3 AVG – auch um die Sicherung von Leben und Gesundheit eines Menschen gehen. Weiters kommt nach dieser Sicht grundsätzlich niemandem ein Recht auf ein Einschreiten der Aufsichtsbehörde gegenüber dem (vermeintlich rechtswidrigen) Verhalten eines Selbstverwaltungskörpers zu, sofern nicht das Gesetz ausnahmsweise Abweichendes vorsieht. Schließlich gehen Lehre und Rechtsprechung aus traditionellen Gründen davon aus, dass niemandem ein Recht auf eine „Gnadenentscheidung" (zB durch den BPräs) zukommt (zB VwSlg 14111 A/1994). Alle diese Fälle können beim gegenwärtigen Stand von Lehre und Rechtsprechung nur gleichsam typologisch zur Kenntnis genommen werden. 1124

Noch nicht hinreichend geklärt ist, inwiefern sich aus **grundrechtlichen Gewährleistungspflichten** (Rz 649) „Ansprüche" auf administratives Handeln ergeben. Zwar handelt es sich bei den Grundrechten definitionsgemäß um „Rechte", doch stellen Gewährleistungspflichten als Teile der objektiv-rechtlichen Wirkung der Grundrechte zunächst nur „Verpflichtungen" des Staates dar. Diese Verpflichtung ist primär an die Gesetzgebung gerichtet, der es im Fall einer Gewährleistungspflicht obliegt, dieser Pflicht in einer – innerhalb der Bandbreite zulässiger rechtspolitischer Beurteilung – geeigneten Weise nachzukommen. Insoweit kann sich eine gesetzliche Regelung, die für den Schutz von in ihren Grundrechten gefährdeten Personen unzureichend vorsorgt, als verfassungswidrig erweisen und kann eine **verfassungskonforme Interpretation** – insb im Hinblick auf den Schutz von Leben und Gesundheit – in solchen Fällen zur Annahme eines Anspruchs des Begünstigten führen (Raschauer ZfV 1999, 508). 1125

Zudem binden die Grundrechte auch die Verwaltung (Rz 649). Dementsprechend kann die Pflicht zur Grundrechtsgewährleistung die Verwaltung ausnahmsweise auch in grundrechtsunmittelbarer Weise treffen. Ergibt sich aus einem solchen Zusammenhang eine hinreichend klar konkretisierte Pflicht, kann man von einem „Recht" (Anspruch) auf das zur Grundrechtsgewährleistung gebotene Verwaltungshandeln sprechen, wie etwa im Fall des Schutzes einer ordnungsgemäß angemeldeten Versammlung. 1126

Subjektive Rechte Einzelner ergeben sich schließlich aus unmittelbar anwendbaren Bestimmungen des primären und sekundären **Gemeinschaftsrechts** (Rz 631). Im Umsetzungsbereich von EG-Richtlinien kann eine „richtlinienkonforme Interpretation" (Rz 488a) dazu führen, dass den durch die RL intendierten Begünstigungen dadurch Rechnung zu tragen ist, dass Bestimmungen des nationalen Rechts als Ausdruck subjektiver Rechte zu sehen sind;[1] eine insoweit defizitäre Umsetzung kann nicht nur zur unmittelbaren Anwendbarkeit der RL führen (Rz 488b), sondern auch Ersatzansprüche gegen den Staat begründen (Rz 1362d). 1127

1 Vgl Raschauer in FS Leisner, 1999, 906; Öhlinger/Potacs 52, 107; Frank 407; Potacs in Hauer (Hg), Die Handhabung des Gemeinschaftsrechts in der österreichischen Verwaltung, 2002, 8.

d) „Rechte Dritter"

1128 In den vorstehenden Überlegungen wurden zwei Arten von öffentlich-rechtlichen Rechten näher behandelt, die dem Rechtsunterworfenen gegenüber dem „Staat" zukommen: Freiheitsrechte und Forderungsrechte (Ansprüche). Gegenstand der Betrachtung waren bipolare Rechtsverhältnisse. In der Folge sollen **mehrpolige Rechtsverhältnisse** in die Überlegungen einbezogen werden. Subjektive Rechte in öffentlich-rechtlichen Dreiecksverhältnissen können sich in zwei prinzipiellen Erscheinungsformen darstellen: a) als Rechte der Rechtsunterworfenen untereinander und b) als Rechte gegenüber dem Staat in Bezug auf einen Dritten.

1129 ad a) Wird in einem öffentlich-rechtlichen Zusammenhang einem Rechtsunterworfenen ein **Anspruch gegenüber einem anderen Rechtsunterworfenen** eingeräumt, dann korrespondiert diesem Rechtsverhältnis im Streitfall zumeist eine behördliche Entscheidungsbefugnis. Beispielsweise sind die Nachbarn nach § 126 Abs 1 und 2 wr BauO in einem bestimmten Umfang verpflichtet, Maßnahmen der Bauführung auf ihrem Grund zu dulden. Werden diese Maßnahmen nicht gestattet, soll gemäß § 126 Abs 3 leg cit die Behörde über Berechtigung und Umfang der Duldungspflicht entscheiden. Auf diese Weise wird der gesetzesunmittelbare Anspruch ergänzt durch einen (durch Geltendmachung zu aktualisierenden) Anspruch auf Erlassung eines Duldungsbescheides und in weiterer Konsequenz durch eine Pflicht des Dritten, diese bescheidförmige Verpflichtung zu erfüllen. Prinzipielle Unterschiede zum bisher Erörterten treten nicht auf: der Bauwerber kann gegenüber der Behörde seinen Anspruch auf eine Sachentscheidung eines bestimmten Inhalts geltend machen, der Nachbar sein Recht auf Freiheit von gesetzlich nicht begründeten Belastungen.

1130 ad b) Im Zentrum der üblichen Auseinandersetzungen um den Begriff des „**subjektiven öffentlichen Rechts**" steht dagegen die Konstellation der **Rechte gegenüber dem Staat in Bezug auf einen Dritten** und damit ein – gemessen an der großen Zahl von „Rechten" – relativ kleines Detail im Bereich der Dreiecksbeziehungen. Inwiefern tangiert ein dem A gegenüber erlassener Verwaltungsakt Rechte bzw rechtliche Interessen des B und – verfahrensrechtlich gewendet – inwieweit kommt dem B in einem solchen Bescheidverfahren die rechtliche Stellung als **mitbeteiligte Partei** zu? Sei dies, dass A und B gleichsinnige Interessen verfolgen, sei dies, dass sie entgegen gesetzte Interessen verfolgen (dazu Schulev-Steindl ZfV 1998, 82).

Diese Fragestellung trat umso drastischer in den Vordergrund als der moderne Wohlfahrtsstaat mehr und mehr Angelegenheiten administrativer Kontrolle und Bewilligungsvorbehalten unterworfen hat. Solche Verwaltungsgesetze unternehmen es – zum Teil in Erfüllung grundrechtlicher Gewährleistungspflichten, zum Teil in Erfüllung gemeinschaftsrechtlicher Umsetzungspflichten – den **Bereich der Freiheit des einen von der Freiheit des anderen abzugrenzen**. Im Allgemeinen entziehen sie damit die betreffenden Auseinandersetzungen dem Regime des bürgerlichen Rechts. Damit heben sie auch – das unterscheidet die gegenständliche Fallkonstellation von der vorstehend erörterten – Ansprüche der Bürger untereinander auf und begründen Ansprüche des Drittbetroffenen gegen den Staat.

1131 Hält man sich etwa die Situation eines Wirtschaftstreibenden vor Augen, so kann er ein substanzielles Interesse daran haben, dass einem „Konkurrenten" nicht eine bestimmte Bewilligung erteilt wird. Zu der Aussage, dass er durch die Erteilung einer solchen Bewilligung nicht in seinen „Rechten" berührt wird (zB VwSlg 11352 A/1984,

14257 A/1995; abweichend VwGH 23. 5. 2002, 2001/07/0133), gelangt man mit Hilfe des allgemeinen **„Normativitäts"**-Kriteriums: Die für ihn maßgebliche Rechtslage ist nach der Erteilung der Bewilligung an seinen Konkurrenten dieselbe wie sie vorher war. Was sich geändert hat, ist allein seine wirtschaftliche Lage. Dementsprechend ist er durch die Erteilung der Bewilligung „nur" in seinen „wirtschaftlichen Interessen", nicht aber in seinen Rechten berührt. Von einem **Tangieren „rechtlicher Interessen"** könnte in solchen Fällen nur dann die Rede sein, wenn das positive Recht – was angesichts der wirtschaftlich mitunter bedeutenden Interessenlagen verschiedentlich geschehen ist (vgl Negwer, Der Konkurrenzschutz im öffentlichen Recht, Diss Wien 2001) – diese Interessen als „rechtliche Interessen" anerkennt, insb dadurch, dass die Wahrung der Interessenlage des Mitwerbers zu seinem Schutz zu einem behördlichen Entscheidungskriterium gemacht wird und ihm im Hinblick auf diese Interessenlage Parteistellung im Verfahren eingeräumt wird.

Das Grundmodell findet sich im Verwaltungsrecht in zahlreichen Varianten. 1132
Offenbar hat niemand ein Recht darauf, dass das Vorhaben eines anderen nur deshalb unterbleibt, weil er selbst entgegen gesetzte Interessen verfolgt. Dementsprechend hat auch im Verwaltungsverfahren niemand nur deshalb die Stellung einer mitbeteiligten Partei gemäß § 8 AVG, weil er Interessen verfolgt, die jenen des Antragstellers entgegen gesetzt sind. Vielmehr soll eine Person dann als mitbeteiligte Partei Parteistellung in einem Verwaltungsverfahren haben, wenn ihre **Rechtsstellung** durch den Ausgang des Verfahrens, dh durch den letztendlich zu erlassenden Bescheid, berührt werden kann. Welche „Rechte" insoweit berührt werden können, ergibt sich nicht aus dem Verfahrensrecht, sondern aus dem jeweils maßgeblichen materiellen Recht.

Über die Rechtslage eines Dritten wird – gemäß dem Normativitätskriterium – 1133
abgesprochen, wenn ein administrativer Rechtsakt für ihn eine Pflicht begründet oder wenn er sonst seine „Rechte" aufhebt oder gestaltet. Freilich ist die Judikatur nicht bereit, alle mit einem Rechtsakt verbundenen „Rechtsfolgen" in die Beurteilung einzubeziehen: Gegenstand einer Anlagenbewilligung ist im Allgemeinen die Erteilung einer Berechtigung für den Antragsteller, nicht aber die Begründung von Pflichten oder die Aufhebung oder Beschränkung von Rechten Dritter.

Der vom Antragsteller verschiedene Grundeigentümer wird durch die Entscheidung über eine Konzession oder über eine Anlagenbewilligung, sofern das Gesetz nichts anderes vorsieht, nicht in seinen Rechten berührt (VfSlg 14783/1997). Der Mieter wird durch die Erteilung eines Abbruchauftrags an den Hauseigentümer (zB VwGH 11. 10. 1994, 92/05/0267) und der gewerbliche Geschäftsführer durch eine gewerbebehördliche Entscheidung nicht in seinen Rechten berührt. Eine Kammer wird durch das Konzessionsverfahren betreffend ein (potenzielles) Pflichtmitglied nicht in ihren Rechten berührt. Der Eigentümer eines Grundstücks, auf dem eine Schutzpflanzung angelegt werden soll, hat keine Parteistellung im naturschutzbehördlichen Verfahren, in dem diese Auflage vorgeschrieben werden soll, da diese Vorschreibung als solche für ihn noch keine Pflicht begründet (VwGH 16. 12. 2002, 2001/10/0210). Der inländische Deponiebetreiber hat nur ein wirtschaftliches Interesse und daher keine Parteistellung im Notifikationsverfahren (nach EG-AbfallverbringungsVO) des Abfallimporteurs (VwGH 21. 1. 2003, 2002/07/0160). Das Verfahren über die Bestimmung der Entgelte eines Telekomunternehmens berührt nicht die Rechtsstellung eines anderen Telekomunternehmens (VwGH 26. 2. 2003, 2000/03/0328).

Die Judikatur hat zu der Abgrenzungsformel gefunden, dass ein Verwaltungsakt nur dann in Rechte **eingreift**, wenn er „in die Rechtssphäre des Betreffenden bestimmend eingreift", wenn in rechtlicher Hinsicht „darin eine **unmittelbare**, nicht bloß abgeleitete und mittelbare Wirkung zum Ausdruck kommt". Rechtsfolgen kraft tatbestandsmäßiger Anknüpfung werden daher beim derzeitigen Stand der Rechtsprechung – ohne klar erkennbare Linie – zu einem nicht unerheblichen Teil aus der Betrachtung ausgeklammert.

1134 Grundsätzlich könnte Gleiches für die Nachbarn einer Anlage gelten. Ihre Rechte werden unzweifelhaft berührt, soweit sie durch die Anlagenbewilligung bestimmten Duldungs- oder Unterlassungspflichten unterworfen werden (zB Bauverbot im Abstandsbereich). Im Allgemeinen tangiert dagegen die einer Person erteilte Bewilligung zur Errichtung und zum Betrieb einer Anlage nicht die Rechtsstellung der Nachbarn. Der Sinn administrativer Genehmigungsvorbehalte liegt allerdings häufig darin, in Verdrängung zivilrechtlicher Abwehransprüche (§ 364a ABGB) die Vorsorge für den **Schutz bestimmter Dritter** sicherzustellen. Insoweit könnte man davon ausgehen, dass der Ausgang eines solchen Verfahrens für diese Dritten von nicht bloß tatsächlichem, sondern auch „rechtlichem Interesse" ist. Freilich ist damit für die Judikatur noch kein Tangieren ihrer Rechte dargetan. Nach dem obrigkeitlichen Modell der Verwaltung ist der Verwaltung primär die Wahrung **„öffentlicher Interessen"** aufgegeben. Dementsprechend findet sich verschiedentlich die Vorsorge für den erforderlichen Schutz Dritter – dh der **„Allgemeinheit"** – als eine dem öffentlichen Interesse dienende bloße Amtspflicht. Beispielsweise obliegt es der Wasserrechtsbehörde gemäß § 105 Abs 1 Z 1 WRG, auf ein Hintanhalten „gesundheitsschädlicher Folgen" zu achten. Diese Aufgabe ist ihr nach dem Gesetzestext freilich explizit „im öffentlichen Interesse" aufgegeben. Der Gesetzgeber wollte ersichtlich kein „Recht" Dritter auf Abwehr gesundheitsschädlicher Folgen begründen. Dementsprechend räumt das materielle Wasserrecht potenziell gefährdeten Personen kein materiell-rechtliches subjektives Recht ein und dementsprechend kommt ihnen (aus diesem Titel) keine Parteistellung in wasserrechtlichen Verfahren zu. Von einer solchen Sicht des bloßen Schutzes Dritter (als Angehörige der „Allgemeinheit") unter dem Titel der Wahrung „öffentlicher Interessen" sind ganz allgemein zB das Eisenbahn- und das Luftfahrtrecht geprägt.

1135 Keine davon abweichende Sicht ergibt sich, wenn man im Sinn einer verfassungskonformen Interpretation das BVG über den umfassenden Umweltschutz veranschlagt, da dieses BVG zwar zu Umweltschutz als solchem verpflichtet, nicht aber die Einräumung subjektiver öffentlicher Rechte gebietet oder selbst begründet. Eine andere Sicht kann sich freilich ergeben, wenn man im Sinn einer grundrechtlichen Gewährleistungspflicht (Rz 649) ein „Recht" auf ein Mindestmaß an effektivem Gesundheitsschutz annimmt. In diesem Sinn sind einzelne neuere Entscheidungen des EGMR zu sehen. Im Übrigen ist in erster Linie der Gesetzgeber zur Abgrenzung der konfligierenden Rechtspositionen aufgerufen: Es liegt grundsätzlich in seinem rechtspolitischen Ermessen, auf welche Weise er der Gewährleistungspflicht entspricht (Raschauer ZfV 1999, 508).

1136 Insgesamt entscheidet daher primär der einfache Gesetzgeber durch die Statuierung entsprechend „schützender" Regelungen über den „Rechtskreis" des Dritten. Wendet man diese Sicht auf das Standardbeispiel der Stellung des Nachbarn im Bauverfahren an, so ist zunächst festzuhalten, dass ihm subjektive Rechte nicht deshalb zukommen, weil er „Nachbar" ist oder weil seine Interessen möglicherweise denen des Bauwerbers entgegen gesetzt sind. Rechte, die er gegenüber der Baubehörde in Bezug auf den Bauwerber geltend machen kann, kommen ihm insoweit zu, als die Bauordnungen – üblicherweise in mehr oder minder großem Umfang – Bestimmungen enthalten, die als materielle Rechte der Nachbarn gedeutet werden können, weil sie Beschränkungen (zB Seitenabstand, Gebäudehöhe) im Interesse bestimmter Einzelpersonen statuieren.

Dass Nachbarschaft als solche nicht relevant ist, wird sofort deutlich, wenn man das durch den Bestand von „Nachbarrechten" charakterisierte Bau- und Gewerberecht verlässt: Wird neben dem

Grund des A eine Kläranlage errichtet, so kommen ihm allein deshalb im Hinblick auf ein wasserrechtliches Verfahren noch keine Rechte – und damit keine Parteistellung – zu, da das Wasserrecht bestimmte Seitenabstände zu Nachbarn oder eine bestimmte Lärm- oder Geruchsfreiheit benachbarter Personen thematisch nicht vorsieht.

Damit stellt sich im Zusammenhang mit Problemen des Drittschutzes in noch 1137
schärferer Form die Frage, wie man unter den unzähligen Bestimmungen zB einer BauO jene Bestimmungen des objektiven Rechts erkennt, die dem Dritten, zB dem Nachbarn, subjektive öffentliche Rechte einräumen. Nur in einzelnen Fällen findet sich eine ausdrückliche – zumeist bewusst limitierende – gesetzliche Bezeichnung von Bestimmungen als „subjektive öffentliche Rechte" (zB § 6 Abs 2 nö BauO, § 134a wr BauO). Im Übrigen ist es damit der Interpretation aufgegeben, inwiefern Bestimmungen des objektiven Rechts für bestimmte Einzelne subjektive Rechte begründen. Was unterscheidet eine Bestimmung, die das Unterschreiten eines bestimmten Seitenabstands vom Nachbargrund verbietet, von einer Bestimmung, die eine Beeinträchtigung des örtlichen Straßenbildes verbietet? Leitlinie muss sein, inwiefern eine Bestimmung nicht bloß zur Wahrung öffentlicher Interessen, sondern – zumindest auch – im Interesse bestimmter Personen erlassen ist; näherhin muss es sich um eine Bestimmung handeln, die nicht dem Schutz „der Allgemeinheit", sondern dem Schutz bestimmter, spezifisch betroffener, Einzelner dient (**Schutznormtheorie**; Hengstschläger Rz 85). Beispielsweise können baurechtliche Vorschriften über Seitenabstände und maximale Gebäudehöhen gegebenenfalls auch dem öffentlichen Interesse an der Wahrung eines bestimmten Orts- oder Straßenbildes dienen, sie dienen jedoch in aller Regel gerade (auch) der Wahrung der Interessen der konkret betroffenen Nachbarn; solche Bestimmungen begründen daher subjektive öffentliche Rechte der Nachbarn. Dagegen zielen Vorschriften über den Naturschutz, den Denkmalschutz oder die Wahrung des Ortsbildes im Allgemeinen allein auf die Verwirklichung dieser öffentlichen Interessen ab; solche Bestimmungen begründen daher weder für Nachbarn noch für andere Dritte subjektive Rechte.

Mitunter stellt sich in mehrpoligen Konstellationen die weitere Frage, „**wer**" Träger 1138
eines derartigen subjektiven Rechts ist. Auch diese Frage ist aus dem maßgeblichen materiellen Recht zu beantworten. Beispielsweise schützen bau- oder wasserrechtliche Regelungen im Allgemeinen allein den Eigentümer der betroffenen (Nachbar-)Liegenschaft; dem Mieter oder Pächter kommt in derartigen Verfahren daher keine Parteistellung zu. Andererseits schützt das gewerbliche Anlagenrecht jeden, der sich nicht nur vorübergehend im Immissionsbereich aufhält, also auch Bestandnehmer oder Arbeitnehmer benachbarter Betriebe (§ 75 Abs 2 GewO).

Im Rahmen der vorstehenden Erörterungen bildeten neuerlich normative Verwal- 1139
tungsakte primär den Gegenstand der Betrachtung. Grundsätzlich kann jedoch auch nicht-normatives Handeln der Verwaltung zugunsten des A Rechte des B berühren. Beispielsweise kann der polizeiliche Schutz der Veranstaltung des A die (geplante) Veranstaltung des B verhindern, kann die entsprechende Verlegung einer Straße den Grund des A „aufschließen" und die Aufschließung des Grundes des B aufheben, kann die Förderung des A bei knappen Ressourcen eine entsprechende Förderung des B unmöglich machen usw. In den einschlägigen Verwaltungsvorschriften finden sich in solchen Zusammenhängen kaum jemals Bestimmungen zum Schutz der Interessen Dritter, die als Basis „subjektiver öffentlicher Rechte" gesehen werden könnten. Rechte Dritter können sich allerdings aus den Grundrechten (Rz 642, 650) ergeben.

Demgegenüber vermittelt das **Gemeinschaftsrecht** – zB im Zusammenhang mit 1140
dem Beihilfenrecht oder dem Wettbewerbsrecht – durchaus Rechtspositionen, welche

die Grundlage für **Konkurrentenklagen** bilden können.[2] Die RechtsmittelRL im Bereich des Vergaberechts haben auch in Österreich die Einführung drittschützender Bestimmungen erforderlich gemacht, die Grundlage für entsprechende Anträge an Kontrollorgane bilden können. Im Bereich des Umweltanlagenrechts ist gemeinschaftsrechtlich im Allgemeinen nur die Beteiligung „der Öffentlichkeit" angeordnet. Damit können einschlägige RL als „begünstigende" RL im Fall unzureichender Umsetzung (Rz 488b) unmittelbar anwendbar werden, sie verpflichten jedoch nicht zur Begründung „subjektiver Rechte" bestimmter einzelner Personen.

e) Die Parteistellung im Verwaltungsverfahren

1141 Der Umstand, dass der Einzelne Träger eines bestimmten (materiellen) Rechts ist, besagt im Rahmen des österreichischen Verwaltungsrechts nicht notwendig, dass ihm auch prozessuale Mittel zur Durchsetzung oder Verteidigung dieser Rechtsposition an die Hand gegeben sind. Das verwaltungsrechtliche Rechtsschutzsystem zielt zwar auf den Schutz „subjektiver Rechte" ab, ist aber gleichzeitig bis heute grundsätzlich „aktionenrechtlich" ausgestaltet. Im Wesentlichen konzentriert sich dieser Rechtsschutz auf die Teilnahme an Bescheidverfahren und auf die nachträgliche Bekämpfung von Hoheitsakten ieS (Rz 728). Im Umkehrschluss bedeutet dies, dass die Durchsetzung und der Schutz subjektiver Rechte außerhalb dieser Konstellationen in rechtsstaatlich bedenklicher Weise nicht gewährleistet sind. Gleichzeitig erklärt dies die verbreiteten Tendenzen, möglichst viel an Verwaltungshandeln als „Bescheid" zu deuten (Rz 852) und den unverhältnismäßigen Aufwand, der zur Bestimmung der Parteistellung in Bescheidverfahren an den Tag gelegt wird.

1142 Soweit über den Bestand und Umfang von Rechten und Pflichten mittels **Bescheid** zu entscheiden ist, ist für die Fragen der Durchsetzung und des Schutzes von subjektiven Rechten jene Summe an verfahrensrechtlichen Rechten maßgebend, die als **Parteistellung** bezeichnet wird (Hengstschläger Rz 82, 89). Die Innehabung dieser verfahrensrechtlichen Rechtsposition ermöglicht die Geltendmachung verfahrensrechtlicher Rechte im Interesse der Durchsetzung oder des Schutzes von materiellen Rechten. Zur Bestimmung der Parteistellung ist im Anwendungsbereich des AVG (subsidiär) sein § 8 maßgeblich. Danach lassen sich zunächst die **bipolaren** Rechtsverhältnisse klären:

- Parteistellung kommt einer Person zu, auf die sich die Tätigkeit der Behörde in einer ihre Rechte oder rechtlichen Interessen berührenden Weise bezieht; sie ist uneingeschränkt befugt, ihr Recht auf Freiheit von gesetzlich nicht begründeten Belastungen (Einschränkung, Aufhebung oder sonst nachteilige Gestaltung von Rechten) oder auch die ihr zustehenden Forderungsrechte geltend zu machen.
- Parteistellung kommt einer Person zu, die eine Tätigkeit der Behörde in der Form der Behauptung eines Rechts oder rechtlichen Interesses in Anspruch nimmt; sie macht mit ihrem Anbringen das verfahrensrechtliche Recht auf eine Sachentscheidung eines bestimmten Inhalts geltend und aktualisiert zugleich mit ihrem Antrag einen materiell-rechtlichen Anspruch.

---

2 ZB Griller und Aicher in Aicher/Holoubek/Korinek (Hg), Gemeinschaftsrecht und Wirtschaftsrecht, 2000, 27, 52ff bzw 217, 254ff; Langeder, Die Konkurrentenklage bei Verletzung des europäischen Subventionsrechts, 2002; Rebhahn in Raschauer, Wirtschaftsrecht, Rz 890ff. Charakteristisch die Vorlagefrage in VwGH 23. 5. 2002, 2001/07/0132.

Weniger deutlich gibt § 8 AVG über die Parteistellung Dritter als **mitbeteiligte Parteien** (neben der **Hauptpartei**) Auskunft: 1143

- Parteistellung kommt Dritten zu, auf die sich die Tätigkeit einer Behörde in einer ihre Rechte berührenden Weise bezieht; dies kann in belastender Weise erfolgen, zB wenn dem B auf Antrag des A eine Duldungspflicht auferlegt werden soll – in diesem Fall ist die mitbeteiligte Partei befugt, ihr Recht auf Freiheit von gesetzlich nicht begründeten Belastungen geltend zu machen; dies kann aber auch in begünstigender Weise erfolgen, zB wenn das vom A angestrebte Recht in der Folge auch dem B zukommen soll (vgl § 16 StbG) – in diesem Fall ist die mitbeteiligte Partei befugt, im Verfahren den ihr zukommenden Anspruch geltend zu machen.
- Parteistellung kommt schließlich Dritten zu, deren rechtliche Interessen (rechtlich geschützte Interessen) durch die gegen die Hauptpartei ergehende Entscheidung tangiert würden; die mitbeteiligte Partei ist befugt, eine zu gewärtigende Beeinträchtigung der zu „ihrem“ Schutz bestehenden Bestimmungen (Schutznormen) geltend zu machen.

In der zuletzt genannten Konstellation besteht also kein allgemeines „Recht“ der mitbeteiligten Partei „auf eine rechtmäßige Entscheidung“, vielmehr kann eine solche mitbeteiligte Partei nur (in primär negatorischer Weise) die Schutznormen (zB § 74 Abs 2 Z 2 GewO) als subjektive Rechte geltend machen; näherhin nur solche Schutznormen, die im öffentlichen Recht wurzeln und die in von der Behörde im betreffenden Verfahren anzuwendenden Vorschriften wurzeln. Die von solchen mitbeteiligten Parteien geltend zu machenden subjektiven Rechte (und damit ihre materiellrechtliche Parteistellung) ist daher durch die Summe dieser im betreffenden Rechtsbereich wurzelnden Schutznormen **limitiert.** 1144

Die prozessuale Form, in der eine mögliche Beeinträchtigung solcher subjektiver Rechte mitbeteiligter Parteien in anhängigen Verfahren geltend gemacht wird, wird im AVG (zB § 42 AVG) „**Einwendung**“ genannt. Eine Einwendung stellt daher einen verfahrensrechtlichen Antrag zur Wahrung eines im materiellen Recht wurzelnden subjektiven Rechts dar. 1145

Durch „**Präklusion**“ (§ 42 AVG), dh durch nicht zeitgerechtes Geltendmachen (Einwenden) von subjektiven Rechten, wird eine mitbeteiligte Partei verfahrensrechtlich an der Verfolgung ihrer Rechte – hat sie nur einzelne Rechte geltend gemacht: an der Verfolgung der übrigen Rechte – gehindert. Materiell-rechtlich gehen solche Rechte nicht unter; sie können in bestimmten verfahrensrechtlichen Konstellationen wieder aktuell werden. 1146

Für alle Parteien eines Bescheidverfahrens gilt, dass die Summe der den Parteien im Verwaltungsverfahrensrecht eingeräumten verfahrensrechtlichen Rechte ihre „**Parteistellung**“ **im verfahrensrechtlichen Sinn** ausmacht. 1147

Die besonderen Verwaltungsvorschriften enthalten immer häufiger ausdrückliche Bestimmungen über „**Parteien**“ (zB § 356 Abs 3 GewO, § 134 wr BauO, § 102 WRG, §§ 29 Abs 3, 42, 50 Abs 4 AWG, § 17 Abs 5 ALSAG, § 19 UVP-G); man spricht von „Legal-“ oder „**Formalparteien**“ (zB §§ 5, 16 UVP-G). Das bedeutet, dass die betreffenden Personen – in verfahrensrechtlicher Hinsicht – unabhängig von allfälligen materiell-rechtlichen Rechten als Parteien beizuziehen sind und dass ihnen damit die sich aus dem anwendbaren Verfahrensrecht ergebenden subjektiven verfahrensrechtlichen Rechte zukommen. Es ist durch eine derartige Regelung aber noch nicht geklärt, was – in materiell-rechtlicher Hinsicht – diese Personen als „ihre Rechte“ geltend machen dürfen. Im theoretischen Grenzfall – dessen Vorliegen im Zweifel nicht zu vermuten ist, aber zB hinsichtlich der Parteistellung des Grundeigentümers in Anlagenverfahren vorzufinden ist (zB VwGH 4. 9. 2001, 2000/05/0045) – kann sich bei dieser 1148

Regelungstechnik eine materiell-rechtlich inhaltslose Parteistellung ergeben. Ist eine solche Aufzählung von Parteien ersichtlich eine taxative, so ergibt sich daraus – und dies ist in der Tat häufig das rechtspolitische Ziel derartiger Regelungen –, dass anderen Personen (mögen sie auch in materiell-rechtlichen subjektiven Rechten tangiert sein) eine Parteistellung nicht zukommen soll.

Ein ähnlicher Effekt wird erzielt, wenn Verfahren, bei denen der Schutz bestimmter Personen einen Verfahrensgegenstand bildet, als „Einparteienverfahren" ausgestaltet werden (zB § 359b GewO, § 33 Abs 7 stmk BauG). Die damit verbundene Trennung von materiell-rechtlichem subjektivem Recht und der verfahrensrechtlichen Befugnis zur Geltendmachung ist mE verfassungswidrig (Raschauer ZfV 1999, 514).

1149 Mitunter räumt der Gesetzgeber bestimmten Personen oder Institutionen im Hinblick auf ein Verwaltungsverfahren, durch dessen Ausgang sie **nicht** in subjektiven Rechten oder rechtlichen Interessen tangiert werden, **einzelne** verfahrensrechtliche Rechte ein, zB das Recht auf Stellungnahme oder auf Berufung. Kommen solche Rechte Institutionen zu, ist von Organ- oder **Amtsparteien** die Rede (vgl auch Hengstschläger Rz 88). Grundsätzlich stehen derartigen Parteien nicht sämtliche Verfahrensrechte offen, sondern nur die in der gesetzlichen Ermächtigung explizit genannte Verfahrenshandlung (zB VwSlg 15183 A/1999).

1150 Der Gesetzgeber kann darüber hinaus auch Personen (zB §§ 19 Abs 4, 24h UVP-G) und Institutionen die verfahrensrechtliche Möglichkeit der Geltendmachung von Inhalten des objektiven Rechts, und zwar unabhängig von einer allfälligen Schutznormqualität, „als subjektive Rechte" zuerkennen. Beispielsweise sind die Arbeitsinspektionen zur Wahrung des (gesamten) Arbeitnehmerschutzrechts in Genehmigungsverfahren und die Umweltanwaltschaften zur Wahrung des (gesamten) objektiven Naturschutzrechts in naturschutzbehördlichen Verfahren berufen. Es geht um die Gewährleistung der Symmetrie der Argumentation im Verwaltungsverfahren. In verfahrensrechtlicher Hinsicht handelt es sich dann um eine „volle" Parteistellung, da diesen Parteien alle einer „normalen" Partei im Verfahren zukommenden Rechte offen stehen (zB § 19 Abs 3 UVP-G, § 20 Abs 2 ForstG, § 26 DenkSchG, § 44 KartG, §§ 35, 42 Abs 2 StbG, §§ 42 Abs 1, 52 Abs 3 AWG, § 16 Abs 5 UmwManG).

D. Öffentlich-rechtliche Pflichten

1151 Weniger problematisch und differenzierungsbedürftig als der Begriff der „subjektiven öffentlichen Rechte" ist der Begriff der „öffentlich-rechtlichen Pflichten": Durch Rechtsvorschriften des öffentlichen Rechts werden Pflichten der **Rechtsunterworfenen** in so großer Zahl begründet, dass bereits die gesetzliche Vermutung der allgemeinen Rechtskenntnis (§ 2 ABGB) arg strapaziert ist. Unter anderem ist auch zu allen Verwaltungsstraftatbeständen der besonderen Verwaltungsvorschriften die Pflicht hinzuzudenken, das typisierte Verhalten nicht zu setzen.

Zu denken ist zB an Verhaltenspflichten im Straßenverkehr, Auskunfts- und Meldepflichten, Betriebs-, Bevorratungs- und Ablieferungspflichten, Duldungspflichten (zB der Aufstellung von Straßenverkehrszeichen), Leistungspflichten – von der Gehsteigsreinigungspflicht über Hand- und Spanndienste (Zugdienste), der Mithilfe bei Elementarereignissen, der Schöffen- und Geschworenenpflicht und der Wehr- oder Zivildienstpflicht bis zu vielfältigen vermögensrechtlichen Leistungspflichten.

1152 Differenziert zu sehen ist die Frage der Durchsetzbarkeit von öffentlich-rechtlichen Pflichten der **Rechtsunterworfenen**:

- Wird jemand durch einen vollstreckbaren Bescheid oder Rückstandsausweis zu einem Tun, Dulden oder Unterlassen verpflichtet, dann sind im Anwendungsbereich des VVG (und anderer vollstreckungsrechtlicher Regelungen) Verfahren der zwangsweisen Durchsetzung des Leistungsinhalts des Vollstreckungstitels vorgesehen (Rz 991). Auf diesem Modell bauen einzelne verpflichtende Regelungen auf, wenn sie im Streitfall eine Verwaltungsbehörde zur bescheidförmigen Entscheidung und damit zur Schaffung eines individuell-konkreten Vollstreckungstitels berufen.
- Verschiedentlich ist eine Durchsetzung gesetzlicher Pflichten durch Akt unmittelbarer verwaltungsbehördlicher Zwangsgewalt vorgesehen, etwa im Fall der Führerscheinabnahme (§ 39 FSG), der Abnahme von Zulassungsschein und Kennzeichentafel (§ 61 Abs 5 KFG), der Abnahme einer Waffe (§ 13 WaffenG) oder der Zurückschiebung von Fremden (§§ 55, 60 FrG).
- Wird das in einem Akt unmittelbarer verwaltungsbehördlicher Befehlsgewalt Angeordnete nicht befolgt, so ergibt sich aus den einschlägigen Gesetzen bisweilen – gleichsam als „nächste Steigerungsstufe“ – die Herstellung des gebotenen Zustandes durch Akt unmittelbarer verwaltungsbehördlicher Zwangsgewalt (Rz 1042). Ist dies gesetzlich nicht vorgesehen, dann findet sich im Allgemeinen ein tatbestandsmäßig an die Nicht-Befolgung anknüpfender Verwaltungsstraftatbestand: Der Befehl ist in solchen Fällen nicht direkt durchsetzbar; freilich ist zu beachten, dass § 35 Z 3 VStG in ziemlich pauschaler Weise denjenigen mit Festnehmung bedroht, der „trotz Abmahnung in der Fortsetzung der [verwaltungsrechtlich] strafbaren Handlung verharrt oder sie zu wiederholen sucht“.
- Schwierige Fragen stellen sich, wenn es sich um die Durchsetzung einer kraft 1153
Gesetzes bestehenden Pflicht handelt. Die besonderen Verwaltungsvorschriften sehen verschiedentlich ausdrücklich die Erlassung von Verpflichtungs- oder Duldungsbescheiden vor, zB wenn es um die Aufstellung von Straßenverkehrszeichen auf Privatgrund (§ 33 StVO) oder um die Duldung von Baumaßnahmen an Grenzbauten auf dem Grund des Nachbarn (zB § 126 Abs 3 wr BauO) oder um notwendige Erhebungen (zB § 29 nö ROG) geht. Die kraft Gesetzes bestehende Pflicht wird in solchen Fällen durch den Bescheid durchsetzbar (Rz 1077).

Auf Seiten der **Verwaltung** bedeutet es keine Schwierigkeit, rechtliche Verhaltens- 1154
pflichten im ganz üblichen Sinn als „Pflichten“ zu sehen. Wenn oben (Rz 1105) hervorgehoben wurde, dass Verwaltungsbehörden in hoheitlichen Angelegenheiten gegenüber Rechtsunterworfenen „Kompetenzen“ wahrnehmen, so soll damit zum Ausdruck kommen, dass es sich um „Vollziehung“ und nicht um „Rechtsausübung“ handelt; dessen ungeachtet steht die Kompetenzwahrnehmung nicht im Belieben des Kompetenzträgers (Rz 98), sondern bildet im Allgemeinen eine „Amtspflicht“.

Die adäquate Sicht der „**Amtspflichten**“ der Verwaltung wird häufig dadurch belastet, dass diese Frage mit der Frage nach dem Bestehen subjektiver Rechte Dritter auf Wahrnehmung der Pflicht vermengt wird. Aus dem Fehlen eines subjektiven Rechts eines Rechtsunterworfenen darf nicht auf das Fehlen einer Amtspflicht geschlossen werden: Die Baubehörde hat von Amts wegen ebenso strikt auf die Einhaltung jener baurechtlichen Bestimmungen zu achten, die keine subjektiven öffentlichen Rechte Dritter begründen, wie auf die Einhaltung jener Bestimmungen, die subjektive Rechte begründen. Die Verletzung „bloßer Amtspflichten“ ist lediglich anders sanktioniert, insb disziplinarrechtlich oder haftungsrechtlich.

Die Durchsetzung verwaltungsrechtlicher Pflichten der Gebietskörperschaften durch die Träger einschlägiger rechtlicher Interessen, insb von rechtlichen Ansprüchen, ist noch vom obrigkeitlichen Staatsverständnis geprägt und dementsprechend rechtlich defizitär geregelt. Ganz allgemein steht dem Interessenten die Form des „Anbringens" (§ 13 AVG) zu Gebote, um die zuständige Verwaltungsstelle an die Erfüllung einer Pflicht zu „erinnern", sei dies durch den Antrag auf eine bestimmte bescheidförmige Entscheidung, sei dies durch die Fälligstellung einer öffentlich-rechtlichen Schuld, sei dies als eine sonstige Erinnerung. Da das österreichische Recht keine allgemeine öffentlich-rechtliche Leistungsklage kennt, bestehen direkte Rechtsmittel gegen behördliche Untätigkeit im Allgemeinen nur im Anwendungsbereich des § 73 AVG bzw des § 27 VwGG. Daher kommt es dann, wenn es um eine nicht in der Erlassung eines Bescheides bestehenden Pflicht geht, wesentlich darauf an, ob die Verwaltungsstelle im negativen Fall – zB bei Nicht-Ausstellung eines Passes oder einer sonstigen Urkunde oder bei Nicht-Erteilung einer Auskunft – als zur Erlassung eines negativen Bescheides verpflichtet anzusehen ist (was jedenfalls nur dann in Betracht kommt, wenn es sich überhaupt um eine bescheidfähige Dienststelle handelt). Im Allgemeinen bildet freilich auch das Provozieren eines solchen Bescheides lediglich eine nicht auf die Sache selbst gerichtete Ersatzhandlung.

1155 Geht es um einen vermögensrechtlichen Anspruch gegen eine Gebietskörperschaft, steht subsidiär eine Klage nach Art 137 B-VG zu Gebote. Ist ein Anspruch bescheidförmig zuerkannt, so gehen Lehre und Rechtsprechung davon aus, dass er nicht im Wege des VVG gegen eine Gebietskörperschaft durchgesetzt werden kann. Gegebenenfalls kommt eine Liquidierungsklage nach Art 137 B-VG in Betracht.

Schließlich bleibt es bei „indirekten" Rechtsbehelfen, etwa in der Form der Amtshaftungsklage und der Beschwerde an die Volksanwaltschaft (Art 148a B-VG). Angeführt seien noch Aufsichtsbeschwerden bei der Dienstbehörde (vgl § 68 Abs 7 Satz 2 AVG) bzw bei der Aufsichtsbehörde eines Selbstverwaltungskörpers sowie Sachverhaltsdarstellungen an die Staatsanwaltschaft (insb im Hinblick auf § 302 StGB), also Akte, die ihrerseits nicht mit einem Rechtsanspruch auf Erledigung verbunden sind. Zur Deutung bestimmter Fälle „qualifizierter Untätigkeit" als AuvBZ vgl Rz 1043.

1156 Dass eine derart defizitäre Rechtslage nicht den mit dem rechtsstaatlichen Prinzip einhergehenden Erfordernissen effektiven Rechtsschutzes genügt, scheint offenkundig. Der VfGH hat treffend festgehalten, „daß Verwaltungsakte, die erhebliche Rechtswirkungen haben, rechtlich nicht als unbekämpfbare Verwaltungsakte konstruiert werden dürfen, weil das verfassungsgesetzlich gewährleistete Rechtsschutzsystem sonst leerlaufen würde" (VfSlg 13669/1994). Im gleichen Sinn wird man festhalten müssen, dass Verwaltungsakte, die erhebliche Rechtswirkungen haben – also nicht nur Bescheide – in einem Rechtsstaat nicht so ausgestaltet werden dürfen, dass ihre Setzung von den Personen, die ein rechtliches Interesse an dem Verwaltungshandeln haben, nicht durchgesetzt werden kann.

E. Arten von öffentlich-rechtlichen Rechten und Pflichten

1157 Einleitend wurde bereits dargelegt, dass der Begriff des subjektiven (öffentlichen) Rechts eine zusammenfassende Bezeichnung für eine Reihe ganz unterschiedlicher Phänomene bildet. In der Folge soll noch auf einige für das Verwaltungsrecht relevante Unterscheidungen hingewiesen werden.

Unterscheidungen lassen sich nach der Rechtsgrundlage des Rechts bzw der Pflicht treffen. Subjektive Rechte, die im Verfassungsrecht im formellen Sinn verankert sind, stellen „**verfassungsrechtlich gewährleistete Rechte**" iS von Art 144 Abs 1 B-VG dar. Angesichts der Formalisierung ist dieser Begriff zum Teil enger, zum Teil weiter als der materiell verstandene Begriff „Grundrecht" (Öhlinger Rz 677). In verfassungsrechtlichen Vorschriften angelegte Rechtspositionen, die der gesetzlichen Ausgestaltung bedürfen, wie zB der Anspruch auf Richtigstellung oder Löschung personenbezogener Daten oder der Anspruch auf Auskunft gemäß Art 20 Abs 4 B-VG, sieht der VfGH nicht als nach Art 144 Abs 1 B-VG durchsetzbare Rechte. In vergleichbarer Weise kann man bei Bestimmungen von der Art der „Wehrpflicht" (Art 9a Abs 3 B-VG) von verfassungsrechtlich verankerten „**Grundpflichten**" sprechen; sie wirken nach Maßgabe der einfachgesetzlichen Ausgestaltung.

Rechte und Pflichten, die sich aus **verfahrensrechtlichen** Bestimmungen ergeben und die im Allgemeinen nur im Hinblick auf den Ablauf von (anhängigen) Verfahren bestimmend sind, kann man als verfahrensrechtliche Rechte (zB auf Parteiengehör) und Pflichten (zB die Mitwirkungsobliegenheiten) bezeichnen und sie den aus dem **materiellen** Recht ergebenden Rechten und Pflichten gegenüberstellen; Rechtsfolgen dieser Unterscheidung finden sich in einzelnen speziellen Zusammenhängen (zB Rz 1225, 1275). 1158

Aus der Sicht des öffentlich Bediensteten kann man die aus den Dienstrechtsvorschriften erwachsenden **dienstrechtlichen** Rechte und Pflichten hervorheben.

Bei den vorstehend behandelten Rechten und Pflichten, wie etwa jenen der Nachbarn, ging es in erster Linie um **gesetzlich** begründete Rechte und Pflichten. Nicht zuletzt können subjektive öffentlich Rechte (zB Verleihung einer Konzession, Erteilung einer Dispens, Verleihung eines Akademischen Grades) und öffentlich-rechtliche Pflichten (zB Instandsetzungsauftrag, Entfernungsauftrag, Duldungsverfügung, Einkommensteuerbescheid) durch **Bescheid** begründet werden. Echte Durchführungsverordnungen (Rz 811) dürfen keine neuen Pflichten begründen.

Eine Reihe von Fragen werfen die Begriffe der persönlichen, höchstpersönlichen und dinglichen Rechte und Pflichten auf; sie sollen daher in einem eigenen Abschnitt behandelt werden.

F. Persönliche und dingliche Rechte und Pflichten

1. „Persönlich" und „höchstpersönlich"

Nach dem Grad der personellen Bezogenheit können **persönliche** und **höchstpersönliche** Rechte und Pflichten unterschieden werden. Die Begrifflichkeit ist dadurch belastet, dass sie sich vom allgemeinen Sprachgebrauch entfernt hat. Insb wird der Begriff „persönlich" in der verwaltungsrechtlichen Terminologie traditionell als Gegensatz zu „dinglich" (vgl noch Rz 1164) verstanden, sodass das, was man gemeinhin „persönlich" nennt, zur Wortschöpfung „höchstpersönlich" Anlass gegeben hat (zB § 48a Abs 7 KFG: „Das Wunschkennzeichen ist ein höchstpersönliches Recht, das nicht auf andere Personen übertragbar ist"; vgl auch § 27 Abs 1 lit c WRG). 1159

„Pflichten sind im allgemeinen persönlich, dabei ist ihnen auch dann rechtswirksam Genüge getan, wenn sie durch einen Stellvertreter erfüllt werden. Der an einem Verwaltungsverfahren Beteiligte genügt nach § 19 AVG seiner Verpflichtung, vor der Behörde zu erscheinen, wenn er einen Stellvertreter schickt. Fordert die Behörde aber ausdrücklich sein persönliches Erscheinen, dann trifft ihn eine höchstpersönliche Verpflichtung, eine Verpflichtung, bei deren Erfüllung er sich nicht vertreten lassen kann. So kann auch die Verpflichtung zur Verbüßung einer Arreststrafe nicht auf einen anderen abgewälzt werden" (Antoniolli/Koja, Allgemeines Verwaltungsrecht[3], 1996, 281).

Ähnliches kann man in Bezug auf subjektive öffentliche Rechte festhalten: Öffentlich-rechtliche Gestaltungsrechte können durch Stellvertreter ausgeübt werden, öffentlich-rechtliche Ansprüche können durch Stellvertreter geltend gemacht werden. Da das Wahlrecht zu den allgemeinen Vertretungskörpern aber nur „persönlich" (Art 26 Abs 1 B-VG) ausgeübt werden darf, handelt es sich um ein höchstpersönlich auszuübendes Recht.

1160 Ob subjektive öffentliche Rechte und Pflichten persönlicher oder höchstpersönlicher Natur sind, ist auf Grund einer inhaltlichen Analyse der rechtlichen Zusammenhänge zu beurteilen. Beispielsweise setzen auch die §§ 4 und 5 VVG voraus, dass anhand inhaltlicher Kriterien zu ermitteln ist, ob sich eine bestimmte Pflicht „wegen ihrer eigentümlichen Beschaffenheit nicht durch einen Dritten bewerkstelligen läßt". Im Rahmen dieser Analyse sind zwei Gesichtspunkte zu unterscheiden: Man kann der Frage nachgehen, ob ein Recht oder eine Pflicht **stellvertreter- oder gehilfenfeindlich** ist, und man kann der Frage nachgehen, ob ein Recht oder eine Pflicht bzw die damit verbundene Verantwortlichkeit auf einen Dritten **übertragbar** sind.

So ergibt eine solche Analyse, dass dienstrechtliche Pflichten und die Wehrpflicht vertretungs- und gehilfenfeindlich sind, sie sind „höchstpersönlich" zu erfüllen. Ebenso handelt es sich bei der Lenkberechtigung, bei der Berechtigung zum Führen einer Waffe und bei öffentlichen Funktionen (zB der Mitgliedschaft in Kollegialorganen) um stellvertretungsfeindliche, höchstpersönlich auszuübende Berechtigungen.

Andererseits ist die Gewerbeberechtigung, obwohl sie gemäß § 38 GewO „persönlich" auszuüben ist, nicht gehilfenfeindlich: Der Berechtigte muss nicht selbst im Geschäftslokal tätig sein (vgl auch § 12 ApothG). Dies gilt auch für die Pflichtenseite: Der Inhaber einer Anlagengenehmigung darf mit der Erfüllung von Auflagen seine Gehilfen betrauen. Das Handeln dieser Gehilfen ist dem Berechtigten bzw dem Verpflichteten zuzurechnen, er bleibt dafür verwaltungsrechtlich verantwortlich.

Dementsprechend schwierige Fragen werfen standesrechtliche Bestimmungen auf, die Freiberufler verpflichten, ihren Beruf „persönlich" auszuüben und damit unklar lassen, inwiefern eine Tätigkeit unter der Aufsicht des Betreffenden genügt.

1161 Subjektive öffentliche Rechte und Pflichten sind ganz allgemein in dem Sinn **nicht übertragbar**, dass sie – wenn das Gesetz nicht explizit etwas anderes vorsieht (zB § 14 ApothG, § 24a AMG) – Dritten nicht rechtswirksam zur „Ausübung im eigenen Namen" überlassen (verkauft, verpachtet, abgetreten) werden können (VwSlg 14232 A/1995). Der Dritte, der selbst nicht berechtigt ist, würde – ungeachtet einer allfälligen „Gestattung" durch einen Berechtigten – unberechtigt und damit rechtswidrig tätig werden.

Angesichts dieser personellen Bindung im Sinn einer Nicht-Übertragbarkeit behilft sich die Verwaltungsrechtsgesetzgebung bisweilen mit der Konstruktion einer „bedingten Zurücklegung" einer Berechtigung (zB § 86 Abs 2 GewO): die Wirksamkeit eines Verzichts wird in diesen Fällen davon abhängig gemacht, dass eine bestimmte andere Person (mit der der Verzichtende zB einen zivilrechtlichen Vorvertrag betreffend die Geschäftsübergabe geschlossen hat) selbst eine Berechtigung der gleichen Art erwirbt (vgl auch § 17 Abs 5 EisbG).

1162 Verschiedentlich sieht das Verwaltungsrecht allerdings die Möglichkeit einer – die Rechtsinhaberschaft als solche unberührt lassenden – **Übertragung der Verantwortlichkeit** vor. In verwaltungsstrafrechtlicher Hinsicht können juristische Personen (§ 9 Abs 1 VStG) und natürliche Personen (§ 9 Abs 3 VStG) in einem bestimmten Umfang „verantwortliche Beauftragte" bestellen; Gegenstand dieser Verantwortung ist nicht die (zivilrechtliche) Verantwortlichkeit des Beauftragten gegenüber dem Geschäftsherrn, sondern gerade die Verantwortlichkeit gegenüber der Verwaltungsstrafbehörde. Grundsätzlich im gleichen Licht zu sehen ist es, wenn § 38 Abs 1 GewO das Recht, ein Gewerbe auszuüben, als „ein persönliches Recht, das nicht übertragen werden kann", qualifiziert und wenn § 39 Abs 1 GewO die Möglichkeit vorsieht, für die Ausübung des Gewerbes einen Geschäftsführer zu bestellen, der sodann der Gewerbebehörde gegenüber „für die Einhaltung der gewerberechtlichen Vorschriften verantwortlich ist".

Ein solcher gewerberechtlicher Geschäftsführer ist nicht nur verwaltungsstrafrechtlich verantwortlich (§ 370 Abs 2 GewO), er ist auch in allen gewerberechtlichen Verfahren vertretungsbefugt und Zustellungsbevollmächtigter, er ist überhaupt der primäre „Ansprechpartner" der Gewerbebehörde. Träger der Berechtigung und subsidiär Verantwortlicher bleibt dessen ungeachtet der Gewerbeinhaber; ihm gegenüber ist die Bestellung des Geschäftsführers zu widerrufen (§ 91 Abs 1 GewO), ihm gegenüber ist erforderlichenfalls die Gewerbeberechtigung zu entziehen (§ 87 GewO; vgl auch § 17 ApothG zum „verantwortlichen Leiter").

Aus den jeweils maßgeblichen Verwaltungsvorschriften ist zu beurteilen, inwiefern 1163
die Übertragung einer bestimmten verwaltungsrechtlichen Verantwortlichkeit eine gleichartige Verantwortlichkeit des Übertragenden ausschließt (**privative** Übertragung) und inwiefern eine **konkurrierende** oder wengistens **subsidiäre** Verantwortlichkeit des Übertragenden aufrecht bleibt (vgl § 9 Abs 6 VStG, § 137 Abs 6 WRG).

2. „Dingliche" Rechte und Pflichten

Die Aussage, dass bestimmte öffentlich-rechtliche Rechte und Pflichten „persön- 1164
liche" (nicht aber „höchstpersönliche") sind, soll daher vielfach nur zum Ausdruck bringen, dass diese Rechte und Pflichten nicht „dingliche" sind. Rechte und Pflichten sind dann **dinglicher** Natur, wenn sie sich derart auf bestimmte Sachen beziehen, dass es auf in der Person des Berechtigten bzw Verpflichteten gelegene Umstände nicht ankommt. Dementsprechend haften solche Rechte und Pflichten – bildhaft gesprochen – an der Sache, auf die sie sich beziehen, dh sie treffen den **jeweiligen** Inhaber der Sachherrschaftsbefugnis („in-rem-Wirkung"; vgl VwGH 27. 10. 1998, 97/05/0331, 9. 11. 1999, 99/05/0181, 3. 7. 2001, 99/05/0280).

Beispielsweise steht das Recht zur Gewinnung grundeigener mineralischer Rohstoffe dem jeweiligen Grundeigentümer zu (§ 5 MinroG), ist der jeweilige Grundeigentümer als Waldeigentümer zur Erfüllung der Wiederbewaldungspflicht (§ 13 ForstG) verhalten und ist der jeweilige Grundeigentümer zur Duldung gemäß § 72 WRG verpflichtet. Demgegenüber sind zur Ausübung der freien Berufe nur bestimmte *ad personam* Berufsberechtigte befugt und ist der Inhaber eines Geschäftslokals nur dann Pflichtmitglied der Wirtschaftskammer, wenn er (persönlich) Inhaber einer (Gewerbe-) Berechtigung ist.

Im Vordergrund des Interesses am Phänomen der Dinglichkeit im Verwaltungs- 1165
recht stehen nicht gesetzliche Rechte und Pflichten, da sich in diesen Fällen, wie die vorangeführten Beispiele zeigen, der persönliche Anwendungsbereich zumeist mit hinreichender Deutlichkeit aus der tatbestandsmäßigen Umschreibung ergibt und da derjenige berechtigt oder verpflichtet ist, den diese Rechtsposition aktuell trifft. Im Vordergrund des Interesses stehen Fragen **bescheidförmiger** Berechtigungen und Verpflichtungen (sowie Feststellungen). In diesen Fällen kommt nämlich in Betracht, dass der Bescheidspruch an einen bestimmten, namentlich genannten, aktuellen Adressaten gerichtet ist, dass er jedoch auch jeden Rechtsnachfolger des Adressaten treffen soll.

Bei dieser Sicht, dass sich Verwaltungsverfahren und ihre Ergebnisse in Fällen dinglicher Rechte und Rechtsverhältnisse auf den „jeweils" aktuellen Inhaber einer bestimmten Sachherrschaftsbefugnis beziehen, handelt es sich um einen kraft Rechtstradition vorausgesetzten und mittlerweile durch zahlreiche gesetzliche Bestimmungen bekräftigten Grundsatz (Pfeffer, Das Recht bestehender Anlagen, Diss Wien, 1997); er ist bei allein auf Sachen bezogenen Regelungen im Zweifel auch dann maßgeblich, wenn das Gesetz keine ausdrückliche diesbezügliche Regelung enthält. Ausschlaggebend ist, ob ein Bescheidspruch personenbezogen oder (ausschließlich) sachbezogen zu sehen ist.

1166 Beispielsweise kommt es bei der Erteilung einer baurechtlichen Bewilligung nur auf die Eignung des Bauplatzes und des Projekts an; Merkmale der Person des Bewilligungswerbers – wie Staatsangehörigkeit, Geschlecht, Fähigkeiten und Kenntnisse, Vermögensstellung, Unbescholtenheit – sind in diesem Zusammenhang nicht rechtserheblich. Dementsprechend handelt es sich bei der Baubewilligung um eine dingliche Berechtigung, was besagen soll, dass die aus der Baubewilligung erwachsenden Rechte auf den Rechtsnachfolger des Berechtigten übergehen. In gleicher Weise geht auch der dem Grundeigentümer erteilte Auftrag, eine nicht bewilligte Baulichkeit zu entfernen, auf den Rechtsnachfolger des Grundeigentümers über. Diese Sicht ist ganz allgemein für das geltende **Anlagenrecht** charakteristisch, darüber hinaus generell für auf Sachen bezogene Nutzungsbeschränkungen und Nutzungsbewilligungen.

1167 Andererseits kommt es bei der Erteilung von **Konzessionen** aller Art stets auf irgendwelche „**persönliche Voraussetzungen**" an (zB §§ 8ff GewO, § 3 ApothG, §§ 4f BWG); derartige Berechtigungen (und die damit verbundenen Verpflichtungen) sind daher persönliche und nicht dingliche. Dementsprechend treffen auch auf die Ausübung solcher Berechtigungen bezogene behördliche Aufträge (zB zur Bestellung oder Abberufung eines Geschäftsführers) allein den Träger der Berechtigung und verlieren mit dem Erlöschen der Berechtigung ihre rechtliche Wirksamkeit.

Die Verlassenschaft vor der Einantwortung und Witwen und Deszendenten nach der Einantwortung dürfen einen Gewerbebetrieb nur deshalb (auf der Grundlage der früheren Berechtigung) vorübergehend weiter ausüben („fortführen"), weil dies in § 41 GewO explizit vorgesehen ist, da die persönliche Berechtigung des Gewerbeberechtigten mit seinem Tod erlischt.

1168 Wenn Berechtigungen und Verpflichtungen als „dingliche", weil ausschließlich sachenbezogene erkannt worden sind, ist damit – da die Sache als solche nicht berechtigt oder verpflichtet ist – noch nicht beantwortet, **wer** Träger solcher dinglicher Berechtigungen bzw Verpflichtungen ist, dh an welches die Rechtsstellung vermittelnde **Kriterium** die Rechtsordnung anknüpft. Aus dem den historischen Ausgangspunkt dieser Überlegungen bildenden Baurecht ist man gewohnt, auf das „**Eigentum**" an „Liegenschaften" abzustellen. Damit hat man in der Tat eine für eine große Zahl von Fällen der Dinglichkeit gültige Regel gefunden, sind doch zB das Bau-, Wasser-, Naturschutz- oder Forstrecht wesentlich durch ein Anknüpfen an das Liegenschaftseigentum charakterisiert.

1169 Dies ist in solchen Fällen im Allgemeinen auch für die Rechtsstellung **mitbeteiligter Parteien** maßgeblich: Beispielsweise haben die Eigentümer gefährdeter (benachbarter) Liegenschaften – und nicht die Mieter oder Pächter solcher Liegenschaften – Parteistellung in einschlägigen Baubewilligungsverfahren. Weiters trifft die in einem Baubescheid statuierte Pflicht des Nachbarn, bestimmte Bau- oder Instandhaltungsmaßnahmen zu dulden, den Eigentümer des Nachbargrundes; dieser hat sie zivilrechtlich einem allfälligen Bestandnehmer zu überbinden.

Es finden sich aber auch andere Anknüpfungen. So kennt bereits das öffentlichrechtliche Baurecht auch die Anknüpfung an den Träger eines dinglichen zivilrechtlichen Baurechts (Superädifikat) und kennt das Wasserrecht auch nicht mit dem Liegenschaftseigentum verbundene Berechtigungen (§ 22 WRG). Noch weiter geht das gewerbliche Anlagenrecht, da es bereits den vom Grundeigentümer verschiedenen

„Anlageninhaber“ (als bloß obligatorisch Berechtigten) als Normalfall zugrundelegt und dementsprechend einen Übergang von Rechten und Pflichten von einem Anlageninhaber (Vorpächter) zu einem anderen Anlageninhaber (Nachpächter) – gleichsam als Nachfolger in eine wirtschaftliche Rechtsstellung – vorsieht (§ 80 Abs 5 GewO; VwGH 21. 11. 2001, 2000/04/0197). Gleichzeitig knüpft das gewerbliche Anlagenrecht auch auf der Seite der Mitbeteiligten nicht an das Grundeigentum an (§ 75 Abs 2 GewO) und impliziert damit einen Übergang der Rechtsstellung zB von einem Vormieter eines Nachbarhauses an einen Nachmieter (vgl Rz 1174). Leitungsrechte nach § 15 StarkstromwegeG begünstigen den jeweiligen Inhaber der Anlage und belasten den jeweiligen dinglich Berechtigten.

Andererseits muss es sich bei der die Dinglichkeit vermittelnden Sache nicht um eine „Liegenschaft“ handeln. Das moderne Umwelt- und Technikrecht kennt Dinglichkeit im Hinblick auf **bewegliche Sachen** verschiedener Art, wie zB Maschinen oder Stoffe. So gehen nicht anlagenbezogene Pflichten nach dem Abfallrecht primär auf den jeweiligen „Inhaber“ oder den jeweiligen „Besitzer“ des Abfalls, Pflichten nach Kraftfahrrecht zum Teil auf den jeweiligen Zulassungsbesitzer, zum Teil auf den jeweiligen Lenker über, und gehen gemäß § 24a AMG „alle Rechte und Pflichten, die im Zusammenhang mit der Zulassung der Arzneispezialität stehen“, auf den jeweiligen Zulassungsinhaber über.

Ein solches Abstellen auf einen bestimmten „jeweiligen“ Sachherrschaftsbefugten 1170
hat zur rechtlichen Konsequenz, dass die auf die betreffende Sache bezogenen Rechte und Pflichten mit dem Übergang der Sachherrschaftsbefugnis auf den neuen Befugten übergehen. Der maßgebliche Übergangs**zeitpunkt** bestimmt sich nach dem einschlägigen Kriterium: Auf der einen Seite wird im Bau- und Wasserrecht (soweit das Grundeigentum maßgeblich ist) auf die Verbücherung des Liegenschaftseigentumsübergangs abgestellt (näher VwGH 3. 4. 2003, 2001/05/0076), auf der anderen Seite werden die kraftfahrrechtlichen Lenkerpflichten mit der Erlangung der bloßen Lenker-, dh Inhaberstellung aktuell.

Dieser „Eintritt in die Rechte- und Pflichtenstellung“ tritt in den Fällen der Dinglichkeit **kraft Gesetzes** ein. Es handelt sich somit nicht um eine „Rechtsnachfolge“ in eine öffentlich-rechtliche Rechtsstellung, sondern um eine öffentlich-rechtliche Konsequenz von Fällen einer zivilrechtlichen Rechtsnachfolge. Auf welche zivilrechtliche Weise die Rechtsstellung übergeht – kraft Gesamtrechtsnachfolge (zB Erbschaftseinantwortung bei natürlichen Personen, Umgründung bei Kapitalgesellschaften: zB VwGH 25. 4. 2002, 98/07/0103) oder kraft Einzelrechtsnachfolge (zB Verkauf, Übergabe) – ist im Allgemeinen unerheblich.

In mehreren Fällen ist gesetzlich angeordnet, dass der Eintritt der Rechtsnachfolge der 1171
Behörde **anzuzeigen** ist (zB § 22 Abs 2 WRG, § 9 Abs 2 StrahlenschutzG); es handelt sich dabei insoweit um bloße (wenngleich mitunter strafbewehrte) Ordnungsvorschriften, als das Unterlassen der gebotenen Anzeige den kraft Gesetzes eintretenden Rechtsübergang nicht hindert (abweichend § 52 Abs 1 MinroG).

Welche **Konsequenzen** hat der Befund der Dinglichkeit von Rechten und Pflich- 1172
ten? Soweit ein Bescheid über als dinglich erkannte Rechte und Pflichten abspricht – und insoweit einen „**dinglichen Bescheid**“ (Rz 930) darstellt –, bedeutet das, dass der jeweils maßgebliche Sachherrschaftsbefugte in die „Adressatenstellung“ eintritt: Wird eine bebaute Liegenschaft erworben, muss der neue Eigentümer nicht jeweils neuerlich eine Baubewilligung für das bestehende Haus erwirken. Andererseits treffen ihn nicht nur die allgemeinen gesetzlichen Instandhaltungspflichten, er hat vielmehr auch einen im Hinblick auf das Haus erlassenen, an einen „Vorgänger“ adressierten,

bescheidmäßigen Instandsetzungsauftrag zu erfüllen. Aber auch Feststellungen (zB Waldfeststellung gem § 5 ForstG) und negative Entscheidungen wirken kraft *res judicata* gegen den Rechtsnachfolger. Der namentlich genannte Bescheidadressat erweist sich bei dinglichen Bescheiden daher als bloßer „Platzhalter" für den jeweils maßgeblichen Berechtigten. Diese Relativität der Adressatenstellung gilt auch gegenüber anderen aus dem Bescheid verpflichteten Personen: Wurde einem Nachbarn gegenüber bescheidmäßig die Duldung bestimmter Bauarbeiten verfügt, dann trifft diese Duldungspflicht in der Folge denjenigen, dem er zB sein Grundstück verkauft hat.

1173 In **verfahrensrechtlicher** Hinsicht bewirkt Dinglichkeit der verfahrensgegenständlichen Rechte und Pflichten den Eintritt in die verfahrensrechtliche Rechtsstellung: Hat der A eine Baubewilligung beantragt und verkauft er in der Folge die Liegenschaft dem B, dann kann das Bewilligungsverfahren mit dem B fortgesetzt werden.

Unter den Grundsätzen von Treu und Glauben hat allerdings die Regel Anerkennung gefunden, dass die Behörde in Bewilligungsverfahren dem Rechtserwerber Gelegenheit zur Stellungnahme zu geben hat, ob er das Verfahren fortsetzen will (**Eintrittserklärung**; vgl Rz 1332). Ein solcher Eintritt kommt auch bei höchstgerichtlichen Verfahren in Betracht.

Dies gilt grundsätzlich in allen Stadien des Verfahrens. Insbesondere ist bei dinglichen Rechten und Pflichten der (positive oder negative) Bescheid dem zwischenzeitlichen Rechtsnachfolger zuzustellen und ist dieser Rechtsnachfolger befugt, alle Rechtsmittel zu ergreifen, die seinem Rechtsvorgänger offengestanden wären; insb ist er (als nunmehrige „Partei") auch legitimiert, eine Wiederaufnahme des rechtskräftig abgeschlossenen Verfahrens zu verlangen. Schließlich ist ein Vollstreckungsverfahren – zB zur Herstellung des gesetzmäßigen Zustands oder zur Erfüllung einer baubehördlichen Auflage – gegen den neuen Eigentümer durchzuführen.

1174 Der Eintritt in die Rechtsstellung gilt – wenn sie durch Dinglichkeit charakterisiert ist – grundsätzlich auch auf Seiten der mitbeteiligten Parteien: Der neue Nachbar tritt in die verfahrensrechtliche Rechtsstellung seines Vorgängers ein, insb muss sich der neue Nachbar die gegen seinen Rechtsvorgänger eingetretene Präklusion (Rz 1146) entgegen halten lassen.

Eine nicht nachvollziehbare Rechtsschutzlücke hat VwSlg 13371 A/1991 (zuletzt VwGH 17. 3. 1998, 98/04/0018; vgl auch Schulev-Steindl ZfV 1998, 89) eröffnet: Danach soll die mitbeteiligte Partei nur in geltend gemachte Beeinträchtigungen dinglicher Rechte, nicht aber in geltend gemachte Immissionsbeeinträchtigungen eintreten. Wahr ist vielmehr, dass entweder Präklusion eingetreten ist oder eben nicht.

1175 Ein **Ende** findet der Übergang in die Rechte- und Pflichtenstellung des früheren Sachherrschaftsbefugten kraft Dinglichkeit ab dem Zeitpunkt, ab dem jene „**personalisiert**" ist. In diesem Sinn gelten vermögensrechtliche Leistungen ab ihrer (vollstreckungsfähigen) Vorschreibung – da sie in Erbschaftsfällen in die Verlassenschaft eingehen würden (Rz 1208) – als personalisiert (zB VwSlg 14112 A/1994). Naturgemäß ist auch jede Verpflichtung zu einer unvertretbaren Leistung (§ 5 VVG) personalisiert. Dagegen gehen bescheidförmige Verpflichtungen zu anderen Leistungen (insb zu Arbeits- und Naturalleistungen iSv § 4 VVG) auf den nachfolgenden Inhaber der maßgeblichen Sachherrschaftsbefugnis über (aA offenbar VwSlg 15450 A/2000); sie werden erst durch die erste Vollstreckungsverfügung personalisiert (zur Maßgeblichkeit des Beginns des Vollstreckungsverfahrens VwGH 9. 11. 1999, 99/05/0181).

G. Mehrheit von Berechtigten und Verpflichteten

Im Allgemeinen ist auch im Bereich des öffentlichen Rechts jeder als einzelner **für sich** berechtigt bzw verpflichtet. Begehrt eine Mehrzahl von Personen von derselben Dienststelle dieselbe Auskunft, so macht jeder Antragsteller sein individuelles Recht geltend und hat die Verwaltungsstelle jeden Antrag für sich zu erledigen (vgl VwGH 6. 9. 2001, 99/03/0424). Ebenso ändert sich nichts am Erfordernis individueller Erledigung, wenn ein Bürger von mehreren Dienststellen dieselbe Auskunft begehrt. Umgekehrt muss der Betroffene gegebenenfalls auch mehreren Dienststellen, deren behördlicher Aufsicht er unterliegt, dieselbe Auskunft erteilen und kann sich kein zur Katastrophenhilfe Herangezogener mit dem Hinweis „befreien", dass ohnehin andere mithelfen. Besondere Fragen werfen jedoch Fälle auf, in denen im Hinblick auf **dasselbe Recht** bzw **dieselbe Pflicht** eine Mehrzahl von Berechtigten bzw Verpflichteten betroffen ist. 1176

Grundsätzlich nicht angesprochen ist damit der Fragenkreis der (mitgliedschaftlich strukturierten) juristischen Personen, da es im Wesen solcher Rechtspersonen liegt, dass sie selbst (und nicht die dahinterstehenden Mitglieder) Träger von Rechten und Pflichten sind. Ist zB eine Kapitalgesellschaft Träger einer administrativen Berechtigung, so treffen die damit zusammenhängenden Rechte und Pflichten die juristische Person; ein „Durchgriff" auf die Gesellschafter oder auf die Organwalter ist im Hinblick auf öffentlich-rechtliche Rechte und Pflichten nicht vorgesehen. Mit der einer GmbH erteilten Gewerbeberechtigung erwerben die Gesellschafter der GmbH nicht auch selbst eine Gewerbeberechtigung. 1177

Das Abgabenrecht kennt freilich zahlreiche Abstufungen: Von der solidarischen Haftung der Mitglieder einer Gesellschaft bürgerlichen Rechts (§ 6 Abs 2 BAO) über die solidarische Haftung der Gesellschafter von Personengesellschaften (§ 12 BAO) bis zur subsidiären Haftung der vertretungsbefugten Organe einer juristischen Person (§ 9 BAO; vgl Arnold, Schuld und Haftung im Steuerrecht, 2000). Vgl auch § 67 Abs 2 und 10 ASVG (dazu VwSlg 15528 A/2000, Arnold in FS Krejci, 2001, 443).

Zur Mehrzahl von Beteiligten bei Zustellvollmachten vgl § 9 ZustellG.

Auf Seiten der **Verwaltung** sind Phänomene einer Mehrheit von Berechtigten oder Verpflichteten selten. Beispielsweise steht dem Antragsteller auch in Fällen, in denen zwei oder mehr Behörden einvernehmlich zu entscheiden haben, primär eine Behörde als „federführend" (Rz 420) gegenüber; ihr gegenüber hat er die ihm zustehenden materiell-rechtlichen und verfahrensrechtlichen Rechte geltend zu machen. Ein Sonderfall ergibt sich aus § 1 Abs 3 AHG: Dem Geschädigten ist es freigestellt, statt des funktionell zuständigen Rechtsträgers den für das Organ organisatorisch zuständigen Rechtsträger zu klagen, da ihm diese beiden (falls es sich nicht ohnehin um den selben Rechtsträger handelt) „solidarisch haften". Der (bloß) organisatorisch zuständige Rechtsträger hat in diesem Fall dem funktionell zuständigen Rechtsträger gemäß § 10 Abs 1 AHG den Streit zu verkünden. 1178

Auf Seiten der **Rechtsunterworfenen** können auf sehr vielfältige Weise Mehrheiten von Berechtigten und Verpflichteten betroffen sein. Eine elementare Konstellation ist zB bei mit Sachen zusammenhängenden (dinglichen) Rechten und Pflichten gegeben, wenn die betreffende Sache im **Miteigentum** mehrerer Personen steht (zur Wohnungseigentumsgemeinschaft insb VwSlg 14847 A/1998). Im einzelnen ist schon in diesem Zusammenhang zu unterscheiden, inwieweit Rechtsausübung bzw Pflichterfüllung nur „gemeinsam" möglich ist (vgl § 890 ABGB) und inwieweit Rechtspositionen „teilbar" sind (vgl § 889 ABGB). 1179

Beispielsweise treffen alle Miteigentümer **gemeinsam** (solidarisch) die auf eine Liegenschaft bezogene Reinhaltungspflicht, die mit einem Bauwerk verbundene

Instandhaltungspflicht oder die mit einer Liegenschaft verbundene Kanalanschlusspflicht. Im Hinblick auf einen solchen bescheidförmigen Auftrag genügt es, wenn dieser gegenüber einem Miteigentümer (als „Gesamtschuldner"; vgl VwSlg 14056 A/1994; VwGH 9. 10. 2001, 99/05/0078; PILGERSTORFER, Öffentlich-rechtliche Bodensanierung und zivilrechtlicher Ausgleich, 1999, 127) ergeht. Geht es allerdings um die Zerstörung der Sache (zB Abbruchauftrag) oder um eine Enteignung, so ist eine Vollstreckung bzw zwangsweise Einweisung nur dann zulässig, wenn der Titelbescheid gegenüber jedem einzelnen Miteigentümer rechtskräftig wurde. Im umgekehrten Sinn steht zB ein Rückübereignungsanspruch (Rz 1347) nur allen (früheren) Miteigentümern gemeinsam zu, dh dass jeder (frühere) Miteigentümer (nur) die Leistung an alle Miteigentümer (bzw deren zwischenzeitliche Rechtsnachfolger) verlangen kann.

1180 Dagegen sind (mit dinglichen Rechtspositionen verbundene) Gestaltungsrechte „**teilbar**": Soweit nach dem Gesetz zB die Zustimmung des Grundeigentümers erforderlich ist, bedarf es der Zustimmung jedes einzelnen Miteigentümers (VwGH 12. 11. 2002, 2002/05/0756). Soweit dem Grundeigentümer Parteistellung zukommt, kommt sie jedem Miteigentümer für sich zu; dies gilt auch, soweit es zB um die Stellung des Eigentümers des Nachbargrundes als mitbeteiligte Partei geht.

Den §§ 833, 834 ABGB entnimmt VwGH 27. 1. 2003, 2002/10/0198, dass in Fällen, in denen ein Antrag der Zustimmung des Grundeigentümers bedarf und das konkrete Grundstück im Miteigentum steht, nur dann die Zustimmung der Mehrheit der Miteigentümer ausreicht, wenn die beabsichtigte Maßnahme keine „wichtige Veränderung", sondern zB nur eine Erhaltungsmaßnahme betrifft.

1181 Teilbar sind naturgemäß alle Verpflichtungen, bei denen es auf ein „Verschulden" ankommt, wie insb die verwaltungsstrafrechtliche Verantwortlichkeit oder bestimmte Kostenersatzpflichten (insb § 76 Abs 2 und 3 AVG: VwGH 14. 12. 1995, 91/07/0070).

Teilbar sind auch Geldleistungspflichten, doch trifft die Verwaltung grundsätzlich keine Pflicht, Leistungspflichten (von Amts wegen) nach zivilrechtlichen Miteigentumsverhältnissen aufzuschlüsseln. Sofern dies allerdings eine Bestimmung von der Art des § 24 Abs 1 lit e BAO vorschreibt, hat die Verwaltung Abgabenlasten den einzelnen Miteigentümern derart nach Anteilen zuzurechnen, „als wären sie nach Bruchteilen berechtigt".

Der Regressanspruch im Innenverhältnis zwischen den Miteigentümern (§ 896 ABGB) ist zivilrechtlicher Natur, sofern nicht gesetzlich anderes bestimmt ist (ARNOLD, Schuld, 44, 80).

1182 Ähnliches ergibt sich aus verwaltungsrechtlichen Bestimmungen, die mehrere Personen im Hinblick auf dieselbe Pflicht für **haftbar** erklären. Besonders ausgeprägt ist dies bei abgabenrechtlichen Verpflichtungen, sei es, dass das Gesetz mehrere Personen für dieselbe Schuld als Schuldner bezeichnet (§ 6 BAO; vgl auch § 12 Abs 2 PreisG, § 66 Abs 3 GWG, § 4b Abs 5 TierseuchenG; nach neuerer Judikatur auch § 9 Abs 7 VStG), sei es, dass die (im Gesetz angelegte) Haftung einer Person durch einen abgabenrechtlichen Haftungsbescheid (§ 224 BAO) aktualisiert wird (§ 7 BAO).

1183 Eine solidarische Verpflichtung kann aber zB auch in Fällen gegeben sein, in denen das Gesetz in pauschaler Weise „Verpflichtete" anspricht, sodass mehrere Personen – allenfalls aus unterschiedlichen Verpflichtungsgründen – herangezogen werden können (zB VwGH 25. 1. 1996, 93/07/0074, 21. 3. 2002, 2001/07/0179), aber auch in Fällen, in denen ein – nicht „teilbarer" – rechtswidriger Zustand durch mehrere Personen herbeigeführt wird. In solchen Fällen sind alle derart Verpflichteten solidarisch leistungspflichtig, die Behörde kann die gesetzlich vorgesehenen Anordnungen und Aufträge grundsätzlich jedem einzelnen Verpflichteten gegenüber treffen.

Der VwGH hat dazu richtig hervorgehoben: „Bei Gesamtschuldverhältnissen haftet jeder Schuldner für das Ganze. Es bleibt dem Gläubiger überlassen, welchen Schuldner er in Anspruch nimmt. In verwaltungsrechtliche Kategorien umgesetzt, heißt dies, daß der Behörde bei der Auswahl zwischen mehreren Personen, die eine eigenmächtige Neuerung vorgenommen haben, zwar nicht freies Belieben, jedoch **Ermessen** eingeräumt ist. Dieses ist nach den für die Ermessungsübung allgemein geltenden Grundsätzen, dh im Sinne des Gesetzes, zu handhaben" (VwSlg 14056 A/1994; näher Pilgerstorfer, Bodensanierung 130). 1184

Nach der Rechtsprechung steht es der Behörde frei, Leistungsbescheide gegenüber allen Verpflichteten zu erlassen und die zur Rechtsdurchsetzung notwendige Auswahl erst auf der Ebene der Vollstreckung zu treffen (VwGH 14. 12. 1995, 91/07/0070). VwGH 30. 6. 1998, 98/05/0092 dürfte letztlich nicht anders zu verstehen sein. – Zum Regressanspruch Bramersdorfer JBl 2002, 82.

Von diesen Fällen einer – nicht subsidiären – solidarischen Haftung zu unterscheiden sind Fälle einer **subsidiären** Haftung, wie sie zB verschiedentlich zu Lasten des Liegenschaftseigentümers normiert ist, wenn der eigentliche Verursacher „nicht herangezogen oder beauftragt werden kann" (§ 31 Abs 4 WRG; vgl auch § 74 AWG), aber insb auch Betriebsübernehmer trifft (vgl § 14 BAO, § 67 Abs 4 ASVG). Dabei ist terminologisch zu berücksichtigen, dass der Begriff „Ausfallsbürge" o dgl im Verwaltungsrecht nicht gebräuchlich ist. Nach der Teleologie der betreffenden Regelung sind daher Bestimmungen über die „Haftung" eines Dritten mitunter als Fälle einer subsidiären Haftung zu verstehen, bei denen auf den Haftenden nur im Fall der Uneinbringlichkeit beim primären Schuldner zurückgegriffen werden darf (vgl schon VfSlg 12008/1989). 1185

Ganz allgemein sind bei der Anwendung von öffentlich-rechtlichen Haftungsbestimmungen die **verfassungsrechtlichen Grenzen** einer **Haftung für fremde Schuld** – auch im Sinn einer verfassungskonformen Interpretation – zu beachten (näher Raschauer, Wirtschaftsrecht, Rz 167). 1186

H. Das Entstehen öffentlich-rechtlicher Rechte und Pflichten

Grundlage der rechtlichen Existenz einer öffentlich-rechtlichen Pflicht oder eines öffentlich-rechtlichen Rechts ist stets ein normativer Akt. Im Allgemeinen kann dies ein Gesetz oder, auf seiner Grundlage, ein Bescheid sein, wobei insb im Hinblick auf die Fälligkeit der Pflicht und die Aktualität des Anspruchs mehrere Varianten und Abstufungen zu beobachten sind (Rz 1077, 1090). 1187

Wenn bisweilen davon die Rede ist, dass Rechte und Pflichten auch „durch Realakt" oder durch „Beteiligtenhandeln" entstehen können, so ist dies erläuterungsbedürftig: Ganz allgemein kommt es nur dann zum Entstehen von Rechten und Pflichten und zum Eintritt ihrer Aktualität bzw Fälligkeit, wenn die im rechts- oder pflichtenbegründenden normativen Akt statuierten Voraussetzungen gegeben sind. Dies kann auch ein „Realakt" sein, sei es, dass die Zufügung eines Schadens kraft Gesetzes die Pflicht zum Ersatz nach sich zieht, sei es, dass das Vergessen einer Sache kraft Gesetzes eine Verwahrungspflicht auslöst, sei es dass die Gebrauchnahme von einer Bewilligung die in Form von „Auflagen" statuierten Pflichten aktuell werden lässt. Auf einzelne Varianten wird noch unten Rz 1230 zurückzukommen sein.

I. Dispositionen über öffentlich-rechtliche Rechte und Pflichten

1188 Öffentlich-rechtliche subjektive Rechte und Pflichten können nur insoweit rechtswirksam **gestaltet** werden – etwa durch Zession oder Verpachtung (zB § 17 ApothG, § 26 Abs 3 EisbG, § 42b KAKuG) oder durch Bestellung eines Verantwortlichen (zB § 9 VStG) –, als dies gesetzlich vorgesehen ist. In einzelnen Fällen ist gesetzlich vorgesehen, dass öffentlich-rechtliche Rechte und Pflichten zu Gegenständen verwaltungsrechtlicher Vereinbarungen gemacht werden können. Auf derartige genuin **öffentlich-rechtliche** Rechtsgestaltungsmöglichkeiten wird im Hinblick auf Rechtsverhältnisse noch näher einzugehen sein (Rz 1235).

1189 Allgemein gilt, dass öffentlich-rechtliche Rechte und Pflichten nicht Gegenstände **zivilrechtlicher** Rechtsgeschäfte sein können: Eine Baubewilligung kann nicht „verkauft" werden – wohl aber gehen öffentlich-rechtliche Rechte und Pflichten in den Fällen der Dinglichkeit (Rz 1164) kraft Gesetzes über. In den seltenen Fällen einer Übertragung öffentlich-rechtlicher Berechtigungen sind die öffentlich-rechtlichen und die zivilrechtlichen Rechtsfragen zu unterscheiden. Nach § 17 ApothG bedarf es auf der zivilrechtlichen Ebene eines Unternehmenspachtvertrages, der als solcher nicht die Betriebsbefugnis berührt, und auf der verwaltungsrechtlichen Ebene bedarf es der behördlichen Genehmigung. Gemeinsam – und nur gemeinsam – haben beide Rechtsvorgänge zur Wirkung, dass ein Dritter, nämlich der Pächter, die öffentliche Apotheke im eigenen Namen betreiben darf.

1190 Angesichts dieser sehr beschränkten Dispositionsmöglichkeiten gibt es immer wieder Bestrebungen, die „Starrheit" und Einseitigkeit öffentlich-rechtlicher Rechte- und Pflichtenzuordnungen dadurch zu überwinden, dass zwar nicht das Recht bzw die Pflicht selbst, wohl aber die Ausübung bzw Wahrnehmung der öffentlich-rechtlichen Position zum Gegenstand zivilrechtlicher Vereinbarungen gemacht wird. Etwa wenn sich ein öffentlich-rechtlich Berechtigter zivilrechtlich verpflichtet, ihm zustehende öffentlich-rechtliche Gestaltungsrechte nicht oder nur in einem bestimmten Sinn auszuüben: der Nachbar verpflichtet sich, im Bauverfahren keine Einwendungen zu erheben, der Ehegatte verpflichtet sich in einer Scheidungsvereinbarung, die Annahme seines früheren Familiennamens zu erklären, ein Liegenschaftskäufer verpflichtet sich gegenüber der Gemeinde zu einer bestimmten Verbauung innerhalb bestimmter Zeit.

Derartige zivilrechtliche Vereinbarungen können – wenn überhaupt – nur zivilrechtliche Konsequenzen auslösen. Erhebt der Nachbar bei der Bauverhandlung – vereinbarungswidrig – Einwendungen, dann sind diese Einwendungen in verwaltungsrechtlicher Hinsicht uneingeschränkt rechtswirksam. Es stellt sich darüber hinaus sogar die Frage, ob derartige zivilrechtliche Vereinbarungen überhaupt in zivilrechtlicher Hinsicht wirksam sind, dh – mangels Durchsetzbarkeit im Bereich des öffentlichen Rechts – wenigstens Schadenersatzansprüche wegen Vertragsverletzung auszulösen vermögen. Geht es um Befugnisse, die privater Gestaltungsmacht zugeordnet sind – wie gerade Scheidungsvereinbarungen oder Nachbarrechte –, wird dies zu bejahen sein.

Immer wieder werden bei Liegenschaftskäufen, Anlagenerrichtungen oder Unternehmenskäufen „Haftungsfreistellungsvereinbarungen" o dgl abgeschlossen, mit denen sich ein Vertragsteil dem anderen gegenüber verpflichtet, allenfalls schlagend werdende (öffentlich-rechtliche) Lasten zu tragen. Auch solche Vereinbarungen berühren die verwaltungsrechtliche Pflichtenzuordnung nicht, sondern begründen nur zivilrechtliche Regressansprüche im Innenverhältnis zwischen den Vertragsteilen.

Besonders deutlich werden die gegen zivilrechtliche Dispositionen über öffentlich-rechtliche Befugnisse obwaltenden Bedenken im entgegen gesetzten Fall, wenn sich zB eine Gemeinde zivilrechtlich verpflichtet, eine bestimmte Flächenwidmung aufrecht zu erhalten: Die Ausübung der Hoheitsgewalt kann nicht Gegenstand zivilrechtlicher Rechtsgeschäfte sein (zB VwSlg 13625 A/1992), derartige Vereinbarungen sind daher schon von Anfang an zweckverfehlend und wohl unwirksam (vgl allerdings Kleewein, Vertragsraumordnung, 2003). 1191

J. Das Erlöschen öffentlich-rechtlicher Rechte und Pflichten

Eine öffentlich-rechtliche Pflicht kann mit der ordnungsgemäßen **Erfüllung** der Pflicht erlöschen, sofern es sich dabei um eine „Zielschuld" (Rz 1240) handelt. Beispielsweise ist mit der Entrichtung der auferlegten Geldstrafe oder mit der Erteilung der begehrten Auskunft der betreffenden punktuellen Leistungspflicht entsprochen. 1192

Da es sich um eine Frage der Leistungsform und nicht der Anspruchsgrundlage handelt und da dem keine öffentlich-rechtliche Wertung entgegensteht, kommt bei vermögensrechtlichen Ansprüchen auch die Erfüllung im Wege der **Aufrechnung** (Kompensation, § 1439 ABGB) in Betracht. Vgl zur Aufrechnung von Amtshaftungsansprüchen Schragel 193. Soweit nicht besondere gesetzliche Bestimmungen bestehen (zB § 6 OrgHG, § 103 ASVG, § 76 Abs 2 ZollRDG, § 21i Abs 4 AMA-G), ist der Anwendungsbereich freilich sehr gering. Nach § 1441 Satz 2 ABGB können Forderungen und Guthaben gegenüber verschiedenen „Staatskassen" nicht aufgerechnet werden. Weiters können Forderungen nur aufgerechnet werden, wenn sie „gleichartig" sind, sodass praktisch nur vermögensrechtliche Ansprüche in Betracht kommen. Die Judikatur entnimmt diesem Kriterium weiters, dass nur Forderungen kompensiert werden können, für die gleiche Rechtswege vorgesehen sind, also nicht öffentlich-rechtliche mit zivilrechtlichen Ansprüchen oder gesetzliche Ansprüche mit Ansprüchen, über die mit Bescheid abzusprechen ist, oder Geldstrafen mit Rückersatzansprüchen (VwGH 7. 10. 1996, 96/10/0202, VfSlg 15174/1998, VfGH 25. 2. 2003, A 9/02). Nach VfSlg 14693/1996 können in Verfahren nach Art 137 B-VG nicht Ansprüche gegenüber Rechtsträgern aufgerechnet werden, die selbst nach Art 137 B-VG nicht passivlegitimiert sind. Zuletzt hat VwGH 6. 5. 1996, 94/10/0079 – entgegen der zivilrechtlichen Lehre, derzufolge Klagbarkeit genügt – neuerlich das Erfordernis postuliert, dass sich beide Forderungen „liquid" (anerkannt oder im Prozessweg festgestellt) gegenüberstehen müssen; als zulässig sieht er hingegen „einverständliche" Kompensation an. Im Ergebnis wirkt das Institut der Aufrechnung daher beim derzeitigen Stand der Judikatur in wohl gleichheitswidriger Weise zugunsten des „Fiskus". Praktische Anwendungsbeispiele finden sich zB in gesetzlichen Kontokorrentverhältnissen (zB §§ 215f BAO), in gehaltsrechtlichen Bestimmungen (zB § 24 GehaltsG) oder im Rahmen vermögensrechtlicher mitgliedschaftlicher Rechte-Pflichten-Verhältnisse. In solchen Fällen kommt die Erfüllung im Aufrechnungsweg durch die (empfangsbedürftige) öffentlich-rechtliche Gestaltungserklärung des Schuldners zustande. 1193

Häufig weisen öffentlich-rechtliche Pflichten **Dauer**komponenten auf. Wird die in einer Anlagenbewilligung vorgeschriebene Lärmschutzwand errichtet, so bringt dies nicht die in einer solchen Auflage mitumschlossene Pflicht, diese Wand auch stehen zu lassen bzw im Fall eines Einsturzes neu zu errichten, zum Erlöschen. 1194

Öffentlich-rechtliche Rechte und Pflichten können erlöschen, wenn ihre Rechtsgrundlage **wegfällt**: Das die Pflicht bzw das Recht begründende Gesetz wird aufge- 1195 hoben (ohne durch ein gleichartiges ersetzt zu werden), der die Berechtigung verleihende bzw der die Verpflichtung begründende Bescheid wird aufgehoben, die verliehene Berechtigung wird widerrufen. Das Erlöschen der Pflicht kann die Rechtswirkung eines konstitutiven **Verwaltungsaktes** sein, etwa wenn eine Abgabenschuld mit Nachsichtsentscheidung (§ 235f BAO) erlassen wird oder wenn mit Bescheid die Abstandnahme von einer Auflage bewilligt wird (§§ 78 Abs 2, 79c GewO). Im Speziellen können Pflichten mit dem Untergang der Sache, auf die sie sich beziehen (zB ein Mitbenutzungsrecht), erlöschen (§ 1447 ABGB).

Wird eine Berechtigung befristet verliehen (zB § 21 WRG, § 18 Abs 4 ForstG), erlischt sie grundsätzlich mit **Fristablauf**. Ist eine Berechtigung an eine **auflösende Bedingung** geknüpft (zB § 7 Abs 1 Z 2 BWG; vgl auch die Bindung an den Rodungszweck gem § 18 Abs 1 Z 2 ForstG), so erlischt das Recht mit dem Eintritt des entsprechenden Ereignisses.

Auf die besonderen Fragen des „Verzichts" ist in der Folge gesondert einzugehen (Rz 1197).

Vom Standpunkt einer bestimmten Person aus betrachtet, können „dingliche" (Rz 1164) Rechte und Pflichten mit dem Übergang der relevanten Sachherrschaftsbefugnis enden, da sie dann nämlich auf eine andere Person übergehen.

1196 Andererseits ist festzuhalten, dass **Verjährung, Verschweigung und Verwirkung** beim derzeitigen Stand der Rechtsprechung **keine allgemeine Erlöschensgründe** für öffentlich-rechtliche Rechte und Pflichten sind (eingehend VfSlg 12197/1990; vgl auch VwGH 21. 3. 2001, 96/12/0248; 18. 9. 2001, 98/18/0185; 26. 2. 2002, 2001/11/0205; OGH RdU 1998, 199). Zwar ist verschiedentlich gesetzlich vorgesehen, dass Berechtigungen bei Nichtinangriffnahme des bewilligten Vorhabens während einer bestimmten Zeit erlöschen (zB Baubewilligungen) oder dass Berechtigungen bei Nichtausübung während einer bestimmten Zeit erlöschen (zB § 80 GewO) oder entzogen werden können (zB § 88 Abs 2 bis 4 GewO); ebenso ist verschiedentlich vorgesehen, dass behördliche Befugnisse nach einer bestimmten Zeit im Interesse der Rechtssicherheit zurücktreten müssen (vgl zB § 31 VStG, §§ 68 Abs 5, 69 Abs 3 Satz 2 AVG); schließlich finden sich im Zusammenhang mit vermögensrechtlichen Leistungspflichten verschiedentlich ausdrückliche Bestimmungen über eine „Verjährung" (zB §§ 207ff, 238 BAO, § 74 Abs 2 ZollRDG, §§ 68, 102, 107 Abs 2 lit b ASVG, § 13b GehaltsG, § 40 PensionsG, § 25 Abs 5 StudFördG). Derartige Limitierungen sind aber zum einen gesetzlich jeweils ausdrücklich vorgesehen und sie sind zum anderen so speziell problembezogen konzipiert, dass sie gerade nicht als Ausdruck eines verallgemeinerungsfähigen Rechtsgrundsatzes gesehen werden können. Eine rechtsgrundsatzanaloge Berücksichtigung zivilrechtlicher Bestimmungen wird in stRspr abgelehnt.

K. Der Verzicht im Verwaltungsrecht

1197 Öffentlich-rechtliche Rechte können zum Teil durch **Verzicht** erlöschen. In einzelnen Fällen ist die Verwaltung gesetzlich ermächtigt, auf die Erbringung von Leistungen durch Rechtsunterworfene zu verzichten („Nachsicht": zB §§ 235f BAO; vgl auch § 62 BHG). Im Vordergrund des Interesses steht aber der Verzicht durch den Rechtsunterworfenen.

1198 In vielen Fällen, in denen von einem „Verzicht" die Rede ist, geht es in Wahrheit darum, dass jemand erklärt, ein Recht **nicht** (mehr) **ausüben** zu wollen, bzw ein Recht tatsächlich nicht ausübt. Besonders deutlich wird dies bei Jedermanns-Rechten, wie insb wenn jemand – notariell beglaubigt – erklärt, auf eine Kandidatur für das Amt des

Bundespräsidenten zu verzichten, oder wenn jemand öffentlich darauf „verzichtet", hinkünftig die Wiener U-Bahn zu benutzen.

Auch bei Gestaltungsrechten wird sich ein „Verzicht" im Allgemeinen als bloße Nicht-Inanspruchnahme erweisen. Wenn zB der Ehegatte auf sein Staatsbürgerschafts-Folgerecht gemäß § 25 Abs 2 StbG „verzichtet", so reduziert sich die Frage aus der Sicht der Behörde auf die Banalität, dass die in der genannten Bestimmung geforderte Erklärung nicht vorliegt. Ebenso haben sich die oben erörterten zivilrechtlichen Vereinbarungen über eine bestimmte Ausübung von öffentlich-rechtlichen Gestaltungsbefugnissen als bloß zivilrechtliche und insoweit für die Verwaltung unbeachtliche inter-partes-Verpflichtungen erwiesen. Der „Verzicht" auf die Erhebung von Einwendungen durch eine mitbeteiligte Partei ist irrelevant, erheblich ist allein, ob während des Verfahrens Einwendungen tatsächlich erhoben werden.

An die Nicht-Ausübung eines Rechts können allerdings **rechtliche Folgen** geknüpft sein. Sie kann verfahrensrechtlich ein Hindernis für Rechtsverfolgung (Präklusion; Rz 1146) oder materiell-rechtlich den Rechtsverlust (Rz 1196) nach sich ziehen, wenn dies das Gesetz vorsieht.

Beim **Verzicht** im eigentlichen Sinn handelt es sich dagegen um eine (öffentlich- 1199
rechtliche) **Willenserklärung** (Rz 1274), die nicht bloß auf die Nicht-Ausübung, sondern auf das **Erlöschen** eines subjektiven Rechts gerichtet ist. Es muss sich um ein konkretes, individuell zustehendes Recht handeln, nicht um eine Jedermann zustehende Befugnis. Als eine rechtsgeschäftliche Erklärung ist der Verzicht mehr und anderes als ein Antrag auf Erlassung eines Bescheides. Da er auf das Erlöschen eines Rechts gerichtet ist, unterscheidet er sich von einem „Widerruf"; insb ist zB im Widerruf einer (konkreten) Gestaltungserklärung grundsätzlich nicht ein Verzicht auf das Gestaltungsrecht selbst zu sehen.

Die **Zulässigkeit** eines solchen rechtsvernichtenden Verzichts ist umstritten und 1200
bedarf einer differenzierenden Sicht. Der VfGH hat es in VfSlg 5099/1965 eher apodiktisch als einen „der österreichischen Rechtsordnung innewohnenden, auch im Bereich des öffentlichen Rechtes geltenden Rechtsgrundsatz" angesehen, „daß – soweit sich aus den einzelnen Vorschriften nichts besonderes ergibt – auf Ansprüche verzichtet werden kann, und zwar auch schon, bevor sie überhaupt entstehen". Dem hat Oberndorfer in einem Besprechungsaufsatz (JBl 1967, 68) den ebenso drastischen Gegenstandpunkt entgegen gesetzt, dass der Verzicht im öffentlichen Recht grundsätzlich der bescheidförmigen Annahme bedürfe und dass ein solcher Bescheid nur auf entsprechender gesetzlicher Grundlage möglich sei (einschränkend zuletzt auch Kucsko-Stadlmayer in FS Koja, 1998, 569).

Anlass dieser Kontroverse war die Frage der Maßgeblichkeit des Verzichts auf eine 1201
beamtenrechtliche Witwenpension. Angesprochen ist damit eine erste Fallgruppe, nämlich der Verzicht auf (aktuelle) öffentlich-rechtliche **vermögensrechtliche** Ansprüche. Es ist keine allgemeine rechtliche Wertung ersichtlich, warum man in einer Rechtsordnung, die von der verfassungsrechtlich gewährleisteten Privatautonomie (VfSlg 12227/1989) geprägt ist, ganz prinzipiell auf vermögensrechtliche Forderungen und Ansprüche – von der Prämie nach Marktordnungsrecht über die Parteienförderung bis zur Subvention nach Altstadterhaltungsrecht – nicht verzichten können sollte. Dies nicht zuletzt auch vor dem Hintergrund, dass die Zuerkennung eines solchen Anspruchs unter den erforderlichen Voraussetzungen neuerlich beantragt werden könnte.

Tatsächlich waren es Besonderheiten der Ausgangsfälle, die zu Zweifeln Anlass gegeben haben: ein unbedachter Verzicht auf sozialrechtliche Ansprüche könnte für den Verzichtenden und seine unterhaltsberechtigten Angehörigen existenzbedrohende Konsequenzen haben. Man kann beim heutigen Stand der Rechtsordnung davon ausgehen, dass diese Aspekte sozialrechtlicher Fürsorgepflicht des Leistungspflichtigen gesetzlich ihren Niederschlag gefunden haben (zB § 98 ASVG, §§ 2 Abs 2 lit b, 11 lit b, 32 PensionsG) und – wie insb die Untersuchung Schrammels (Verfügungen über Leistungsansprüche aus der Sozialversicherung, 1982) gezeigt hat – einer näheren Bestimmung auf Grund systematischer und teleologischer Interpretation zugänglich sind. In diesen Konstellationen lässt sich der Gesetzgebung das – über die gebotene Beratung und Betreuung (Rz 1291, 1293) hinausgehende – Erfordernis einer administrativen Prüfung und „Annahme" des Verzichts entnehmen. Als Grundsatz bleibt es jedoch bei der Verzichtbarkeit öffentlich-rechtlicher vermögensrechtlicher Ansprüche. In VwGH 23. 2. 2000, 97/12/0366 wird festgehalten: „Nach der ständigen Rechtsprechung der Gerichtshöfe des öffentlichen Rechts ist die Rechtserheblichkeit des Verzichts auf subjektive öffentlich-rechtliche Ansprüche grundsätzlich zu bejahen" (aA freilich VwSlg 14207 A/1995).

1202 Eine Sonderstellung nehmen naturgemäß Statusfragen ein. Auf den Status der „Ehelichkeit" kann man nicht verzichten. Hinsichtlich der Staatsbürgerschaft kann jedenfalls in Fällen doppelter Staatsangehörigkeit der Verzicht auf eine Staatsangehörigkeit dem Sinn des Gesetzes entsprechen. Nach § 37 StbG ist der Verzicht daher unter bestimmten Voraussetzungen zulässig; gemäß § 38 StbG hat die Behörde allerdings bescheidförmig festzustellen, dass die Voraussetzungen vorgelegen haben und die Erklärung daher wirksam war.

Grundsätzlich allgemein zulässig ist auch der als „Amtsverzicht" (zB § 21 Abs 13 Z 12 UniG) bezeichnete Rücktritt aus einer Organwalterstellung (VfSlg 13211/1992), da die bloß organisationsrechtliche Bestellung keine (durchsetzbare) Pflicht zur Amtsausübung begründet.

Als aus naheliegenden politischen Gründen generell nicht verzichtbar gelten die Immunität (Art 56 B-VG) und die Ansprüche der obersten Organe auf Bezüge (VwSlg 14266 A/1995).

1203 Eine weitere Fallkonstellation betrifft den Verzicht auf administrativ verliehene **Berechtigungen**. Dies betrifft einerseits subjektive Berechtigungen: beispielsweise kann nach § 86 GewO der Gewerbetreibende durch schlichte – empfangsbedürftige, aber nicht annahmebedürftige – Erklärung seine Gewerbeberechtigung „zurücklegen" (vgl auch § 40 GWG, § 5 Abs 7 Z 3 PrivatfernsehG, § 34 Abs 1 Z 3 RAO, § 60 ÄrzteG, § 85 Abs 1 TKG, § 37 Abs 4 Z 6 AWG ua). Dies betrifft andererseits auch Anlagenbewilligungen: nach § 83 GewO kann der Berechtigte durch Auflassungserklärung auf die Betriebsanlagen-Genehmigung verzichten (vgl auch § 27 WRG).

In diesem Zusammenhang stellt sich das Bedenken, ob der Berechtigte nicht mit einem solchen Verzicht alle mit der Berechtigung verbundenen „Pflichten" abstreift. Auch diese Fallgruppe gilt es ohne Voreingenommenheit zu beleuchten: Die den Gewerbetreibenden treffenden Pflichten (zB §§ 46ff GewO) setzen eine aufrechte Berufsberechtigung voraus und treffen den Nicht-Berechtigten eben nicht. Soweit die Tätigkeit einer Betriebspflicht unterliegt (zB § 29 EisbG, § 75 Abs 5 LFG, §§ 37f ElWOG), ist die Einstellung der Tätigkeit und die „Einweisung" eines anderen Unternehmers in den Versorgungsbereich jeweils Gegenstand besonderer gesetzlicher Regelungen. Unter dem Regime der verfassungsgesetzlich gewährleisteten Erwerbsfreiheit lässt sich daher die Regel formulieren, dass auf eine subjektive Berechtigung verzichtet werden kann, wenn das Gesetz nicht explizit anderes anordnet. Daher kann auch auf die Lenkberechtigung (§ 27 Abs 1 Z 3 FSG; vgl schon VwSlg 14266 A/1995) ebenso verzichtet werden wie auf waffenrechtliche Berechtigungen. Dies wiederum vor dem Hintergrund, dass gleichartige Berechtigungen neuerlich erworbenen werden können.

Unvoreingenommener Betrachtung bedürfen auch **Anlagenbewilligungen**: Gesetzliche Bestimmungen, die den Betrieb der Anlage zum Gegenstand haben, stehen einem Rechtsverzicht naturgemäß nicht entgegen, ein fortgesetzter Betrieb wäre schlichtweg „konsenslos". Soweit solche Bestimmungen in ganz allgemeiner Weise den mit dem Bestand einer Anlage verbundenen Gefahren begegnen sollen, sind sie im Allgemeinen unabhängig vom Bestand einer Bewilligung (zB § 31 WRG). Was die Verbindlichkeit von Auflagen betrifft, so handelt es sich bei ihnen definitionsgemäß um „bedingte Polizeibefehle" (Rz 957): sie sind nur maßgeblich, soweit und solange von der Berechtigung Gebrauch gemacht wird. Grundsätzlich ist daher davon auszugehen, dass auch auf Anlagenbewilligungen wirksam verzichtet werden kann, sofern das Gesetz nichts anderes vorsieht. Die die Anlagenauflassung betreffenden Bescheidvorschreibungen – die mit dem Verzicht „fällig" werden –, die bestehenden gesetzlichen Bestimmungen betreffend „letztmalige Vorkehrungen" (zB § 29 WRG, § 83 GewO) und die Bestimmungen über konsenslose Anlagen und Maßnahmen erweisen sich im Allgemeinen als zur Wahrung der öffentlichen Interessen sowie zum Schutz fremder Rechte ausreichend. 1204

In verfahrensrechtlichen Zusammenhängen stellen sich die Fragen der Zulässigkeit und der Wirksamkeit eines Verzichts in erster Linie im Zusammenhang mit **Rechtsmitteln**. Verzichtbar ist nur die Rechtsmittelbefugnis im Hinblick auf einen in rechtliche Existenz getretenen Akt, da vorher ein aktueller Anspruch auf Ergreifung eines Rechtsmittels noch nicht entstanden ist (abweichend § 255 Abs 2 BAO). Eine ausdrückliche Regelung findet sich in § 63 Abs 4 AVG. Es ist jedoch kein Grund ersichtlich, warum ein solcher Rechtsmittelverzicht (im Interesse beschleunigter Erlangung der Rechtskraft) nicht auch in anderen Zusammenhängen, insb auch außerhalb des Anwendungsbereichs des AVG, zulässig sein soll. Nach VwGH 19. 7. 2001, 99/12/0201, 19. 3. 2001, 2001/17/0024 stellt der Antrag, ein AVG-Verfahren ruhend zu stellen, einen (offenbar als zulässig erachteten) „Verzicht auf eine Entscheidung innerhalb der Entscheidungsfrist" dar. Nach VwGH 6. 3. 2001, 99/05/0215 kann eine Partei rechtswirksam auf die Ladung zu einer Berufungsverhandlung verzichten. 1205

Beim Verzicht in diesem Sinn handelt es sich um eine **öffentlich-rechtliche Willenserklärung** (Rz 1274), die – wenn das Gesetz nicht eine ausdrückliche (schriftliche) Erklärung fordert – auch konkludent erfolgen kann. Sie ist nach allgemeinen Regeln empfangsbedürftig, aber grundsätzlich nicht annahmebedürftig (vgl aber Rz 1201). In Verzichtsfällen ist allerdings eine verstärkte materiell-rechtliche Manuduktionspflicht (Rz 1291) gegeben. Einzelne Bestimmungen unterwerfen daher die Wirksamkeit des Verzichts dem Erfordernis einer bescheidförmigen Feststellung (zB § 38 StbG, § 345 Abs 9 GewO; Rz 1302); ganz allgemein hat die Behörde mit Bescheid (Rz 1302) die Unwirksamkeit einer Verzichtserklärung festzustellen, wenn sie unzulässig oder fehlerhaft ist. Ist der Verzicht zulässig und wirksam, kann in weiterer Folge der Bescheid – mit welchem das Recht, auf das verzichtet wurde, verliehen worden war – gemäß § 68 Abs 2 AVG aufzuheben sein. 1206

Ähnlich zu sehen sind „**Austrittserklärungen**", insb im Hinblick auf öffentlich-rechtliche Dienst- oder Mitgliedschaftsverhältnisse oder Fälle freiwilliger Sozialversicherung (§ 16 Abs 6 ASVG).

L. Der Tod bzw Untergang des Berechtigten bzw Verpflichteten

1207 Differenziert zu behandeln ist die Frage, welche Bedeutung der **Tod** des Berechtigten bzw Verpflichteten für den Bestand öffentlich-rechtlicher Rechte und Pflichten hat. Dem Tod der natürlichen Person insoweit gleichzuhalten ist der Abschluss der Liquidation bzw der liquidationslose **Untergang** einer berechtigten oder verpflichteten juristischen Person. Dass höchstpersönliche Rechte (Rz 1159) und höchstpersönliche Pflichten mit dem Tod des Trägers der betreffenden individuellen Position erlöschen, ist selbstverständlich (§§ 531, 1448 ABGB). Nichts anderes gilt aber auch für „persönliche" (dh nicht-dingliche) öffentlich-rechtliche Rechte und Pflichten, wie Gewerbeberechtigungen (zB § 85 Z 1 und 3 GewO) oder wirtschaftliche Konzessionen (zB § 15 Abs 1 ApothG). Auch sie erlöschen mit dem Tod bzw Untergang des Berechtigten oder Verpflichteten (zB § 34 RAO, § 19 NotO, § 30 EisbG, § 36 GWG, § 36 AkkredG, § 5 PrivatfernsehG, § 3 PrivatradioG, § 85 Abs 1 TKG, § 11 PKG).

Dementsprechend muss zB für die vorläufige Berechtigung zum „**Weiterbetrieb**" durch die (als juristische Person verstandene) Verlassenschaft (zB § 41 Z 1 GewO) und sodann für „Fortbetriebsrechte" von Witwen bzw Deszendenten (zB § 41 Z 2 und 3 GewO, § 15 Abs 2 Satz 1 ApothG, § 108 Abs 3 KFG) gesetzlich ausdrücklich Vorsorge getroffen werden.

Grundsätzlich würde sich aus der bloß zivilrechtlich wirksamen **Gesamtrechtsnachfolge** (Universalsukzession) als solcher für den Rechtsnachfolger ein Eintritt in eine öffentlich-rechtliche Rechtsstellung nicht ergeben, vielmehr müssen grundsätzlich die erforderlichen öffentlich-rechtlichen Befugnisse vom Rechtsnachfolger neu erworben werden und müssen ihm öffentlich-rechtliche Pflichten erforderlichenfalls neu auferlegt werden (vgl aber noch Rz 1209a).

Es werden jedoch auch dingliche (Rz 1164) Rechte und Pflichten des öffentlichen Rechts nicht „vererbt" oder sonst übertragen. Dinglichkeit bedeutet in diesen Fällen, dass Rechte und Pflichten kraft Gesetzes auf einen neuen Träger der maßgeblichen Sachherrschaftsbefugnis übergehen (VwGH 16. 9. 1997, 97/05/0177). Der Erwerb der relevanten Sachherrschaftsbefugnis kann ua auch im Erbwege erfolgen. Entscheidend ist jedoch, dass das Recht aus einer Baubewilligung oder die Pflicht aus einem Instandsetzungsauftrag den Rechtsnachfolger im Eigentum nicht als „Erben", sondern als „Eigentümer" trifft.

Diese Unterscheidung ist zB auch hinsichtlich öffentlich-rechtlicher Mitgliedschaftsrechte von Bedeutung: Die Mitgliedschaft eines Pflichtmitglieds einer Arbeiterkammer erlischt – als „persönliche" Mitgliedschaft – mit dem Tod des Mitglieds. Die Mitgliedschaft bei einem Realverband (zB einer Wassergenossenschaft) geht auf den jeweiligen Eigentümer der die Mitgliedschaft vermittelnden Anlage oder Liegenschaft über.

1208 Da somit als Grundsatz festgehalten werden kann, dass öffentlich-rechtliche Rechte und Pflichten nicht kraft Rechtsnachfolge übergehen, müssen es besondere Gründe sein, die etwas davon Abweichendes rechtfertigen können. Ein solcher Grund wird im Hinblick auf **vermögensrechtliche** Ansprüche und Verbindlichkeiten gesehen, da solche – im Zeitpunkt des Todes bereits entstandene – Rechtspositionen unabhängig von ihrer rechtlichen Grundlage als Forderungen bzw als Verbindlichkeiten in die Verlassenschaft eingehen (vgl schon §§ 547, 548 ABGB). Dementsprechend sind entstandene Ansprüche auf Bezüge und Pensionen noch auszuzahlen (§ 6 GehaltsG, § 33 PensionsG) und sind „Übergenüsse" von den Erben hereinzubringen (§ 13a GehaltsG, § 39 PensionsG). Auf den Gesamtrechtsnachfolger gehen gemäß § 19 Abs 1 BAO alle auf Abgabenvorschriften beruhenden Rechte und Pflichten über; dementsprechend gehen auch entstandene (§ 4 BAO), wenngleich noch nicht fällige (§ 210 BAO) Forderungen und Verbindlichkeiten auf den Gesamtrechtsnachfolger über (vgl zu einem geltend gemachten Entschädigungsanspruch zuetzt VwGH 19. 2. 2003, 2002/12/0172). Entstandene sozialversicherungsrechtliche Leistungsansprüche (§ 107a ASVG) bzw Rückzahlungspflichten (§ 107 Abs 5 ASVG) gehen auf einen in diesen Bestimmungen in eigenständiger Weise umschriebenen Personenkreis über. Vgl auch § 31a HVG.

Eine Einschränkung dieser Ausnahme besteht im Hinblick auf **Geldstrafen** (zB 1209
§ 14 Abs 2 VStG): sie sind gegenüber Rechtsnachfolgern nicht verfolgbar und nicht vollstreckbar.

Unklar ist, ob neuerdings in Fällen einer **gesellschaftsrechtlichen Gesamt- 1209a
rechtsnachfolge** eine abweichende Beurteilung geboten ist. Zunächst ist festzuhalten, dass die neuere Gesetzgebung immer häufiger einen „Übergang" von öffentlichrechtlichen Berechtigungen zB im Fall von Verschmelzungen (zB § 11 Abs 5 GewO, § 7 Abs 1 Z 6 BWG, § 21 WAG, § 37 Abs 3 ElWOG, § 68 Abs 1 Z 4 TKG) oder von Einbringungen (zB § 92 Abs 6 BWG, § 61b VAG) ausdrücklich vorsieht. Im Schrifttum hat Kalss (GesRZ 2000, 213) dafür plädiert, dass bei bestimmten gesellschaftsrechtlichen Umgründungen der Übergang persönlicher öffentlich-rechtlicher Berechtigungen auch ohne gesetzliche Anordnung dem Sinn des Gesetzes entsprechen kann. Und in der Judikatur ging VwSlg 14901 A/1998 davon aus: „Gesellschaftsrechtliche Universalsukzession erfaßt auch verwaltungsrechtlich verliehene Berechtigungen und führt zur Rechtsnachfolge der Nachfolgegesellschaft in die Parteistellung der Vorgängergesellschaft, ohne daß es auf eine mit Grund und Boden verknüpfte Dinglichkeit des in der betroffenen Verwaltungsangelegenheit zu erlassenden oder erlassenen Bescheides ankäme". Da es allein um die Frage der Fortführung eines anhängigen Verfahrens mit der umgegründeten Gesellschaft ging, konnte man davon ausgehen, dass nur eine überschießende Formulierung vorlag (vgl nämlich VwSlg 13624 A/1992, 15299 A/1999 ua). Sodann ging VwGH 18. 3. 2002, 99/17/0136 davon aus, dass auch Ansprüche auf Pönalezinsen nach § 97 Abs 1 Z 6 BWG auf den in Anwendung des UmwG gebildeten Rechtsnachfolger übergehen (was als „vermögensrechtlicher" Anspruch gedeutet werden konnte). Schließlich hielt VwGH 25. 7. 2002, 98/07/0073 (betreffend einen wasserpolizeilichen Auftrag) im Hinblick auf die spezialgesetzlich geregelte Ausgliederung der Wienstrom GmbH fest, dass diese „einer gesellschaftsrechtlichen Universalsukzession vergleichbar ist, für welche der VwGH bereits klar gestellt hat, dass sie auch verwaltungsrechtliche Rechtsverhältnisse erfasst und zur Rechtsnachfolge der Nachfolgegesellschaft in die Parteistellung der Vorgängergesellschaft führt, ohne dass es auf eine mit Grund und Boden verknüpfte ‚Dinglichkeit' des in der betroffenen Verwaltungsangelegenheit zu erlassenden oder erlassenen Bescheides ankäme". – Die positiv-rechtliche Grundlage, die Sachlichkeit und die Konturen dieser Judikatur sind noch ungeklärt.

Im Hinblick auf das **Verfahrensrecht** ist die Ebene der materiell-rechtlichen 1210
Berechtigung von der verfahrensrechtlichen Befugnis zur Rechtsverfolgung zu unterscheiden. AVG-Verfahren betreffend höchstpersönliche (zB Eintragung in die Wählerevidenz) oder persönliche (zB Konzessionserteilung) Rechte oder Pflichten (zB Auftrag zur „Nachschulung" eines Kfz-Lenkers) können nur eingestellt werden, ein dennoch erlassener Bescheid geht rechtlich „ins Leere", dh er entfaltet keine Rechtswirkungen. Verfahren über dingliche Rechte und Pflichten sind gegebenenfalls mit dem nunmehrigen Inhaber der maßgeblichen Sachherrschaftsbefugnis fortzuführen

(Rz 1173). Ein Übergang von öffentlich-rechtlichen Rechten und Pflichten kommt, wie gezeigt, grundsätzlich nur im Hinblick auf vermögensrechtliche Ansprüche und damit im Zusammenhang stehende Rechte (zB Feststellungsverfahren) in Betracht (zB VwGH 26. 1. 2001, 2000/02/0340, 20. 12. 2001, 98/08/0279, 19. 2. 2003, 2002/12/0172). Solche Rechtspositionen gehen in den Nachlass ein, sodass darauf bezogene Verfahren grundsätzlich fortgeführt werden können; freilich: sofern es einen Rechtsnachfolger (eine nachfolgende juristische Person: VwSlg 15249 A/1999) überhaupt gibt (zB VfSlg 16083/2001).

1211 Im Hinblick auf eine vertretene Partei ist bedeutsam, dass § 10 Abs 2 AVG und § 83 Abs 2 BAO hinsichtlich der **Vertretung** auf die Bestimmungen des bürgerlichen Rechts verweisen. Damit kommen im Fall des Todes des Gewaltgebers die §§ 1022f ABGB zur Anwendung, wonach die Vollmacht zum einen dann fortwirkt, wenn das angefangene Geschäft ohne offenbaren Nachteil der Erben nicht unterbrochen werden kann, zum anderen dann, wenn sich die Vollmacht auf den Sterbefall erstreckt, und wonach der Vertreter zum Teil zur Fortführung des Verfahrens verpflichtet ist. Der Vertreter führt diesfalls – bis zum Widerruf – das Verfahren für den Rechtsnachfolger fort (VwGH 12. 11. 2002, 2002/05/0062 zur Genehmigung durch den Verlassenschaftskurator). Als „angefangenes Geschäft" ist nur das anhängige Verfahren, nicht auch eine nachfolgende Beschwerde bei den Höchstgerichten zu verstehen (VfSlg 14825/1997).

XVI. Verwaltungsrechtsverhältnisse

A. Allgemeines

Rechte und Pflichten interessieren oft nicht in ihrer selbständig-statischen Existenz, sondern in ihrer Bezogenheit auf andere, insb wenn dem Recht des A eine entsprechende Pflicht des B gegenübersteht, genauer: wenn die Erfüllung einer bestimmten Pflicht durch den B den Inhalt eines Rechts des A bildet. Man kann dann sagen, dass zwischen dem A und dem B ein **Rechtsverhältnis** besteht. 1212

Oft stehen einander Bündel von aufeinander bezogenen Rechten und Pflichten gegenüber, etwa bei den (Beitrags- und Leistungs-)Rechtsverhältnissen zwischen dem Versicherten und dem Sozialversicherungsträger oder beim Dienstverhältnis des öffentlich Bediensteten. Bisweilen finden sich bei einer Mehrzahl von Beteiligten auch drei- oder mehrpolige Rechtsverhältnisse.

Wurzeln die in Frage stehenden Rechte und Pflichten im öffentlichen Recht, dann handelt es sich um **öffentlich-rechtliche** Rechtsverhältnisse. Im Rahmen von Rechtsverhältnissen berechtigt bzw verpflichtet sein können auch juristische Personen, insb auch Gebietskörperschaften. Daher begegnet auch die Vorstellung keinen Schwierigkeiten, dass mit der Einbringung eines bestimmten Antrags (§ 13 AVG) ein Verfahrensrechtsverhältnis begründet wird, das auf Seiten der Parteien eine Reihe von Parteirechten, aber auch Mitwirkungsobliegenheiten umfasst. Ebenso bestehen zwischen Gebietskörperschaften zB öffentlich-rechtliche Schuldverhältnisse kraft Finanzausgleichsrechts oder kraft Vereinbarungen gemäß Art 15a B-VG oder auch durch Informationspflichten und Beratungspflichten geprägte Aufsichtsrechtsverhältnisse zwischen den (Trägern der) Aufsichtsbehörden und den Beaufsichtigten. Verwaltungsrechtsverhältnisse können aber auch zwischen Rechtsunterworfenen untereinander bestehen, etwa im Fall von Mitbenutzungsrechten (zB § 19 WRG, § 8 TKG), Duldungspflichten (zB § 72 WRG) oder Vereinbarungen (zB gemäß § 111 Abs 3 WRG). 1213

Durch Verwaltungsakte, insb Bescheide, können Rechtsverhältnisse begründet, gestaltet, beendet oder festgestellt werden. Andererseits ergehen Bescheide häufig im Rahmen von Rechtsverhältnissen, insb wenn sie in Erfüllung eines auf Erlassung des Bescheides bestehenden Rechts ergehen; speziell kann der Bescheid zur Beendigung eines mit der Verfahrenseinleitung begründeten Verfahrensrechtsverhältnisses führen. Daneben bestehen im Bereich der öffentlichen Verwaltung in gleicher Weise Rechtsverhältnisse, die nichts mit Bescheiden zu tun haben. 1214

Große Bedeutung kommt dem Denken in „Rechtsverhältnissen" als **analytischem** Instrument zu, insb bei sog „mehrpoligen Rechtsverhältnissen": Beispielsweise kann man der Frage nachgehen, ob ein Bauwerber die nach der BauO erforderliche Zustimmung des Grundeigentümers oder des Nachbarn rechtlich erzwingen kann oder inwieweit verwaltungsrechtliche Vereinbarungen die Rechtsstellung Dritter berühren. Die vorgängige klare Identifizierung der betroffenen Rechtsverhältnisse bildet häufig eine wesentliche Voraussetzung für die Beantwortung verwaltungsrechtlicher Fragestellungen (vgl zB VwGH 23. 5. 2002, 2001/05/0043, 31. 1. 2002, 2000/06/0107). 1215 [1216]

B. Abgrenzungsfragen

1217 Es ist nicht zu verkennen, dass der Begriff Rechtsverhältnis als Rechtsbegriff in verschiedenem Sinn verwendet wird. Wenn beispielsweise § 2 Abs 1 Z 2 wr BauO oder § 15 Abs 1 oö FLG der Behörde zur Aufgabe machen, die auf Grundstücke bezogenen Rechtsverhältnisse zu erheben, dann sind offenkundig nicht bipolare Rechte-Pflichten-Beziehungen gemeint, sondern Rechte und andere „rechtliche Gegebenheiten", wie Eigentumsverhältnisse, Baurechte, Jagdrechte oder Leitungsrechte. Hier sollen als Rechtsverhältnisse rechtliche Beziehungen zwischen Personen verstanden werden, kraft deren die eine Person der anderen gegenüber zu etwas berechtigt oder verpflichtet ist; die Erfüllung einer bestimmten Pflicht bildet also den Inhalt des Rechts eines Anderen.

1218 Soll der Kategorie des Rechtsverhältnisses Erkenntniswert zukommen, gilt es, sie von „isolierten Rechten" und „**isolierten Pflichten**" abzugrenzen: Das gesamte Justiz- und Verwaltungsstrafrecht beinhaltet in diesem Sinn vielfältige (bloße) Pflichten. Wenn die Erregung ungebührlicherweise störenden Lärms in den Landes-PolizeistrafG mit Strafe bedroht ist und daher jedermann verpflichtet ist, ungebührlicherweise störenden Lärm zu unterlassen, so steht dieser Pflicht kein Recht eines anderen auf Lärmfreiheit o dgl gegenüber. Dasselbe gilt im Hinblick auf verwaltungsrechtliche Vorschriften von der Art „Jede Waldverwüstung ist verboten" (§ 16 ForstG), dh im Hinblick auf Verhaltenspflichten, die keine subjektiven öffentlichen Rechte Dritter begründen. Ebenso „schuldet" nicht der eine Verkehrsteilnehmer dem anderen den Vorrang, vielmehr ist das Herannahen eines Verkehrsteilnehmers für den anderen die tatbestandsmäßige Voraussetzung für die Aktualisierung einer verkehrspolizeilichen Pflicht.

1219 Auf der anderen Seite liegt ein Rechtsverhältnis nicht erst dann vor, wenn zwischen den Beteiligten ein „Vertrag" besteht. **Verwaltungsverträge** (Rz 1256) stellen nur einen Spezialfall öffentlich-rechtlicher Rechtsverhältnisse dar.

C. Arten von Rechtsverhältnissen

1220 Nach der Zahl der Beteiligten kann man zwischen **zweipoligen** (bipolaren) und **mehrpoligen** Rechtsverhältnissen unterscheiden: Insb an Schuldverhältnissen können sowohl auf der Gläubigerseite als auch auf der Schuldnerseite mehrere Personen hinsichtlich derselben Sache berechtigt bzw verpflichtet sein (Rz 1176). Im Hinblick auf Verfahrensrechtsverhältnisse wird zwischen Einparteienverfahren – bei denen neben der Hauptpartei keine andere Partei mitbeteiligt ist – und Mehrparteienverfahren (im Extremfall: Massenverfahren) unterschieden. In solchen Konstellationen kommen zB Gesichtspunkten der „Waffengleichheit" große Bedeutung zu.

Gerade in mehrpoligen Rechtsverhältnissen bedarf es näherer Analyse, zwischen **wem** Rechtsverhältnisse bestehen: Im Allgemeinen bestehen zB zwischen den Parteien eines Mehrparteienverfahrens keine Rechtsverhältnisse, da keine Partei gegenüber der anderen zu etwas berechtigt oder verpflichtet ist, und zwar unabhängig davon, ob sie gleichsinnige oder entgegengesetzte Interessen verfolgen. Wohl aber bestehen Rechtsverhältnisse zwischen jeder Partei und der Behörde. Dagegen ändert sich die Situation mit der Erlassung des verfahrensgegenständlichen Bescheides: Soweit dem Bewilligungswerber in Stattgebung des Anspruchs einer mitbeteiligten Partei eine Pflicht auferlegt wird – wie zB eine Entschädigungsleistung oder eine Auflage zum Bewilligungsbescheid –, wenn also sowohl über den Anspruch des einen auf eine bestimmte Sachentscheidung als auch über den geltend gemachten Anspruch des Trägers entgegengesetzter Rechte in **einem** Akt abgesprochen wird, so entsteht durch diesen Akt ein Rechte-Pflichten-

Verhältnis der Parteien untereinander: der Träger der Bewilligung schuldet dem begünstigten Mitbeteiligten das Aufgetragene, dieser ist letztlich verfahrensrechtlich zu einem Vollstreckungsantrag legitimiert.

Je nach der Rechtsgrundlage, die das Rechte-Pflichten-Verhältnis zwischen Perso- 1221
nen begründet, kann man zwischen **zivilrechtlichen** und **öffentlich-rechtlichen** Rechtsverhältnissen unterscheiden. Das Mietverhältnis ist auch dann ein zivilrechtliches, wenn Vermieter zB eine Gebietskörperschaft ist, da die Rechtsgrundlage im Zivilrecht zu sehen ist. Ausschlaggebend sind also nicht die beteiligten Berechtigten und Verpflichteten, sondern die Rechtsgrundlage und der Inhalt des Rechtsverhältnisses. Das Rechtsverhältnis zwischen dem Betreiber einer Wasserbenutzungsanlage und einem Mitbenutzungsberechtigten (§ 19 WRG) ist auch dann ein öffentlich-rechtliches, wenn beide Beteiligte Privatpersonen sind, da das Rechtsverhältnis unzweideutig im öffentlichen Recht wurzelt und öffentlich-rechtliche Rechte und Pflichten, über die im Streitfall die Wasserrechtsbehörde zu entscheiden hat, zum Gegenstand hat. Dagegen ist der sog. „Netzzugang" im modernen Leitungsrecht überwiegend privatrechtlich ausgestaltet (vgl Raschauer ÖZW 2000, 65).

Allgemein gilt, dass Rechtsverhältnisse inter privatos im Zweifel privatrechtliche sind (VfSlg 13440/1993, 14553/1996). Mitunter trifft der Gesetzgeber selbst eine Zuordnung: Beispielsweise handelt es sich bei den nach § 338 Abs 1 ASVG zwischen den Sozialversicherungsträgern und den Vertretungen der Gesundheitsberufe abzuschließenden „Gesamtverträgen" – ungeachtet ihres sozialversicherungsrechtlichen Inhalts – um „privatrechtliche Verträge". Weiters ordnen die Gesetze auf dem Gebiet des Energierechts an, dass über die Energielieferung „privatrechtliche Verträge" abzuschließen sind. Gleichzeitig ergibt sich aus diesen Gesetzen allerdings, dass das von diesem „Leistungsverhältnis" zu unterscheidende „Anschlussverhältnis" – betreffend den Anschluss an die Energienetze – ein öffentlich-rechtliches ist, über das im Streitfall eine Verwaltungsbehörde entscheiden soll. Es können also zwischen denselben Beteiligten gleichzeitig **verschiedene** Rechtsverhältnisse bestehen. Ähnliches ist bisweilen bei Anstaltsnutzungsverhältnissen oder bei der Nutzung öffentlicher Sachen zu beobachten, wenn Fragen der Zulassung einem anderen Regime unterliegen als Fragen der laufenden Nutzung oder Entgeltfragen (Korinek/Holoubek, Grundlagen staatlicher Privatwirtschaftsverwaltung, 1993, 236).

Auch Rechtsverhältnisse in drei- oder mehrpoligen Konstellationen müssen nicht 1222
einheitlicher Natur sein. Beispielsweise ist das Rechtsverhältnis der Gebietskörperschaft zu einem Verwaltungshelfer (Innenverhältnis) im Allgemeinen auch dann ein privatrechtliches (Rz 115), wenn das Rechtsverhältnis der Gebietskörperschaft zum Rechtsunterworfenen (nach außen) ein durch hoheitliche Befugnisse geprägtes öffentlich-rechtliches ist.

Ungeklärt ist, wie die rechtlichen Beziehungen zwischen den (mitbeteiligten) 1223
Parteien eines Mehrparteienverfahrens zu sehen sind. Grundsätzlich stehen sie alle in verfahrensrechtlichen Verhältnissen gegenüber der die Gebietskörperschaft vertretenden Behörde; ihr gegenüber macht die Hauptpartei ihren materiell-rechtlichen Anspruch auf eine bestimmte Sachentscheidung geltend und ihr gegenüber machen die mitbeteiligten Parteien – in der prozessualen Handlungsform der Einwendung – ihre materiell-rechtlichen subjektiven öffentlichen Rechte geltend. Was dann, wenn die Hauptpartei meint, die Einwendung einer mitbeteiligten Partei erfolge schikanös, verstoße gegen Treu und Glauben, sei unwirksam, eine für die Projektsverwirklichung erforderliche Zustimmung werde sittenwidrig oder wider Treu und Glauben verweigert? Da im Regelfall des Anlagenrechts zwischen den Parteien weder ein materiell-

rechtliches noch ein verfahrensrechtliches Rechte-Pflichten-Verhältnis besteht, bezieht sich auch ein solches Vorbringen allein auf das Rechtsverhältnis der Hauptpartei gegenüber der Behörde (Gebietskörperschaft), und zwar des Inhalts, dass sich die Behörde in einer bestimmten Weise gegenüber der anderen Partei verhalten möge (vgl noch Rz 1270). Zivilrechtliche Unterlassungs- oder Schadenersatzansprüche aus solchem Parteienhandeln gründen – sofern überhaupt welche bestehen (Rummel RZ 1993, 34) – jedenfalls nicht in einem zwischen den Parteien bestehenden Rechtsverhältnis (vgl noch Rz 1272f).

1224 Die Frage der Qualifikation von Rechtsverhältnissen als öffentlich-rechtliche oder zivilrechtliche steht von den formell-rechtlichen Konsequenzen her unter großem „Druck": Während mit der zivilrechtlichen Qualifikation im Allgemeinen die Konsequenz der Zuständigkeit der ordentlichen Gerichte, die Anwendbarkeit eines bestimmten Verfahrensrechts und ein großer Schatz materiell-rechtlicher zivilrechtlicher Rechtsgrundsätze verbunden ist, impliziert die öffentlich-rechtliche Qualifikation immer wieder materiell- und formellrechtliche Lücken. Dies erklärt eine verbreitete Geneigtheit, derartige Rechtsverhältnisse aus Rechtsschutzgründen im Zweifel zivilrechtlich zu deuten.

1225 Wie bereits die vorstehend erörterten Beispiele zeigen, können Rechtsverhältnisse im materiellen Recht oder im Verfahrensrecht wurzeln. Dementsprechend kann man **materiell-rechtliche Rechtsverhältnisse** und **Verfahrensrechtsverhältnisse** unterscheiden. Ist der A kraft materiellen Rechts dem B gegenüber zu einem Tun, Dulden oder Unterlassen verpflichtet (zB abgabenrechtliche Leistungspflicht, sozialversicherungsrechtliche Beitragsschuld, baurechtliche Duldungspflicht), dann besteht insoweit ein materiell-rechtliches Rechtsverhältnis. Wird der Anspruch durch einen geeigneten Rechtsbehelf geltend gemacht, so tritt zu diesem materiell-rechtlichen Schuldverhältnis ein Verfahrensrechtsverhältnis hinzu.

Für das Verwaltungsrecht gilt ganz allgemein, dass durch die Einbringung eines geeigneten (zumindest nach § 13 AVG verbesserungsfähigen), auf die Erlassung eines Bescheides gerichteten Antrags ein **Verfahrensrechtsverhältnis** entsteht, das ein ganzes Bündel von Rechten und Pflichten umfasst – vom Recht auf Akteneinsicht über das Recht auf Parteiengehör bis zum Recht auf fristgerechte Entscheidung, aber auch bestimmte Mitwirkungsobliegenheiten (Rz 1249). Im Allgemeinen wird das Verfahrensrechtsverhältnis mit der Erlassung eines die Verfahrensvoraussetzungen verneinenden (und daher zurückweisenden) oder eines in der Sache entscheidenden (stattgebenden oder abweisenden) Bescheides beendet; dementsprechend enthält der Spruch eines in der Sache entscheidenden Bescheides – mag dies im Spruch sprachlich zum Ausdruck gebracht werden oder nicht – stets sowohl eine verfahrensrechtliche (nämlich die Erledigung eines Anbringens) als auch eine materiell-rechtliche Komponente (nämlich die eigentliche Entscheidung oder Verfügung).

1226 Einen besonderen Fall eines materiell-rechtlichen Rechtsverhältnisses stellt das (öffentlich-rechtliche) **Dienstrechtsverhältnis** der Beamten dar. Es umfasst jeweils ein ganzes Bündel von Rechten und Pflichten des Dienstgebers wie auch des Beamten und ist – ähnlich dem Arbeitsrecht – von Grundsätzen der Treue- und Fürsorgepflicht geprägt (Rz 1291, 1297). Auch in diesem Zusammenhang gilt, dass zu diesem materiell-rechtlichen Rechtsverhältnis ein Verfahrensrechtsverhältnis nach DVG hinzutreten kann.

1227 Nach der (relativen) Dauer der besonderen Rechtsbeziehung ist zu unterscheiden zwischen **Zielrechtsverhältnissen,** die auf ein einmaliges Tun, Dulden oder Unterlassen gerichtet sind, und **Dauerrechtsverhältnissen** (zB § 33 Abs 1 AMA-G, § 22 Abs 4 FMABG), die dauerhafte oder wiederkehrende Pflichten umfassen. Hat der A, der ein im öffentlichen Interesse liegendes Vorhaben verwirklicht, gegen den B einen Anspruch auf (subsidiär zwangsweise) Überlassung einer Sache (Enteignungsanspruch), dann ist dieses materiell-rechtliche Rechtsverhältnis mit der Übertragung der Sache erfüllt und erloschen. Wird in diesem Zusammenhang ein Anspruch auf Entschädigung in Rentenform begründet, dann bedeutet dies das Entstehen eines Dauerschuldverhältnisses. Abgabenschuldverhältnisse, Sozialversicherungsverhältnisse (das Beitragsverhältnis ebenso wie das Leistungsverhältnis) und Dienstrechtsverhältnisse stellen typische Dauerschuldverhältnisse dar.

Inhaltlich betrachtet sind Verwaltungsrechtsverhältnisse in dem hier gebrauchten 1228
Sinn stets **Schuldverhältnisse**: Der Pflicht des einen zu einem bestimmten Tun, Dulden oder Unterlassen steht das Recht des anderen auf dieses Verhalten gegenüber, es wird ihm „geschuldet". Häufig wird der Begriff des verwaltungsrechtlichen Schuldverhältnisses allerdings in einem auf vermögensrechtliche Ansprüche eingeschränkten Sinn verstanden.

Haben Rechtsverhältnisse ausschließlich dingliche Rechte oder Pflichten im verwal- 1229
tungsrechtlichen Sinn (Rz 1164) zum Inhalt, kann man von **dinglichen Rechtsverhältnissen** sprechen. Partner des Rechtsverhältnisses sind in solchen Fällen – auf der Aktiv- wie auf der Passivseite – jeweils jene (natürlichen oder juristischen) Personen, denen aktuell die nach der anwendbaren Rechtslage maßgebliche Sachherrschaftsbefugnis (Rz 1169) zukommt. Ist in einem Baubescheid angeordnet, dass der Nachbar für Instandhaltungsmaßnahmen das Aufstellen von Gerüsten auf seinem Grund zu dulden hat, so sind im Rahmen dieses Rechtsverhältnisses die jeweiligen Eigentümer des herrschenden und des dienenden Grundstücks berechtigt bzw verpflichtet. Dingliche Rechtsverhältnisse sind daher stets materiell-rechtliche Rechtsverhältnisse, sie sind typischerweise Dauerschuldverhältnisse.

D. Entstehen, Änderung und Beendigung von Verwaltungsrechtsverhältnissen

1. Entstehen

Verwaltungsrechtsverhältnisse entstehen insofern „**durch Gesetz**" als mit der 1230
Erfüllung der Tatbestandselemente eines insoweit unmittelbar wirkenden Gesetzes (Verfassungsgesetzes, EG-VO) das Recht des einen auf Erfüllung einer Pflicht des anderen entsteht: Beispielsweise sind bestimmte Unternehmer „kraft Gesetzes" Mitglieder der Wirtschaftskammer, sind Studierende „kraft Gesetzes" Mitglieder der Hochschülerschaft. Das Entstehen des mitgliedschaftlichen Rechte- und Pflichten-Verhältnis bedarf in diesen Fällen keines individuellen normativen Aktes. Mit der Geburt des Kindes entsteht der Anspruch auf Familienbeihilfe. Nach § 10 ASVG beginnt die Pflichtversicherung im Allgemeinen „mit dem Tag der Aufnahme der versicherungspflichtigen Tätigkeit". Gemäß § 4 Abs 1 BAO „entsteht der Abgabenanspruch, sobald der Tatbestand verwirklicht ist, an den das Gesetz die Abgabepflicht knüpft".

Differenziert zu sehen ist es, wenn mitunter davon die Rede ist, dass öffentlich- 1231
rechtliche Rechtsverhältnisse auch durch **Rechtsverordnung** begründet werden können: Werden mit Verordnung weitere Personen in die Pflichtversicherung nach ASVG „einbezogen", so wird zunächst nur der persönliche Anwendungsbereich von Rechtsvorschriften erweitert, das Versicherungsverhältnis (Beitragsverhältnis) entsteht dessen ungeachtet im Allgemeinen erst mit der Aufnahme einer (nunmehr) versicherungspflichtigen Tätigkeit und damit kraft Gesetzes. Anders zu sehen ist es, wenn sich

eine solche Verordnung auch auf Personen bezieht, die bereits die betreffende Tätigkeit ausüben.

1232 Ähnlich zu sehen ist es, wenn mitunter gesagt wird, dass Rechtsverhältnisse „**durch Verwaltungshandeln**" begründet werden. Wird durch hoheitliches Verwaltungshandeln jemandem ein Schaden zugefügt, so entsteht dadurch ein gesetzlicher Schadenersatzanspruch. Wird jemand festgenommen, so kann dies ein durch Anstaltsgewalt und Betreuungspflicht charakterisiertes Rechtsverhältnis zur Folge haben. Wird eine Sache beschlagnahmt, so entsteht ein Verwahrungsrechtsverhältnis (zB § 34 Abs 1 AbgEO). In beiden Fällen handelt es sich ebenfalls um **gesetzliche** Rechtsverhältnisse, da nur tatbestandsmäßig an den betreffenden Akt „angeknüpft" wird. In diesem Sinn können öffentlich-rechtliche Rechtsverhältnisse auch durch einzelne Formen nichtförmlichen Verwaltungshandelns „begründet" werden, etwa im Fall der faktischen Aufnahme eines Schülers in eine öffentliche Schule oder eines Kranken in eine öffentliche Krankenanstalt; das maßgebliche Rechtsverhältnis ist ein gesetzliches, es wird durch Verwaltungshandeln bloß im individuellen Fall aktualisiert. „Durch" Verwaltungsakt wird ein – insoweit **gewillkürtes** – Rechtsverhältnis also nur dann begründet, wenn dies der normative Inhalt des – insoweit konstitutiven – Aktes selbst ist. Dies ist zB bei der bescheidförmigen Aufnahme in ein öffentliches Dienstverhältnis oder bei der Bewilligung einer öffentlich-rechtlichen Genossenschaft der Fall.

1233 Der Umstand, dass öffentlich-rechtliche Rechtsverhältnisse zumeist „gesetzliche" sind, die durch die Erfüllung gesetzlicher Tatbestandselemente nur aktualisiert werden, kommt noch deutlicher zum Ausdruck, wenn man überlegt, inwiefern Rechtsverhältnisse durch **Beteiligtenhandeln** „entstehen" können: Der „Antrag" (§ 13 AVG), der materiell-rechtlich das Geltendmachen eines Anspruchs, insb auf eine Sachentscheidung eines bestimmten Inhalts, bedeutet, aktualisiert ein gesetzlich vorgezeichnetes Verfahrensrechtsverhältnis. Mit einer (unrichtigen) Anmeldung und faktischen Beitragsleistung kann eine gesetzlich geregelte Formalversicherung (§ 21 ASVG), mit Erklärung (Antrag) können gesetzlich geregelte Formen einer freiwilligen Versicherung (§§ 16ff ASVG) aktuell werden. „Durch" Beteiligtenhandeln können öffentlich-rechtliche Rechtsverhältnisse daher nur dann entstehen, wenn den Beteiligten in konstitutiver Weise Dispositionen über das Entstehen **und** den Inhalt eines Rechtsverhältnisses eröffnet sind. Soweit ersichtlich findet sich Derartiges nur im Fall der Annahme einer Offerte zu einem verwaltungsrechtlichen Vertrag.

1234 Durch (subordinationsrechtliche) **verwaltungsrechtliche Verträge** (Rz 1258) können öffentlich-rechtliche Rechtsverhältnisse nach österreichischem Recht im Regelfall nicht begründet, sondern nur gestaltet werden. Dagegen kann in den Fällen öffentlich-rechtlicher Vereinbarungen zwischen Privaten (Rz 1262) ein Rechtsverhältnis originär entstehen.

2. Änderung

1235 Grundsätzlich kann es entsprechend den Formen, wie öffentlich-rechtliche Rechtsverhältnisse entstehen, auch zu ihrer Änderung kommen. Hier nicht weiter erörterungsbedürftig sind Fälle, in denen das dem Rechtsverhältnis zugrundeliegende **Gesetz** geändert wird. Solche Änderungen können zB mit jeder „Steuerrechtsreform" oder „Dienstrechtsreform" eintreten.

1236 Die Judikatur betont, dass öffentlich-rechtliche Rechtsverhältnisse grundsätzlich von den Beteiligten nicht gestaltet werden können (zB VwGH 26. 6. 2002, 2001/12/0064). Freilich finden sich zahlreiche besondere gesetzliche Bestimmungen, die zB eine Gestaltung **durch Verwaltungsakt** vorsehen: Der Kreis der Schuldner wird durch einen Haftungsbescheid (§ 224 BAO) erweitert oder durch einen Entlassungsbescheid (§ 237 BAO) verringert. Durch dienstrechtliche Weisung (Dienstauftrag) wird die Zahl der von einem Beamten zu leistenden Überstunden verringert oder erhöht (§ 49 BDG); mit Bescheid werden dementsprechend die Bezüge verringert oder erhöht (§ 6 GehaltsG). Mit Bescheid wird ein unrichtig bemessener Leistungsanspruch rückwirkend richtiggestellt (§ 101 ASVG). Mit öffentlich-rechtlicher Zustimmungserklärung des Sozialversicherungsträgers wird die Übertragung (Zession) eines Anspruchs auf Geldleistung wirksam (§ 98 ASVG). Mit Zustimmung der Dienstbehörde wird die Abtretung eines Pensionsanspruchs wirksam (§ 32 PensionsG).

Ebenso erratisch sind die Formen und Fälle einer Gestaltung öffentlich-rechtlicher 1237
Rechtsverhältnisse durch die **Beteiligten** selbst, insb durch öffentlich-rechtliche Willenserklärungen. Die Änderung ist dann die rechtliche Folge der Erklärung, wenn diese nicht annahme-, bewilligungs- oder zustimmungsbedürftig ist. Durch Gestaltungserklärung gemäß § 25 UStG nimmt ein Unternehmer für sich die (anders zu berechnende) Regelbesteuerung in Anspruch. Durch Erklärung (Antrag) macht der Versicherte von der Möglichkeit einer Höherversicherung Gebrauch (§ 20 ASVG). Durch Erklärung meldet sich ein Schüler von einem Freifach ab (§ 12 Abs 3 SchUG). Durch Erklärung legt der Beamte eine bestimmte Gestaltung der Gleitzeit fest (§ 48 Abs 3 BDG).

Als Form einer Gestaltung – insb der Abrechnungs- und Leistungsmodalitäten – von 1238
öffentlich-rechtlichen Rechtsverhältnissen ist, wie erwähnt, der Abschluß subordinationsrechtlicher **Verwaltungsverträge**, insb von Pauschalierungsübereinkommen, zu sehen (Rz 1259). Im Bescheid zu beurkundende öffentlich-rechtliche Übereinkommen von der Art des § 111 Abs 3 WRG können rechtsgestaltende Wirkung im Bereich öffentlich-rechtlicher Rechtsverhältnisse haben (Rz 1263). Sonstige, gesetzlich nicht vorgesehene Formen eines „Vergleichs" oder einer „Verständigung", wie sie zB in einer mündlichen Verhandlung erzielt werden und in einer Niederschrift ihren Niederschlag finden können, sind als solche nicht rechtsgestaltend und entfalten nur durch die Akzeptanz eines sie berücksichtigenden Rechtsakts Bedeutung.

Mehr als eine äußerliche Aufzählung solcher Einzelfälle ist im vorliegenden 1239
Zusammenhang nicht möglich. Der Grundsatz der Gesetzmäßigkeit der Verwaltung steht einer autonomen Gestaltung von Rechtsverhältnissen entgegen, wenn sich das Handeln des einen „Pols" des Rechtsverhältnisses als „Führen der Verwaltung" darstellt. Weder steht es der Verwaltung frei, gesetzlich nicht vorgesehene Sicherheitsleistungen vorzuschreiben oder Haftungen zu begründen, noch steht es ihr frei, ihre Aufgaben nach Maßgabe der Dispositionen Privater zu erfüllen.

3. Beendigung

Bloße **Ziel**rechtsverhältnisse erlöschen – wenn man von etwaigen Folgepflichten 1240
(Rz 1251) absieht –, sobald die den Hauptinhalt des Rechtsverhältnisses ausmachenden Pflichten ordnungsgemäß (Rz 1253) **erfüllt** sind: Über den Antrag wird mit Bescheid abgesprochen, das Verfahrensrechtsverhältnis ist damit beendet. Die erwünschte Auskunft wird erteilt, die beantragte Urkunde wird ausgestellt, die beschlagnahmte Sache wird ausgehändigt – die Leistung ist damit erbracht und das verwaltungsrechtliche Schuldverhältnis ist erloschen. Dasselbe gilt in den Fällen eines wirksamen **Verzichts** (Rz 1197) durch den Gläubiger oder einer zulässigen **Aufrechnung** (Rz 1193).

1241 Häufig handelt es sich bei Verwaltungsrechtsverhältnissen um **Dauer**schuldverhältnisse. In diesen Fällen wird mit der Erfüllung einer periodisierten Leistungspflicht – der Entrichtung des Jahresmitgliedsbeitrags oder der Einkommenssteuervorauszahlung bzw mit der Überweisung der Invalidenrente oder des Beamtenbezugs – dieser punktuellen Leistungspflicht entsprochen, es wird jedoch das Rechtsverhältnis als solches nicht beendet.

Durch das – kraft Gesetzes, durch Verwaltungsakt oder durch Erklärung eintretende – „**Ruhen**" von Ansprüchen (zB §§ 89ff ASVG, § 66 HVG) wird im Rahmen von bestehenden Dauerrechtsverhältnissen im Allgemeinen nur das Entstehen periodisierter Ansprüche und Verpflichtungen ausgeschlossen.

1242 Öffentlich-rechtliche Rechtsverhältnisse können weiters auf verschiedene Weise durch **Aufhebung** erlöschen. Wird eine öffentlich-rechtliche Körperschaft gesetzlich aufgelöst, so erlöschen die damit verbundenen Mitgliedschaftsbeziehungen. Wird ein Genehmigungstatbestand ersatzlos aufgehoben, so erlischt nicht nur die darauf bezogene Einräumungsberechtigung, vielmehr sind alle zum betreffenden Zeitpunkt anhängigen Genehmigungsverfahren einzustellen und sind damit bestehende Verfahrensrechtsverhältnisse kraft Gesetzes erloschen.

Rechtsverhältnisse können enden, wenn der das Rechte-Pflichten-Verhältnis begründende Bescheid aufgehoben wird. Der ersatzlosen Behebung des zugrundeliegenden Bescheides kann die Erlassung eines inhaltlich entgegenstehenden Bescheides gleichzuhalten sein, etwa wenn ein Wasserrecht widerrufen wird (§ 27 WRG, womit – kraft Gesetzes – auch Mitbenutzungsrechte Dritter erlöschen: § 27 Abs 5 WRG). Weiters endet die freiwillige Höherversicherung durch **Kündigung** (§ 16 Abs 6 am Ende ASVG), enden Dienstrechtsverhältnisse ua durch Kündigung des provisorischen Dienstverhältnisses oder durch Entlassung (§§ 20, 22 BDG) und enden öffentlich-rechtliche Mitgliedschaftsverhältnisse durch **Ausschluss** des Mitglieds, sei dies durch Bescheid (zB § 82 Abs 5 WRG), sei dies durch öffentlich-rechtliche Gestaltungserklärung bei nicht bescheidfähigen Verbänden (zB § 82 Abs 2 WRG). Ähnlich zu sehen sind **Austrittserklärungen**, zB der Austritt aus dem öffentlichen Dienst (§ 21 BDG) oder der Austritt aus einer freiwilligen Sozialversicherung (zB § 16 Abs 6 ASVG). Wie das Beispiel des § 27 WRG zeigt, können mit einer bestimmten Berechtigung verbundene Rechtsverhältnisse auch mit dem (zulässigen und rechtswirksamen: Rz 1197) **Verzicht** auf diese Berechtigung erlöschen.

1243 Zum Teil enden Rechtsverhältnisse mit dem **Wegfall** der das gesetzliche Rechtsverhältnis begründenden **Voraussetzungen**, wie zB das Sozialversicherungsverhältnis oder das Mitgliedschaftsverhältnis bei Kammern. Aber auch Betreuungs- und Verwahrungspflichten erlöschen – unbeschadet allfälliger Folgepflichten – mit der Freilassung der festgenommenen Person bzw mit der Herausgabe der beschlagnahmten Sache. Auf Sachen bezogene Verpflichtungsverhältnisse (zB Mitbenutzungsrechte an Wasserbenutzungsanlagen) erlöschen mit dem **Untergang** der fraglichen Sache. Rechtsverhältnisse, die sich aus **befristeten** (zB befristete Duldungspflichten) oder auflösend bedingten (zB an die Erfüllung des Enteignungszwecks gebundene Eigentumseingriffe) Rechte-Pflichten-Verhältnissen ergeben, enden – unbeschadet allfälliger Folgepflichten – mit dem Erlöschen des maßgeblichen Rechts (Rz 1195).

Andererseits ist festzuhalten, daß **Verjährung, Verschweigung und Verwirkung keine allgemeine Erlöschensgründe für Verwaltungsrechtsverhältnisse** sind (Rz 1196).

Ist ein öffentlich-rechtliches Rechtsverhältnis in seinem Hauptinhalt durch persönliche (Rz 1159) Rechte und Pflichten charakterisiert, dann erlischt es mit dem **Tod** des

Berechtigten oder Verpflichteten, zB das Beamtendienstverhältnis, das Sozialversicherungsverhältnis, das Kammermitgliedschaftsverhältnis oder ein Anstaltsnutzungsverhältnis. Dem Tod der natürlichen Person ist die Liquidation bzw der liquidationslose **Untergang** einer juristischen Person gleichzuhalten (Rz 67, 1207). Dagegen werden aus dinglichen Rechtsverhältnissen (Rz 1229), insb aus sog Reallasten, die jeweiligen Inhaber der maßgeblichen Sachherrschaftsbefugnis berechtigt oder verpflichtet, zB in liegenschaftsbezogenen Fällen von Mitbenutzungsrechten (§ 19 WRG), Mitgliedschaften in öffentlich-rechtlichen Genossenschaften oder Zwangsrechten. Bei Verfahrensrechtsverhältnissen ist dementsprechend je nach dem Gegenstand des Verfahrens zwischen fortsetzungsfähigen und einstellungsbedürftigen Verfahren (Rz 1210) zu differenzieren.

Rechtsverhältnisse enden im Allgemeinen **ex nunc**, dh ab dem Eintritt des Endigungstatbestandes. In der Vergangenheit erbrachte Leistungen bleiben unberührt, in der Vergangenheit entstandene Nebenansprüche, Ersatzpflichten u dgl bleiben offen. Nur in dem seltenen Fall, dass die rechtliche Grundlage des Rechtsverhältnisses rückwirkend aufgehoben wird, entsteht die Pflicht, alle rechtsgrundlos gewordenen Maßnahmen rückabzuwickeln. 1244

E. Hauptinhalt und Nebenpflichten

Der **Hauptinhalt** eines Rechtsverhältnisses besteht darin, dass einer (natürlichen oder juristischen) Person mindestens eine Pflicht zukommt, auf deren Erfüllung mindestens einer anderen (natürlichen oder juristischen) Person ein Rechtsanspruch zukommt. Inhalt dieser Pflicht kann ein Tun, ein Dulden oder ein Unterlassen sein. Oft finden sich ganze Bündel von Rechte und Pflichten, beispielsweise umfassen Mitgliedschaftsverhältnisse zumeist Beitragspflichten und Wahlrechte. Der materiell-rechtliche Hauptinhalt eines Verfahrensrechtsverhältnisses besteht im geltendgemachten Anspruch auf Erlassung einer Sachentscheidung eines bestimmten Inhalts. 1245

Sofern Art, Ort und Zeit der Erfüllung der Pflicht (**Leistungserbringung**) nicht näher geregelt sind, bestimmen sie sich primär nach „Natur und Zweck" (§ 905 ABGB) der Leistung, hilfsweise können allgemeine Rechtsgrundsätze maßgeblich sein. Beispielsweise gelten Pflichten gegenüber der Behörde (Informations-, Anzeige-, Melde-, Ablieferungs- oder Geldleistungspflichten) als „Bringschulden", während Pflichten der Behörden (Erteilung von Auskünften, Ausstellung von Urkunden, Herausgabe von Sachen) oft als „Holschulden" gelten; manche administrative Leistungen sind allerdings kraft gesetzlicher Anordnung „zuzustellen". Vermögensrechtliche Schulden sind – wenn das Gesetz oder der Bescheid nichts anderes bestimmen – auf das vom Gläubiger bekannt gegebene Konto zu überweisen. Die gerichtliche Hinterlegung gilt unter den Voraussetzungen des § 1425 ABGB als zulässig (VfSlg 6608/1971). Ist bei einer Leistung für die Verwaltung nichts anderes vereinbart, gilt in sinngemäßer Anwendung von § 1152 ABGB ein „angemessenes Entgelt" als bedungen (VwGH 19. 11. 1998, 98/07/0165). Die Höhe ergibt sich, wenn nichts anderes bestimmt ist, in sinngemäßer Anwendung von § 1154 ABGB (VfSlg 5987/1969). Leistungen sind, wenn im Gesetz (zB §§ 58, 78 ASVG) oder im Leistungsbescheid keine besondere Leistungsfrist (§ 59 Abs 2 AVG) festgesetzt ist, grundsätzlich „sogleich, nämlich ohne unnötigen Aufschub" (§ 904 ABGB) zu erfüllen (VwGH 18. 1. 1999, 98/10/0097). Bei der Ermittlung der (materiell-rechtlichen) Leistungsfrist sind das Europäische Fristenübereinkommen, BGBl 254/1983, subsidiär § 902 ABGB maßgeblich; in Vollziehung gemeinschaftsrechtlicher Vorschriften kann die EG-Fristen-VO 1182/71 maßgeblich sein (vgl daher § 46 BVergG). 1246

1247 Die Judikatur, insb jene des VfGH, zeigt in diesen und in anderen Zusammenhängen (zB Rz 1280) große Bereitschaft zu einer **rechtsgrundsatzanalogen** Heranziehung zivilrechtlicher Bestimmungen. Dazu wird von Teilen der Lehre kritisch festgehalten, dass in Ermangelung expliziter Bestimmungen die sachlich zunächst liegenden Wertungen des öffentlichen Rechts heranzuziehen seien. Dies ist richtig, führt im Einzelfall allerdings kaum zu anderen Ergebnissen, wenn man nicht „irgendwelche" zufällig einschlägige Bestimmungen heranzieht, sondern vor allem solche, die – wie insb die Regelungen der gesetzlichen Schuldverhältnisse – tatsächlich Ausdruck allgemeiner Rechtsgrundsätze sind.

1248 Zu den Hauptpflichten treten insb bei Dauerrechtsverhältnissen zumeist noch **Nebenpflichten** hinzu. Der Beamte hat Änderungen im Familienstand und im Wohnort der Dienstbehörde zu melden (§ 53 Abs 2 BDG), der Dienstgeber hat – unabhängig von der kraft Gesetzes eintretenden Versicherungspflicht – die Aufnahme einer versicherungspflichtigen Tätigkeit durch einen Dienstnehmer (§ 33 ASVG) und sodann jede Änderung von für die Versicherung bedeutsamen Umständen zu melden (§ 34 ASVG), die Versicherten sind zur Erteilung von für das Versicherungsverhältnis relevanten Auskünften verpflichtet (§ 43 ASVG), der Abgabenpflichtige hat unter bestimmten Voraussetzungen „im Interesse der Abgabenerhebung" Bücher zu führen (§§ 124ff BAO), der Subventionsempfänger muss über die Mittelverwendung periodisch Rechenschaft legen (vgl zB § 13 Abs 2 Z 5 UmwFördG). Die Behörde hat nicht durch berufsmäßige Parteienvertreter vertretene Parteien im Hinblick auf Verfahrenshandlungen zu beraten (Manuduktionspflicht; § 13a AVG).

1249 Soweit solche Nebenpflichten gesetzlich vorgesehen sind, werfen sie keine außergewöhnlichen Fragen auf. Verschiedentlich finden allerdings auch **ungeschriebene Nebenpflichten** Anerkennung. Gerade bei Dauerrechtsverhältnissen unterliegen die Beteiligten des Rechtsverhältnisses den Regeln von „**Treu und Glauben**" (Rz 1328): Hat beispielsweise die Abgabenbehörde ihrer Beurteilung eine bestimmte bilanzmäßige Behandlung von Geschäftsfällen zugrundegelegt, dann ist es ihr nach Treu und Glauben verwehrt, in den Folgejahren eine andere bilanzmäßige Behandlung derartiger Geschäftsfälle zugrundezulegen, selbst wenn diese Beurteilung an und für sich gesetzlich zulässig wäre. Bekannt ist der Fragenkreis der **Mitwirkungspflichten** der Parteien im Verwaltungsverfahren (Thienel 174): beispielsweise muss eine Partei in ihrem Besitz befindliche, für die Ermittlung des Sachverhalts erforderliche Beweismittel vorlegen, muss sie behauptete Tatsachen substantiieren, muss der Antragsteller die Durchführung eines Lokalaugenscheins auf seinem Grund dulden. Anstaltsnutzungsverhältnisse erweisen sich zumeist als durch ganze Bündel von ungeschriebenen Nebenpflichten charakterisiert.

Bei den die Parteien treffenden ungeschriebenen Nebenpflichten handelt es sich, näher besehen, zumeist nicht um rechtlich durchsetzbare Pflichten, sondern um **Obliegenheiten** (dh um bloß indirekt sanktionierte Verpflichtungen): Die Partei muss es sich im Rahmen der freien Beweiswürdigung vorhalten lassen, wenn sie erforderliche Beweismittel nicht vorlegt, dem Antragsteller wird eine Leistung nicht zuerkannt, wenn er sich den erforderlichen Untersuchungen nicht unterzieht usw. Weitergehend allerdings §§ 361 Abs 3, 366 ASVG, § 36c AlVersG.

1250 Manche ungeschriebene Nebenpflichten sind so selbstverständlich, dass sie nicht mehr ins Bewusstsein treten: In Haft genommene Personen sind entsprechend zu verpflegen, beschlagnahmte Sachen sind ordnungsgemäß zu verwahren, eine in Abwesenheit des Inhabers aufgebrochene Wohnung ist entsprechend zu sichern, die Pflicht zur Duldung von Maßnahmen umfasst auch die Pflicht, den betreffenden Gegenstand zugänglich zu machen. Manche derartige Nebenpflichten ergeben sich aus **allgemeinen Rechtsgrundsätzen**: Auch die Amtskasse ist verpflichtet, eine

Quittung auszustellen (vgl § 1426 ABGB). Der Gläubiger darf die Erbringung der geschuldeten Leistung nicht vereiteln (Torpedierungsverbot). Der Schuldner muss sich bemühen, Hindernisse, die der Erbringung der Leistung entgegenstehen, zu überwinden (Anspannungspflicht). Auf die (vermeintliche) Unmöglichkeit einer Leistung muss ungesäumt hingewiesen werden (VwGH 5. 9. 2002, 2002/02/0044). Wer zu Eingriffen in fremde Rechte befugt ist, hat sich um die Minimierung des Eingriffs zu bemühen (Schonungsprinzip). Schädigungen Dritter sind möglichst gering zu halten (Schadensminderungspflicht). Jedenfalls auf Seiten der Verwaltung gilt, dass diese niemals willkürlich (schikanös) handeln darf (Art 7 B-VG).

Nebenpflichten können bereits vor dem Entstehen des Rechtsverhältnisses be- 1251
stehen (**Vorwirkungen**). Beispielsweise ist nach den §§ 120ff BAO bereits die bevorstehende Betriebseröffnung anzuzeigen. Der OGH (JBl 1991, 586) geht davon aus, dass die Regeln der *culpa in contrahendo* auch im Bereich des öffentlichen Rechts maßgeblich sind (vgl Rummel in Rummel, ABGB, vor § 918, Rz 18). Nebenpflichten können auch nach dem Erlöschen des Rechtsverhältnisses gegeben sein (**Folgewirkungen**). Beispielsweise hat der Abgabenschuldner gemäß § 216 BAO einen Anspruch auf bescheidmäßigen Abspruch darüber, ob und inwieweit die Zahlungsverpflichtung erloschen ist. Nach § 61 BDG unterliegen auch Beamte des Ruhestandes bestimmten „Dienstpflichten". Der zur Duldung Verpflichtete hat nach Beendigung der zu duldenden Maßnahmen einen Anspruch auf Redintegration (Entfernen, Aufräumen, Wiederherstellung). Folgen rechtswidriger Maßnahmen sind wiedergutzumachen (Folgenbeseitigungsanspruch; Rz 1350, 1362c).

Allgemein kann festgehalten werden, dass Nebenpflichten dann gesetzlich begrün- 1252
det sein müssen, wenn sie selbständig durchsetzbare Pflichten für Rechtsunterworfene beinhalten. Im Übrigen sind Nebenpflichten unter dem allgemeinen Vorbehalt der Zumutbarkeit von Lasten (Rz 682) zu sehen.

Das Verwaltungsrecht kennt keine allgemeinen Regeln über **Leistungsstörungen** 1253
(fehlende, verspätete, mangelhafte Erfüllung von Pflichten). Subjektive Unmöglichkeit auf Seiten des Rechtsunterworfenen steht etwa einer zwangsweisen Durchsetzung im Vollstreckungsweg nicht entgegen (zB VwSlg 8416 A/1973; vgl auch VwGH 27. 6. 2002, 2001/10/0258, 12. 12. 2001, 99/03/0369). Kann die angesprochene Verwaltungsleistung nicht erbracht werden, sind im Hinblick darauf erbrachte vermögensrechtliche Leistungen als rechtsgrundlos geworden rückforderbar. Als Grundsatz wurde festgehalten, dass die Verwaltung nicht befugt ist, Leistungsstörungen zum Anlass zu nehmen, ihrerseits Leistungen zu verweigern. Tatsächlich darf die Ausstellung eines Bescheides nicht mit der Begründung verweigert werden, dass darauf bezogene Gebühren und Abgaben noch nicht entrichtet wurden, und darf die Sozialversicherung Beitragsrückstände nicht zum Anlass für die Verweigerung einer Leistung nehmen. Nicht-vermögensrechtliche „Schlechtleistungen" stehen bei den für das Verwaltungsrecht charakteristischen gesetzlichen Schuldverhältnissen zumeist vor der Alternative des „**Alles oder Nichts**" (vgl § 1413 ABGB): Entweder handelt es sich bei dem zugestellten Schreiben um einen Bescheid oder nicht, entweder handelt es sich bei dem ausgehändigten „verbogenen Blech" um eine Kennzeichentafel oder nicht, entweder handelt es sich bei einer Erklärung um die gebotene Meldung oder Auskunft oder nicht (VwGH 27. 8. 2002, 2002/10/0099). Eine teilweise Erfüllung hindert auf
Seiten des Rechtsunterworfenen nicht die Ergreifung allfälliger Rechtsmittel gegen die [1254]
Säumnis, auf Seiten der Verwaltung nicht die Vollstreckung.

Schon früh wurde in Lehre und Rechtsprechung bei Geldschulden ein Anspruch 1255
auf **Verzugszinsen** anerkannt. Geht man davon aus, dass es sich bei Verzugszinsen

weder um „Strafen" noch um zusätzliche „Lasten" handelt (VfSlg 15001/1997), sondern um den realen Ausgleich des durch Zeitablauf eintretenden Wertverlusts des geschuldeten Nominalbetrages, dann stellt der Anspruch auf Verzugszinsen einen allgemeinen Rechtsgrundsatz dar. Er besteht daher stets dann, wenn er durch das Gesetz nicht – im Rahmen des verfassungsrechtlich Zulässigen – ausdrücklich ausgeschlossen wird (VfSlg 15125/1998; aA offenbar VfGH 10. 4. 2001, A 3/01). ME gebührt er auch den Gebietskörperschaften, da ein realer Ausgleich keine „neue Last" iSv Art 18 B-VG darstellt. Fraglich kann demnach nur sein, wie sich dieser Anspruch der Höhe nach bemisst. Der VfGH nahm bislang in ständiger Rechtsprechung auf die §§ 1333, 1334 ABGB Bezug, wonach bei objektivem Verzug, dh verschuldensunabhängig, 4% gebühren. „Verzug" ist ab dem Ablauf der Leistungsfrist (Fälligkeit) – ist eine solche nicht bestimmt: ab dem Ablauf einer angemessenen Leistungsfrist und der „Einmahnung" (§§ 1417, 1334 ABGB) – gegeben. Dem Gesetzgeber steht es – im Rahmen des Sachlichen – allerdings offen, Abweichendes zu bestimmen, was verschiedentlich geschehen ist (zB § 59 ASVG, §§ 217, 212 Abs 2, 212a Abs 9 BAO). Soweit danach höhere als die nach allgemeinen Rechtsgrundsätzen gebührenden Zinsen maßgeblich sind, kann darin ein – verfassungsrechtlich (Art 6 EMRK) relevantes – pönales Element zu sehen sein. Sofern gesetzlich nichts anderes bestimmt ist, ist über Verzugszinsen dann, wenn über den Hauptanspruch mit Bescheid abzusprechen ist, ebenfalls mit Bescheid abzusprechen; im Übrigen kommt die Durchsetzung gemäß Art 137 B-VG in Betracht.

Zu Zinsenansprüchen in Anwendung des Gemeinschaftsrechts Oliver EuZW 1998, 481.

F. Verwaltungsrechtliche Verträge[1]

1256 Dass man „mit der Verwaltung" – genauer: mit Gebietskörperschaften – Verträge abschließen kann, ergibt sich unabweislich aus der Privatrechtsfähigkeit der Gebietskörperschaften (Art 17, 116 Abs 2 B-VG). Der Abschluss zivilrechtlicher Verträge macht geradezu den Kern der „Privatwirtschaftsverwaltung" aus. Derartige Verträge unterliegen auf Seiten der Gebietskörperschaft oft zahlreichen innenrechtlichen (insb Haushaltsrecht, SelbstbindungsG) und außenrechtlichen (zB BVergG, WohnbauförderungsG) Bindungen (Rz 514, 574e) – das „Dürfen" der öffentlichen Hand" ist damit oft intensiv limitiert. Im Verhältnis zum Privaten unterliegen aber auch diese Verträge im Allgemeinen dem ABGB, mit den sich gegebenenfalls aus der Anwendbarkeit des KSchG ergebenden Modifikationen (vgl § 1 Abs 2 KSchG). Um zivilrechtliche Vereinbarungen handelt es sich etwa auch bei den in den §§ 48ff MBG vorgesehenen Entschädigungsvereinbarungen; im Fall der Nichteinigung soll das Gericht entscheiden.

Rechtsstaatliche Grenzen der Verknüpfung privatrechtlicher Vereinbarungen mit Angelegenheiten der Hoheitsverwaltung wurden in VfSlg 15625/1999 (sbg Vertragsraumordnung) hervorgehoben. Vgl allerdings auch Kleewein JBl 2000, 562, Weber ecolex 2000, 162 und Öhlinger in FS Barfuß, 2002, 197.

1257 Um derartige Verträge geht es aber nicht, wenn man von verwaltungsrechtlichen Verträgen spricht; gemeint sind dann nämlich Verträge auf den Gebieten des **öffent-**

1 Doralt/Ruppe, Steuerrecht II^4, 2001, 183; Eberhard, Der verwaltungsrechtliche Vertrag in der österreichischen Dogmatik, Diss Wien 2002; Ruppe in Leitner (Hg), Finanzstrafrecht 2002, 2003, 9; Rummel in Rummel, ABGB zu § 859 Rz 37; Kleewein, Vertragsraumordnung, 2003.

lichen Rechts, insb des Verwaltungsrechts (auf „Hoheitsverwaltung" stellt EBERHARD 13 ab). Die Verfassung kennt Staatsverträge, Vereinbarungen im Verhältnis zwischen dem Bund und den Ländern (Art 15a B-VG) und auf die Bildung von Gemeindeverbänden gerichtete Vereinbarungen zwischen Gemeinden (Art 116a Abs 1 B-VG). Man kann diese Verträge – da sie zwischen „Gleichgeordneten" abgeschlossen werden – als **koordinationsrechtliche Vereinbarungen** bezeichnen. Sie sind im Verfassungsrecht zu behandeln.

Offenbar nicht ausdrücklich vorgesehen sind dagegen **subordinationsrechtliche** 1258 **Vereinbarungen** (VwGH 16. 11. 1998, 94/17/0009), also Verträge im Staat-Bürger-Verhältnis. Dies hat auf dem Boden der Theorie von der Geschlossenheit des Rechtsquellensystems (Rz 468) grundsätzliche Bedenken hinsichtlich der Zulässigkeit solcher Verträge aufgeworfen. Einerseits klingen „Verträge" als konsensuale, nicht einseitig obrigkeitlich diktierte Akte liberal und sympathisch, andererseits muss man berücksichtigen, dass die Vertragsparteien eines verwaltungsrechtlichen Vertrages in ein rechtsschutzmäßiges Niemandsland geworfen werden, da hinsichtlich der Vertragszuhaltung weder die ordentlichen Gerichte (Rz 500) noch – wegen der aktbezogenen Zuständigkeitsumschreibung – die Gerichtshöfe des öffentlichen Rechts zuständig sind. Einerseits ist zu bedenken, dass auch das Subordinationsrecht „Konsensuales" kennt, wie insb in den Fällen antragsbedürftiger Bescheide: niemand kann gegen seinen Willen zum Beamten ernannt werden. Andererseits zeigen gerade solche Beispiele, dass auch die normale Hoheitsaktslehre Fälle der Konsensualität „einzufangen" in der Lage ist, sodass es des verwaltungsrechtlichen Vertrages insoweit nicht „bedarf".

Unterdessen ist die Gesetzgebung – auf ungesicherter verfassungsrechtlicher 1259 Grundlage – vorangeschritten und hat subordinationsrechtliche Verwaltungsverträge vor allem in zahlreichen abgabenrechtlichen Vorschriften (zB Getränkesteuer, Vergnügungssteuer, Parkraumabgabe; DORALT/RUPPE 183, EBERHARD 292) vorgesehen. Beispielsweise bestimmt § 18 wr VergnügungssteuerG: „Der Magistrat kann mit einzelnen Steuerpflichtigen oder Gruppen von Steuerpflichtigen Vereinbarungen über die zu entrichtende Steuer treffen, soweit diese die Besteuerung vereinfachen und das steuerliche Ergebnis bei den Steuerpflichtigen nicht wesentlich verändern". Es geht in diesen Fällen vor allem um „Pauschalierungsvereinbarungen" im beiderseitigen Interesse (VwGH 16. 11. 1998, 94/17/0009; vgl auch § 62 Abs 2 ASVG): die Pauschalierung erspart dem Abgabenpflichtigen das Sammeln von Belegen und der Verwaltung die Durchführung periodischer Ermittlungsverfahren. In neuerer Zeit sind die Integrationsvereinbarung nach § 50a FrG und die Leistungsvereinbarung nach § 13 UniG anzuführen. Dagegen handelt es sich bei der „Verhaltensvereinbarung" nach § 44 SchUG um eine Hausordnung, bei der das Einvernehmen aller Schulpartner „anzustreben" ist.

Der VfGH hat sich in VfSlg 9226/1981 der von PUCK (FS Antoniolli, 1979, 296) 1260 entwickelten Deutung angeschlossen, derzufolge solche verwaltungsrechtliche Verträge nur „unselbständige" Rechtsquellen bilden dürfen (weitergehend zuletzt RUPPE 20). Hinsichtlich der Zulässigkeit hält der VfGH zwei Punkte fest:

- Verwaltungsrechtliche Verträge sind nur auf ausdrücklicher gesetzlicher Grundlage zulässig (zur Unbeachtlichkeit sonstiger Einigungen zB VwGH 26. 4. 1999, 95/17/0119).
- Die Rechtslage muss so ausgestaltet sein, dass Streitigkeiten aus dem Vertragsverhältnis „in einen Bescheid münden können". Der Vertrag ist daher insoweit eine „unselbständige" Rechtsquelle, als er nur solange festhält, was rechtens ist, als nicht

die Behörde von Amts wegen oder die Partei durch einen Antrag die verbindliche Klärung der Rechtslage durch einen Bescheid bewirkt.

1261 Untersucht man die auf diese Weise grundgelegte Rechtslage des Verwaltungsvertrages, so zeigt sich der begrenzte rechtliche Gehalt solcher Vereinbarungen:

- Strittig ist zunächst, inwiefern beidseitig „Abschlussfreiheit" besteht: Offenkundig vermag die Verwaltung dem Beteiligten nicht den Abschluss eines Vertrages aufzunötigen, dieser unterliegt keinem Kontrahierungszwang. Der VwGH hat noch in VwSlg 5678 F/1982 entschieden, dass auch die Verwaltung nicht verpflichtet sei, auf ein auf Abschluss eines solchen Vertrages gerichtetes Angebot eines Beteiligten einzugehen. Dies ist allerdings verfehlt, da die Verwaltung willkürfrei zu handeln hat und da gesetzliche Bestimmungen über Verwaltungsverträge – im Lichte der Schutznormtheorie (Rz 1137) – gerade auch im Interesse der Beteiligten erlassen wurden. In den Fällen des § 50a FrG und des § 13 UniG besteht ganz prinzipiell ein Anspruch auf Abschluss solcher Vereinbarungen. Die Verwaltung ist daher verpflichtet, sich mit einem auf Abschluss eines Verwaltungsvertrages gerichteten Anbringen auseinanderzusetzen und zu prüfen, ob die Annahme des Angebotes gesetzlich gedeckt ist und im konkreten Fall dem Sinn des Gesetzes entspricht. Dabei kommen allgemeine Grundsätze der *culpa in contrahendo* zur Anwendung. Schuldhafte Pflichtverletzung auf Seiten der Verwaltung ist amtshaftungsrechtlich sanktioniert; fraglich ist, ob der Offerent ein Recht auf eine Entscheidung über sein Angebot nach den Regeln des § 73 AVG hat (Eberhard 274).
- Die „Inhaltsfreiheit" ist im Allgemeinen nur auf Seiten der Partei gegeben; die Behörde (die Gebietskörperschaft) ist durch gesetzliche Determinanten gebunden, insb hat sie zB die typische Abgabenschuld in einem ordnungsgemäßen Ermittlungsverfahren zu erheben und diesen Wert der Pauschalierung zugrundezulegen; zu einer vereinbarungsmäßigen Verminderung des Abgabenertrages ist sie nicht befugt. In den Fällen des § 13 UniG besteht dagegen im Rahmen des Gesetzes ein Gestaltungsspielraum.
- Ist eine Vertragspartei der Überzeugung, dass der Vertrag an „Mängeln" leidet, so kommt eine „Anfechtung" – mangels Zuständigkeit eines Gerichts – nicht in Betracht. Vielmehr hat jede damit befasste Behörde inzidenter zu beurteilen, ob eine Vereinbarung wirksam zustande gekommen ist und welchen Inhalt sie aufweist. Mangelt es an gesetzlichen Voraussetzungen, ist die Vereinbarung als Vereinbarung absolut nichtig (zB VwGH 30. 5. 2001, 96/08/0261 zur fehlenden Schriftlichkeit). Im Fall inhaltlicher Unrichtigkeit nimmt Ruppe 18 Rechtswidrigkeit an.
- Ebenso kommt, wie erwähnt, eine „Klage" auf Vertragszuhaltung mangels Zuständigkeit eines Gerichts nicht in Betracht. Ein solcher Vertrag bildet auch keinen Vollstreckungstitel im Sinn der vollstreckungsrechtlichen Bestimmungen. Eine Vertragsverletzung auf Seiten der Gebietskörperschaft ist nur schadenersatzrechtlich (amtshaftungsrechtlich) sanktioniert.
- Während der Dauer seiner Geltung kommt der Vereinbarung allerdings die ihr eigentümliche (relative) Verbindlichkeit zu (Ruppe 20; vgl zB VwGH 16. 11. 1998, 94/17/0009, 30. 4. 2002, 98/17/0166 zur Unzulässigkeit einer Bestrafung bei vertragskonformem Verhalten). Vermögensrechtliche Ansprüche können gegen die in Art 137 B-VG genannten Rechtsträger nach dieser Bestimmung durchsetzbar sein.
- Ändern sich maßgebliche Umstände, dann kann sich jeder Vertragsteil – gewissermaßen in Anwendung der *clausula rebus sic stantibus* – als nicht mehr gebunden

erachten; die Behörde wird mit Bescheid neu entscheiden (VwGH 7. 6. 2001, 98/15/0075), die Partei eine Neufestsetzung beantragen. Selbstverständlich kommt auch der Abschluss einer neuen Vereinbarung in Betracht.

„Vertragsähnliche" Phänomene, die nicht in das Modell des antragsbedürftigen 1262
Bescheides oder des Zusicherungsbescheides aufgelöst sind, können eine rechtlich weitergehende Bedeutung aufweisen: Sie können sich insb im Zuge von Verfahren ergeben, in denen dem Bürger eine Amtspartei gegenübersteht: Wenn es zu einem „Anerkenntnis" (vgl § 69 Abs 1 ASVG) kommt oder wenn in einem sozialversicherungsrechtlichen Leistungsverfahren (vor dem Sozialgericht) ein „Verfahrensvergleich" (§ 1380 ABGB) geschlossen wird, so handelt es sich auch bei derartigen Konstellationen um „Rechtsgeschäfte" auf Gebieten des öffentlichen Rechts. Solche Vereinbarungen können einen Leistungstitel bilden und zwangsweise durchsetzbar sein.

Dagegen sind „Zusagen", „Auskünfte" und andere – möglicherweise vertrauensauslösende – einseitige Akte (vgl noch Rz 1321) nicht als „Verträge" zu behandeln. Ebenso ist ein Vertrag nicht allein darin zu sehen, dass eine Niederschrift (§ 14 AVG) von einem Organwalter und einer oder mehreren Parteien unterschrieben wird, da ein solches Protokoll grundsätzlich nur eine „Wissenserklärung" verkörpert.

Schließlich stellt sich die Frage, ob die Rechtsordnung auch Vereinbarungen 1263
zwischen Privaten (also nicht-subordinationsrechtliche Übereinkommen) auf den Gebieten des Verwaltungsrechts kennt. Ein klassisches Beispiel bildet § 111 Abs 3 WRG, der „Übereinkommen" zwischen den Beteiligten (eines wasserrechtlichen Verfahrens) auf Gebieten vorsieht, „zu deren Regelung im Entscheidungswege die Wasserrechtsbehörde in Ermangelung eines Übereinkommens zuständig wäre". Die typische Fallkonstellation bildet jene, dass sich ein Bewilligungswerber mit einer durch das Projekt in ihren Wasserrechten berührten Partei „einigt" (über Nutzungseinschränkungen, Mitbenutzungsrechte, Entschädigungen u dgl) und dass daraufhin diese Beteiligten der Behörde das Übereinkommen zur Beurkundung im wasserrechtlichen Bescheid vorlegen. Das Übereinkommen hat „entscheidungsersetzende" Bedeutung, da die Wasserrechtsbehörde angesichts des ihr vorliegenden Übereinkommens nicht mehr im Bescheid – zB durch Vorschreibung von Auflagen und Zuspruch von Entschädigungsleistungen – zu entscheiden braucht (zB VwGH 31. 1. 2002, 2000/06/0107). Da der strittige Punkt durch das im Bescheid zu beurkundende Übereinkommen rechtsverbindlich „geregelt" wird, muss man in derartigen Fallkonstellationen wohl vom Vorliegen eines Vertrages sprechen. Da der Gegenstand dieser Vereinbarung wasserrechtliche Fragen betrifft, die – in Ermangelung eines Übereinkommens – von der Behörde zu entscheiden wären, handelt es sich um **verwaltungsrechtliche Verträge zwischen Privaten**.

Ordentliche Gerichte sind zur Entscheidung über Streitigkeiten aus solchen Übereinkommen spezifisch wasserrechtlichen Inhalts unzuständig. Über die Auslegung und die Rechtswirkungen solcher Vereinbarungen hat im Streitfall vielmehr im Allgemeinen die zuständige Verwaltungsbehörde mit Bescheid zu entscheiden. Beurkundete Übereinkommen im Sinn von § 111 Abs 3 WRG sind keine selbständigen Exekutionstitel.

Hat man dieses „Muster" einmal erkannt, dann findet man vergleichbare verwal- 1264
tungsrechtliche Vereinbarungen zwischen Privaten auch in anderen Zusammenhängen: Beispielsweise kann die Agrarbehörde im Fall von Rechtsmitteln gem § 7 Abs 4 AgrVerfG „die Bereinigung der Angelegenheit durch ein Parteienübereinkommen versuchen und, wenn ein solches zustande kommt und dagegen keine Bedenken

sprechen, ihren Bescheid selbst entsprechend abändern". Nach § 66 Abs 4 ForstG entscheidet über die Notwendigkeit und die Art und Weise der Bringung (Holztransport) über fremden Grund nur dann die Behörde, „wenn hierüber zwischen den Parteien keine Einigung zustande kommt". Eine erzielte „Einigung" kann – sofern eine Bewilligung erforderlich ist (§ 62 ForstG) – im Bescheid beurkundet werden. Über Streitigkeiten aus diesem Vereinbarungsverhältnis hat jedenfalls die Verwaltungsbehörde, nicht das Gericht, zu entscheiden. Nach den §§ 49f FlurverfassungsgrundsatzG (und den korrespondierenden ausführungsgesetzlichen Bestimmungen) ersetzen „Flurbereinigungsverträge" die sonst erforderlichen agrarbehördlichen Bescheide (vgl zB auch VwGH 26. 4. 2001, 97/07/0091, 16. 9. 1999, 96/07/0215). Die von den Agrarbehörden genehmigten „Vergleiche" bilden gemäß § 14 AgrVerfG sogar Vollstreckungstitel.

1265 Anders geartete Phänomene können bei der Bildung öffentlich-rechtlicher Genossenschaften auftreten: Soll eine „freiwillige Wassergenossenschaft" gemäß § 74 WRG errichtet werden, so bilden die Proponenten, die sich auf einen Satzungsentwurf geeinigt haben, zunächst eine bürgerlich-rechtliche Assoziation. Mit der Rechtskraft des positiven Anerkennungsbescheides der Wasserrechtsbehörde erwirbt die Wassergenossenschaft Rechtspersönlichkeit als Körperschaft des öffentlichen Rechts (§ 74 Abs 2 WRG). Die Satzung bildet ab diesem Zeitpunkt eine öffentlich-rechtliche Übereinkunft eigener Art; über Streitigkeiten aus dem Genossenschaftsverhältnis (Satzungsauslegung) hat in der Folge allein die Wasserrechtsbehörde zu entscheiden. Ähnlich zu sehen ist die Bildung forstrechtlicher freiwilliger Bringungsgenossenschaften (§§ 68ff ForstG).

Insgesamt ist daher davon auszugehen, dass im öffentlichen Recht wurzelnde Ansprüche zwischen Privaten, über die im Streitfall eine Verwaltungsbehörde zu entscheiden hat, Gegenstand von Vereinbarungen sein können. Sie sind, soweit ihnen keine nach den einschlägigen Verwaltungsvorschriften maßgeblichen öffentlichen Interessen entgegenstehen, auch für die Behörde erheblich.

Ein „Allgemeiner Teil" eines öffentlich-rechtlichen Vertragsrechts, wie er sich zB in den §§ 54ff des deutschen VerwaltungsverfahrensG findet, ist dem österreichischen Recht nicht bekannt. Rechtsfragen müssen daher, soweit sie aus dem konkreten rechtlichen Zusammenhang nicht beantwortet werden können, oft durch weitausholende Überlegungen auf dem Gebiet der Rechtsgrundsatzanalogie (Rz 1247, 1280) geklärt werden.

XVII. Öffentlich-rechtliche Erklärungen

A. Allgemeines

Zahlreiche Verwaltungsvorschriften sehen Erklärungen vor, seien dies Erklärungen der Rechtsunterworfenen, seien dies Erklärungen von Verwaltungsorganen. Rechtsunterworfene geben Anträge, Anzeigen, Auskünfte, Einwendungen, Mahnungen, Meldungen, Mitteilungen, Verzichtserklärungen, Zustimmungen ua ab (vgl zB § 27 Abs 1 StbG); Verwaltungsorgane erklären Abmahnungen, Anzeigen, Aufforderungen, Auskünfte, Belehrungen, Einvernehmen, Kündigungen, Mitteilungen, Zusicherungen, Zustimmungen usw. 1266

Da die Gebietskörperschaften auch Träger von Privatrechten sind und damit in privatrechtlichen Rechtsbeziehungen zu Dritten stehen, kommen im Bereich der Verwaltung grundsätzlich alle jene Erklärungen vor, die das Privatrecht kennt. Im vorliegenden Zusammenhang interessieren jene Erklärungen, die auf der Grundlage von öffentlich-rechtlichen Rechtsvorschriften oder im Hinblick auf öffentlich-rechtliche Rechte oder Rechtsverhältnisse abgegeben werden und die daher als **öffentlich-rechtliche Erklärungen** zu beurteilen sind.

Auf den besonderen Fall der in einem Mehrparteienverfahren von mitbeteiligten Parteien erhobenen „**Einwendungen**" war bereits einzugehen (Rz 1145): Während „privatrechtliche Einwendungen" – sofern eine gütliche Einigung nicht gelingt – im Allgemeinen auf den ordentlichen Rechtsweg zu verweisen sind, hat die Behörde über die „öffentlich-rechtlichen Einwendungen" – die also in (von ihr zu vollziehenden) öffentlich-rechtlichen Bestimmungen gründen – selbst zu entscheiden. Es kommt bei Einwendungen somit darauf an, welches Recht oder Rechtsverhältnis bzw welche Rechtsvorschrift geltend gemacht wird. Da der Rechtsunterworfene im Allgemeinen nicht verpflichtet ist, bei seinen Erklärungen „Paragraphen zu zitieren", stellen sich der Verwaltung auch in diesem Zusammenhang Interpretationsaufgaben. Der VwGH ging in VwSlg 6272 A/1964 davon aus, dass eine von einer Partei im Kontext eines Verwaltungsverfahrens vor einer Verwaltungsbehörde abgegebene Erklärung im Zweifel eine öffentlich-rechtliche ist. 1267

Vom Nicht-Erheben von Einwendungen zu unterscheiden sind **Zustimmungen**, die einen – wenngleich im Zweifel auch konkludent (Rz 1283) erklärbaren – positiven Willensakt erfordern (VwGH 30. 9. 2002, 2000/05/0288; vgl die Legaldefinition in § 4 Z 14 DatSchG). Beispielsweise sind schutzwürdige Geheimhaltungsinteressen bei Verwendung personenbezogener Daten gemäß § 8 Abs 1 Z 2 DatSchG ua dann nicht verletzt, wenn der Betroffene der Verwendung zugestimmt hat (dazu Grabenwarter ÖJZ 2000, 867). Vgl auch § 67d AVG, §§ 9 Abs 4, 51e VStG, § 8 Abs 1 AgrVerfG, § 19 StbG, §§ 48 Abs 5, 68 SPG, § 24 MBG, § 19 BStatG, § 201a ASVG. Vgl auch Kopetzki in Kopetzki (Hg), Einwilligung und Einwilligungsfähigkeit, 2002, 18. 1268

Positive Willensakte sind auch bei jenen administrativen „Zustimmungen" verlangt, die zur Herstellung des Einvernehmens (Rz 420) oder im Hinblick auf Genehmigungen durch Aufsichtsbehörden oder andere Verwaltungsstellen erforderlich sind.

1269 Zur Qualifikation von Erklärungen kommt es nicht allein auf die formelle Grundlage an: In den Fällen des § 5 WRG ist die Zustimmung des LH als des Verwalters des öffentlichen Wasserguts (§ 4 WRG) erforderlich. Es geht der Sache nach um die Ausübung von Eigentumsrechten an öffentlichen Sachen (Rz 1391) und dementsprechend um eine privatrechtliche Zustimmungserklärung, mögen sich die Regelungen auch in einem Gesetz finden, das primär öffentlich-rechtliche Rechtsvorschriften enthält (VwGH 25. 7. 2002, 2001/07/0069). – Nach § 93 ABGB können (künftige) Ehegatten bestimmte Erklärungen über den Familiennahmen abgeben. Diese Bestimmungen sind vom „Standesbeamten" zu vollziehen, gerichtliche Zuständigkeiten sind nicht vorgesehen. Daher handelt es sich um verwaltungsrechtliche Erklärungen, deren Wirksamkeit (allein) vom Standesbeamten zu beurteilen ist.

1270 In **Dreiecksverhältnissen** kann zu unterscheiden sein: Nach § 9 Abs 4 VStG (dazu Thienel ZVR 2000, 233) muss der „verantwortliche Beauftragte" seiner Bestellung nachweislich zugestimmt haben: Die dem Dienstgeber gegenüber abzugebende Zustimmungserklärung ist eine privatrechtliche, die Bekanntgabe durch den Dienstgeber gegenüber der Behörde dagegen eine öffentlich-rechtliche Erklärung. Ähnlich zu sehen ist die Geschäftsführerbestellung gemäß § 39 GewO. Ungeklärt sind Fälle, in denen zB baurechtliche Bestimmungen auf die „Zustimmung" des Grundeigentümers oder des Nachbarn abstellen (zB §§ 63 Abs 1 lit c, 71, 79 Abs 3 am Ende wr BauO).

1271 In diesen Fällen bildet die erforderliche Zustimmung beim heutigen Stand des Verwaltungsrechts zumeist nicht Antrags-, sondern Sachentscheidungsvoraussetzung: Sie muss im Entscheidungszeitpunkt „liquid" vorliegen; liegt sie nicht vor oder ist sie später (zB auf Grund eines Widerrufs) weggefallen, darf nicht positiv entschieden werden.

1272 Was die Zustimmung des Grundeigentümers zu einem Bauvorhaben anlangt, spricht alles dafür, dass es sich um eine privatrechtliche Zustimmung handelt (VwSlg 15285 A/1999; zur Erwirkung der Zustimmung VwGH 28. 1. 2003, 2001/05/0046), an die in der Verwaltungsvorschrift lediglich tatbestandsmäßig angeknüpft wird. Im Hinblick auf die Einwendungen mitbeteiligter Parteien war bereits festzuhalten (Rz 1220), dass es sich um an die Verwaltungsbehörde gerichtete öffentlich-rechtliche Erklärungen handelt. Dagegen handelt es sich bei den nach den Verwaltungsvorschriften erforderlichen „Zustimmungen" von Nachbarn um öffentlich-rechtliche Erklärungen, die an die Hauptpartei, nicht an die Behörde, zu richten sind; sie wurzeln allein im öffentlichen Recht. Deutlich wird dies, wenn eine solche Zustimmung sogar verwaltungsverfahrensrechtliche Konsequenzen hat (zB § 24 Abs 2 stmk BauG).

1273 Die Judikatur geht dagegen davon aus, dass es sich um zivilrechtliche Erklärungen handelt. Dies vor dem Hintergrund des Umstandes, dass auf diese Weise die verweigerte Zustimmung auf dem Weg eines Gerichtsbeschlusses gemäß § 367 EO ersetzt werden kann. Sieht man hingegen Einwendungen und Zustimmungen von Nachbarn als öffentlich-rechtliche Erklärungen, so könnten mE zwar schikanöse Einwendungen von der Verwaltungsbehörde als unwirksam festgestellt, nicht aber fehlende positive Willensakte suppliert werden.

B. Arten von öffentlich-rechtlichen Erklärungen

1274 Nach dem Inhalt von Erklärungen kann man zwischen **Wissenserklärungen** und **Willenserklärungen** unterscheiden. Wissenserklärungen (zB VwGH 27. 8. 2002, 2002/10/0120) dienen der Information: auf Seiten des Rechtsunterworfenen zB die Fundanzeige gemäß § 9 DenkSchG, die Bekanntgabe der Zusammensetzung kosmetischer Mittel gemäß § 26 Abs 4 LMG, die Brandmeldung gemäß § 5 wr Feuerpolizei- und LuftreinhalteG oder die Erteilung von Auskünften nach § 8 BStatG bzw § 3 VolkszG; auf Seiten der Verwaltung zB die Erteilung einer Auskunft (VwGH 17. 9. 2002, 2000/01/0267), die Bekanntgabe eines gebührenden Anspruchs oder der Hinweis auf das Erfordernis einer Vergebührung. Willenserklärungen stellen die

Kundgabe der Ausübung einer Rechtsmacht dar oder zielen auf die Gestaltung der Rechtslage ab: auf Seiten des Rechtsunterworfenen zB die Bestimmung des Vornamens eines Neugeborenen (§ 21 PStG), die Mitteilung der Änderung der Abgabestelle (§§ 8f ZustellG), die Anzeige der Bestellung eines Geschäftsführers (§ 39 GewO) oder der Verzicht auf einen Pensionsanspruch (§ 11 lit b, § 21 Abs 1 lit b PensG, § 107 Abs 3 Z 1 ASVG); auf Seiten der Verwaltung zB die Aufforderung zur Beibringung von sachdienlichen Unterlagen, die Mitteilung der rechtlichen Unbedenklichkeit, die Zustimmung zur Herstellung des Einvernehmens, die Androhung der Ersatzvornahme oder auch das Aufrufen eines Schülers durch den Lehrer.

Die Unterscheidung ist allerdings eine relative und bringt eher zwei „Typen" zum Ausdruck: Mit einer Anzeige oder Anmeldung wird häufig einer Informationspflicht entsprochen, vielfach umfasst sie jedoch gleichzeitig auch den Antrag auf behördliche Zurkenntnisnahme, allenfalls auch auf Ausstellung einer Bescheinigung oder bescheidförmigen Erledigung (zB § 339 GewO). Der „Rückstandsausweis" beinhaltet eine Wissenserklärung, gleichzeitig aber auch eine Mahnung bzw Fälligstellung.

Im Kern der als „normativ" erkannten hoheitlichen Akte, wie Bescheid, AuvBZ, Weisung oder Verfahrensanordnungen, stehen ebenfalls in aller Regel „öffentlich-rechtliche Willenserklärungen". Wie die vorgenannten Beispiele zeigen, stellt aber nicht jede von einer Verwaltungsstelle ausgehende öffentlich-rechtliche Willenserklärung einen förmlichen Verwaltungsakt dar (vgl zB VwGH 30. 9. 2002, 2002/11/0125: „kein Bescheid, sondern eine nicht normative Willenserklärung").

Im Hinblick auf die zugrundeliegenden Rechtsvorschriften und die angestrebten Rechtswirkungen kann man zwischen **materiell-rechtlichen** und **verfahrensrechtlichen Erklärungen** unterscheiden. Die Bestimmung des Ehenamens gegenüber dem Standesbeamten bewirkt letztlich eine Gestaltung der materiellen Rechtslage. Die Ablehnung eines nicht-amtlichen Sachverständigen stellt dagegen eine nicht auf die Gestaltung oder Feststellung der materiellen Rechtslage, sondern allein auf den Verfahrensablauf gerichtete Erklärung dar. Viele Erklärungen erweisen sich in dieser Hinsicht als „doppelfunktional": Die in einer mündlichen Verhandlung erhobene „Einwendung" stellt als „Vorbringen" im Sinn von § 44 Abs 3 AVG eine verfahrensrechtliche Erklärung dar, gleichzeitig bedeutet sie die Geltendmachung eines materiell-rechtlichen subjektiven öffentlichen Rechts. 1275

Die Unterscheidung von materiell-rechtlichen und verfahrensrechtlichen Erklärungen spielt in mehreren Zusammenhängen eine Rolle: Beispielsweise unterliegen nur „Verfahrenshandlungen" der Parteien der besonderen Belehrungspflicht gemäß § 13a AVG. Nur dann, wenn eine (fristgebundene) Erklärung (zumindest auch) eine verfahrensrechtliche Erklärung ist, kommt auf sie § 33 Abs 3 AVG zur Anwendung, wonach die Tage des Postenlaufs nicht in die Frist einzurechnen sind. Materiell-rechtliche Verzichtserklärungen (zB der Verzicht auf einen Leistungsanspruch) bringen das Recht zum Erlöschen, verfahrensrechtliche Verzichtserklärungen (zB ein Rechtsmittelverzicht) hindern dagegen nur verfahrensrechtlich die Rechtsverfolgung.

C. Öffentlich-rechtliche Erklärungen Privater

Wenn ein Rechtsunterworfener – entweder gegenüber einem Verwaltungsorgan oder gegenüber einem anderen Privaten – eine Erklärung abgibt, die auf der Grundlage von öffentlich-rechtlichen Rechtsvorschriften oder im Hinblick auf öffentlich-rechtliche Rechte oder Rechtsverhältnisse rechtserheblich ist und daher als eine öffentlich-rechtliche Erklärung qualifiziert werden kann, so erweisen sich häufig 1276 zahlreiche Fragen als gesetzlich nicht näher geregelt: Wer soll wem gegenüber wann und wo und in welcher Form eine solche Erklärung abgeben, und welche Rechtswirkung soll ihr zukommen? Angesichts derartiger Fragestellungen drängt es den Interpreten geradezu zu einer „Lückenschließung" im Wege der „Analogie". Dabei liegt es nahe, hinsichtlich materiell-rechtlicher Erklärungen an eine rechtsgrundsatzanaloge Berücksichtigung privatrechtlicher Regeln für Willenserklärungen und hinsichtlich verfahrensrechtlicher Erklärungen an die rechtsanaloge Berücksichtigung prozessrechtlicher Grundsätze zu denken. Bei näherer Betrachtung erweist sich allerdings eine mehrschichtige Differenzierung als geboten.

1. Die primäre Maßgeblichkeit der Verwaltungsvorschriften

1277 In erster Linie ist eine Orientierung aus dem jeweils maßgeblichen Rechtsbereich, im Hinblick auf welchen die Erklärung rechtserheblich ist, zu suchen. Steht man beispielsweise vor der Frage, ob ein Verzicht auf ein Wasserbenutzungsrecht widerrufbar ist, so findet sich dazu in § 27 Abs 1 lit a WRG die Regelung: „Wasserbenutzungsrechte erlöschen ... durch den der Wasserrechtsbehörde zur Kenntnis gebrachten Verzicht des Berechtigten." Weiters bestimmt § 29 Abs 1 WRG: „Den Fall des Erlöschens eines Wasserbenutzungsrechts hat die zur Bewilligung zuständige Wasserrechtsbehörde festzustellen ...". Daraus ergibt sich, dass eine Verzichtserklärung überhaupt erst wirksam wird, wenn sie der zuständigen Behörde zugegangen ist – vorher stellt sich die Frage des „Verzichts" überhaupt nicht. Sobald die Behörde das Erlöschen (mit Bescheid) „festgestellt" hat, überlagern die Regeln über die Maßgeblichkeit und Abänderbarkeit von Bescheiden die Frage der Widerrufbarkeit der zugrundeliegenden Erklärung – ein Widerruf wäre in dieser Phase als unzulässig zurückzuweisen. Nicht unmittelbar aus dem WRG beantwortbar ist dagegen die Frage, welche Wirkung eine der Behörde zwischen dem Zugang der Verzichtserklärung und der Erlassung des Feststellungsbescheids zugehende Widerrufserklärung hat (vgl dazu noch unten Rz 1310). Es sollte aber doch deutlich geworden sein, dass in erster Linie alle aus den einschlägigen besonderen Verwaltungsvorschriften zu gewinnenden interpretativen Anhaltspunkte auszuschöpfen sind.

2. Die subsidiäre Bedeutung verfahrensrechtlicher Bestimmungen

1278 Soweit öffentlich-rechtliche Erklärungen Privater gegenüber Verwaltungsbehörden abzugeben sind, ist zu berücksichtigen, dass solche Erklärungen jedenfalls auf Seiten des Empfängers grundsätzlich dem Verwaltungsverfahrensrecht unterliegen. Schon aus diesem Grund liegt es nahe, in dieser Hinsicht auch auf materiell-rechtliche Erklärungen, soweit keine ausdrücklichen Regelungen in den besonderen Verwaltungsvorschriften bestehen, die einschlägigen Vorschriften des Verfahrensrechts anzuwenden. In diesem Zusammenhang ist zB zu denken an die Pflicht der Behörde zur amtswegigen Wahrnehmung ihrer Zuständigkeit und gegebenenfalls zur Weiterleitung der Erklärung oder zur Weiterverweisung des Erklärenden (§ 6 AVG), an die in jedem Fall nach den Vorschriften des bürgerlichen Rechts zu beurteilenden Fragen der Rechts- und Handlungsfähigkeit des Erklärenden (§ 9 AVG), an die Zulässigkeit und Durchführung einer Erklärung durch Stellvertreter (§ 10 AVG), an die Form der Erklärung (§ 13 AVG), an die Behebung von Mängeln (§ 13 Abs 3 AVG), an die niederschriftliche Beurkundung von mündlichen Erklärungen (§ 14 AVG) oder an die

Verhängung von Ordnungsstrafen wegen beleidigender Schreibweise in schriftlichen Eingaben (§ 34 Abs 3 AVG).

Die Maßgeblichkeit dieser allgemeinen Bestimmungen des AVG ergibt sich auch daraus, dass im Zeitpunkt der Erklärung verschiedentlich noch gar nicht absehbar ist, ob über bzw im Hinblick auf die eingelangte Erklärung ein Bescheid zu erlassen sein wird. Die „Anzeige" eines naturschutzrechtlich bloß anzeigepflichtigen Vorhabens muss als solche wohl nach den gleichen Regeln beurteilt werden, ob sie von der Behörde dadurch „zur Kenntnis genommen" wird, dass die Anzeige zum Akt genommen wird, oder ob die Behörde Anlass für eine bescheidförmige Auflagenvorschreibung oder Untersagung findet.

Ganz allgemein muss festgehalten werden, dass das österreichische Verwaltungsrecht keinen positivierten „Allgemeinen Teil" kennt. Wohl aber sind in den Fällen, in denen das außenwirksame Behördenhandeln weder dem AVG noch einem anderen Verfahrensgesetz unterliegt, die „allgemeinen Grundsätze eines rechtsstaatlichen Verwaltungsverfahrens" heranzuziehen (Rz 881). Auch in dieser Hinsicht erweisen sich in erster Linie die erwähnten Regeln, wie sie im AVG oder in den §§ 79ff BAO (LANGHEINRICH/RYDA FJ 2001, 14) zum Ausdruck kommen, als einschlägig. 1279

Insgesamt ist daher festzuhalten, dass sich aus den „allgemeinen Grundsätzen eines rechtsstaatlichen Verwaltungsverfahrens" Regeln ergeben, die gerade auch für rechtliche Beurteilung öffentlich-rechtlicher Erklärungen Privater gegenüber Verwaltungsstellen subsidiär – dh wenn die primär anzuwendenden Bestimmungen der besonderen Verwaltungsvorschriften nicht anderes vorsehen – von Bedeutung sind. Dagegen sind diese Regeln jedenfalls dann nicht maßgeblich, wenn es sich um öffentlich-rechtliche Erklärungen Privater gegenüber anderen Privaten handelt.

3. Die subsidiäre Maßgeblichkeit allgemeiner Rechtsgrundsätze

Selbst unter Ausschöpfung aller aus den besonderen Verwaltungsvorschriften ableitbarer Gesichtspunkte und unter Berücksichtigung der verwaltungsverfahrensrechtlichen Grundsätze werfen öffentlich-rechtliche Erklärungen Privater immer wieder Rechtsfragen auf, die nur auf der Grundlage weiter ausholender Überlegungen beantwortet werden können. In solchen Zusammenhängen ist bisweilen von einer analogen Anwendung zivilrechtlicher Bestimmungen die Rede, was schon deshalb naheliegt, da das Zivilrecht über einen „Allgemeinen Teil" verfügt, der allgemeine, dh gerade nicht geschäftsspezifische Regeln bereithält. Freilich ist zu beachten, dass es sich nicht um eine einfache Lückenschließung unter Heranziehung verwandter Regelungen handelt, sondern um eine vorsichtig zu betreibende „Rechtsgrundsatzanalogie": Es ist zum einen zu prüfen, inwiefern einschlägige zivilrechtliche Bestimmungen nicht bloß als Regelungen eines billigen und gerechten Ausgleichs der Bürger unter sich, sondern als spezielle Ausdrucksfälle allgemeiner Rechtsgrundsätze anzusehen sind, die „auch" im Zivilrecht ihren Niederschlag gefunden haben, und es ist zum anderen zu prüfen, inwiefern der Berücksichtigung solcher Grundsätze im konkreten verwaltungsrechtlichen Anwendungszusammenhang Wertentscheidungen des besonderen Verwaltungsbereichs entgegenstehen. 1280

Beispielsweise hat der VfGH schon in VfSlg 991/1928 ausgeführt: „Irrig ist aber die daraus gezogene Schlußfolgerung, daß bei öffentlich-rechtlichen Obligationsverhältnissen die direkte oder analoge Anwendung zivilrechtlicher Normen absolut ausgeschlossen sei. Vielmehr sind in der Judikatur sowohl des früheren Reichsgerichts als des gegenwärtigen Verfassungsgerichtshofes wiederholt privat-rechtliche Vorschriften zur Anwendung gebracht worden, um die vorhandenen Lücken des öffentlichen Vermögensrechtes auszufüllen. Hierher gehört zum Beispiel die Anwendung der Normen über Zwang und Irrtum bei Verträgen, über die Grade des Verschuldens, über Bereicherung, über gutgläubigen Besitz und über Verzugszinsen. Natürlich muß dabei immer im Auge behalten werden, ob im konkreten Falle die Heranziehung privatrechtlicher Vorschriften mit der besonderen Natur des in Frage stehenden öffentlich-rechtlichen Obligationsverhältnisses nicht etwa im Widerspruch stehe".

Nach VwGH 21. 4. 1999, 94/12/0110 „sind allgemeine Regelungen über die Wertung von Willenserklärungen in Verwaltungsvorschriften oder in den Verfahrensvorschriften nicht enthalten, sodass die Heranziehung des ABGB in dieser Frage berechtigt ist. Demnach richtet sich die Bedeutung einer Willenserklärung danach, wie sie unter Berücksichtigung aller Umstände vom Erklärungsempfänger objektiv verstanden werden musste (Vertrauenstheorie)". Vgl auch VwGH 21. 4. 1999, 93/12/0286. In VwGH 16. 12. 1998, 98/12/0197 wurde im Anschluss an die Feststellung, dass es sich bei der Austrittserklärung aus dem öffentlichen Dienst um eine „einseitige empfangs-, aber nicht annahmebedürftige Willenserklärung" handelt, festgehalten, die Behörde hätte sich mit der Behauptung der Beschwerdeführerin „auseinandersetzen müssen, sie sei im Zeitpunkt der Unterschrift ihrer Austrittserklärung nicht mehr in der Lage gewesen, frei zu entscheiden und die Tragweite der von ihr unterfertigten Erklärung zu erfassen. Mangels ausdrücklicher Regelungen im Dienstrecht, wann eine gültige Willenserklärung vorliegt, ist nämlich auf die Bestimmungen des ABGB zurückzugreifen".

1281 In dieser Hinsicht wird zB allgemein allgenommen, dass auch öffentlich-rechtliche Erklärungen im Zweifel konkludent erfolgen können (vgl § 3 Abs 2 AsylG) und dass ein wesentlicher Irrtum die Rechtswirksamkeit einer solchen Erklärung ausschließen kann (VwGH 19. 11. 1997, 97/12/0271; Rummel in Rummel zu § 871, Rz 27). Ausdrücklich abgelehnt wird dagegen die Heranziehung der §§ 863 und 914 ABGB als Auslegungsregeln für verfahrensrechtliche Erklärungen: **Prozesshandlungen** wirken nach der Judikatur, „weil sie gesetzt, nicht weil sie gewollt sind"; der Erklärende kann sich nicht darauf berufen, er hätte etwas anderes gemeint (zB VwGH 21. 12. 2000, 2000/01/0057).

Ganz allgemein lässt sich auch der Grundsatz formulieren, dass einer öffentlich-rechtlichen Erklärung im Zweifel nicht ein Inhalt beigemessen werden soll, der sie als rechtswidrig bzw unwirksam erscheinen lassen würde.

4. Zusammenfassung wesentlicher Regeln

1282 Auf dieser Grundlage können zB folgende Regeln festgehalten werden:

- „Anträge, Gesuche, Anzeigen, Beschwerden oder sonstige Mitteilungen können, sofern in den Verwaltungsvorschriften nicht anderes bestimmt ist, bei der Behörde schriftlich oder, soweit es der Natur der Sache nach tunlich erscheint, mündlich eingebracht werden. Dies kann in jeder technischen Form geschehen, die die Behörde zu empfangen in der Lage ist. Einem schriftlichen Anbringen ist unabhängig von der technischen Einbringungsform jedes Anbringen gleichzuhalten, dessen Inhalt im Original oder zumindest in Kopie zum Akt genommen werden kann. ..." (§ 13 Abs 1 AVG idF des eGovG; vgl auch §§ 86, 86a BAO; Thienel 103).

Sofern daher die maßgeblichen Verwaltungsvorschriften nicht die Schriftlichkeit einer Erklärung verlangen – sei dies explizit (zB § 11 VerG, § 19 Abs 2 StbG, § 28 Abs 3 WehrG), sei dies implizit durch Bezugnahme auf „beizulegende" Unterlagen o dgl – und sofern nicht einer der Fälle des § 13 Abs 2 AVG vorliegt, können Erklärungen bei der zuständigen Verwaltungsstelle auch während der Parteienverkehrszeit (§ 13 Abs 5 AVG) einem Befugten mündlich zu Protokoll gegeben werden. Telephonische Erklärungen werden dagegen – aus Identitäts- und Beweisgründen – sehr oft „der Natur der Sache nach" nicht „tunlich" sein. Eine Erklärung mittels „Fax" oder Elektronischer Datenübertragung gilt als „schriftliches Anbringen". Die Behörde kann jedoch bei Zweifeln innerhalb einer angemessenen Frist eine eigenhändig und urschriftlich unterschriebene Bestätigung verlangen (§ 13 Abs 4 AVG, § 86a Abs 2 BAO).

Auf Grund der AmtssprachenVO können EWR-Bürger vor bestimmten Dienststellen nicht nur die deutsche, sondern auch die slowenische, kroatische oder ungarische Sprache verwenden (Kolonovits, Sprachenrecht in Österreich, 1999, 29).

- Öffentlich-rechtliche Erklärungen können, wenn die anwendbare Verwaltungsvorschrift nicht eine „ausdrückliche" Erklärung verlangt oder sich dieses Erfordernis aus dem Zweck der Erklärung ergibt, auch konkludent (dh durch schlüssiges Verhalten, nicht durch bloßes „Stillschweigen") abgegeben werden (VwGH 7. 10. 1998, 93/12/0165). 1283
- Die Rechts- und Handlungsfähigkeit des Erklärenden bestimmt sich gemäß den ausdrücklichen Verweisungsregeln des § 9 AVG und des § 79 BAO, soweit die Verwaltungsvorschriften nichts Anderes vorsehen, nach bürgerlichem Recht. Daher kann zB auch eine Kommanditgesellschaft eine Baubewilligung beantragen (nicht aber eine ABGB-Gesellschaft). 1284
- Erklärungen können, soweit sich aus den anwendbaren Verwaltungsvorschriften oder aus dem Gegenstand (zB Ausübung des Wahlrechts) nichts Anderes ergibt, auch durch Vertreter abgegeben werden, sei es, dass sich ein Rechtsanwalt oder Notar auf die ihm erteilte Vollmacht beruft, sei es, dass es sich um einen amtsbekannt Vertretungsbefugten handelt, sei es, dass sonst eine Vollmacht vorliegt (§ 10 AVG); sie können im Zweifel auch postalisch (VfSlg 13781/1994) oder durch Boten (VwGH 26. 11. 1997, 96/03/0008) übermittelt werden. 1285
- Soweit ein Rechtsunterworfener, der nicht durch einen berufsmäßigen Parteienvertreter vertreten ist, eine bestimmte (verfahrensrechtliche) Erklärung abgeben will, hat ihm die Verwaltungsstelle die erforderlichen Anleitungen zu geben und ihn über die mit der Erklärung (zB Unwiderruflichkeit) oder ihrer Unterlassung (zB Präklusionsfolge) unmittelbar verbundenen Rechtsfolgen aufzuklären (sog verfahrensrechtliche Manuduktionspflicht; § 13a AVG, § 113 BAO, § 57 Abs 3 FinStrG, § 357 ASVG). 1286
- Eine öffentlich-rechtliche Erklärung gegenüber einer Verwaltungsstelle kann nur dann Rechtswirkungen entfalten, wenn sie der (zuständigen) Stelle – gegebenenfalls fristgerecht (Rz 494) – zugegangen ist. 1287
- Sind die für die Erklärung vorgeschriebenen Voraussetzungen – dazu kann die Verwendung bestimmter rechtlich vorgeschriebener Formulare gehören – nicht erfüllt, hat die Verwaltungsstelle die Verbesserung binnen angemessener Frist aufzutragen bzw zu verlangen. 1288
- Ein wesentlicher Irrtum im Sinn des § 871 ABGB kann die Rechtswirksamkeit einer öffentlich-rechtlichen Willenserklärung ausschließen. 1289
- Bei der Auslegung von öffentlich-rechtlichen Erklärungen steht der objektive Erklärungswert im Licht des maßgeblichen materiellen Rechts im Vordergrund (VwGH 27. 8. 2002, 2002/10/0120, 11. 6. 02, 2000/01/0355, 25. 4. 2002, 2002/07/0005, 31. 5. 1999, 96/10/0052 ua); nach den Umständen des Falls kann eine „bedingte Zustimmung" als „Einwendung" zu qualifizieren sein (VwGH 17. 10. 2002, 2002/07/0084). Bei verfahrensrechtlichen Erklärungen dominiert der Wortlaut (Rz 1281). In Zweifelsfällen können nähere Ermittlungen („Rückfrage") geboten sein (VwGH 10. 2. 1998, 97/04/0231 mwN; Rz 1331; Hengstschläger Rz 115). 1289a

D. Materiell-rechtliche Manuduktionspflicht

1290 Vorstehend wurden bereits § 13a AVG, § 113 BAO, § 57 Abs 3 FinStrG und § 357 ASVG als Regelungen der Manduktionspflicht angesprochen. Es handelt sich dabei allerdings nur um eine **verfahrensrechtliche** Manduktionspflicht: Die Behörde hat den nicht durch einen berufsmäßigen Parteienvertreter vertretenen Parteien die zur Vornahme „ihrer Verfahrenshandlungen" nötigen Anleitungen und Rechtsfolgebelehrungen zu erteilen. Der Betreffende muss also bereits eine bestimmte Maßnahme vor Augen haben, und es muss sich um eine Verfahrenshandlung handeln (Thienel 113).

Sieht man in den genannten Bestimmungen allgemeine Grundsätze, die auch außerhalb des Anwendungsbereichs eines bestimmten Verfahrensgesetzes zu berücksichtigen sind (Rz 881), dann ergibt sich, dass diese Manuduktionspflicht auch bei (gegenüber Verwaltungsstellen abzugebenden) materiell-rechtlichen Erklärungen wahrzunehmen ist. Allerdings darf die sachliche Beschränkung nicht übersehen werden: Die verfahrensrechtliche Manduktionspflicht erfasst auch bei materiell-rechtlichen Erklärungen nur die verfahrensrechtliche Seite dieser Erklärungen, also die Frage, „wie" die Erklärungen abzugeben sind und welche „verfahrensrechtlichen" Rechtsfolgen sie haben. Eine materiell-rechtliche Betreuungs- und Beratungspflicht gehört nicht zu den allgemeinen Grundsätzen eines rechtsstaatlichen Verwaltungsverfahrens. In VwGH 19. 3. 2002, 99/10/0203 wurde allerdings aus § 13a AVG abgeleitet, dass verfahrensrechtliche Aufträge (Verbesserungsaufträge) bei nicht durch berufsmäßige Parteienvertreter vertretenen Personen entsprechend deutlich erfolgen müssen.

1291 Insb in den Angelegenheiten des Dienstrechts und des Sozialverwaltungsrechts wird in Anwendung der Grundsätze von Treu und Glauben und auf Grund der Nebenpflichten im Rahmen der betreffenden materiell-rechtlichen Rechtsverhältnisse auch eine – davon unabhängige – **materiell-rechtliche Manuduktionspflicht** der Verwaltung (insb Aufklärung, Beratung) angenommen (grundlegend Krejci ZAS 1975,
[1292] 83, 88).

Darüber hinaus sind materiell-rechtliche Beratungspflichten mE schlichtweg die indirekte Konsequenz der Maßgeblichkeit der Tatbestände betreffend **Willensmängel** für eine rechtsstaatliche Verwaltung, und zwar aus folgenden Überlegungen:

1293 Nach § 871 in Verbindung mit § 876 ABGB entsteht für den in einem Irrtum befangenen Erklärenden „keine Verbindlichkeit, falls der Irrtum durch den anderen veranlaßt war, oder diesem aus den Umständen offenbar auffallen mußte oder noch rechtzeitig aufgeklärt wurde. Ein Irrtum eines Teils über einen Umstand über den ihn der andere nach geltenden Rechtsvorschriften aufzuklären gehabt hätte, gilt immer als Irrtum über den Inhalt" der Erklärung. Im Rahmen der allgemeinen Grundsätze eines rechtsstaatlichen Verwaltungsverfahrens sind es vor allem die Grundsätze der Zweckmäßigkeit, Raschheit, Einfachheit und Kostenersparnis (§ 39 Abs 2 AVG) und der Pflicht zur amtswegigen Ermittlung des maßgebenden Sachverhaltes (§ 37 AVG), die es den Verwaltungsstellen zur Amtspflicht machen, relevante Erklärungen Privater nicht bloß passiv entgegenzunehmen, sondern auf eine zügige und gezielte **Klärung des materiell irrtumsfrei Angestrebten** hinzuwirken. Zur Aufklärung sind die Verwaltungsstellen dementsprechend nicht nur bei Vorliegen von einschlägigen Rechtsvorschriften verpflichtet, sondern auch dann, wenn ihnen ein Irrtum des Erklärenden „**aus den Umständen offenbar auffallen mußte**". Ein solcher Irrtum kann beispielsweise in der – erkennbaren – Verkennung der Rechtslage und der materiell-rechtlichen Konsequenzen einer Erklärung bestehen. Jedenfalls zur Aufklärung sind die Verwaltungsstellen verpflichtet, wenn ein solcher Irrtum von ihnen selbst „**veranlasst**"

wurde, beispielsweise weil durch eine zu pauschale Rechtsauskunft ein unrichtiger [1294]
Eindruck erwirkt wurde.

Die Verwaltungsstellen sind also nicht zu einer allgemeinen Rechtsberatung 1295
verpflichtet. Sie sind auch nicht schlechthin zur amtswegigen Überprüfung verpflichtet, inwiefern Erklärungen frei von Willensmängeln sind, da auch die Beteiligten selbst Erkundigungs- und Sorgfaltsobliegenheiten unterliegen (vgl auch VwGH 28. 2. 2002, 99/09/0234). Der konkrete Verpflichtungsgehalt der aus den vorgenannten Grundsätzen erwachsenden Amtspflichten hängt von den Umständen des Falles ab: Je weniger standardisiert die Situation ist, in der die Erklärung abgegeben wird, je leichter der Willensmangel im Rahmen einer mit der gebotenen Sorgfalt betriebenen Amtsführung erkennbar sein musste, je mehr der Betreffende auf die Verwaltung „angewiesen" ist – wegen der Alternativlosigkeit, wegen des Grades der Spezialisierung usw einerseits, wegen seiner eigenen Behinderung u dgl andererseits – und je gravierender die Rechtswirkungen sind, die eine Erklärung zur Folge hat, desto höher ist die materiell-rechtliche administrative Betreuungspflicht zu sehen (zB VwGH 4. 7. 2001, 99/12/0281, 19. 11. 1997, 97/12/0271).

Im Hinblick auf einen „vorzeitigen", dh vor Erlassung des Bescheides abgegebenen, Rechts- 1296
mittelverzicht bestimmt § 255 Abs 2 BAO, dass dieser nur dann „rechtswirksam" ist, wenn aus der Verzichtserklärung (Niederschrift) hervorgeht, dass dem Verzichtenden im Zeitpunkt ihrer Abgabe der Inhalt des zu erwartenden Bescheides bekannt war. Diese Regelung wurde nicht wegen Besonderheiten des Abgabenrechts getroffen, sondern weil die damit angesprochenen „Betriebsprüfungsvergleiche" in diesem Zusammenhang besonders häufig sind.

Unterfertigt ein Sehschwacher ein Formblatt und musste die Verwaltungsstelle erkennen, dass 1297
er den Text in Ermangelung einer Brille nicht lesen konnte, so kann die Erklärung nur wirksam sein, wenn der Unterfertigende eine Vorstellung vom Inhalt des Textes hatte.

Gibt ein Fremder einen Rechtsmittelverzicht ab, dann kann die Erklärung unwirksam sein, wenn der Behörde hätte auffallen müssen, dass er den Sinngehalt der Erklärung nicht ausreichend versteht. Im Allgemeinen kann freilich auch die Verwaltung – selbst im Fall eines Berufungsverzichts – davon ausgehen, dass jemand, der ein Schriftstück unterschreibt, seinen Inhalt kennt und sich dazu bekennt.

Bei einem Verzicht auf Renten- oder Pensionsansprüche u dgl ist die Freiheit der Erklärung 1298
von Willensmängeln stets besonders sorgfältig zu prüfen.

Wird einer Person, der mittels Mandatsbescheides (§ 57 AVG) der Führerschein abgenommen 1299
worden war, mitgeteilt, dass der Führerschein nur ausgefolgt werden könne, wenn zuvor die gegen den Mandatsbescheid erhobene Vorstellung zurückgezogen wird, so ist die in der Folge vorgenommene Zurückziehung der Vorstellung „unter Druck" erfolgt. „Voraussetzung für einen gültigen Rechtsmittelverzicht ist, daß er ohne Druck und in Kenntnis der Rechtsfolgen abgegeben
wird" (VfSlg 13100/1992). [1300]

Welche sind die Konsequenzen einer in diesem Sinn verfehlten bzw unzureichen- 1301
den Aufklärung und Beratung? Diese Frage stellt sich ua schon deshalb, da das österreichische Verwaltungsrecht die dem Zivilrecht geläufige Figur der „Anfechtung" einer Erklärung nicht kennt. Die Rechtsfolgen können also nur „indirekter" Natur sein. Es geht, was zur Vermeidung von Missverständnissen nochmals festgehalten sei, nicht darum, inwiefern ein durchsetzbarer Rechtsanspruch auf eine Beratung o dgl besteht, wie er zB im Hinblick auf Auskünfte nach den AuskunftG oder nach dem UmwInfG gegeben sein kann. Vielmehr ist eine mit wesentlichen Mängeln behaftete Willenserklärung im Verwaltungsrecht zunächst **als unwirksam** – dh so, als wäre sie nicht abgegeben worden – zu behandeln. Eine Ursache der Mangelhaftigkeit kann gerade auch in der verfehlten oder unzureichenden Aufklärung und Beratung zu sehen sein.

1302 Ganz allgemein kann festgehalten werden, dass eine behördliche Entscheidung, die auf einer Erklärung eines Beteiligten aufbaut, welche wegen Fehlens der nach Lage des Falles gebotenen materiell-rechtlichen Betreuung mängelbehaftet ist, an einem Verfahrensmangel leidet: Hat die Behörde die nach Lage des Falles gebotene Aufklärung des Beteiligten unterlassen, dann ist das Ermittlungsverfahren unzureichend und das Parteiengehör nicht vollständig gewahrt. Die behördliche Entscheidung kann daher als verfahrensfehlerhaft erlassen angefochten werden. Wurde der Bescheid jedoch gegenüber dem Betreffenden unanfechtbar, so überlagert die Rechtskraft des Bescheides den zugrundeliegenden Mangel. Der seinerzeitige Mangel kann nur nach Maßgabe der Voraussetzungen für eine Wiederaufnahme des Verfahrens erheblich sein. Hätte die Partei dagegen mehr begehren können, als sie – irrtumsbedingt – beantragt hat, kann dies zu einer neuerlichen Antragstellung legitimieren, steht dem eine Antragsfrist entgegen, kann eine Wiedereinsetzung in Betracht kommen.

E. Bedingte Erklärungen und Widerruf von Erklärungen

1303 In je höherem Maße bei einer öffentlich-rechtlichen Erklärung Privater die verfahrensrechtliche Qualität der Erklärung dominiert (Rz 1275), in umso höherem Maße ist sie als **bedingungsfeindlich** zu qualifizieren (zB VwGH 25. 11. 1997, 96/04/0238, 24. 4. 2003, 2002/07/0157). Beispielsweise kann man einen Sachverständigen nicht „bedingt" ablehnen: entweder wird er abgelehnt oder nicht. Ebenso kann man die Erklärung, als Rechtsnachfolger in ein anhängiges Verfahren einzutreten (Rz 1332), nicht unter einer Bedingung abgeben. Die Verwaltung muss nämlich auf der einen oder anderen Grundlage weiterarbeiten können.

1304 Wohl aber gelten sog **Eventualanträge** als zulässig (zB VwGH 13. 3. 2002, 2001/12/0041), da es sich dabei um eine einheitliche, wenngleich inhaltlich gegliederte Antragstellung handelt.

Eine Ausnahme sieht die Judikatur in der Zulässigkeit einer Berufung, die unter der Bedingung eingebracht wird, dass eine andere Partei Berufung erhebt. In diesem Fall weiß nämlich zunächst einmal nur die Behörde, ob gegen den Bescheid auch von anderer Seite Berufung erhoben wurde, es tritt also keine Behinderung des Verfahrens ein.

1305 Soweit auf die Erklärung die Verwaltungsverfahrensgesetze oder aber die allgemeinen Grundsätze eines rechtsstaatlichen Verwaltungsverfahrens zur Anwendung kommen (Rz 1279), wirkt sich der verfahrensrechtliche Grundsatz der Bedingungsfeindlichkeit auch auf materiell-rechtliche Erklärungen aus: Eine Familiennamensbestimmung (§§ 93f ABGB) oder eine Vornamensgebung (§ 21 PStG) können nicht bedingt erklärt werden, da der – hinsichtlich der Behandlung der Erklärung an das AVG gebundene – Standesbeamte eine Personenstandseintragung vorzunehmen hat. Daher gilt zB auch der der Behörde gegenüber zu erklärende Verzicht auf Berechtigungen als bedingungsfeindlich (zB § 38d GWG; gegenteilig § 86 GewO).

1306 Eine in diesem Sinn unzulässige Bedingung führt nicht zur Unwirksamkeit (bloß) der Bedingung, sondern zur **Unwirksamkeit der Erklärung**, der die unzulässige Bedingung beigesetzt ist (VfSlg 14250/1995, VwSlg 14151 A/1994).

Handelt es sich dagegen nicht um eine „Bedingung" ieS, sondern um eine „Zweideutigkeit" der Erklärung, so soll die Verwaltung auf die Klärung des Gemeinten hinwirken (zurückfragen): Rz 1331.

1307 In großer Vielfalt stellen sich die Fragen der **Widerrufbarkeit** von öffentlich-rechtlichen Erklärungen Privater dar. Zunächst wäre die Annahme naheliegend, dass verfahrensrechtliche Erklärungen eher unwiderruflich und materiell-rechtliche Erklärungen eher widerruflich sind. Rechtslage und Judikatur tragen diese Vermutung jedoch nicht.

Primär maßgeblich sind die Bestimmungen der besonderen Verwaltungsvorschriften. Im Hinblick auf materiell-rechtliche Erklärungen zeigt sich zB Folgendes:

- Nach § 7 Abs 1 Z 2 DatSchG kann der Betroffene seine Zustimmung zu einer Datenübermittlung im öffentlichen Bereich – offenbar jederzeit – schriftlich widerrufen. Vgl auch § 56 SPG sowie § 13 Abs 1 FMedG.
- Gemäß § 4 Abs 3 UnterbringungsG kann das Unterbringungsverlangen „jederzeit, auch schlüssig, widerrufen" werden.
- Die Entbindung von der Schweigepflicht (§ 54 ÄrzteG) gilt als widerrufbar (Stolzlechner RdM 2000, 67).
- Nach § 86 Abs 2 GewO ist die Anzeige der Zurücklegung einer Gewerbeberechtigung nach dem Zeitpunkt des Einlangens bei der Behörde unwiderruflich. Vgl auch § 43 Abs 3 GewO zum Verzicht auf ein Fortbetriebsrecht und § 48 Abs 2 GewO zur Anzeige der Einstellung der Gewerbeausübung in einer weiteren Betriebsstätte.
- Gemäß § 65 Abs 1 Z 2 AWG ist die Erklärung, eine Abfallbehandlungsanlage aufzulassen, unwiderruflich.
- Gemäß § 22 Abs 6 UStG kann der Unternehmer durch Erklärung für eine bestimmte Besteuerungsart optieren. „Diese Erklärung bindet den Unternehmer für mindestens fünf Kalenderjahre". Während dieses Zeitraums ist die Erklärung – das ist der Sinn der Bindung – daher unwiderruflich.
- Nach § 21 BDG kann der Beamte die Erklärung seines Austritts aus dem Dienstverhältnis bis spätestens einen Monat vor ihrem Wirksamwerden widerrufen; ein späterer Widerruf ist nur mit Zustimmung der Dienstbehörde zulässig. Vgl auch § 40 Flurverfassungs-GrundsatzG.
- Nach § 23j BezügeG ist der Verzicht auf Pensionsvorsorge unwiderruflich. Vgl auch § 74 Abs 2 PensG.

Was verfahrensrechtliche Erklärungen betrifft, so zeigt sich Folgendes: 1308

- Nach § 63 Abs 4 AVG und § 255 Abs 1 BAO ist eine Berufung nicht mehr zulässig, wenn die Partei nach Zustellung oder Verkündung des Bescheides ausdrücklich auf die Berufung (genauer: auf das verfahrensrechtliche Recht zur Erhebung einer Berufung) verzichtet hat. Aus dieser Bestimmung kann gefolgert werden, dass ein Berufungsverzicht – verallgemeinert man die Regel: ein Rechtsmittelverzicht – nicht widerruflich ist.
- Ein einmal eingebrachtes Rechtsmittel ist – bis zur Entscheidung über das Rechtsmittel – widerrufbar (zurückziehbar). Dagegen gilt eine solche Zurücknahme eines Rechtsmittels ihrerseits als unwiderruflich. 1309
- Auf eine behördliche Bewilligung gerichtete Anträge können zurückgezogen werden; grundsätzlich können sie auch abgeändert werden (§ 13 Abs 8 AVG), eine Zustimmung der mitbeteiligten Parteien ist nicht erforderlich.

Man wird daraus folgern können, dass Erklärungen, mit denen die Tätigkeit einer **Behörde in Anspruch** genommen wird (§ 8 AVG), grundsätzlich zurückgezogen (widerrufen) werden können. Diese Gestaltungsbefugnis endet jedenfalls mit der Rechtskraft des über einen Antrag absprechenden Bescheides. Dagegen können Erklärungen, die zur **Beendigung** eines Verfahrens führen, nicht widerrufen werden; soweit dem nicht eine Frist entgegensteht, könnte nur ein neuerlicher Antrag einge- 1310 bracht werden. So hat auch der VwGH den Leitsatz formuliert: „Die Abänderung oder Einschränkung eines Parteibegehrens, die einen Verzicht auf das Recht auf Tätigwerden der Behörde bedeutet, ist vom Tag der Abgabe der Erklärung an gegenüber der Behörde als wirksam geworden und damit als unwiderruflich anzusehen" (VwSlg 1889 A/1951, VwGH 25. 11. 1999, 98/07/0181). Weiters scheinen Gesichtspunkte von Treu und Glauben dafür zu sprechen, dass ein Widerruf nicht seinerseits widerrufen werden kann. So geht die Judikatur davon aus, dass die Zurückziehung von Einwendungen nicht widerrufen werden kann.

1311 Im Übrigen wird darauf abzustellen sein, inwiefern die Erklärung bereits zu einer behördlichen „Reaktion" geführt hat: Anders als nach § 862 ABGB ist der Private bei öffentlich-rechtlichen Erklärungen gegenüber der Verwaltung nicht automatisch mit dem Zugang der Erklärung gebunden – der bürgerlich-rechtliche Aspekt des Vertrauensschutzes tritt gegenüber den verwaltungsrechtlichen Betreuungs- und Ermittlungspflichten zurück: Soll der Erklärung eine formalisierte Handlung der Behörde (Bescheid, Beurkundung) folgen, dann tritt Unwiderruflichkeit erst mit der Vornahme dieser Handlung ein (vgl VwGH 15. 5. 2002, 2000/12/0102 zur Unwiderruflichkeit der Kündigung eines Dienstverhältnisses nach Annahme durch die Dienstbehörde, VwGH 18. 5. 2001, 2001/02/0058 zum Widerruf der Verweigerung des Alkotests nach Festnahme). Grenzen können sich auch nach Treu und Glauben – insb im Extremfall mutwilliger Inanspruchnahme der Behörde oder bei Verschleppungsabsicht (§ 35 AVG) – ergeben (Rz 1223, 1337).

Nach § 13 Abs 2 PStG können Beurkundungen nach Abschluss der Eintragung nur unter bestimmten Voraussetzungen „geändert" werden. „Abgeschlossen" ist eine Beurkundung ab dem Zeitpunkt der Unterschrift des Standesbeamten (§ 12 Abs 2 PStG). Daraus ist zu schließen, dass jene Erklärungen, die die Grundlage der Eintragung bilden (zB Familiennamenbestimmung, Vornamengebung), bis zum Abschluss der Eintragung geändert bzw widerrufen werden können.

1312 So sind auch „Einwendungen" und „Zustimmungen" in Mehrparteienverfahren zu sehen: Während der laufenden Verhandlung können vorgebrachte Einwendungen ergänzt, geändert oder zurückgenommen werden und können Zustimmungen widerrufen werden. Der mit dem Schluss einer Verhandlung verbundene Konzentrationszweck könnte aber nicht erreicht werden, wenn die Parteien an ihre bei der mündlichen Verhandlung abgegebenen Erklärungen nicht gebunden wären und ihre Zugeständnisse wieder zurücknehmen könnten. Wiederum wird die Frage der Widerrufbarkeit von Erklärungen überlagert durch jene der Rechtskraft, sobald das Verfahren mit Bescheid beendet wurde.

Schließlich kann zB die Widerrufbarkeit von Erklärungen, die Rechtsverhältnisse begründen, durch besondere Kündigungs- oder Austrittsbestimmungen begrenzt werden: Beispielsweise wird die Erklärung des Beitritts zur freiwilligen Sozialversicherung (§ 16 ASVG) angesichts der Möglichkeit eines Austritts als nicht widerruflich erachtet.

Verschiedentlich findet sich die Auffassung, dass Gestaltungsrechte mit ihrer Ausübung erlöschen. Aus dem „Wesen" von Gestaltungsrechten ergibt sich dies nicht, sodass diese Annahme nur zutreffen kann, wenn andere Umstände der vorgenannten Art hinzutreten.

1313 Die vorgenannten Gesichtspunkte sind im Wesentlichen auch für Erklärungen maßgeblich, die von Verwaltungsstellen abgegeben werden und die als nicht rechtskraftfähig erkannt wurden, wie Verfahrensanordnungen, Stellungnahmen mitbeteiligter Behörden, behördliche Parteierklärungen, Mitteilungen oder Zustimmungen. Allerdings begrenzt das Willkürverbot administrativen „Meinungswechsel".

Bei **Wissenserklärungen** steht im Allgemeinen nicht die Frage eines „Widerrufs", sondern die Frage der Verpflichtung zur Richtigstellung unrichtiger Erklärungen im Vordergrund. In gleicher Weise unterliegt auch eine behördliche Auskunft der Pflicht zur allfälligen Richtigstellung. Wenn eine Wissenserklärung zur Grundlage für einen Bescheid geworden ist, kann ihre nachträgliche Berichtigung Anlass für eine Wiederaufnahme des Verfahrens sein. 1314

Sofern ein Widerruf zulässig ist, hat er im Zweifel durch *actus contrarius* zu erfolgen: war die Erklärung zB ausdrücklich und schriftlich abzugeben, so muss ein Widerruf ebenfalls ausdrücklich und schriftlich erfolgen. 1315

F. Öffentlich-rechtliche Erklärungen zwischen Privaten

Räumen öffentliche-rechtliche Bestimmungen Privaten Ansprüche oder Gestaltungsrechte gegenüber anderen Privaten ein, so sind die in diesem Zusammenhang ergehenden Erklärungen als öffentlich-rechtliche Erklärungen zu qualifizieren. Beispielsweise seien die Erklärung, mit der ein Wasserberechtigter gegenüber einem Grundeigentümer das Recht auf vorübergehende Grundinanspruchnahme gemäß § 72 WRG geltend macht, das Angebot zum Abschluss eines verwaltungsrechtlichen Vertrages gemäß § 111 Abs 3 WRG und die korrespondierende Annahmeerklärung oder die Erklärung über den Austritt aus einer öffentlich-rechtlichen Genossenschaft genannt. Über Wirksamkeit, Inhalt und Rechtsfolgen derartiger Erklärungen entscheidet im Streitfall die zuständige Verwaltungsbehörde. 1316

Nicht um öffentlich-rechtliche Erklärungen handelt es sich dann, wenn die besonderen Verwaltungsvorschriften nur tatbestandsmäßig an (zivilrechtliche) Erklärungen anknüpfen. In diesem Sinn ist in der baurechtlich geforderten Zustimmungserklärung des Grundeigentümers in Fällen des Bauens auf fremdem Grund eine zivilrechtliche Erklärung zu sehen. Dagegen sind die baurechtlich geforderten Zustimmungen der Nachbarn mE entgegen der Judikatur als öffentlich-rechtliche Erklärung zu sehen (Rz 1272).

Da derartige öffentlich-rechtliche Erklärungen zwischen Privaten nicht verwaltungsverfahrensrechtlichen Regeln unterliegen, können in diesen Zusammenhängen die allgemeinen Grundsätze eines rechtsstaatlichen Verwaltungsverfahrens (Rz 881) nicht weiterhelfen. Tatsächlich steht in solchen Fällen einer unmittelbaren Berücksichtigung der materiell-rechtlichen zivilrechtlichen Regeln (§§ 860ff ABGB) nichts entgegen, geht es doch um die Rechte und Pflichten der „Einwohner des Staates unter sich" (§ 1 ABGB), welche nur aus rechtssystematischen Gründen im Verwaltungsrecht angesiedelt sind. 1317

Soweit öffentlich-rechtliche Erklärungen zwischen Privaten zur Grundlage einer verwaltungsbehördlichen Beurkundung oder einer bescheidförmigen Entscheidung werden sollen, kann die Behörde insoweit zu einer Inhaltskontrolle verpflichtet sein, als sie bei Erklärungen, die an Willensmängeln leiden oder öffentlich-rechtlichen Bestimmungen widersprechen, die Beurkundung abzulehnen (§ 111 Abs 3 WRG) bzw gegebenenfalls die Unwirksamkeit bescheidförmig festzustellen hat. 1318

Vor diesem Hintergrund ergibt sich auch die adäquate Sicht der Behandlung schikanöser oder mutwilliger Erklärungen (Rz 1273, 1337). Die Befugnis, über die Zulässigkeit und Wirksamkeit der Erklärungen Beteiligter zu entscheiden, kommt der Behörde nicht erst im Rahmen des Bescheides zu, vielmehr ist im Rahmen von Verwaltungsverfahren ganz allgemein der jeweilige Verhandlungsleiter zu entsprechenden verfahrensrechtlichen Beurteilungen und Entscheidungen berufen, etwa wenn sich Anträge und Einwendungen als unzulässig oder mutwillig oder weitschwei- 1319 fig erweisen. Ua hat er auch „offenbar unerhebliche" Anträge zurückzuweisen. Es spricht nichts dagegen, im Rahmen dieser Beurteilung auch den in § 35 AVG und in § 1295 Abs 2 ABGB zum Ausdruck kommenden Grundsatz zu berücksichtigen.

G. Die Bindung der Verwaltung an ihre Erklärungen[1]

1320 Bei jeder Kontaktaufnahme des Bürgers mit der Verwaltung kann es zu Äußerungen von Verwaltungsbediensteten kommen, die beim Betroffenen Erwartungshaltungen auslösen können. Nur ein Bruchteil derartiger „nach außen" ergehenden Erklärungen bildet rechtskraftfähige Bescheide. Andererseits ist nicht jede beiläufige Äußerung eines Verwaltungsbediensteten – auch wenn er der erhöhten Sorgfaltspflicht nach dem Standard des § 1299 ABGB unterliegt – nach den Umständen des Falls geeignet, ein schützenswertes Vertrauen der Beteiligten auszulösen. Es gibt jedoch Erklärungen, die gerade dazu da sind, die Dispositionen Privater zu beeinflussen, oder die wenigstens von einem Unbefangenen in diesem Sinn verstanden werden müssen.

1321 Derartige Fragen werden unter dem Titel der (öffentlich-rechtlichen) „**Auskünfte**", „**Zusagen**" und „**Zusicherungen**" diskutiert. Wo der Gesetzgeber ein schützenswertes Vertrauen bei solchen Äußerungen außer Streit stellen wollte, hat er dies zB durch die Anordnung der Form des rechtskraftfähigen Bescheides vorgesehen (zB Zollauskunft gem Art 12 Zollkodex, Zusicherungsbescheid gem § 20 StbG). Solche Bescheide lösen kraft ihrer Individualgesetz-gleichen Verbindlichkeit während der Dauer ihrer Verbindlichkeit Rechtsansprüche auf eine entsprechende Folgeentscheidung auch dann aus, wenn diese dem Gesetz widersprechen sollte.

1322 Dies schließt nicht aus, dass auch andere Erklärungen der Verwaltung rechtserheblich sind. Nicht weiter fraglich ist, dass schadensverursachende unrichtige Auskünfte oder vertrauensverursachende, nicht eingehaltene Zusagen im Bereich der Hoheitsverwaltung amts**haftung**srechtlich relevant sind (zuletzt Achatz/Kofler 219 mwN; Schragel 225). Fraglich ist allerdings, ob eine Verletzung des als schützenswert anzuerkennenden Vertrauens auf den Inhalt einer solchen Erklärung nur „indirekt sanktioniert" ist oder ob solche Erklärungen auch einen „**Erfüllungsanspruch**" nach sich ziehen können. Der VwGH, der zuständigkeitsgemäß auf die Prüfung von Bescheiden beschränkt ist, lehnt eine Bindung unter Hinweis auf das Legalitätsprinzip ab.

VwGH 21. 12. 2001, 2001/02/0084: „Dem Grundsatz von Treu und Glauben geht das in Art 18 Abs 1 B-VG normierte Legalitätsprinzip vor (vgl hiezu das hg Erkenntnis vom 19. März 2001, Zl 2000/17/0260). Im Beschwerdefall geht es um die Anwendung öffentlichen Rechts, welches nicht der Parteiendisposition unterliegt. Nach der ständigen Rechtsprechung des Verwaltungsgerichtshofes sind in diesem Bereich Zusagen unbeachtlich (im Zusammenhang mit Zusagen von Organwaltern der Gemeinde betreffend Ausnahmebewilligung nach § 19 Abs 3 Salzburger Raumordnungsgesetz die hg Erkenntnisse vom 3. November 1999, Zl 98/06/0231, und vom 28. November 1991, Zl 91/06/0059)".

VwGH 22. 3. 2001, 97/03/0082: „Mangels einer gesetzlich angeordneten bindenden Wirkung von behördlichen Auskünften, Zusagen und dergleichen vermögen derartige Äußerungen behördlicher Organe die Nichtanwendung bindender gesetzlicher Regelungen nicht zu rechtfertigen".

VwGH 23. 2. 2000, 97/12/0346: „Wenn der Beschwerdeführer sich … auf eine ihm angeblich erteilte Zusage auf Zuerkennung einer Mehrleistungszulage beruft, so ist er darauf hinzuweisen,

---

1 Doralt/Ruppe, Steuerrecht II^{4}, 2001, 189; Stoll ÖStZ 1998, 444; Neuber ÖStZ 1999, 30; Achatz/Kofler in Holoubek/Lang (Hg), Organhaftung und Staatshaftung in Steuersachen, 2003, 197.

dass im öffentlich-rechtlichen Dienstverhältnis ein derartiger Anspruch – sofern nicht Gestaltungsrechte ausdrücklich eingeräumt sind – einer gesetzlichen Deckung bedarf. Zusagen – von wem auch immer – haben damit keine Bedeutung als Grundlage für einen derartigen Anspruch. Dieser ist vielmehr ausschließlich an Hand des Gesetzes zu beurteilen".

VwGH 22. 4. 2002, 98/10/0305: Die „behauptete mündliche Zusage … kann weder eine Bewilligung … ersetzen noch im Rahmen der Interessenabwägung Berücksichtigung finden". VwGH 19. 3. 2002, 2001/10/0212: Die behauptete Zusage einer Rodungsbewilligung ändert nichts an der Wiederherstellungspflicht. VwGH 3. 11. 1999, 98/06/0231: Es vermögen mündliche Zusagen selbst baubehördlicher Organe eine erforderliche Bescheiderlassung nicht zu ersetzen.

Nun geht es im Verwaltungsrecht nicht nur um Bescheide und um konditional 1323
determinierte (gebundene) Entscheidungen. Im Rahmen von Dauerrechtsverhältnissen können Bindungen der Verwaltung aus Grundsätzen von Treu und Glauben (Rz 1328) erwachsen; dies macht es erklärlich, warum die Frage der Zusagen vor allem im Abgabenrecht und im Sozialversicherungsrecht eine große Rolle spielt (vgl Doralt/Ruppe 189). Auf Grund einer mangelhaften Wahrnehmung der materiell-rechtlichen Betreuungspflicht können sich Erklärungen Beteiligter als unwirksam erweisen (Rz 1301). Im Hinblick auf einen Verwaltungsstraftatbestand kann ein Fall des § 5
Abs 2 VStG gegeben sein. Im Bereich der Privatwirtschaftsverwaltung können sich [1324]
neben Fragen von Treu und Glauben auch Fragen der *culpa in contrahendo* stellen.

In vielen Fällen eröffnet das Gesetz Möglichkeiten, dem von der Verwaltung 1325
herbeigeführten schützenswerten Vertrauen des Beteiligten Rechnung zu tragen; in diesem Umfang kann aus der Maßgeblichkeit der Bindung an die eigene Erklärung für den Betroffenen ein Rechtsanspruch auf eine entsprechende Vorgangsweise erwachsen.

Exemplarisch sei der von Ritz (ÖStZ 1991, 285) untersuchte Fall referiert: Erteilt ein Finanzamt die Auskunft, dass eine Leistung einem bestimmten niederen USt-Satz unterliegt, und wird in der Folge zu Recht entschieden, dass ein bestimmter höherer USt-Satz anwendbar ist, dann können rechtsgeschäftliche Dispositionen während mehrerer Jahre betroffen sein, wobei der Unternehmer keine Möglichkeit hat, die höhere Steuer von seinen Kunden nachzufordern. Bei einer derartigen Sachlage können sich sowohl die amtswegige Wiederaufnahme rechtskräftig abgeschlossener Verfahren gemäß § 303 Abs 4 BAO als auch die amtswegige Aufhebung rechtskräftiger Bescheide gemäß § 299 BAO nach Treu und Glauben als rechtswidrig erweisen. Für noch nicht rechtskräftig abgeschlossene Verfahren kann die Abschreibung einer Abgabenschuld durch Nachsicht gemäß § 236 BAO geboten sein. Nicht mehr geschützt sind dagegen Dispositionen, die **nach** Erkennen der Unrichtigkeit der Auskunft getroffen werden.

Ähnlich hat der VfGH im Fall eines öffentlich Bediensteten, der entgegen seinem berechtigten Vertrauen nachträglich mit einer nicht vorhersehbaren finanziellen Belastung konfrontiert war, entschieden, dass die gesetzliche Bestimmung, derzufolge vom Ersatz eines im guten Glauben empfangenen Übergenusses abzusehen ist, sinngemäß dahin anzuwenden ist, dass eine Leistungspflicht nicht entstanden ist (VfSlg 13896/1994).

Insgesamt kann also keine Rede davon sein, dass Erklärungen von Verwaltungs- 1326
stellen nur mit indirekten Sanktionen verbunden sind; sie lösen vielmehr zunächst einmal eine **materiell-rechtliche Beachtlichkeit** und eine damit einhergehende **verfahrensrechtliche Auseinandersetzungspflicht** aus. Freilich kann der Erfüllung der Auskunft oder Zusage das Gesetz entgegenstehen, die Auskunft oder Zusage kann sich als – von Anfang an oder nachträglich – gesetzwidrig erweisen. In diesem Zusammenhang ist beachtlich, dass ein schützenswertes Vertrauen nicht entstehen kann, wenn der Betroffene bei der gebotenen Sorgfalt die Unrichtigkeit der Äußerung erkennen musste.

[1327]

H. Treu und Glauben[2]

1328 In den vorstehenden Abschnitten wurde wiederholt die Wortformel „nach Treu und Glauben" verwendet. Der Grundsatz von Treu und Glauben wurzelt in den im Zivilrecht entwickelten Überlegungen über die Auslegung von rechtsgeschäftlichen Erklärungen und die redliche Erfüllung rechtsgeschäftlicher Verpflichtungen: Erklärungen sind so auszulegen, wie sie im Verkehr zwischen redlich denkenden Menschen verstanden werden. „Der rechtsgeschäftliche Verkehr darf nicht dazu mißbraucht werden, einen anderen hineinzulegen, sondern soll sich ehrlich abspielen" (OGH JBl 1985, 547). Pflichten sind so zu erfüllen, „wie es der Übung des redlichen Verkehrs entspricht" (§ 914 ABGB). Vgl Rummel in Rummel zu § 863 Rz 2, § 914 Rz 17.

Die Gerichtshöfe des öffentlichen Rechts hatten verschiedentlich Gelegenheit zur Feststellung, dass derartige Grundsätze auch im öffentlichen Recht maßgeblich sind. Von besonderer Bedeutung sind sie naturgemäß bei Dauerrechtsverhältnissen (Rz 1227), wenn also die Beteiligten längere Zeit rechtlich durch ein Rechte-Pflichten-Band verbunden und insoweit aufeinander angewiesen sind, im Speziellen auch im Rahmen von Verfahrensrechtsverhältnissen. Letztlich können sie aber überall dort maßgeblich sein, wo Menschen mit Menschen in Kontakt treten, wo die Freiheit von Missverständnissen Voraussetzung für ein funktionierendes Rechtsverhältnis ist, wo die Äußerungen des einen für Dispositionen des anderen bedeutsam sein können. Doralt/Ruppe (187) betonen, „dass jeder, der am Rechtsleben teilnimmt, zu seinem Wort und seinem Verhalten zu stehen hat und sich nicht ohne triftigen Grund in Widerspruch zu dem setzen darf, was er früher vertreten hat und worauf andere vertraut haben". Voraussetzung ist, dass das Verhalten im Rahmen eines konkreten Naheverhältnisses zwischen Behörde und Partei gesetzt wurde. Dann aber gilt es mE für beide Seiten.

1329 Bei „Treu und Glauben" handelt es sich nicht um eine selbständig verpflichtende „Norm", allein auf Grund von „Treu und Glauben" ist niemand zu einem Tun, Dulden oder Unterlassen verpflichtet. Es handelt sich vielmehr um eine unselbständige Determinante: Wer etwas tun soll, soll dies – wenn es funktionierende Rechtsverhältnisse verlangen – unter Beachtung der Grundsätze von Treu und Glauben tun, also so tun, wie es nach den Verständnis des redlichen Verkehrs geboten ist (atypisch der Sprachgebrauch in § 6 Abs 1 Z 1 DatSchG).

- Wird beim zuständigen Sachbearbeiter ein Antrag mit der Frage eingebracht, ob die Antragsunterlagen ausreichend sind, und wird diese Frage bejaht, dann verstößt es gegen Treu und Glauben, wenn der Antrag in der Folge mit der Begründung abgewiesen wird, dass der Antragsteller einen entscheidungserheblichen Gesichtspunkt nicht (ausreichend) dargelegt habe. Treu und Glauben können also Umfang und Inhalt amtswegiger Ermittlungspflichten im konkreten Fall determinieren.
- Wird das von der Behörde aufgelegte Formular ordnungsgemäß ausgefüllt, dann „widerspricht es dem auch von den Verwaltungsbehörden – auf Grund des Gleichheitsgrundsatzes – zu beachtenden Prinzip von Treu und Glauben", wenn die Behörde eine solche Eingabe als grob mangelhaft qualifiziert (VfSlg 13496/1993).

1330 – Lässt das Vorbringen eines Beteiligten erkennen, dass er von einer anderen Rechtsauffassung ausgeht als die Behörde, dann verstößt es gegen Treu und

2 Doralt/Ruppe, Steuerrecht II[4], 2001, 187; Schwaiger, Treu und Glauben im Abgabenverfahrensrecht, 2002; Achatz/Kofler in Holoubek/Lang (Hg), Organhaftung und Staatshaftung in Steuersachen, 2003, 197.

Glauben, wenn die Behörde ihm ihre andere Rechtsauffassung nicht vorhält und ihm insoweit nicht Gelegenheit zur Äußerung gibt. Dieser Aspekt wird bisweilen als „**Überraschungsverbot**" bezeichnet (zB VwSlg 15191 A/1999; auf Fragen des Sachverhalts einschränkend allerdings VwGH 5. 4. 2002, 99/18/0039).

- Erweist sich der Inhalt einer Erklärung als nicht hinreichend eindeutig, dann ist die zuständige Verwaltungsstelle im Allgemeinen gehalten, dem Erklärenden Gelegenheit zur Stellungnahme und damit zur **Klarstellung** zu geben (VwGH 19. 12. 2001, 99/12/0228, 4. 7. 2001, 99/12/0281, 30. 5. 2001, 97/21/0144; vgl auch VwGH 12. 9. 2002, 2002/20/0030). Es ist ihr jedenfalls verwehrt, einer zweideutigen Erklärung eine beliebige Deutung zu unterstellen (VwGH 11. 6. 2002, 2000/01/0355, 5. 11. 1997, 96/21/0799; vgl auch VfSlg 8606/1979). 1331
- Ebenso hat die Behörde bei anhängigen Bewilligungsverfahren über dingliche Rechte dann, wenn ihr bekannt wird, dass ein Rechtsnachfolger in die Rechtsstellung des Bewilligungswerbers eingetreten ist, das Verfahren nicht einfach fortzuführen, sondern dem Rechtsnachfolger Gelegenheit zur Stellungnahme zu geben, ob er das Verfahren fortführen will (VwGH 17. 4. 1998, 96/04/0087). 1332 [1333]
- Kann bei einem bewilligungspflichtigen Vorhaben durch eine Projektmodifikation ein Versagungsgrund vermieden werden, so wird die Behörde – bei sonstiger Mangelhaftigkeit des Verfahrens – als verpflichtet angesehen, den Projektwerber auf diese Möglichkeit hinzuweisen (VwSlg 6449 A/1964). 1334

Zusammenfassend wurde in VwGH 25. 1. 1999, 98/17/0222 hervorgehoben: „Die Frage der Geltung von Treu und Glauben im öffentlichen Recht wird in Österreich prinzipiell bejaht. Nach der Judikatur des Verwaltungsgerichtshofes wird Geltung dieses Grundsatzes im öffentlichen Recht durch Herstellung der Analogie zu den entsprechenden zivilrechtlichen Grundsätzen begründet (vgl Stoll, BAO II, 1293). Es wird allerdings betont, daß das in Art 18 Abs 1 B-VG normierte Legalitätsprinzip stärker als jeder andere Grundsatz, insbesondere jener von Treu und Glauben ist. Dieser Grundsatz darf und kann somit der gesetzmäßigen Anwendung bindender Rechtsvorschriften nicht entgegenstehen. Der in Rede stehende Grundsatz vermag folglich nur im Bereich des Vollzugs von Rechtsnormen wirksam werden, die erkennbar vom Vertrauensprinzip getragen sind, die Billigkeits- und Zweckmäßigkeitserwägungen gebieten oder zufolge ihrer Ausgestaltung (Ermessen, unbestimmte Rechtsbegriffe) entsprechende Spielräume für die Entfaltung der letztlich gebotenen Entscheidung frei lassen (vgl Stoll, aaO 1295). Die Anwendung von Treu und Glauben in dem oben wiedergegebenen Umfang setzt überdies Folgendes voraus: 1334a

- der eine Teil hat innerhalb des bestehenden Verhältnisses durch sein Verhalten beim anderen Teil ein bestimmtes Vertrauen ausgelöst,
- der andere Teil hatte auf dieses Vertrauen aufbauend seine wirtschaftlichen Belange geordnet, insbesondere seine Vermögensdispositionen getroffen, bzw seine Rechtspositionen danach eingerichtet und bezogen,
- und würde, bei einer Nichterfüllung seiner gerechtfertigten Vertrauenserwartung einen Nachteil erleiden (vgl Stoll, aaO 1298).

Da der Grundsatz von Treu und Glauben im Bereich des öffentlichen Rechtes nach der hg Judikatur kraft Analogieschlusses aus dem österreichischen bürgerlichen Recht gewonnen wird, wo er in den Bestimmungen des § 863 ABGB und des § 914 ABGB seinen positiv-rechtlichen Niederschlag fand, sind die im Zivilrecht entwickelten Grundsätze insbesondere auch für die Prüfung der Frage heranzuziehen, ob ein bestimmtes Verhalten (einer Behörde) berechtigterweise ein bestimmtes Vertrauen auszulösen vermag" (vgl auch VwGH 15. 3. 2001, 2001/16/0063, ACHATZ/KOFLER 210).

1334b Mit dieser Umschreibung sind auch die **Grenzen** einer Bindung aus Treu und Glauben angesprochen. Zum Ersten geht die Judikatur davon aus, „dass eine aus dem Grundsatz von Treu und Glauben allenfalls folgende Bindung an eine erteilte Auskunft immer **nur diejenige Behörde** treffen könnte, die die Auskunft oder die Zusage erteilt hat" (VwGH 22. 5. 2002, 99/15/0119; krit allerdings DORALT/RUPPE 188, ACHATZ/KOFLER 213 mwN).

1334c Zum Zweiten wird in der Rechtsprechung betont, dass nur ein Verhalten der Behörde, das „eindeutig und unzweifelhaft" gegenüber einer **bestimmten einzelnen Partei** zum Ausdruck gekommen ist und diese zu bestimmten Dispositionen veranlasst hat, im Hinblick auf Treu und Glauben relevant sein kann. „Es kann somit eine Verletzung des Grundsatzes von Treu und Glauben bedeuten, wenn der Steuerpflichtige sein steuerliches Verhalten einer gemäß § 90 EStG eingeholten Auskunft des Finanzamtes entsprechend eingerichtet hat und dann gerade das der Auskunft entsprechende steuerliche Verhalten zu einer Steuernachforderung führen soll" (VwGH 26. 7. 2000, 97/14/0040). „Allgemeinen Verwaltungsanweisungen wie Richtlinien oder Erlässen kann unter dem Gesichtspunkt von Treu und Glauben nicht die gleiche Wirkung beigemessen werden wie einer verbindlichen Zusage oder Auskunft für den Einzelfall, weil der Grundsatz von Treu und Glauben ein konkretes Verhältnis zwischen Abgabepflichtigem und Finanzamt voraussetzt, bei dem sich allein eine Vertrauenssituation bilden kann" (VwGH 22. 5. 2002, 99/15/0119).

1334d Zum Dritten erweist sich, wie erwähnt, das in Art 18 Abs 1 B-VG normierte **Legalitätsprinzip** als vorrangig. „Demnach ist davon auszugehen, dass die Treu- und Glaubensregel keinesfalls über dem jeweils anzuwendenden Recht steht und es kann auch Treu und Glauben das gesatzte Recht nicht verdrängen (vgl Stoll, BAO II, 1295)" (VwGH 28. 2. 2000, 99/17/0323). Vgl auch VwGH 5. 4. 2001, 98/15/0158: „Im Hinblick auf den Legalitätsgrundsatz des Art 18 B-VG kann dem Grundsatz von Treu und Glauben nämlich nur insoweit Bedeutung zukommen, als die Vorgangsweise der Behörde nicht durch zwingendes Recht gebunden ist. Die Bindung an eine erteilte Auskunft kann somit nur im Rahmen eines entsprechenden Vollzugsspielraumes der Behörde zum Tragen kommen".

1334e Dem Absehen von der Nacherhebung von Abgaben nach Treu und Glauben können – in deren Anwendungsbereich – auch Bestimmungen des Gemeinschaftsrechts (VwGH 17. 5. 2001, 2000/16/0590) oder nachfolgende Gesetzesänderungen (VwGH 19. 12. 2000, 98/09/0110) entgegenstehen. Ungeachtet des Grundsatzes von Treu und Glauben ist die Behörde nicht nur berechtigt, sondern sogar verpflichtet, von einer gesetzwidrigen Verwaltungsübung, einer gesetzlich nicht gedeckten Rechtsauffassung oder einer unrichtigen Tatsachenwürdigung abzugehen, sobald sie ihr Fehlverhalten erkennt (VwGH 8. 12. 2000, 97/21/0462, 19. 11. 1998, 98/15/0150). Die rechtmäßige Vorschreibung einer Gebühr ist nicht deshalb unzulässig, weil lange Jahre Gebührenbefreiung zuerkannt worden war (VwGH 27. 7. 2001, 98/08/0021). Vgl auch VwGH 20. 9. 2001, 98/06/0164 zu langjährigem Nichteinheben von Beiträgen, VwGH 9. 3. 2000, 99/07/0136 zu langjährigem Nichteinschreiten gegen Rechtswidriges.

1334f **Unbegründetes** Abweichen von einer einmal eingenommenen (vertretbaren) Rechtsauffassung ist dagegen als Willkür zu qualifizieren (DORALT/RUPPE 188). Als rechtswidrig wurde auch ein Abgehen von der bisherigen Rechtsauffassung beurteilt, wenn ein Abgabepflichtiger von der Abgabenbehörde ausdrücklich zu einer bestimmten Vorgangsweise **aufgefordert** wurde und sich erst nachträglich die Unrichtigkeit dieser Vorgangsweise herausstellte (VwGH 16. 12. 1996, 94/15/0151, 10. 10. 1996, 95/15/0208). Zuletzt hat VfGH 13. 3. 2003, B 1057/02 die Abweisung wegen Verjährung gerügt, die deshalb eingetreten war, weil die Behörde selbst von einer Antragstellung abgeraten hatte. [1335–1336]

Selbstverständlich können auch die **Beteiligten** selbst nach den Grundsätze von Treu und Glauben an die von ihnen abgegebenen Erklärungen und bisher gesetzten Verhaltensweisen gebunden sein und können sie nach Treu und Glauben zur Mitwirkung und letztlich zur Erfüllung des Geschuldeten nach Treu und Glauben verpflichtet sein. 1337

- Hat ein Dienstnehmer der Verrichtung bestimmter Dienstleistungen zugestimmt, dann darf er diese Erklärung nach Treu und Glauben nicht grundlos widerrufen. Dies gilt nach VwGH 27. 6. 1979, 3213/78 „in besonderem Maße für das aus dem Grundgedanken eines besonderen Treue- und Fürsorgeverhältnisses aufgebaute Dienstrecht der öffentlich rechtlichen Bediensteten".
- Fällt einem Erklärenden ein ihm selbst unterlaufener Fehler oder Irrtum oder ein der Verwaltungsstelle unterlaufener Fehler auf, dann hat er den Fehler grundsätzlich „sogleich" aufzuklären. Es widerspricht zB Treu und Glauben, wenn eine Partei mit der Protokollrüge gegen eine ihr übermittelte Verhandlungsschrift (§ 15 Satz 2 AVG) unnötig lang „zuwartet".
- „Will der Bürger belehrt und betreut werden, will er von der Behörde verläßliche Auskünfte erhalten, so muß er den zu beurteilenden Sachverhalt auch richtig und vollständig bekannt geben".
- „Wo das Gesetz es dem Bürger ermöglicht, die Rechtslage zu gestalten, verlangt der Grundsatz von Treu und Glauben, daß er von dieser Gestaltung nicht grundlos wieder abweicht ... Auch die Behörde soll sich auf das Verhalten des Bürgers verlassen können und nicht immer wieder auf geänderte Vorstellungen der Partei reagieren müssen" (Huber, Verwaltungsrechtliche Erklärungen Privater, Diss Wien, 1988, 50f).

XVIII. Vermögensrechtliche Ansprüche

A. Vermögensrechtliche Ansprüche gegen Gebietskörperschaften

1. Allgemeines

1338 Unter zahlreichen Voraussetzungen können vermögensrechtliche Ansprüche gegen Gebietskörperschaften entstehen. Soweit die Gebietskörperschaften als Träger von Privatrechten durch ihre Organe am allgemeinen rechtsgeschäftlichen Verkehr teilnehmen, sind derartige Ansprüche grundsätzlich nicht anders zu sehen als entsprechende Ansprüche *inter privatos*: Zuständig sind im Streitfall die ordentlichen Gerichte, die in materiell-rechtlicher Hinsicht **Privatrecht** anzuwenden haben, sei es, dass ein vertraglicher Anspruch, sei es, dass ein gesetzlicher Anspruch (insb Schadenersatz, Bereicherung) gegeben ist.

Im Bereich der privatrechtlichen Subventionsverwaltung sind zumeist zwei Stufen der Rechtsverwirklichung zu unterscheiden: Ein sog „Selbstbindungsgesetz“ enthält innenrechtliche Schranken und Determinanten für die Förderungsverwaltung und begründet definitionsgemäß (Rz 514) keine subjektiven Rechte von Förderungsinteressenten (zB § 4 UmwFördG, § 9 Abs 4 Wachebediensteten-HilfeleistungsG). Wird eine bestimmte Förderung „zugesichert“, so begründet dieser individuell-konkrete Privatrechtsakt einen Anspruch auf Abschluss eines Subventionsvertrages zu den zugesicherten Bedingungen (vgl Rebhahn in Raschauer, Wirtschaftsrecht, Rz 847).

1339 Hier zu behandeln sind Forderungsrechte (Ansprüche) im Bereich des **öffentlichen Rechts**. Solche Ansprüche können auf Gesetz oder auf Bescheid beruhen. Im Allgemeinen bilden dagegen öffentlich-rechtliche Verwaltungsverträge – wenn man von Sonderfällen öffentlich-rechtlicher Anerkenntnisse und Vergleichsverträge (Rz 1262) absieht – keine selbständigen Anspruchsgrundlagen.

1340 Wurde ein Anspruch durch (rechtskräftigen) **Bescheid** zuerkannt (zB ein Stipendium gemäß § 41 StudFördG), befindet er sich also in der „Liquidationsphase“ (VfSlg 14372/1995, 15711/2000), so steht – nach entsprechender Einmahnung (Rz 1255) – eine Klage nach Art 137 B-VG offen. Eine „Vollstreckung“ gegen die durch die bescheiderlassende Behörde vertretene Gebietskörperschaft ist gesetzlich nicht vorgesehen.

Sehr unterschiedlich stellen sich die auf **Gesetz** beruhenden vermögensrechtlichen Ansprüche im öffentlichen Recht dar. Auf der einen Seite finden sich zahlreiche spezielle Anspruchsgrundlagen in besonderen Zusammenhängen, zB Ansprüche auf Sozialhilfeleistungen, auf Leistungen aus der Sozialversicherung, auf Sachverständigengebühren, auf Rückzahlung von Abgabenguthaben. Über viele solche Forderungsrechte ist von Amts wegen oder auf Antrag mit Bescheid zu entscheiden, sodass die Rechtsdurchsetzung durch den Bescheid vermittelt ist; in einzelnen Fällen ist eine Bescheidkompetenz nicht begründet, zB hinsichtlich der Parteienförderung oder der Klubfinanzierung (Rz 510), sodass nur eine Klage nach Art 137 B-VG in Betracht kommt.

Auf der anderen Seite bestehen aber auch einige allgemeine Anspruchsgrundlagen, die sowohl in ihren Voraussetzungen als auch in ihrer Durchsetzbarkeit umstritten sind. Auf sie soll in der Folge näher eingegangen werden. Auf den gesetzlichen Anspruch auf Verzugszinsen wurde bereits hingewiesen (Rz 1255). Gegenstand der folgenden Überlegungen sollen zunächst öffentlich-rechtliche vermögensrechtliche Ansprüche gegen Gebietskörperschaften sein, wie sie insb Verfahren nach Art 137 B-VG dominieren. 1341

Soweit es um öffentlich-rechtliche Ansprüche gegenüber juristischen Personen des öffentlichen Rechts geht, die nicht in Art 137 B-VG angeführt sind, ist eine Klage nach dieser Bestimmung nicht zulässig (VfSlg 15174/1998, VfGH 23. 2. 1999, A 26/98). In Betracht kommt nur die Anrufung einer allfälligen Aufsichtsbehörde und die Erwirkung eines Leistungsbescheids (Vollziehungsverfügung; Rz 1390b). Vgl zur Vollstreckung § 5 Abs 4 VVG.

2. Der Restitutionsanspruch

Befindet sich ein einem Rechtsunterworfenen gehörender Vermögenswert in der Gewahrsame (Innehabung) staatlicher Organe, ohne dass für diese Gewahrsame ein Rechtsgrund (noch) besteht, ist der Vermögenswert dem Berechtigten zurückzugeben (zu restituieren). So klar der Grundsatz ist, so unklar ist seine dogmatische Begründung. 1342

Die Verfügungsgewalt des Staates kann auf unterschiedliche Weise entstehen: Eine Sache wird in einem Amtslokal vergessen, ein Fundgegenstand wird bei einer Verwaltungsstelle abgeliefert, eine Sache wird (zB als herrenlos) sichergestellt oder wegen der Behinderung des Besitzers in Verwahrung genommen (§ 42 SPG), eine Urkunde wird im Zuge einer Kontrolle vorgelegt, aber nicht wieder zurückgegeben, eine Sache wird beschlagnahmt bzw enteignet, die Beschlagnahme bzw die Enteignung werden jedoch aufgehoben oder treten außer Kraft. Auch Geld kann auf unterschiedliche Weise auf einem staatlichen Konto landen: Eine Spende für das Rote Kreuz wird irrtümlich auf ein Konto des Finanzamts überwiesen, die einer Gemeinde geschuldete Gebühr wird irrtümlich auf das Konto des Finanzamts überwiesen, dem Finanzamt wird (irrtümlich) ein die Abgabenschuld übersteigener Betrag überwiesen, der Abgabenschuldner macht (irrtümlich) nicht von der Möglichkeit einer Aufrechnung mit einem Guthaben Gebrauch, der die Grundlage der getätigten Überweisung bildende Abgabenbescheid wird behoben, eine Sicherheitsleistung wird frei.

Gemeinsam ist allen diesen Fällen, dass der Berechtigte die Herausgabe der Sache bzw die Auszahlung der nicht geschuldeten Summe begehren kann. Nur punktuell finden sich gesetzliche Regelungen (zB § 239 BAO, § 69 ASVG). Im Übrigen könnte man es sich einfach machen und davon ausgehen, dass der Gesetzgeber, der zB in § 39 VStG die Beschlagnahme regelt, auf diese Frage deshalb nicht einging, da er die Restitutionspflicht als selbstverständlich voraussetzte. In diesem Sinn hält es zB VfSlg 6093/1969 als selbstverständlich fest, dass auch im öffentlichen Recht „eine ohne Verpflichtung geleistete Zahlung, sofern gesetzlich nichts anderes bestimmt ist, zurückgefordert werden kann". Worin aber ist die Anspruchsgrundlage zu sehen?

Zunächst ist festzuhalten, dass die Frage eines Restitutionsanspruchs aus Art 137 B-VG nicht zu beantworten ist, da diese Bestimmung nur einen Rechtsweg regelt, aber keine materiell-rechtliche Anspruchsgrundlage bildet. Auch Art 18 B-VG bildet keine solche (Rz 1113). Die Frage der Restitutionspflicht hat schließlich auch nichts mit dem Amtshaftungsrecht zu tun, da es nicht um den Ersatz eines „Schadens" geht und da es 1343 auf „Verschulden" nicht ankommt. Dies schließt nicht aus, dass durch die mutwillige Verweigerung oder Verzögerung der Herausgabe auch ein amtshaftungsrechtlich relevanter Schaden entstehen kann.

1344 Eine durchgehend zivilrechtliche Deutung – insb Eigentumsherausgabeanspruch (§ 366 ABGB) vor den ordentlichen Gerichten (§ 1 JN) – kann nicht überzeugen. Sie wäre treffend, wenn überhaupt kein öffentlich-rechtliches Rechtsverhältnis berührt ist, beispielsweise wenn jemand Geld irrtümlich auf ein fremdes Konto, und sei dies auch das Konto einer Gebietskörperschaft, überweist. Sie ist allerdings schon bei Fundsachen – angesichts der verwaltungsbehördlichen Zuständigkeiten (§§ 388ff ABGB; VwSlg 14309 A/1995) – nur mehr zum Teil treffend. Dagegen ist ihr nicht zu folgen, soweit die Maßgeblichkeit eines hoheitlichen Titels (zB Fortdauer einer Beschlagnahme) im Spiel steht oder soweit es auch nur um eine Leistung im Kontext eines öffentlich-rechtlichen Rechtsverhältnisses (zB Überzahlung einer Abgabenforderung)
[1345] geht. Die Frage, ob ein Polizist eine Urkunde bloß nicht herausgibt oder ob er sie beschlagnahmt hat, ist keine bürgerliche Rechtssache (VfSlg 8921/1983).

1346 Lehre und Rechtsprechung des öffentlichen Rechts gehen heute davon aus, dass in jenen Fällen, in denen eine Sache auf öffentlich-rechtlicher Grundlage in die Gewahrsame einer Gebietskörperschaft übergegangen ist, der Restitutionsanspruch und die Rückabwicklung ebenfalls dem öffentlichen Recht angehören, etwa im Fall der Rückzahlung des bereits Geleisteten nach Kassation der betreffenden VO (VfSlg 6093/1960) oder im Fall der Kassation des Beschlagnahmebescheides (VfSlg 8542/1979). Vgl zuletzt VfSlg 15839/2000, Schragel 33.

1347 Grundlagen für einen öffentlich-rechtlichen Restitutionsanspruch lassen sich zum einen auf der verfassungsrechtlichen Ebene, zum anderen auf der einfachgesetzlichen Ebene gewinnen:

- Auf der verfassungsrechtlichene Ebene gilt für **Grundrechtseingriffe** ganz allgemein, dass sie aufzuheben sind, wenn der sie tragende Grund nicht oder nicht mehr besteht. Im Hinblick auf eine Freiheitsentziehung ist dies auch ganz selbstverständlich, ohne dass eine explizite gesetzliche Statuierung eines „Anspruchs auf Freilassung" für erforderlich erachtet wird. Nichts anderes gilt aber auch für „vermögenswerte Privatrechte", die der verfassungsrechtlichen Eigentumsgarantie unterliegen. Dementsprechend geht der VfGH von einem in der Eigentumsgarantie wurzelnden **Anspruch auf Rückübereignung** bei Wegfall der Rechtfertigung der Enteignung aus (vgl zu einer Beschlagnahme auch VfSlg 14971/1997).

1348 Dieser Gedankengang ist auch außerhalb von Restitutionsfragen von Bedeutung. Wurde zB ein Geschäftslokal zu Unrecht behördlich gesperrt, ergibt sich aus dem Grundrecht der Erwerbsfreiheit ein Anspruch auf Aufhebung einer allenfalls fortwirkenden behördlichen Sperre (zB Plombierung). Hinsichtlich der Rechtsdurchsetzung hilft Art 137 B-VG in solchen Fällen allerdings nicht weiter. Wohl aber hat der Betroffene einen Rechtsanspruch auf bescheidförmige Feststellung (Rz 705, 940), dass das Lokal nicht mehr behördlich gesperrt ist. Mit der Rechtskraft dieses Bescheides gilt das Lokal nicht mehr als gesperrt und das Aufbrechen einer verbliebenen Plombe gilt nicht als „Siegelbruch". Der Schaden, der durch die Verzögerung der Aufhebung der Sperre entstanden ist, ist unabhängig davon nach Amtshaftungsrecht zu beurteilen.

1349
- Einen weiteren Ansatz hat der VfGH unmittelbar aus dem **Rechtsstaatsprinzip** beigesteuert, wenn er judiziert, dass das rechtsstaatlich gebotene „Mindestmaß an faktischer Effizienz" des Rechtsschutzes den Anspruch impliziert, dass das in Exekution Gezogene nach dem Wegfall des Exekutionstitels herauszugeben ist (VfSlg 13182/1992, 13375/1993).
- Hier nur angemerkt sei, dass auch aus dem **Gemeinschaftsrecht** ein Rückerstattungsanspruch abgeleitet wird, wenn Geldleistungen, insb Abgaben, entgegen Bestimmungen des

Gemeinschaftsrechts eingehoben wurden (näher Griller in Holoubek/Lang (Hg), Organhaftung und Staatshaftung in Steuersachen, 2003, 103 mwN).

- Auf der einfachgesetzlichen Ebene finden sich in den §§ 63 Abs 1 VwGG, 87 Abs 2 VfGG, 67c Abs 3 AVG und 52a Abs 2 VStG (vgl auch § 40 Abs 4 DatSchG) maßgebliche Grundlagen. Danach ist die belangte Behörde im Fall einer derartigen Bescheidbehebung zur „Herstellung des der Rechtsanschauung [des Gerichts bzw des UVS] entsprechenden Rechtszustandes" verpflichtet (sog „**Folgenbeseitigungsanspruch**"). Im Fall einer rechtswidrigen hoheitlichen Beschlagnahme besteht die Herstellung des „rechtmäßigen Zustandes" unzweifelhaft zumindest in der Herausgabe der Sache: Die Rückerstattung „ist das Mindeste, was zur Herstellung des Rechtszustandes vor dem Eingriff notwendig ist" (VfSlg 5001/1965). Dieser Restitutionsanspruch ist verschuldensunabhängig; er trifft nicht nur die belangte Behörde, sondern jede Verwaltungsstelle, die zur Herstellung des rechtmäßigen Zustands in der Lage ist (VfSlg 13375/1993, VfGH 2. 10. 2002, B 1589/99), freilich nur eine Verwaltungsstelle (VwGH 27. 4. 2000, 98/10/0330). Nach der Judikatur handelt es sich nicht nur um eine Amtspflicht der Behörde, sondern um ein subjektives Recht (zB VfSlg 8812/1980), das (subsidiär) gemäß Art 137 B-VG durchsetzbar ist. Nun wird man wohl nicht ernsthaft vertreten können, dass ein solcher Restitutionsanspruch nur dann besteht, wenn gerade die genannten Kontrollorgane kassatorisch über einen Bescheid entschieden haben, nicht aber zB dann, wenn eine Berufungsbehörde einer Berufung stattgibt oder wenn der betreffende Bescheid im Zuge einer Wiederaufnahme des Verfahrens wegfällt oder gemäß § 68 AVG aufgehoben wird. Die genannten Bestimmungen sind vielmehr spezielle Ausprägungen eines allgemeinen Grundsatzes. 1350

- Keine in gleicher Weise deutlichen Anhaltspunkte finden sich zu der Frage der Herausgabepflicht in anderen Fällen als des Rechtseingriffs durch rechtswidrigen Hoheitsakt. Beruht die Innehabung einer Sache auf einer öffentlich-rechtlichen Grundlage (zB im Fall der Sicherstellung der Sachen, die ein Unfallopfer mit sich trägt, gem § 42 Abs 1 Z 3 SPG) oder ergibt sie sich als Folgesituation nach der Beendigung einer öffentlich-rechtlichen Verpflichtung (zB Herausgabe des Personaldokuments nach einer Identitätsfeststellung gemäß § 35 Z 1 VStG), so findet § 366 ABGB unmittelbar keine Anwendung. Der VfGH hat in solchen Zusammenhängen vereinzelt sogar einen AuvBZ kraft „qualifizierter Untätigkeit" (Rz 1043) angenommen. Damit ist bei aller Unschärfe immerhin so viel klargestellt, dass sich der Vorgang im Bereich des öffentlichen Rechts abspielt und dass sich das Aufrechterhalten der Innehabung gegebenenfalls als rechtswidrig darstellen kann. Eine solche Rechtswidrigkeit kann in Fällen der genannten Art nur durch die Herausgabe der Sache behoben werden. Es ist bei einer Amtspflicht, die jedenfalls auch im Interesse des Beteiligten besteht, im Zweifel vom Bestehen eines Anspruchs auszugehen (Rz 1122). Letztlich muss daher auch in solchen Fällen von einem Restitutionsanspruch ausgegangen werden. 1351

Soweit das Gesetz für die Restitution ein hoheitliches Verfahren vorsieht (zB § 239 BAO, § 69 ASVG), ist der Anspruch durch entsprechende Antragstellung geltend zu machen. In einem bestimmten, nicht eindeutig feststellbaren Umfang scheint der VfGH, wie erwähnt, die Nicht-Herausgabe einer Sache als AuvBZ deuten zu wollen, was das Erfordernis einer UVS-Beschwerde zur Konsequenz hat. Im Übrigen ist auch in diesem Zusammenhang festzuhalten, dass ein vermögensrechtlicher Anspruch der vorliegenden Art gegen einen in Art 137 B-VG genannten Rechtsträger – nach 1352 entsprechender Einmahnung – mittels Klage vor dem VfGH durchzusetzen ist. Schuldner ist jene Gebietskörperschaft, der das Vermögen zugeflossen ist. Bei Geldschulden gebühren ab Fälligkeit bzw Einmahnung Verzugszinsen (Rz 1255). Da der Restitutionsanspruch verschuldensunabhängig ist, schließt er verschuldensabhängige Ansprüche für Ersatz eines erlittenen Schadens (gemäß AHG) nicht aus; zu denken ist zB an den Fall einer Beschädigung der Sache im Zug der Beschlagnahme oder während der Zeit der behördlichen Gewahrsame, aber auch an den Verzögerungsschaden.

1353 Ein Restitutionsanspruch besteht nicht, wenn weiterhin ein materieller Rechtsgrund für die Vermögensverschiebung gegeben ist (VfSlg 16023/2000). Er besteht nicht mehr, wenn die Sache untergegangen ist oder wenn ein Dritter an ihr in gesetzmäßiger Weise kraft guten Glaubens (§ 367 ABGB) Eigentum erworben hat. In solchen Fällen kann ein Erstattungsanspruch (Rz 1355) bestehen.

1354 Die Judikatur lässt eine gewisse Großzügigkeit im Hinblick auf annexe **Nebenaufwendungen** erkennen: Wird zB der Anspruch auf Rückgabe einer zu Unrecht in Vollstreckung gezogenen Sache als begründet erkannt, wird unter einem auch auf Ersatz der (geltendgemachten) Kosten des Vollstreckungsverfahrens entschieden (zB VfSlg 8666/1979). Anspruchsgrundlage ist in dieser Hinsicht freilich nicht der allgemeine Restitutionsanspruch, sondern der darüber hinausgehende Folgenbeseitigungsanspruch (Rz 1350, 1362c).

3. Der Erstattungsanspruch

1355 Kann die Sache, die sich rechtsgrundlos in der Gewahrsame der Verwaltung befunden hat, nicht herausgegeben werden, so stellt sich die Frage, ob an die Stelle des Herausgabeanspruchs ein Anspruch auf Wertersatz (Erstattungsanspruch) tritt. Der VfGH hat dies im Fall einer zwischenzeitigen Verwertung einer beschlagnahmten Sache schon früh dem Grund nach bejaht. Der tragende Gedanke ist in der Tat der, dass in derartigen Fällen der **Verwertungserlös** an die Stelle der Sache selbst tritt (vgl § 39 Abs 5 VStG): da die Sache nicht mehr herausgegeben werden kann, ist das dafür Erlöste herauszugeben (Geldsubstitut).

1356 Gleichzeitig gibt dieser Gedanke auch die Grenze des Erstattungsanspruchs an: Herauszugeben ist der Erlös, mag er höher oder niedriger als der Wert der Sache sein. Vor allem ist der Anspruch **nur** auf Herausgabe eines Erlöses gerichtet: Ist die Sache untergegangen und kein Erlös an ihre Stelle getreten, ist daher auch kein Erlös herauszugeben.

1357 Auch dieser Anspruch ist verschuldensunabhängig; er ist unabhängig von der Frage der Rechtmäßigkeit der Verwertung. Allerdings ist er insoweit zu einem Restitutionsanspruch akzessorisch, als ein Anspruch auf Herausgabe des Geldsubstituts nur besteht, wenn im Hinblick auf die betreffende Sache ein Restitutionsanspruch offen stünde. Der Rechtsgrund des Erstattungsanspruchs ist nicht der Ersatz eines zugefügten Schadens, sondern die Herausgabe des vereinnahmten Geldsubstituts. Da es nicht darauf ankommt, ob und inwiefern der Verwaltungsträger „bereichert" ist, handelt es sich auch nicht um einen Bereicherungsanspruch ieS. Mit einem Bereicherungsanspruch hat er allerdings gemeinsam, dass er sich nicht am Schaden des Verkürzten orientiert, sondern grundsätzlich an dem, was der Bereicherte rechtsgrundlos erlangt hat.

4. Bereicherung

1358 Manche der im Zivilrecht als „Bereicherungsansprüche" qualifizierten Ansprüche sind von den vorstehend erörterten Restitutions- und Erstattungsansprüchen erfasst.

Daher kommt es nicht von ungefähr, dass sich Parallelen zu den **gesetzlichen Schuldverhältnissen** nach bürgerlichem Recht zeigen: Für den Fall, dass der Grund für eine Leistung in einem Irrtum liegt, kann § 1431 ABGB als Ausdruck für den Rechtsgrundsatz gesehen werden, dass ein verschuldensunabhängiger Anspruch auf Rückzahlung der Nichtschuld besteht. Für den Fall, dass der Rechtsgrund, eine Sache zu behalten, „aufgehört hat", kann § 1435 ABGB als Ausdruck für den Rechtsgrundsatz angesehen werden, dass ein verschuldensunabhängiger Anspruch auf Rückgabe besteht. In diesem Sinn hat zB VwSlg 4835 A/1958 hervorgehoben: „Jedenfalls entspricht es allgemeinen, auch im öffentlichen Recht anwendbaren Rechtsgrundsätzen, wie sie für den Bereich des Privatrechtes in den §§ 1431 und 1435 ABGB ausdrücklich normiert worden sind, daß eine nicht geschuldete Leistung zurückgefordert werden kann, es sei, weil der angenommene Rechtsgrund überhaupt nicht gegeben war, es sei, weil er später weggefallen ist" (vgl zuletzt VfSlg 16036/2000, VfGH 24. 9. 2002, A 5/02).

Die sich auf der Grundlage einer solchen Rechtsgrundsatzanalogie ergebenden Ansprüche sind freilich insoweit enger als die vorstehend erörterten Ansprüche, als die Leistungskondiktionen nach §§ 1431, 1435 ABGB eine vorgängige „Leistung" des Verkürzten an den Bereicherten zur Voraussetzung haben und damit Beschlagnahmen oder das Sicherstellen von Sachen nicht umfassen. § 1431 ABGB ist insoweit weiter, als er nicht nur die Leistung von Geld oder Sachen, sondern auch die Leistung einer „Handlung" erfasst (Anspruch auf einen dem verschafften Nutzen angemessenen Lohn). – Nach VfSlg 16036/2000 ist eine Leistung nicht nach § 1431 ABGB rückforderbar, wenn sie zwar rechtsgrundlos, jedoch nicht irrtümlich (also in Kenntnis der Rechtsgrundlosigkeit) und nicht unter Drohung erbracht wurde. [1359]

Vereinzelt können auch Regeln maßgeblich sein, die systematisch nicht im Recht 1360
der gesetzlichen Schuldverhältnisse eingeordnet sind. § 1042 ABGB bestimmt: „Wer für einen anderen einen Aufwand macht, den dieser nach dem Gesetz selbst hätte machen müssen, hat das Recht den Ersatz zu fordern". Die – systematisch im Recht der Bevollmächtigung angesiedelte – Bestimmung bedarf einschränkender Interpretation, da sie nicht als pauschale Ermächtigung zum Aufkaufen fremder Forderungsrechte und zur Vernichtung von Einwendungsmöglichkeiten des Schuldners gesehen werden darf. In diesem eingeschränkten Sinn – Bestehen eines rechtlichen Zusammenhanges und sachliche Rechtfertigung der Vorleistung – bringt diese Bestimmung allerdings keine Besonderheit der Verhältnisse „der Einwohner des Staates unter sich" zum Ausdruck, sondern „einen allgemeinen Rechtsgrundsatz, der im gesamten Bereich der Rechtsordnung Geltung besitzt" (VfSlg 10933/1986). Im Bereich des Verwaltungsrechts hat sie insb im Verhältnis zwischen Gebietskörperschaften Anerkennung gefunden.

Vgl aber auch VfSlg 10933/1986: Muss ein Landesbürger gegenüber einer Landes-Krankenanstalten-GmbH ein Entgelt für eine Leistung entrichten, welche das Land selbst hätte erbringen sollen, kann er vom Bundesland unter sinngemäßer Anwendung von § 1042 ABGB Ersatz verlangen. Vgl auch VfSlg 14771/1997, 16046/2000.

[1361–1362]

5. Schadenersatz

Während die bisher erörterten Ansprüche auf die Wiederherstellung der ohne 1362a
Rechtfertigung gestörten Balance abzielen – was erklärt, warum es sich um verschuldensunabhängige Ansprüche handelt –, steht bei den hier zu besprechenden Ansprüchen auf Schadenersatz die annähernde Rückgängigmachung der Nachteile im Vordergrund, die durch ein vorwerfbares Verhalten von (Organen von) Gebietskörperschaften herbeigeführt wurden. Das bürgerliche Schadenersatzrecht kennt Fälle

einer verschuldensunabhängigen Haftung; auf verwandte öffentlich-rechtliche Konstellationen wird im folgenden Abschnitt („Entschädigung") zurückzukommen sein. Als **Schadenersatz** sollen hier also Fälle erörtert werden, in denen

- einer außerhalb der betreffenden Gebietskörperschaft stehenden Rechtsperson, insb also einem „Privaten",
- ein **Schaden** zugefügt wurde oder wird, und zwar
- durch das **rechtswidrige** und **schuldhafte** Verhalten einer Person, deren Verhalten kraft Zurechnung als Verhalten einer Gebietskörperschaft gilt.

Allgemein ist festzuhalten, dass in dem Umfang, in dem Ansprüche auf Folgenbeseitigung (Rz 1362c), Erstattung, Kondiktion oder Entschädigung (Rz 1363) bestehen, diesen Ansprüchen – schon wegen der Verschuldensunabhängigkeit dieser Ansprüche – Vorrang zukommt. Darüber hinausgehende „Schäden" können überdies Schadenersatzansprüche begründen. Im Einzelnen ist danach zu unterscheiden, in welchem Kontext das schädigende Verhalten gesetzt wird:

Wird einem Dritten ein Schaden im Rahmen der **Privatwirtschaftsverwaltung** zugefügt, so haften die handelnden Organe oder – nach Maßgabe der Gehilfenhaftung – die Rechtsträger dem Geschädigten nach den Bestimmungen des Privatrechts (insb §§ 1293ff ABGB). Primär soll „alles in den vorigen Stand zurückversetzt" werden (Naturalrestitution); ist dies nicht möglich, ist Geldersatz zu leisten (§ 1323 ABGB).

1362b Nach der der gesetzlichen Konkretisierung bedürftigen Bestimmung des Art 23 B-VG haften die Gebietskörperschaften für den Schaden, den die als ihre Organe handelnden Personen in Vollziehung der Gesetze durch ein rechtswidriges Verhalten wem immer schuldhaft zugefügt haben. Soweit das schadenszufügende „Verhalten" der Gerichtsbarkeit (einschließlich der hoheitlichen Justizverwaltung) oder der **hoheitlichen Verwaltung** zuzuordnen ist, besteht also ein besonderes Schadenersatzregime (**Amtshaftung**;[1] vgl Rz 735). Dem Geschädigten haftet nicht das Organ (der Organwalter), sondern der Rechtsträger (§§ 1 Abs 2, 9 Abs 5 AHG), und zwar unabhängig von den Regeln der Gehilfenhaftung. Gehaftet wird „nach den Bestimmungen des bürgerlichen Rechts" (§ 1 Abs 1 AHG). Der Ersatzanspruch besteht nicht, wenn der Geschädigte den Schaden durch Rechtsmittel oder durch Beschwerde an den VwGH hätte abwenden können (§ 2 Abs 2 AHG). Der Schaden ist allerdings ausschließlich in Geld zu ersetzen.

Was den Kreis der Passivlegitimierten betrifft, sieht das AHG neben den Gebietskörperschaften nur die sonstigen Körperschaften des öffentlichen Rechts (zB Gemeindeverbände, Kammern, Wassergenossenschaften) und die Träger der Sozialversicherung vor. Soweit Organe von Kapitalgesellschaften zu hoheitlichem Handeln berufen sind, insb als Beliehene, ist das unproblematisch, da ihr hoheitliches Handeln (und nur dieses unterliegt dem AHG) definitionsgemäß (Rz 49, 112) als hoheitliches Handeln der beleihenden Gebietskörperschaft gilt (Schragel 55; Potacs in Holoubek/Lang 188). § 10 Austro-Control-G, § 14 BundesrechenzentrumsG, § 7 Abs 3 PostG, § 13 ArsenalG, § 18 IAF-G und vergleichbare Bestimmungen haben daher nur deklarative Bedeutung. Dies gilt auch für andere Beleihungen (zB §§ 40a, 57b KFG, § 7 ZivilluftfahrtsicherheitsG). Nichts anderes gilt aber auch für selbständige Anstalten und Fonds des öffentlichen Rechts (mit Ausnahme der Sozialversicherungsträger); Schragel 37, 52. Da der Gesetzgeber davon ausgegangen ist, dass diese im Regelfall nicht über einen ausreichenden Haftungsfonds verfügen, haftet jene Gebietskörperschaft, in deren

1 Vgl die Literaturhinweis oben Rz 735.

Vollzugsbereich das betreffende hoheitliche Organverhalten gesetzt wurde (vgl zB § 35 BStatG, § 49 UniG). Eine eigenständige Haftung von Anstalten bedürfte einer (das AHG erweiternden) ausdrücklichen gesetzlichen Regelung, wie dies etwa im Hinblick auf die Ernährungsagentur in § 19 Abs 5 Gesundheits- und ErnährungsSG (sie „gilt" als Körperschaft iSd AHG) geschehen ist.

Eine Haftungskonstellation, die zuletzt immer mehr an Bedeutung gewonnen hat, ist darin zu sehen, dass der Staat durch Bewilligung privaten Verhaltens, das er einem Bewilligungsregime unterworfen hat, eine Art „Garantenstellung" für im Rahmen des Bewilligten eintretende, dem Schutzbereich der Bewilligung zuzurechnende Schäden erlangt. Rebhahn 33ff untersucht diese Konstellationen unter dem Titel der – wertungsmäßig von der Unrechtshaftung zu unterscheidenden – „**Risikohaftung**".

In verfahrensrechtlicher Hinsicht statuiert § 8 Abs 1 AHG die Obliegenheit, dass der Geschädigte den Rechtsträger vor Klagseinbringung schriftlich zur Anerkennung des Schadens auffordern soll (vgl aber auch § 7 Polizeibefugnis-EntschädigungsG, § 48 MBG). Die Klage ist beim Landesgericht des Ortes der Rechtsverletzung einzubringen (§ 9 AHG). Hängt die Entscheidung von der Frage der Rechtmäßigkeit eines Bescheides ab, so hat das Gericht sein Verfahren zu unterbrechen und eine entsprechende Feststellung des VwGH zu beantragen (§ 11 AHG).

Nach Amtshaftungsrecht ist der Schaden nur **in Geld** zu ersetzen; eine Natural- 1362c
restitution ist daher zwar nicht ausgeschlossen – sie kann sich insb auf Grund der vorgenannten Anspruchsgrundlagen als geboten erweisen –, sie ist jedoch kein zulässiger Inhalt einer Klage nach AHG. Demgegenüber ist der Inhalt des (verschuldensunabhängigen) **Folgenbeseitigungsanspruchs** (Rz 705, 1350) im Fall der **Rechtswidrigkeit** eines Verwaltungsakts die Herstellung des rechtmäßigen Zustands, daher Naturalrestitution. In seinem Kern stehen die oben behandelten Restitutions- und Erstattungsfälle, er weist jedoch auch einen darüber hinausgehenden, noch nicht endgültig geklärten Anwendungsbereich („Wiederherstellungsanspruch") auf. Im Hinblick auf einen als rechtswidrig erkannten Bescheid hat der VfGH formuliert, dass die Behörde den Betroffenen „so zu stellen hat, als wäre der seinerzeit angefochtene Bescheid nicht ergangen" (VfSlg 13375/1993). Gemeint sein können freilich nur spezifisch administrative Handlungen, wie das Entfernen einer Plombe oder Schranke, die Ausstellung einer Urkunde oder die Veröffentlichung einer (gegenteiligen) Verlautbarung, nicht aber die Reparatur einer beschädigten Wohnungstüre oder die Wiedererrichtung eines abgerissenen Hauses.

Der Folgenbeseitigungsanspruch ist gegenüber der Behörde geltend zu machen, der das rechtswidrige Behördenhandeln (transitorisch) zuzurechnen ist. Subsidiär kann er, soweit er als „vermögensrechtlicher" Anspruch iwS zu qualifizieren ist, gegenüber den in Art 137 B-VG angeführten Rechtsträgern vor dem VfGH geltend gemacht werden.

Einen besonderen Schadenersatzanspruch hat die Rechtsprechung des EuGH 1362d
entwickelt. Danach haftet „der Mitgliedstaat" für Schäden, die Unionsbürgern durch einen „offenkundigen und erheblichen" Verstoß gegen Bestimmungen des Gemeinschaftsrechts, deren Schutzzweck die Hintanhaltung des betreffenden Schadens ist, zugefügt wurden (sog **Staatshaftung**[2]); die fehlerhafte Umsetzung von Richtlinien

2 Rebhahn, Staatshaftung wegen mangelnder Gefahrenabwehr, 1997; Längle, Der Staatshaftungsanspruch, 1999; Dossi ecolex 2000, 337; Schoisswohl, Staatshaftung wegen Gemeinschaftsrechtsverletzung, 2000; Schwarzenegger, Staatshaftung, 2001; Öhlinger/Potacs, Gemeinschaftsrecht und staatliches Recht[2], 2001, 172; Mayer, B-VG[3], 2002, 154; Damjanovic, Griller und Potacs in Holoubek/Lang (Hg), Organhaftung und Staatshaftung in Steuersachen, 2003.

kommt ebenso in Betracht wie die fehlerhafte Anwendung von unmittelbar anwendbarem Gemeinschaftsrecht. Diese Haftung ist **verschuldensunabhängig**. Die materiell-rechtliche Rechtsgrundlage dieses Anspruchs ist in den allgemeinen Rechtsgrundsätzen des Gemeinschaftsrechts, nicht in Bestimmungen des nationalen Rechts zu sehen. Die Rechtsdurchsetzung erfolgt – mangels gemeinschaftsrechtlicher Vorgaben – allerdings nach den Bestimmungen des **nationalen** Rechts (soweit diese eine effektive Rechtsdurchsetzung nicht behindern). Aus diesem Zusammenwirken ergeben sich mehrere Konsequenzen (vgl Öhlinger/Potacs 172 mwN; Mayer 154; Griller in Holoubek/Lang 91; VfSlg 16107/2001):

- Schadensverursachendes Ereignis kann, da das Gemeinschaftsrecht nicht unterscheidet, ein Verhalten sowohl im Bereich der Hoheitsverwaltung als auch der Privatwirtschaftsverwaltung sein.
- Haftungseinschränkungen des nationalen Rechts sind grundsätzlich nicht maßgeblich. Daher kommt sowohl eine Haftung für Verhalten der Höchstgerichte oder für Verhalten gesetzgebender Körperschaften („legislatives Unrecht") als auch eine Haftung für staatsnahe juristische Personen (öffentlichen oder privaten Rechts; „Staat im funktionellen Sinn", Rz 36; Potacs in Holoubek/Lang 193) oder für „echte Private", soweit sie Verpflichtungen aus Gemeinschaftsrecht unterliegen (insb Vergaberecht), in Betracht. Andererseits gelten die üblichen (nicht ungewöhnlich kurzen) Verjährungsfristen des nationalen Rechts (zB drei Jahre gem § 6 AHG) als zulässiger Weise sinngemäß maßgeblich.
- Die „Republik Österreich" ist gemeinschaftsrechtlich verpflichtet, die Durchsetzbarkeit dieser Ansprüche zu gewährleisten. Es muss kein besonderes Gesetz erlassen werden, soweit die bestehende Gesetzgebung bei gemeinschaftsrechtskonformer Interpretation die effektive Durchsetzung von Ansprüchen ermöglicht. Insb haftet der Bund nicht selbst für jede Verletzung des Gemeinschaftsrechts, sondern die nach nationalem Recht haftende Rechtsperson (im Fall einer mit der Kapitalverkehrsfreiheit unvereinbaren grundverkehrsbehördlichen Entscheidung also das betreffende Bundesland, vgl insb OGH SZ 73/123; Schwarzenegger JBl 2001, 181). Daraus ergibt sich:
  - Erfolgt die Schadenszufügung durch einen Privatrechtsakt, der gegen unmittelbar anwendbares Gemeinschaftsrecht verstößt, sind nach § 1 JN die ordentlichen Gerichte zuständig, welche die zutreffenden Bestimmungen des bürgerlichen Rechts anzuwenden haben; dies freilich mit der Maßgabe, dass es auf Verschulden nicht ankommt.
  - Erfolgt die Schadenszufügung durch einen Hoheitsakt, der in den Anwendungsbereich des AHG fällt, ist das betreffende Landesgericht zuständig, welches die zutreffenden Bestimmungen des bürgerlichen Rechts im Licht der durch das AHG getroffenen Modifikationen anzuwenden hat; dies freilich mit der Maßgabe, dass es auf Verschulden nicht ankommt.
  - Erfolgt die Schadenszufügung durch einen Hoheitsakt, der nicht in den Anwendungsbereich des AHG fällt, insb wenn der Schaden unmittelbar durch ein Gesetz (dazu Damjanovic in Holoubek/Lang 138) oder durch ein Verhalten eines Höchstgerichts bewirkt wird, ist nach Art 137 B-VG der VfGH zuständig, der seiner Beurteilung in wertender Rechtsvergleichung die sachlich verwandten Anspruchsgrundlagen des Gemeinschaftsrechts und des nationalen Rechts zu Grunde zu legen hat; dies mit der Maßgabe, dass es auf Verschulden nicht ankommt.

- Noch nicht geklärt ist, ob die Einschränkung auf Geldersatz (im Anwendungsbereich des AHG) ausreicht oder ob der Anspruch nach Lage des Falls auch Naturalrestitution umfasst.

6. Entschädigung

In den besonderen Verwaltungsvorschriften finden sich zahlreiche Regelungen, die 1363
Ansprüche auf Entschädigung, Ersätze, Abgeltungen oder Ausgleich regeln. Es sollen Nachteile, die im Zusammenhang mit **Rechtseingriffen** oder Belastungen stehen, ausgeglichen waren. Hier nicht zu behandeln sind also von solchen Rechtseingriffen bzw Belastungen unabhängige Ansprüche, etwa auf Sozialleistungen oder Förderungen oder auch bloße Refundierungen (zB § 22 FLAG). Zum allgemeinen Anspruch auf Verzugszinsen vgl schon Rz 1255.

Die Rechtseingriffe, zu deren Abgeltung die Entschädigungsregelungen statuiert sind, können **rechtswidrige** oder aber **rechtmäßige** sein. Im einen Fall geht es um die Abgeltung von zugefügtem Unrecht, im anderen Fall um einen Ausgleich für das auferlegte „Opfer".

„Entschädigung" ist ein Allgemeinbegriff. Sie kann als Ersatz für einen zugefügten 1363a
„Schaden" im geläufigen Sinn gebühren; von den Schadenersatzansprüchen insb nach AHG unterscheiden sich solche Ansprüche zumeist dadurch, dass es nicht auf Rechtswidrigkeit und/oder Verschulden ankommt. Sie kann weiters als Abgeltung nach Art eines „Zwangsentgelts" in Fällen zu sehen sein, in denen dem Rechtseingriff nicht mit Untersagungs- und Rückgabeansprüche begegnet werden kann, etwa in Enteignungsfällen oder wenn bestimmte Gegenstände überlassen oder abgeliefert werden müssen. Schließlich kann es sich um eine Art „Opferprämie" handeln: Insb Duldungspflichten können nicht immer mit der Kategorie des „Schadens" adäquat erfasst werden. Die Gesetzgebung verwendet daher häufig den Allgemeinbegriff des (mitunter schwer bezifferbaren) „vermögensrechtlichen Nachteils".

Weiters ist nach Arten von Rechtsverhältnissen (Rz 1212, 1338) zu unterscheiden. Entschädigungsansprüche können – wie im Wesentlichen die bisher behandelten Ansprüche – **gegenüber Gebietskörperschaften** bestehen. Es bestehen aber auch öffentlich-rechtliche Befugnisse Privater, denen öffentlich-rechtliche Leistungs- oder Duldungspflichten Dritter gegenüber stehen. In diesem Zusammenhang kann vorgesehen sein, dass der Befugte dem Belasteten allfällige „Schäden" oder „vermögensrechtliche Nachteile" zu ersetzen hat. Und es kann weiters vorgesehen sein, dass über derartige Entschädigungsansprüche eine Verwaltungsbehörde zu entscheiden hat. Sie entscheidet dann über im öffentlichen Recht wurzelnde Entschädigungsansprüche **zwischen Privaten**.

Diese rechtlichen Gestaltungsvarianten sind überdies vor dem Hintergrund zu 1363b
sehen, dass Entschädigungsansprüche im Allgemeinen in den Schutzbereich von Art 1 1. ZPEMRK fallen und damit „civil rights" iSv Art 6 EMRK bilden (zB VfSlg 11762/1988). Der Gesetzgeber ist also gehalten, die primäre oder nachprüfende Zuständigkeit eines „Tribunals" vorzusehen, insb indem er

- den Anspruch ungeachtet seines administrativen Kontexts zivilrechtlich ausgestaltet und ihn damit zu einer „bürgerlichen Rechtssache" iSv § 1 JN macht oder
- Bestimmungen des Amtshaftungsrechts für entsprechend anwendbar erklärt oder
- die administrative Entscheidungszuständigkeit mit einer sukzessiven Gerichtszuständigkeit (Rz 190) verknüpft oder
- eine nachprüfende UVS-Zuständigkeit vorsieht.

Dementsprechend vielfältig sind die in den verwaltungsrechtlichen Vorschriften vorzufindenden Entschädigungsregelungen.

[1364–1375] Schließlich stellt sich gerade auch in diesem Zusammenhang die Frage der **Anspruchskonkurrenzen**, ob also die Anwendbarkeit eines Rechtsregimes die gleichzeitige Geltendmachung von Ansprüchen wegen desselben Sachverhalts auf anderer rechtlicher Grundlage ausschließt. Einige Beispiele[3] mögen dies verdeutlichen:

1376 Nach Art 5 Abs 5 EMRK hat jeder, der entgegen den Bestimmungen des Art 5 EMRK von Festnahme oder Haft betroffen worden ist, Anspruch auf **Schaden**ersatz (vgl auch Kopetzki in K/H zu Art 7 PersFrG). Die Bestimmung wurde vom OGH (SZ 48/69) als unmittelbar anwendbare materielle Anspruchsgrundlage qualifiziert. Bezüglich justizstrafrechtlicher Freiheitsentziehung wurde die Rechtsdurchsetzung im Strafrechtlichen EntschädigungsG näher geregelt. Verwaltungsrechtlich ist von Bedeutung, dass § 52a Abs 2 VStG für rechtswidrige verwaltungsstrafrechtliche Freiheitsstrafen auf das StEG verweist.

Die Anwendung des StEG bedarf der anpassenden Interpretation. Zum ersten haftet für administrative Freiheitsentziehung nicht schlechthin der Bund (§ 1 StEG), sondern der Rechtsträger, dem die Freiheitsentziehung zuzurechnen ist (Walter/Thienel, Verwaltungsverfahren II[2], 2000, 1078). Zum zweiten liegt eine rechtswidrige Freiheitsentziehung nur vor, wenn dies durch eine Entscheidung der zuständigen Verwaltungsbehörde (insb durch einen UVS-Bescheid) rechtskräftig festgestellt ist; mangels einer dem Art 23 B-VG vergleichbaren verfassungsrechtlichen Grundlage ist das Gericht in keinem Fall zu einer vorfrageweisen Beurteilung der Rechtswidrigkeit einer administrativen Freiheitsentziehung berufen. Zum dritten erfasst § 52a Abs 2 VStG nur Freiheitsstrafen; in anderen Fällen (zB § 35 VStG, § 112 ForstG) bleibt es – im Gefolge der UVS-Entscheidung – beim verfassungsunmittelbaren Entschädigungsanspruch.

Es handelt sich ungeachtet des (auch) administrativen Kontexts, in dem die in Frage stehenden Freiheitsentziehungen erfolgen, um einen **zivilrechtlichen** Anspruch. Weitergehende – verschuldensabhängige – Ersatzansprüche nach AHG bleiben unberührt (§ 11 StEG).

In § 188 FinStrG wurden für die – gleichfalls verschuldensunabhängige – Entschädigung für rechtswidrige finanzstrafbehördliche Freiheitsentziehungen eigenständige, an das AHG angenäherte Regelungen getroffen; weitergehende Ansprüche nach AHG bleiben ebenfalls unberührt (§ 193 Abs 3 FinStrG).

1376a Mehrere Entschädigungsansprüche sind nicht nur verschuldensunabhängig, sondern auch tatbestandsmäßig nicht an die Rechtswidrigkeit des Verwaltungshandelns geknüpft, sodass gerade Fälle der Aufopferung bei **rechtmäßigem** Verwaltungshandeln miterfasst werden:

- Nach § 149p StPO haftet der Bund verschuldensunabhängig für vermögensrechtliche Nachteile, welche durch bestimmte polizeiliche Überwachungsmaßnahmen entstanden sind; auf das Verfahren ist das AHG anzuwenden. Weitergehende verschuldensabhängige Ansprüche bleiben unberührt.

1376b
- Nach dem Polizeibefugnis-EntschädigungsG hat der Bund unter bestimmten Voraussetzungen verschuldensunabhängig Ersatz für Schäden zu leisten,
  1. die von Organen des öffentlichen Sicherheitsdienstes bei der Ausübung von Zwangsbefugnissen durch die im WaffengebrG genannten Maßnahmen im Vollziehungsbereich des Bundes unmittelbar verursacht worden sind,

---

3 Vgl Schragel 19; Demmelbauer/Hauer, Grundriss des österreichischen Sicherheitsrechts, 2003, Rz 100.

2. die bei der Ausübung von bestimmten Zwangsbefugnissen von Strafvollzugsbediensteten (§§ 104f StrafVG) oder durch Organe der Zollwache (§ 14 ZollRDG) verursacht worden sind.

Nach § 42 Abs 5 WaffenG haftet der Bund überdies für Schäden, die Dritten bei der Sicherung oder Vernichtung von Kriegsmaterial entstehen.

Über geltend gemachte Ansprüche hat der zuständige Bundesminister mit Bescheid zu entscheiden; in der Folge kann in der Sache das Gericht angerufen werden (sukzessive Kompetenz). Weitergehende – verschuldensabhängige – Ersatzansprüche nach AHG bleiben unberührt.

- Nach § 92 SPG haftet der Bund verschuldensunabhängig für Schäden, 1376c
  1. die entstehen, weil eine Sicherheitsbehörde das Einschreiten aufgeschoben hat (§ 23 SPG), soweit die Schäden sonst verhindert hätten werden können;
  2. die beim Gebrauch in Anspruch genommener Sachen zur Abwehr eines gefährlichen Angriffs an diesen Sachen entstehen;
  3. die entstehen, weil Urkunden, die über die Identität eines Menschen täuschen (§ 54a SPG), im Rechtsverkehr verwendet werden.

  Auf das Verfahren ist das Polizeibefugnis-EntschädigungsG anzuwenden.
- Dagegen sind die verschuldensunabhängigen Ansprüche für den Ersatz jener durch Verletzung am Körper oder durch die Beschädigung einer körperlichen Sache entstandenen Schäden, die von militärischen Organen durch bestimmte militärische Maßnahmen unmittelbar verursacht worden sind (§ 43 MBG), zivilrechtlich konstruiert (§ 48 MBG).
- Verschuldensunabhängige Ersatzansprüche, die im Verwaltungsweg geltend zu machen sind, sehen das ImpfschadenG (in Fällen von Schäden in Folge einer gesetzlichen oder behördlichen Impfpflicht) und das HVG (in Fällen von Gesundheitsschädigungen im Zusammenhang mit dem Wehrdienst) vor. Weitergehende Ansprüche nach anderen Rechtsvorschriften bleiben unberührt.

Eher als Ausgleichsleistungen und nicht als Schadenersatzleistungen sind die folgenden Bestimmungen zu sehen: 1376d

- Gemäß § 18 BStrG gebührt dem Enteigneten für alle durch die Enteignung verursachten vermögensrechtlichen Nachteile Schadloshaltung (§ 1323 ABGB). Über die Entschädigung ist mit Bescheid zu entscheiden; dagegen steht die Anrufung des ordentlichen Gerichts offen (§ 20 BStrG; sukzessive Zuständigkeit). – Diese Regelung hat insoweit große praktische Bedeutung, als viele Entschädigungsbestimmungen auf sie verweisen (zB § 46 AWG, § 101a GTG, § 19 ALSAG, § 24h Abs 6 UVP-G).
- Nach den Bestimmungen zB des nö ROG haben die Gemeinden in bestimmtem Umfang dem Grundeigentümer eine angemessene Entschädigung für vermögensrechtliche Nachteile zu leisten, die im Zug der Duldung von Erhebungen (§ 29) oder durch die Änderung von Baulandwidmungen in andere Widmungsarten (§ 24) entstanden sind. Über den Antrag ist mit Bescheid zu entscheiden, im zweiten Fall kann bezüglich der Höhe der Entschädigung das Gericht angerufen werden (sukzessive Zuständigkeit). Vgl auch §§ 8, 76 nö BauO.
- Für Gegenstände, die im Zug seuchenpolizeilicher Maßnahmen beschädigt oder vernichtet werden, gebührt gemäß § 29 EpidemieG eine angemessene Entschädigung; sie ist innerhalb einer bestimmten Frist bei der BVB geltend zu machen. Gegen Bescheide der BVB steht gem § 43 Abs 5 leg cit Berufung an den UVS offen.

- Bei bestimmten Waffen, die abzuliefern sind, ist mit Bescheid über eine angemessene Entschädigung abzusprechen (§§ 12 Abs 4, 17 Abs 4, 43 Abs 3 WaffenG).
- Nach § 9 HydrographieG haben Grundeigentümer bestimmte gewässerkundliche Einrichtungen gegen Ersatz der ihnen hiedurch verursachten vermögensrechtlichen Nachteile zu dulden. Ersatzansprüche sind innerhalb bestimmter Frist bei der Wasserrechtsbehörde geltend zu machen. Gegen ihre Entscheidung kann nach § 117 Abs 4 WRG das Gericht angerufen werden (sukzessive Zuständigkeit; Rz 190).
- Betreibern von Telekomanlagen gebührt für die Mitwirkung an der sicherheitspolizeilichen Überwachung des Fernmeldeverkehrs der Ersatz der angemessenen Kosten (§ 94 Abs 2 TKG); die Rechtsdurchsetzung ist unklar. Vgl jüngst VfGH 27. 2. 2003, G 37/02 ua, V 42/02 ua.
- Nach § 28 SchiffG ist die Entschädigung von Nachteilen auf Grund von schifffahrtspolizeilichen Maßnahmen zwar bei der Verwaltungsbehörde geltend zu machen; im Fall der Nichteinigung entscheidet jedoch das ordentliche Gericht. Vgl auch § 33 Abs 2 StVO, § 96 Abs 2 LFG. Auch über Ansprüche für die militärische Inanspruchnahme von Leistungen (§ 46 MBG) entscheidet letztlich das Gericht; Amtshaftungsansprüche bleiben unberührt.
- Dagegen sind Ansprüche wegen Beschränkungen im Umfeld von Munitionslagern (§ 12 MunLG) rein zivilrechtlich konstruiert.
- Schließlich statuiert § 39 Abs 1 MedienG die verschuldensunabhängige Haftung des Bundes für den Fall einer rechtswidrigen Beschlagnahme eines Medienwerks. Der Anspruch ist zivilrechtlich konstruiert.
- Die ungewöhnliche rechtliche Konstruktion einer „Auslobung" des Bundes – mit der Konsequenz zivilgerichtlicher Zuständigkeit – ist im VerbrechensopferG und im Wachebediensteten-HilfeleistungsG vorgesehen.

1376e Überdies finden sich im Verwaltungsrecht, wie erwähnt, auch Bestimmungen, die vermögensrechtliche Ansprüche **zwischen Privaten** zum Gegenstand haben. Auch in diesem Zusammenhang interessieren hier nur öffentlich-rechtliche Ansprüche. Es ist nämlich zu bedenken, dass sich verschiedentlich auch in primär öffentlich-rechtlich ausgestalteten Gesetzen Anspruchsgrundlagen finden, die kraft ausdrücklicher Typisierung oder kraft ausdrücklicher Zuweisung zu den ordentlichen Gerichten als **privatrechtliche** Ansprüche zu qualifizieren sind (zB §79a GentechnikG, § 26 WRG, § 34 GWG, § 161 MinroG, § 21 StarkstromwegeG, § 17 Starkstromwege-GrundsatzG, § 126 wr BauO).

1376f Beispielsweise haben nach § 72 WRG Eigentümer von Grundstücken und Wasserberechtigte unter bestimmten Voraussetzungen Eingriffe anderer Privater in ihre Rechte zu dulden. Die ihnen hiedurch verursachten vermögensrechtlichen Nachteile sind zu ersetzen, wobei die Ersatzansprüche innerhalb von drei Monaten ab Kenntnis bei der **Verwaltungsbehörde** geltend zu machen sind. Gegen ihre (bescheidförmige) Entscheidung kann nach § 117 Abs 4 WRG das Gericht angerufen werden (sukzessive Zuständigkeit). Strukturell vergleichbare Bestimmungen finden sich zB in den §§ 14, 33 Abs 4, 37 Abs 6, 41 Abs 4, 49 Abs 7 und 67 ForstG, § 46 AWG, § 19 ALSAG, § 63 SchiffG, § 17 StarkstromwegeG, § 14 Starkstromwege-GrundsatzG, § 146 LFG; vgl auch § 15 WRG, § 42 Abs 2 AWG.

In gewisser Weise werden in solchen Fällen Ansprüche inter privatos durch eine Aufspaltung der Rechtsverhältnisse „**behördlich mediatisiert**". Es ist nun eine Frage der Details der Ausgestaltung, ob der Anspruch erst durch den behördlichen Bescheid entsteht, oder ob die Entschädigung kraft Gesetzes gebührt (und daher rechtswirksam geleistet werden kann) und nur im Streifall Gegenstand behördlicher Entscheidung sein soll: Erweist sich eine auf Antrag einer Partei getroffene einstweilige Verfügung gegen die Wasserbenutzung durch einen Dritten als ungerechtfertigt, so hat der Antragsteller dem Betroffenen gemäß § 122 Abs 8 WRG die verursachten vermögensrechtlichen Nachteile zu ersetzen. Über den fristgerecht geltend gemachten Anspruch entscheidet die Wasserrechtsbehörde. Nach § 31 ForstG sind dem Waldeigentümer die mit einer Bannlegung eines Bannwaldes verbundenen vermögensrechtlichen Nachteile zu entschädigen, und zwar grundsätzlich durch den oder die Begünstigten, im Streitfall auf Grund Bescheides der Forstbehörde (vgl auch § 36 Abs 6 ForstG). Nach § 33a Abs 3 EpidemieG sind die Behandlungskosten wegen des Bisses durch einen wutverdächtigen Hund bei der BVB geltend zu machen (und von dieser zuzuerkennen). Die Kosten sind jedoch grundsätzlich vom Hundebesitzer zu tragen (und diesem daher von der BVB vorzuschreiben). Ähnlich zu sehen ist die „Anerkennung" des Honoraranspruchs des nichtamtlichen Sachverständigen und die „Vorschreibung" der Sachverständigengebühren an die Parteien gemäß § 52 AVG, aber auch die Zuerkennung von Entschädigungen für Enteignungen und sonstige Zwangsrechte, die der Verwirklichung von im öffentlichen Interesse gelegenen Vorhaben Privater dienen (zB §§ 62ff iVm § 117 WRG, § 149 Abs 6 MinroG, § 28 RohrLG).

Verschiedentlich haben Verwaltungsbehörden im Streitfall über Kostenbeiträge für die Mitbenützung fremder Anlagen zu entscheiden (zB § 19 WRG, § 64 SchiffG, § 66 ForstG). Davon zu unterscheiden sind im Zivilrecht wurzelnde Beitragspflichten, über die im Streitfall das Gericht (§ 6 RohrLG) oder aber eine Verwaltungsbehörde – nach Art einer Schlichtungsstelle – entscheidet; in diesen Fällen „gilt" der Bescheid nämlich „als Vertrag" (zB §§ 9, 50 TKG, § 71 EisbG; vertragsersetzender Bescheid; vgl Raschauer ÖZW 2000, 65; Raschauer in FS Krejci, 2001, 2053). 1376g

Vereinzelt kennt das Verwaltungsrecht auch Bestimmungen über die Zuerkennung des Ersatzes der Aufwendungen von gegenbeteiligten Parteien (zB § 79a AVG, § 123 Abs 2 WRG, § 186 Abs 2 MinroG).

Vor diesem Hintergrund stellt sich die Frage, ob es sich nur um je und je spezielle Regelungen handelt, oder ob sie als Ausprägungen allgemeiner Rechtsgrundsätze zu sehen sind, insb der Rechtsgrundsätze, dass rechtswidrige Rechtseingriffe zu entschädigen sind und dass für „Aufopferungen", also für – wenngleich rechtmäßige, so doch – belastende Eingriffe zu Gunsten Dritter bzw der Allgemeinheit eine Abgeltung gebührt. Ob ein Anspruch auf Entschädigung also auch bestehen kann, wenn er in den betreffenden Verwaltungsvorschriften **nicht** ausdrücklich vorgesehen ist. 1376h

Es liegt auf der Hand, dass die vorstehend skizzierte Vielfalt spezieller Regelungen keine Grundlage für die Ableitung eines allgemeinen Grundsatzes zu bilden vermag. Vermisst ein Interpret in einem Gesetz eine Entschädigungsregelung, die er in vergleichbarem Zusammenhang in einem anderen Gesetz vorgefunden hat, so hat er damit noch keine „Lücke" nachgewiesen, die im Weg der Analogie zu „schließen" wäre. Wohl aber kann sich eine Regelung, die keine oder eine unzureichende Entschädigung vorsieht, als verfassungswidrig erweisen.

In Bezug auf rechtswidrige Freiheitsentziehungen gebietet, wie erwähnt, bereits Art 5 Abs 5 EMRK eine Entschädigung. Soweit sich eine Belastung als ein Eingriff in vermögenswertes Rechte darstellt, gebietet Art 1 1. ZPEMRK die Herstellung eines Verhältnismäßigkeitsausgleichs: „a **fair balance** has to be struck between the demands of the general interest of the community and the requirements of the protection of the individual's fundamental rights", wie der EGMR formuliert. Eine Form der 1376i

Herstellung eines solchen Verhältnismäßigkeitsausgleichs kann die Einräumung eines Entschädigungsanspruchs sein (vgl RASCHAUER, Wirtschaftsrecht Rz 201). Überdies können Belastungen in verschiedener Hinsicht „unsachlich“ und damit gleichheitswidrig sein, sei es, dass sie in ihrer belastenden Wirkung unverhältnismäßig sind, sei es, dass innerhalb eines Ordnungssystems Lastenungleichheit und damit „Sonderopfer“ bewirkt werden (vgl RASCHAUER, Wirtschaftsrecht Rz 168). Schließlich ist der Standard der „normalen Bürgerpflichten“ in Art 4 Abs 3 lit c und d EMRK als allgemeine Grenze für öffentliche Lasten zu sehen. „Normal“ können Bürgerpflichten sein, soweit sie „in einer demokratischen Gesellschaft“ üblich sind, „normal“ können sie aber auch sein, wenn Zumutbarkeit durch entsprechende ausgleichende Maßnahmen hergestellt wird (Rz 684).

Nun geht es im vorliegenden Zusammenhang nicht darum, als unzureichend beurteilten Regelungen Verfassungswidrigkeit zu attestieren. In Frage steht vielmehr, ob in den genannten Fällen Entschädigung nicht von Verfassungs wegen gebührt. Diese Frage wird in der Rechtsprechung bislang verneint. Die Besonderheit des verfassungsunmittelbaren Anspruchs auf Entschädigung für rechtswidrige Freiheitsentziehung wird darin gesehen, dass in diesem Fall die – als unmittelbar anwendbar beurteilte – Bestimmung des Art 5 Abs 5 EMRK selbst von „Schadenersatz“ spricht. Demgegenüber hat AICHER (Grundfragen der Staatshaftung bei rechtmäßigen hoheitlichen Eigentumsbeeinträchtigungen, 1978, 54ff) darauf hingewiesen, dass es verfehlt ist, aus dem Fehlen einer Entschädigungsbestimmung auf die Verfassungswidrigkeit der Regelung selbst zu schließen, da der Eingriff als solcher durchaus verfassungsmäßig sein kann. In die gleiche Richtung weist, dass in der Folge der Anspruch auf Rückübereignung bei zweckverfehlender Enteignung unmittelbar aus der Verfassung abgeleitet wurde (VfSlg 8981/1980), und zwar ohne dass das eine Rückübereignung nicht statuierende Gesetz als verfassungswidrig aufgehoben worden wäre.

1376j Es könnte erwogen werden, dass jedenfalls in Bezug auf rechtswidrige hoheitliche Eingriffe in Art 23 B-VG eine verfassungsrechtliche Vorprägung vorliege. Freilich schließt diese Bestimmung nach heute allgemeiner Auffassung weitergehende Ansprüche – auf entsprechender Anspruchsgrundlage – nicht aus. Überdies könnte erwogen werden, dass Entschädigung wegen Verletzung von EMRK-Rechten nach Art 41 EMRK Gegenstand einer Entscheidung des EGMR sein kann. Freilich würde mit diesem Einwand materiell-rechtliche Anspruchsgrundlage und prozessuale Folge verwechselt: Art 41 EMRK ist vielmehr Ausdruck des Umstands, dass wegen Verletzung von EMRK-Rechten ggf Entschädigung gebührt (vgl OKRESEK in K/H zu Art 41 EMRK, Rz 17); sie kann vom EGMR nur „zuerkannt“ werden, und dies auch nur „wenn dies notwendig ist“. Der Anspruch als solcher ist aber ebenso wenig von einer Zuerkennung abhängig, wie der Staatshaftungsanspruch wegen Verletzung des Gemeinschaftsrechts (Rz 1362d).

1376k Insgesamt ist daher mE der Ansicht der Vorzug zu geben, dass für öffentliche Lasten, die das Maß der in einer demokratischen Gesellschaft normalen Bürgerpflichten übersteigen und bei denen die Zumutbarkeit nicht auf andere Weise bewirkt wird, dem Belasteten subsidiär ein zur Wahrung der „fair balance“ erforderlicher Entschädigungsanspruch (Ausgleichsanspruch) zusteht.

1376l Geht man mit der hier vertretenen Position davon aus, dass dieser Anspruch im öffentlichen Recht wurzelt, so ist er, wenn einer sachlich zuständigen Behörde Bescheidkompetenz zukommt, bei dieser, letztlich subsidiär gemäß Art 137 B-VG vor dem VfGH geltend zu machen (vgl schon VfSlg 959/1929; OKRESEK Rz 32). Die zum gemeinschaftsrechtlichen Staatshaftungsanspruch in VfSlg 16107/2001 entwickelten Überlegungen (Rz 1362d) scheinen jedoch dafür zu sprechen, dass der VfGH grundsätzlich von einer Zuständigkeit der ordentlichen Gerichte ausgeht.

B. Vermögensrechtliche Ansprüche von Gebietskörperschaften

Auch Ansprüche von Gebietskörperschaften gegenüber Privaten können im Privatrecht oder aber im öffentlichen Recht wurzeln. Soweit es um **zivilrechtliche** Ansprüche von Gebietskörperschaften gegen Private geht, sind im vorliegenden Zusammenhang keine Besonderheiten hervorzuheben: Maßgeblich sind die allgemeinen Bestimmungen des bürgerlichen Rechts bzw die besonderen vertraglichen Anspruchsgrundlagen. Innenrechtliche Bestimmungen (zB §§ 60ff BHG) beschränken die Organe der Gebietskörperschaften in den Möglichkeiten, über solche Ansprüche zu disponieren, insb auf sie zu verzichten. 1377

Vermögensrechtliche Ansprüche im Bereich des **öffentlichen Rechts** – Abgaben, Beiträge, Ersätze, Gebühren, Umlagen usw – sind Gegenstand zahlreicher gesetzlicher Bestimmungen. Zum Teil entsteht das Forderungsrecht des Verwaltungsträgers durch die Erfüllung gesetzlicher Tatbestandsvoraussetzungen, zum Teil durch Bescheid. Am „prominentesten" sind wohl Abgaben- und Enteignungsansprüche.

Abgabenansprüche, ebenso wie sozialversicherungsrechtliche Beitragspflichten oder kammerrechtliche und genossenschaftsrechtliche Beitrags-, Gebühren- und Umlagenpflichten, entstehen zumeist kraft Gesetzes; zum Teil werden sie auf Grund bescheidförmiger Vorschreibung aktuell verbindlich (vgl Rz 1077). Ansprüche auf Barauslagenersätze, Kommissionsgebühren und Verwaltungsabgaben (zB §§ 76ff AVG) entstehen dagegen erst mit bescheidförmiger Vorschreibung. 1378

Ansprüche auf **Enteignung** (Abtretung, Einlösung; näher Korinek/Pauger/Rummel, Handbuch des Enteignungsrechts, 1994) zielen auf die Abtretung eines fremden Vermögensrechts ab, die mit dem Entstehen eines korrespondierenden Rechts eines anderen einhergeht; es kann sich um die Abtretung des Vollrechts handeln oder um die Abtretung eines „Teilrechts" (insb Begründung einer Dienstbarkeit auf fremden Grund). Enteignungsansprüche bestehen nur, soweit sie gesetzlich für einen speziellen, im öffentlichen Interesse gelegenen Enteignungszweck ausdrücklich vorgesehen sind (vgl Raschauer, Wirtschaftsrecht Rz 192). Unter Verhältnismäßigkeitsgesichtspunkten ist es verfassungsrechtlich geboten, zunächst den effektiven Versuch zu einer gütlichen Einigung über die Abtretung zu machen (VfSlg 1357/1993). Gelingt dies nicht, ist über die Enteignung mit Bescheid zu entscheiden (vgl Rz 670f), wobei der Bescheid nach den einschlägigen Verwaltungsvorschriften zum Teil das Recht selbst überträgt (und dann gegebenenfalls als Grundbuchsurkunde gilt), zum Teil einen Anspruch auf Übertragung des Rechts begründet. 1378a

Im Zusammenhang mit Ermächtigungen zu Verwaltungsmaßnahmen finden sich verschiedentlich Bestimmungen über **Kostenersätze** (zB § 3 WählEvG, §§ 5a, 92a SPG, § 103 FrG, § 101a GTG, § 79 Abs 2 AMG, § 40 JWG sowie zum Ersatz der Kosten der behördlichen Aufsicht zB § 117 VAG). In Bezug auf **AVG**-Verfahren (vgl auch § 24 VStG) sind die der Behörde bei einer Amtshandlung erwachsenen Barauslagen gemäß § 76 AVG grundsätzlich von der Partei zu tragen, die den verfahrenseinleitenden Antrag gestellt hat. Wurde jedoch die Amtshandlung durch das Verschulden eines anderen Beteiligten verursacht, so sind die Auslagen von diesem zu tragen. Wurde die Amtshandlung von Amts wegen angeordnet, so belasten die Auslagen den Beteiligten dann, wenn sie durch sein Verschulden herbeigeführt worden sind. Überdies können für Amtshandlungen der Behörden außerhalb des Amtes gemäß § 77 AVG Kommissionsgebühren in sinngemäßer Anwendung von § 76 AVG vorgeschrieben werden. Nach Maßgabe des § 11 VVG sind auch Vollstreckungskosten vorzuschreiben und zwangsweise hereinzubringen. 1378b

1378c In Bezug auf die Ausübung unmittelbarer verwaltungsbehördlicher Zwangsgewalt enthalten die einschlägigen Regelungen vielfach Kostenersatzregelungen. Beispielsweise sind bestimmte wasserpolizeiliche Maßnahmen „gegen Ersatz der Kosten durch den Verpflichteten nötigenfalls unverzüglich durchführen zu lassen" (§§ 31 Abs 3, 138 Abs 3 WRG; vgl auch §§ 62 Abs 4, 71 Abs 2, 73 Abs 2, 75 Abs 3 AWG, §§ 16 Abs 4, 172 Abs 6 ForstG, § 3 Abs 2 BundesluftreinhalteG, § 29 Abs 3 SchiffG). Derartige Bestimmungen werden als Ermächtigungen zur bescheidförmigen Kostenvorschreibung verstanden. Im Anwendungsbereich des WRG kann gegen solche Vorschreibungen das Gericht angerufen werden (§ 117 Abs 4 WRG, sukzessive Zuständigkeit, Rz 190; primäre Gerichtszuständigkeit sieht dagegen § 18 Abs 2 ALSAG vor).

Die Durchsetzung bescheidförmig verfügter Leistungspflichten ist Gegenstand des VVG bzw der AbgEO.

1379 Verlässt man diese klassischen Bereiche staatlicher öffentlich-rechtlicher Ansprüche, so zeigt sich allerdings, dass das österreichische Verwaltungsrecht auch in diesen Zusammenhängen – nämlich aus der Perspektive der Gebietskörperschaften – erstaunlich lückenhaft ist. Insbesondere gibt es kein Pendant zum Amtshaftungsrecht im Bereich öffentlich-rechtlicher Schadenszufügungen und gibt es kein Pendant zu Art 137 B-VG hinsichtlich der Durchsetzung von im öffentlichen Recht wurzelnden vermögensrechtlichen Ansprüchen von Gebietskörperschaften, über die nicht mit Bescheid abzusprechen ist (Rz 1341).

1380 Beispielsweise stellt sich die Frage, inwiefern ein **Restitutionsanspruch** besteht, wenn eine Amtskasse rechtsgrundlos (zB irrtümlich) einen Betrag auf ein Privatkonto überweist, wenn einem öffentlich Bediensteten zuviel an Gehalt oder Bezügen ausbezahlt wurde, wenn zuviel an Entschädigung geleistet wurde, wenn der Subventionszweck einer Förderung nicht erfüllt wird oder wenn der Rechtsgrund für die Innehabung einer öffentlichen Sache (Dienstwaffe, Uniform, Dienstabzeichen, Kfz-Kennzeichen, Führerschein, Straßenverkehrszeichen, amtliche Messgeräte) weggefallen ist.

1381 In manchen Fällen wurde der Vermögenswert bzw die Sache im Rahmen eines privatrechtlichen Rechtsverhältnisses übermittelt bzw übergeben, sodass an zivilrechtliche Eigentumsverfolgungs- und Bereicherungsansprüche zu denken ist. Beispielsweise gehört die Rückzahlung zuviel geleisteter Enteignungsentschädigung, wenn man das Entschädigungsverhältnis als ein zivilrechtliches qualifiziert, vor die ordentlichen Gerichte und ist nach den Regeln des bürgerlichen Rechts zu behandeln. Ebenso die Rückzahlung eines Förderungsbetrages nach der Kündigung eines privatrechtlichen Subventionsvertrages oder die Rückforderung zuviel geleisteter Bezüge für Vertragsbedienstete. In diesem Sinn begründet auch die Überweisung eines Betrages auf ein (falsches) Konto mangels eines berührten öffentlich-rechtlichen Rechtsverhältnisses einen privatrechtlichen Rückzahlungsanspruch.

In den Fällen, in denen die Gewahrsame an einer Sache oder die Vermögensinnehabung im Rahmen eines öffentlich-rechtlichen Verhältnisses begründet wurde, sehen die Gesetze mitunter eine Ermächtigung zur bescheidförmigen Vorschreibung der Rückstellung bzw Rückzahlung vor (zB § 107 ASVG, § 13a GehaltsG, § 39 PensG, § 55 HGG). Diese je und je speziellen Regelungen lassen einen verallgemeinerungsfähigen „Rechtsgrundsatz" nicht erkennen. Nur eine Variante bildet es, wenn eine Leistung mittels Rückstandsausweises (Rz 902) fällig gestellt wird oder wenn sich eine Restitutionspflicht aus einem verwaltungsrechtlichen Vertrag (Rz 1263) ergibt, da auch in solchen Fällen im Streitfall „mit Bescheid" zu entscheiden ist. Vereinzelt – insb bei

Bestehen eines Verrechnungskontos (zB §§ 213ff BAO) – können fällige Ansprüche von Seiten der Verwaltung im Wege der Aufrechnung (Kompensation, Rz 1193) hereingebracht werden.

Was aber dann, wenn das Gesetz eine Rückgabe nicht regelt oder wenn es zwar die Pflicht zur Rückgabe statuiert, jedoch für die Rechtsdurchsetzung keine Vorsorge trifft? Wurde in der umgekehrten Situation oben auf die Grundrechte rekurriert, so ist dies hier angesichts der Zweckrichtung der Grundrechte von vornherein ausgeschlossen. Innenrechtliche (dienstrechtliche, haushaltsrechtliche) Regelungen wiederum vermögen die fehlende außenwirksame Anspruchsgrundlage nicht zu ersetzen. Berücksichtigt man den Grundsatz der Gesetzmäßigkeit (Art 18 B-VG), dann kann sich daher die Situation ergeben, dass die Verwaltung zwar im Bereich des öffentlichen Rechts, aber in der Sache rechtsgrundlos eine Leistung erbracht hat, diese aber nicht zurückzufordern vermag. 1382

Dies erklärt eine gewisse praktische Geneigtheit zur Annahme von zivilrechtlichen Ansprüchen. Die Frage, ob einem Rechtsunterworfenen im Rahmen eines öffentlich-rechtlichen Rechtsverhältnisses „zuviel" ausbezahlt wurde, stellt jedoch keine „bürgerliche Rechtssache" (§ 1 JN) dar.

Nun können aber auch allgemeine Rechtsgrundsätze, wie sie insb in den gesetzlichen Schuldverhältnissen des bürgerlichen Rechts ihren Ausdruck finden, „Gesetze" im Sinn des Art 18 Abs 1 B-VG bilden. Vor allem dann, wenn man in einem solchen Anspruch „einen allgemeinen Rechtsgrundsatz, der im gesamten Bereich der Rechtsordnung Geltung besitzt" (VfSlg 10933/1986), erblickt, ist keine Wertung ersichtlich, derzufolge solche Grundsätze nur zu Lasten und nicht zu Gunsten von Verwaltungsträgern wirken. Eine Verfassung, die die Verwaltung zu sparsamer, wirtschaftlicher und zweckmäßiger Verwaltungsführung verpflichtet, hat nicht eine Verwaltung vor Augen, die rechtsgrundlose Vermögensverschiebungen im Bereich öffentlicher Mittel zugunsten Privater hinnehmen muss. Vielmehr muss in Ermangelung von Verzichtstatbeständen im Zweifel das Vorliegen eines gesetzlichen Restitutionsanspruchs angenommen werden. Dementsprechend ist davon auszugehen, dass auch Verwaltungsträger – soweit das Gesetz nichts Abweichendes statuiert – zur Rückforderung auf der Grundlage der in den §§ 1431 und 1435 ABGB zum Ausdruck kommenden allgemeinen Rechtsgrundsätze berechtigt sind. 1383

Rückforderungsansprüche von Gebietskörperschaften können inhaltlich insb durch Gesichtspunkte des **Gutglaubenserwerbs** und der **Unbilligkeit** beschränkt sein. Die spezialgesetzlichen Regelungen scheinen durch die neuere Judikatur des VfGH zum Vertrauensschutz zu einem allgemeinen Rechtsgrundsatz überhöht: Würde ein Dritter in unvorhersehbarer und nicht bloß unerheblicher Weise in seinem berechtigten Vertrauen auf den Vermögenserwerb beeinträchtigt, hat die Verwaltung auch bei Fehlen gesetzlicher Rückzahlungsbeschränkungen im Rahmen der Möglichkeiten verfassungskonformer Interpretation nach Billigkeitsgrundsätzen von einer Rückforderung abzusehen (vgl VfSlg 13896/1994). 1384 [1385–1387]

Hat man einmal erkannt, dass allgemeine Rechtsgrundsätze, wie sie insb in Bestimmungen über gesetzliche Schuldverhältnisse zum Ausdruck kommen, auch Ansprüche von Verwaltungsträgern begründen können, dann erweist sich der Kreis solcher Ansprüche nicht auf Restitutionsfälle beschränkt. Beispielsweise kann auch der Verwaltungsträger entsprechend § 1042 ABGB von einem Rechtsunterworfenen den **Ersatz des Aufwandes** fordern, den dieser nach dem Gesetze selbst hätte machen müssen, was insb in Fällen notstandspolizeilicher Maßnahmen auf der Hand liegt. 1388

In VwGH 16. 12. 1992, 88/12/0047 war der VwGH mit der Vorschreibung der Kosten für die Zerstörung von Schutzanzügen der Feuerwehr im Zug eines abfallpolizeilichen Einsatzes konfrontiert. Er erachtete die damals geltende abfallpolizeiliche Ermächtigung als „eine dem § 1042 ABGB ähnliche (Sonder)Bestimmung, tätigt doch in diesem Fall der Rechtsträger, für den die Behörde nach dem SAG handelt (Bund) einen Aufwand für einen anderen (Sonderabfallbesitzer/Liegenschaftseigentümer), den dieser nach dem Gesetz (vgl § 4 SAG) selbst hätte machen müssen. Abweichend von § 1042 ABGB besteht jedoch bei Gefahr im Verzug eine Pflicht zum Einschreiten der für den Bund handelnden Behörden; ferner ist der Anspruch auf Kostenersatz dem öffentlichen Recht zugewiesen, dh durch Bescheid vorzuschreiben und nach § 3 VVG zu vollstrecken. … Die aus diesen (privatrechtlichen) Rechtsverhältnissen dem Bund entstehenden Gesamtkosten hat die Behörde nach § 7 Abs 4 SAG auf den Verpflichteten zu überwälzen. Zu diesen Kosten gehört auch der Aufwandersatz nach § 1014 ABGB, zu dem unter anderem der Ersatz aller ‚mit der Erfüllung des Auftrages verbundenen Schäden' durch den Gewaltgeber gehört. Es kann keinem Zweifel unterliegen, daß zwischen einer Geschäftsbesorgung (Räumung einer Liegenschaft von Sonderabfall) für den Gewaltgeber (Geschäftsherrn) Bund und der Schadensentstehung bei der beauftragten Feuerwehr (Einrichtung der Bundeshauptstadt Wien), wie sie im Beschwerdefall einen Teil der vorgeschriebenen Kosten im angefochtenen Bescheid zugrunde gelegt wurde (Vernichtung von Schutzanzügen), ein adäquater Kausalzusammenhang … besteht".

OGH 24. 3. 1981, 2 Ob 218/80 und 25. 6. 1986, 1 Ob 8/86 erkannte einer Gemeinde nach § 1042 ABGB einen Kondiktionsanspruch zu, welche an Stelle des Verpflichteten die nach § 31 Abs 2 WRG notwendigen Maßnahmen zur Abwehr einer Gewässergefährdung gesetzt hatte. Dem Bund (als Rechtsträger der Wasserrechtsbehörde) steht ein solcher Anspruch nicht offen (arg Dritter): OGH 16. 8. 2001, 8 Ob 117/00i, 30. 6. 1998, 1 Ob 335/97i.

1389 Ebenso gebühren mE dem Verwaltungsträger – soweit das Gesetz nichts Abweichendes bestimmt – entsprechend den in §§ 1333, 1334 ABGB zum Ausdruck kommenden Grundsätzen **Verzugszinsen** im Fall der Säumnis bei der Entrichtung von Geldschulden (Rz 1255). Zinsen, die über den allgemeinen gesetzlichen Zinssatz hinausgehen, bedürfen jedoch einer expliziten gesetzlichen Grundlage.

1390 Schließlich kommen auch im öffentlichen Recht wurzelnde **Schadenersatzansprüche** in Betracht. Zwar werden Fälle, in denen ein Rechtsunterworfener einem Verwaltungsträger einen Schaden zufügt, im Allgemeinen mangels eines besonderen Rechtsverhältnisses dem bürgerlichen Recht unterliegen, dies schließt aber nicht aus, dass Schadenszufügungen in besonderen Fällen von einem öffentlich-rechtlichen Grundverhältnis nicht abteilbar sind. Man denke nur an Schadenszufügungen im Rahmen eines öffentlich-rechtlichen Anstaltsnutzungsverhältnisses. Anerkennt man mit dem OGH (JBl 1991, 586), dass etwa in Fällen einer Kontaktaufnahme mit der Hoheitsverwaltung Gesichtspunkte einer *culpa in contrahendo* maßgeblich sein können, dann kann dies nicht nur auf Seiten der Verwaltung gelten, sondern muss dies auch den Rechtsunterworfenen treffen (zB Zerstörung einer Wartebank in einem Finanzamt). Ebenso stellt sich ein mit einem verwaltungsrechtlichen Vertrag zusammen hängender Schadenersatzanspruch als ein öffentlich-rechtlicher Anspruch dar. Nur vereinzelt bestehen gesetzliche Regelungen (zB § 67 Abs 10 ASVG im Licht von VwGH 21. 5. 1996, 95/08/0290).

1390a Mit der Feststellung einer **Anspruchsgrundlage** ist es freilich nicht getan. Die Feststellung des Anspruchs besagt nicht mehr, als dass ein auf Grund einer entsprechenden Aufforderung leistender Rechtsunterworfener nicht rechtsgrundlos und damit rückforderbar leisten würde. Nur vereinzelt ist gesetzlich ausdrücklich angeordnet, dass im öffentlichen Recht wurzelnde Ansprüche von Gebietskörperschaften „mit Bescheid" (Leistungsbescheid) vorzuschreiben sind und nur vereinzelt werden die Voraussetzungen für eine Hereinbringung im Aufrechnungsweg (Rz 1193) gegeben sein. Ungeklärt sind die Fälle, in denen ein Leistungsbescheid gesetzlich nicht ausdrücklich vorgesehen ist, sodass die **Rechtsdurchsetzung** zweifelhaft ist.

Nun ist zu bedenken, dass sogar in Bezug auf die Verfahrenskosten nach AVG die bescheidförmige Vorschreibung nicht ausdrücklich angeordnet ist (sondern nur in systematischer Interpretation erschlossen werden kann). Bestimmungen von der Art des § 31 Abs 3 WRG („gegen Ersatz der Kosten") schaffen überhaupt nur eine materiellrechtliche Anspruchsgrundlage. Dennoch gehen Lehre und Rechtsprechung mit Selbstverständlichkeit davon aus, dass solche Kosten mit Bescheid vorzuschreiben sind.

Der VwGH hat diesen Ansatz in VwSlg 4184 A/1956 verallgemeinert und ausgeführt, dass die Vorschreibung der Kosten „notstandspolizeilicher Maßnahmen" (es handelte sich um nicht in Bescheidform ergangene baupolizeiliche Zwangsmaßnahmen) auf die Vorschrift des § 76 Abs 2 AVG gestützt werden kann, **sofern keine Sondernorm besteht** (vgl zuletzt VwGH 23. 2. 2001, 96/02/0497 zu tierschutzpolizeilichen Maßnahmen). Es handelt sich um eine funktionell-erweiternde Interpretation, denn ein AVG-Verfahren ist in derartigen AuvBZ-Konstellationen eben nicht anhängig.

Weiters ist an jene Fälle zu erinnern, in denen die Verwaltung „im Streitfall" mit Bescheid zu entscheiden hat, insb bei Rückstandsausweisen (Rz 902) oder bei verwaltungsrechtlichen Verträgen (Rz 1260). Es geht in diesen Fällen nicht um „Feststellungsbescheide", da diese keine durchsetzbare Leistungspflicht begründen. Daher handelt es sich um Bescheide, mit denen eine „Leistungsverbindlichkeit" auferlegt wird (vgl VwSlg 9559 A/1978). Eine ausdrückliche gesetzliche Grundlage findet sich allerdings nicht.

In die gleiche Richtung deutet jene Judikatur, derzufolge der VfGH nach Art 137 B-VG nur zuständig ist, wenn es um die Liquidierung geht. Geht es dagegen „um die Gebührlichkeit", sei mit Bescheid zu entscheiden (Rz 1340). Dies führt nur weiter, wenn (bescheidbefugte) Behörden auch als befugt angesehen werden, über öffentlich-rechtliche Ansprüche mit Leistungsbescheid zu entscheiden.

Man kann in solchen Fällen von einer – von der Vollstreckungsverfügung (§ 10 VVG) zu unterscheidenden – „**Vollziehungsverfügung**" sprechen (Rz 924). Bereits 1390b
Adamovich (Handbuch des österreichischen Verwaltungsrechts I^5, 1954, 81 und 100) hat sie einen Akt genannt, um einer „betroffenen Partei gegenüber die ihr schon nach dem Gesetz obliegende Verpflichtung gleichsam in Erinnerung zu bringen und sie bei sonstigem Zwang zur Befolgung anzuhalten". Diese eine bereits bestehende gesetzliche Pflicht in vollstreckbarer Weise konkretisierende Vollziehungsverfügung bildet einen Vollstreckungstitel. Vereinzelt hat auch der VwGH, der im Allgemeinen für einen Leistungsbescheid eine ausdrückliche gesetzliche Grundlage verlangt, eine solche Sicht vertreten (zB VwSlg 6071 A/1963; vgl auch VwSlg 10021 A/1980 und 14731 A/1997 zu Duldungspflichten, VwGH 19. 4. 1994, 94/11/0065 zu einer Ablieferungspflicht; vgl auch VfSlg 14771/1997 zu einer Erstattungspflicht, für die ein Bescheid nicht vorgesehen war).

Anerkennt man den Gedanken, dass in solchen Fällen eine Vollziehungsverfügung – und damit ein zumindest nach den Grundsätzen eines rechtsstaatlichen Verwaltungsverfahrens (Rz 881) zu erlassender Bescheid – als Mittel der Vorschreibung eingesetzt werden kann, dann ist allerdings auch die in den §§ 74ff AVG niedergelegte Wertentscheidung zu berücksichtigen: Danach sind die Kosten der Verwaltung als solche grundsätzlich vom zuständigen Verwaltungsträger selbst zu tragen. Wohl aber können Aufwendungen, die die Verwaltung „bar auslegen" musste (§ 76 AVG), dem Rechtsunterworfenen vorgeschrieben werden, in bestimmten Konstellationen allerdings nur, wenn den Betreffenden ein Verschulden trifft (Rz 1181).

XIX. Öffentliche Sachen

A. Privatvermögen und Staatsvermögen

1391 Bereits das ABGB stellt in seinem § 286 Sachen, die Privaten gehören, den Sachen gegenüber, die dem „Staat" gehören. Weiters bestimmt § 290 ABGB: „Die in diesem Privatrechte enthaltenen Vorschriften über die Art, wie Sachen rechtmäßig erworben, erhalten und auf andere übertragen werden können, sind in der Regel auch von den Verwaltern der Staats- und Gemeindegüter, oder des Staats- und Gemeindevermögens zu beobachten. Die in Hinsicht auf die Verwaltung und den Gebrauch dieser Güter sich beziehenden Abweichungen und besonderen Vorschriften sind in dem Staatsrechte und in den politischen Verordnungen enthalten".

Als Grundsatz kann daher festgehalten werden, dass die im Eigentum des Bundes, der Länder, der Gemeinden und der Gemeindeverbände stehenden Sachen dem allgemeinen **Privatrecht** unterliegen. Grundsätzlich disponieren daher die genannten Rechtsträger als Träger von Privatrechten über Sachen auf die gleiche Weise wie Private, sie unterliegen grundsätzlich den gleichen privatrechtlichen Beschränkungen. Der Begriff „**öffentliche Sache**" besagt daher nicht, dass eine Sache der Allgemeinheit offen stünde, sondern lediglich, dass die Sache im Eigentum eines der in Art 137 B-VG genannten Rechtsträgers steht.

1392 Alles das würde es nicht rechtfertigen, das Vermögen von Bund, Bundesländern, Gemeinden und Gemeindeverbänden überhaupt besonders zu erwähnen. Die Besonderheiten solcher Sachen liegen vielmehr in ihrer **Zweckwidmung**: Sachen, die im Eigentum der genannten Rechtsträger stehen, dienen der Wahrnehmung öffentlicher Aufgaben. „Über andere als ‚öffentliche' Gelder verfügt der Staat nicht", wie schon in VfSlg 3262/1957 treffend festgehalten wurde. Ein neben dem Staatsvermögen stehendes „Privatvermögen" des Staates (vgl noch § 289 ABGB zum Privatvermögen des Landesfürsten) gibt es nicht.

1393 Die Zweckwidmung kann in der dienenden Funktion als Sachsubstrat für die Amtstätigkeit der Staatsorgane (Amtsgebäude, „Amtstinte") oder als Mittel zur Wahrnehmung öffentlicher Aufgaben liegen (zB Straßenverkehrszeichen, öffentliche Beleuchtung). Man spricht herkömmlich vom sog „**Verwaltungsvermögen**", was dann treffend ist, wenn man veranschlagt, dass auch das Parlamentsgebäude oder der in einem Gericht verwendete Schreibcomputer in diesem Sinn „Verwaltungsvermögen" bildet. Solange Sachen als Verwaltungsvermögen gewidmet sind, bilden sie „nicht realisierbare Aktiven". Staatsvermögen in diesem engsten Sinn soll nach dem Sinn des § 15 EO und des § 8 Abs 3 AbgEO auch bei Gemeinden nicht in Exekution gezogen werden.

1394 Die öffentliche Zweckwidmung kann aber auch darin gelegen sein, dass es sich um dem Staat vorbehaltene Sachen (zB bundeseigene mineralische Rohstoffe), um Teile der staatlichen Vermögenswirtschaft (vermögensrechtliche Ansprüche und Beteiligungen) und eigenwirtschaftliche Unternehmungen (zB manche Regiebetriebe) oder um sonstige Besitztümer (zB Gemäldesammlungen, Bundesforste, Gemeindewohnungen) handelt. Auch bei ihnen wird der subsidiäre Zweck der Wahrung des staatlichen

Vermögens und der Erzielung öffentlicher Einkünfte zumeist durch übergeordnete Bestands- oder Betriebszwecke (zB soziale Wohnungsvergabe) überlagert. Herkömmlich ist vom „**Finanzvermögen**" die Rede, was dann treffend ist, wenn man beachtet, dass dieses „Finanzvermögen" nichts mit der „Finanzverwaltung" oder auch mit den „Finanzschulden" im haushaltsrechtlichen Sinn zu tun hat.

Schließlich kann die öffentliche Zweckwidmung auch darin bestehen, dass eine Sache der gemeinverträglichen Nutzung durch die Allgemeinheit gesichert bleiben soll. Solche Sachen werden gemäß § 287 Satz 2 ABGB als „**öffentliches Gut**" bezeichnet (insb öffentliche Straßen und andere öffentliche Flächen, öffentliche Gewässer iS von § 2 WRG, das öffentliche Wassergut iS von § 4 WRG). An diesem öffentlichen Gut besteht im Allgemeinen ein als „Gemeingebrauch" (Rz 1408) bezeichnetes Nutzungsrecht für „jedermann".[1] 1395

In den Anmerkungen 12 und 13 zu Anlage 4 VRV 1997 wird zusammenfassend definiert: „Unter Verwaltungsvermögen werden Vermögensteile verstanden, die öffentlichen Aufgaben als sachliches Substrat gewidmet sind, wie Amtsgebäude mit ihren Einrichtungen, Schulgebäude mit ihrem Inventar, Krankenhäuser mit ihren Behelfen, Museen mit ihren Beständen usw. Die Bestandteile des Verwaltungsvermögens dienen dauernd Verwaltungsaufgaben. Sie dürfen diesen Aufgaben nur nach ordnungsgemäßer Behebung ihrer Widmung entzogen werden. ... Dem öffentlichen Gut werden jene im Eigentum einer Gebietskörperschaft stehenden Sachen zugerechnet, die dem allgemeinen Gebrauch durch jedermann (Gemeingebrauch) dienen, solange die Widmung der Sache zum Gemeingebrauch besteht und nicht durch einen gegensätzlichen Akt aufgehoben wird. Dem Finanzvermögen einer Gebietskörperschaft gehören alle in ihrem Eigentum stehenden Sachen an, die nicht zum Verwaltungsvermögen oder zum öffentlichen Gut zählen. Über das Finanzvermögen verfügen die Gebietskörperschaften, soweit das öffentliche Recht nicht Einschränkungen vorsieht, nach den Grundsätzen des Privatrechtes."

[1396]

B. Das Sachherrschaftsregime

Rechtsgeschäfte zum Erwerb, zur Instandhaltung oder zur Übertragung bzw Überlassung des staatlichen Vermögens werden den „**fiskalischen Hilfsgeschäften**" (Rz 747) im Sinn der Terminologie der Privatwirtschaftsverwaltung zugezählt. Sie unterliegen dem Zivilrecht (VwGH 26. 2. 1998, 97/07/0206). In diesem Sinn schließt auch die öffentliche Hand zB „normale Kaufverträge". In der Folge erfolgt durch innenrechtlichen Akt – zB durch die Zuweisung zu einer Dienststelle oder zu einer Abteilung einer Dienststelle – die Zweckwidmung; dieser korrespondiert die „Inventarisierung" bei dieser Dienststelle (vgl § 10 Abs 2 Z 2 BHG). 1397

Das grundsätzlich zivilrechtliche Sachherrschaftsregime wird freilich durch zahlreiche **öffentlich-rechtliche** Bestimmungen überlagert. Beispielsweise ordnet § 55 Abs 2 BHG als **innenrechtliche** Bindung an: „Sachen dürfen für den Bund nur in dem Ausmaß entgeltlich erworben werden, als sie zur Erfüllung seiner Aufgaben ohne unnötige Vorratshaltung benötigt werden". Nach § 59 Abs 1 BHG dürfen Beteiligungen (Anteilsrechte) an Gesellschaften und Genossenschaften des Privatrechts für den Bund ua nur dann erworben werden, wenn damit einem wichtigen volkswirtschaftlichen Anliegen besser entsprochen werden kann. Eine Veräußerung oder Bestandgabe von beweglichem bzw unbeweglichem Bundesvermögen ist nach § 63 bzw nach § 64 BHG ua nur dann zulässig, wenn die Verfügung der Erfüllung einer Verwaltungsaufgabe des Bundes zu dienen bestimmt ist oder wenn die Sache nicht mehr benötigt wird. 1398

---

1 Zu besonderen Fragen des „Gemeindeguts" in Tirol und Vorarlberg – insb auch in Abgrenzung zum Vermögen der Agrargemeinschaften – zuletzt Morscher in FG Ebert, 2002, 167.

1399 Darüber hinaus sehen die Gesetze zahlreiche **außenrechtliche** „Abweichungen“ (§ 290 ABGB) von den zivilrechtlichen Bestimmungen vor,

- vom zwangsweisen Erwerb fremder Rechte, wenn die anwendbaren besonderen Verwaltungsvorschriften die Möglichkeit der Enteignung vorsehen,
- über die Erfordernisse einer hoheitlichen „Entwidmung“ als Voraussetzung für die Rechtmäßigkeit oder Rechtswirksamkeit der Veräußerung oder Verpachtung von Teilen des öffentlichen Gutes (zB § 4 Abs 8 WRG)
- bis hin zum Ausschluss einer Ersitzung (zB § 4 Abs 6 WRG).

Letztlich können alle vermögensrelevanten gesetzlichen Regelungen im Bereich des öffentlichen Rechts in diesem Zusammenhang angeführt werden, da sie Dispositionen über Bestandteile des Staatsvermögens – zumeist außenrechtlichen – Beschränkungen unterwerfen. Öffentliche Urkunden, die Beteiligten ausgehändigt werden (zB
[1400] Reisepässe, Kfz-Kennzeichentafeln) bleiben im Allgemeinen öffentliche Sachen, dh der Beteiligte erwirbt an ihnen nicht Eigentum.

1401 Die **Unterhaltspflicht** trifft den Träger der Sachherrschaft nach Maßgabe der Zweckwidmung: Bei öffentlichem Gut sind die allgemeinen Grundsätze der Verkehrssicherungspflicht maßgeblich, bei Verwaltungsvermögen dagegen nur im Umfang des mit dem Aufgabenkreis verbundenen Parteienverkehrs und nach Maßgabe bedienstetenschutzrechtlicher Bestimmungen. Besondere öffentlich-rechtliche Pflichten (zB anlagenrechtliche Instandhaltungspflichten) gehen vor, wobei sich bei Verwaltungsvermögen Einschränkungen aus den Erfordernissen der Aufgabenwahrnehmung ergeben können. Instandhaltungsarbeiten an öffentlichen Straßen zählen zur Privatwirtschaftsverwaltung (zB § 11 oö StrG, § 11 stmk LStrVerwG).

C. Das Nutzungsregime

1402 Ob und wie der Eigentümer eine ihm gehörige Sache durch Dritte nutzen lässt, obliegt grundsätzlich seiner Willkür (§ 354 ABGB). Freilich finden sich gerade bei öffentlichen Sachen immer wieder besondere öffentlich-rechtliche Benutzungsregelungen. Letztlich sind die Gebietskörperschaften angesichts der Fiskalgeltung des Gleichheitssatzes (Rz 651) auch bei einem privatrechtlichen Nutzungsregime nie zur Ausübung von „Willkür“ berufen (grundlegend OGH SZ 44/138).

Beispielsweise können „Straßen mit öffentlichem Verkehr“ – innerhalb des Rahmens der StVO und der straßenrechtlichen Bestimmungen – von jedermann unter den gleichen Bedingungen benützt werden (§ 1 Abs 1 StVO). Eines besonderen Gestattungsvertrages oder einer sonstigen Zustimmung des Eigentümers bedarf es nicht. Ebenso ist die Schifffahrt auf öffentlichen Gewässern nur durch den Rahmen der schifffahrtsrechtlichen Bestimmungen begrenzt (§ 4 Abs 1 SchiffG).

1403 Auf der anderen Seite unterliegt der Besuch von staatlichen Kultur- oder Sporteinrichtungen im Allgemeinen keinem besonderen öffentlich-rechtlichen Regime; maßgeblich sind zivilrechtliche Benutzungsbedingungen und Hausordnungen. Das Benutzungsverhältnis bleibt auch dann ein zivilrechtliches, wenn bestimmte Tätigkeiten verwaltungspolizeilichen Beschränkungen unterliegen: Beispielsweise sind auch die Benutzer kommunaler Bus-, U-Bahn-, Straßenbahn-, Sessellift- oder Seilbahneinrichtungen eisenbahnpolizeilichen Regelungen unterworfen; das Benutzungsverhältnis im Verhältnis zum kommunalen Betreiber bleibt dessen ungeachtet ein zivilrecht-
[1404] liches Beförderungsverhältnis.

Im Hinblick auf das Betreten von Amtsgebäuden bestehen, soweit ersichtlich, keine gesetzlichen Regelungen. Im Fall des Betretens des Gebäudes einer BPolDion hat der OGH – wohl wegen des Zusammenhanges zum potenziell hoheitlichen Parteienverkehr – einen dem öffentlichen Recht unterliegenden Vorgang gesehen (JBl 1991, 586). Letztlich haben sich daraus keine besonderen Konsequenzen ergeben, da der Gerichtshof die zivilrechtlichen Regeln über Verkehrssicherungspflichten und *culpa in contrahendo* für analog anwendbar befand. 1405

Das Betreten von Gebäuden, in denen schlichte Dienststellen (Rz 132) untergebracht sind, oder für Vorgänge, die auf Seiten der Verwaltung der Privatwirtschaftsverwaltung zuzuordnen sind, unterliegt dementsprechend dem Zivilrecht. Die Rechtslage ist nicht anders zu sehen als im Fall des Betretens des Gebäudes eines privaten [1406] Unternehmens.

1407 Soweit eine bestimmte Benutzung einer öffentlichen Sache der **Zustimmung** einer Verwaltungsstelle bedarf, ist zu ermitteln, ob es sich um eine öffentlich-rechtliche – und dann im Allgemeinen bescheidförmig zu erteilende – oder um eine privatrechtliche Zustimmungserklärung handeln soll. Der VfGH hat etwa in VfSlg 16104/2001 herausgearbeitet, dass das Aufstellen von Altstoffcontainern auf Gemeindegrund nach dem wr GebrAbgG einem hoheitlichen Regime unterworfen ist, während es auf Bundesstraßengrund der zivilrechtlichen Zustimmung der Bundesstraßenverwaltung bedarf (vgl auch VwGH 22. 5. 2001, 99/05/0102). Soweit eine zivilrechtliche Zustimmung erforderlich ist, belassen es LandesstraßenG zT nicht beim allgemeinen Kontrahierungszwang, sondern sehen im Streitfall eine bescheidförmige Entscheidung der Straßenbehörde vor (zB § 7 Abs 5 oö StraßenG).

In Einzelfällen können sowohl hoheitliche als auch zivilrechtliche Akte erforderlich sein, etwa im Fall der Schotterentnahmen oder Einbauten in öffentlichen Gewässern (§ 4 WRG einerseits und § 5 Abs 1 Satz 2 WRG anderseits) oder im Fall der Kumulation von sachenrechtlichen mit verkehrsrechtlichen Bewilligungserfordernissen etwa beim Aufstellen eines Verkaufsstands (§ 82 StVO einerseits und § 28 BStrG andererseits).

D. Gemeingebrauch und Sondernutzung

1408 Der im Zusammenhang mit dem Recht der öffentlichen Sachen häufig anzutreffende Begriff des „Gemeingebrauchs" bezeichnet keine besondere Art von Sachen, sondern ein bestimmtes Nutzungsrecht an Sachen. Gemeingebrauch kann an öffentlichen Sachen, aber **auch an Privatvermögen** bestehen, wenn eine Sache – auf entsprechender gesetzlicher Grundlage – dem Gemeingebrauch **gewidmet** ist (§ 4 Z 3 nö LStrG, § 2 Z 3 oö StrG, § 2 Abs 1 stmk LStrVerwG).

Unter dem **Gemeingebrauch**, genauer: unter der Ausübung des Gemeingebrauchs, ist ein Gebrauch zu verstehen, der einerseits widmungskonform ist und der andererseits „die gleiche Benutzung durch andere nicht ausschließt" (§ 8 Abs 1 WRG, § 4 Z 5 nö LStrG). Das begriffliche Gegenstück zum Gemeingebrauch ist die **Sondernutzung**, die jede – quantitativ oder qualitativ – über den Gemeingebrauch hinausgehende Nutzung meint (zB § 7 oö StrG, § 18 Abs 1 nö LStrG, § 54 Abs 1 stmk LStrVerwG, § 1 wr GebrAbgG). Während etwa der Einbau eines Badestegs in ein Gewässer wegen seines dauerhaften Charakters die gleiche Nutzung durch Dritte ausschließt und daher den Rahmen des Gemeingebrauchs übersteigt, geht das WRG davon aus, dass eine geringfügige Schotterentnahme aus fließenden Tagwässern noch gemeinverträglich sein kann (§ 5 Abs 1 Satz 2 WRG). Transportfahrten halten sich im Allgemeinen im Rahmen des widmungsgemäßen straßen- und straßenpolizeirechtlichen Gemeingebrauchs. Linienmäßig betriebene Personenbeförderung oder auch Schwertransporte übersteigen dagegen diesen Gemeingebrauch.

1409 Die Sondernutzung ist im Allgemeinen, wie gezeigt, von einer zivilrechtlichen Zustimmung oder einer hoheitlichen Bewilligung abhängig. Der Gemeingebrauch ist dagegen ohne besondere behördliche Bewilligung erlaubt (zB § 8 Abs 1 WRG, § 28 Abs 1 BStrG, § 4 Abs 1 SchiffG) – wobei freilich die durch die Widmung gezogenen Grenzen (zB „Fahrradweg“, „Fußgängerzone“) zu beachten sind – und er ist (wenn das Gesetz nicht anderes vorsieht: zB Parkgebühren) unentgeltlich erlaubt. Gleichzeitig verdrängt die Widmung zum Gemeingebrauch in der Hemisphäre des Zivilrechts auch privatrechtliche Eigentumsfreiheitsansprüche und Entgeltsansprüche (zB OGH RdU 1998, 201); der öffentlich-rechtlich begründete Gemeingebrauch schlägt als „Legalservitut“ auch auf das Zivilrecht durch.

1410 Die Widmung zum Gemeingebrauch kann unmittelbar durch das Gesetz erfolgen – wie dies im Fall öffentlicher Tagwässer (§§ 8 Abs 1 WRG) oder im Fall des öffentlichen Wassergutes (§ 4 WRG) gegeben ist – oder durch Verwaltungsakt – wie dies bei der faktischen Eröffnung einer Straße, aber auch bei der verordnungsförmigen Widmung (zB § 11 Abs 1 oö StrG) oder bei der bescheidförmigen Öffentlicherklärung von Privatgewässern (§ 61 WRG) und von Privatstraßen (zB § 7 nö LStrG, § 6 stmk LStrVerwG) der Fall ist (zB VfSlg 16051/2000, VwGH 29. 1. 2002, 2000/05/0251). Der Gemeingebrauch kann allerdings – und insoweit reicht die Thematik über den Gegenstand der öffentlichen Sachen hinaus – durch Gesetz oder auf gesetzlicher Grundlage durch privaten Widmungsakt auch an Sachen begründet sein, die im **Privateigentum** stehen. Dies ist bei privaten Tagwässern gemäß § 8 Abs 2 WRG („kleiner Gemeingebrauch“) gegeben, aber auch dann, wenn ein Grundeigentümer – kraft ausdrücklicher oder konkludenter Widmung – den allgemeinen Verkehr duldet und die Fläche damit zu einer „Straße mit öffentlichen Verkehr“ (§ 1 Abs 1 StVO) macht. Dementsprechend sieht VwGH 28. 3. 1995, 93/05/0210 bei der Beurteilung von Fragen der Begründung des Gemeingebrauchs subsidiär die Bestimmungen des ABGB als maßgeblich.

Das Ende des Gemeingebrauchs erfolgt durch *actus contrarius*, durch Entwidmung, durch „Auflassung des Gemeingebrauchs“ (zB § 2 Z 4 oö StrG) oder auch durch einen gesetzlich vorgesehenen Akt, der dem Gemeingebrauch inhaltlich entgegensteht (zB eine Sondernutzungsbewilligung).

1411 Nicht als öffentliche Sachen sind dagegen Sachen zu verstehen, die bloß mit einer **Legalservitut** belastet sind, wie dies zB beim Betreten des Waldes als Duldungspflicht des Waldeigentümers, bei der sog „Wegefreiheit im Bergland“ oder bei der luftfahrtrechtlichen Überflugsbefugnis (§ 2 LFG) der Fall ist. Ist ein Gut mit einem – öffentlichrechtlichen oder privatrechtlichen – Notwegerecht belastet, so handelt es sich um ein personalisiertes Recht, nicht um Gemeingebrauch und daher gleichfalls nicht um eine öffentliche Sache.

1412 Der Gemeingebrauch bindet während seines Bestandes nicht nur den Eigentümer, sondern auch die öffentliche Hand. Bewilligungen, insb Sondernutzungsbewilligungen, dürfen nur erteilt werden, wenn das öffentliche Interesse an den betreffenden Maßnahmen das öffentliche Interesse an der Aufrechterhaltung des Gemeingebrauchs überwiegt. Ist dies der Fall, dann ist der Verhältnismäßigkeitsgrundsatz maßgeblich: Soweit dies der Sache nach in Betracht kommt, sollen derartige „eingreifende“ Bewilligungen so erteilt werden, dass der Gemeingebrauch in größtmöglichem Umfang erhalten bleibt. Diese Grundsätze gelten auch bei der Einräumung dinglicher Rechte zugunsten Dritter an öffentlichem Gut, das im Eigentum von Gebietskörperschaften steht. Schließlich darf auch der Eigentümer selbst das öffentliche Gut grundsätzlich nur im Rahmen des Gemeingebrauchs nutzen.

Der Gemeingebrauch vermittelt stets nur **relative** Nutzungsmöglichkeiten. Zum 1413
einen ist er inhaltlich durch die Zweckwidmung und die Grenze der Gemeinverträglichkeit limitiert. Zum anderen besteht er nur insoweit und so lange, als er nicht eingeschränkt oder aufgehoben wird. Wird ein Gewässer (auf Grund wasserrechtlicher Bewilligung) ausgeleitet, wird eine Straße abgesperrt oder als Fußgängerzone gewidmet, widerruft ein privater Grundeigentümer die generelle Durchfahrtserlaubnis, dann findet der bisher gegebene Gemeingebrauch sein rechtliches und faktisches Ende. In diesem Sinn kann man mit Lehre und Rechtsprechung festhalten, dass jedermann ein Recht auf Teilnahme an der allgemeinen Ausübung eines gegebenen Gemeingebrauchs hat, dass aber niemand ein Recht auf Aufrechterhaltung des Gemeingebrauchs hat (aA allerdings Merli, Öffentliche Nutzungsrechte und Gemeingebrauch, 1995). Dementsprechend besteht auch kein subjektives Recht von Interessenten auf Herstellung des Gemeingebrauchs (VfSlg 15605/1999, VwGH 19. 3. 2002, 2001/05/0315) und kommt ihnen in Verfahren über Sondernutzungen, die den Gemeingebrauch einschränken, keine Parteistellung zu (VwGH 23. 11. 2000, 2000/07/0059).

Schwierige Fragen der Rechtsdurchsetzung stellen sich, wenn die Teilnahme an der 1414
allgemeinen Ausübung des Gemeingebrauchs – sei es durch Verwaltungsorgane, sei es durch Dritte – tatsächlich bestritten oder behindert wird. Beispielsweise bestimmt § 4 Abs 4 tir StraßenG: „Der Gemeingebrauch darf außer in den gesetzlich bestimmten Fällen von niemandem behindert werden. Unbeschadet der straßenpolizeilichen Vorschriften über die Entfernung von Verkehrshindernissen hat die Behörde demjenigen, der den Gemeingebrauch unzulässigerweise behindert, aufzutragen, die Behinderung sofort zu beenden. Bei Gefahr im Verzug kann die Behörde die Behinderung durch Ausübung unmittelbarer Befehls- und Zwangsgewalt ohne vorausgegangenes Verfahren beenden“ (vgl auch § 6 Abs 2 oö StraßenG). Nach § 9 Abs 1 Satz 2 WRG kann der Umfang des Gemeingebrauchs Gegenstand eines Feststellungsbescheides sein.

Sachverzeichnis

SpringerRecht

Gerhard Baumgartner

Allgemeines Verwaltungsrecht

Dritte, aktualisierte und erweiterte Auflage.
2003. X, 127 Seiten.
Broschiert **EUR 12,90**, sFr 21,–
ISBN 3-211-40370-1
Springer Notes Rechtswissenschaft

In der nunmehr bereits dritten Auflage sind die zentralen Themenbereiche des Allgemeinen Verwaltungsrechts einschließlich ihrer Bezüge zum Gemeinschaftsrecht wieder umfassend aktualisiert und auf den neuesten Stand gebracht worden. Eine wesentliche Erweiterung bildet die Aufnahme je eines Kapitels über die neuen Regulierungsbehörden und über das Personal der Verwaltung.
Die Darstellung des Rechtsstoffes ist an den Bedürfnissen der Studierenden orientiert und auf eine anschauliche Behandlung der wichtigsten Begriffe, Institutionen und Grundsätze des Verwaltungsrechts ausgerichtet. Jene Gebiete, die erfahrungsgemäß besondere Schwierigkeiten beim Lernen des Verwaltungsrechts bzw. beim Lösen verwaltungsrechtlicher Fälle machen, werden schwerpunktmäßig aufbereitet. Zahlreiche aktuelle Beispiele erleichtern den Zugang zu dieser oft als kompliziert und theoriebefrachtet empfundenen Materie. Durch wiederholte Binnenverweise wird das Verständnis von Zusammenhängen gefördert.

Pressestimme zur Vorauflage:

„... Ein Skriptum hohen Niveaus für Studenten und andere, die auf dem Gebiet des Allgemeinen Verwaltungsrechts etwas dazulernen müssen (wollen)."

Österreichisches Anwaltsblatt

SpringerWienNewYork

Sachsenplatz 4–6, 1201 Wien, Österreich, Fax +43.1.330 24 26, e-mail: books@springer.at, Internet: **www.springer.at**
Haberstraße 7, 69126 Heidelberg, Deutschland, Fax +49.6221.345-4229, e-mail: orders@springer.de
P.O. Box 2485, Secaucus, NJ 07096-2485, USA, Fax +1.201.348-4505, e-mail: orders@springer-ny.com
Eastern Book Service, 3–13, Hongo 3-chome, Bunkyo-ku, Tokyo 113, Japan, Fax +81.3.38 18 08 64, e-mail: orders@svt-ebs.co.jp

SpringerRecht

Susanne Bachmann et al.

Besonderes Verwaltungsrecht

Vierte, vollständig überarbeitete und erweiterte Auflage.
2002. XXVIII, 456 Seiten.
Broschiert **EUR 44,90,** sFr 72,–
ISBN 3-211-83844-9
Springers Kurzlehrbücher der Rechtswissenschaft

Umfassende Gesetzesänderungen haben zu einer kompletten Umarbeitung aller betroffenen Kapitel geführt. Ein völlig neuer Beitrag über die Umweltverträglichkeitsprüfung ist hinzugekommen.
Nach einem einheitlichen Gliederungskonzept werden die einzelnen Rechtsgebiete im Gefüge der Gesamtrechtsordnung sowie die Regelungsziele des Gesetzgebers dargestellt. Um so weit als möglich auf die Prüfungs- und Lehrsituation an den einzelnen Universitäten Österreichs einzugehen, sind bei den landesrechtlichen Materien die Gemeinsamkeiten und die Unterschiede herausgearbeitet.
Um auch die Anforderungen der Praktiker zu erfüllen, werden zu Beginn jedes Kapitels die innerstaatlichen und europäischen Rechtsgrundlagen umfassend aufgelistet. Auf die Darstellung der aktuellen verfassungsrechtlichen und der europarechtlichen Bezüge in den einzelnen Kapiteln wird besonderer Wert gelegt.
Ein umfangreiches Glossar soll ein Lesen und Verstehen ohne ständiges Nachschlagen in anderen Werken ermöglichen.

SpringerWienNewYork

Sachsenplatz 4–6, 1201 Wien, Österreich, Fax +43.1.330 24 26, e-mail: books@springer.at, Internet: **www.springer.at**
Haberstraße 7, 69126 Heidelberg, Deutschland, Fax +49.6221.345-4229, e-mail: orders@springer.de
P.O. Box 2485, Secaucus, NJ 07096-2485, USA, Fax +1.201.348-4505, e-mail: orders@springer-ny.com
Eastern Book Service, 3–13, Hongo 3-chome, Bunkyo-ku, Tokyo 113, Japan, Fax +81.3.38 18 08 64, e-mail: orders@svt-ebs.co.jp

Springer-Verlag und Umwelt

ALS INTERNATIONALER WISSENSCHAFTLICHER VERLAG sind wir uns unserer besonderen Verpflichtung der Umwelt gegenüber bewusst und beziehen umweltorientierte Grundsätze in Unternehmensentscheidungen mit ein.

VON UNSEREN GESCHÄFTSPARTNERN (DRUCKEREIEN, Papierfabriken, Verpackungsherstellern usw.) verlangen wir, dass sie sowohl beim Herstellungsprozess selbst als auch beim Einsatz der zur Verwendung kommenden Materialien ökologische Gesichtspunkte berücksichtigen.

DAS FÜR DIESES BUCH VERWENDETE PAPIER IST AUS chlorfrei hergestelltem Zellstoff gefertigt und im pH-Wert neutral.